R. V. CASSILL

# DOKTOR COBBS SPIEL

Roman

Büchergilde Gutenberg Frankfurt/Main Wien Zürich

Titel der amerikanischen Originalausgabe
›Dr. Cobb's Game‹
Aus dem Amerikanischen übertragen von Franz Schrapfeneder
Lizenzausgabe mit Genehmigung des
Fritz Molden Verlages Wien–München–Zürich

Schutzumschlag und Einband Hans Maier, Dreieichenhain
Satz und Druck Hanseatische Druckanstalt GmbH, Hamburg
Bindung Ladstetter Verlagsbuchbinderei GmbH, Hamburg
Printed in Germany
ISBN 3 7632 1595 6

R. V. Cassill

# Doktor Cobbs Spiel

*Für Orin und Jesse Cassill,*
*deren Vater England liebte — oder glaubte, es zu lieben*

ERSTER TEIL

# Blick aus dem Falkenflügel

# 1. KAPITEL

Den Meinungen und Gerüchten zufolge unterhielt Michael Cobb Spionagekontakte zu den Geheimdiensten sowohl der Vereinigten Staaten als auch der Sowjetunion. Dabei bediente er sich der Hilfe von Norman Scholes und C. A. Kugel. Nachdem er Richard Derwent mit Cecile Banner verkuppelt hatte, lockte er dem Kriegsminister geheime Informationen heraus und gab sie an Kugel und Scholes weiter.

Nach ausgedehnten Nachforschungen durch die Abteilung MI-5 hat sich zu meiner Befriedigung herausgestellt, daß weder Mr. Scholes noch Mr. Kugel je irgendwelche Spionagetätigkeit für irgendeine Regierung ausübten. Mr. Kugel verfolgte ohne Zweifel moralisch recht anrüchige Interessen, doch waren diese ausschließlich auf persönlichen Gewinn ausgerichtet.

*Der Melamine-Report*

Lord Melamine hat zumindest in einem Punkt recht: Ich war niemals ein Spion.

Ich war nie ein Spion – zumindest nicht im wortwörtlichen Sinn, wenn auch viele helle Köpfe mich für einen halten mußten. Sogar mein im radikalen Fahrwasser schwimmender Sohn an der Princeton-Universität ist überzeugt, ich sei ein Werkzeug der CIA, wenn nicht gar etwas noch Schlimmeres. Er hat feste Überzeugungen nötig, und das ist einer der Gründe, warum wir einander nicht mehr schreiben. Wenn ich ihm eine Kopie des Melamine-Reports zukommen ließe, könnte ich mich möglicherweise in seinen Augen reinwaschen. Doch nehme ich an, daß mein Sohn mit scharfem Auge sofort erkennen würde, daß Seine Lordschaft vermeidet, geradeheraus zu sagen, welche Rolle ich in seinem 315 Seiten langen, mit genauen Anmerkungen versehenen Bericht spiele beziehungsweise inwieweit ich in die Derwent-Affäre wirklich verwickelt war. Mein Sohn ist verdammt hellhörig in dieser Hinsicht, und weil er hellhörig ist, würde er genau abschätzen können, wie geschickt Seine Lordschaft darüber entschied, was in den Bericht hinein mußte und was wegzulassen war. »Wieder einmal ein Warren-Report«, würde er sagen. »Wenn die Leute den einen geschluckt haben, werden sie auch den anderen schlucken. Beide sind voller Löcher.« Und niemand wird meinen Sohn dazu bringen, etwas zu schlucken, das Löcher hat.

Aber lassen wir das. Mein Vater hatte einen Sohn. Ich machte mich über meinen Vater lustig. Ich hatte einen Sohn. Soll er sich über mich lustig machen. Wenn er die Überzeugung braucht, daß ich unter dem Tisch Geld von der CIA annehme, möge Gott es ihm verzeihen.

Was mich betrifft, so werde ich mich nie mehr über jemanden lustig machen. Und ich will dieses Vorhaben nicht damit beginnen, nun in Lord Melamines Privatleben herumzuschnüffeln. Er hat nur seine Pflicht getan. Soviel ich weiß, enthält sein Bericht kein unwahres Wort. Es war seine Aufgabe, ein Weißbuch zusammenzudrechseln, das das Vertrauen der Welt in die britische Justiz und in das britische Sicherheitssystem wiederherstellen sollte. Er hat bei dieser Arbeit das ganze Gewicht seines juristischen Könnens eingesetzt. Er hatte einer der bösesten Wellen von Gerüchten, Presseberichten und öffentlichen Erklärungen nachzugehen, die jemals über die britischen Inseln hinwegging. Und zimmerte mit seinen Antworten den Deckel, der diesen ganzen peinlichen Moralkot vor der Welt verschloß. Jetzt kann Britannien »wieder zur Tagesordnung übergehen«.

Der »Report« ist in ziemlich unverdaulichem Stil abgefaßt. Auf den ersten Blick schwerfällig und plump scheinend, ist er ebenso artistisch wie ein Elefant, der einen Spitzentanz auf einer Hochspannungsleitung aufführt. Will man den Bericht anerkennen – wie ich es tue –, dann muß man auch dieser Artistik Bewunderung zollen. Die komplizierte Apparatur der britischen Würde, des britischen Establishments balanciert in schwindelnder Höhe auf einem Seil, das über einen von Krokodilen wimmelnden Graben gespannt ist . . .

Ich bin kein Spion. Ich bin einer der Spitzenrechercheure der Gath Corporation. Wir machen keinerlei Reklame, aber ich glaube, jeder, der Nachrichtenmagazine liest, muß wissen, daß General Gath (der Held von Guadalcanal, amerikanisches Marinekorps, i. P.) eine private Forschungsabteilung gegründet hat, deren Leiter er ist – ähnlich jener der Rand Corporation oder der Forschungsgruppe von Herman Kahn. Wie diese beiden bekommen auch wir die meisten Aufträge von der US-Regierung, aber nur wenige sind für das Pentagon. Keine für die CIA. Wir arbeiten Berichte aus, und zwar solche, die nicht für die Öffentlichkeit bestimmt sind, wie der von Lord Melamine, sondern für Regierungsstellen und Senatorenkomitees. Unser Spezialgebiet ist Wirtschaft und Demoskopie unterentwickelter Länder. Einer der Gründe, warum ich so oft ins Ausland reiste, eben als die Derwent-Affäre ihrem Höhepunkt zustrebte, war der, daß wir dazu übergegangen waren, die Zusammenhänge zwischen Staatsbudget und Rüstungsprogramm in Afrika und Südamerika zu untersuchen. Im Spinnennetz von Finanztransaktionen und Waffenlieferungen gehen immer noch zahlreiche Fäden von London aus in jene Gebiete, die einst zum Empire gehörten. Als einträgliche Nebenbeschäftigung half die Corporation bei der Entwicklung von »Syncrotex« mit. Das ist ein System, mit dessen Hilfe man eine Unzahl von gleichzeitig einlaufenden Informationen, die auf den ersten Blick nichts miteinander zu tun haben, in Beziehung bringen und auswerten kann. Dazu gehören Computer. Doch wo kommt man heute ohne solche aus? Dazu gehört auch die Ausarbeitung von mathematischen Formeln über demoskopische Sachverhalte. Hier wird so ziemlich alles zahlenmäßig erfaßt: von der Linguistik bis zum Stuhlgang der Eingeborenen.

Wenn man einmal eine einigermaßen angenehme Vorstellung davon hat, wie Syncrotex arbeitet – unseren Kunden sagen wir: »wie ein elektronisches Schachspiel« –, dann läßt man die Sache am besten auf sich beruhen und ist dankbar, daß es Syncrotex gibt. Die Wahrscheinlichkeit ist groß, daß der, dem ich es erkläre, und ich selbst uns schließlich nicht mehr auskennen, wenn ich den Versuch machte, das System weiter auszuführen. Der General hat es entwickelt, und nur ich arbeite für ihn.

Wer nun glaubt, ich sei ein Mann mit Hornbrille und weißem Labormantel, aus dessen Brusttasche eine Unzahl gespitzter Bleistifte hervorlugen, der wird durch meine weiteren Ausführungen eines anderen belehrt. Meine Nützlichkeit für diese Gesellschaft hat nie in der Anfertigung von Computerlochkarten bestanden. Ich bin der Mann, der die Witterung aufnimmt. Ich schnüffle bei den Wilden herum – Königen, Präsidenten, Geschäftsleuten, Bauern, Diktatoren – und schaue, wie und wo sie ihren Kram fallen lassen. Und die Leute im weißen Mantel tun dann die übrige Arbeit.

Die Corporation befaßt sich nicht mit Detailverkauf, auch bietet sie ihre Waren nicht im Fernsehen an. Aber als wir langsam Nummer eins wurden, mußte der General unsere ganze Arbeitsmethode an die starken Männer in Washington verkaufen, darunter solche Typen wie Charlie Wilson vom Eisenhower-Kabinett.

General Gath war eben auch ein gewiegter Geschäftsmann.

Sein Spruch war etwa der: »Das Leben auf unserem Planeten spielt sich in Form eines konstanten, nie aufhörenden Austausches von Signalen ab. Man könnte ebensogut sagen, Leben und Mitteilung – Mitteilung, kodifiziert im Signal – seien eines. Ohne Signal kein Leben. Die Bienen führen einen Tanz auf, um einander den genauen Fundort von Honig mitzuteilen. Pflanzen signalisieren durch ihre Farbe, wenn ihre Samen reif sind, so daß diese im Verdauungstrakt von Vögeln nach allen Richtungen verbreitet werden. Der Geruch des Otterweibchens signalisiert seine Kopulationsbereitschaft. Die Menschen – auch die Menschen bedienen sich jenes riesigen Netzes von Signalen, die das Leben und die Lebenskraft ausmachen und erkennen lassen…«

Nachdem ich ihm einige Male zugehört hatte, sagte ich: »General, die Geschichte von der Otterdame – darauf werden die Bürokratengehirne anbeißen. Wenn sie die hören, knien sie nieder vor Ihnen.«

»Mein lieber Norman«, pflegte er dann irritiert zu sagen, »ich versuche es eben in einer Sprache auszudrücken, die jeder Hund und jede Katze verstehen kann.«

Ich spöttelte darüber, gerade weil ich eine hohe Meinung von dem hatte, was der General simplifiziert auseinanderzusetzen bemüht war. Er konnte nicht gut den Leuten die Sache klarmachen, indem er Goethe zitierte. Goethe las er für sich persönlich, und was ihm dabei aufging, bekamen wir dann aus zweiter Hand serviert.

Er machte die Corporation zu einem Zentrum, in dem Signale einliefen und von dem Signale ausgesendet wurden. Und dieses Zentrum baute er aus einigen merkwürdigen Teilchen zusammen: mich am einen Ende, die Computertechniker am anderen. Ich habe meine Funktion im ganzen Apparat, die elektronischen Datenspeicher in dem hübsch aussehenden neuen Gebäude im Föhrenwäldchen am Abhang unterhalb des Falkenflügels die ihre.

Ich sitze in einem der Bibliothekszimmer. Von hier aus kann ich die rosa Betonmauer des neuen Gebäudes sehen. Der Block ist gleich nebenan, doch ich bezweifle, daß ich mehr als ein halbes Dutzend Male drüben war, seitdem General Gath ihn im Jahre 1965 hat bauen lassen, um dort seinen »Denkspeicher« unterzubringen.

Der Falkenflügel liegt im hügeligen Teil des Staates New York. Wenn ich von England, Madagaskar, Chile oder sonstwo zurückkomme, lande ich auf dem hiesigen Flugplatz und fahre mit einem der Wagen der Gesellschaft, die dort stets bereitstehen, in die Berge hinauf. Ich parke den Wagen auf dem Kiesplatz an der Gebäudeecke, wo der General früher sein Büro und seine Wohnung hatte. Der Kies knirscht, wenn ich die Füße auf den Boden setze, und die scharfe, von Föhrenduft durchsetzte Luft gibt mir das eigenartige Gefühl, zu Hause zu sein. Eigenartig für einen Mann, der nie ein Zuhause gehabt hat.

Alles ist unverändert. Die Kinder des Pförtners erkennen mich nicht. Für sie bin ich höchstens einer der zahlreichen »Gäste«, die hierherkommen. Dabei gehe ich seit 15 Jahren hier ein und aus.

Mit Ausnahme von Tim. Dieser irische Holzkopf denkt, er ist der Torwächter, und benimmt sich so, als kenne er alle faulen Tricks, die die Leute anwenden, um an ihm vorbei ins Gebäude zu gelangen. All die Jahre hat er nur den einen Wunsch gehabt, sein Gewehr auf jemanden anlegen zu dürfen. Daß man ihm das nicht gestattet hat, nagt an ihm. Tim ist eine jener unerklärlichen Marotten des Generals, an denen dieser trotz allgemeiner Mißbilligung festhielt. Darin ist er mit mir zu vergleichen.

»Kommunisten in der Nähe, die 'reinwollen?«

Er zeigt mir sein sauerstes Lächeln und sagt nur: »Morgen, Mister Scholes.« Daß niemand uns beide mag, heißt noch nicht, daß wir beide einander mögen.

Ich bleibe einen Augenblick stehen, grinse ihn an und sage: »Ich bin überrascht, daß Sie noch hier sind.« Er weiß, was ich meine. General Gath ist seit etlichen Monaten tot, und man hätte erwarten können, daß seine Nachfolger mit dem ganzen Mist, der sich im Laufe der Zeit angesammelt hat, aufräumen und jetzt dem Betrieb jene Effizienz verleihen würden, die man von ihm erwarten kann. Tim ist nicht schlagfertig genug, um zu antworten: »Dasselbe gilt für Sie, Scholes.«

Er rückt an seinem Patronengürtel und sagt: »Loyalität, Mister Scholes, ist eine starke Sache.« Da mag er ganz ausnahmsweise einmal recht haben.

In der Haupthalle treffe ich Frank Niles. Er ist in Eile. Wie der Rauch aus seiner Pfeife an seinem soignierten Grauhaar vorbei nach hinten zieht, sieht er aus wie ein Flußdampfer, der mit einer Ladung Baumwolle nach St. Louis hinaufstampft. Niles ist immer in Eile. Der gewiegteste, kaltblütigste Soll-und-Haben-Mensch, der in den letzten zwei Jahrzehnten von Harvard abgegangen ist. Immer auf dem Sprung, als habe er Angst, sein Gehalt werde aufs Eis gelegt, wenn er zu einer Sitzung des Denkspeichers zwölf Sekunden zu spät käme. Die Erben des Generals haben ihn zum Interimistischen Direktor gemacht. Nun gibt es für ihn nur eins: alle Abteilungen abklappern, damit seine Anstellung perfekt wird.

»Mrs. Klein sagte mir, du würdest zum Lunch sicher hier sein«, sagt Frank. Er schwenkt die Flügelmappe, pafft für das letzte Stück flußaufwärts zum Baumwollagerhaus eine Wolke Rauch von sich und hebt die Schultern. »Ich muß um fünf in Washington sein.« Das alles nur, um anzudeuten, daß ich im großen Speisesaal auf seine Gesellschaft werde verzichten müssen. »Lantz und Bob Grenfell sind diese Woche hier.« Entschuldigend runzelt er die Stirn, daß er mir an seiner Statt solche Tischgenossen anbieten muß.

»Das soll dich nicht belasten, Frank. Ich gehe ohnehin auf mein Zimmer, um ein Schläfchen zu machen. Ich sehe Lantz und Bob vor dem Essen in der Bar.«

Natürlich hat Mrs. Klein, die Haushälterin – wenn nicht Hausmutter –, mein Zimmer hergerichtet. Frische, kühle Laken auf dem Bett, die Vorhänge zurückgezogen, um den herrlichen Blick auf die Berge freizugeben, die Post auf dem Nachttischchen, Schnittblumen in einer großen Silbervase auf dem Boden neben dem bis zur Decke reichenden Fenster. Mrs. Klein gibt uns stets das, was General Gath wollte, daß seine höheren Angestellten haben sollten. Er wollte, daß wir erster Klasse reisten, daß der Falkenflügel unsere Heimat werde, daß wir hierherkämen, wann immer wir wollten, ob er uns brauchte oder nicht.

Er war großartig, der Alte. Er wußte, für uns gab es keine echte Heimstatt mehr, bloß luxuriöse Absteigquartiere auf einer nie endenden Reise.

Und jetzt sitze ich hier in einem der kleinen Privatzimmer neben der Bibliothek des Falkenflügels. Vor mir liegen die beschrifteten Metallbüchsen aus den Gewölben der Bibliothek, die achtzehn

Monate lang die Papiere, Zeichnungen und Tonbänder der Cobb-Affäre enthielten: das ganze Material, das ich aus England herausschmuggelte und hierherbrachte, weil der General und ich der Meinung gewesen waren, es ließe sich daraus etwas machen.

Machen . . .? Nun, natürlich hatten wir nicht die Absicht, eine Story daraus zu brauen und auf dem Wege über den Skandalmarkt dem sensationshungrigen Publikum zu servieren. Ebenso würden wir uns nicht den Spaß machen, wegen der diskreten Auslassungen in Lord Melamines Report Seine Lordschaft aufs Korn zu nehmen.

Ich nehme an, wir wollten die übriggebliebenen Reste des wahren Berichts dazu verwenden, eine Untersuchung anzustellen, wie in der modernen Welt die Macht wirklich funktioniert. Wir wollten ins Herz dessen sehen, was die Professionals Geschichte nennen.

»Macht«, sagte General Gath einmal mit seinem Südstaatenakzent, in den er nur verfiel, wenn es ihm tödlich ernst war, »Macht – das ist das einzige auf der Welt, womit sich der Mensch wirklich befassen sollte.«

Was er über Derwent und Michael Cobb wußte, erfuhr er – ebenso wie ich – bruchstückweise. Und so waren unsere gelegentlichen Gespräche darüber auch nur bruchstückhaft. Ein andermal sagte er: »Was sich hier vor den Augen der Welt abgespielt hat, ist eine Reihe von Ereignissen, die eine der größten Mächte der Erde in den Grundfesten erschüttern ließ. Nur ein Narr nimmt an, daß sie zufällig an einem Punkt und zu gleicher Zeit passierten. Sieht ein vernünftiger Mensch eine derartige Wirkung, schließt er daraus, daß sie von einer entsprechenden Kraft verursacht worden sein muß.«

So geisterhaft und unheimlich – schlechtweg undenkbar – es uns erschien: die Macht, der es gelang, eine mächtige Regierung ins Wanken zu bringen und dem Machtgefüge der Welt einen ordentlichen Stoß zu versetzen, war unserer Meinung nach von einem rätselhaften, genialen Menschen, eben Michael Cobb, ausgegangen.

In meiner Hand halte ich eine Zeichnung, die Michael von Cecile Banner gemacht hat. Er war Künstler ebenso wie auch Arzt. Neben einer großen Zahl von Patienten, die vermöge ihres Reichtums nicht nur seine Zeit, sondern auch seine persönliche Anteilnahme und sein persönliches Interesse beanspruchten, hat er im wahrsten Sinn des Wortes Tausende von Zeichnungen und eine ungeheuer große Zahl von Gemälden angefertigt. Und daneben, das wußte die Welt der Zeitungsleser, führte er ein gesellschaftliches und sexuelles Leben von wahrhaft epischen Ausmaßen. Playboy und Beischlafartist. Als ich begann, ihn in London öfter zu treffen, waren mir all seine Aktivitäten als Ausfluß einer außergewöhnlichen Rastlosigkeit erschienen, völlig untypisch für einen modernen Engländer.

Die Zeichnung zeigt Cecile auf eine Sessellehne gestützt. Die Arbeit ist in Tusche auf blaßblauem Papier ausgeführt. Die lange Diagonale ihres nackten Oberkörpers und ihres rechten Beines wird gestützt durch ihren ausgestreckten rechten Arm, der der Linie des Sesselrückens folgt. Ihre spitzen Brüste sehen zerbrechlich aus, als wären es Vogeleier. Das Schamhaar ähnelt einer Larve, die sich zwischen die herrlich jungen Beine verirrt hat und dort zugleich komisch und schaurig anmutet. Ihre Augen sind zwei weiße Schlitze. Der Mund scheint eben eine Hexenbeschwörungsformel aussprechen zu wollen, dabei hat die wirkliche Cecile nie anderes als banale Modefloskeln von sich gegeben. Jemand – wahrscheinlich Cecile – hatte mit Bleistift unter die Zeichnung »Gefährliche Kurven« geschrieben. Das zweite Wort war ausradiert worden – natürlich von Michael – und durch »Fotze« ersetzt.

Wußte er von allem Anfang an, *wie* gefährlich sie war?

Ich lege die Zeichnungen und Photographien von Cecile beiseite und lasse ein Tonband laufen. Es ist ein Gespräch, das ich mit Michaels Onkel, einem Geistlichen, geführt habe, als Michael im Old Bailey in Untersuchungshaft saß.

Die traurige, gelassene Stimme des alten Mannes: »Wissen Sie, Michael war schon als Kind ein Monstrum.«

Es ist unangenehm, jemanden so etwas sagen zu hören, der es auch wirklich so meint. Jetzt, da ich es wieder höre, fahre ich hoch wie damals, als er es sagte. Ein Kind ist ein Kind und sollte es auch bleiben. Und wieder die Stimme Cobbs:

»Einmal kam der Knabe zu mir und kündigte mir mit tiefem Ernst an: ›Ich bin ein Riese.‹

›Riesen sind stark‹, sagte ich.

Michael dachte eine Weile darüber nach. ›Trotzdem bin ich ein Riese‹, beharrte er.

›Aber du bist nicht so stark wie ein Riese.‹

›Ah‹, sagte er, ›das ist das Problem.‹

Ein paar Tage darauf kam er wieder auf das Thema zurück und fragte mich direkt: ›Wie werde ich stark?‹

Und er war tatsächlich ein Riese. Obwohl Michael damals ein kleiner Junge war, hatte ich das Gefühl, wir beide sollten es für uns behalten.«

Ich drücke den Knopf, und die Stimme von Reverend Cobb erstirbt im leisen Quietschen der auslaufenden Spule. Michael war fast Fünfzig, als er die Stärke eines Riesen erlangte, und diese Stärke erlangte er in Form eines fünfzig Kilo schweren weiblichen Wesens: seine ureigenste Erfindung, Kind seines Geistes, seiner Laune – Cecile Banner.

Er lehrte sie, mein Gott, er lehrte sie alles, was seine Intuition und seine Erfahrung und Vorstellung ihm über das Weibliche mitzuteilen vermochten. Es gibt in dieser unheimlichen Sammlung ein anderes Tonband, auf dem er ihr Instruktionen gibt, wie man mit einem Mann umzugehen hat. (Vermutlich war dieser Mann Richard Derwent, Kriegsminister der Regierung Ihrer Majestät.) Diese Instruktionen sind, entweder aus Spaß oder in völligem Ernst, nach Punkten geordnet und klingen wie Grundregeln für gutes Benehmen oder ein Register der Pflichten, die weibliche Pfadfinder zu erfüllen haben:

1. Berühre ihn mit den Händen – gleite mit den Händen unter seinen Rock, unter sein Hemd, unter seinen Gürtel, öffne die Hose. Liebkose mit deiner Zunge seine Hände und seinen Nacken. Wenn du vor ihm gehst, falle in etwas langsamere Gangart und streife leicht über die Gegend seiner Geschlechtsteile. Wenn er nackt ist, fahre mit Fingerspitzen und Fingernägeln über seinen Brustkorb, seinen Bauch und die Innenseite seiner Beine.

2. Einsatz der Stimme. Jedesmal, wenn du kommst, stöhne und sage laut und vernehmlich, daß du *für ihn* kommst. Nachdem du mit ihm geschlafen hast, sage, wie oft du gekommen bist, und beschreibe deinen Orgasmus. Ruf ihn an und sag zu ihm: »Ich muß dich haben. Komm zu mir, ich will ihn in den Mund nehmen. Komm zu mir und spielen wir. Du mußt es mir nicht machen. Komm und leg dich nur zu mir.« Sag ihm, daß du es dir auch manchmal selbst machst. Ruf ihn an und sag ihm, daß du nackt im Bett liegst, ein Kissen zwischen den Beinen hast und mit dir spielst. Bitte ihn, er soll kommen und dir dabei zusehen, wie du's dir machst. Er soll dir sagen, wann er mit seiner Frau schläft. Sag ihm, du wirst es dir genau zur selben Zeit machen. Er muß dich vorher anrufen, ohne sich zu melden. Das ist das Signal. Nachher soll er dich fragen, ob du es auch wirklich getan hast. Bitte ihn, er soll dir genau beschreiben, wie es mit seiner Frau

war. Wenn er dich fickt, sprich dabei. Etwa so: »Oh, jetzt machst du es mir gut. Jetzt stärker. Nicht so schnell.«

3. Reiz ihn mit deinem Körper. Zieh den Slip aus und hebe den Rock. Dann geh im Raum umher und laß den Rocksaum über verschiedene Gegenstände gleiten: sein Hosenbein, seinen Ärmel, seinen Schuh, die Sessellehne, die Falte eines Vorhangs ... Laß deine Hände über deinen Körper wandern – knie nieder, halb angezogen, und mach es dir vor ihm.

4. Wenn er ejakuliert hat, nimm seinen Penis in den Mund und laß ihn dort einige Zeit ...

Das ist schwere Kost so mitten am Tag in einer Bibliothek. Und davon ist noch einiges auf den Tonbändern. Es ist das Erziehungsprogramm einer supermodernen englischen Geisha. Und immer in dieser Tonart, mit sehr wenig Berücksichtigung geistiger Nahrung.

Hier noch weitere Information zur Fütterung von Syncrotex:

Eine Rose. Eine dunkelrote Rose, zwischen den Seiten eines Buches gepreßt. Sentimentales Souvenir eines Schulmädchens der Viktorianischen Zeit. Doch es war Michaels Souvenir. Er hat die Rose in dem Buch gepreßt und aufbewahrt.

Information aus einem anderen Sachgebiet: Zusatzbemerkungen zu einem kleinen Stoß von Zeitungsausschnitten in englisch, deutsch und französisch, alle über den Fall Derwent oder über Michaels Prozeß.

Die leicht hingeworfenen Erklärungen der Journalisten gehen an der Wahrheit vorbei. Die amerikanischen Zeitungsleute, die den Gerichtssaal in Old Bailey bevölkerten, neigten dazu, die sehr komplexen Beziehungen, die Michael zu Mädchen unterhielt, zu simplifizieren und damit zu erklären, daß er einen zu kleinen Penis hatte.

Dazu kann ich etwas sagen: Es war ein Penis wie jeder andere. Jeder, der so viel Zeit wie ich in amerikanischen Umkleideräumen verbracht hat, wird mir recht geben. Man wird durch Messungen an Männerschwänzen wohl kaum den Charakter eines Menschen freilegen können.

Einige Londoner Schnüffelagenten vermeinten zu wissen, Michael habe Cecile zuerst an C. A. Kugel um eine große Geldsumme – in Gold – verkauft, und der Betrag liege noch in einem Safe in Zürich.

Ein anderes Band. Ceciles Stimme, aufgenommen anläßlich eines Radiointerviews wenige Tage nach Michaels Tod.

Ihre Worte aus Küßchenmund: »Michael hatte keine Schwächen. Er dachte nie an Vergangenes. Immer nur vorwärts, immer fröhlich, leicht, lachend. Mit ihm konnte man in den Tag hinein leben. Was ist wo in London los? Was machen wir jetzt? Es ist nach Mitternacht, aber wohin könnten wir noch gehen? Er war durch und durch Leben, verstehen Sie?«

Es sind die Worte einer Hure, die ihrem Hurentreiber nachweint. Doch sie war keine Hure gewesen. Für eine kurze, gefahrvoll-goldene Zeitspanne war sie seine weibliche Intuition gewesen, ein Zauberstab, mit dem er den britischen Löwen zum Brüllen brachte.

Alles das wurde zu öder Realität, als er starb. Jetzt war er ein Hurentreiber, sie eine Hure. So sagte das Gesetz. Sein Tod gab dem Gesetz recht. Tote reden nicht.

Daher werde ich reden. Mit oder ohne Hilfe von Syncrotex. Und ohne General Gath. Das ist der Grund, warum ich hierher in den Falkenflügel gekommen bin.

# 2. KAPITEL

> Nach Zeugenaussagen war Michael Cobb ein Doppelagent, durch den fremde Mächte Informationen über die militärische Stärke und die militärischen Absichten Englands erhielten. Die Zeugen haben weiter ausgesagt, daß Cobbs bekannt große Zahl von Frauenaffären diesem dazu diente, in den Besitz von militärischen Geheimnissen Englands und seiner Verbündeten zu gelangen.
>
> *Der Melamine-Report*

General Gath wurde einmal im »New Yorker« zitiert: »Der Denkspeicher besteht aus einer bestimmten Anzahl von Intellektuellen *und* Norman Scholes.« Der Artikel setzte spitz hinzu, viele Angehörige des Personals seien akademische Randexistenzen, die es aus »personellen« Gründen und wegen ihres sehr komplexen Intellekts hierher verschlagen hätte.

Ich war nicht einmal das. Meine einzige akademische Qualifikation bestand darin, daß ich einmal eine Dissertation zum Thema »Das Irrationale in den politischen Machtverhältnissen 1912–1939« verfaßt hatte. Sie wurde gerade noch approbiert. Einer jener Hornochsen vom Institut für Politikwissenschaft an der Columbia-Universität sagte danach hämisch: »Nicht nur Ihr Thema ist irrational, auch Ihre historischen Schlußfolgerungen sind es.« Das war derselbe Mann, der behauptete, 1942, nach der völligen Besetzung Rußlands durch Hitler, werde es Frieden geben. Ich habe einige Knoten entwirrt, an denen größere Köpfe als ich sich die Zähne ausgebissen haben.

Eine unserer Sekretärinnen erzählte mir, daß Frank Niles einmal dem General eine Analyse der Kosten vorlegte und ihm haarklein bewies, daß man mich hinauswerfen müsse. Der Alte lächelte und stimmte ihm zu. Dann schüttelte er den Kopf. »Nein, Frank«, sagte er. »Ich schicke Scholes aus, damit er hautnahe Kontakte pflegt. Wenn er einmal von Brasilien zurückkommt, ohne uns eine glaubhafte Geschichte mitzubringen, dann hat er wenigstens seine Nase im richtigen Dreck stecken gehabt. Wir ziehen ihm den Dreck aus der Nase und lassen ihn im Labor analysieren.«

»Sein Gehalt und seine Spesen gehen in die Tausende«, erinnerte ihn Frank.

»Ja. Sie haben recht. Wir können ihn uns nicht leisten. Aber Scholes ist ein Holzwurm, der sich in jedes Holz bohrt.«

Ich bin ein Holzwurm ... Diese Spezialität von mir, mich aus den verrufensten Winkeln direkt in die politischen Sturmzentren vorzuarbeiten, brachte mich auch auf die Fährte Michael Cobbs. Und meine Kollegen glaubten immer noch, Englands nächste Krise werde auf budgetärer Ebene liegen.

In einem einzigen, staunenswerten Fall nahm der Holzwurm der Gath Corporation, Norman Scholes, eine Fährte wieder auf, die er fast zwanzig Jahre vorher nicht weiterverfolgt hatte.

Der Holzwurm – das bin ich – saß in seinem Zimmer im Londoner Hilton. Tammy Chandler lag mit dem Oberkörper quer über meinen Beinen, weil jemand, der von mir eine Gefälligkeit brauchte, sie dafür bezahlt hatte, mir Gesellschaft zu leisten. Wir lagen nicht im Bett, denn ich habe die Erfahrung gemacht, daß teure Callgirls, die man ins Bett nimmt, daraus schließen, daß sie die ganze Nacht zu bleiben haben. Und ich hatte für nächsten Morgen eine Tennispartie verabredet.

Wir lagen auf den gestreiften Nylonkissen der Regency-Couch, die vor dem Kamin stand. Ich hatte ihr die Bluse ausgezogen, ihren BH geöffnet. Jetzt konnten wir beide ihre Brüste bewundern. Sie verdienten es. Die Wahrheit ist, daß Tammy, bevor sie nach London kam und sofort von den Kerlen »entdeckt« wurde, in ihrer Heimatstadt bei einer Molkereimesse den Schönheitsbewerb gewonnen hatte. Sie nahm die Dinger in die Hand und preßte sie gegeneinander, so daß meine Hand, die dazwischen steckte, fast ganz darunter verschwand. Als sie losließ, schnellten sie wie Tennisbälle auseinander. Das Feuer im Kamin erzeugte herrlich anzusehende Licht- und Schattenspiele auf den zwei Fleischhügelchen.

»Ich habe Yankees gern«, sagte sie. »Ihr seid so dankbar und verständnisvoll.« Sie hob ruckartig die Schultern, so daß ihre Brüste emporschnellten und gegen meine Hände schlugen. Und dabei lachte sie quietschvergnügt.

Ihre nackten Beine lagen gespreizt über meinen Knien, dadurch war ihr Unterkörper leicht angehoben, so daß ich nur mit der Hand von ihren Brüsten nach abwärts zu greifen brauchte, um an Ort und Stelle zu sein. Und alles in halbbekleidetem Zustand. Denn wenn man sie ganz auszieht, kosten sie einem zuviel Energie.

Während ich an ihr herumspielte, hielt sie die Augen meist geschlossen. Auch das war recht angenehm. Man hat nicht gern zuviel Gesicht bei einem Gelegenheitsfick. Sie lieh mir einfach ihre Gegenwart, das Gefühl ihrer glänzenden Haut, ließ mich sie wie einen Nachtisch zu dem herrlichen Dinner genießen, das mir die Leute von Averill Holdings bei Pruniers vorgesetzt hatten. Poulet a la crème aux raisins, dazu reichlich Chateau Yquem, framboises glacées – und schließlich die kleine Tammy, ebenso saftig-frisch wie die Creme zuvor und so der rechte Abschluß eines üppigen Mahles. Sollte ich da nicht milde gestimmt sein?

Die Leute von Averill Holdings brauchten die kleine Gefälligkeit. Ein Tip zu den kommenden Wahlen in Südamerika kann einem viel Geld ersparen, wenn man dauernd peruanische Häfen anlaufen muß und dort seine Niederlassungen hat. Der alte Mr. Averill und sein Vizepräsident Rice machten sich keine geringen Sorgen über die dortige Entwicklung.

Mr. Rice und Mr. Averill waren zu alt, um mit mir durch Londons Nachtleben zu bummeln. Aber der junge Mr. Hobridge, der das auf Firmenkosten bestellte Essen in sich hineinschlang, als hätte er seit Wochen in billigen Speiserestaurants essen müssen, agierte als Fremdenführer. Er brachte mich schnurstracks zu Tammy. Sie saß – natürlich rein zufällig – mit einem »sehr guten Freund« von Hobridge an einem Tisch bei Murray. Die beiden jungen Männer hatten einander so viel zu erzählen, daß Tammy und ich uns ganz dem zuwenden konnten, dessentwegen man uns zusammengebracht hatte. Ich gewann ihr Herz – oder ihr Ja oder was eben von ihrer Seite für die fünfzig Pfund, die man ihr bezahlt hatte, verlangt wurde – durch die simplen, in echter Yankee-Manier hingeworfenen Losungsworte: »Gehen wir.«

So war ich nun hier im Hilton und erledigte mit meinen Fingern zwischen Tammys Beinen die Hausaufgaben, die ich als Repräsentant von Gath zu machen hatte. Es war wirklich eine Hausaufgabe. Denn Tammy war wie ein Index, von dem man die Solvenzen der Averill Holdings bezüglich ihrer Projekte in Peru genauestens ablesen konnte.

Wer weiß, ob sie ihre Investition in mich je einspielen konnten. Für mich aber war Tammy gut die fünfzig Pfund wert. Sie hatte einen Teint, den man nicht so leicht vergaß, ganz zu schweigen von ihrem herrlichen blonden Haarschopf. Als sie ihren BH abnahm, glaubte ich zuerst, sie habe ihre Brustwarzen mit fluoreszierendem Lippenstift bestrichen. Aber die Farbe war echt.

Was mir an ihr auch gefiel, waren ihre lässigen Bewegungen. Sie knöpfte meine Kleidungsstücke mit dem Geschick der Professionellen auf, als wir noch auf der Couch saßen. Kein ängstliches Herumgetue, sie war sich ihrer absolut sicher.

Sie hatte eine Art, Autoerotik zuzulassen, die einem den Fluch der Einsamkeit vergessen machte. Praktisch habe ich nie masturbiert. Als Junge übte ich äußerste Härte gegen mich selbst. Vielleicht kommt daher die grimmige Miene, die ich zur Schau trage. So bin ich zwar keusch durch das Masturbationsalter hindurchgegangen, habe aber dafür, glaube ich, einige Ersatzbefriedigungen ins Schlepptau genommen. Daher geschah es sicherlich nicht, um ihr Gutes zu tun, daß ich sie händisch befriedigte. Etwas hatte ich auch davon.

Sie gab einen glucksenden Laut von sich, faßte mich krampfhaft am Hemd und barg den Kopf an meiner Brust. Sie hatte es hinter sich, und da die Leute der Averill Holdings dafür bezahlt hatten, nahm ich sie nun. Plötzlich öffneten sich ihre unverschämt blauen Augen weit und blitzten mich hinterhältig an. »Komisch, daß du den Namen Michael Cobb erwähnt hast«, sagte sie.

Ich hatte ihn nicht erwähnt. Aber ich erinnerte mich, daß der junge Hobridge und sein Freund den Namen bei ihrem sinnlosen Geplapper hatten fallenlassen, wie man den Namen eines Schauspielers oder sonst einer Berühmtheit fallenläßt, von der man annimmt, sie könnte jederzeit in dieser Bar auftauchen. Und ich hatte daraufhin gesagt, ich hätte ihn einmal gekannt und hoffte, ihn irgendwann einmal in London aufzusuchen.

»Einfach unglaublich, daß gerade du ihn kennst«, sagte Tammy. Plötzlich hatte sie ein Gesicht. Sie sah mich prüfend an, mit echt weiblicher Verschlagenheit, und fand, ich sei kein kalter Fisch. Bis jetzt war sie so unpersönlich gewesen wie eine Puppe im Spielzeugladen.

»Daran ist nichts Besonderes«, sagte ich.

Sie nickte und hielt mich eine Weile fest. »Es ist komisch, denn er ist mein Onkel. Er hat nie erwähnt, daß er dich kennt.«

Das war's also. Plötzlich durchliefen mein Gehirn lauter falsche Signale, wie ein Computer mit Kurzschluß brachte ich die einzelnen Datenimpulse durcheinander.

Seine *Nichte*.

Dieses Wort fiel gar nicht, doch ich brachte es sofort mit den falschen Dingen in Zusammenhang. Es ernüchterte mich, ich vergaß, daß ich den nackten Mädchenkörper unter mir hatte. Die beiden Begriffe Nichte und Michael Cobb hatten die Zündschnur zum Glimmen gebracht. Denn es war Tatsache, daß Michael der Vater *meiner* einen und einzigen Nichte, Michaela Scholes, war.

(Dieses bedauernswerte Kind so vieler gutgemeinter Irrungen, denen wir alle vor langer Zeit einmal erlegen waren. Dieser kleine Körper, Michaela, 7 Jahre alt, begraben 1946 in St. Louis – dieses Kind, das seinen Vater nie gekannt hat. Laß sie ruhen in den Tiefen deiner Erinnerung, Scholes, hol sie nicht gerade jetzt hervor!)

Ich stützte mich hoch. Tammy hätte eigentlich erschrecken müssen – vor meinem Gesichtsausdruck, vor meiner Stimme . . . »Ich mach' dich total fertig.« Oh, meine Stimme klang immer noch bedrohlich.

»Huuuuh«, lachte sie.

»Und ob!«

Der bloße Entschluß brachte mich schon fast auf den Höhepunkt. Heiße Wut packte mich und schwoll in mir. Befrei dich von deinem Schmerz, deiner Verwirrung. Mochte die Welle der Leidenschaft die Erinnerung an das Kind unter sich begraben.

Meine Wut und Verzweiflung waren für Tammy reinster Spaß. Sie sah mich scharf und spöttisch an, dann kicherte sie: »Ich wette, du kannst jetzt nicht kommen!«

Und sie hatte recht. Eine Schildkröte hat ihren Panzer, und wenn man einen Stock drohend über ihrem nackten, häßlichen Kopf schwingt, zieht sie sich in den Panzer zurück. Norman Scholes hat den größten Teil seines Lebens hinter einem unsichtbaren Panzer verbracht, damit ihn ja keine Menschenseele anrühren könne.

»Und wozu das ganze Theater?« fragte ich. Es war Zeit, die Hose hochzuziehen und den Gürtel um ein Loch enger zu schnallen. Eine Zigarette anzuzünden und die Asche auf den Teppich zu streuen. Sich ein Glas mit Whisky vollzugießen und es zu schwenken, so daß die rotbraune Flüssigkeit gefährlich nahe an den Rand emporstieg.

»Einfach so zum Spaß!« Wie gewandt Tammy herumschwang und auf den Beinen stand. Sie brachte ihren BH in die richtige Lage und drehte sich um, damit ich ihn einhaken möge. Was hätte ich sagen sollen?

Ich rührte den BH nicht an und zog auch nicht den Zip ihres lila Kleides hoch. Als sie sich bückte, um ihr Höschen aufzuheben, stützte sie sich mit einer Hand auf meinem Knie auf. Dabei konnte ihr nicht entgehen, daß ich vor Zorn zitterte. Aber sie hatte bekommen, wofür sie gekommen war, und brach munter ihre Zelte ab.

»Schau«, sagte sie mit süßem Geschäftston, »ich bleibe natürlich die ganze Nacht, wenn du willst.« Dabei zog sie das winzige

Ding über die Hüften hoch. Es hatte vorn ein rosafarbenes Band, das wie zum Abschied hin und her baumelte, bis sie den Rock hinunterzog und es nicht mehr zu sehen war. »Aber wenn du müde bist, Liebling, dann gehe ich eben.«

Ich sagte kein Wort.

Sie ging ins Bad, kam sehr bald wieder zurück, die Lippen mit frischem Rot angestrichen. »Ich habe Michael gesagt, ich würde versuchen, ihn nachher noch zu treffen, wenn es geht.«

Immer noch keine Antwort von mir.

Sie kauerte sich halb neben mich und faßte mich leicht an den Schultern. »Komm doch mit, wenn du willst«, schmeichelte sie. »Ich treffe ihn im Annabel-Club. Eine herrlich dekadente Bude. Ich bin sicher, er freut sich sehr, wenn er dich sieht.«

»Geh zum Teufel.«

Sie hob den Kopf, als ob sie erst jetzt bemerkte, daß ich wütend war. Sie zuckte mit den Achseln und richtete sich auf. Da war eben nichts zu machen.

»Ich werde Michael ganz bestimmt sagen, daß ich dich kennengelernt habe«, sagte sie. Auf dem Weg zur Tür wackelte sie herausfordernd mit dem Popo. Ihr ganzes Hinterteil schien zu frohlocken. Sie hatte ihre Mission erfüllt.

Am liebsten hätte ich ihr einen Tritt in den Hintern gegeben.

Eine Minute lang sah ich rot. Ich ballte buchstäblich die Fäuste, um nicht loszurennen. Ich zählte die Sekunden, um ihr Zeit zu geben, die Aufzugskabine zu betreten, wo sie vor mir sicher war.

Ich tat einen tiefen Atemzug. Michael Cobbs Nichte! Einen Augenblick lang warst du für mich jenes kleine Mädchen, das wir in St. Louis begraben haben, du Hürchen, die du aus der Nacht kamst, um mir »Onkel, kennst du mich nicht?« zu sagen.

Aber es braucht nur etwas Zeit und Härte, und die Konfusion weicht dem Gleichmut. »Onkel?« Ja, Onkel. So nennen die Huren ihre Zutreiber. Wenn auch der Ausdruck, so glaube ich, etwas aus der Mode gekommen ist.

Es konnte nicht jener Michael Cobb sein, der all die Jahre hindurch unverändert in meiner Erinnerung lebte, während ich ihm aus dem Weg ging – wohl aus Angst, er könnte nicht mehr der Michael Cobb von damals sein.

Immerhin, zwanzig Jahre sind eine lange Zeit. Alles ist möglich. Aus welchem Grund immer auch Tammy zu mir gekommen war: Sie hatte mir laut und deutlich die Botschaft überbracht.

Nun wußte ich, daß es Zeit war, ihn wiederzusehen.

# 3. KAPITEL

Obwohl Michael Cobb seine ärztliche Praxis weiter betrieb und das höchste Vertrauen seiner Kollegen genoß, unterhielt er mit keinem von diesen engere freundschaftliche Beziehungen. Viele waren der Meinung, seine eigentlichen Interessen lägen außerhalb des Gebietes der Medizin.

*Der Melamine-Report*

»An Donnerstagen ist der Doktor am Nachmittag selten zu erreichen, außer, man ist angemeldet«, sagte Miß Podmore. Sie war Michaels Sprechstundenhilfe, eine große, schwarzhaarige Person mit ebenmäßigem Gebiß. Eine langstielige englische Rose. Der Typ der klassischen englischen Gouvernante, die einen stets in Wort und Geste wissen läßt, daß sie sehr wohl ihren Platz als Bediente im Hause vornehmer Leute kennt.

»Sie hätten sich den Weg sparen können, wenn Sie vorher angerufen hätten«, sagte sie. Ihr Verhalten mir gegenüber sollte wohl andeuten, daß sie mich für einen von Dr. Cobbs amerikanischen Freunden hielt. Er hatte überall eine Menge Freunde.

Anderseits konnte ich auch ein Mann von einer Bank sein, der Erkundigungen einzog und hierfür amerikanischen Akzent vortäuschte. Oder jemand von der Polizei. Dr. Cobb warf sein Geld bei vielen Fenstern hinaus, wie eben Junggesellen zu tun pflegten. Schon einige Male war die Polizei hier gewesen und hatte sich nach einigen Freunden aus den unteren Schichten erkundigt. Miß Podmore wunderte sich über nichts mehr.

Ich ließ absichtlich ein wenig Zeit vertreichen, um ihre Neugier anzustacheln und gleichzeitig die Schwingungen des Raumes – und auch Miß Podmores Schwingungen – ins Gespür zu bekommen. Sie war sicher eine von jenen Damen, die ihre Arbeit über alles lieben und ihren Boß gerade so gut kennen, daß sie ihn noch in etwas verklärtem Licht zu sehen vermögen.

»Was ist das für ein obszönes Ding da? Hat er das beim jährlichen Derby der Schlangenjäger gewonnen?« fragte ich. Unter seinem Diplom vom College für Osteopathie in Hansville, Missouri, stand ein kleiner Glasbehälter, in welchem auf grünem Samt ein etwa fünfzehn Zentimeter langes Bronzekreuz lag. An das Kreuz war eine besonders dicke Schlange genagelt. Ein sehr altes Emblem und besonders schön ausgeführt.

»Das?« Miß Podmore mußte angesichts dieser barbarischen Frage erst einmal Atem holen. »Das ist ein Geschenk von einem österreichischen Patienten. Ein dankbarer Mann, und ein reicher Mann. Es stammt, glauben wir, aus dem fünften Jahrhundert.«

Ich blinzelte ihr zu, um ihren Grimm zu besänftigen. »Ein Kunstwerk also? Wieso das?«

»Es hat wahrscheinlich auch symbolische Bedeutung«, sagte sie. Sie hatte sich schnell wieder beruhigt.

»So steht auf der Beschriftung.«

Michael hatte am unteren Ende des Bronzekreuzes ein Kärtchen angebracht und eine Legende verfaßt:

»Die gekreuzigte Schlange – Symbol des Mütterlichen und der inneren Einheit des Männlichen und Weiblichen – spielte in der Alchimie eine bis heute nicht geklärte Rolle. Die Hebräer verehrten die Schlange wegen ihrer Heilkraft. Die Urkraft – ebenfalls symbolisiert durch die Schlange – mußte erst gekreuzigt oder zerstört werden, ehe das ›Große Werk‹ verwirklicht werden konnte. Die Alchimisten betrachteten die von Herodes hingemeuchelten unschuldigen Kinder als ›metallische Keime, die es zu vernichten galt‹.«

»So ist er also jetzt unter die Alchimisten gegangen», sagte ich.

Damit hatte ich Miß Podmore endgültig das Übergewicht gegeben. Jetzt fühlte sie sich mir hoch überlegen. »Soviel ich weiß, hat man in Ihrem Land Vorurteile gegen die Osteopathie, obwohl man sagt – und Gott weiß, warum –, sie sei dort erfunden worden. Man sollte doch denken, daß ein Freund von Doktor Cobb weiß, daß er nicht nur dem Institut für Osteopathie angehört, sondern auch Mitglied der Chirurgenvereinigung ist.«

Aber sie ging nicht weiter auf mich los. Plötzlich fiel sie in einen friedlichen Ton: »Wenn Sie wirklich nur ein paar Tage in London sind, gebe ich Ihnen den Rat, einmal beim Horseferry Arms vorbeizuschauen.«

»Ein Gasthaus? Gasthäuser sind doch um diese Zeit geschlossen.«

Sie nickte. »Wie genau Sie das wissen«, sagte sie beißend. »Er ist trotzdem den ganzen Nachmittag dort. Es sind auch einige seiner Freunde dort. Sie helfen ihm, seine Bilder für eine Ausstellung aufzuhängen.«

»In einem Gasthaus?«

Jetzt strahlte sie mich an. Sie war natürlich stolz darauf, für eine so unkonventionelle Persönlichkeit zu arbeiten. »Soll er als Künstler vielleicht seine Arbeiten nur den Snobs in Mayfair zeigen?« Sie bot mir ein Bonbon an und nahm sich selbst eins. »Natürlich werden Sie die Eingangstür verschlossen finden. Aber Sie sehen mir nicht aus, als ob Sie auf den Kopf gefallen wären. Sie werden schon irgendwie hineinkommen.«

Das Horseferry Arms ist ein drei Stock hohes Gebäude, das zwischen Lagerhäusern und Garagen am Themseufer steht. Gegenüber steht inmitten von Ulmen und Grabsteinen eine kleine Steinkirche. Vom Seiteneingang sieht man direkt auf die ölige, grünlichbraune Wasserfläche, die jedesmal aufschäumt, wenn ein Schlepper oder ein Dampfer vorbeifährt.

Eine dickliche, gutaussehende Frau von etwa Fünfunddreißig ließ mich ein, als ich erklärte, wer ich sei. »Ich bin Eileen Mayhouse«, sagte sie. »Wir sind alle drüben im anderen Raum und tüfteln herum, wie wir Michaels Bilder möglichst verrückt aufhängen könnten.« Sie nahm mich beim Arm und geleitete mich vorbei an der hölzernen Zielscheibe des Darts-Wurfspiels, dann um die Ecke der Theke und zum oberen Ende der kurzen, breiten Stiege, die hinunter in das große Gastzimmer führte. Das gewährte mir den Vorteil, Michael zu sehen, bevor er mich erblickte.

Da stand er, in kurzen Hemdsärmeln und mit dunkler Brille, und zeigte mit einem Stock zwei Männern in Schürze, wie sie eine Leinwand, auf die Photos und Zeichnungen geklebt waren, aufhängen sollten. Der Raum war zum Großteil mit alten Comic-strips, viktorianischen Malereien in gewundenen Goldrahmen und riesigen Plakatbildern der Garbo und Buster Keatons dekoriert. An der Schmalseite befand sich ein Podium, auf dem Schlagzeug, Instrumentenetuis und ein Klavier standen, dazu zwei riesige schwarze Hörner, die jemand den Schafhirten aus einem Roman von Thomas Hardy gestohlen zu haben schien. Lediglich die parallel zum Flußufer verlaufende Längsseite des Raumes war für Michaels Arbeiten freigemacht worden.

»Das ist Cecile«, sagte Eileen Mayhouse. Ich dachte zuerst, sie meinte eine der beiden Frauen, die sich auf zwei Liegestühlen, die zwischen dem Musikpodium und der großen Theke standen, räkelten. Sie sahen in ihren Sommerkleidern ziemlich toll aus. Jede hielt ein Glas Gin in der Hand. Sie waren offenbar nicht da, um Michael bei der Arbeit zu helfen.

»Nein«, sagte Eileen, »ich meine das Bild, das sie über die Tür nageln. Das ist Cecile. Es ist ihre Show, ihre Zurschaustellung. Dabei sind die meisten der Skizzen im Obergeschoß. Sie verstehen? Der Wirt, obwohl er Michaels Busenfreund ist, hat sich geweigert, Aktzeichnungen im Gastzimmer aufhängen zu lassen, wo der einfache Arbeiter bei seinem Bier sitzt. Und das, obwohl die Idee für diese Ausstellung von ihm stammt. Er will hier unten die Filmstars hängen haben, die Aristokraten und dergleichen Leute, die Michael porträtiert hat. Ich sagte ihm, es sehe um so mehr nach Bordell aus, wenn er die Nacktbilder oben hängen habe. Das erinnere an gewisse Reklameschildchen in Soho: ›Junges Modell, Juno, I. Stock‹. Aber er war nicht meiner Ansicht. Ich glaube, Michael war über diese Lösung eher amüsiert.«

»Es ist der magische Weg.«

»Oh«, sagte sie, ein wenig betroffen durch das Wort »magisch«, das ich ihr zugeworfen hatte. »Ja, richtig. Michael, Liebling, es ist jemand gekommen.«

Jetzt drehte er sich um, fünfzehn Meter entfernt von mir, an der im Düsteren liegenden Seite, eine Gestalt in Weiß, die mir mit dem Stock wie mit einem Zauberstab zuwinkte.

»Hallo, Norman«, sagte er. Er hatte mich sofort erkannt. Auch ich erkannte ihn sogleich – nicht sein Gesicht, denn seine Züge waren durch die dunkle Brille verdeckt, aber seine Stimme, die so unverkennbar war. Nicht sehr laut, aber fest und selbstsicher.

Seine Freunde wandten sich träge um. Er nahm etwas theatralisch seinen Stock unter den Arm und kam zu mir, um mir die Hand zu schütteln. Dabei ergriff er mit der Linken meinen Ellbogen.

Nun gut. Das war keine brüderliche Geste, das war schon eher eine Liebkosung. Ich fühlte mich von den starken Armen eines älteren Bruders umfangen.

»Nun hab' ich's doch geschafft«, sagte ich. »Du weißt, ich bin durch mehrere Jahre oft genug in London gewesen. Ich hätte nur deine Telephonnummer aus dem Telephonbuch herauszusuchen brauchen . . .«

»Alles zur rechten Zeit«, sagte er. Er lächelte. Jetzt hätte ich gerne seine Augen sehen mögen. »Oft im Frühling, wenn das Wetter besser wird, habe ich zu mir gesagt: ›Ah, heuer wird Norman aufkreuzen und sagen, es ist Zeit, daß wir in seinem selbstgezimmerten Kanu zu den Ozarks fahren.‹« Das hatten wir einmal geplant. Ich nehme an, das war für ihn die einfachste Erinnerungsmarke, durch die er mich im Gedächtnis behielt. Doch das war jetzt alles unwichtig, ich war tief bewegt durch seine reizende Geste, gerade jetzt davon zu sprechen. »Ich bin auch oft in Amerika gewesen«, sagte er. »Wenn auch nie in der Nähe von St. Louis oder Hansville. Geht es deiner Schwester gut?«

»Ja«, sagte ich. »Sie lebt in St. Louis.«

»Natürlich längst verheiratet?«

»Längst verheiratet . . .« Da standen wir nun am gefährlichen Punkt, an dem alles, was ich ihm so lange hatte sagen wollen, aus mir heraus mochte. Doch er sprach nicht das auslösende Wort, und er nahm auch nicht die Brille ab, damit ich seine Augen sehen könne.

»Darf ich dich der Runde vorstellen«, sagte er, immer noch meinen Ellbogen haltend und mich dem kleinen Kreis seiner Freunde zudrehend. »Um einen schlechten Witz zu machen: Das ist Norman, der auf eine neue Normannische Eroberung aus ist. Er ist Repräsentant der Gath Corporation«, begann er fröhlich. »Spionageunternehmen. CIA und Pentagon in neuer Maske. Stimmt's, alter Junge?«

»Was wahr ist, ist wahr. Ich streite nie«, sagte ich. Es störte mich, daß er es wußte. Seine Information hatte er entweder von Tammy Chandler oder von den Averill-Holdings-Leuten, die das Mädchen für mich gemietet hatten.

»Er ist hier als Kundschafter für die Vereinigten Staaten, die die britischen Inseln als 51. Staat annektieren wollen.«

»Und das ist kein Spaß«, sagte ich im charmantesten Ton, zu dem ich fähig war.

»Nur nicht sehr nett, das auch zu sagen, nicht? Ursula . . .« Ursula Drake war die große Rothaarige. Man brauchte nicht so abgebrüht zu sein wie ich, um gleich zu sehen, daß sie eine von Michaels Harem war.

Die Frau, die mich hereingeführt hatte, gehörte zu Peter Mayhouse, dem untersetzten, in sich gekehrten Mann, dessen Augen so blau waren wie die von Tammy Chandler. Ich sagte ihm, die Aufführung seines letzten Stückes in New York habe mir sehr gefallen. »Niemand hat mein *letztes* Stück gesehen, Norman. Wir haben es ein einziges Mal in einer Kirche in Wimbledon aufgeführt. Es ist so eine Sache damit, wissen Sie. Nicht für die breite Masse.«

Ob das nun stimmte oder nicht, er war einer der besten englischen Dramatiker der jungen Generation. Wie kam er dazu, hier an einem schönen Sommertag in einem Wirtshaus Bilder aufzuhängen?

Die Frage reizte mich mehr und mehr, als die Vorstellungszeremonie weiterging. Michaels Mannschaft waren lauter Leute, die überall dort zu finden waren, wo etwas los war. Simon Whetlock arbeitete für den »Daily Mirror« und schrieb daneben auch für den »Observer«. Tracy Bryce war ein Abgeordneter aus Liverpool. Dann war da noch ein japanischer Astrophysiker, der momentan am Forschungsinstitut von Jodrell Bank tätig war. Diese drei konnten doch nicht nur hier sein, weil sie hinter Ursula Drake oder der anderen, deren Name ich mir nie merkte, her waren.

Nur der Wirt des Horseferry Arms – den alle »Governor« nannten – paßte hierher. »Doktor Cobb ist seit Jahren ein Freund dieses Etablissements«, sagte mir Harry Duke, der »Governor.« »Ich sag' zu ihm: ›Warum nicht den Leuten hier dein Talent vorführen? Mr. Whetlock schreibt uns einen schönen Artikel in seinem Blatt.‹«

»Werde ich auch. Mit dem Titel: ›Was tut sich im Obergeschoß des Horseferry Arms?‹«

»Nein«, sagte Harry. »Es muß heißen: ›Kunst in Arbeiterkneipe.‹«

Harry war für Takt und Würde. Doch mit vielsagendem Augenzwinkern bot er sich an, mir die Schaustücke im Obergeschoß zu zeigen, falls ich Lust dazu hätte.

So sah ich Cecile erstmals so, wie ich sie heute sehe: nicht als verführerischen Nackedei, der sich über Richard Derwents Bett zur Berühmtheit hocharbeitete und in die Geschichte einging – sondern mit klarem Strich auf Zeichenpapier verewigt. Sie war ein Wesen, das Michael nach seiner Phantasie geschaffen hatte. Mit geschickter Hand und mit seinem Sinn für Show machte er aus ihr eine Schicksalsgöttin.

»Miß Banner ist eine reizende junge Person«, sagte Harry Duke und äugte verhohlen auf die gerahmte, mit Bleistift und

Feder auf getöntem Papier ausgeführte Sammlung von Popos, Nabelpartien und eiförmigen Brüsten, die da im muffigen Oberstock des Horseferry Arms an den Wänden prangte. »Sie müssen sie einmal kennenlernen.«

Ich hatte keine Gelegenheit mehr, mit Michael allein zu reden. Um vier mußte er ins Krankenhaus fahren, um einem Baron den Gipsverband abzunehmen, nicht mehr. Er sprach davon wie von einer Bildhauerarbeit. Und der »Baron« schien auch nicht ganz ohne Absicht erwähnt worden zu sein. Alles, was er in meiner Gegenwart sagte und tat, war so eingeplant, so konventionell, so diszipliniert wie seine Zeichnungen, die er ausstellte.

Vor meinem Rückflug nach Amerika sollten wir zusammen zu Mittag essen. Aber was ich mit hinüber nahm, war vor allem das Bild Michaels dort im Gasthaus inmitten seiner Bewunderer.

Ich sagte zu General Gath, daß der Vorhang, den Showman Cobb vor jener Szene hochgezogen hatte, wieder einmal eine geplante Sache gewesen sei. »Wie beim erstenmal«, sagte ich, »als ich ihn in Hansville kennenlernte.«

»Also ein außergewöhnlicher Mann?« fragte er nachdenklich. Und dann setzte er mit seiner feinen, trockenen Ironie, die zugleich spöttisch und tröstend wirkte, hinzu: »Als ich in die Schule ging, sagte man uns immer, die Geschichte werde von außergewöhnlichen Männern gemacht. Natürlich ist diese Ansicht heute aus der Mode, man spricht nur mehr von sozialen Kräften, von Kapital, von Technologie. Und wir verdienen unser Geld damit, daß wir diese Kräfte analysieren. Aber – lassen wir den außergewöhnlichen Mann nicht ganz unter den Tisch fallen!«

Ich sagte ihm, ich hätte es versucht, ich hätte zwanzig Jahre lang absichtlich Michael aus meinem Gedächtnis zu verdrängen versucht. »Seither habe ich einen mistigen Haufen von Dingen gesehen und erlebt. Ich bin nicht mehr derselbe. Und jetzt sitze ich hier und habe das Gefühl, ich muß wieder von vorn anfangen – mit diesem verdammten Michael Cobb von damals.«

»Ein langer Weg von Missouri bis hierher«, sagte der General. Wir saßen auf seinem Balkon und atmeten die laue Luft dieser Sommernacht ein. Die Sterne standen über den Konturen der Berge, die den ganzen Horizont des Falkenflügels einnahmen. Die Teile eines Puzzlespiels kreisten in meinem Gehirn und wollten sich nicht zusammensetzen lassen, blieben gerade so weit voneinander entfernt, um meine Gedanken um sie kreisen zu lassen.

»Es ist eine verdammt traurige Geschichte«, sagte ich. »Meine Schwester hat diesen jungen Engländer in einem Drugstore aufgelesen, als er sich einsam und verlassen fühlte. Sie trank einen Green River. Er erinnerte sich noch genau daran, er hat es mir vorgestern gesagt . . .

Kennengelernt habe ich Michael auf dem Tennisplatz, den Bill Koonsay und ich aus unserem Hintergarten ausgebuddelt hatten. Und von der Minute an, da ich seine Stimme hörte, änderte sich alles in meinem lausigen Leben . . .«

# 4. KAPITEL

Als Arzt wurde Michael Cobb von vielen seiner Patienten bewundert und geliebt. Er behandelte Lord Collingwood mit Erfolg und wurde dessen Freund. Sowohl Lord Collingwood als auch Tracy Bryce äußerten sich lobend über ihn und sein berufliches Können. Sie brachten ihn mit vielen ihrer Freunde zusammen, deren körperliche Beschwerden in sein Fachgebiet fielen.

Dr. Cobb wurde vor dem Zweiten Weltkrieg in Hansville, USA, als Osteopath ausgebildet. In der Folge hatte er in der britischen Armee eine ehrenvolle Laufbahn vom Mannschaftsrang bis zum Rang eines Hauptmanns.

Michael Cobb stammt aus guter, wenn nicht sogar gehobener Familie. Sein Vater und sein Onkel waren Geistliche. Gerüchten zufolge sollen Mitglieder der Familie Cobb dem radikalen linken Flügel angehört haben und er selbst aktiv als Geheimmitglied der Kommunistischen Partei tätig gewesen sein. Als Knabe war er angeblich mit Wylder und Cleaver befreundet, die während ihrer Oxforder Zeit Parteimitglieder waren und später in die Sowjetunion gingen. Das stimmt nicht. Als diese beiden in Oxford studierten, war Michael Cobb in Amerika. Sein Vater dürfte mit der Linken sympathisiert haben. Dennoch wurde er 1939 während der sogenannten POUM-Säuberung von den Kommunisten in Barcelona hingerichtet.

*Der Melamine-Report*

Es war ein schöner Maiabend. Unter unseren Ulmen duftete es nach Flieder. Zusammen mit Ted Harlan schritt ich zwischen den Büschen in unserem Hinterhof hindurch in Richtung auf den Tennisplatz, den Koonsey und ich angelegt hatten. Der Platz war nun seit zwei Jahren fertig. Ich hatte den blöden Koonsey längst im Tennis überrundet und ihm einmal nach einem Streit gesagt, er solle den Platz nicht mehr betreten. Jetzt war ich bereits so gut, daß ich fast jeden im College besiegen konnte, obwohl ich erst siebzehn war. An jenem Nachmittag wollte ich Ted Harlan durchs Netz schießen. Für mich war er nichts als ein Aufbaugegner.

»He, deine Schwester spielt«, sagte Ted. »Der Platz ist besetzt.«

Ich konnte es nicht glauben. »Sie hätte es mir gesagt.« Elaine war in solchen Dingen sehr genau. Sie fragte mich immer, bevor sie Dinge von mir benützte. Das war Teil ihres Erziehungsprogramms, das aus mir einen zivilisierten Menschen machen sollte.

»Warum ziehst du ein Gesicht?« fragte Ted.

»Ich ziehe kein Gesicht. Ich frage mich nur, warum sie es mir nicht gesagt hat, daß heute nachmittag jemand zu ihr kommt.«

Wegen der Fliederbüsche konnte ich noch nicht den ganzen Platz übersehen. Da hörte ich eine Männerstimme sagen: »Sehr gut. Ein herrlicher Ball.« Die Stimme klang wie die von Leslie Howard, den Elaine und ich kürzlich in dem Film »Der versteinerte Wald« gesehen hatten.

Dann kam Elaine zum Netz gerannt, und ich sah sie. Sie hatte einen weißen Tennisdreß an, den ich noch nie an ihr gesehen hatte. Ihr Gesicht glühte, und ihre Bewegungen waren von einem linkischen Charme, der mir an ihr nie aufgefallen war.

Zum ersten Male – eben in diesem Augenblick – sah ich, daß sie wirklich hübsch war, und es war für mich wie ein schreckliches Erwachen. Ich hatte vorher nie eine Ahnung gehabt, was bei einer Frau Schönheit war, außer wenn sie einen großen Busen hatte und mit dem Hintern wackeln konnte. Doch das hier war etwas ganz anderes. Es war ein Strahlen, das von innen kam. Nicht sosehr ein Strahlen vor Glück war es, was ich hier sah, sondern das glückselige Verlangen nach Glück und nach Leben.

Man könnte sagen, ich sah Michael Cobb zum erstenmal durch meine Schwester. In jenem Augenblick und die ganze Zeit danach war sie der Spiegel, der ihn mir zeigte.

Und dann sah ich ihn in Person. Elaine verfehlte einen Ball – ein hoher Aufsitzer, den zu nehmen ich ihr beizubringen versucht hatte. Ich schrie sie an: »Oooh, du blutiger Amateur.« Dabei starrte ich unverwandt Michael an, als wäre ich ein Indianer und er der erste weiße Mann, der mir unterkam. Er hatte langes, brünettes Haar, das ihm in Locken über die Schläfen fiel. Mein Haar war wie das aller meiner Freunde in Hansville kurz geschoren. Er hatte die Ärmel seines weißen Hemdes hoch aufgekrempelt. Sein Körper war nicht gerade athletisch zu nennen, aber es ging von ihm eine Stärke und Sicherheit aus, die mich beunruhigte. Noch bevor ich erfuhr, daß er Engländer war, wußte ich, daß er nicht hierhergehörte, und schon die ersten Silben, die er sprach, waren ein bedrohlicher Einbruch in den einfachen Kodex, nach dem ich lebte.

Als Michael und Elaine an den Spielfeldrand kamen, damit wir einander bekannt machen konnten, zogen Ted und ich die Schultern hoch und die Bäuche ein, um zu zeigen, was für tolle Sportstypen wir waren. Ted und Elaine waren beide frisch auf dem College in Hansville (Baptist-Nordost, wo mein Vater lehrte), und sie waren ein paarmal miteinander ausgegangen. Ich hatte Angst, Ted würde jetzt gleich loslegen, wenn er Elaine mit einem anderen Mann antraf.

Sie hätte kaum weniger Notiz von Teds Gegenwart nehmen können, als sie es tat. »Das ist Michael Cobb, Normie. Norm ist wirklich gut, wir glauben, aus ihm wird noch ein Champion. Michael ist am Institut für Osteopathie.«

Sogar damals wußte ich, daß unter allen Universitäten die Baptist-Nordost wohl das Letzte war, was einem passieren sollte. Sonst hätten sie meinen Vater wohl nicht dort unterrichten lassen, klar? Doch obwohl Hansville eine kleine Stadt war, wußte ich vom Institut für Osteopathie so gut wie nichts und hatte bloß die vage Vorstellung – die ich durch Gott weiß was für welche Hinweise gewonnen hatte –, daß Osteopathie ebenso verdächtig sei wie Zauberei. Ich und meine Freunde mieden das Institut. Die Studenten dort mußten wohl viel arbeiten, denn man bekam sie in der Stadt kaum zu Gesicht.

»Ein Knochenmensch, was?« sagte Ted und reckte seine Pranke vor, um Michael die Hand zu schütteln. »Wie werden also Knochentischler? Freut mich, Ihre Bekanntschaft zu machen, Sir.«

Das »Sir« erinnerte mich daran, daß Michael um einiges älter war als wir – acht Jahre älter als ich, sechs Jahre älter als Elaine, wie ich später erfuhr –, und dabei war ich schon jetzt größer als er und wog gute zehn Kilo mehr. Er sollte sich nur nicht mit mir anlegen. Ich fühlte mich damals als Elaines Wachhund und glaubte noch, daß Stärke allein ausreiche, um jemanden zu beschützen.

Aber nur in jener ersten Minute des Kennenlernens kam mir der Gedanke, er könnte ihr ein Leid zufügen. In der nächsten Minute waren sie für mich bereits ein Paar, und ich hatte mich bereits in den Gedanken verliebt, daß sie zusammengehörten.

Wir spielten ein Doppel.

»Ich glaube, es wäre nicht fair, wenn ihr beide Elaine und mich abschlachtet. Vielleicht spielen Sie, Norman, und Elaine gegen uns zwei. Wie ich gehört habe, spielen Sie Atomtennis«, sagte er zu mir.

Ich hörte gar nicht, was er sagte, ich hörte nur seine Stimme, die ebenso eindringlich und zwingend auf mich wirkte wie meine innere Stimme, mit der ich mich in Schuß zu halten pflegte. Damals redete ich nicht viel, einem Athleten stand das nicht gut an. Niemand brauchte zu wissen, daß sich unter meiner rauhen Schale ein Prinzengemüt verbarg. Aber da war einer, der es merkte und wenig Aufhebens davon machte.

»Ja, Atomtennis, aber von der hinterhältigen Sorte«, sagte Ted. »Sir, wir werden sie tüchtig versohlen.« Sogar dieser blöde Versuch, einen männlich-forschen Ton anzuschlagen, holte mich nicht in die Realität herunter.

Wahrlich, das war einer jener Tage, an dem alles wie im Traum gelang. Was für ein Spiel! Wir trafen einfach jeden Ball, jeder von uns vieren! Ich verließ mich auf meine Kraft und auf mein Service. Mein Backhand war noch lange nicht ausgereift. Doch an jenem Tag holte ich Bälle aus der Ecke oder vom Netz wie ein Angler, der die Fische mit dem Netz herausholt. Michael versuchte mich immer wieder mit seidenweichen Stopps, die sich über das Netz stahlen, oder mit in die äußerste Ecke placierten Lobs auszuspielen. Aber ich gab einfach alles zurück. Gott, wie ich rannte! Ich wollte, daß er nicht nur bewunderte, welchen Dampf ich in meine Forehands legte, sondern daß er auch den Kampfgeist, den ich in dieses verdammte Spiel legte, sehen sollte.

Einmal gab Elaine einen herrlichen Lob hinüber, er stieg in den Sonnenschein, langsam, als hinge er an einem Draht, und senkte sich in sanftem Bogen in die gegnerische Hälfte. Der kleine Ted rannte dem Ball nach, verlor das Gleichgewicht und stolperte zur Aufschlagstelle. Dort schlug er den Ball backhand über den Kopf zurück wie einer, der einen Strunk aus der Erde reißt. Wenn Zeit gewesen wäre, hätten wir uns totgelacht. Und so wirbelte das Spiel weiter.

Natürlich war es Michaels freundliche Anerkennung, die er uns wilden Amerikanern entgegenbrachte, mit der er uns zu Höchstleistungen antrieb, zu denen wir normalerweise nie imstande gewesen wären. Er war von uns und unserem Spiel entzückt. Wir führten vor ihm einen Tanz auf, als wäre er der Rattenfänger von Hameln.

Elaine und ich gewannen den Satz. Was machte es aus, es war so, als hätten beide Parteien gewonnen. Später, als Elaine hinaufgegangen war, um zu baden, und ich im Erdgeschoß unter der armseligen Brause stand, sagte Michael: »Im Ernst, Norm, ich bin nur ein Stümper.« Was so aussah, als hätte erst ich ihn zu einem erstklassigen Spieler gemacht. Das konnte ich nicht gelten lassen, und so brummte ich nur.

»Es ist ein ausgezeichneter Platz. Schneller als ein Grasplatz, nicht wahr? Und Sie haben ihn selbst gemacht? Wollen Sie wirklich Profi werden? Sie haben das Zeug dazu.«

Ich glaubte es ihm. Bei jedem anderen hätte ich das Kompliment nicht akzeptiert. »Ich bin nicht so gut wie Sie«, sagte ich heiser. »Sie *denken* beim Spielen.«

»Sie haben mir keine Gelegenheit gegeben, das zu beweisen«, lachte er. Er begann sich für die Dusche zu entkleiden, und ich verließ den düsteren, muffigen Raum. Ich hätte es nicht ertragen können, ihn nackt zu sehen.

Ich saß im Wohnzimmer auf Mutters Sofa, immer noch dampfend von Schweiß und darauf wartend, daß sich mein rasender Herzschlag beruhige, als Elaine herunterkam. Sie war sichtlich erfrischt, und doch standen auf ihrer Unterlippe und auf den Schläfen bereits wieder kleine Schweißperlen. So etwas konnte ich nicht ausstehen. Als sie mir einen Kuß auf die Wange gab, zuckte ich zurück.

»Weich doch nicht aus«, sagte sie. Ihre Stimme klang traurig, obwohl sie glücklicher und selbstsicherer denn je aussah. »Warum fährst du denn so zurück, wenn dich jemand anrührt? Ich wollte dir doch nur zu verstehen geben, daß ich heute nachmittag sehr stolz auf dich war.«

»Ich habe gut gespielt.«

»Ich meine nicht das, ich meine, wie großartig du dich benommen hast. Du warst so – gescheit.« Das war nun eine Lüge, aber ich verstand, was sie meinte.

»Du willst, daß er uns alle mag«, sagte ich. Das arme Schwein. Hätte sie sich doch nur nicht darum gekümmert, wen er noch liebte außer ihr . . .

»Ich hoffe, du magst ihn«, sagte sie. »Ich habe ihn erst gestern kennengelernt. Ich trank bei Halverson einen Green River, und er fragte mich, was für ein Gesöff ich denn da zu mir nähme. Er hat nie den Namen Green River gehört. Er ist sehr nett. Glaubst du, daß er Daddy gefallen würde?«

»Mhmmmm«, sagte ich. Davor fürchtete ich mich. Wenn der alte Mann, besser gesagt *sobald* der alte Mann herausfand, daß Michael Engländer war, würde er ihn auf ein Podest stellen. Und ich konnte mir nicht vorstellen, daß Michael dann den Alten länger als eine Minute würde ertragen können. Und wenn er es konnte, dann war er nicht der Wunderknabe, für den ich ihn hielt.

Es wurde mir zuviel. Ich sprang auf und rannte wie ein Gehetzter aus dem Haus. Hinunter zum Sportplatz der Baptist-Nordost und dreimal auf der Aschenbahn um das Spielfeld. Meine Lunge barst förmlich. Ich fiel buchstäblich vor Erschöpfung um und kroch auf den Rasen. Ich legte mich zwischen zwei verrostete Graswalzen, die die Leute vom Platzpersonal liegengelassen hatten, und starrte in den Himmel. Der war eine blaue Scheibe mit einem rot- und orangefarbenen Rand. Wenn ich hier stürbe, wäre das wieder eines jener Dinge, die die Leute an mir nie begriffen. Ich liebte Elaine und diesen Mann, den sie kennengelernt hatte, und das war hoffnungsloser als das ganze Leben, das ich noch vor mir hatte.

Es war mein Fehler, lieben zu wollen. Es lag gar nicht in meiner Natur. Und das war der Grund, warum mir die Ereignisse jenes Sommers so nahegingen.

Mit Elaine war das anders. Sie hatte die Gabe zu lieben, sie war romantisch und hatte Familiensinn. Zum Unterschied von mir hatte sie schon von Kindheit an viel gelesen. Und in den Büchern die Romantik gefunden, die sie im Leben suchte. So daß es sie weiter nicht verwunderte, eines Tages, da sie in einem Drugstore einen Green River trank, von einem Mann wie Michael Cobb gefragt zu werden, was für ein Gesöff sie da zu sich nähme.

Sie kannte ihn nur diesen einen Sommer, und er blieb der einzige Mann in ihrem Leben. Er erschien auf so märchenhafte Weise, wie sie immer schon erwartete, daß es geschehen würde.

Und richtig machte sie auch den größten aller Fehler, indem sie die Eltern auf ihn losließ.

»Er ist aus Surrey«, hörte ich sie am Tag nach dem Tennismatch erzählen. »Aus einer kleinen Stadt mit Namen Mickleham. Sein Vater ist Geistlicher.«

»Ein Prediger Gottes!« sagte Mutter. »Das ist schön.«

»Auch sein Onkel ist Geistlicher, in einer anderen Stadt.«

»Er muß schon älter sein . . .« sagte meine Mutter. Sie hatte ihn auf dem Tennisplatz gesehen, mein Vater kannte ihn noch nicht. Was ihr besondere Sorge machte, war, daß er alt genug war, um am Institut für Osteopathie tätig zu sein. Man wußte, was ältere Männer von jungen Mädchen wollten. Außerdem war ihr die Osteopathie absolut nicht geheuer. Sie, die Damen vom College und alle ihre sonstigen Freunde ließen sich von einem Methodistendoktor verarzten. Er stopfte sie voll mit Propaganda gegen die Osteopathen. War man vom C. O. – so nannte man das College für Osteopathie im Universitätsjargon –, dann war das ebenso schlecht, wie wenn man Katholik war. Diese unmoralische Clique vom C. O. murkste an den Körpern herum, anstatt Pillen und Medizin zu verschreiben. Einen Körper »einzurichten« – wenn diese Gänschen das Wort aussprachen, dann klang es so, als ob damit gemeint wäre, ein menschlicher Leib würde auf das Unmoralische eingerichtet.

»Er ist sechs Jahre älter als ich«, gab Elaine zu. Dann sagte sie etwas, was für sie sehr gewagt war: »Es scheint ihm nichts auszumachen.«

»Ich bin der Meinung, wenn du ihn triffst, dann ist es nur recht und billig, wenn er bald einmal zum Dinner zu uns kommt«, sagte mein Vater. »Von Surrey ist er? Epsom ist in Surrey, Norman!« Von meinen frühesten Kindertagen an hatte mein Vater mich mit völlig witzlosem Kleinkram über England vollzustopfen versucht. Er liebte England – oder bildete es sich zumindest ein. Wie viele fünftklassige Englischprofaxen an fünftklassigen Universitäten hatte er es zu seinem Fetisch erkoren, vor der Umwelt echt »englisch« zu leben und umfassendes Wissen über England vorzutäuschen. »Epsom ist eine berühmte Rennbahn, Norman. Die Epsom Downs hat Galsworthy in seinen Briefen erwähnt und andere außer ihm natürlich auch. Ich glaube, die Kirche in Mickleham ist ebenfalls in die Literaturgeschichte eingegangen. Hat dort nicht George Meredith geheiratet? Ich werde heute abend gleich nachschlagen.« Glaubte er wirklich, ich behielt mir diesen Dreck an Buchgelehrsamkeit, den er mir da ab und zu herwarf, im Gedächtnis?

»Und die Epsom-Salze nimmt man ein, damit man besser scheißen kann«, fügte ich leise hinzu.

»Was hast du da gesagt? Was soll das heißen, Norman? Wenn du im Leben Erfolg haben willst, mußt du dir endlich einmal abgewöhnen, so zu reden, daß niemand dabei zuhören kann.«

Nun, er hatte zwar recht, aber meistens redete ich überhaupt kein Wort mit ihm. Ich sah bereits, was er im Auge hatte. Er brauchte diesen Michael Cobb als gefügigen Zuhörer, dem er vorführen konnte, wieviel er über England wußte.

Klarerweise fürchtete sich Elaine ebenfalls davor. »Michael hat furchtbar viel zu tun. Ich treffe ihn eigentlich gar nicht«, sagte sie etwas verzweifelt. »Es ist sein letztes Semester hier, im Herbst beginnt er in Cleveland zu famulieren. Ich weiß nicht, ob er zum Dinner kommen kann. Aber vielleicht kommt er wieder zum Tennis. Ich weiß, er hat mit Norman sehr gern gespielt.«

Ich wand mich förmlich vor Stolz. Ich hätte nicht mehr triumphiert, wenn ich dem Alten den Fuß auf den Nacken gesetzt hätte.

Er wurde böse. »Ich weiß nicht, was mit dir los ist, Elaine. Wenn dieser junge – dieser *Mann* sich für dich interessiert, dann sollten wir ihn, *müßten* wir ihn kennenlernen!«

»Ich habe dir schon gesagt, daß ich nicht weiß, ob er sich für mich interessiert«, sagte Elaine. An ihrem Gesicht konnte ich sehen, daß allein die Andeutung der Möglichkeit, daß es nicht so war, ihr Schmerz bereitete. »Wir reden nur über Universitäten und so. Er will alles über Hansville wissen. Jeder Fremde würde das. Ich habe ihm gesagt, ich könnte mir vielleicht den Wagen ausborgen und ihn herumkutschieren. Er hat zwar Freunde in St. Louis, aber von der Gegend hier kennt er noch nicht viel, obwohl er schon zwei Jahre hier studiert. Ich frage ihn über England. Wir reden einfach . . .«

»Den Wagen borgen!« Mein Vater spielte den Schockierten. Aber ich konnte bereits sehen, daß er ein Gegengeschäft witterte. Sie durfte Michael im Wagen herumfahren, wenn sie ihn zu einem langweiligen Dinner hier ablieferte. Und es würde Hammelrücken geben, ich sah es schon kommen. Mein Vater war überzeugt, die Engländer aßen nichts anderes.

»Er interessiert sich ganz gewiß für dich«, sagte meine Mutter. »Wir, dein Vater und ich, wollen nur sicher gehen, daß es die richtige Art von Interesse ist.« Und dabei lächelte sie weich und ausdruckslos, als dächte sie bereits an ein neues, anregendes Gesprächsthema für ihre Teekränzchenrunde, die sich ansonsten im Geschwätz über Nierenkoliken, den Kandidaten für einen freiwerdenden Lehrstuhl oder die Worte des Bischofs zu einem seiner Geistlichen erschöpfte.

Ich konnte mir Mutters Gedanken sehr gut vorstellen – und ich glaube, ich für meine Person hatte bereits beschlossen, daß Michael an dieser Seite Elaines Interesse finden sollte, falls ihn alles andere an ihr unberührt ließ. Sie *mußte* ihn interessieren. Sie konnte mir nicht antun, daß sie ihn gehen ließ.

Einmal brachte Michael einige Aquarelle mit, die er daheim gemalt hatte. Es waren Landschaftsstudien. Die Ufer der Flüsse Wey und Mole, der Garten des Pfarrhauses, wo er aufgewachsen war.

»Mein Gott«, sagte Mutter, »sind Sie aber talentiert. Sie könnten ebensogut Künstler sein, anstatt Osteo – anstatt ein Doktor. Wo haben Sie das gelernt?«

»Es sind nur Erinnerungen«, sagte er. »Ich nehme sie nicht ernst, aber sie erinnern mich an Zuhause.«

Mein Vater schob die kleinen Malwerke prüfend hin und her wie ein Geizhals, der mit dem Daumen über seine Banknoten streicht. Wey und Mole. Nicht jeder hatte je von diesen kleinen Flüssen gehört. Er schon. Ja, Sir, das war das echte alte England. Die Themse konnte jeder malen . . .

Während die beiden Alten sabbernd über den Bildern saßen, fing ich plötzlich einen Blick Michaels auf. Ich möchte nicht sagen, daß er grinste, aber da war jenes unmißverständliche Glitzern in seinem Auge, das mir signalisierte: Siehst du, wie ich sie zu nehmen weiß. Keine Angst, Norm, die fressen mir aus der Hand.

Zu meiner Mutter sagte er: »Mit Malfarben gebe ich mich schon seit der Zeit ab, da mein Vater mich im Prahmboot mit auf den Wey nahm. Damals war der Fluß für mich die ganze Welt. Mein Vater zeigte mir so vieles. Vater war kein Sportsmann. Man könnte ihn eher einen Naturbetrachter nennen, wenn er es auch nur zu amateurhaften Kenntnissen brachte. Er nahm mich vor Sonnenaufgang mit hinaus, wenn alles langsam erwachte. Es war, wundervoll. Er zeigte mir alles, was wuchs oder sich bewegte, und nannte mir die Namen.«

Ich war förmlich benommen, als er so zu reden anfing. Durch ihn ging mir auf, was es hieß, wirklich einen Vater zu haben, und wie es eigentlich bei uns hätte sein sollen.

Und er redete weiter, seine Stimme vollführte mit uns eine regelrechte Schlangenbeschwörung. »Ich würde gerne hier in Missouri etwas malen. Eure Flüsse, eure Ulmen. Ich glaube, sie sind erhabener als die bei uns in England.«

»O nein«, sagte mein Vater. »Das Land hier ist nicht sehr interessant. Wir lieben es, weil es – weil es eben unsere Heimat ist.«

»Mein Vater war auch ein erstklassiger Angler«, sagte Michael. »Hör einmal, Norman, seit ich in eurem Land bin, war ich nicht mehr fischen. Sollten wir nicht einmal zu den Ozarks fahren? Ich habe gehört, es ist schön dort, wir könnten im Wald kampieren. Willst du nicht? Und von dem leben, was wir uns selbst fangen.«

Es war die reinste Schaumschlägerei. Er sagte jedem von uns, was er hören wollte. Das war's. Aber als ich ihn in London aufsuchte, da erinnerte er sich an alles, was wir hatten machen wollen, und wie alles anders hätte kommen können.

»Ein Prahm!« sagte mein Vater mit hörbarem Seufzer. »Ich habe versucht, meinen Studenten zu erklären, wie man auf einem Prahm fährt . . .«

»Aber du weißt es doch nicht!« sagte ich.

Er schnaufte, lief rot an und beschloß, es einfach zu überhören. Er fragte Michael: »Würden Sie – ich weiß, Ihre Studien nehmen Ihre ganze Zeit in Anspruch. Sie sind sicherlich sehr beschäftigt, aber Sie würden mir wirklich einen Gefallen erweisen, wenn Sie einmal zu meiner Vorlesung über Viktorianische Literatur kämen . . . Ja, und vielleicht den jungen Leuten eine Idee vermittelten, wie England wirklich ist.«

»Oh, Daddy«, protestierte Elaine. Sie haßte es, wenn er um Gefälligkeiten bat.

»Wir gehen Kanufahren«, platzte ich heraus, im Bemühen, ihr dabei zu helfen, das Gespräch in eine andere Richtung zu lenken. »Direkt hinauf zum Lake Matawket. Du und Elaine und ich, wir könnten jederzeit ein Kanu mieten. Elaine ist eine Wucht im Kanufahren.«

»Ich frage mich«, sagte Mutter, »ob es Ihnen nicht Spaß machen würde, meine Päonien zu malen. Sie blühen in ein, zwei Wochen. In Hansville bin ich berühmt wegen meiner Päonien, und Sie scheinen etwas für schöne Dinge übrig zu haben, Mister Cobb.«

Oh, so waren wir alle von Anfang an hinter ihm her, verlangten mehr, als jemand geben konnte oder sollte. Wir erlagen seinem Zauber. Doch ich muß ihm Gerechtigkeit widerfahren lassen: Der Zauber, den er auf die Familie Scholes ausübte, kam einzig und allein von seiner echten Anteilnahme an allem, was uns betraf, und von seinem Wohlwollen, das so leicht zu gewinnen war.

Nach jedem der Besuche Michaels in unserem Haus war mein Vater so entzückt, daß er hinunter in den Keller ging und sich mit einer Zigarre vor den Feuerkessel setzte, als wären die verrußten Rohre alles, was er zum Anstarren brauchte, um über England phantasieren zu können.

Mir schien mit einem Male, jemand hätte mir gesagt, nun könne ich in die wirkliche Welt hinaustreten und endlich ich selbst sein.

An einem Abend fuhren Michael, Elaine und ich im Kanu zum Lake Matawket hinauf. Natürlich war ich es, der ruderte. Ich wußte die beste Stelle am See, eine kleine Sandbank in einer von Pinien und blühendem Liguster umstandenen Bucht. Ich hatte hierher noch niemanden mitgenommen. Ich hatte diese Stelle für sie aufgehoben. Es wurde ein wunderbarer Juniabend, wie er nicht schöner hätte sein können.

»Zum Fressen schön«, sagte Michael. Er hatte eine kleine Staffelei und Wasserfarben mitgenommen. Elaine und ich lagen hinter ihm auf einer Decke im Sand. Wir sahen ihm zu, wie er mit einem großen Pinsel die Farben anmischte. Er sah aus wie ein lustiger Koch, der eben dabei war, seine grüne Suppe anzurühren, um damit unsere Hügel im Missouri zu übergießen. Während er malte, schwatzte er wild drauflos.

»Seht Ihr, wie die Bäume beim Deich schimmern, Leute? Genau dort, wo der Mann und die dicke Frau in ihrem Boot sitzen und fischen. Würdet Ihr meinen, daß das Bauern sind? Dieses Spiel von Licht und Farbe. Das ist genauso großartig wie die herrlichen Renoirs von der Seine. Das blühende Gras. Die Seine bei Argenteuil. Wir müßten einmal durch diese Gegend wandern. An meinem sechzehnten Geburtstag waren mein Freund Latham und ich auf einer Fußwanderung von Paris zur Küste. Einen herrlichen Nachmittag lang verbummelten wir auf den Hügeln am Fluß. . .«

»Wann *ist* dein Geburtstag?« fragte Elaine zaghaft. Ich konnte es von ihrem Gesicht ablesen, daß sie ihm zu diesem Anlaß gerne Missouri und vielleicht auch noch Iowa und Kansas schenken würde.

»Bald«, sagte er. »Wäre ich ein großer Maler, dann könnte ich dieses Farbenspiel einfangen. Das ist es, was ich von diesem Abend mitnehmen möchte. Kennst du die Leute, die da fischen, Norman? Es sind Bauern, sag schon? Ein ganzes Leben lang – ja, ein ganzes Leben, denn weniger ist es nicht wert – möchte ich unter euren Bauern leben. Wenn man sich vorstellt: Da nimmt einer seine alte Dame an einem Nachmittag zum Welsfang mit, und dabei sollte das Getreide eingebracht werden. So sagen sie doch: einbringen? Zu uns im Institut kommt viel Bauernvolk in die Armenapotheke. Ich hab' sie wirklich gern, die Leutchen.

Luftperspektive, das ist es, was ich so liebe, Norman. Du hast doch Kunstgeschichte als Hauptfach, Elaine. Also sag Norman, welcher italienische Gigant die Luftperspektive erfunden hat.«

»Ich – weiß es nicht«, sagte sie. Sie starb vor Scham, daß sie eine Wissenslücke hatte, die er ihr nicht zutraute.

Aber er nahm natürlich davon gar keine Notiz und sprach weiter. Er tat es in der Art eines munteren Selbstgespräches. »Dabei war die Luftperspektive erst der Anfang. Im Grunde meines Herzens bin ich ein Impressionist und werde es immer bleiben. Manet. Er ist der Empfindsame unter ihnen. Pissaro. Die staubigen kleinen Dorfstraßen Frankreichs. Die kleinen Straßenbiegungen mit den Pappeln und den roten Dächern. Und van Gogh. Bei ihm beginnt einem das Herz zu bluten. Wie muß es einem van Gogh zumute gewesen sein, durch die Kornfelder zu wandern. Mitten im Korn. Wer hat darüber geschrieben, Norman?«

»Keats«, stieß ich hervor und fühlte, wie ich brennheiß anlief.

Michael und Elaine tauschten Blicke. »Ich habe dir gesagt, Norman weiß mehr, als er zugeben würde«, sagte Elaine.

»Schnauze«, sagte ich.

»Und redet mehr ungehöriges Zeug, als er sollte«, sagte Michael und warf weiter lustig Farbe aufs Papier. »Schaut, meine Lieben, dies ist ein großartiger Mist geworden. Mein Talent wird dem Glanz der amerikanischen Landschaft nicht gerecht. Völlig hoffnungslos. Wir sind nicht hierhergekommen, um Kunst zu betreiben, sondern Sport.« Er gab der Staffelei einen Tritt, und sie landete im See. »Den Elementen übergebe ich dich«, sagte er. »Komm, weiser Norman. Tauchen wir sie ein, dein pietätloses Schwesterchen.«

Was wir auch taten. Sie nahm den Weg der Staffelei. Dann schälten wir uns aus unserer Überkleidung und sprangen ins Wasser. Das Abendlicht nahm immer mehr Buttergelb in sich auf, und die grünen Hügel hatten jetzt genau die Farbe, die er für sein unvollendetes Werk angemischt hatte.

Während ich sie in der Dämmerung zurückruderte, rezitierte er einige Verse aus Keats' »Ode an die Nachtigall«.

Nie hatte ich etwas gehört, was mir so wahr geklungen hatte.

Wenn er nur diese paar Verse wußte, dann würde ich jetzt das Ding ganz auswendig lernen. Er hatte mir die Überzeugung gegeben, daß solches einem Manne durchaus anstand.

Nach jenem Abend ging ich in die Bibliothek des College, wo man mich zwar kannte, aber erstaunt war, mich zu sehen. Ich schlug unter »Luftperspektive« nach. An heißen Nachmittagen saß ich über Kunstbüchern und sah mir Reproduktionen der Bilder von Manet, Pissaro, Renoir und van Gogh an. Ich wollte den Michael Cobb jener fernen Tage in Frankreich finden, die staubigen Dorfstraßen Frankreichs, auf denen er gewandert war... Ich wollte irgend etwas – und sei es eine Kleinigkeit – entdecken, was er nicht wußte, so daß ich es ins Gespräch werfen konnte, um ihm zu imponieren. Wenn ich dann einmal ein Tennischampion sein würde und wir zu dritt, Michael, Elaine und ich, durch Europa reisen würden, konnten wir hochgeistige Gespräche führen.

Ich las den Van-Gogh-Roman von Irving Stone und van Goghs Briefe an seinen Bruder Theo. Van Gogh wurde zu meinem zweiten Ich. Und warum sollte er nicht? Dieser verrückte Holländer mit dem wild hämmernden Herzen, das drohte, aus der Schale seines Körpers auszubrechen. War ich nicht auch so? Es war wahrlich ein Wunder, daß ich mir nicht wie van Gogh ein Ohr abschnitt und es Michael Cobb ins Institut für Osteopathie schickte.

Ich wollte ihm kühl einige Brocken meines Wissens servieren, wenn er wieder zu uns kam. Doch langsam dämmerte mir auf, daß er eigentlich gar nicht sonderlich oft zu uns kam. Damals hatte Elaine bereits die Erlaubnis, unseren alten Essex zu benützen, »um ihm die Umgebung zu zeigen«. Fast jeden Nachmittag fuhr sie zum Institut hinüber und parkte den Wagen dort, war aber meistens zum Abendessen wieder zurück und sagte nie, ob sie überhaupt mit ihm hatte sprechen können, wenn er zum Abendessen in die Kantine eilte oder von dort zurück in sein Zimmer, um zu studieren.

Meine Eltern lagen ihr wieder in den Ohren, fragten immer wieder, warum sie ihn nicht zum Dinner einlade. Wolle sie sich ihm einfach an den Hals werfen? So beschäftigt konnte er gar nicht sein, daß er nicht Zeit fand, Leute zu besuchen, die ihn in ihr Haus eingeladen hatten, um ihm den Amerikaaufenthalt durch ein echt englisches Dinner angenehm und gesellig zu machen.

Eines Nachmittags war ich überrascht, ihn mit Elaine auf unserer Veranda anzutreffen. Sie saß in einem weißen Kleid auf der Schaukel und hatte unsere weiße Katze im Schoß. Er zeichnete sie.

Obwohl ich mich mit geistigen Dingen vollgestopft hatte, die ich bei ihm anbringen wollte, sagte ich kein Wort. Die beiden sprachen auch nicht. Nur das leise Quietschen der Schaukel und das Surren des Rasensprengers, der Mutters Päonien berieselte, war zu hören.

Ich hockte mich neben Michael auf den Verandaboden und sah ihm bei der Arbeit zu. Das heißt, ich sah seinen Händen zu. Es war direkt kurios, fast wie ein Spuk, wie sich seine Haut, seine Gelenke und die vorspringenden Adern über das Papier bewegten. So wie diese Bewegungen mochten die Vorgänge im Gehirn sich abspielen, wenn sich unsere Gedanken formten.

Er hatte Hände, die einfach alles konnten. Chirurgenhände. Ich glaube, so wie diese Hände auf dem Zeichenpapier arbeiteten, arbeiteten sie am menschlichen Körper. Und wie er an seinen Zeichnungen arbeitete, arbeitete er an mir.

Während ich ihm zusah, kam mir ein eigenartiger Gedanke: War es der Schwung ihrer Lippen, die kleinen Fältchen in ihren Mundwinkeln, die seine Hand in einem Bogen übers Papier führten, zögern machten, Schattenstriche ziehen ließen? Oder war es sein Bleistift, der sie so träumerisch lächeln machte? Was war zuerst da: die Schwester in der Schaukel oder der Künstler, der sie zeichnete? War es eine Frau, die er zeichnete, oder waren es die Konturen einer Frau, die wie ein Magnet seinen Bleistift hinter sich herzogen und die festen, zarten Rundungen unter dem dünnen Strichwerk des Blusenstoffes formen ließen?

»Das wär's!« sagte er und lächelte mir zu. Ich war ernst, meine Wangen glühten. »Hab' ich sie getroffen? Glaubst du, es ist ihr ähnlich, Norman?«

Wahrscheinlich war das alles, was er an jenem Tag zur mir sagte.

Dann verschwand er wieder. Für eine Woche. Zehn Tage. Wie für immer. Jeden Tag fuhr Elaine zu ihm hinüber.

Als ich es nicht mehr aushielt, ging ich eines Nachts zu Elaine ins Zimmer, um mit ihr zu reden. Es war schwül, gegen Ende Juni. Durch die Ulmen vor ihrem Fenster war der Lichtschein fernen Wetterleuchtens zu sehen, und die Junikäfer stießen in ihrem nächtlichen Flug gegen die helle Fensterscheibe. Sie saß an ihrem Schreibtisch und schrieb einen Brief. Wegen der Hitze hatte sie nur Höschen und BH an. Ohne durch mein Auftauchen in Panik zu geraten, griff sie sofort nach ihrem dünnen weißen Kleid und zog es über.

Ich wußte, was das bedeutete. Niemand soll mich fragen, warum. Wir brauchten keine Worte, um uns über Dinge zu verständigen, die keiner Worte bedurften. Ich wußte, daß sie für Michael bereits getan hatte, was ich ihr sagen wollte, sie solle es tun.

Nach einer Weile sagte ich: »Wirst du ihn jetzt heiraten?«

Mir kam so vor, als nicke sie. Ihr Gesicht war tief gebräunt, doch unter den Augen schien es weiß zu sein. Es kann sein, daß sie nicht nickte. Ich kann es mir nur eingebildet haben.

Schließlich sagte sie: »Norman, er hat auch andere Mädchen.«

»Du meinst, in England?«

»Ich meine, in dieser Stadt. Er ist seit zwei Jahren hier, Normie. Soll er da keine anderen Mädchen haben? Und in St. Louis auch.«

Sie kräuselte die Lippen, und ihr Gesicht bekam plötzlich den fremdartigen Ausdruck des Erfahrenseins, den ich an ihr noch nie zuvor gesehen hatte. »Er hat andere Mädchen, aber . . .« sagte sie. »Aber . . .«

»Du kannst ihn dazu bringen, dich zu heiraten«, sagte ich. Das verrückte Van-Gogh-Herz in mir trommelte wild gegen die Außenwände, weil ich nicht bekam, was ich wollte, nicht geschehen machen konnte, was ich wollte, daß geschah. »Wenn du ein Baby kriegst, kannst du ihn dazu bringen.«

»Ich krieg' kein Baby«, sagte sie.

»Du kannst etwas dazu tun. Du kannst etwas tun, wenn du keine Angst davor hast.«

Sie sah mich an, als hätte man mir Arme und Beine abgeschnitten, einen hölzernen Pfahl durch den Leib getrieben und mich vor sie hingelegt. Ihre Lippen waren nun ebenso weiß wie die Flecken unter ihren Augen. Sie sagte: »Verstehst du denn nicht, Norman? Er ist zu gut für uns.«

Sie sagte nicht »zu alt, um sich mit uns Kindern abzugeben«, sie sagte nicht »zu beschäftigt mit seinen Studien« oder »zu sehr der Errichtung seines Berufszieles, Kranke zu heilen, hingegeben«. Auch nicht »zu weltgewandt, um sich mit uns Provinzlern abzugeben« oder »zu englisch, um für die Familie eines miesen Englischprofessors an einer Hinterweltleruniversität mehr als bloßes Amüsement aufbringen zu können«.

Sie sagte, was sie meinte und wußte. Er war zu gut für uns!

»Wie dem auch sei, an seinem Geburtstag kommt er zu uns zum Dinner«, sagte sie. »Schau, was ich ihm gekauft habe.«

Sie öffnete eine Lade ihres Ankleidetisches und brachte eine große, flache Schachtel zum Vorschein. Darin war eine Toilettegarnitur, alle Gegenstände mit versilbertem Metallrücken: Kamm, Bürste, Rasierzeug. Jedes mit seinen Initialen, MC, in römischen Buchstaben – eintausendeinhundert.

»Sieht billig aus«, sagte ich.

»Oh, meinst du . . . Aber vielleicht gefällt es ihm.«

»Ich hätte dir geholfen. Ich hätte dir Geld gegeben, damit du etwas Teureres hättest kaufen können.«

»Oh . . . Jetzt ist es zu spät, es umzutauschen. Es wird ihm nicht gefallen, Norman?«

»Sagen wird er es nicht«, sagte ich.

Dieses Geburtstagsessen! Es war eine Katastrophe, die nur durch den Umstand erträglicher für mich wurde, daß Michael eine Show abzog und danach mit Elaine wegfuhr.

Kurz bevor die Sache stattfand, hatte mein Vater von seiner Ernennung zum Vorstand seines Miniaturinstitutes erfahren. Man habe also Anlaß zu einer doppelten Feier, sagte er. Ohne Elaine vorher zu fragen, ging er hin und lud seine Kollegen Gladwin, Rollwit und Tackston und deren Frauen ein. Auf seine konfuse Art meinte er damit demonstrieren zu können, daß er auf Grund der Tatsache, daß seine Tochter sich einen Engländer geangelt habe, um so mehr den Vorsitz verdiene.

Michael erschien in einem weißen Leinenanzug. Er sah bleich aus, und sein braunes Kraushaar schien ihm nicht so leicht und locker in die Schläfen zu fallen wie sonst. Ich muß sagen, daß er eher erleichtert war, daß außer unserer Familie noch jemand da war, und ich konnte es ihm nachfühlen.

»Zuerst einen Toast auf Ihr Wiegenfest!« rief mein Vater in die Runde. Er kam mit einer Flasche Sherry und Gläsern zum Tisch. (Meine Mutter hätte »dieses Zeug« nicht einmal auf ein Tablett gestellt. Es war Alkohol. Und das war auch alles, was man zu seinen Gunsten sagen konnte. Schmeckte wie eine Mischung aus Lack und Petroleum.)

»Mein Wiegenfest«, sagte Michael mit boshaftem Lächeln. »Und ich habe geglaubt, es ist mein Geburtstag.« Jetzt wieherten die alten Scheißer los, und mitten in ihrem Gelache fischte ich schnell für Elaine und mich ein Glas und schenkte uns beiden einen Sherry ein, obwohl mein Vater nicht die Absicht gehabt hatte, uns einen zu geben.

»Und auf die Ernennung unseres Gastgebers zum Vorstand!« sagte Professor Rollwit.

»Prost!« sagte Michael.

Mein Vater geriet vor Freude förmlich in Wallung. Er blähte sich wie eine schwangere Kröte kurz vor der Eiablage. Mehrere Male buckelte er im Kreise herum und sagte dann, das sei alles sehr schön und gut, aber unser Gast »aus dem Mutterlande« sei vierundzwanzig, und das sei mehr wert als alles, was einem alten Trottel wie ihm noch passieren könne.

»Fünfundzwanzig«, sagte Michael. Er konnte gerade noch mit Elaine anstoßen und mir einmal zuprosten, als mein Vater auch schon anfing, ihn durch alle Mühlen seines professionellen Engländertums zu drehen.

Michael folgte brav und tat seine Pflicht. Und mehr als das! Während meine Mutter Grapefruitjuice in Weingläsern servierte und uns (natürlich wieder) Hammelrücken mit Yorkshirepudding und Rosenkohl vorsetzte – es war ein furchtbar heißer Abend, und Elaine hatte für »etwas Kaltes« plädiert – und wir alle ebenso dampften wie unser Essen, spann Michael seinen Zauberfaden, wie mein Vater gehofft hatte.

Er sprach eine Menge über *seinen* Vater, der Feldgeistlicher beim Britischen Expeditionskorps gewesen war und Paschendaele mitgemacht hatte und (ich glaube, er sagte so, der Sherry und die Hitze hatten mich benommen gemacht) an der Somme ausgezeichnet worden war.

»Paschendaele!« hauchte Professor Rollwit.

»Die Somme!« sagte Mrs. Tackston.

Hatte man nicht auch an der Baptist-Nordost von diesen glorreichen Schlachten gehört? Und ob!

»Natürlich kannte ich ihn nicht vor dem Krieg«, sagte Michael. »Ich stelle mir vor, er muß damals ganz anders gewesen sein. Mutter pflegte von ihm zu sagen, er sei heiter gewesen. ›Sei froh und munter wie dein Vater!‹ Das war fast das erste, woran ich mich erinnere, als er noch in Frankreich war. Der Krieg veränderte ihn, wie er so viele veränderte. Sie wissen, ein Junge findet auf sehr einfache Weise zu dem Bild, das er sich von seinem Vater macht. Obwohl man mir immer eingebleut hat, er sei von heiterer Wesensart, habe ich ihn immer nur als traurigen Mann gekannt.«

»Als schaurigen Mann?« Meine Mutter hatte nicht ganz verstanden.

»Schschscht«, zischte mein Vater nervös. Und schon hatte er wieder seinen Mund leicht geöffnet und war ganz Ohr.

Michael wandte sich zu meiner Mutter und sagte sanft: »Obwohl mir ein Vergleich fehlte, scheine ich ihn für den traurigsten Menschen der Welt gehalten zu haben.« Er lachte. »Ich hielt es für meine Pflicht – meine einzige und heiligste Pflicht, verstehen Sie –, ihn aufzuheitern. Komisch, was für Aufgaben Kinder sich stellen, nicht? Ich habe Professor Scholes gegenüber schon erwähnt, wieviel er mir auf jenen Bootsfahrten auf dem Wey zu geben vermochte – oder bei den Segelfahrten mit der kleinen Schaluppe, die er bei Angemer vor Anker liegen hatte. Und ich kam ihm mit solcher Heiterkeit entgegen . . .«

Ich brummte etwas aus meiner Ecke. Warum verschwendete er seine Zeit an diese alten Narren? Warum erzählte er es nicht nur Elaine und mir! Ihr Blick gebot mir, den Mund zu halten. Die anderen bemerkten nichts – oder dachten, ich hätte gerülpst.

Er fuhr fort. »Ich kann nicht behaupten, daß ich mit meinen Bemühungen, ihn aufzuheitern, jemals Erfolg hatte. Was er im Krieg gesehen und erlebt hatte, lastete auf ihm und bedrückt ihn bis heute. Ein prophetisches Gefühl, kann man wohl sagen.«

Professor Rollwit gab ein Grunzen des Mitgefühls von sich. Man hatte schließlich auch viele Sorgen gehabt. Man kannte das.

»Während der zwanziger Jahre war mein Vater viel in Deutschland«, sagte Michael. »In allerlei Missionen. Weniger karitativer Art, nehme ich an, mehr im Versuch, menschliche Beziehungen, die der Krieg auseinandergerissen hatte, wieder zusammenzuleimen. Und in Deutschland war es auch, daß er begann, sich politisch zu engagieren.«

»Politisch?« fragte mein Vater. »Ist er liberal oder mehr konservativ? Ein Whig?«

Michael lächelte und warf ganz leicht hin: »Ich glaube, er ist Kommunist, obwohl ich mir nicht denke, daß er der Partei jemals offiziell beigetreten ist.«

Mein Vater schaute wild um sich und nahm einen heftigen Schluck aus seinem Limonadeglas. Seine Schuhe scharrten nervös auf dem Teppich. Mit dem Handrücken wischte er sich den Schweiß von der Nasenspitze und forderte die anderen krampfhaft auf, zuzugreifen. Da hatte er nun mitten in seinem Kollegenkreis von der Baptist-Nordost einen Kommunisten sitzen. Und keiner hatte ihn vorher gewarnt!

Michael blieb gelassen. »Jetzt ist er dick Freund mit denen, die Leute für Spanien rekrutieren. Sie wissen ja, für die Internationale Brigade.«

»Armes Spanien«, sagte Professor Rollwit traurig. Er mochte wohl wissen, daß am Ebro Kommunisten Krieg führten. Doch Spanien war weit, begraben in irgendwelchen Geographiebüchern. Hier in Missouri und in einer heißen Nacht wie dieser brauchte es einen nicht zu belasten.

Mein Vater ergriff den rettenden Strohhalm. Michaels Vater mochte Kommunist sein, aber – er war ein englischer Kommunist! Das war ganz in Ordnung. Etwas grundsätzlich anderes als ein amerikanischer Kommie, ganz ohne Zweifel. Sehr eigenartig, diese Sache. So als ob Alice im Wunderland behauptete, sie sei Stalins Tochter. Eine faszinierende Geschichte.

Michaels Tante war eine Suffragette gewesen, hatte 1911 einen Hungerstreik im Ludgate-Gefängnis mitgemacht. Die Mutter ... Er fuhr fort, seine Familiengeschichte zu erzählen. Sein Anzug begann sich mit Schweiß vollzusaugen und zu verknüllen. Es sah aus, als sei Michael krampfhaft bemüht, dem Wunsch meines Vaters nach Authentizität nachzukommen. Seine Mutter, die ihn zum Malen angeregt hatte, war vor einigen Jahren in einem Sanatorium in Davos gestorben. Seine kleine Schwester war bei einem Schiffsausflug in der Nähe der Insel Jersey ins Meer gefallen und ertrunken.

Diese Tragödien erschienen meiner Mutter etwas absonderlich. Sie sagte später, daß man einem Mann, der über solche Dinge so gelassen sprechen könne, nicht recht trauen dürfe. Elaine muß davon berührt gewesen sein. Doch der alte Mann und seine Kollegen waren äußerst angetan und begierig, weitere pathetische Geschichten zu hören. Für sie bedeutete es richtige Unterhaltung, von einem wirklichen Erzähler Dinge erzählt zu bekommen, die sich sonst nur in Novellen fanden. Eine andere Erklärung gab es nicht für ihre positive Reaktion.

Als der Abend vorüber war, ging mein Vater mit feuchten Augen ins Untergeschoß, um dort zigarrenrauchend auf die Röhren des Heizkessels zu starren.

Und ich ... Als Michael mit Elaine im Essex wegfuhr, das in Seidenpapier gewickelte Geburtstagsgeschenk ungeöffnet mit sich nehmend, stand ich eine ganze Minute auf der Veranda und beobachtete, wie die Schlußlichter sich entfernten. Dann sprang ich auf die Straße hinunter und rannte ihnen nach. Mein Gott, ich rannte in jener Nacht! Ich rannte förmlich um mein Leben.

Bis ich zur Flagg Street kam, dort, wo das Gelände der Baptist-Nordost mit seiner einen Ecke an sie grenzte, waren die Schlußlichter verschwunden. Nun hatte ich keine Möglichkeit, herauszubekommen, ob sie zum See gefahren waren oder zu einem der Gehölze an der Straße nach Iowa oder vielleicht zu einem der kleinen Dorffriedhöfe, wo Liebespaare oft im Sommer mit ihren Wagen parkten. Und eigentlich war es völlig egal.

Sie waren in der Dunkelheit verschwunden, ich würde sie nicht mehr einholen. Sie waren für mich verloren, außer ich könnte den Lauf dieser Welt ändern.

Auf der Landstraße außerhalb von Hansville hatte mich das Laufen benommener gemacht, als es Vaters billiger Sherry je vermocht hätte. Herz und Lunge schmerzten, und ich roch etwas, das, dessen war ich sicher, der Geruch des Todes sein mußte.

Einen Augenblick sah ich die beiden deutlich vor mir – auf dem Rücksitz des Essex. Ich rannte schneller, um das Bild zu verscheuchen – und noch schneller, um es wieder einzuholen. Dann wußte ich, sie waren in einem Kanu auf dem See. Ich fühlte förmlich, wie das Boot auf dem Wasser schaukelte, als er sich auf den Knien ihrem Körper näherte.

Hinter mir hörte ich das Motorengeräusch eines Wagens, dann begannen die Scheinwerfer meinen Schatten auf dem gelblichen Straßenbelag zu zeichnen. Zuerst sehr langgestreckt, so daß er sich in den faserigen Konturen des Laubwerks der Bäume verlor. Ich rannte ihm nach, sah, wie er vor mir zwischen dem weißen Straßenbankett ruckweise auf und nieder hüpfte. Schluchzend und stöhnend trieb ich mich vorwärts. Der Schatten wurde kürzer und kürzer, sog sich in mich hinein, war plötzlich verschwunden.

Der Wagen stoppte ein Stück vor mir. Es war noch eines von den freundlichen alten Ford-A-Modellen. Ich hörte die Stimme eines Bauern fragen: »Etwas passiert? In Schwierigkeiten? Brauchst du Hilfe, mein Sohn?«

Ich schüttelte den Kopf. Sprechen konnte ich nicht.

Die Frau des Bauern sagte: »Du bist ja ganz fertig. Dein Gesicht ist rot angelaufen wie eine Tomate. Du setzt dich jetzt am besten etwas hin, Junge.«

»Ich bin auf dem Heimweg«, sagte ich ihnen. »Ich bin Leichtathlet, mache einen Trainingslauf . . .«

Am nächsten Morgen stand ich zeitig auf und ging in die Garage, um einen Blick in den Essex zu werfen. Da stand das schwarze Vehikel, wie ein Leichenwagen, nach Staub und Öl riechend. Einige Seidenpapierschnitzel lagen auf dem Hintersitz, Reste der Geschenkverpackung. Das war alles.

Fünfundzwanzig Jahre ist eine lange Zeit. Es gibt Dinge, die man vergessen hat, die aber weiter existieren, und andere, an die man immer gedacht hat, und es gibt sie nicht mehr. Dinge, die nicht mehr weh tun und daher bedeutungslos geworden sind. Ohne Schmerz auch keine Hoffnung. Die Hoffnung, man könnte den Born der Freude ganz ausschöpfen, liefe man nur ein wenig schneller, gelangte man nur ein wenig weiter, füllte seine dampfende Lunge mit etwas mehr Luft.

Als Michael und ich in London im La Terrazza zu Mittag aßen, fiel Elaines Name nicht einmal. Das La Terrazza ist ein nettes, stets bevölkertes Restaurant, und wir waren Kenner von der Sorte, die sich in netten, bevölkerten Restaurants treffen. Die gestreiften weißen Seemannsjacketts der Kellner gehörten hier ebenso zum Dekor wie die Topfpflanzen und das durch die indirekte Beleuchtung erzeugte Halbdunkel. Und die dunkle Brille von Michael, die er auch nicht abnahm, als er die Speisekarte studierte.

Ich hatte einen Zeitungsausschnitt vom »Mirror« mit Simon Whetlocks Glosse über Michaels Ausstellung mitgebracht.

»Dr. Michael Cobb, Peripatetiker aus Überzeugung und in den Salons in Mayfair ebenso bekannt wie als ständiger Gast im Cabaret Murray, gehört weiterhin zu den fruchtbarsten und originellsten Geistern der Londoner Künstlerwelt.

Wir erinnern daran, daß die Erzeugnisse seines unermüdlichen Zeichenstifts im vergangenen Winter und Frühling in den Galerien der Bond Street und Park Lane ausgestellt waren. Pairs und Debütantinnen lächelten aus ihren Goldrahmen auf die Besucher – die sich aus Pairs und Debütantinnen rekrutierten – herab.

Nun mischten sich in einem Gasthaus an der Themse die Debütantinnen (deren Namen ich lieber verschweige) und Pairs (ein Dutzend wurden gezählt) unter Mechaniker und Dockarbeiter, um die neueste Ausstellung der Zeichnungen Michael Cobbs zu sehen.

Dr. Cobb, bei allem Respekt vor Ihren gesellschaftlichen Verpflichtungen: Wann haben Sie Zeit für Ihre Patienten?«

Ich las es ihm laut vor, da er behauptete, es noch nicht zu kennen. Dies schien das mindeste, was man für einen Menschen mit schlechten Augen tun konnte.

»Aha, Simon versucht mir via Zeitung seine persönliche Meinung zu sagen«, lachte Michael. »Ich bezweifle sehr, ob ihn meine Patienten wirklich interessieren.«

Ich las den letzten Absatz vor:

»Dr. Cobbs neues Modell, Cecile Banner, ist der Star dieser Ausstellung. Wenn Sie ihr einnehmendes Gesichtchen vergeblich an den Wänden der Gaststube suchen, dann fragen Sie doch den munteren Wirt, ›Governor‹ Harry Duke, was er im Obergeschoß noch alles verborgen hält.«

»Ganz Barnum und Bailey«, sagte ich. »Zuerst versteckt man das Mädchen und dann sagt man jedem, wo er sie suchen soll. Gratuliere.«

»Barnum und Bailey trifft genau ins Schwarze«, stimmte er mir zu, »obwohl sich der arme Harry Duke richtig auf den Arm genommen fühlen muß. Wir tun nichts anderes, als Cecile im Interesse ihrer Karriere der Öffentlichkeit vorzuführen. Sie wird von Simons Zeilen entzückt sein.«

»Und was für eine Art von Karriere baust du dem Mädchen da auf?«

Während ich gelesen und wir beide an unserem Vermouth on the Rocks genippt hatten, waren Michaels magere Chirurgenfinger unablässig damit beschäftigt gewesen, an einem kleinen blaugrauen Plastikkügelchen herumzuformen. Zwischen seinen Fingerspitzen wuchsen ihm Arme und Beine hervor. Brüste. Ein langer Haarschopf fiel über winzige Schultern. Und nach und nach, in dem Maße, in dem die knetbare Masse zu etwas wurde, lenkte er meine Aufmerksamkeit darauf, wie ein Zauberer, der langsam und gleichsam spielerisch die Aufmerksamkeit des Auditoriums auf ein bestimmtes Requisit lenkt.

Jetzt, an Stelle einer direkten Antwort auf meine Frage bezüglich Cecile, hielt er mir die zittrige Figur hin, damit ich sie mir ansehen könne, und ließ sie dann urplötzlich in meine geöffnete Hand fallen. Sie hatte die Größe eines Frosches und war blutwarm.

»Quetsche sie zusammen und sag mir, wen sie darstellt«, befahl er mir lachend.

Ich tat es. Und wußte, wer es war. Es war Tammy Chandler, die da dem Druck meiner Finger nachgab. Als ich das Ding zusammenquetschte, sah ich sie so klar auf meine Netzhaut projiziert wie unlängst in meinem Hotelzimmer. Ein erstaunlicher Effekt.

Ich sagte: »Willst du aus diesem Mädchen eine zweite Tammy Chandler machen?« Dabei versuchte ich weder moralisierend noch sarkastisch zu wirken. Nur – und daran waren unsere früheren Zeiten schuld – konnte ich meine Enttäuschung nicht verbergen.

Er antwortete recht sanft und geduldig, wie ein älterer Bruder, der den jüngeren über die Härten des Lebens hinwegtröstet. »Die Wasser der Wahrheit sind tief, Norman. Zieh keine voreiligen Schlüsse. Ich kenne zwar Tammy sehr, sehr gut, aber ich bin nicht der Mann, sie dazu anzuhalten, sich für Geld herzugeben. Was Ceciles Karriere betrifft . . . Himmel, das Mädchen weiß ja selbst nicht, was sie will. Sie will im Leben obenauf sein, das ist alles, was sie weiß. Ich habe für sie Kontakte hergestellt. Es ist eine der wenigen mir verbliebenen Freuden, Leute zusammenzubringen, die daraus schöpferische Impulse gewinnen. Und ich will es gern auch für dich tun, Norman, wenn ich kann.«

Er wußte genau, ich könnte ihn beim Wort nehmen. »Du scheinst einige Leute aus der ersten Garnitur zu kennen«, sagte ich.

»Die paar, die du bereits kennst. Und viele, die du noch nicht kennengelernt hast«, gab er zu. »Ich habe mich schon gefragt, ob du nicht gern auf rein gesellschaftlicher Basis den Kriegsminister, Richard Derwent, kennenlernen würdest. Warum auch nicht? Er war erst kürzlich einmal bei mir, und ich darf wohl sagen, er wird wieder kommen. Ein kluger Kopf, wie du sehen wirst.«

Wieder diese verdammte Brille. Ich konnte seine Augen nicht sehen und wußte daher nicht genau, ob er sich bloß brüstete, mir etwas vorschwindelte, mich auf den Arm nahm oder ein Wild vor meine Flinte treiben wollte.

Bei diesem Mittagessen im La Terrazza – Verdammt! sagte ich mir später – nahm er alle meine Fragen vorweg. Mit dem alten Gedankenlesertrick, die Figur in meine Hand fallen zu lassen und mich dann zu fragen, wen sie darstellte, hatte nicht *er* meine Wahl für Tammy beeinflußt. Ob ich mich unbewußt oder bewußt für Tammy entschied, *ich* war es gewesen, der die Wahl getroffen hatte, nicht er.

Wäre ich bereit gewesen, mein Innerstes hervorzukehren und die Figur als Elaine zu identifizieren, hätten wir anstatt über Tammy über Elaine gesprochen. Dann hätte er den Mut aufbringen müssen, sich den Geistern der Vergangenheit zu stellen.

Nun war ich wieder hinter ihm her. Wieder hatte ich das Gefühl, rennen zu müssen. So wie ich damals in Hansville rannte.

Der Apfelbaum vor unserem Badezimmerfenster in Hansville trug eine Sorte mit dem Namen Goldene Ernte. Es war ein Sommerapfel, der jetzt reifte. Jeden Morgen, wenn ich hinunter in die Halle kam, sah ich die Früchte in der Sonne leuchten. Doch an jenem Morgen erwachte ich mit schwerem Kopf und taumelte an Elaines Tür vorbei und hinunter in die Halle, ohne die Ränder des Teppichs, die Türpfosten oder die Fensterrahmen sehen zu können. Ich sah nur Licht. Nur eine Flut von Licht, die aus dem Badezimmerfenster vor mir hereinströmte.

Ich ging ins Bad und drehte den Kaltwasserhahn auf. Ich konnte sehen, wie aus dem Rohr lärmend und plätschernd Licht herausschoß und sich ins Becken und über meine geröteten Hände ergoß. Doch ich hörte nichts. Mit den Händen warf ich mir immer wieder das kalte Wasser ins Gesicht.

Ich sah hinaus auf den Baum. Die Äpfel begannen schon abzufallen, aber es waren noch eine Menge oben. Die Äste, an denen die Früchte hingen, bewegten sich nicht. Auch kein Blatt rührte sich. Die Stille an diesem Morgen war schrecklich. Ich hatte ähnliches noch nie erlebt. Sie schien den ganzen Erdball zu umgeben, meinen ganzen Körper auszufüllen. Es war, als ob ich gestorben wäre und nun diese Welt vom Jenseits aus betrachtete. Ich konnte die Erde sehen, wo die Menschen lebten, doch die Stille trennte mich von ihnen.

Ich hörte ein Geräusch. Es müssen daneben auch noch andere Geräusche zu hören gewesen sein, doch mein Bewußtsein nahm nur dieses eine zur Kenntnis.

Ich hörte das Quietschen der Schaukel auf der Veranda. Nur dieses metallische, weiche Geräusch.

Auf der Schaukel saß Elaine.

Ich zog meine Tennisshorts an und ging zu ihr hinunter. Sie trug ein schneeweißes Sommerkleid mit Halskrause. Auf dem Schoß hatte sie ein Buch liegen, von dem sie nicht aufblickte. Offenbar wollte sie nicht gestört werden. Doch als sie mich ansah, lächelte sie. Es war ein gutes Lächeln. Daher sprach ich zu ihr.

»Er ist weg, nicht wahr?« Nach dieser Stille vorhin war es eigenartig, meine Stimme zu hören.

Sie nickte und lächelte.

»Er hat gesagt, ich soll dir auf Wiedersehen sagen.«

Jetzt, da ich mich sprechen hörte, meldete sich auch wieder meine innere Stimme und fragte, wie lange es her sei, daß ich zuletzt mit Michael gesprochen habe. Seit seinem Geburtstag waren vier Wochen vergangen. Ein paarmal war er vom Institut zu uns herübergewandert, und wir hatten dann immer ein wenig geplaudert, bevor er und Elaine in unserem Essex wegfuhren. Es war nie etwas Besonderes gewesen, worüber wir gesprochen hatten.

Doch ich hatte mit ihm Tag und Nacht Gespräche geführt. Hatte mit ihm darüber diskutiert, wie van Gogh zur Malerei stand und ob das Michaels Einstellung nahekam. Wie das Leben von den Flüssen seinen Ausgang nahm, und ob der Wey ähnlich aussah wie der Des Moines bei Greerstown, wohin wir mit unserem Kanu fahren wollten. Wie die Italiener im vierzehnten Jahrhundert die Luftperspektive erfunden hatten und daraus eine völlig neue Art der Weltbetrachtung entwickelten.

Diese Gespräche waren fiktiv. Michael war eine Fiktion. Ich hatte ihn mir erfunden. Er war nicht einmal an jenem ersten Tag bei uns gewesen und hatte mit uns ein Doppel gespielt.

»Er wollte doch nicht vor September nach Cleveland gehen«, sagte ich.

Elaine legte das Buch in den Schoß. Sie hatte gar nicht gelesen. Zwischen den Seiten lag jene kleine Zeichnung, die Michael von ihr angefertigt hatte, als sie auf der Schaukel saß.

»Er ist nicht nach Cleveland gegangen«, sagte sie. »Er ist in Frankreich.« Ihre Hände hoben sich, als wollten sie etwas vom Schoß emporheben, dann fielen sie schlaff wieder zurück. »Es ist wegen seinem Vater. Er ist in Barcelona in furchtbaren Schwierigkeiten. Man hat ihn wegen irgendeiner Sache vor Gericht gestellt. Ich weiß nicht, weswegen. Jemand hat einen Genossen angerufen, und der hat Michael geschrieben. Michael wird versuchen, nach Spanien hineinzukommen, um seinem Vater zu helfen.«

»Dann lassen wir das Thema«, sagte ich.

Sie wollte lachen – ich nehme an, aus Überraschung. »Aber Norm, verstehst du denn nicht?«

Ich wartete eine Weile, aber ich hörte nichts als das leise Klirren der Ketten an der Schaukel, als sie leicht vor und zurück schwang.

»Nun gut«, sagte ich. »Einmal mußtest du ihm ja auf Wiedersehen sagen.«

»Oh, und ob ich das gesagt habe!« In ihrem Ton lag Bitterkeit. Sie klingt mir noch in den Ohren – zum Teil deswegen, weil es das einzige war, was ich sie je in bitterem Ton über Michael habe sagen hören. Es war die Bitternis ihres ganzen bisherigen Lebens, die sie in diesen einzigen Satz legte. Von da an würde sie bereitwillig auf sich nehmen, was das Leben bringen mochte.

»Ich glaube, den sehen wir nicht wieder«, sagte ich.

»Nein.«

Ich hatte mir gewünscht, sie würde *vielleicht* sagen, schon allein mir zuliebe. Als ich vier Jahre alt war, überfielen mich einmal die Buben vom Wohnblock nebenan. Elaine holte damals die Sichel aus der Garage und kam mir zu Hilfe. Der Bub der MacReadys büßte dabei ein Büschel Haare ein. Darauf rannte die ganze Bande davon. Sie hatte immer auf mich aufgepaßt. Doch diesmal tat sie nichts für mich.

»Norman. Du weißt, es wird Krieg mit Hitler geben. Michael weiß das. Er wird nicht zurückkommen. Es macht nichts. Wir werden ihn im Gedächtnis behalten.«

»Ich habe ihn gar nicht richtig kennengelernt«, sagte ich. Das war eine Lüge. Ich kannte ihn besser als mich selbst. Aber es stimmte auch, daß ich mich jetzt nicht einmal daran erinnern konnte, welche Farbe seine Augen hatten.

Elaine schüttelte den Kopf. Sie verstand alles. »Es gibt verschiedene Arten der Erinnerung. Es wird schon alles in Ordnung kommen.«

Manche Kinder weinen sich aus. Ich habe stets nur Wutanfälle gehabt. »Du blöde – Schlampe«, schrie ich ihr ins Gesicht. »Du hast ganz recht, er war zu gut für dich!«

Sie nahm wieder ihr Buch in die Hand, öffnete es und sah ganz ruhig und heiter auf die Zeichnung, die er von ihr gemacht hatte. Es war alles, was sie je von ihm bekommen hatte. Es mußte ihr genügen.

Es war alles, was er ihr gegeben hatte – außer dem Kind, das sie im darauffolgenden März zur Welt brachte, Michaela Scholes. Natürlich war dieses Kind eine Bombe, die in unser Familienidyll krachend einschlug.

In jenem Herbst, während ich für Hansville High den Rasen des Rugbyfeldes entlangstürmte – »Gottverdammich, Scholes, wenn wir nochmals gegen Kirksville spielen und du legst deine rauhe Gangart nicht ab, werden dir die Bauernlackel auflauern und dir den Hals umdrehen« –, mich also auf dem Sportfeld abreagierte, begann mein Vater das Schuljahr in Hochstimmung.

Der alte Dummkopf glaubte immer noch, Michael habe ihm Glück und lokales Prestige eingebracht. Michael war gerade lange genug geblieben, um Vaters altem Vorurteil den Stempel der Authentizität aufzudrücken: daß er nämlich durch seine englischen Angewohnheiten – Hammelfleisch, ein gelegentlicher Sherry und ein Essex-Wagen – der amerikanischen Lebensart überlegen sei.

Nun, vielleicht hatte er Michael auf seine eigene, etwas verdrehte Art sogar ganz gern gehabt. Aber ich glaube, er tat doch einen Seufzer der Erleichterung, als Michael sich aus dem Staub machte. Jedenfalls war Paps während der Footballsaison und bis in den Dezember hinein die Fröhlichkeit in Person. Dann machte ihn Mutter auf das aufmerksam, was ohnedies niemandem mehr entgehen konnte. Elaine nahm nicht nur deshalb zu, weil sie etwa beim Würstchenstand der Baptist-Nordost zu viele Portionen verzehrte.

Und was dem Alten besonders naheging, war, daß sie weiterhin Vorlesungen besuchte, Collegetreffen und Partys mitmachte, als ob nichts geschehen wäre, wenn sie auch sonst keine Rendezvous mehr annahm. Statt daß sie sich schämte, weil sie ihm eine solche Erniedrigung bereitete!

Eine Scholes war im weißnichtwievielten Monat schwanger und machte sich nichts daraus, weinte nicht einmal, geschweige denn, daß sie versuchte, sich zu überlegen, was man unternehmen könnte.

»Hast du dem Schuft wenigstens geschrieben?« wollte er von ihr wissen. »Ihm gesagt, was er angestellt hat? Ihm war doch an dir gelegen? Er würde sofort zurückkommen, nicht?«

»Ich weiß nicht, wohin ich ihm schreiben soll«, erklärte sie sanft.

»Dann«, sagte er, »dann schreibst du eben nach *England* . . .« Er war wirklich bedauernswert. Ebensogut hätte er ihr den Rat geben können, den Brief an »Die Welt« zu adressieren. Mit all seinem Wissen konnte er nicht begreifen, daß England ein Ort war, dessen Ausdehnung die seines Bücherregals übertraf. Oder aber die Ereignisse hatten ihn derart mitgenommen, daß seine Gehirnsubstanz sich aufzulösen begann, bevor er das Zeitliche segnete.

Ein andermal raffte er sich dazu auf, Elaine zu sagen, sie möge doch überlegen ... Es gäbe da Mittel und Wege ... »Deine Mutter und ich wissen zufällig, daß es bestimmte Ärzte gibt, an die man durch bestimmte Leute empfohlen werden kann, und die helfen Mädchen, die so dumm und ungeschickt gewesen sind ...«

Elaine mußte erwartet haben, daß sie unter Druck gesetzt werden würde. Sie wehrte sich nicht einmal, und sie war auch nicht schockiert darüber. Sie sagte bloß immer nur: »Ich werde dieses Kind zur Welt bringen.«

Sie wollte auch nicht ihren Vorschlag annehmen, an eine »andere Schule« zu gehen. Sie wollte nichts von all den Ausflüchten und Gründen hören, die sie für sie bereit hatten. Sie hörte sich geduldig an, wenn sie ihr sagten, »nachher« könne sie das Baby wohin geben und ans College zurückkommen, um ihre Ausbildung zu vollenden.

»Ich werde das Kind bei mir behalten«, sagte sie. »Ich habe es haben wollen. Es wird Michael heißen.«

Daß sie sagte, sie habe es haben wollen, gab meinem Vater den Rest, glaube ich. Der Strohhalm, an den er sich bis zuletzt geklammert hatte, war der gewesen, daß »unsere Gastfreundschaft«, die vielgerühmte Gastfreundschaft der Scholes, die Gastfreundschaft von Hansville, von Amerika, von einem Engländer mißbraucht worden war, der nicht das war, was er zu sein schien.

Aber Elaine sagte immer wieder: »Es ist sein Kind. Auf seine Art hat er uns alle gern gehabt.«

Aus all dem geistigen Gerümpel, das ihre Familie und ihre Welt auf sie abgeladen hatten, wollte sie sich das bewahren, was sie für wahr und richtig erkannt hatte.

Kurz vor Weihnachten zog sie in eine Pension in St. Louis. Sie war nicht im geringsten bedrückt, als sich herausstellte, daß das Kind ein Mädchen war. Sie nannte es dennoch nach Michael und fügte bloß den Buchstaben a hinzu. Michaela würde den anderen Kindern nie zu erklären brauchen, warum sie einen Bubennamen habe. Und es berührte Elaine eigentlich auch nicht, als Vater Ende März an einer Herzattacke starb.

Sie kam natürlich mit Michaela aus St. Louis zum Begräbnis. Sie hatte meinen Vater geliebt. Sie beweinte ihn und all das, was in seinem Leben schiefgeraten war und was daran gut gewesen sein mochte. Sie schien stärker denn je zuvor. Sie war immer sehr vernünftig gewesen. Jetzt aber schien sich ihr praktischer Sinn auf Dinge zu erstrecken, die den meisten anderen nicht mehr faßbar waren.

Es gab eine herrliche, gespenstische Auseinandersetzung mit meiner Mutter, als diese geifernd die Beschuldigung ausstieß, Elaine habe meinen Vater ins Grab gebracht.

»Du hättest ebensogut ein Gewehr nehmen und ihn erschießen können«, sagte meine Mutter.

»Ich weiß«, sagte Elaine. »Aber es ist gut so.«

»Du weißt gar nicht, wie oft er diesen Winter mit seiner Zigarre einfach im Keller vor dem Kessel gesessen hat und die Röhren angestarrt hat. Ich bin dann hinuntergegangen, ich weiß nicht, wie oft, wenn es spät wurde, und habe versucht, ihn dazu zu bringen, ins Bett zu gehen. Aber er wollte nicht.«

»Ich dachte mir, er würde es tun«, sagte Elaine. »Ich habe an ihn gedacht.«

»Und da kannst du ruhig hier in dem Heim, das er uns geschaffen hat, sitzen und sagen, es ist gut so.«

»Das Urteil über uns wird nicht in dieser Welt gesprochen«, sagte Elaine. »Ich sage nicht, es ist gut, und ich sage auch nicht, es ist schlecht. Das Urteil über uns wird nicht in dieser Welt gesprochen.«

Sie nahm Michaels Kind mit sich nach St. Louis, ohne uns zu erklären, wie sie nun zu leben gedachte. Ich nehme an, meine Mutter hat ihr Geld geschickt, um ihr weiterzuhelfen. Ein oder zwei Jahre lang jedenfalls.

Später bekam sie eine Stelle in der Stadtbibliothek.

Sie hat diese Stelle immer noch. Natürlich hat sie mehr Gehalt und mehr Verantwortung, was jeden, der seinen Posten nicht wechselt, erwartet, ob er nun will oder nicht.

Sie lebt jetzt ganz allein, in einer kleinen Wohnung im Stadtzentrum von St. Louis, nicht weit von der Bibliothek. An der Wand hängt jene Zeichnung, die Michael von ihr gemacht hat. Die Zeichnung, auf der er sie »getroffen« hat. Im Leben sieht sie anders aus als auf dem Bild. Sie hat sich geweigert, sich jemals von jenem Vorkriegssommer, in dem sie durch ihn schön wurde, zu trennen. Sie glaubt an diesen Sommer, wie sie an nichts, was vorher oder nachher war, je geglaubt hat.

Als ich sie vor fünf Jahren besuchte, sagte sie: »Du glaubtest, wenn ich Michael heiratete – falls ich ihn hätte heiraten können –, würden wir das Elternpaar sein, das du dir wünschtest und nie gehabt hattest. Du dachtest, du könntest bei uns sein und Michael könnte dir zeigen, was in dir steckte, dich auf Dinge hinweisen, auf die du ohne seine besondere Art, Wissen zu vermitteln, und ohne sein heiteres Wesen, seine Fähigkeit, so vieles dieser Welt zu sehen, nie kommen würdest.

Aber die Wahrheit ist: Er war ganz einfach zu jedem von uns gleich freundlich. Zu dem armen Paps und zu Mutter ebenso wie zu uns beiden. Zu dir, weil er wußte, wieviel Gefühl – und auch Talent – in dir steckte, das sich einen Weg nach außen suchte.«

»Nur *freundlich* war er zu dir?«

»Besonders zu mir«, sagte sie. Es schmerzte sie nicht, daß ich ihn ihr so in Erinnerung brachte. Sie lebte bereits jenseits allen Schmerzes.

»Weil du den Fehler begingst, für uns alle etwas zu verlangen«, sagte ich. »Anstatt nur für dich selbst. Es gibt nichts Jämmerlicheres, als etwas für jemand anders haben zu wollen.«

Sie überhörte das und sagte: »Du erinnerst dich, wie Michael uns einmal über seinen Vater erzählte. Er sagte, er habe den Eindruck, es sei seine Aufgabe, den alten Mann aufzuheitern. So erging es ihm bei jedem anderen auch.«

»Komisch, was für Aufgaben Kinder sich stellen«, sagte ich.

»Was?«

»Das hat er auch gesagt.«

»Ja«, sagte Elaine. »Wir erinnern uns an das, was gut an ihm war. Nur das zählt.«

# 5. KAPITEL

Als ich General Gath gegenüber zum erstenmal Michaels Namen erwähnte, tat ich es kaum aus geschäftlichen Gründen. Ich erzählte nur, ich hätte bei meinem letzten Durchreiseaufenthalt in England einen Freund aus früheren Tagen wiedergetroffen, der mir versprochen habe, mich mit dem englischen Kriegsminister bekannt zu machen.

Ich erinnere mich, daß der General hierauf nichts sagte als »mhmmm«. Wenn es etwas gab, was wir vom Kriegsminister erfahren konnten – und wie wir es ihm herauslocken konnten –, so war uns nicht klar, was es war. Mein Job war es, meine Nase so tief wie möglich in jeden heißen Brei zu stecken, egal wo ich mich gerade aufhielt. Das setzte man voraus. Warum sollte er daher mehr als dieses Mhmmm von sich geben, als ich ihm das erzählte?

Aber ein paar Tage später brachte er Derwents Namen wieder zur Sprache. Es war spät am Nachmittag, und wir gingen zusammen mit Frank Niles vom Swimming-pool ins Haus zurück.

»Frank«, sagte der General, »es hat den Anschein, als ob Norman in den nächsten Tagen in England mit Richard Derwent zusammenkommt. Ich glaube zwar, es ist schon viel, wenn Norman aus ihm herauskriegt, wie spät es ist, aber es ist mir eingefallen, es könnte doch nützlich sein, wenn Sie Norman etwas über den Burschen erzählen, bevor er ihn kennenlernt.«

Daraus schloß ich, daß der General ein Auge auf Derwent und die Lage in England geworfen hatte. Ein Teil der riesenhaften Gleichungen, die er in seinem Kopf aufstellte, betraf jenen Bereich. Und Michael konnte mir den Weg dorthin ebnen.

»O ja«, sagte Frank, »ich habe massenhaft Material, Norman, Daten über das britische Steueraufkommen und ihr Raumfahrtprogramm.« Bedächtig ging er neben uns her, um im Haus einen Martini zu nehmen, dabei hatte er seine Augen auf etwas gerichtet, das, für uns unsichtbar, im Raum zu schweben schien. »Du weißt vielleicht, daß Derwent als Kriegsminister ziemlich stark mit dem Entwicklungsprogramm für die Red-Arrow-Raketen zu tun hat.

Du bist herzlich eingeladen, dir anzuschauen, was wir unserem Computer darüber alles eingegeben haben.«

Ich stöhnte und setzte eine saure Miene auf. Der General kam herein und sagte: »Sie wissen ja, Frank, unser Norman sitzt nicht gern nächtens über Hausaufgaben und Arithmetikproblemen. Sagen Sie ihm über das Red-Arrow-Programm das, was Sie mir darüber gesagt haben.«

»Ich *kann* einfach nicht verstehen, warum die britische Regierung nicht bis spätestens vorige Weihnachten das Red-Arrow-Projekt abgeblasen hat.« Sein Ton war der einer gestrengen alten Jungfer, mit einem kleinen Unterton von Mitleid für ein Land und eine Nation, denen ein Mann wie er fehlte, der sie sicher durch die Klippen unserer Zeit gesteuert hätte. »Sie hätten sich eine Menge Geld sparen können, wenn sie die Sache noch vor den Stichwahlen im Januar aufgegeben hätten.« So wie er das sagte, klang es, als ob sie den Tiegel Schmalz um dreißig Cent billiger bekommen hätten. Dabei handelte es sich – das wußte ich genau – um Millionen Pfund.

»Du meinst, die verdammten Red Arrows werden nicht fliegen?« fragte ich.

»Natürlich werden sie fliegen«, schnarrte der General. »Mit der englischen Raketentechnik ist alles in Ordnung. Und natürlich werden sie einfliegende Geschosse abfangen. Aber ihr Programm steckt noch mindestens achtzehn Monate in der Phase der Entwicklung. Die Russen gehen mit ihrer Rakete bereits in Serienproduktion, und wir standen schon vor drei Jahren dort, wo die Engländer jetzt stehen. Sie werden nie *rechtzeitig* ein brauchbares Programm finanzieren können. Das ist der springende Punkt!«

»Damit ist auch alles gesagt«, ergänzte Frank, und seine altjüngferliche Ausdrucksweise wechselte nun in einen merkbar gesalzenen Tonfall über. Die britischen Ausgaben gingen ins Endlose. Wie konnte man so etwas tolerieren?

Doch während ich noch darüber nachdachte, wandte der General sich schon mir zu: »Ich möchte verdammt gerne wissen, wie man darüber in Whitehall denkt. Natürlich spielen politische Faktoren mit eine Rolle. Dann Derwent. Es ist möglich, daß er aus persönlichem Ehrgeiz die Sache, allen Widerständen zum Trotz, durchdrücken will.«

Nun waren wir in die rein persönliche Sphäre geraten, und hier hatte Frank zu passen. Jetzt, in diesem Augenblick, war auch ich nicht mit im Spiel. Ich hatte nicht die leiseste Idee von Derwent, aber es sah so aus, als ob ich eben den Auftrag erhalten hatte, alles herauszufinden, was es über Derwent herauszufinden gab.

»Wie dem auch sei«, sagte der General, als wir das Haus betraten und eben dabei waren, die Zimmer aufzusuchen, um uns für den Cocktail umzuziehen, »wir haben heute abend zum Dinner einen Gast, der uns möglicherweise einen Tip geben kann.«

Der Gast war ein gutaussehender Graukopf namens Faber McGrath. Eine Type à la Mamis Liebling. Er war Schotte, Militärhistoriker und der Biograph von Lord Mountbatten. Er war in den Staaten, weil er im kommenden Jahr an der Militärakademie in West Point einen Lehrauftrag hatte. Momentan befand er sich auf der Reise nach Montreal. Dort wollte er seine Familie treffen, um mit ihr den Urlaub im westlichen Kanada zu verbringen. Vom ersten Augenblick an machte er auf mich den Eindruck eines Mannes, dem zuzuhören sich rentierte. Damit war er nur ein weiterer von vielen interessanten Menschen, die mir in all den Jahren am Tisch des Generals begegnet waren.

McGrath kannte Derwent nicht persönlich, wie er zugab, als der General auf seine abgefeimte Art den Namen ins Gespräch warf. Doch hatte er eine feste Meinung über ihn.

»Dick Derwent ist einer von den neuen Männern«, sagte er uns. »Nicht einer von den stereotypen Wellington-Militaristen, denen England stets so viel Vertrauen entgegenbrachte. Aber er ist ein Krieger. Ein Krieger durch und durch.«

»Ich weiß, daß er mit Alexander in Afrika war«, sagte General Gath. »Ich glaube nicht, daß er dort Leute befehligte.« Im Ton, in dem er »Leute befehligte« sagte, lag keine Geringschätzung, jedoch eine gewisse Zurückhaltung.

McGrath witterte eine Chance, dem General eins auszuwischen. Er fletschte die langen Zähne und sagte: »Ah!« Er war liberal und glaubte im General einen Stockreaktionär erkannt zu haben. »Ah, General! Nicht alle Krieger gieren nach Blut und heraushängenden Gedärmen wie euer Patton. Sehen Sie sich doch einmal Derwents Gesicht an. Fast – schön zu nennen. Er ist nicht größer als einssiebzig. Der Gesichtsausdruck von direkt melancholischer Spannung. Wie der von – Guynemer. Kennen Sie die Bilder von ihm? Er sah wie eine Frau aus. Aber im Kampf – was für ein tödlicher Gegner! Was für Männer! Sie sind wie kleine Jagdhunde, die sich in einen Bären verbeißen, während die Großen kläffend die Kämpfer umkreisen und lärmend kundtun, wie mutig sie sind. *Ich* traue Derwent.«

Während er das sagte, sah ich den General an, der ihn genau beobachtete und ihm zuhörte. Der Alte lächelte wie Buddha oder der Weihnachtsmann. Die einzige Reaktion, die zeigte, daß er die Theatralik und Lüge in McGraths Worten erkannt hatte, sah ich in seinen Augen. Es war ein leichtes Aufblitzen in den leuchtendblauen Pupillen. Oh, ich kannte den General gut. Mit einem Schlage hatte er erkannt, daß der, von dem die Rede war, ein ebensolcher Heuchler war wie der, der von ihm so heuchlerisch redete. Von jetzt an schwieg der Alte beharrlich und spielte den Dummen.

McGrath sagte: »Nun, wenn Guynemer nicht ganz erklärt, was ich begreiflich machen will, dann nehmen Sie doch einmal Moltke.«

»Ich habe von ihm gehört«, sagte der General.

»Stellen Sie sich vor, Moltke saß an seinem Klavier, während seine Armeen in Belgien und Frankreich einmarschierten. Derwent würde wahrscheinlich zu einer Theaterpremiere oder in eine Kunstgalerie gehen, bis die nächsten Nachrichten über eine politische Krise eintreffen. Er ist ein zivilisierter Mensch. Seine Frau ist die Filmschauspielerin Meg Craven, durch die er seinen Bekanntenkreis enorm erweitert hat. Er kommt mit einer Menge Leute vom Film und mit vielen Schriftstellern zusammen. Er ist das, was man einen Mann mit weitem Horizont nennt. Für alles Neue höchst aufgeschlossen. Natürlich hat er auch Freunde in Whitehall und in der Geschäftswelt.«

»Moltkes Armeen blieben an der Marne stehen«, sagte der General. Und wie von ungefähr setzte er fort: »Es scheint, Derwent hat von seiten der Presse wegen seiner Red-Arrow-Rakete harte Kritik einstecken müssen.«

»Mist«, sagte McGrath. »Welcher Mann, der in der Öffentlichkeit steht, wird von der Presse nicht angegriffen? Die Red Arrow ist unbedingt ein Erfolg.« Der General lächelte blöde und ließ ihn weiterreden. »Eine absolut superbe verwaltungstechnische Integration von Industrie und Technologie. Einfach großartig! Derwent sollte einen Orden dafür bekommen!«

Zwei Stunden später saßen der General und ich einander allein in seiner Wohnung gegenüber. Er hatte die Schuhe ausgezogen und den Krawattenknopf gelockert. Sein Gesicht war aufgedunsen vor Müdigkeit, doch immer noch schien genug Spannkraft in ihm zu stecken, als er sich mit Schwung in den Armsessel fallen ließ. In seinem fettwülstigen Gesicht waren jetzt nur die Augenschlitze zu sehen.

Er sagte: »Oh, Norman. Oh, oh, oh, oh.« Er äffte McGraths akademischen, theatralischen Tonfall nach. »Absolut superbe verwaltungstechnische Integration von Industrie und Technologie. Scheiße. Diese armen Teufel.«

Er entspannte seinen vom Altersschwamm verformten Körper. Dann sagte er: »Immerhin, in Derwent steckt sicherlich auch einiges. Wenn er nur jemanden zur Seite hätte, der ihm den Rücken stärkt. Die Armee. Wenn nur . . .«

Jetzt wußte ich, das Gespräch würde bis in den Morgen hinein weitergehen. Ich nahm den Bourbon vom Regal und machte uns einen leichten Drink. Leicht deswegen, denn bis zur Morgendämmerung würden wir uns noch viele genehmigen.

Der General redete mit mir nun ganz anders, als er mit Frank Niles oder mit McGrath geredet hatte. Das war seine Stärke, mit jedem so zu reden, wie es dessen Persönlichkeit entsprach.

Langsam dämmerte mir auf, daß es ihm nicht um Derwent und dessen Rakete ging. Er war an England interessiert und an Derwent nur insoweit, als dessen Persönlichkeit ein Licht darauf werfen konnte, wohin England in Zukunft steuern würde.

Der General lümmelte in seinem Armsessel, während ich im Zimmer auf und ab ging. Und unten spien die Denkroboter jene Informationen aus, die einem kalten Denkergehirn wie dem von Frank Niles klar sagten, daß es mit England vorbei war.

»Wenn die Engländer eine bessere Type produzieren, werden wir sie ihnen wegkaufen«, sagte er. »Und sie mit dazu.«

Er wußte es. Er sah es. Aber er wollte noch mehr sehen. »Gibt es nicht irgend etwas in England, das noch eine Chance hat?« fragte er.

Ich wußte es nicht. Immer noch stand ich England mit sehr gemischten Gefühlen gegenüber. Da war einerseits das längst tote, pompöse England, das mein Vater kannte. Und dann das glanzvolle, herrliche England, das Michael einst für mich repräsentiert hatte.

Um auf die Frage des Generals einzugehen, mußte ich auf Michael zurückkommen. Je länger die Nacht und unser Gespräch dauerten, desto mehr trat er gegenüber Derwent in den Vordergrund.

»Ich habe nur einmal mit ihm zu Mittag gegessen«, sagte ich. »Ich sah ihn nur eine Stunde lang im Horseferry Arms, wo man seine Bilder für eine Ausstellung aufhängte. Ich kenne ihn nicht, wie er jetzt ist, ich weiß nichts . . .«

Der General sagte nichts, er ließ mich reden.

Ich sagte: »Ich glaube fast, ich habe den meisten Eindruck von ihm durch seine Jünger gewonnen.«

»Jünger?«

»Jünger! Keine Freunde. Peter Mayhouse und seine Frau. Ursula Drake. Einige von ihnen sah ich noch nach dem Lunch mit Michael, wo ich ebenfalls in keiner Weise eine bestimmte Vorstellung von ihm bekam. Alle diese Leute scheinen ihn für etwas Besonderes zu halten.«

»Mhmmm«, sagte der General.

»Was meinen Sie mit Mhmmm?«

»Daß es Ihnen als Junge mit ihm ähnlich erging.«

»Blödsinn. Das ist etwas ganz anderes«, sagte ich. Ich ging wieder wie wild auf und ab, sah zum Fenster hinaus, sah, wie das Licht aus den unteren Räumen des Hauses seine fluoreszierenden Reflexe in die dunkle Nacht hinaussandte. Da unten fabrizierten die Maschinen die Antworten auf das Wer, Was, Wann und Wieviel. Die Statistik würde immer sagen, Zeit bliebe Zeit, und Vermutungen oder Gefühle zählten nur insoweit, als sie mechanische Reaktionen auszulösen vermochten.

»Irgendwo besteht natürlich eine Ähnlichkeit mit damals. Michael hat noch immer diese unbeschwerliche Art, mit Leuten umzugehen. Wenn Peter Mayhouse dazu noch von ›Magie des Sex‹ redet, dann kann ich mir das nur so auslegen, daß Michael mit seiner Frau schläft und sie eine Ausrede für etwas gebrauchen, wozu wir ein einfaches Zeitwort haben. Aber wenigstens nennt Ursula Drake es nicht Magie des Sex. Dabei hat sie sicher von Michaels Sexmagie ihren Teil abgekriegt. Doch momentan steckt er seine Magie fast ausschließlich in einen Teenager mit Namen Cecile Banner.«

Der General schwieg immer noch, wollte auch nicht wissen, worin Ursulas Anteil an Michaels Sexmagie bestand oder warum ich von ihren Beziehungen zu Michael wußte. Für solche Dinge brauchte der Alte keine Erklärungen.

Ich sagte: »Ursula Drake ist hübsch, gebildet und reich, dazu noch – wie zu erwarten – linksradikal. Sie sagt, für Michael ist es nur ein Spiel, wenn er sich mit den sogenannten einflußreichen Leuten abgibt. Während der Kubakrise hat er seine Freunde Bart Collingwood und Tracy Bryce zu überreden versucht, die Regierung zu Schritten zu bewegen, bevor wir alle zu Atomasche würden. Als sie es nicht taten, hat er selbst Schritte unternommen, Leute im Außenamt angerufen und sich damit sicherlich nur lächerlich gemacht. Jetzt wieder hat er die Idee, nach Moskau zu gehen und die Kremlbonzen zu porträtieren – und dann in Washington dasselbe zu tun. Ich frag' mich, wozu. Ich habe das auch Ursula gefragt. Sie sagt, daß er für jeden einen Floh hat, den er ihm ins Ohr setzen kann.«

»Womit sie wahrscheinlich recht hat.«

»Kann sein. Was ich damit sagen will, daß seine Freunde ihm allerhand zutrauen. Jedenfalls mehr als mir.«

»Kein Wunder«, sagte der General. »Sie würden nie den Mund wegen etwas aufreißen und auch nie an etwas glauben.«

»Ich könnte schon«, sagte ich. »Aber jetzt noch nicht.«

Er sagte: »Wir sollten miteinander nach England fahren, Norman. Sie haben da einen Vogel auf der Leimrute, den ich mir gern ansehen möchte.«

Natürlich würde er nicht fahren – das tat er nie. Er würde in seinem Lehnstuhl sitzen oder am Eßzimmertisch im Falkenflügel präsidieren. Oder aber im Swimming-pool auf dem Wasser liegen und in den blauen Himmel starren. Nicht einmal das, was die Denkspeicher des Falkenflügels über England ausspien, interessierte ihn besonders. Einzig, ob es in England noch etwas gab, das sich aus Eigenem erheben konnte, um Ruhm oder Schrecken um sich zu verbreiten. »England«, sagte er in jener Nacht, »platzt förmlich aus den Nähten vor talentierten Leuten. Doch sie können ihre Talente nicht verwerten. Also treiben sie irgendwelchen Blödsinn. Wenn diese hochbrisante Bombe nur nicht einmal platzt.«

Soviel über den Falkenflügel in jenem Frühsommer.

»Sie fahren wieder hinüber und finden heraus, was die Sache zu bedeuten hat«, sagte der General. Und so fuhr ich wieder hinüber, um die Gehirne gewisser Leute durch die Mangel zu drehen. Die von Derwent, von Peter und Eileen Mayhouse, von Michael und von all denen, mit denen ich in Berührung kommen mochte.

General Gath gab mir keinen formellen Auftrag. So etwas gab es nicht zwischen uns. Ich hatte eine Anzahl von tiefergehenden

Fragen in England zu klären. Und während ich das tat, erwartete man von mir, daß ich daneben immer auf dem Sprung war, wenn etwas Neues, Wichtiges in greifbarer Nähe auftauchte. Wahrscheinlich wußte ich besser als jeder andere, der für den General arbeitete, worauf es ihm wirklich ankam. Er wollte hinter die Klischees und Masken sehen und über sie hinaus, um jederzeit verhindern zu können, was sich drohend anbahnte.

»Ich bezahle Sie für Ware, die Sie noch nicht geliefert haben«, pflegte er gern zu mir zu sagen. »Ich habe Vertrauen zu Ihnen, denn Sie stecken Ihre Nase in die unwahrscheinlichsten Löcher und nicht nur dorthinein, wo jeder Trottel schon mit Kompaß und Karte herumschnüffelt.«

Darauf antwortete ich stets mit einem mißbilligenden Schnaufen. Er erwartete das. Es war die richtige Antwort unter Freunden. Er wußte, daß ich ihm glaubte.

Hätte ich ihm nicht geglaubt, wäre ich nie so tief in Michaels Affäre verwickelt worden. Trotzdem ließ ich den General im Stich. Denn erst heute, da es zu spät ist, habe ich die ganze Geschichte parat, die Geschichte von Michaels Unglückssommer, und wie es dazu kam.

ZWEITER TEIL

# Die Erschaffung Ceciles

# 6. KAPITEL

Michael Cobb stellte oft aus reiner Bosheit irreführende Behauptungen auf. Viele seiner Bekannten erwähnten das mir gegenüber. Er verstand nicht, daß jeder Witz seine konventionellen Grenzen hatte, oder er mißachtete diese Grenzen.

Als Schulbeispiel hierfür mag dienen, daß er C. A. Kugel vielen ahnungslosen Leuten seines Bekanntenkreises als Philanthrop und Kunstfreund vorstellte. C. A. Kugel war nichts dergleichen. Er war das, was man unter »Slum-Lord« versteht. Sein Geschmack war käuflich, daß er seine Mieter hinterging, war stadtbekannt. Das Ausmaß seiner schändlichen Praktiken ist von Rob Varden in einem Artikel zur Genüge beschrieben worden.

*Der Melamine-Report*

Die Meinungen über C. A. Kugel gingen auseinander. Michael hatte im Laufe der Jahre das Verschiedenste über ihn gehört, doch neigte er dazu, nichts davon ganz zu glauben.

Blutsauger, Schwein, Abschaum waren so die Bezeichnungen, die man auf die Person Kugels anwendete.

Wirklich seriöse, liberal Denkende sagten, er sei ein Verbrecher, der eingesperrt gehörte. Und das sagten sie ohne Zögern und im überzeugtesten Ton, denn es gab nichts, was dagegen sprach. Aber man sagte auch, daß er in den zwanzig Jahren, die er in London lebte, nie eingesperrt gewesen war.

Erstmals tauchte er in der Stadt mit den Polen auf, die zu General Anders' antikommunistischer Brigade gehörten. Man gab ihm die britische Staatsbürgerschaft, als der Krieg zu Ende war, und das aus Gründen, die vielleicht nicht einmal er selbst je verstand. Als mieser Hausbesitzer wurde er reich: ehrlich gehaßt und gefürchtet von den Schwarzen, die in seinen Mietkasernen lebten.

Obwohl die Meinungen über ihn auseinandergingen, habe ich nie etwas über ihn gehört, was für ihn gesprochen hätte.

Miß Podmore, Michaels Sprechstundenhilfe, rechnete ihn zu der Kategorie der »lahmen Enten«, von welcher Sorte in Michaels

Stall mindestens fünfzig standen, die dieser »aus obskuren Gründen durchfütterte«. Darunter waren Reiche, Arme, Junge, Alte – »und einige, fürchte ich, die nicht besonders nett sind«. Diese Leute riefen zu den ungewöhnlichsten Zeiten an oder erschienen im Wartezimmer. Entweder brauchten sie Taschengeld, Beistand in den verrücktesten Angelegenheiten oder eine moralische Aufmunterung. »Doktor Cobb hatte eine außerordentliche Gabe, Leuten das verlorene Selbstvertrauen wiederzugeben«, erklärte Miß Podmore.

Ihre Klassifikation Kugels als »lahme Ente« war so ziemlich das Beste, was ich je über ihn sagen hörte.

Michael aber hielt viele Jahre lang treu zu ihm – zum einen Teil zweifellos deswegen, weil er alle Leute, die Kugel schlecht machten beziehungsweise dessen Feinde waren, verachtete. Zum anderen Teil deswegen, weil Kugel ihn brauchte. Zuletzt auch deswegen, weil C. A. reich war (Michael liebte das Geld; aber er liebte auch eine Menge Leute, die zufrieden gewesen wären, hätten sie nur einen winzigen Teil dessen besessen, was Kugel in Schweizer Banken liegen hatte). Und weil Kugel Sexomane war. Und weil, so schwor er, C. A. Kugel ein Mann mit Phantasie war.

Er sagte, Kugel habe ihn auf den Gedanken gebracht, Cecile Banner zu erfinden.

Nicht lange vor Beginn von Michaels Prozeß brachte irgendein Journalist ihm gegenüber kalt den großen Altersunterschied zwischen ihm und Cecile zur Sprache: »Sie könnten ihr Vater sein, nicht wahr? Würden Sie sich dazu äußern, Doktor Cobb?«

»Ich habe sie ganz sicher nicht gezeugt, mein lieber Mann. Genauer wäre es, zu sagen, ich habe sie gemacht. Erfunden.«

»So eine My-Fair-Lady-Situation, eh? Kann ich es so auffassen?«

Michael lieferte dem Reporter kein weiteres Stichwort. Wenn er noch mehr gesagt hätte, wäre es darauf hinausgelaufen, daß C. A. Kugel die Urinspiration gehabt habe.

Kugel brauchte Hilfe.

Woraufhin Michaels Telephon läutete und Kugels dünne, tonlose Stimme bettelte: »Michael – sofort! Ich weiß nicht mehr ...« Kugel war bei seinem Schneider. Wenn er konnte, verließ Michael das Krankenhaus oder das Sprechzimmer und eilte hinüber in die Cork Street, um gerade zurechtzukommen, wie die Leute von Feuer & Windrop versuchten, seinen völlig eingeschüchterten Freund in einen Anzug und einen Kamelhaarmantel zu stecken, in denen er fast zur Gänze verschwand – das aschfahle Gesicht und die farblosen Augen waren nicht mehr zu sehen, und die teuren Kleider schienen von allein herumzuspazieren.

Oder in einer Sportabteilung. Lachende junge Verkäufer bei Harrods drapierten um Kugels Körper Sporthemden, Jacketts und Hosen, die aus Signalfahnen geschneidert worden sein mußten. Michael wußte, wie man mit Schneidern und Verkäufern von Harrods umzugehen hatte, und auch, wie man Kugel die Angst vor diesen Leuten nahm.

»Michael – sofort! Komm zu Cornford. Dort bin ich gerade!« Michael kam in die Spielhölle, fand Kugel als wankenden Schatten an der Wand hinter den Spieltischen vor. Nein, keine Spur. Natürlich hatte er nicht durch unvorsichtige Einsätze sein ganzes Geld verloren.

»Ich habe genug Geld, Michael. Und eine Idee, wie du Geld machen kannst. Eben habe ich gehört, der Klub hier will Flugzeuge chartern, um amerikanische Spieler aus New York auf einen Monat hierherzubringen. Sie werden spielen. Sie werden sich London ansehen. Michael! Sollte man nicht schon in den Flugzeugen hübsche Hostessen anstellen? Die Leute, bevor sie noch hier sind – auf Linie bringen. Du kennst doch viele Ia-Weiber, vielleicht könntest du es arrangieren . . .«

Tammy Chandler war ein solches Ia-Weib und gehörte Kugel. Oder zumindest teilweise. Er hielt sie sich – soweit man Tammy überhaupt halten konnte – in seiner todschicken Wohnung in Mayfair. Und weil er mit Tammy soviel mitmachte, war Michael geneigt, ihm gegenüber Nachsicht zu üben.

»Michael – sofort! Ich weiß nicht – Tammy ist weg.« Er hatte keine Skrupel, Michael selbst bei seinem Weekend auf dem Lande anzurufen und ihm schmeichlerisch abzuringen, sofort zurückzukehren und bei der Suche nach Tammy mitzuhelfen.

»Das arme Ding hat kein Geld. Kein Benzin im Tank. Sie wird Hunger und Kälte leiden.«

Als Michael in London ankam, fand er Kugel weit weniger darüber besorgt, die Schlampe könnte Hunger und Kälte leiden, als darüber, daß sie seinen Wagen verkauft haben könnte. Oder – noch ärger – daß sie sich in irgendeinem Bohemeviertel Londons mit einem schwarzen, braunen oder gelben Studenten ihres

Alters herumtreibe. Bevor sie begann, mit ihm in bargeldlosem Luxus zu leben, hatten sich zwei höhere Semester an der Londoner Universität, der eine aus Indien, der andere aus Ghana, in ihren Körper geteilt. Wenn sie mit irgendeinem Schwarzen aus der Gegend um Notting Hill gevögelt hätte, wäre sie natürlich von einem der Kerle aus seiner bezahlten Clique aufgestöbert worden. Das war sozusagen Feudalterritorium. Seine Polen schienen alles zu wissen, was in jener Gegend vorging. Michael hingegen würde eher wissen, wohin die Haschisch rauchende Intellektuellenbande in Bloomsbury oder Chelsea sie verschleppt haben könnte.

Einmal, als Michael sie aufspürte, war sie durch eine Überdosis Heroin tief bewußtlos. Sie lag in einer Atelierwohnung in Bloomsbury im Bett. Seit Tagen war sie hier in den Händen einer schwedischen Rock-Gruppe und einiger Lesbierinnen gewesen. Michael behandelte sie, bis sie wieder taufrisch wie eine Feenkönigin war, und klärte sie über Drogen auf und darüber, was für Vorteile es habe, mit einem netten, freundlichen, reichen, gesetzten Mann wie C. A. Kugel zusammenzuleben. Gehörte sie nicht zu Kugel? Glaubte sie denn, er würde ewig leben? Ja, ja, der gute alte Onkel Michael . . .

Kugel machte es nichts aus, wenn Tammy sich für Geld aufs Kreuz legte. Michael nahm an, daß Kugel selbst sie an Mrs. Folk empfohlen hatte, die einen teuren Callgirl-Dienst betrieb. Herumhuren gegen Bezahlung war Beweis für das Vorhandensein von Unternehmergeist, und Kugel selbst gab Tammy nicht einen Heller.

In seiner Wohnung hatte er einen Transparentspiegel. Michael war dabei gewesen, als sie durch den Spiegel zusahen, wie Tammy es einem südafrikanischen Söldner machte, der mit einem Haufen Geld in London aufgekreuzt war. Eifersucht war Kugel fremd. Er hatte keinerlei sexuelle Vorurteile, außer gegenüber Farbigen, dann aber steigerte sie sich zur Phobie, vor allem, wenn er wußte, daß sie auch noch Geld hatten.

Und doch – in all seiner Verderbtheit – hungerte Kugel nach etwas Besserem. Vielleicht nur nach einem geringeren Grad der Verderbtheit. Jedenfalls war es diese Sehnsucht, die Michael auf die Idee brachte, das perfekte weibliche Wesen für ihn zu schaffen.

An einem Frühlingstag saßen Michael und Kugel zu Mittag im Lancer's Club. Der einundzwanzigjährige Ferdie Cornel erblickte sie und zog sich einen Stuhl an ihren Tisch. Er habe da etwas sehr

Wertvolles – oh, es habe Seltenheitswert –, das er Michael zeigen wolle.

»Ich habe Sie den ganzen Winter vergeblich bei Murray oder im Rubayat gesucht«, sagte Ferdie zu Michael und übersah dabei Kugel völlig, denn nichts fiel leichter, als Kugel in so züchtiger Umgebung wie diesem Klub zu übersehen. »Hören Sie, Cobb, wissen Sie, was sich unlängst am hellen Morgen in der Beak Street zutrug? Eines der Showgirls wurde dabei beobachtet – ich sage *beobachtet*, aus *nächster Nähe* beobachtet –, wie es im Auto niemand anderen als Benny Bearsford mit der guten alten Fellatio bediente, während Bearsfords Chauffeur den Motor laufen ließ. Den Motor laufen ließ! Das nenne ich Service! Sie müssen Benny anrufen und ihm das sagen. Ich werde es! Ganz bestimmt!«

Das Jüngelchen sprang auf und suchte den Speisesaal nach jemandem ab, dem er die frohe Kunde überbringen könne. Michael blieb nach dieser Unterbrechung für eine Minute still. Dann sagte er: »Wir Engländer sind doch ein eigenartiges Volk. Hast du das mitbekommen, C. A.?«

Kugels Augen waren fast geschlossen. Wenn vorlaute Fremde plötzlich vor ihm auftauchten, zog er sich wie eine Schnecke in sein Gehäuse zurück. Er mochte sich einiges über diesen Dummkopf Ferdie denken oder auch nicht, aber da Michael ganz offensichtlich angewidert war, war er es auch.

»Wir leben eben in einer eigenartigen Zeit«, sagte er. »Als ich nach dem Krieg nach England kam, habe ich etwas ganz anderes erwartet. Ich war damals arm. Ich habe mir gesagt, wenn du reich bist . . . Arme Kerle glauben, die Reichen in England wüßten auf eine Weise zu leben, die nicht abstößt. Aber nein, sie tun's nicht. Nicht der Adel. Sie sind wie kleine Köter, die wild herumkläffen. Michael, ganz England ist ein Schwindel. Nicht einmal jetzt kann ich die Geschichte dieses Jungen glauben. Er hat sie erfunden, nicht? Einfach so. Das ist es doch? Die haben doch gar nicht den Mut, mitten auf der Beak Street so etwas zu tun?«

Michael lachte. »Ich möchte gerne glauben, daß Benny B. den Mut dazu hatte – uns bleibt also noch ein Funken Hoffnung.«

»Du«, sagte Kugel, »du mißt England nach deinem Maßstab. Du bist andersherum.«

»Kaum!« sagte Michael. »Ich hab' es wohl in so mancher Kombination getrieben, alter Junge – ein bißchen probiert . . . Nun, ist ja egal, was ich probiert habe. Aber ich bevorzuge Vagina. Ehrlich. Glaub einem alten Mann wie mir!«

»Ich vergesse ganz, daß es noch andere garstige Dinge gibt«, sagte Kugel.

»Aber, aber! Du hast deinen puritanischen Tag. Hat sich Tammy wieder einen Schwarzen aufgegabelt?«

Kugel ignorierte die Spöttelei gelassen. »Wenn ich so denke, dann nur deswegen«, sagte er im höchsten Ton des Ekels den seine schleimige, weiche Stimme zu produzieren vermochte, zog ein Photo aus seiner Rocktasche und schob es Michael mit der Rückseite nach oben quer über den Tisch zu.

»Aha, unter Piratenflagge!« sagte Michael, als er die Photographie aufnahm und hinter vorgehaltenen Händen studierte. Sie war wirklich nicht für die Augen der vorbeieilenden Kellner bestimmt.

Auf dem Bild war ein Bacchantenweibchen zu sehen: auf allen vieren, mit herabhängenden Brüsten und nacktem Popo unter Spitzenkorsett. Ihr Rücken war gekrümmt wie der einer buckelnden Katze. Die großen, herrlich geformten Beine waren um die Schultern eines jungen Mannes geschlungen, der unter ihr auf dem Bauch lag und dessen Leistengegend sie beknabberte. Hinter ihr kniete ein Mann, maskiert, aber offensichtlich noch jung, der seinen Penis zwischen ihren Schenkeln stecken hatte.

»Hollaho!« rief Michael und pfiff durch die Zähne. »Ein Wüstenschiff! Kamel mit Quaste, würde ich sagen!«

»Du findest es also komisch?«

»Damit hast du mir den Tag vergoldet«, sagte Michael. »Ich versuche, meine ganze Bewunderung zu zeigen. Die Dame sitzt wie die Hexe auf dem Besenstiel!«

»Erkennst du sie?«

»Die Prinzessin!« Michael hatte sich im selben Augenblick erinnert, da Kugel fragte. Vor einem Jahr hatte es einen viel Staub aufwirbelnden Scheidungsprozeß gegeben, in den ein Industrieller aus Manchester und dessen Frau, Angehörige einer balkanesischen Königsfamilie, für die es keinen Thron gab, verwickelt waren. Die Zeitungen hatten sie mit beharrlicher Ironie stets nur »die Prinzessin« genannt. Gerüchte besagten, daß ein Stoß von Amateurphotographien für den Ausgang des Prozesses von entscheidender Bedeutung gewesen sei. Nun tauchte eine von ihnen in Kugels schwammigen Händen auf.

»Hier siehst du, wie weit die Korrumpierung der Oberklasse fortgeschritten ist«, sagte Kugel fast im Flüsterton.

»Muß ich das? Kann ich nicht auch sehen, wie wunderbar das

Tigerweibchen sein kann? Du bist ein Heide. Hier sehe ich Gottes Größe und Glorie in der Fleischeslust eines Weibchens. Könnte ich dir nur Augen geben, zu sehen, du Armer . . .«

»Gib mir lieber eine dunkle Brille!« höhnte Kugel. »Nicht einmal Rom war so korrupt. England ist reif, daß die Barbaren über es herfallen.«

»Haaah!«

»Was heißt ›haaah!‹«

»Du hast die Photographien und willst damit die ganze britische Oberklasse erpressen. Leider dünkt mir, daß die Burschen mit der Prinzessin da eher Proleten sind. Arme Teufel. Von denen bekommst du keinen Heller.« Er schob das Photo, Rücken nach oben, wieder Kugel zu.

»Jemand hat die Bilder gemacht«, sagte Kugel.

»Ah! Du willst ihn erpressen? Aber . . .«

»Vielleicht wirst *du* es tun. Erpressung.«

»Ich? Mein lieber C. A., ich wüßte nicht, wo ich den passionierten Photographen suchen sollte.«

»Auf den anderen Photos, die ich habe. Dieses ist nur eines von insgesamt zwölf. Sie haben die Kamera wechselsweise bedient. Funkt's jetzt?«

»Und die Prinzessin kam auch an die Reihe?«

»Sie hat eine Aufnahme gemacht. Ja. Von ihm und den Jungen.«

»Ihm?«

Kugel hob die Schultern. »Der andere ist maskiert. Man sieht sein Gesicht nicht. Und sein Schwanz?« wieder eine Grimasse des Abscheus – »eine Bagatelle. Tammy hat nur gekichert. Nichtsdestoweniger: Für diese zwölf Photos zahlt eine Londoner Zeitung gut und gern fünftausend Pfund.«

»Die drucken das? Das wird die Auflage in die Höhe treiben!«

Die Stimmung war bestens. Beide lachten bei der Vorstellung, diese Bilder auf der Titelseite des »Mirror« oder der »Daily Mail« prangen zu sehen.

»Wandphotos für Sitzungszimmer«, schlug Michael vor. »Gratuliere! Jetzt kannst du Tammy ein Diamantenkollier kaufen.«

»Nein, nur für dich«, sagte Kugel. »Ich meine das Geld. Du hast so viele gute Ideen und nicht das Geld, sie in die Tat umzusetzen.«

»Oh, du Menschenfreund . . .«

»Du willst doch nach Rußland gehen und im Kreml die Bonzen zeichnen. Davon hast du oft gesprochen. Jetzt zeigt sich, wie weit du gehen willst. Wirklich gehen willst. Fahr auf ein Jahr hin. Fünftausend Pfund . . . Du gibst die Photos weiter. Oder man schickt einen Boten von Fleet Street herüber. Alles ganz einfach.«

Kugel hatte für mehr Überraschung gesorgt, als Michael ihm je zugetraut hätte. Michael fühlte prickelnde Spannung wie vor einem ungewissen Abenteuer. Und diese Spannung bewirkte, daß er völlig heiter und gelöst wurde. Die Zeitung mußte Angst davor haben, von der Prinzessin verklagt zu werden. Vielleicht würden sie die Photos als Sicherheit haben wollen.

Trotzdem! Was für eine schmutzige Transaktion! Irgendwo in Nizza, in einem Zimmer nahe der Promenade des Anglais, hatte diese Frau mit drei Männern allerhand getrieben. Ihr heidnisch-wilder Appetit – den auch er manchmal hatte – rebellierte gegen die trübe, von schmutzigen Witzen durchzogene Winteratmosphäre Londons.

Michael Cobb folgte einem plötzlichen Impuls und sagte, daß er die Bilder der Prinzessin und ihrer Männer haben wolle.

»Vorausgesetzt, du sagst mir, was du dafür verlangst.«

»Ich habe dafür was verlangt?« fragte Kugel mit einem lahmen Lächeln. Er war beleidigt.

»Du bist das größte Schwein Englands. Du hast in deinen Rattenburgen mehr Nigger gekillt als die Engländer in den Zulukriegen. Man hat dich aus der Ogniski Polski hinausgeschmissen, denn du bist eine Schande für dein Volk . . .«

Es war erstaunlich, mit welch sonniger Miene und in welch süßem Ton man solche Worte aussprechen konnte. Die Herren an den Nebentischen würden denken, sie redeten über Fußballergebnisse.

». . . du bist ein perverser Hurenbock. Deine sexuellen Betätigungen stinken zum Himmel, du kannst dir darunter nicht einmal etwas Vergnügliches vorstellen; du mußt jemanden demütigen – ob es nun die arme Tammy ist oder sonst irgendwer. Du läßt dir von mir und jedem anderen solche Worte ins Gesicht sagen, weil du dir irgendeinen Profit davon versprichst. Also gut . . . Du willst, daß ich dich endlich Lord Collingwood vorstelle und dir eine Einladung nach Cadwater verschaffe. Zum Homsford. Bryce. Sir Osbert. Geht in Ordnung. Ich werde dich einführen, C. A. Geschäft ist Geschäft.«

C. A. blieb ruhig und gelassen. Er schüttelte den Kopf. »Sie würden über mich genauso denken wie du. Ich werde doch nicht meine Zeit damit verschwenden, zu versuchen, sie aufs Kreuz zu legen. Michael, du hast wieder eine Chance. Ich hatte nicht im mindesten die Absicht, dir heute zu sagen, wovon ich träume.«

Ihre Gespräche langten oft an diesem Punkt an. Die beiden so verschiedenen Männer witzelten, stritten, manövrierten sich gegenseitig aus. Jeder verließ sich auf seine Spezialbegabung, Kugel auf seine mysteriösen Kniffe, aus anderer Leute Schwächen Geld zu machen, Michael auf seine Phantasie und sein Geschick, die unwahrscheinlichsten Leute vor denselben Wagen zu spannen. Kam es dann zu einem Unentschieden, begannen sie von Dingen zu träumen, die jenseits ihres Vermögens lagen.

Das war es wahrscheinlich, was Michael die Freundschaft aufrechterhalten ließ. Auf seine schmutzige, perverse Art war auch Kugel ein Meister im Wunschdenken.

Jetzt sagte C. A.: »Tammy ist schön. Das ist das Unglück. Ich sehe es so: Hätte ich sie zur rechten Zeit getroffen, als sie noch ein kleines Mädchen war, und aus ihr machen können, was ich wollte ... Nein, ich wüßte nicht, wie ich das hätte anstellen sollen. Eigentlich bist du es, der sie formen müßte, unterrichten, anleiten. Dann würde ich sie haben wollen. Mein Traum ist, eine Frau zu besitzen, die du geformt hast.«

Michael kicherte – nicht aus Erheiterung, sondern wegen des perversen Verlangens.

»Hör einmal zu, du letztklassiges Schwein. Hör mir als deinem Arzt zu.« Ärztlichen Rat gab er Kugel eigentlich selten. C. A. zog es vor, sich mit den ihm bekannten Mitteln zu behandeln. Oder mit halbmagischen Überlebensritualen, wie er sie im Konzentrationslager gelernt hatte und die mit Vernunft wenig gemein hatten. »Wenn ich dir eine Frau verschreiben müßte, dann würde es eine schöne Puppe sein, die du nie anrühren würdest. Sei froh, daß Tammy physisch von dir nicht mehr fordert, als sie tut. Du wärst innerhalb einer Woche ein toter Mann, wenn du mit der Frau deiner Idealvorstellung leben müßtest. Du hast die Konstitution eines Greises und die sexuellen Wünsche eines Knaben, der Frauen nur von schmutzigen Bildern her kennt. Was treibst du überhaupt mit Tammy?«

Kugel fiel total in sich zusammen.

Michael sagte: »Wenn du eine Frau, die sexy ist, in deine

Gewalt bekämst, würdest du mit ihr vor deinen schwarzen Mietern protzen und sie dazu benützen, die zu erpressen, die dir über sind.«

»Ich kann die Frau, die ich brauche, nicht finden«, sagte C. A. »Ich habe Geld, und mit der Frau meiner Träume, was könnte ich nicht alles sein in England? Ich sage dir eines, Michael: England ist schwächer, als du glaubst. Die Bilder zeigen es. Glaube mir. Ich habe das oft überdacht. England ist morsch. Laß dir sagen: Da ist noch eine Serie von Photos, mit denen man sogar die Regierung erpressen könnte. In dieser anderen Serie ist der Mann nicht maskiert. Er ist ein Minister der gegenwärtigen Regierung ... Ist das nicht schrecklich? Was sagst du dazu?«

Gedanken, Wünsche und Vorstellungen gingen in Michaels Gehirn durcheinander.

Er sagte: »Du willst, daß ich dir eine Frau verschaffe, mit der ich es vorher getrieben habe. Das ist sehr schätzenswert, C. A. Laß mich mal sehen. Welche soll es sein?«

Kugel lachte mit. »Es ist keine Sache des Geschäfts. Ich denke nur manchmal: Wenn Michael und ich zusammenarbeiten könnten . . .«

Daran dachte Michael auch. Warum sollte man so tun, als wollte man die Dinge so lahm weiterlaufen lassen wie bisher? Ein Leben ohne Leidenschaft und ohne Risiko? Jedes Spielchen war da vorzuziehen, sogar ein kleines Verbrechen. Doch er konnte sich kein Verbrechen vorstellen, das er zu begehen wünschte.

»Sieh zu und schick mir das Photo mit dem Minister und seinem Penis. Vielleicht kann man irgend etwas damit anfangen. Und ich werde dir die Frau finden, die du brauchst. Und dann lassen wir sie alle vor uns einen Hexentanz aufführen.«

# 7. KAPITEL

Cecile Banner – geborene Agnes Banner – war das einzige Kind ihrer Eltern. Sie wuchs in Clodd, einem Vorort, auf. Ihr Vater hatte eine fixe Anstellung als Lastwagenfahrer, ihre Stiefmutter arbeitete bei einem Drogisten. Cecile Banner trieben weder Armut noch sonstiges Ungemach aus dem Haus, doch als sie vierzehn war, brannte sie durch und ging nach London. Ihre Stiefmutter fand sie und versuchte sie zu überreden, wieder nach Hause zu kommen. Cecile Banner war fest entschlossen, »Karriere« zu machen. Sie genoß keinerlei Ausbildung für den Beruf als Photomodell oder für die Leinwandkarriere. Als sie später Showgirl wurde, tat sie nichts anderes, als, wie sie selbst sagte, »ohne Kleider auf und ab zu gehen«. Sie suchte in London keine Anstellung als Bürokraft, Tippse oder Kellnerin, sondern begab sich unter den persönlichen Schutz eines Mr. Perralli und lebte zusammen mit ihm und seiner Familie. Mr. Perralli war ebenfalls Lastwagenfahrer. Sie mietete bei ihm ein Zimmer, doch soweit er sich erinnern kann, bezahlte sie die Miete »nicht sehr oft«.

*Der Melamine-Report*

Es war durchaus nicht seine Absicht, ein Mädchen auszukundschaften, das C. A. Kugels speziellen Wünschen entsprach, als er an jenem Spätfrühlingstag Cecile von der Straße auflas.

Ein solches Mädchen zu erschaffen, hatte sich nie wirklich als Plan in ihm festgesetzt. Obwohl schönes Wetter und er selbst etwas ruhelos war, begab er sich nicht bewußt auf die Suche nach einer neuen Freundin.

Wie er selbst gestand, nahm er die Dinge, wie sie kamen, setzte sie eins neben das andere, wie sie zusammenzupassen schienen.

Nachdem er im Hospital seine Morgenvisite beendet hatte, rief er Miß Podmore, seine Sprechstundenhilfe, an. »Liebste«, trällerte er, »die Lerchen singen im Ranelagh-Garten. Hat es Anrufe gegeben, bei denen ich lieber nicht da bin?« Es war sein alter Scherz mit Miß Podmore, daß er, wenn Patienten einen Rückfall erlitten oder in Gefahr waren zu sterben, möglichst »nicht da war«.

»Ich bezweifle, daß es Lerchen sind«, sagte Miß Podmore. »Wo sind Sie denn? Im Royal Hospital?«

»Ja, ich bin im Royal. Und die Lerchen singen in meinem Herzen. Mit der Welt ist alles in bester Ordnung.«

»Ich bezweifle, daß es so ist. Aber es hat sich nichts Furchtbares ereignet. Mrs. Folsom hätte gern, daß Sie sie anrufen, aber nicht vor drei, sagte sie. Vom Laboratorium sind die Befunde über Ronny Jones gekommen. Doktor Benson meint, Sie werden neue Blutzuckertests brauchen, ich habe das Nötige veranlaßt. Mrs. Overby möchte ein neues Rezept. Henderson verlangt entweder schmerzstillende Pulver oder Schlafpulver. Oder beides.«

»Sie sind doch sicherlich der Ansicht, daß man ihm beides gibt?«

»Warum nicht? Ein Mr. Duke vom Horseferry Arms hat angerufen. Es hat etwas mit Kunst zu tun.«

Monatelang hatte Michael mit Harry Duke über die Möglichkeit diskutiert, seine Arbeiten in Harrys Gasthaus auszustellen. Die Gespräche endeten beharrlich im Nichts, ungefähr so wie die Debatten der alten Tattergreise in der Ruskin-Society. Ein fröhliches Gefeilsche ohne Ende. Harry dachte an eine tolle Aufmachung und an Publicity. Er wußte, was für seine Gäste an den Wänden hängen mußte, und wollte einige Berühmtheiten in sein Lokal ziehen, die vielleicht dort photographiert werden würden. Michael hatte andere Vorstellungen. Möglicherweise fand er von da aus einen neuen Weg für seine Kunst oder einen vitalen Ansporn für seine Arbeit, die ihm so witzlos geworden war.

»Ich werde ihn heute nicht anrufen«, sagte er zu Miß Podmore. »Kunst. Keine schlechte Idee. Mir ist wirklich danach zumute, meine Wasserfarben einzupacken und ins Landhaus bei Cadwater zu fahren. Endlich ist es warm genug, daß man draußen sitzen kann.«

»Gut. Da dürfte aber noch eine andere Sache sein. Seit Stunden ist ein Mann hier. Buchstäblich seit Stunden. Er hat ein Päckchen für Sie. Hat es von Mr. Kugel gebracht, und obwohl ich ihm versichert habe, er könne es beruhigt bei mir lassen und es käme ganz gewiß in Ihre Hände, wollte er es mir nicht geben. Es müsse persönlich überreicht werden.«

Michael amüsierte sich über ihren ärgerlichen Ton. Nur wenige blieben von Miß Podmores Schimpfkanonaden verschont.

Offenbar hatte einer von Kugels blöden Typen endlich – nach zwei Wochen – die Photos von der Prinzessin gebracht, von denen Kugel wollte, daß er Gebrauch von ihnen mache. »Ist der Herr ein Pole ohne Hals? Heißt er Krowsky, Mousky oder so ähnlich?«

»Hals hat er«, sagte Miß Podmore. »Aber Namen würde ich ihm keinen glauben, ganz gleich, welchen er nennt. Doch glauben Sie ja nicht, Sir, Sie könnten die Stadt verlassen, bevor Sie hierhergekommen sind und ihn mir vom Hals geschafft haben.«

Als er zu seinem Wagen schritt, sah er die Spaziergänger im Park, und der Wunsch überfiel ihn, gleichfalls so vor sich hinzuschlendern wie die jungen Mütter hinter ihren Kinderwagen und die pickelwangigen jungen Mädchen und Burschen, die Hand in Hand auf den Wegen einherwandelten. Und er wollte sich ebenso schnell von den Mauern dieser Stadt hinwegheben wie der silberglänzende Luftriese, der auf seinem Weg zum Kontinent eben durch den flimmernden Maimorgen brach. Paris. Wien. Der sagenumwobene Nahe Osten. Die Welt stand mitten im Frühling, und England war so klein. Viel zu klein für seinen Hunger nach Neuem.

Als er auf dem Ärzteparkplatz seinen weißen Jaguar warmlaufen ließ, lauschte er auf die Kolbengeräusche wie jemand, dem sich ein Geheimnis erschließt. Nur wenige Dichter haben erkannt, daß der wilde Hunger eines Mannes von Fünfzig weit größer ist als der eines rastlosen Knaben oder daß ein alternder Mann die absurde Sehnsucht verspüren kann, plötzlich mit der Kraft eines mechanischen Werkzeugs begabt zu sein, um die sichtbare Oberfläche dieser Welt zu durchstoßen, wie Alice, die durch den Spiegel geht. Hindurchzugehen – durchzustoßen auf die unbekannte andere Seite . . .

Wie melancholisch schön dieser Morgen ist. Wie verschütteter Honig steht die Sonne im Dunst über dem Spiegel der Themse. Grün der Liguster auf den Grasflächen. Tulpen mit voll aufgebrochenen Knospen entlang dem Fahrweg. Blätter, goldgrün wie alte Juwelen. Junge Mütter mit ihren Kinderwagen am Themseufer. Ein Hausboot mit zwölf Fähnchen und mit einer zum Trocknen aufgehängten Hose an der Reling. Der Musikhallendekor der Albertbrücke – nie putziger anzusehen als an einem Frühlingsmorgen – die komischste Brücke der Welt.

Er erinnerte sich an seine Kindheit. Nicht einmal damals hatte die Schönheit der Welt ihn so getrieben, etwas zu tun, sich zu betätigen.

Es hatte andere Frühlinge gegeben, ebenso verwirrende wie diesen, oder doch fast so verwirrend. Und auch damals hatte er sich immer wieder gefragt: Was tun?

Und in irgendeinem dieser Frühlinge hatte er Veronica Earl trocken erklärt: »Man hat das Gefühl, als ob man die ganze Herrlichkeit – die Landschaft, die Stadt, die Hügel – in den Körper eines fügsamen Mädchens hineinstecken und dann mit ihr ins Bett gehen müßte.«

»Das nennt man Personifizierung«, hatte Veronica gesagt. Blödes Schaf.

»Ja.«

»Personifiziere mich«, befahl sie.

Es war das Beste, was man angesichts dieses Frühlings tun konnte. Das Allerbeste, sagte sich Dr. Michael Cobb. Und als er von der Beaufort Street südwärts in die Kings Road eingebogen war und sich mit dem Wagen einen Weg in die kleinen Seitenstraßen gebahnt hatte, um sein Studio von der Hinterseite zu erreichen, sah er dort Ursula Drake auf ihn warten, als hätte sie auf telepathischem Wege erfahren, in welcher Stimmung er sich befand. Ungeduldig saß sie in ihrem Mini-Cooper, den sie in einer Seitenfahrbahn geparkt hatte. Aus dem düsteren Inneren des Wagens leuchtete durch das Seitenfenster eines ihrer bestrumpften Beine.

»Daß du ein Telephon im Atelier hast, ist völlig sinnlos, Michael«, sagte sie. »Ich bin schon wieder einmal auf gut Glück hierhergekommen, in der Hoffnung, dich hier zu treffen. Anderswo warst du nicht zu finden.«

Sie sah hinreißend aus. Ihr kastanienbraunes Haar glänzte metallen, und der violette Seidenschal, den sie um ihren Hals geschlungen hatte, wehte heran wie Nachtgewölk. Sie hatte Michael kommen sehen und war bereits am Fenster seines Wagens, noch ehe er den Motor abstellen konnte.

»Als ich heute früh aufwachte, wußte ich: Das ist der Tag, an dem ich mich entschließen muß, Michael, ich werde nächste Woche sechsundzwanzig.«

Er schnalzte mit der Zunge, nickte und stimmte ihr bei, daß dies entschieden ein schrecklicher Augenblick wäre.

»Iß mit mir zu Mittag und gib mir einen Rat«, bat sie. »Ich habe zu niemanden auf der Welt mehr Vertrauen als zu dir. Niemand kennt mich so gut wie du, Michael.«

Daß er ablehnte, überraschte ihn selbst. »Ich kann nicht. Ich muß ins Labor und dann zurück ins Krankenhaus. Ich habe da einen Fall mit schweren Verbrennungen. Der arme Teufel hat sich Sachen zweiten und dritten Grades eingewirtschaftet, im eigenen Bett. Mit der brennenden Zigarette eingeschlafen – wie du immer. Hat scheußliche Schmerzen.«

Als er die Stufen zu seinem Studio hinaufzusteigen begann, faßte Ursula ihn am Arm. »Du lügst natürlich. Der Mann ist im vergangenen Oktober mit der brennenden Zigarette eingeschlafen – du kannst nicht schon wieder einen Fall haben, der diesem aufs Haar gleicht.«

Mit verführerisch gekreuzten Beinen saß sie da und sah ihm böse zu, wie er seine Wasserfarben, Pinsel und zwei Zeichenblöcke, einen großen und einen kleinen, zusammenpackte.

Sie sagte: »Es ist wegen Swinton. Ich kann mir einfach nicht darüber klarwerden, ob ich ihn heiraten soll oder nicht. Und wenn ja, wann. Und ob ich ihm überhaupt begreiflich machen kann, was ich unter Freiheit verstehe. Du weißt, was ich meine.«

»Natürlich«, sagte Michael. »Du willst mich wieder einmal als Vergleichsobjekt benützen. Du bist aus Swintons Bett gestiegen und auf direktem Weg zu mir gekommen. Sehr gescheit von dir.«

»Du bist ein Biest. Die Wahrheit ist, ich kann nicht herauskriegen, ob Swinton reich genug ist für mich.«

Daran war ein Gran Wahrheit. Ursula hatte eine Leidenschaft für die Linke, liebte es, auf dem Trafalgar Square zu demonstrieren oder Steine in die Fenster der amerikanischen Botschaft zu werfen, aber sie war gewöhnt, Geld zu haben, und wollte noch mehr davon. Es war äußerst reizvoll, mit ihr über diese Widersprüche zu debattieren. Sie wußte, daß ihm das ebensoviel Spaß machte, wie mit ihr zu schlafen. »Und was das Vergleichen betrifft, du armer Wurm: Solltest du jetzt einen Annäherungsversuch starten, so machst du dich nur lächerlich.«

Gelassen ließ er sein Malwerkzeug in einen grünen Leinensack fallen und winkte ihr mit der Hand, sie möge mit ihm wieder zurück auf die Straße kommen. »Ich lehne es ab, Versuchskaninchen zu spielen«, sagte er. »Hier!« Er ließ einen Schlüsselring, an dem einige Schlüssel klirrten, vor ihrer Nase hin und her baumeln. »Ich fahre nach Cadwater. Ich sehe vor mir – ein paar grasende Füchse und Rappen unter der Ulme, die du so gern hast, und ich bin fest entschlossen, dieses Bild aufzusuchen und heute nachmittag zu malen. Aber komm doch irgendwann am Abend zu mir, in die Wohnung. Du weißt, welcher Schlüssel es ist.«

Ja, er hätte es mit Ursula eine Stunde im Studio treiben können, und dann wäre immer noch Zeit gewesen, malen zu fahren. Die Füchse und Rappen würden in seiner Vorstellung unter der Ulme grasen, ob er sie nun malte oder nicht. Als er allein die King's Road hinauffuhr, mußte er sich eingestehen, daß ihm etwas fehlte. Etwas Stärkeres, Tieferes, als er mit normalen Sinnen aufzunehmen gewohnt war. Etwas, das schön war wie die Welt rund um ihn, aber von der Eindringlichkeit eines Drogenrausches oder eines bösen Traumes.

Und dann sah er Cecile.

Sie stand in der Menge, die einem Filmteam zusah, das für seine Arbeit ein Stück Gehsteig in Beschlag genommen hatte. Eine neue Boutique wurde eröffnet. Die Scheinwerfer ließen die in Blaßblau und Rosa prangende Aufschrift »Tout Paris« in Neonhelle erstrahlen. Das künstliche Licht, das sich mit dem Tageslicht mischte, ließ die frisch gebadeten Arme und Beine der Photomodelle plastisch hervortreten. Drei Mädchen standen in Modellkleidern, der Spezialität des Ladens, vor der Kamera. – Drei flimmernde Geschöpfe, die hinter ihrem Neonlächeln nicht so sehr Langeweile als Unausgeschlafenheit zu verbergen schienen. In der Beleuchtung sahen sie aus wie Heiligenfiguren hinter einem Buntglasfenster.

Cecile war kein Modell. Ganz gewiß nicht. Sie gehörte zur Menge. Und da stand sie nicht einmal in der vordersten Reihe der Gaffer, obwohl sie versuchte, dorthin vorzustoßen. Sie war eine echte Chelsea-Ratte, eine aus der in die Tausende gehenden Menge von Teenagern, die wie billige, glitzernde Trödelware an allen Ecken der King's Road zu finden waren. Eines von den Londoner Püppchen, die bei Woolworth ihr wohlfeiles Make-up und die Augenschatten kauften, in den Modegeschäften der Charing Cross nach besonders verrückter Reizwäsche Ausschau hielten und die Boutiquen an der Peripherie »nach etwas ganz Besonderem«, das aber zugleich billig sein mußte, durchstöberten.

Natürlich war sie ein Photomodell. Oder eine Tänzerin. Oder eine Schauspielerin – je nachdem, wie die Umstände es erforderten beziehungsweise wie sie es erlaubten, daß man es sagte, ohne dabei selbst in Lachen auszubrechen.

Hätten der Regisseur des Films oder der kleine Bucklige, der hinter der Kamera am Rande der Seitenfahrbahn hockte, sich die Mühe genommen, mehr als nur einen flüchtigen Blick an sie zu verschwenden, sie hätten weder Gutes noch Schlechtes an ihrem Gesicht, ihrer Figur oder an ihrem Kleid zu entdecken gewußt. Sie hätten registriert: passabel, aber nicht aufregend. Von der Sorte gab es so viele.

Oh, dieser kleine Teufel! Michael hätte geschworen, daß sie erst sechzehn war. Aber sie sah aus wie siebzehn, und ihr Make-up war für künstliches Licht berechnet. Die Bemalung auf ihren Wangen war ebenso auffallend wie das Fahlrosa auf ihren Lippen. Sie war so klein und alles in allem noch ein Kind, trotz der hohen Absätze, dem kurzen Röckchen und dem kecken roten Haarschopf. Sie erinnerte Michael an ein Kind, das seine Nase am Fenster eines Bonbongeschäftes plattdrückte. Das hier war der ergreifende, unstillbare, grenzenlose Hunger kindischer Unerfahrenheit.

Das Vöglein war kein Modell. Doch im Innersten war sie eins. Cecile war auch bereit, ihr Innerstes nach außen zu kehren und wirklich ein Modell zu werden; um dort inmitten der Scheinwerfer zu stehen, vor der auf sie gerichteten Kamera, die ihr das Gefühl geben würde, nun erst wirklich zu existieren, zu leben, jemand zu sein. Guter Gott, dachte Michael, das arme kleine Wesen verlangt von diesem Frühlingstag auch nicht mehr als ich. Der Unterschied war nur der, daß das unbekannte Mädchen wußte, was es wollte, er aber nicht. In diesem Fall war es also nur fair, ihr zu helfen, daß sie bekam, was sie sich wünschte. *Ihr* Wunsch war bereits ausgegoren. Daher, so dachte Michael großmütig, sollte er auch Priorität haben vor seinen noch unbestimmten Sehnsüchten.

Ihr erster Gedanke, als sie spürte, daß er in der Menge ganz knapp hinter ihr stand, war: Der geht mit mir ins Bett. Nicht: Der will mit mir ins Bett gehen. Nicht: Er wird es versuchen. Ganz einfach: Er wird.

Aus den sich wendenden Köpfen und den Blicken der Leute, die neben und vor ihnen im Kreis der Zuschauer standen, hatte sie geschlossen, daß sich jemand an sie heranmachte. Das eine oder andere verstehende Grinsen kündigte ihr an, daß ein Mann daran ging, es bei ihr zu versuchen. Streckte er schon die Hand aus, um ihre Beine zu berühren oder über ihren Popo zu streichen? Schauten die Leute deswegen so? Sie straffte ihren Körper. Sie würde ganz gelassen bleiben, gleichgültig, was man mit ihr trieb. Mit ihr durfte sich keiner einen Spaß erlauben.

Aber nichtsdestoweniger hatte sie bereits akzeptiert, was mit ihr geschehen würde. Er wird mich ficken. Sie war dessen so sicher, als wäre es bereits geschehen, und kalkulierte bereits, was aus der Sache herauszuschlagen war. Ficken war keine besondere Sache. Alle taten es. Sie konnte das genauso gut wie jede andere. Die eigentliche Kunst begann erst, sobald dieser Teil des Geschäftes vorbei war.

Sie hatte also den Annäherungsversuch gebilligt und wendete nun erst den Kopf, um sich das Gesicht des Mannes anzusehen. Sie sah seine dunkle Brille eine Handbreit vor ihren Augen. Sie blinzelte. Ihr eigenes Gesicht schaute ihr nackt und bloß aus den Brillengläsern entgegen. Sie erschrak.

Und nach diesem ersten Blick in ihre Augen aus so unbehaglicher Nähe war Michael nicht weniger betroffen als sie. Er kannte die Frauen. Das durfte er ruhig von sich behaupten. Und er kannte Londoner Typen. Er hatte den Wagen geparkt und sich an sie herangemacht, weil er glaubte, ihren Typ zu kennen. Dieser Typ paßte genau zu dem, was er sich in seiner Morgenstimmung im Geist zurechtgelegt hatte. Sein Plan war, Robin Hood zu spielen und einen jener verlorenen kleinen Spatzen, die zu Tausenden in Londons Straßen herumzwitscherten, vom Pflaster aufzulesen.

Aber ihre Augen . . . Sie waren nicht klug, waren auch nicht weise. Er sah in diesem Blick – und das war das Bestürzende daran – die absolute Gewißheit dessen, was sie tun würde und wie weit sie zu gehen gewillt war, um zu kriegen, was sie haben wollte.

Jetzt beachtete sie ihn mit Absicht nicht. Und sie ignorierte auch die Blicke der Menge.

Michael schob sich so nahe wie möglich an sie heran, paßte sich fast hautnah den Konturen ihres Körpers an, ohne sie jedoch zu berühren. Er sog ihren Körpergeruch ein. Es war der Geruch der Armut. Ein Tier mit der Ausdünstung der Großstadt, die sich durch keinen Duft je ganz verdrängen ließ. Es war ein Gemisch von Schweiß, Make-up und erkaltetem Samen, dazu Londons Staub und der Rauch der Fabrikschlote. Eine Geruchswolke, die über London hing, seit es Großstadt geworden war; ein Geruch, der ihn erregte.

Von der Seite über ihre Schultern blickend, sah Michael die zarten Vertiefungen, die die Pickel in ihre Wangen gefressen hatten. Auch darin sah er eine Art wilder Schönheit, die ihn ebenso entzückte wie die unregelmäßigen Zeichnungen einer Flechte auf Gestein. Sie war eine Priesterin der Armut – eine Vertreterin der Armen Londons, jener Rasse, die sich den Weg nach oben mit einer Leidenschaft sucht, die den Leitstieren längst abhanden gekommen ist. Lebenshunger glühte in ihr, und er spürte, wie er sich auf seine Nervenstränge übertrug.

»Nun?« fragte er leise, den Mund ganz nahe an ihrem Ohr. Er konnte sehen, wie sie die Schultern hochzog; doch standhaft blickte sie weiter nach vorn.

»Wenn Sie Lust haben, mit dem Regisseur zu Mittag zu essen, dann kann man das jetzt arrangieren.« Er berührte leicht den Träger ihres Kleides, wo dieser auf der zarten Haut ihrer Schulter aufsaß. Sie beantwortete die Berührung mit einem ganz leichten Zucken, keine stärkere Reaktion, als eine Spartanerin bei der Tortur auf den ersten Messerschnitt zeigen würde. »Nein wirklich«, sagte er sanft. »Sie müssen einfach, wenn Sie Lust dazu haben. Kommen Sie.«

Er faßte sie am Arm.

Jetzt beobachtete die Menge ihn, und er nützte die aufmerksamen Blicke, um sein Spielchen weiter zu spielen. Er führte das Mädchen mitten durch die faul herumstehenden Filmleute und rund um die außer Betrieb befindliche Kamera. Seine dunkle Brille hatte auf die Filmleute dieselbe Wirkung wie die Schulterklappen eines unbekannten Offiziers auf gemeine Soldaten. »Frederick«, rief er und klatschte dem Regisseur die Hand auf die Schulter. »Wie nett, dich hier mitten auf der Straße bei der Arbeit zu sehen! Wirklich komisch! Guten Morgen, Hans«, sagte er zu dem buckligen Kameramann. »Peter – nett, dich zu sehen.«

Der Regisseur drehte sich langsam um. Riß seine blauen Schwulstaugen weit auf, verengte sie wieder in angestrengtem Bemühen, den Mann zu erkennen, der ihn da so familiär begrüßte. Er hieß nicht Frederick, aber er war ein Mann, der in guten wie in schlechten Zeiten hoffte, aus den Irrtümern anderer Vorteile zu ziehen.

Michael ging ganz nahe an den Mann heran, lächelte und sprach nun direkt auf ihn ein, aus so kurzer Entfernung, daß dieser keinen abwehrenden Blick zustande brachte. Er kannte den Menschen nicht, aber er kannte die Leute vom Film. Bis zur Perfektion hatte er sein gesellschaftliches Jiu-Jitsu entwickelt, das sowohl auf Männer wie auch auf Frauen anwendbar war.

»Frederick! Cecile und ich fuhren gerade vorbei. Ich sagte: ›Schau, wer da ist, Liebling.‹ Das ist Cecile, Frederick. Frederick ist freier Producer, hat einen großartigen Film fix und fertig im Kasten.« Das war vielleicht etwas zu dick aufgetragen. Aber alle Filmleute arbeiten an etwas Eigenem oder haben zumindest die Absicht, es zu tun. Kleines Budget, große Kunst. »Wir essen gleich da vorn im ›Fasan‹. Wäre fein, wenn du in der nächsten Stunde hinkommen könntest. Irgendwann zwischen halb drei und drei. Du kommst doch? Gehen wir, Cecile.«

»Nicht . . .« sagte der Regisseur. Vielleicht hatte er sagen wollen, er könne heute nicht zu Mittag essen oder er heiße nicht Frederick, sondern Richard. Aber Michael ließ ihm keine Zeit, den Satz zu vollenden. Er schlug ihm nochmals auf die schwammige Schulter und sagte: »Wunderbar! Wir erwarten dich also im ›Fasan‹!«

Er hielt den Arm des Mädchens fest umklammert und lockerte seinen Griff erst, als er mit ihr um die Ecke bei seinem Wagen angelangt war und sie auf den Ledersitz gedrückt hatte. Nicht, daß er Angst hatte, sie würde sich sträuben, daß sie jetzt in seiner Hand war.

Als er hinter dem Lenkrad saß, sah sie ihn mit einem füchsischen Grinsen an.

»Nun?«

»Ich heiße nicht Cecile«, sagte sie.

»*Mir* gefällt Cecile.«

Sie saßen im »Fasan«, in einer dunklen Ecke, und kosteten den ersten Wein, den er ihr spendierte. Quer über den Tisch hinweg warf sie ihm zu: »Den Mann haben Sie überhaupt nicht gekannt.«

»Den Regisseur?«

»Gar keinen von denen. Sie haben nur so getan.«

»Ich habe Frederick schon gesehen, bei Mallay, im Claridge – ich weiß nicht mehr genau, wo überall . . . Es würde mich nicht wundern, wenn er jetzt gleich auftaucht. Ich wette fünf Shilling, daß er hier Klubmitglied ist. Jedenfalls, bei einem Filmteam kann man immer sicher sein, daß einer Frederick, Hans oder Peter heißt. Alle buckligen deutschen Kameraleute heißen Hans. Stimmt's?«

Cecile, geborene Agnes Banner, gelegentlich auch Valerie

Grace, jetzt plötzlich neu benamt und zu allem Kommenden bereit, setzte ein Katzenlächeln auf und stellte eine Frage, die ihm gefiel: »Und klappt das immer?«

Sie zog die Nase kraus, tauchte den Finger in den Wein und steckte ihn dann in den Mund. Seine dunkle Brille war wie die Linsen einer Kamera. Sie fühlte sich sicherer, wenn seine Augen nicht zu sehen waren. »Haben Sie mit Ihren Tricks immer Erfolg?«

Sie redeten bereits wie zwei eng Vertraute. Sie kannte ihn nicht. Und doch – kannten sie einander wie Adam und Eva am ersten Morgen, als sie zu überlegen begannen, wie sie den Engel am Tor übertölpeln und ins Paradies zurückschlüpfen könnten. Sie sagte: »Ich meine, hat es einen Vorteil, so zu tun, als kenne man jemand, um dann kalt lächelnd wegzugehen?«

»Es hilft, wenn man kühl und gelassen bleibt – vorausgesetzt, man ist ständig auf der Hut.«

»Ich muß zugeben, Sie waren kühl. Aber was soll das Ganze? Wenn er jetzt hier hereinkommt, was er nicht tun wird, hat er sich längst erinnert, daß er Sie nicht kennt.«

Heiter teilte ihr Michael die größte Weisheit mit, die er sich in fünfzig Jahren erworben hatte. »Das wichtigste beim Zaubern ist«, sagte er, »daß man so tut, als machte man mit der linken Hand etwas, während man mit der rechten das Kaninchen oder die Taube aus dem Sack fischt. Herrgott, einem hellen Köpfchen wie Ihnen sollte es längst klar sein, daß es gar nicht um Frederick ging. Ich bin gar nicht neugierig auf ihn. Ich wollte *Sie*. Simsalabim! Und da sind Sie!«

Sie sah ihn einen Augenblick lang ungläubig an. Es wäre ihr gar nicht in den Sinn gekommen, daß es eines Tricks bedurfte, um sie dazu zu bringen, einem gutaussehenden Mann zu folgen, der ihr ein Mittagessen zahlte und dann mit ihr ins Bett gehen wollte.

Sie lachten beide. Und Cecile sagte: »Es klappt wirklich.«

# 8. KAPITEL

Vor dem letzten Gang war sie schon leicht beschwipst. Essen half nicht dagegen. Sie war nicht gewohnt, viel zu sich zu nehmen. Sie dachte auch nicht oft ans Essen. Wenn man es ihr nicht direkt vor die Nase setzte, konnte sie tagelang ohne Mahlzeit auskommen.

Aber ob sie nun beschwipst war oder nicht, eines sah sie klar vor sich: Jetzt wird er mich in seine Wohnung mitnehmen oder in ein Zimmer oder irgendwohin, wo ein Bett steht, und mich ficken. Sie sagte: »Ich rede mit Ihnen, als wäre ich schon lange mit Ihnen bekannt. Glauben Sie an Sterndeutung, glauben Sie an Wiedergeburt? Daß wir einmal Ägypter gewesen sind, irgendwo da unten am Nil? Haben Sie ›Kleopatra‹ mit Richard Burton und Elizabeth Taylor gesehen? Oder mögen Sie die beiden nicht gern?«

Er sollte sehen, daß sie klug war und etwas wußte. Wenn er sie amüsant fand, dann würde sich das, nachdem er mit ihr ins Bett gegangen war, noch weiter auswirken. Sie wollte ihn auch nachher noch fesseln, wenn es ihr gelang, ihn wenigstens so weit für sich zu interessieren, daß er sie von Zeit zu Zeit anrief.

»Was mir an Ihnen gefällt, ist, daß Sie zuhören. Sie sind bestimmt ein guter Zuhörer«, sagte sie. Daraufhin begann sie – noch bevor es Zeit war zu gehen –, ihm rücksichtslos alles über sich und ihr Leben zu erzählen. Ihr Leben klang wie eine Abenteuergeschichte aus einem billigen Magazin. Sie versuchte es auch so vorzutragen. Sie war armer Leute Kind und wäre wohl kaum aus ihrem Milieu herausgekommen, wenn sie nicht so viel Unternehmungsgeist gehabt hätte. Auf eigene Faust und ohne einen Pfennig in der Tasche war sie nach London gekommen. Aber es war nicht nur Unternehmungsgeist, nicht nur Dreistigkeit gewesen. Viele andere Mädchen in London mochten ebenso rücksichtslos sein wie sie. »Ich habe von manchen gehört, die Dinge taten, um weiterzukommen, die ich nie tun würde«, versicherte sie.

Was sie von anderen unterschied, war, daß sie sich gewissermaßen von einem noblen Prinzip leiten ließ. Voller Ernst erklärte sie, warum sie eigentlich von zu Hause in Clodd weggelaufen und nach London gegangen war. »Ich möchte beweisen, daß Frauen auch etwas tun können, so wie die Männer. Frauen sind genauso gut!«

Sie konnte nicht verstehen, daß Michael in einen Lachkrampf ausbrach. Sie wurde wild, als sie sah, daß die Tränen hinter seinen dunklen Gläsern hervorzurinnen begannen.

Er lachte über die Ironie dieses echt weiblichen Slogans. Jedem hatte sie diese Worte ins Gesicht geschleudert, der versucht hatte, sie davon abzuhalten, nach London zu gehen. Und jetzt war sie hier – und *tat* etwas. Soviel er aus ihren vagen Andeutungen entnehmen konnte, lebte sie bei einer Familie in Battersea und half als Babysitter und als unbezahlte Haushaltskraft bei einem Lastwagenfahrer, einem Mr. Perralli, aus. In ihrer Freizeit trottete sie durch die Straßen in Chelsea und im Londoner West End, mit ihrem billigen Make-up, in der steten Hoffnung auf den Durchbruch zur Berühmtheit. Sie hielt sich für frei. Es war aber kaum die Art von Freiheit, die Michael kannte und die alle intellektuellen Suffragetten Englands im Sinn gehabt hatten, als sie auf die Straße gingen und darauf bestanden, Frauen müßten gleiche Rechte haben.

»Sie *können*«, schrie sie in sein Gelächter hinein. »Frauen *können* etwas tun!«

»Ich weiß. Mit geeigneter Hilfe«, sagte er. »Ich werde dir beibringen, wie.«

»Ja«, sagte sie und senkte, als er seine Hände auf die ihren legte, die Stimme zu einem Flüstern. »Nun, wenn wir beide dasselbe glauben ...«

Ob das nun wirkliche Übereinstimmung war oder nicht, es reichte wohl für das, was sie zusammen tun wollten.

Michael rief nach dem Kellner und stand vom Tisch auf. »Gehen wir die Sache an. Du willst die Welt auffressen. Vielleicht kann ich dir zeigen, wo du zuerst hinbeißen mußt.«

Er hatte ihr versprochen, mit ihr in sein Landhaus auf Gut Cadwater zu fahren. Doch als er den Wagen in der Harley Street stoppte und ausstieg, dachte sie: Er will es anstatt draußen hier mit mir tun. Auch gut. Eine Ordination war genauso gemütlich wie ein ungeheiztes Landhaus. Ihr wilder Fatalismus kümmerte sich nicht um Ort und Zeit.

»Endlich«, seufzte Miß Podmore, als sie das Wartezimmer betraten, und deutete mit dem Kopf auf die Ledercouch in der Ecke. Ein langhaariger Mensch mit Hornbrille und einem verknautschten Anzug erhob sich und streckte die Hand aus.

»Ich heiße Rob Varden, Sir. Ich will Sie schon lange kennenlernen. Es sind da einige Dinge, die wir besprechen müßten. Ich fürchte, Mister Kugel hat Ihnen nicht erklärt . . .«

Ganz kühl, kaum stehenbleibend, als er Cecile quer durch den Raum zum Lift führte, nahm Michael das kleine, mit Klebestreifen verschlossene Päckchen aus der Hand des Jüngeren entgegen und sagte: »Wir können einmal plaudern. Ganz sicher. Guten Tag.«

»Ich habe sehr lange auf Sie gewartet, Sir. Wenn Sie nur einen Moment . . .«

»Sehr lange, ich glaube es gern«, sagte Michael. Die Lifttür öffnete sich, und er und Cecile fuhren nach oben.

Für das Ordinationszimmer eines erfolgreichen Arztes erschien Cecile hier alles sehr halbseiden. Es war ein großer Vorraum, die Wände waren grün gestrichen wie die von Perrallis Wohnzimmer. An der einen Wand stand ein Waschbecken. Dann gab es noch einen Schreibtisch, der aussah, als wäre er bei einem Altwarenhändler gekauft worden, und eine Stehlampe mit einem dunkelbraunen Samtschirm mit Fransen, die wohl seine Tante Minna aufgenäht hatte. Genau in der Mitte des Zimmers stand ein Faltparavent. Dahinter befand sich ein auch schon etwas altersschwach wirkender Untersuchungstisch auf Chrombeinen.

Als sie in ihrer schnellen Prüfung des Raumes beim Untersuchungstisch anlangte, dachte sie: Dort. Schließlich hatte er ihr ein wundervolles Mittagessen bezahlt, und das war wahrscheinlich ausreichend für das, was er nun von ihr erwartete. Durch die Wolke des Weindusels hindurch schenkte sie ihm ein Lächeln, das sie allen Männern schenkte, wenn sie sagen wollte, mit ihr stehe alles bestens, falls nur auch um sie beide alles bestens stünde.

Im Augenblick beachtete er sie gar nicht, lümmelte auf seinem Schreibtisch, hantierte mit dem Telephon. Immer noch trug er diese dunklen Gläser, sogar als er irgendwelche Papiere las. Und dabei wartete er auf irgendeine Verbindung im Krankenhaus, die schwer zu kriegen war. Er deutete mit dem Kopf auf eine Tür, die sie öffnen sollte, um einen Blick in das Zimmer dahinter zu werfen.

»Meine Bude«, sagte er. »Hier lebe ich, wenn es mir schlecht geht. Derzeit wohne ich woanders.«

»Ach, Ihnen geht's nie schlecht«, sagte sie.

»Hast du eine Ahnung!«

Aber die Räume, die sie nun durchschritt, sahen nicht so aus, als verstünde er unter Armut dasselbe wie sie.

Hier war es wie in einem Museum. Es gab ein Wohnzimmer und ein Schlafzimmer. Marmorner Fußboden. Die Velourvorhänge und die schweren alten Möbel schienen aus dem Victoria-and-Albert-Museum hierhertransportiert worden zu sein. Ölgemälde bedeckten die Wände vom Boden bis zur Decke, viele von ihnen in goldenen Rahmen. Aber noch mehr echte Ölbilder, kleinere, standen auf Miniaturstaffeleien umher. Vor einem mit Wasserfarben gemalten Bild blieb sie stehen: Ulmen vor einem stürmischen Wolkenhimmel. Darunter hingekritzelt: Hansville, Mo., 1939. Signiert war es mit Michael Cobb. Also war er selbst ein Künstler.

Das Bett hatte einen Baldachin mit Fransen, wie Schneewittchens Bettstatt im Haus der sieben Zwerge. Sie legte sich darauf, um es auszuprobieren, denn sie war schläfrig. Es war gerade richtig.

Als sie sich auf den Rücken drehte und nach oben blickte, sah sie etwas glitzern: Zwei vernickelte Manschettenknöpfe pendelten zu beiden Seiten des Kopfkissens. Sie waren an den gedrehten Holzsäulen des Baldachins befestigt. Wie komisch.

Die Manschettenknöpfe erinnerten sie an Mr. Perralli. Er war gestern nach Birmingham gefahren und würde ungefähr jetzt nach Hause kommen. Wahrscheinlich war er in dieser Minute an ihrer Tür in dem Haus in Battersea, klopfte, wie verabredet, dreimal, nahm, während er wartete, daß sie ihm öffnete, noch schnell einen Schluck aus seinem Bierglas.

Sie kicherte bei dem Gedanken daran, wie lange er diesmal zu warten hatte. Nicht, daß er nicht warten würde. Gleichgültig, wann sie nach Hause kam, er hörte sie und kam zu ihr herauf, um sich das zu holen, was er seinen »Komfort« nannte.

Nun lag sie hier auf Dr. Cobbs Bett und wartete darauf, daß er kam, um nach ihr zu sehen. Sie zog ihren Rock so weit herauf, daß man gerade noch die Stelle sah, wo die Strümpfe in die nackten Schenkel übergingen. Dann drehte sie sich auf den Bauch und begrub ihr Gesicht in den Armen. Sie spürte förmlich das Lächeln auf ihrem Gesicht. Jetzt war sie genau richtig und bereit. Vorausgesetzt, daß sie feucht genug war. Sehr oft, wenn Mr. Perralli es mit ihr machen wollte, war sie zu trocken gewesen. Sooft er das merkte, setzte er sich auf, sagte: »Das werden wir gleich haben«, und spuckte sein Ding an. Für die Spucke hätte sie ihn töten können.

Sie schob die linke Hand unter ihr Höschen. Manchmal half das ein bißchen, und es tat auch weniger weh, wenn sie ein wenig spielte, ehe es losging.

Die Wärme des Weins in ihren Adern und das angenehme Gefühl, das ihr das Reiben erzeugte, ließen sie tatsächlich einschlafen. Sie hatte einen Traum. Sie stand mit den Perralli-Kindern und Mrs. Perralli auf einem steilen Dach und paßte auf die Kinder nicht so auf, wie sie sollte. Eins nach dem anderen krochen sie zum Rand des Dachs, und sie mußte einen Satz nach vor machen, um sie zurückzureißen. Dabei fürchtete sie sich vor der Höhe ebenso wie jeder andere normale Mensch. Aber sie ließ keines von ihnen hinunterfallen.

»Cecile? Cecile!« Dr. Cobb stand über sie gebeugt. Aber er wollte, daß sie aufstand und zum Telephon ging. Sie brauchte nur eine halbe Sekunde, bis ihr klar war, daß sie für ihn Cecile war, nicht Agnes. »Ich möchte, daß du einem Freund von mir guten Tag sagst«, sagte Dr. Cobb.

Sie konnte ausnehmen, daß der Sprecher am anderen Ende ebenfalls ein älterer Herr war. Die Stimme klang sogar ein wenig tatterig, und er kicherte wie ein Opa, als sie verkündete, daß sie mit Michael einen sehr, sehr netten Nachmittag verbringe.

»Das war Lord Collingwood«, sagte Michael ernst, nachdem er ihr den Hörer aus der Hand genommen und aufgelegt hatte. »Du hast soeben mit Lord Collingwood gesprochen, dem vierten Earl von Cadwater.«

»Ich bin schon in Cadwater gewesen«, sagte sie.

»Nein, Liebstes, du hast geschlafen. Du hast geträumt. Wir fahren jetzt gleich hin.«

»Ich meine, als ich noch zur Schule ging. Die ganze Klasse fuhr in einem Bus dorthin.«

Cadwater stand unter Denkmalschutz. Drei Tage in der Woche war es für die Öffentlichkeit teilweise zugänglich. Für die Schulkinder aus dem West Country war es häufiges Ziel von Schulausflügen. »Wird *er* dort sein?«

»Bart? Nicht heute, er ist in London. Er kam gerade von einem dreiwöchigen Aufenthalt in Chikago zurück. Ich nehme an, wir werden niemanden dort antreffen. Aber an geschützten Plätzen findet man dort eine Menge Narzissen und Zeichenwurz. Ich weiß, wo man sie suchen muß.«

Durch wildwachsende Blumen konnte man sie nicht ablenken. »Du nennst Lord Collingwood Bart?« staunte sie.

Jetzt berührte Michael sie. Die erste Berührung, die man als Liebkosung auslegen konnte. Er stand da und legte seine Hände auf ihre entblößten Schultern. Es war ihr, als habe sie, während sie schlief, die Sprache seiner Hände gelernt. Sie preßten sich tiefer und tiefer in ihr Fleisch, als wollten sie fragen: Wer bist du wirklich? Was würden deine Nerven und Muskeln reden, wenn ich ihnen die Fähigkeit der Sprache verliehe?

Sie wußte genau, was diese Hände ihr sagen wollten. Es war, als ob sie ein Stück Papier wäre, auf dem seine Hände richtige Worte schrieben, Worte, die ihr Dinge sagten, die sie beim Mittagessen, als sie ihre Lebensgeschichte erzählte, ausgelassen hatte ... Wie es damals gewesen war, als sie, noch ein kleines Mädchen, in einer Regennacht allein in ihrem Zimmer zusammengekrümmt unter der Decke lag und vor Angst in ihr Taschentuch biß. Wie sie von Hunden und Tigern träumte, als sie Fieber hatte. Und wie die Tiere sie im Traum mit ihren öligen, rauhen Zungen abgeleckt hatten. Wie sie damals auf dem Heimweg von der Schule, als sie mit den großen Buben scherzte und kicherte, plötzlich steif einen Fuß vor den anderen setzte, als sie merkte daß der Hosengummi gerissen war. Fest hatte sie die Schenkel gegeneinandergepreßt, damit die Hose ja nur nicht hinunterrutschte. Und wie ihr Herz wild geschlagen hatte, als sie zum erstenmal einen BH anprobierte, ohne daß etwas da war, was gehalten werden mußte.

Seine Hände wußten die geheimsten Dinge über sie, doch sie machten sich nicht darüber lustig. Und sie begehrten sie nicht. Sie versuchten nicht einmal, sie in Erregung zu versetzen, wie das andere Männerhände getan hätten. Sie öffnete leicht ihre Schenkel, so daß er leicht zu ihr gelangen konnte, er brauchte nur ihren Rock zu heben. Aber er tat nichts dergleichen. Seine Hände berührten nicht einmal ihre Brüste, obwohl diese sich zu ihm hinaufzurecken schienen. Seine Hände erregten sie wohl, aber sie sagten zugleich: Nicht jetzt. Nein, nicht jetzt.

Eine Wassermühle – Michael sagte, daß es eine wäre – brummte und dröhnte ihr Lied beim Wehr am Rand des Cadwaterforstes. Es schienen die tiefsten und längsten Töne der Welt zu sein, die die Mühle von sich gab. Es begann mit einer Verdichtung der Luft, die noch kein Ton war, schwoll an, schwebte bewegungslos im Raum, wurde leiser und immer leiser ... Man wartete, mußte warten, drei bis vier Minuten lang, bis es wiederkehrte.

Es war ein dumpfes, melodisches Dröhnen, nicht wie das einer Trommel, auch nicht wie das einer Glocke; es war ein Pochen, wie der Herzschlag irgendeines ungeheuer großen Tieres.

»Da kriegt man richtig Angst«, sagte sie. Michael hörte sie ganz bestimmt nicht. Er war ihr auf dem feuchten Waldboden ein gutes Stück voraus. Im Dämmerlicht sah er in seinem hellen Anzug wie ein Geist aus, dem sie aus irgendeinem Grund zu folgen hatte. »Ich habe Angst!« rief sie und hoffte, er würde sich umdrehen und sie wegen ihrer Furcht auslachen.

Dann dröhnte die Wassermühle wieder, weit weg jetzt und doch laut. Es klang, als ob sich das riesenhafte Tier nun zu bewegen begänne.

»Es wird so finster«, rief sie. Doch Michael kniete neben dem Pfad im Gras, inmitten einer Buschreihe direkt am Fuße einer jahrhundertealten Zypresse. »Komm! Komm und schau, was ich gefunden habe«, befahl er. Auf ihren billigen Stöckelschuhen, die nur für Londoner Gehsteige bestimmt waren, stelzte sie zu ihm hin. Nach jedem Schritt schien die Erde ihre Absätze nicht mehr freigeben zu wollen. Feuchte Halme und Blätter hatten Schmutzspuren auf ihren Knöcheln hinterlassen.

»Was ist es?« fragte sie ängstlich, als habe er eine Schlange gefunden.

Er hatte die Grashalme mit beiden Händen auseinandergedrückt, so daß eine kleine Mulde entstand. In der Mitte der dunklen Öffnung erhob sich auf leicht gekrümmtem Stiel eine Blume.

Es sah aus – nein, das konnte doch nicht –, es sah wahrhaftig wie das erigierte, kleine Glied eines Jungen aus. Einen kurzen Augenblick lang mischten sich Angst, Überraschung und Traumvision. Sie dachte: Das bin ich, es ist von mir.

Im Dämmerlicht wirkte Michaels Kopf mit der großen dunklen Brille wie ein Totenschädel. Er hat mich hierhergeführt, um mir zu zeigen, wie ich aussehen würde, wenn ich ein kleiner Junge wäre, dachte sie.

Sie stand auf und sah auf die Blume hinab. Es war ihr, als stünde sie mit gespreizten Beinen über einem dunklen Wassertümpel und sehe sich wie Narziß, nicht mit dem hübschen Gesicht, das sie sich gewünscht hätte, aber mit einem glänzenden Glied, das sich in zarter Krümmung aus dem Dunkel ihrer Schenkel ans Licht reckte.

Angstvoll dachte sie: Er hat es für mich wachsen lassen. Er ist nicht der, der er zu sein vorgibt. Er ist . . . Sie lachte schrill.

»Es ist eine dreiblättrige Zeichenwurz«, sagte er. »An diesem Weg stehen oft Hunderte davon. Es ist die erste, die ich heuer finde.«

Sie hatte das eigenartige Gefühl, er redete so, weil ihnen jemand zuhören könnte, und dies sei seine Art, vorzutäuschen, sie wären ein ganz gewöhnliches Ehepaar, das Blumen pflückte.

»Reiß sie aus«, sagte sie. »Reiß sie aus und gehen wir. Mir ist kalt.«

Ihr war nicht kalt. Ihr ganzer Körper fühlte sich brennend heiß an. Die Wassermühle dröhnte von neuem, und ihr Herz begann wieder stärker zu schlagen. »Wo ist denn von hier aus Cadwater?«

»Oben auf dem Hügel«, sagte er. »Wir werden etwas davon sehen, sobald wir auf dem Rückweg die Abkürzung nehmen. Zumindest den Glockenturm. Er wird bald angestrahlt werden. Sie werden die Scheinwerfer einschalten.«

Das freundliche Gebimmel der Glocken von Cadwater und das schauderhafte Gedröhne der Wassermühle unterschieden sich voneinander wie Tag und Nacht. Michael und Cecile gingen nahe vorbei, als die Glocken gerade 8.30 Uhr schlugen. Warm erstrahlten die alten Steingesimse im Scheinwerferlicht und gaben Cecile das Gefühl, wieder in der Stadt zu sein, wo sie hingehörte.

»Alles, woran ich mich erinnere, als ich hier war, waren viele – Möbel«, sagte sie. »Bilder und Statuen. Der alte Führer sagte: ›Hier ist unser Knabenkönig, als er im 16. Jahrhundert auf dem Rückweg von Winchester Cadwater besuchte.‹« Sie konnte gut schauspielern. Sie blieben Hand in Hand stehen, schauten auf Cadwater hin, und sie dachte zurück an damals, als sie mit ihren Klassenkameradinnen hier gewesen war. »Woran ich mich auch noch erinnere, ist, daß es schrecklich heiß war und ich am liebsten in den Swimming-pool gesprungen wäre, den wir nicht einmal richtig sehen konnten.«

»Er ist vom übrigen Grundstück durch eine Mauer getrennt«, erklärte Michael.

»Ich weiß! Zwei Buben von uns sind nämlich auf die Mauer geklettert, der Gärtner hat sie erwischt. Die haben's gekriegt, das kannst du mir glauben!«

»Nun, einmal wirst du alles sehen«, versprach er. »Ich kann dir jetzt schon sagen, daß Barton sich gleich auf dich stürzen wird. Vielleicht werde ich dich sogar an ihn verheiraten. Wärest du gerne Lady Collingwood und Besitzerin von dem allen da?«

»Ich ließe dich natürlich weiter in deinem Häuschen wohnen, guter Mann.«

Als sie zum Häuschen zurückkamen, stand neben Michaels weißem Jaguar ein riesiger Wagen, und jemand ließ das Licht einer Taschenlampe über den Weg und die Büsche in dem kleinen Vorgarten gleiten. (Deshalb also hat er es mir nicht dort gemacht, dachte sie sich später.)

Der Schein der Taschenlampe richtete sich nun auf sie, und eine sonore Stimme rief: »Hören Sie, ist das Pennyworth-Cottage?«

»Ich fürchte, Sie haben die falsche Abzweigung genommen«, sagte Michael und ging auf den Mann und die Frau zu. »Das hier ist Copley.« Er erklärte ihnen, wo sie die Hauptstraße verlassen müßten, um nach Pennyworth zu gelangen.

»Dabei hat Bart uns ganz genaue Anweisungen gegeben. Wie dumm von mir,« sagte der Mann freundlich. »Wohnen Sie hier? Vielleicht werden wir Nachbarn. Ich bin Reeve Hunter. Das ist meine Frau.«

»Ich habe Ihr Wappen auf der Wagentür bereits bemerkt«, sagte Michael. »Wollen Sie nicht hereinkommen?«

Reeve Hunter war Mitglied des Kabinetts. Bart Collingwood hatte erwähnt, es wäre möglich, daß er sich für Pennyworth-Cottage interessiere. Er wolle es adaptieren lassen und für seine Familie benützen.

»Meine Frau und ich fuhren von Cardiff hierher. Es ist später geworden, als wir erwarteten.«

»Aber es war so ein schöner Abend, da dachten wir, wir sollten auf jeden Fall fahren«, sagte Mrs. Hunter. »Als der Schlüssel, den Bart uns gab, nicht paßte, erkannten wir, daß wir uns geirrt haben mußten.«

Sie schienen das Gefühl zu haben, sie würden stören, wenn sie mit Dr. Cobb und dieser jungen Person mit ins Haus gingen.

Die Scheinwerfer von Hunters Wagen waren groß wie Salatschüsseln. Ein ganzer Wasserfall von schneeweißem Licht ergoß sich über die Bäume, als er reversierte und den Hügel hinauf davonsurrte. Der Wagen war längst verschwunden, und immer noch sah Cecile das rotgoldene Wappen vor sich, das auf der Wagentür prangte.

»Du mußt ein verdammt großes Tier sein«, sagte sie voll Ehrfurcht. Sie hatte Lord Collingwoods Stimme gehört, sie hatte gesehen, was für große Tiere hier Nachbarn werden würden.

Einen Augenblick lang konnte sie sich nicht vorstellen, es je mit ihm zu treiben, ebensowenig wie mit Lord Nelson auf seiner steinernen Säule auf dem Trafalgar Square.

Während der Rückfahrt nach London versprach er ihr, sie würden zum Abendessen in ein piekfeines Restaurant gehen. Dann brachte er sie zu ihrer Überraschung zuerst auf Hochglanz, bevor er mit ihr ausging.

In seiner Wohnung in der Nähe des Park Crescent ließ er eine riesige Wanne mit dampfendem Wasser vollaufen und richtete Handtücher. »Ich komme dann. Und wasch dir den Hals«, sagte er, als er sie verließ.

Als sie sich in den Schaum der eleganten Wanne niederließ, wußte sie, daß sie die Rolle der Badenixe weit besser beherrschte als die der Waldfee in Cadwater. Anregungen dafür hatte sie sich aus einer Menge von Filmen geholt.

Außerdem fühlte sie sich im Wasser weitaus natürlicher.

Mit beiden Händen sammelte sie Schaumberge und ließ sie auf dem Wasser tanzen, achtete aber darauf, daß ihre Brustwarzen stets gerade noch sichtbar blieben. Dann griff sie mit beiden Händen hinauf in ihr langes Haar, so daß die Brüste sich ganz aus dem Wasser hoben: sie waren lang, spitz und gar nicht klein geraten; sie hatten ihre ersten Ansätze gezeigt, als sie zehn geworden war. Wenn sie von sich sagte, sie habe eine gute Figur, dann bezog sie das auf ihre Brüste. Auch was sie zwischen den Beinen hatte, konnte sich sehen lassen. So grob Perralli auch mit ihr umging, er wußte ihren Körper zu schätzen und ließ sie oft vor sich auf und ab gehen, um sich an ihrer Gestalt zu ergötzen. Wenn Michael zurückkam, würde sie zuerst ihr Schaumbergspielchen spielen, dann aufstehen, den Rücken ihm zugekehrt, und das Seifenwasser von ihrem Körper auflaufen lassen . . .

Doch als er im Badezimmer stand, war seine dunkle Brille noch einschüchternder als vorhin. Sie hätte nicht einmal sagen können, ob er auch wahrnahm, daß ihre Brustwarzen zwischen den Schaumbergen hervorragten.

Er hatte ein Glas Gin in der Hand und setzte sich auf den Lederstuhl neben der Badewanne – ganz wie ein plaudernder Gatte, obwohl die paar Gatten, die sie kennengelernt hatte, sich nie die Zeit genommen hatten, mit ihr zu plaudern.

»Nächste Woche werde ich dich vielleicht Bart Collingwood vorstellen. Ich kenne ihn eigentlich schon seit dem Krieg. Der Kerl bricht sich beim Jagen und Fischen dauernd die Knochen, und ich flicke ihn dann wieder zusammen. Dafür läßt er mich mit meinen Honoraren den Pachtzins bezahlen . . .«

Auf diese Weise redete er drauflos, ganz wie von ungefähr, so als ob sie seit zehn Jahren zusammenlebten oder in voller Schale bei Tee und Kuchen in einem Restaurant säßen. Dabei wartete sie die ganze Zeit ungeduldig auf den strategischen Augenblick, wo sie aufstehen und vor seinem Gesicht mit dem Popo hin und her wackeln würde.

Nun stockte er plötzlich mitten im Satz und starrte auf einen Punkt zwischen ihrer rechten Brust und ihrem Schultergelenk.

»Was ist das?« fragte er.

Cecile kreischte. »Oh!« Ihre beiden Hände schnellten nach oben, um die kleine Beule zu bedecken, die er bemerkt hatte. Ihre Augen funkelten zornig. »Das ist nichts! Nur ein Muskel.«

»Aber, aber«, sagte er im Ton eines Arztes bei der Untersuchung. »Wenn es ein Muskel ist, warum bist du dann so ängstlich? Komm, laß mich sehen.« Er zog fest an ihren Händen. Sie ließ sie sinken, wandte aber ihr Gesicht ab, damit er nicht die zornige Röte sähe, die es überzog. Er untersuchte sie genau. Schließlich brach ihre langbehütete Angst durch. »Ich habe es immer schon gehabt«, sagte sie. »Es ist doch nicht . . .? Es kann nicht Krebs sein, denn ich habe es immer schon gehabt.« Gerade oberhalb ihres hübschen Hügels befand sich eine weitere kleine Erhebung oder Geschwulst. Manchmal war es ihr so vorgekommen, als sei auf der höchsten Stelle dieses Nebenhügelchens ein dunkler Punkt zu sehen, dann war er wieder verschwunden. Es hing ganz von der Beleuchtung ab.

»Du hast es nicht immer gehabt«, sagte Michael. »Du willst sagen, du hast es bemerkt, nachdem deine Brüste voll entwickelt waren. Ist es nicht so?«

Sie gab es mit einem Nicken zu. »Was ist es?«

»Es ist ganz bestimmt nicht Krebs. Es ist eine überzählige Brust.«

»*Noch* ein Titte?« Sie tat so, als bekäme sie einen Brechreiz. Dann bat sie in kläglichem Ton: »Kannst du es mir wegschneiden?«

»Natürlich nicht. Es ist nichts Krankhaftes. Manche Frauen haben es. Ich betrachte es als zusätzlichen Reiz, und du mußt das ebenso tun.«

»Dann bin ich ein Krüppel«, sagte sie verzweifelt.

»Sei nicht albern. Sei lieber dankbar dafür, daß du in diese erleuchtete Zeit hineingeboren worden bist. Früher einmal hätte man dich wegen dieses kleinen Höckers auf dem Scheiterhaufen verbrannt. So etwas galt allgemein als Merkmal einer Hexe.«

Aus irgendeinem Grund mußte sie über diese Erklärung kichern. Michael begann sie wieder mit Anekdoten über Bart Collingwood zu unterhalten, und von der winzigen Extrabrust wurde nicht mehr geredet.

Zehn Minuten später war sie bereit, ihr Spielchen zu spielen. Sie erhob sich aus der Wanne und stand in möglichst einnehmender Haltung, den Rücken ihm zugewendet, da.

»Aber du zitterst ja«, sagte er. »In so warmem Wasser friert dich?«

Sie zitterte nicht. Sie wackelte mit dem Popo. Ihre Hinterbacken schlugen förmlich Kapriolen. Wenn er nur ein einigermaßen normaler Mann war, mußte er wissen, was dieses Signal bedeutete.

Und doch tat er so, als merkte er nichts. Er nahm einen Waschlappen, seifte ihn ein und fuhr damit über ihren Hals und ihren Rücken. Er tauchte den Lappen nochmals ein und fuhr damit über jene Stellen ihres Körpers, wo die Seife haftengeblieben war. Als er sie herumdrehte, war sie sicher, er hatte die ganze Zeit über nur so getan, als ob er nicht kapierte, daß sie es ihn jetzt machen lassen wolle. Sie sah es an seinem Lächeln.

Er war noch immer mit dem Waschlappen beschäftigt. Sie spreizte die Beine, damit er mit dem angenehm warmen, knotigen Ding zwischen ihre Schenkel fahren könne. Sie hörte ihn tief atmen. Sie schloß die Augen. Der Lappen fand freie Bahn. Sie spürte, wie das flimmernde Pochen ihrer Schamgegend sich in ihren Beinen fortsetzte. Mit einem leisen Schrei schlang sie die nassen Arme um ihn.

Dann – sie lehnte sich aus der Wanne und küßte ihn – hörte sie das Geräusch eines Schlüssels, der sich im Schloß der Eingangstür drehte. Durch die offene Badezimmertür war es ganz deutlich, zum Verrücktwerden deutlich, zu hören.

Mit angehaltenem Atem lauschte sie, wie das Schloß aufsprang. Dann das Klappern hoher Absätze auf dem Parkettboden des Vorraumes.

»O Gott«, sagte er. »Ich fürchte, Liebstes, ich habe etwas vergessen. Entschuldige mich einen Augenblick.«

Mit einem Handtuch strich er sich den Seifenschaum von der Hemdbrust, ging aus dem Bad und schloß die Tür hinter sich.

Ceciles erster Gedanke war, daß seine Frau nach Hause gekommen war. Und der zweite: daß weder das Badewasser, noch der Duschvorhang, noch die großen Handtücher, die an den Haken hingen, oder die schönen Hängekästen an den Wänden geeignete Plätze zum Verstecken waren. Am liebsten hätte sie sich in den Stuhl hinein verkrochen, wenn der nur groß genug gewesen wäre.

Etwas vergessen? Sie war einem Mondsüchtigen in die Hände gefallen, der vergaß, daß Ehefrauen nach Hause kommen, wie es ihnen paßte.

Sie öffnete schnell die Hausapotheke, um nach einem scharfen Gegenstand zu suchen, mit dem sie sich verteidigen konnte. Da war einer. Ein Rasiermesser mit Elfenbeingriff. Sie wollte es öffnen, doch überkam sie ein Schwindelgefühl, und sie stieg wieder in die Wanne zurück. Sollte er die Sache doch ausbaden.

»Cecile?« Sie hörte seine Stimme. Aber sie hob nicht den Blick, um nicht sehen zu müssen, wie er hereinkam. »Cecile, Darling, das ist Ursula Drake.«

O mein Gott – eine Frau, mindestens einssiebzig über dem Badewasserspiegel, kam mit ihm direkt ins Bad herein und sagte: »Hallo.«

»Ich habe vergessen, daß ich Ursula versprochen habe, heute abend etwas mit ihr zu besprechen. Wir sitzen in der Küche. Weich dich gut durch. Und ruf mich, wenn du was brauchst.«

Die große Frau – sie war wirklich *sehr* schön, konstatierte Cecile mit einem schnellen Blick nach oben – sagte fröhlich: »Das soll Ihnen aber den Abend nicht verderben, Cecile. Schon ein wenig seltsam von Michael, mich so hereinplatzen zu lassen. Aber wenn Sie ihn wegen seiner Streiche nicht lieben können, dann ist Ihnen sowieso nicht zu helfen.«

Möglich, daß sie seine Sekretärin oder seine Schwester war und ihn nur in irgendeiner geschäftlichen Angelegenheit aufgesucht hatte. Aber unter den Leuten, die Cecile kannte, war es nicht üblich, in ein Badezimmer zu gehen, wenn dort jemand nackt in der Wanne saß, und das Ganze dann als etwas Alltägliches abzutun.

Und der Gipfel von allem war, daß sie ihre Kleider mitnahmen. Michael fischte sie einfach vom Boden auf, bevor die beiden wieder hinausgingen. »Wir werden für dich etwas Neues zusammensuchen«, sagte er. Wer sollte aus alledem klug werden?

Sie jedenfalls nicht. So saß sie denn in der Wanne und ließ sich vom Wasser und von der fremdartigen und zugleich glitzernden Atmosphäre tragen. Und je länger es dauerte, desto wohler fühlte sie sich.

Es konnte keine ganze Stunde vergangen sein, seit sie sie alleingelassen hatten. Aber gerade Zeit genug, daß Cecile nicht allzu überrascht war, als die Tür aufging und Ursula hereinkam.

»Oh, noch nicht abgetrocknet? Ich liebe es auch, lang zu baden. Hier ist etwas Unterwäsche. Aus Michaels Schrank. Sie paßt vielleicht . . . Nein, sie ist nicht von mir. Im Lauf der Jahre hat sich dies und das hier angesammelt, was Mädchen bei ihm zurückgelassen haben. Sie können sicher sein, er hebt die Sachen nicht aus Sentimentalität auf. Hier geht man ein und aus. Wie in einer Kommune, könnte man sagen – aber man sagt's nicht.«

Nun, wenn diese Ursula sich so leicht mit den Umständen abfand, dann war Cecile entschlossen, ebenso kühl und unbeteiligt zu bleiben. *Die* sollten sie nicht unterkriegen. Das war noch niemandem wirklich gelungen – obwohl dumme Leute wie Perralli sich eingebildet haben mochten, daß sie Cecile und nicht Cecile sie um den Finger wickelten. Sie spielte jedes Spiel so lange, bis der rechte Augenblick kam. Und dann – bums.

Man würde ja sehen, wer zuletzt lachte.

Mit einem mindestens zwei Finger dicken, purpurroten Handtuch rieb sie sich trocken und schüttelte dabei die Wassertropfen aus ihrem feuchten Haar. Mit einem schlauen Seitenblick fragte sie »Ist Cobb ein Warmer?«

Ursula sagte: »Er ist zwar gerade für ein paar Minuten hinunter, um irgendeinen Burschen zu treffen, aber . . . Nein, Liebste, nicht ein bißchen. Ich bin sicher, er muß Ihnen merkwürdig vorkommen. Er führt ein kompliziertes Leben.«

»Werden Sie's auch mit mir machen?« fragte Cecile.

»Mmmm«, machte Ursula, als wäge sie ab, ob die Verlockung groß genug sei. »Nein, danke, Darling. Aber jetzt kommen Sie mit mir ins Schlafzimmer. Dort gibt es unter Michaels Souvenirs sogar einen Haarfön. Dann werden wir für Sie ein paar flotte Sachen für den Abend aussuchen. Was Schuhe betrifft, weiß ich allerdings nicht . . . Ihre Schuhe sind sehr schick. Wir werden etwas aussuchen, was sie gut zur Geltung bringt.«

# 9. KAPITEL

Man sagt allgemein, in London kenne jeder jeden. Wir leben jedoch in einer Zeit außerordentlich starker Fluktuation. Es gibt Klassenschranken. Michael Cobb wußte sie mit außerordentlichem Geschick zu umgehen.

*Der Melamine-Report*

Ursula Drake hatte schon vor langer Zeit einmal erklärt, daß nichts, was Michael je tat, sie eifersüchtig machen würde. »Ich denke ebensowenig daran, dich zu hindern, deine eigenen Wege zu gehen, als ich je daran dächte, mir für meine Privatsammlung Bilder aus der National Gallery zu stehlen. Du bist ein Nationalheiligtum, Michael. Was immer du tust, mein Leben wird dadurch nur bereichert. Wenn ich manchmal deinetwegen Tränen vergieße, so soll dich das nicht von mir abschrecken.«

Das mochte allzu oberflächlich klingen, aber es war doch die einzige und beste Art, eine Wahrheit auszusprechen, die für sie Dogma war. Vor einem Jahr, als sie mit Michael in dieser Wohnung zusammenlebte, hatte ihre darüber nicht allzu besorgte Mutter gefragt, ob sie daran denke, ihn einmal zu heiraten. Ursula hatte geantwortet: »Das ist mir viel weniger wichtig, als möglichst viel von ihm zu lernen.«

»Lernen? Ja – aber was eigentlich?«

»Was eigentlich? Das Geheimnis, eine Frau zu sein, Mutter. Nein, eigentlich weiß ich es gar nicht. Und das ist das wichtige daran. Ich weiß es *noch* nicht. Auch er ist ein Suchender, könnte man sagen. Und so zwingt er einen ständig, hinter ihm zu bleiben. Es gibt eben Leute, die einen ununterbrochen anspornen. Das ist alles, was ich über Michael sagen kann. Und daß er kein Zyniker ist. So viele sind das heute, du weißt es. Vielleicht ist das das Großartige an ihm, daß er keiner ist . . .«

Auch solche Kommentare waren im Grunde zu glatt, um Ursula zu befriedigen – und wahrscheinlich auch zu glatt für ihre Mutter. Aber hätte sie versucht, ins Detail zu gehen, ihre Mutter wäre schockiert gewesen. Und da Mam stolz darauf war, durch nichts schockiert zu werden, schien es jetzt nicht fair zu sein, ihr diese Illusion zu nehmen.

Ihre Mutter glaubte vielleicht – sie glaubte es bestimmt –, daß Michael, wie sie es nennen würde, ein »liederliches Leben« führe. Wenn sie andererseits an Michaels Charme und Lebenslust dachte und sein Geschick als Künstler in Betracht zog – das sie sicherlich höher einschätzte, als Michael selbst –, gefiel es Mam wieder, Michael »geistvoll« zu nennen. Bestimmt ahnte sie nicht die Dimensionen, die sich hinter dem verbargen, was sie geistvoll nannte. Ursula selbst konnte es nur ahnen. Aber Michael hatte ihren Horizont genügend erweitert, so daß darin weitaus mehr Platz hatte als ein nacktes Mädchen in der Badewanne.

Sie wußte zum Beispiel, daß er vor und *während* seiner Affäre mit ihr regelmäßig Prostituierte von der Bayswater Road mit nach Hause nahm und daß er mit »Gleichgesinnten« verkehrte, die ihre perversen Angebote mittels bleistiftgeschriebener Zettel auf den Anschlagtafeln von Papiergeschäften in Bayswater Shoreditch und Cheapside zu annoncieren pflegten. Sie wußte, daß er sich einiges von dem, was er ihr in ihren sogenannten Experimenten beibrachte, mit jenen bedauernswerten sexuell Verirrten angeeignet hatte.

Einmal hatte er sie im Bett überrascht, daß er sein Tonbandgerät einschaltete und ihr ein Gespräch mit einer Frau namens Ethel Ollencarter vorspielte:

»Du liegst nackt auf dem Bett, Darling, und siehst mir zu. Ich stehe vor dem Spiegel und ziehe mich langsam aus. Du siehst mir dabei zu, ich bin stolz, denn du bist erregt, dein Glied ist steif ... Jetzt bin ich ganz nackt. Ich knie mich nieder und beginne ganz langsam an mir herumzuspielen ... Du siehst es, Darling ... Du machst es dir auch ... Kommst du? Komm mit mir zugleich! Ich will es sehen! Komm, Liebling ...«

Ursula hatte gelacht. Was sollte man auch sonst tun? Nur war ihr ihr eigenes Lachen unheimlich geworden. Es klang so gequält, und die auf Band mechanisch wirkenden Lustschreie jagten ihr Angst ein.

»Ist das echt?« fragte sie und klammerte sich wie hilfesuchend an Michaels Pyjamajacke. »Es ist eine menschliche Stimme. Aber – so gar nicht menschlich.«

Michael dachte das gleiche.

»Und doch ist es nicht fair von dir«, sagte Ursula. »Ich nehme an, die armen Teufel brauchen das, wenn sie sogar eine Annonce in die Zeitung geben.«

»Man kann diese Publikationen nicht gerade Zeitungen nennen.«

»Es kommt auf dasselbe heraus. Aber es ist – ist es nicht grausam von dir, sie zum Gespött zu machen? Ich meine, das alles aufzunehmen . . .«

»Ich mache niemanden zum Gespött«, sagte er.

Ursula wußte nicht, was sie davon halten sollte. Er sagte das so nüchtern und ernst. Doch wann meinte er etwas so, wie er es sagte?

»Schließlich bin ich Arzt«, sagte er. »Ich kann es mir nicht erlauben, mich über den menschlichen Geist oder den menschlichen Körper lustig zu machen.«

»Aber das ist alles so privat«, sagte sie in echter Bestürzung. »Ein Arzt sollte von allem Abstand haben.«

»Bist du dessen ganz sicher?«

Diese letzten Worte ließen sie nachdenklich werden. Sie war nun ihrer Sache nicht mehr so sicher wie vorher. Natürlich dachte jeder, Ärzte sollten ihre persönlichen Gefühle abschalten, wenn sie sich mit Abnormitäten zu beschäftigen hatten, und es schien für ihr Innenleben auch weitaus weniger gefährlich zu sein, wenn sie es taten. Von Michael erwartete sie allerdings nicht, daß er sein Innenleben unter den Glassturz stellte. Das war es ja, was jede Liebesnacht mit ihm zu einem Traum machte. Er war ein Traummann, aus einem Roman oder einer alten Legende in ihr Leben getreten, wirklich und unwirklich zugleich.

»Laß dich nur nicht zu sehr in die Sache hineinziehen«, warnte sie ihn immer wieder. »Manche dieser Leute gehen zu weit.«

»Oh – ich werde schon nicht«, versprach er. »Es hätte oft geschehen können. Doch dein engelhafter Einfluß auf mich hat es stets verhindert.«

Sie war sich nicht gerade wie ein Engel vorgekommen, als sie Cecile in der Badewanne vorfand, aber es war schließlich nicht das ärgste, was Michael sich geleistet hatte. Sie war gewillt, die Sache ohne jede Konsternation als das hinzunehmen, was sie war. Wäre es jemand anders gewesen, der ihr eine solche Überraschung servierte, sie wäre vor Zorn oder Eifersucht explodiert. Aber bei Michael bereitete es ihr das größte Vergnügen, ihn glauben zu machen, daß sie über jede Überraschung erhaben sei.

Alles, was sie über das Mädchen im Badewasser zu sagen hatte, war: »Netter Fang, den du da gemacht hast, Darling!«

Er nahm das kühl als ein Kompliment hin. »Das ist ein Tag gewesen, an dem der Himmel – oder die Hölle – mir erstaunliche Zeichen zuteil werden ließ«, begann er. Er zog ein großes braunes Kuvert hervor und legte es in ihre Hände. »Ich habe auch diesen Fang gemacht, und es kann sein, daß zwischen den beiden ein Zusammenhang besteht.«

Sie sah, daß er das Kuvert nicht geöffnet hatte. »Ich darf wohl annehmen, daß keiner von uns über den Inhalt allzu überrascht sein wird«, sagte sie, als sie es öffnete.

»Ich kann es nicht sagen.«

Sie tippte auf schmutzige Bilder. Er hatte, ebenso wie mit seinen Tonbändern, oft versucht, sie mit solchen Bildern zu schrecken oder zu unterrichten. Sie war fest entschlossen, sich von solchen Dingen nicht mehr beeindrucken zu lassen. Und so sagte sie, als sie die Bilder, die Kugel, wie versprochen, geschickt hatte, herausnahm und durchblätterte: »Vom ästhetischen Gesichtspunkt nicht übel – wenn auch ein bißchen amateurhaft.«

Michael öffnete eine Flasche St. Raphael. »Meinst du die Photographien, die Dame oder ihre Liebhaber?«

»Oh, die Dame scheint genau zu wissen, was sie tut. Und auch der Dicke leistet sein Teil. Nur der dritte dürfte ein bißchen matt sein – wenigstens auf diesem Bild. Ah, auf diesem hat er sich aufgerafft . . .«

Das siebente Photo warf sie um. Sie war schockiert wie ein Schulmädel. »Das gibt es nicht! Michael, natürlich wußtest du, was da drinnen ist. Du *hast* sie vorher gesehen. Wie entsetzlich!« Sie blinzelte und riß die Augen weit auf.

Michael, dieser Teufel, sah völlig gelassen drein. Er studierte ihre Reaktion, als wäre sie ein armes, bedauernswertes Versuchskaninchen. »Man hat mich mit einem Augenblinzeln vorgewarnt, was ich zu sehen bekäme«, sagte er. »Jetzt sag mir aber nicht, du hättest das Gesicht meines zukünftigen Nachbarn, des Ehrenwerten Reeve Hunter, erkannt.«

»Nein.« Doch im Ton äußerster Empörung nannte sie den Namen eines anderen Kabinettsmitgliedes. Sie gab das Photo Michael, damit er einen ersten Blick darauf werfe. Da gab es keinen Zweifel. Das etwas schlaff wirkende Glied, das die Prinzessin mit ihren Beinen in die Presse genommen hatte, hätte jedem gehören können. Nicht aber das Gesicht seines Besitzers. Zu oft war es während der letzten Jahre in den Zeitungen oder auf Wahlplakaten erschienen.

»Ja«, sagte er mit trauriger, tief enttäuschter Stimme. »Ich habe es befürchtet. Eine Schande. Ich versuche zu überlegen, was in einem so bedauernswerten Fall getan werden muß. Kannst *du* mir helfen? Sag mir wenigstens ehrlich, was du denkst.«

Sie bemühte sich, eine Antwort zu finden. Tief in Gedanken versunken saß sie da, den Kopf in die Hände gestützt, das Gesicht von häßlichen kleinen Falten durchzogen. Sie rief ihr ganzes Wissen, ihre ganze Erfahrung, alle ihre Prinzipien zu Hilfe.

»Ich denke mir, daß man, wenn man ein Kabinettsmitglied so ... so ... so ...«

»... so menschlich sieht?«

»Tierisch, würde ich sagen. Ein schwerer Schlag, wenn man denkt, daß – es in England schon so weit gekommen ist.«

»Mit uns nicht, aber mit Mama und Papa, nicht wahr?«

»Du hast mich um meine ehrliche Meinung gefragt!«

»Entschuldige, ich werde dich nicht mehr unterbrechen.«

»Es geht nicht darum, was diese Leute *tun*. Ich bin ganz bestimmt nicht gegen sexuelle Experimente. Zumindest, solange die Partner etwas füreinander empfinden.«

Er sprach für sie weiter. Er glaubte dazu ein Recht zu haben, denn diese Art der Argumentation kannte er bereits von früheren Diskussionen, sie war allzu abgedroschen. »Das Abstoßende daran ist, daß damit offenbar kaltblütig Handel getrieben wird.«

»Man macht Photos, und jetzt gehen die Bilder durch wer weiß was für Hände. Ist es das, was du meinst?«

»Ja.« Sie schien dankbar wie ein Kind dafür, daß er an ihrer Stelle das Resümee gezogen hatte. Jetzt stieg ihr plötzlich die Zornesröte ins Gesicht. »Ich glaube, wir sollten diese Bilder den Zeitungen oder sonst jemandem schicken, um diese ganze Bande, dieses Establishmentgesindel, vom hohen Roß herunterzuholen. Die Regierung kurz und klein schlagen. Und nicht nur die Regierung, sondern alle diese verlogenen, verkommenen Kapitalisten, die England vergiftet haben.«

Ihr Zorn war auf dem Höhepunkt, sie glühte förmlich, ihre Hände zitterten, als sie plötzlich Michaels Fuß zwischen ihren Knien spürte, und seine Zehen, die sich zwischen ihren Schenkeln vorzuarbeiten suchten.

»Michael, nein«, kicherte sie. Aber er war schon über ihr, zog sie vom Sessel hoch und rollte sie auf die Tischplatte.

»Das Mädchen! Du hast sie in der Badewanne sitzen!« flüsterte sie hastig, während er ihr bereits das Höschen über die Knie hinabzog. Aber sie half ihm, es von ihrem hohen Schuhabsatz loszuhaken.

Wie er es sie gelehrt hatte, öffnete sie ihm ihre Scham mit beiden Händen und empfing die Liebkosungen seiner Zunge. Sie mußte kichern, als er sich mit seinem ganzen Körper auf sie preßte und der Eichentisch unter der doppelten Belastung zu knarren begann.

Danach – als guter Kamerad in allen Lebenslagen – eilte sie zum Kühlschrank, holte einige Eier heraus und richtete sie ihm mit Worcestersauce und etwas Bier an, um ihn für den langen Abend, der noch vor ihm lag, zu stärken.

»Trink das, du Verrückter. Ich weiß zwar, die Ärzte sagen, daß Eier wahrscheinlich überhaupt nicht zur Potenzsteigerung beitragen, aber die bloße Einbildung wird dir auf die Beine helfen. Trink!«

Als er gleich darauf die Wohnung verließ, hatte sie den Verdacht, er ging nicht, wie er gesagt hatte, in seine Ordination, sondern zu jemandem, der einen scharfsinnigeren, folgerichtigeren Kommentar zu den Bildern abzugeben verstand als sie. Zum Beispiel zu seinem Freund Tracy Bryce, einem Parlamentsmitglied. Die bloße Existenz solcher Bilder sollte eigentlich die Regierung etwas angehen, das stand außer Zweifel. Oder auch die Polizei, wenn irgendwie auch noch Erpressung im Spiel war. Nicht eine Minute lang kam ihr in den Sinn, daß Michael selbst in eine Erpressungsaffäre verwickelt sein könnte. Ein so phantasieloses Verbrechen lag ihm nicht, würde ihn nicht interessieren.

Es war erstaunlich, wie schnell sich in diesem Menschen neue Interessen bildeten. Sie brannten in ihm heller und heller, saßen für einen Tag oder eine Stunde im Zentrum seines Bewußtseins, und das nächstemal, wenn man ihn traf, schien er sie bereits völlig vergessen zu haben.

An Menschen ging er nicht achtlos vorüber. *Sie* fühlte sich nicht einen Moment vernachlässigt. Dort auf dem Tisch hatte er sie zu einem herrlichen Höhepunkt gebracht. Wieder, wie so oft, war es sein stets wacher Sinn für Überraschungseffekte gewesen und seine Gabe, die unmöglichsten Situationen herbeizuführen, womit er sie überfahren hatte.

Während die beiden Mädchen damit beschäftigt waren, mit dem Fön Ceciles Haar zu trocknen, ließ Cecile ihren Blick über die Dinge schweifen, die auf Michaels Toilettentisch lagen. Da gab es Schlüsselbunde, Visitenkarten, Banknoten, ein ledernes Reisenecessaire und vieles andere mehr. Hierauf suchten sie in Michaels Schrank unter einer Unmenge von Kleidern nach einem Ensemble, das zu Ceciles Schuhen passen mochte. Und nachdem sie alles, was sich dem Auge darbot, in sich aufgenommen hatte, stellte Cecile die für sie ganz natürliche Frage: »Ist Doktor Cobb reich?«

»Er ist sehr freigiebig«, sagte Ursula. »Er wird nicht knauserig sein. Sie werden eine herrliche Zeit verleben.«

Reich? dachte Ursula. Er war der reichste von ihnen allen, wenn auch nicht, was Geld oder Besitz anlangte. Und am freigiebigsten ging er mit sich selbst um. Wie konnte ein Mensch sich für so viele verwenden, für so viele da sein? Beim Gedanken daran überkam sie Traurigkeit. Anderseits, was machte er, wenn einmal niemand mehr seiner bedurfte?

# 10. KAPITEL

Der Skandal um Richard Derwent war keineswegs ein Einzelfall in den letzten Jahren. Da waren der Fall Loring, die Harper-Affäre und vor allem der Marbury-Prozeß, welcher besonders viel Staub aufwirbelte. In jedem dieser drei Fälle waren prominente Persönlichkeiten des öffentlichen Lebens verwickelt. Gewiß, nicht alle waren Regierungsmitglieder.

Das riesige Interesse und die allgemeine Bestürzung, die diese Fälle hervorriefen, hatten zur Folge, daß sich in der Unterwelt ein neuer Geschäftszweig etablierte. Aussagen von Personen, die an diesen stadtbekannten Affären entfernt beteiligt gewesen waren, wurden zu literarischer Ware, um die gewisse Blätter skrupellos feilschten. Sogenannte »literarische Agenten« unterschieden sich oft kaum mehr von Erpressern. Photos zweifelhafter Herkunft wurden dazu benützt, Einfluß zu gewinnen oder auf Schuldige und Unschuldige Druck auszuüben.

Dokumente oder Photos, die in England wegen des Verleumdungsparagraphen nicht zu Erpresserzwecken dienen konnten, erwiesen sich von Wert, wenn man sie in anderen Ländern zum Kauf anbot.

Dieser lukrative Handel hätte sich erst gar nicht entwickelt, wären die herumschwirrenden Gerüchte ohne jeden Tatsachenhintergrund gewesen. Auf Grund der Zeugenaussagen bin ich jedoch zu der Überzeugung gelangt, daß eine Gruppe von Personen – man könnte es schon eine Kette nennen – regelmäßig Privatpartys von abwegiger, abstoßender Natur veranstaltet. Einige der dort ausgeführten Eskapaden dienen der Unterhaltung, doch oft folgen auf diese Humoreinlagen perverse sexuelle Orgien, bei denen Fesselungen und Auspeitschungen vorgenommen werden und Sexualverkehr in allen erdenklichen Kombinationen getrieben wird.

Nach Presseberichten hat Michael Cobb gesagt: »Ich traf einige Leute, die sich an einem Spielchen versuchten, von dem ich fand, daß ich es weit besser könnte.« Das wurde allgemein so interpretiert, daß Cobb selbst Handel mit anstößigem Informationsmaterial trieb, zu dem er durch seine Teilnahme an dieser oder jener der oben genannten Veranstaltungen Zugang hatte.

Es gibt in der Tat Beweise für seine Teilnahme an solchen Orgien, aber es wurde gegen ihn keine formelle Anklage wegen gesetzeswidrigen Gebrauchs von Dokumenten oder Photographien, die sich in seinem Besitz befinden, erhoben.

*Der Melamine-Report*

Als Michael und Cecile die Wohnung verließen und hinunter auf die Straße gingen, lachte Cecile bereits über die ganze Sache.

»Du bist mir der Richtige. Ich sag' dir, ich hätte vielleicht das Rasiermesser genommen und wäre auf euch beide losgegangen, als ihr so plötzlich hereinkamt. Ich wäre dazu imstande gewesen.«

»Das hätte ich sehen wollen!«

»Es hätte dir nicht gefallen«, sagte sie. »Obwohl ich froh bin, daß ich es nicht getan habe. Sie war so nett. Macht es ihr nichts, daß du mit mir ausgehst?«

»Ursula hat viele Verehrer. Sie braucht nie allein zu sein.« Ursula hatte einen Telephonanruf getätigt und war weggegangen, noch bevor Cecile und Michael fertig zum Ausgehen waren.

»Oh«, sagte Cecile in einem Ton, der bedeuten sollte, daß sie stets allein war und sich auch jetzt einsam fühlte. Sie war noch nicht sicher, ob sie in die Welt warmer Vertraulichkeit aufgenommen werden würde, der Michael und Ursula angehörten.

Damit und mit ihrem hellen Entzücken über die überraschende Wende, die die Sache mit Ursula genommen hatte, bestand sie in Michaels Augen einen wichtigen Test.

Den ganzen Abend trafen sie auf irgendwelche Leute, die Michael kannte, und nahmen sie kürzere oder längere Zeit ins Schlepptau wie ein schnell fahrender Wagen, der in seinem Luftsog Blätter, Blüten und Papier eine Strecke weit mit sich reißt.

Sie saßen im »Petit Savoyard«. Michael studierte die Speisenkarte, und sie warteten darauf, daß der Kellner den Wein öffne.

Da sagte Cecile: »Das ist er!«

Entgeistert blickte sie auf den Mann, den sie Stunden vorher gesehen hatte, derselbe, der vor dem »Tout Paris« das Filmteam befehligt hatte. Schwerfällig näherte er sich ihnen. An der Art, wie er sich zwischen den Tischen hindurchwand, sah man, daß er auf dem besten Wege war, den Katzenjammer der vergangenen Nacht loszuwerden.

»Oliver Hodges mein Name, Oliver«, sagte er und hielt Michael seine fleischige Hand hin. »Sie verwechselten mich mit Frederick Bockle. Vielen Leuten passiert das. Oliver. Oliver Hodges. Wir haben uns bei der Eröffnung der Ausstellung von Allan Pearce-Holmes getroffen. War es nicht im Oktober? Oder November? Sie waren mit Patricia Viborg dort. Eine sehr gute Freundin von mir, Patricia. Und Sie sind Tony Francis.«

Cecile kicherte. »Nein, er ist Doktor Michael Cobb.«

»Sie wollen mich hochnehmen«, sagte Oliver. »Patricia sagte mir, daß Michael Cobb vor drei Jahren in Portugal gestorben ist. Eine sehr gute Freundin von mir. Sie würde mich niemals anlügen. Aber wenn Sie leben, können wir ebensogut auch in geschäftliche Beziehung treten. Darf ich mich zu Ihnen setzen? Warten Sie. Ich möchte, daß Sie Gwen Sprague kennenlernen. Hochtalentiert. Dürfen wir uns setzen?«

Er befahl bereits dem Kellner, zwei Sessel an den Tisch zu rücken, als Michael erst »bitte« sagte.

»Ist das nicht reine Zauberei?« fragte Cecile.

»Also«, sagte Michael, »wenn du beweisen willst, daß Frauen wirklich etwas tun können – warte ab und paß gut auf, was passiert. Das kann der Anfang von etwas sein.«

Dieses Wiederauftauchen von Frederick als Oliver war einfach eine zu köstliche Zutat dieses schönen Tages, um sie nicht als Fügung des Schicksals hinzunehmen. Und sie konnte für Cecile in der Tat zu irgend etwas führen. Ungefähr hatte Michael bereits eine Vorstellung davon, was Hodges vorschlagen würde.

»Gwen, das ist Doktor Cobb. Ich habe den Namen Ihrer Dame nicht verstanden. Wir haben hier zu Abend gegessen. Ich nehme nur noch einen Brandy. Doch die Sache brennt mir auf der Zunge, und ich muß unbedingt Ihren Rat einholen.«

Was Hodges auf der Zunge brannte, entsprach genau Michaels Erwartungen. Schließlich kannte er die Filmleute. Sie träumten alle denselben Traum.

Hodges hatte zwischen seinen sonstigen kommerziellen Verpflichtungen auf eigene Kosten einen Kurzfilm gedreht. Er war von seinen Freunden außerordentlich gepriesen worden und in einem Art-Club in Amsterdam gelaufen. »Den Holländern hat er sehr gefallen«, sagte der Producer. »Es ist ein Stück Londoner Leben, aus ganz besonderem Blickwinkel gesehen. Überhaupt keine Story. Nur Technik und Bewegung.«

»Eine wilde Sache«, sagte Gwen Sprague.

Gwen hatte eine Rolle in dem Streifen. Außerdem war sie mit laufender Kamera langsam die Stufen des British Museum hinaufgegangen und hatte die Beine ahnungsloser Passanten gefilmt. Gwens Zähne hatten die Farbe alter Badezimmerkacheln. Sie sah drein, als suchte sie ununterbrochen nach jemandem, der mit ihr ins Bett ginge. Blieb nur zu hoffen, daß sie in dem Film keine *tragende* Rolle hatte.

»Ein außergewöhnlicher Film«, sagte Oliver. »Wenn Sie und Miß Banner heute abend nichts Besonderes vorhaben, dann gehen wir alle in Gwens Wohnung, und ich lasse für Sie den Film laufen.«

»Fein!« sagte Cecile.

Michael sagte: »Ich fürchte, heute geht's nicht.«

»Sie müssen mir glauben, diese halbe Stunde ist keine gewöhnliche halbe Stunde.«

»Ganz und gar außergewöhnlich!« bestätigte Gwen.

»Ich bin dessen sicher«, sagte Michael. »Vielleicht nächste Woche. Ich würde den Film gerne sehen, und Miß Banner auch.«

Oliver beugte sich vor. Sein Ton wurde vertraulich. »Der Grund, warum ich will, daß Sie den Film sehen . . . Patricia hat mir nämlich gesagt, Sie wären ein Freund von Lord Collingwood und Walter Grandlake. Die Wahrheit ist, ich habe da eine Idee – um es genau zu sagen, ich habe ein Drehbuch – für einen abendfüllenden Film. Und ich suche Geldgeber. Patricia sagte, ich solle Sie bitten, mit Ihren Freunden zu reden – das heißt, sie sagte, sie wären der richtige Mann dafür, wenn Sie nicht tot wären.«

»Nein. Tot bin ich noch nicht ganz. Aber die Sache ist die, daß ich genau weiß, es wäre hoffnungslos, Bart Collingwood in einer solchen Angelegenheit anzugehen. Er hat kein Interesse daran.«

»Oh«, sagte Oliver. Beduselt starrte er zu Cecile hinüber, als ob sie etwas sagen könnte, was ihn aufheitern würde. »Ich hätte damit nicht sofort herausrücken sollen.«

»Das hat damit nichts zu tun«, sagte Michael. »Ich versuche gerade zu überlegen, wie ich anders helfen könnte. Miß Banner kennt einige Männer mit Geld . . .«

Cecile öffnete den Mund, um laut herauszuplatzen. Doch schnell schloß sie ihn wieder und gab sich gelassen angesichts der Erwähnung ihrer reichen Bekanntschaften.

Michael lehnte sich zu ihr hinüber und flüsterte ihr irgendwelchen Unsinn ins Ohr, in der Art von »Blümlein, Blümlein, Blümlein blau« und »Fuchs, du hast die Gans gestohlen«. Sie kapierte sofort, und nickte. Michael war entzückt.

»Ich weiß etwas«, sagte er zu Oliver. »Wir treffen später einen der reichsten Verehrer von Miß Banner. Ich gebe Ihnen die Adresse des Klubs.« Er schrieb sie auf die Rückseite seiner Visitenkarte und erhob sich, während er sie Oliver überreichte.

Als Oliver und Gwen sich zu ihrem Tisch zurückbegaben, sagte Cecile: »Das war wohl nur ein Trick, um sie loszuwerden?«

»Nicht im mindesten. Schlag Mitternacht werde ich ihnen deinen reichen Verehrer präsentieren. Entschuldige mich, ich muß einen Anruf machen.«

Als sie kurz im »Flamingo« vorbeischauten, wiederholte sich das Spiel von vorhin. Die Diskothek war gesteckt voll von Farbigen und Anschluß suchenden jungen Leuten. Eine Menge Ausgehpuppen und kleine Tippsen aus Croydon und alle zu sehr in der Art von Cecile, so daß Michael nicht bleiben wollte.

Vance Dayton und Richie Trager waren auf ihrem nächtlichen Streifzug hier gelandet und sahen sich nach etwas Passendem um. Vance beschäftigte sich mit Holzbildhauerei und hatte mit seinen Arbeiten soeben großen Anklang in New York gefunden. Er war randvoll getankt mit Selbstvertrauen und Geld. Er machte kein Hehl daraus, daß er Michael als Künstler für einen geschickten Lavierer hielt, dem schwankenden Geschmack der Bourgeoisie hoffnungslos ergeben. Nichtsdestoweniger dachte er sehr wohl daran, daß Michael ein guter Freund von Lady Ormalon war, die ihm möglicherweise einmal nützlich sein konnte, wenn er für seine Werke eine bessere Galerie in London suchte.

Wiederum tauschte man heiter Versprechungen aus, wieder gab es etliche Telephonate.

Michael mußte zu Cornford hinein, um Cecile am Roulettetisch zehn Pfund verlieren zu lassen. Zu diesem Zeitpunkt war sie bereits volltrunken und versuchte instinktiv, Chips an sich zu nehmen, wenn der Croupier sie mit seinem Rechen zu sich hinzog. Ken Roseman, Barbara Bewely und André Duccosohn wollten von Michael Tratschgeschichten bestätigt erhalten. Michael führte die erforderlichen Telephongespräche, um ihre Neugierde zu befriedigen. Er rief sogar zwei Spitäler an, um für sie in Erfahrung zu bringen, ob ein Frischoperierter und ein epileptisches Kind auf dem Wege der Besserung seien.

Wieder im Wagen, gab er Cecile zwei Pillen zu schlucken und Wasser aus einem silbernen Fläschchen zu trinken, um sie nüchtern zu machen und aufzuputschen. Er sagte: »Ich wollte auch noch im ›Murray‹ vorbeischauen. Macht nichts, wir werden ein andermal hingehen. Es ist fast Mitternacht, und dein Verehrer wartet. Reich wie Midas, Krösus und Aristoteles Onassis. Er wartet, das arme Schwein. Beeilen wir uns, meine Königin.«

Sie gähnte – und hätte sich am liebsten auf die Zunge gebissen.

»Macht nichts. Die Pillen werden sehr bald ihre Wirkung tun. Und morgen kannst du den ganzen Tag schlafen, während ich arbeite.«

»Brauchst du keinen Schlaf?«

»Nie«, sagte er. »Jetzt kennst du mein Geheimnis. Ich schlafe nie. Es ist mein Fluch. Ich darf nicht schlafen – oder alle Lichter Londons würden erlöschen. Das ist die Wahrheit . . .«

Wo er sie jetzt hinfuhr, konnte sie nicht genau sagen. Es ging vorbei an Notting Hill Gate, wo sie selbst sich nach Einbruch der Dunkelheit nie hingewagt hätte, und dann weiter zur Westbourne Park Road, einem Teil Londons, der ihr ebenso unbekannt war wie Kapstadt oder Tokio.

Sie verließen das Straßenniveau und stiegen über unbeleuchtete Stufen hinunter zu einem Klub mit dem Namen »Merry St. Kitts«. Schon von oben hörten sie die heiße Musik, und als sie auf den Stufen waren, packte sie ihn fester am Arm. Hoffentlich wußte er, was er tat, wenn er ein aufreizend schönes Mädchen wie sie in ein solches Lokal schleppte.

Dieses Lokal . . . Natürlich war sie nie zuvor in einem Nachtlokal gewesen, in dem Farbige verkehrten. Sie hätte gar nicht geglaubt, daß solche Lokale erlaubt waren. Man wußte doch allgemein, daß die Farbigen zu wilden Tieren wurden, wenn sie nach der Sperrstunde weitertranken. Nicht nur Perralli und ihre Freundin Madge hatten ihr das gesagt. Das einzige, woran sie Gefallen finden wollte, war die Musik. Wenn aber dieser Michael Cobb meinte, er könnte sich den Spaß erlauben, sie einem Nigger vorzustellen und ihn ihren »reichen Verehrer« zu nennen, dann würde sie wahrscheinlich doch zum Rasiermesser greifen.

Sie wagte kaum, den Blick zu heben, als sie die weichen, melodiösen Stimmen der Schwarzen vernahm, die beim Eingang standen. Drinnen klebte einer am anderen, es war heiß und stickig. Sie stieg jemandem auf den Fuß, blickte auf und sah sich von lachenden dunkelhäutigen Gesichtern umgeben. Die Leute hier waren in besserer Stimmung als sie.

Sie fühlte sich umringt von Schwarzen. Doch am entfernten Ende des Raumes, gleich neben einem Berg von Guinness-Kisten, die dort wie Kinderbausteine aufgetürmt waren, sah sie einige weiße Männer und ein weißes Mädchen. Ein Mädchen, nicht nur mit weißer Haut, sondern auch mit weißem Haar. In der Tat, ein wirklich hübsches Mädchen. Ein schönes weißes Mädchen, nicht viel älter als sie, das nicht nur unbekümmert, sondern höchst ausgelassen wirkte. Wie eine der weißen Göttinnen unter Schwarzen: so eine, wie sie sie in den Tarzanfilmen gesehen hatte.

Gott sei Dank, Michael führte sie durch die wildbewegte Menge der Farbigen, dann zwischen den Tänzern hindurch, quer über die Tanzfläche und zu dem Tisch, an dem die Weißen saßen.

»Hallo, Tammy«, sagte Michael. »Ich bin froh, daß du es geschafft hast, C. A. Ich habe gute Nachricht für dich. Ja, mit Mister Varden hatte ich heute nachmittag schon das Vergnügen.«

Er schüttelte die Hand des Mannes, der als einziger bei ihrer Annäherung vom Tisch aufgestanden war. Noch ein Weißer saß da, ein Pole mit breiten Schultern und kahlgeschorenem Kopf. Keiner fand es der Mühe wert, ihn vorzustellen, und niemand sagte die ganze Zeit über, die sie dort verbrachten, ein Wort zu ihm.

»C. A., ich möchte, daß du Miß Banner sagst, daß du ein reicher Mann bist«, sagte Michael, während er und Cecile es sich in zwei Stühlen zwischen Tammy Chandler und dem schweigsamen Polen bequem machten. »Sie muß von mir den Eindruck bekommen, daß ich ein Mensch bin, der niemals lügt.«

»Aaaaah . . .« sagte C. A. Er bewegte seine kleine weiße Hand vor seinem Gesicht hin und her, als wollte er einen unangenehmen Geruch wegfächeln.

»C. A. gehört sogar das Gebäude hier, in dem wir sitzen«, sagte Michael zu ihr. »Ihm gehört Tammy, ihm gehört Mister Varden und ihm gehört auch unser Freund ohne Hals. Es gibt kaum etwas, was ihm nicht gehört.«

»Warum triffst du dich mit uns hier?« fragte C. A. Das sollte ärgerlich klingen, aber seine breiige Stimme brachte das nicht zuwege. Noch dazu hätte er das melodische Getrampel der Band übertönen müssen. »In meiner Wohnung wäre es doch schöner gewesen.«

»Mir gefällt es hier, obwohl es dir gehört«, sagte Michael. »Ich seh' es gern, wenn Tammy sich unterhält. Ist es nicht nett, Tammy?«

Tammy blinzelte ihm zu. »Haben *wir* entdeckt, Onkel Michael.« Dann beugte sie sich ganz zu Cecile hinüber und begann ihr zu erklären, wer die Männer der Band waren. Was für großartige Burschen.

Die Telephongespräche waren ergiebig gewesen, Michael sammelte Informationen, ohne noch genau zu wissen, wofür. Was immer dabei herauskam, es hatte natürlich mit den Photos zu tun, die C. A. ihm gegeben hatte. Als er vorhin, während Ursula noch dagewesen war, die Wohnung verlassen hatte, war er zu einem Rechtsanwalt namens Schlee gegangen, der die Photos seinerzeit gesehen hatte, als sie beim Scheidungsprozeß der Prinzessin als Beweismaterial vorgelegt wurden.

Von Schlee hatte er erfahren, daß auf keinem der Photos, die die Grundlage des Streitfalles bildeten, ein Prominenter zu sehen gewesen war. »Ihr Gatte gab seinem Anwalt ganz klare Instruktionen«, sagte Schlee. »Es ging schließlich um keine geringen Besitzwerte. Er ist nicht der Mensch, der leicht verzeiht. Er war fest entschlossen, den Prozeß zu gewinnen. Aus welchem Grund sonst sollte er die Photos vorgewiesen haben? Er war auf einem Punkt angelangt, wo er jede Person zur Anzeige gebracht hätte, der auf Grund entsprechender Beweise nachgewiesen werden konnte, daß sie in die Sache verwickelt war.«

Ein Anruf bei Simon Whetlock ergab kein sofortiges Resultat. »Rufen Sie in einer Stunde wieder an«, sagte Simon. »Ich erkundige mich.«

Eine Stunde später teilte Simon ihm mit: »Etwas an der Sache ist faul. Ich kann nur noch nicht klarsehen, was es ist. Erstens: Ihr Mann, Varden, lebt seit mehreren Jahren in Paris und Antwerpen. Mein Informant kennt ihn von der Librairie Mistral, wo er sich dauernd herumtrieb. Er nennt sich ›freier Journalist‹. Sie wissen, was das bedeutet. Es ist nichts Nachteiliges über ihn bekannt; nicht soweit man mir gesagt hat. Er tauchte hier im letzten Herbst auf ... Und jetzt wird Ihnen gleich anders zumute werden: Das erstemal, als mein Informant mit ihm zu tun hatte, kam er zur Zeitung und schlug eine Artikelserie mit dem Titel ›Michael Cobbs London‹ vor. Es sollte in erster Linie ein Führer durch die Nachtklubs und Feinschmeckerrestaurants sein, nehme ich an. Etwas gewürzt durch Einschübe über Ihre Playboykarriere. Beim Gespräch stellte sich heraus, daß Varden fleißig über Sie ›recherchiert‹ hatte. Wußte einfach alles über Sie, angefangen von der Größe Ihres Penis über die Debütantinnen, die Sie gevögelt haben, bis zu den Weinen und Gerichten, die Sie bevorzugen.«

»Mein Gott, er muß im Pissoir neben mir gestanden und geschätzt haben«, sagte Michael.

»Sie haben sich geschmeichelt gefühlt, weil ein Homosexueller an Ihnen Gefallen fand«, sagte Simon. »Ihre Egozentrie wird Sie noch in Schwierigkeiten bringen. Ein Mann wie Sie sollte weitaus mißtrauischer sein, wenn ihm ein freier Journalist beim Urinieren über die Schulter guckt . . . Aber, um zum Kernpunkt zu kommen. Varden tauchte im Winter wieder in der Redaktion unserer Zeitung auf. Er hatte Photos, auf denen die Prinzessin und verschiedene Männer zu sehen waren, darunter auch ein Parlamentsmitglied, dessen Namen ich über das Telephon nicht sagen will. Sehr verdächtig, meinen Sie nicht auch? Ich nehme an, man hat ihm ein Angebot gemacht. Niemand kann es mit Gewißheit sagen. Wenn man ihm ein paar Tausend geboten hat, dann unter der Bedingung, daß er für die Photos den Nachweis der Echtheit erbringt. Geben Sie mir genauere Angaben darüber, wie sie in seine Hände gelangten, als er uns zu geben gewillt oder imstande war. Varden jedenfalls verschwand hinter den Kulissen . . . Soviel weiß ich über den Fall, mehr noch nicht. Man hat mir gesagt, von Varden erscheint einmal da, einmal dort ein Artikel. Passen Sie jedenfalls besser auf, wenn Sie wieder in ein Pissoir gehen.«

»Es sieht so aus, als sollte ich den Mittelsmann für euch abgeben«, sagte Michael zu Kugel. »Du hast gedacht, du würdest eventuell einen Käufer finden, wenn Michael Cobb zu den Zeitungen oder sonstwohin ginge und sagte, er habe die Ware von Walter Grandlake oder sonst einem englischen Pair bekommen.«

»Bitte!« sagte C. A. »Ich möchte das nicht in aller Öffentlichkeit besprechen. Nein, nein. Falsch.«

»Ich wollte Sie um Rat bitten«, sagte Rob Varden. »Ich wartete so lange auf Sie, um mit Ihnen zu reden. Ich bin noch immer begierig, die Sache zu besprechen. Richte mich dabei ganz nach Ihnen. Wirklich.« Er sah nicht so belämmert drein wie C. A. Es sah aus, als wollte er Michael bitten, mit ihm zusammen – jetzt und an Ort und Stelle – eine zugkräftige Artikelserie über das Londoner Nachtleben zu starten.

»Bitte!« sagte C. A. »Michael, wir sind doch Freunde. Sei nicht böse. Behalt die Bilder . . .«

»Oder geben Sie sie zurück«, sagte Varden schnell.

»Seien wir doch Freunde«, sagte C. A., »schließlich . . .«

Er konnte den Satz nicht beenden. Es war keine Zeit dazu. Oliver Hodges und Gwen kamen quer über die Tanzfläche auf sie zugesegelt. Oliver hatte angesichts der Schwarzen rund um ihn ein idiotisches Grinsen aufgesetzt. »'n bißchen wild hier, nicht wahr«, schrie er Michael zu.

Gwen lehnte sich gegen den Tisch, so daß er ins Kippen geriet. Ihr Kopf ging wild im Takt der Musik auf und nieder. »Schrecklich aufregend«, sagte sie, daß jeder es hören konnte. »Ich mag Tanz in allen Varianten. Tanzt! Mit mir!« Trunken ließ sie ihre Faust auf den Tisch knallen. Sie drehte sich um, schwarze Arme umfingen sie und zogen sie in die tanzende Menge, bis sie nicht mehr zu sehen war.

Oliver packte Cecile unter den Armen und hob sie vom Sessel. Michael erwischte ihn bei der Krawatte und zog ihn an den Tisch zurück. »Setz dich. Du wolltest über Geschäftliches mit einem Geldmann sprechen. Ich habe mich hierherbemüht, um das zu arrangieren. Hör ihm zu, C. A.! Und du, Cecile, tanz mit dem großen, netten Burschen, der dort allein an der Bar steht.«

Cecile war gar nicht danach zumute. Sie rückte ihren Sessel gerade und suchte möglichst festen Halt darin zu finden, als Tammy in die Höhe schnellte und sie um die Hüfte faßte. »Komm, Liebste. Es ist ein Heidenspaß«, sagte sie. Und weg waren sie.

Der Pole mit dem gestauchten Hals sprang auf und wollte ihnen nach. Michael setzte ihm den Fuß – sanft allerdings – in den Magen und drückte ihn in den Sessel zurück. »C. A., sag diesem Spielverderber, er soll auf seinem Arsch kleben bleiben und den Kindern ihre Freude lassen. Oliver, erzähl C. A. deine Geschichte. Deinen Plan für den Superfilm. C. A. trieft vor Geld, und auch Mister Varden kann helfen. Er schreibt gute Storys. Stimmt's, Rob?«

»Jetzt seien wir alle einmal still«, sagte C. A. und verdrehte den Hals, um Tammy in der Menge zu finden. Er war nicht groß genug, um sehen zu können, wie sie Cecile zum Podium führte, wo die beiden mit dem Schlagbaßspieler zu scherzen begannen. Der große Pole setzte sich nieder und wartete auf neue Instruktionen.

Michael brachte sie alle zum Schweigen und bestand darauf, daß man ihm zuhörte. »C. A., hier ist die Story des Films, den du für Oliver finanzieren wirst. Oliver ist übrigens der berühmteste junge Producer in England, zumindest für die, die ihn kennen. Die Holländer verehren ihn. Und jetzt der Film. Das moderne junge Paar, das in einer der modernen Städte wohnt. Natürlich nicht verheiratet. In einer sterilen Welt, in der die Gleichmacherei alles zertrampelt, was eigene Wege gehen will, suchen sie nach Abwechslung. Sie pflücken Blumen im Hochmoor. Eine Gruppe Lederjacken auf Motorrädern saust vorüber. Heulende Motoren . . .«

»Sehr gut«, sagte Rob Varden. »Wirklich gut, Doktor!«

Die Band heulte auf. Es klang wie Lederjacken auf Motorrädern. Cecile tanzte in den Armen eines Schwarzen am Tisch vorbei.

»Fliegende Mädchenröcke, als sie durch eine Stadt im Kohlenrevier der Midlands rasen. Szenen mit Transvestiten. Ein Mädchen mit Schnurrbart und einem Kostüm der Edward-Ära. Sie verführen Kinder, peitschen sie aus und nehmen ihr Schreien und Stöhnen auf Tonband auf . . .«

Tränen rannen über Olivers Wangen, als er zuhörte. »England. Armes Scheißengland. Mit zwanzigtausend Pfund . . .«

»Bitte! Hier ist nicht der Ort, über Geschäfte zu reden«, sagte C. A. traurig.

Ein Schwarzer stand plötzlich am Tisch und sagte: »Danke für die Ehre, Sir, mit Ihrer Dame tanzen zu dürfen.«

»Das . . .« sagte Cecile etwas unsicher, »das ist Victor.«

»Victor Gaspery«, sagte der Mann und schüttelte Michael die Hand. »Sehr nett hier. Hoffe, Sie bringen die junge Dame wieder mal hierher. Sie ist süß.«

»Wo bleibt Tammy?« Wenn C. A. in heller Aufregung war, vermochten die Spitzentöne seiner Stimme sehr wohl die Musik zu übertönen. Cecile sah Michael hilfesuchend an.

»Sag es ihm«, drängte Michael.

»Sie hat mit dem getanzt, der Tacky Joe heißt.«

»Jetzt tanzt sie nicht mehr mit ihm«, sagte Michael.

»Ich weiß«, sagte Cecile. »Sie und diese andere Frau . . . Gwen und Oliphant und Tacky Joe sind hinausgegangen.«

»Vielleicht, um ein wenig Luft zu schnappen«, sagte Rob Varden und rückte seine Hornbrille zurecht.

Oliver rappelte sich auf und schüttelte die Faust. »Bringt sie zurück, ihr schwarzen Schurken.« Er stampfte mit dem Fuß auf und schrie: »Gwen, komm zurück, du Transvestitenhure! Bringt sie mir zurück, oder wir plündern morgen früh eure Dörfer. England kann sich darauf verlassen, daß jeder von euch schwarzen Schurken mir dafür bezahlen muß. England . . .!«

Langsam sank er in die Knie und hob seinen Kopf nur noch einmal, um heiser herauszuschreien: »Ihnen nach! Bleibt ihnen auf den Fersen!« C. A.s Leibwächter mußten ihn stützen und über die Stufen hinauf an die frische Luft bringen.

Da standen sie eine Weile. C. A. hielt sich etwas abseits, war in miserabelster Stimmung. Von Zeit zu Zeit raffte sich Oliver auf und sagte: »Wir müssen sie suchen, das Mädchen ist total betrunken. Suchen.« Er selbst aber bewegte sich nicht von der Stelle.

Michael ergriff C. A. am Arm und ging mit ihm ein Stück den Block entlang. »Ich würde dir philosophische Klausur empfehlen, C. A.«

»Philosophie! Klausur! Als ich im Lager war, hatte ich Philosophie und Klausur.«

Michael hatte einiges über C. A.s Jahre in einem Konzentrationslager der Nazis gehört. Weder Jude noch politischer Häftling, war C. A. als »politisch Unzuverlässiger« eingelocht worden. Jedenfalls war er dort gewesen. Er erwähnte es nur selten. Und wenn, dann war es ein klares Zeichen dafür, daß er sich in Schwierigkeiten befand, aus denen er allein keinen Ausweg wußte.

»Im Lager träumte ich von der vollkommenen Frau. Und was kriege ich? Tammy. Sie ist das Letzte. Sie ist der letzte Dreck. Hat es mit den Schwarzen. Ich werde sie nie mehr zu mir zurücknehmen. Diesmal nicht.«

»Sei still. Tammy ist jung. Du wirst sie zu dir zurücknehmen. In der Zwischenzeit haben wir ein Geschäft abgeschlossen. Du hast mir die Bilder geschickt. Sehr gut. Und ich habe dir das Mädchen gebracht.«

Im Straßenlicht glitzerten C. A.s Augen wie Stecknadelköpfe. »Immer dieses Gewitzel.«

Er stieß Michael freundschaftlich in die Seite. »Mir ist nicht nach Lachen zumute. Morgen vielleicht. Ich ruf' dich irgendwann an.«

»Nimm dir für diese Nacht Cecile.«

»Du hast nichts vor mit den Bildern?«

»Ich habe vor, sie zu behalten«, sagte Michael.

»Ich verstehe nicht, wozu?«

»Vielleicht will ich noch mehr von dir.«

C. A.s weicher Mund verzog sich zu einem Lächeln. »Jetzt bist du fast zum Fürchten.«

»Du fürchtest dich vor nichts. Nimm dir Cecile. Schlaf nicht allein.«

C. A. bog sich vor Lachen, konnte sich nicht zurückhalten. Er schüttelte den Kopf. »Nein. Nein. Es genügt, daß du mich zum Lachen gebracht hast. Mir geht's wieder gut, mein Freund.

Du bist ein guter Arzt. Außerdem . . .« dabei deutete er mit dem Kopf zurück in die Richtung, wo Cecile stand, »kann ich mir solche wie sie kaufen, soviel ich will. Von der Straße weg. Wo hast du sie aufgegabelt? Ich brauche nicht noch mehr Ausschußware!«

»Dich kann man nicht täuschen«, sagte Michael, »aber ich versuche es immer wieder. Einmal wird es mir doch gelingen.«

»Du bist einfach zu gut, um deine Freunde zum Narren zu halten«, sagte C. A.

Nachdem sie das »Merry St. Kidds« verlassen hatten, mußten sie noch Oliver nach Hause fahren. Zu dieser späten Stunde hatte Cecile alle Mutmaßungen darüber, was Michael mit ihr vorhatte, aufgegeben. Sie war auch zu müde, um sich noch weiter Gedanken zu machen. Und auch später erfuhr sie nicht, wie er zu seinem Entschluß kam. Sie erinnerte sich nur noch sehr vage an den Ablauf dieser Stunden vor Sonnenaufgang.

Sie fuhren über die Waterloo-Bridge in Richtung Pimlico, wo Oliver wohnte. Dahinter war Battersea, wo ihr Bett auf sie wartete. Gott sei Dank, Perralli schnarchte jetzt schon neben seiner Frau.

Oliver hatte sich etwas erholt und erklärte nun, daß es für ihn keinerlei Konsequenzen habe, daß Gwen verschwunden sei. »Ich habe höchstes Vertrauen zu ihr. Soll sie fremdgehen. Sie liebt das Leben. So etwas vergibt man. Oder sollte man nicht? Jedesmal, wenn sie zurückkommt, lehrt sie mich etwas Neues, Wichtiges vom Leben. Dieses Mädchen ist eine Rarität!«

Cecile sagte: »Seht doch, ein Polizeiboot.«

Michael fuhr langsamer, und sie sahen aus den Seitenfenstern des Wagens auf den Fluß hinab, wo das Boot sich von der Brücke langsam entfernte und Kurs auf die feine, grauweiße Nebelwand nahm, die flußabwärts über der Themse lag. Kein Licht war auf dem Boot zu sehen. Es bewegte sich lautlos und dunkel wie ein Leichenwagen.

Dann sagte Michael mit klarer Stimme: »Den Kerl holen wir uns, was?« Er stieg aufs Gas. Der starke Motor seines Wagens erwachte mit einem plötzlichen Aufbrüllen, und dann rasten sie mit voller Kraft durch die schlafenden Straßen in Richtung auf die Pier bei der Tower Bridge.

Michael riß sie einfach mit. Er brachte sie mit seiner Stimmung auf den Punkt höchster Ausgelassenheit. Als sie am Ende der Pier standen und das Polizeiboot auf gleicher Höhe mit ihnen war, schrien und pfiffen sie alle drei in die Flußmitte hinaus.

Sie sahen, wie die Besatzung des kleinen Bootes die Köpfe zusammensteckte. Das Boot wendete schwerfällig, als schwämme es in schwarzem Öl, und kam langsam näher. »Haben Sie Schwierigkeiten, Sir?« rief ein Mann von der Besatzung.

»Keine Schwierigkeiten«, sagte Michael in seinem schönsten Charmeton, mit dem er sogar einen Vogel vom Baum heruntergelockt hätte. »Als Sie ablegten, Freunde, sah das so abenteuerlich aus, daß wir uns fragten, ob wir nicht mitfahren könnten.« Er nahm Ceciles Hand, hielt sie hoch und winkte. »Diese junge Dame hier möchte gerne nach Indien segeln ...«

»So weit fahren wir nicht, Sir«, sagte der Mann im Ölzeug, offenbar der Kommandant des Bootes. Er beugte sich zu dem jungenhaften Kerl am Steuerrad. Dann sagte er: »Aber warum auch nicht? Unser Nachtdienst geht bald zu Ende, und diesmal fahren wir noch hinunter bis King Midden. Ich hoffe, der jungen Dame macht es nichts aus, wenn wir eine Leiche herausfischen. Das kommt hie und da vor. Peter, hilf dem Mädchen an Bord. Halte dem Herrn die Hand hin. Fahren wir, Walter.«

»So etwas habe ich nie zuvor getan«, sagte Oliver. »Das gibt einen Stoff für einen Film!«

London blieb hinter ihnen zurück, das Boot kreuzte in den aufsteigenden Morgen. Auf der breiten Wasserfläche zeigte sich im Dunst der erste rote Schimmer der Dämmerung. Sie fuhren an einigen vor Anker liegenden Zerstörern vorbei, dann kam ihnen ein schneeweißer dänischer Frachter entgegen, dessen Positionslichter hell durch das Halbdunkel strahlten. Oliver plauderte vor dem Eingang zur Kabine mit der Besatzung. Ganz vorn am Bug saß Cecile, eng an Michael geschmiegt.

Plötzlich fragte Cecile: »Nimmst du mich jetzt?«

»Du meinst – ob ich dich behalte?« Genau das hatte sie gemeint, jedoch Angst gehabt, es noch deutlicher auszusprechen. »Oder soll ich dich ins Wasser zurückwerfen wie einen Fisch? Nun, wir haben schon eine ganze Menge zusammen erlebt. Es ist ein vielversprechender Start. Wir scheinen gut miteinander auszukommen.«

Er drehte den Kopf und blickte ernst über die weite Wasserfläche hin. »Schau, ist es nicht wie bei Noah und seinem Weib? Sollen wir unsere Taube ausschicken? Gibt es irgendwo Land?«

»Rings um uns ist Land«, sagte sie ungehalten. »Du willst

meine Frage nicht beantworten. Du kannst mich haben, wenn du mich willst, das weißt du.«

»Ich warte noch auf ein Zeichen, ob ich es wagen darf, das anzunehmen«, sagte er. »Arme Kleine, ich nehme an, du hast keine Bleibe mehr.«

»Das stimmt überhaupt nicht! Ich kann mich sehr gut durchbringen.«

Es gefiel ihm offenbar, daß sie das sagte. Aber er beantwortete ihre Frage nie. Er nahm sie einfach mit nach Hause, als die Bootsfahrt vorbei war.

Jetzt lag sie endlich in seinem Bett. Zu beiden Seiten der herabgezogenen Jalousien leuchteten silberne Streifen. Das Licht des Tages fiel auf die weißen Vorhänge. Da war sie nun, und sie war froh, daß sie lange genug wach geblieben war, um *alles* über ihn zu erfahren.

Sie lag neben ihm, und als sie ihre Augen schloß, begannen seine Hände wieder mit ihrem Körper zu sprechen. Sie erzählten, wie ihre Beine und ihr Gesäß auf die Männer auf der Straße wirkten. Sie sagten ihr, daß ihre Brüste sogar schöner wären als die von Ursula. Ihre Brustwarzen schrieben eine Frage in seine Handflächen und bekamen Antwort. Sie lag da zwischen Schlaf und Wirklichkeit, und ihr Körper begann seinen Händen zu antworten. Die Schenkel gaben den Händen Raum, teilten sich. Sein Finger drang in sie ein.

Sie kam heftig. Ihr Körper bäumte sich auf, sie wimmerte. Sein Finger schien einen Augenblick stillzustehen, dann glitt er langsam zurück.

Er macht es nicht mit mir, dachte sie. Doch sie fühlte, es war alles in Ordnung und richtig so nach all dem, was sie zusammen erlebt hatten. Es war der letzte klare Gedanke, den sie fassen konnte, bevor sie einschlief.

# 11. KAPITEL

Er ließ sich nie dazu herbei, ihr direkt zu sagen, sie könne bei ihm wohnen, obwohl sie ein Jahr blieb. Sie mußte allerdings zugeben, daß er nicht deshalb mit einer bestimmten Zusage zurückhielt, um ihr Angst zu machen. Sie war nie im Zweifel, wie sie mit ihm stand. Er ließ es sie immer durch Zeichen wissen.

Es war leicht, ihm zu folgen, seine Zeichen zu verstehen, zu wissen, was er von ihr wollte. Dennoch, von Zeit zu Zeit brachte es sie zur Verzweiflung, zu merken, wie wenig er auf Gespräche mit ihr angewiesen war, da er so großes Vergnügen daran hatte, sich mit anderen zu unterhalten. Ja, natürlich sprach er auch mit ihr, aber die wichtigen Dinge ließ er sie bloß durch Zeichen wissen. Was für eine Art, eine Frau zu behandeln! Glaubte er denn, sie wäre irgendein stummes Tier?

»Ja«, sagte er, »ein höchst bemerkenswertes Tierjunges.«

»Ein Tierjunges?«

»Ja, von einem Bären, einem Tiger oder einem Löwen. Von irgendeinem gefährlichen, großen Tier.«

»So etwas bin ich nicht. Von keinem dieser Tiere«, sagte sie. In weniger als einem Monat lernte sie durch ihn acht Mitglieder des Adels kennen. Er nahm sie überallhin mit.

Doch nicht einmal in diesen guten Zeiten ihres Zusammenlebens – bevor sie sich stritten, bevor diese »komischen Sachen« passierten und bevor sie ihn zeitweilig verließ, um mit Tammy Chandler oder jemand anders zusammenzuleben – hätte sie sich vorstellen können, daß ihr Verhältnis von so langer Dauer sein würde.

Sie sah die Dinge nicht aus Bescheidenheit so. Auf ihre altkluge, wenn auch naive Art schätzte sie ihn richtig ein. In seinem Leben gab es kein »Die und keine andere«. Es konnte sehr gut passieren, daß sie einmal in die Wohnung kam und ein anderes Mädchen saß in der Badewanne, zum Beispiel Ursula oder sonstwer, der dachte, ein Anrecht auf ihn zu haben.

»Er hing länger am Telephon, als er an mir hing«, erzählte sie

Tammy Chandler gelegentlich eines Rückblicks auf dieses Jahr. »Er arrangierte ununterbrochen Dinge für Leute.« Dinge, die ihr zu neun Zehntel völlig unverständlich waren, um die sie sich auch nicht kümmerte und vor denen sie wahrscheinlich mehr Angst hatte, als sie je zugegeben hätte.

Zu ungewöhnlicher Stunde tauchte er auf dem Weg zum Krankenhaus oder auf dem Weg zu einer Verabredung in der Wohnung auf und ging direkt zum Telephon. »*Ich* bin's. Michael, Liebes. Ich komme gerade von George Goldens Haus und habe dort einen phantastischen kleinen Guardi gesehen. Nimm dir Zeit und schau ihn dir an. Ich werde George anrufen und einen Termin ausmachen.«

Oder: »Ich habe soeben erfahren, daß am Samstag Varny spielen wird, obwohl die Sportzeitungen es nicht gemeldet haben. Du darfst das Spiel keinesfalls versäumen ... Würdest du so lieb sein und Helen und Esther Midden anrufen und fragen, ob sie hinüberfahren?«

Oder: »Da ist ein süßes Mädchen, die ich schon lange kenne und die gerade irgendeine böse Geschichte mit ihrem Gatten hatte. Um die Wahrheit zu sagen, ich glaube, sie will gevögelt werden und ein bißchen Liebe und Aufmerksamkeit geschenkt bekommen. Ja, und jetzt paß auf, wir sind geschiedene Leute, wenn du sie nicht mit allem Respekt behandelst. Sie ist Bartok- und Mahler-Spezialistin, liebt Kamelien und Liebesbriefe und spricht nicht gerne über Politik. Sieh zu, ob du sie etwas aufheitern kannst.«

Was konnte ein Mädchen von einem Mann erwarten, der ununterbrochen wie ein Wirbelwind für andere Leute unterwegs war?

Sie brauchte auch nicht lange, um zu erkennen, daß Eifersucht zwecklos war. Wenn sie versuchte, ihm eine Szene zu machen – und sie versuchte es nur einmal –, lief er mittendrin mit einem Augenzwinkern aus dem Zimmer. Wenn sie versuchte, von ihm ernsthafte Erklärungen zu bekommen – sogar so weit ging, ihn zu fragen, mit wem er denn da telephoniere –, dann sagte er: »Ich liebe es, die Leute durcheinanderzubringen. Es ist niemand, den du kennst. Niemand, der dir auch nur den kleinsten Gefallen erweisen könnte.«

Dieses letzte war der springende Punkt. In einer Sache rechnete sie fest mit ihm: daß er für sie Gelegenheiten und Möglichkeiten ausfindig machte, ihr zu beweisen half, daß Frauen etwas tun konnten, was seinen Wert im Leben hatte. Und es dämmerte ihr sehr früh auf, daß sie es nie ohne ihn würde beweisen können.

Sie wußte genau, wohin »man« ging. Sie hatte es von Zeitungen, Magazinen und Fernsehen und behielt es im Kopf. Sie wußte aus Anzeigen und Klatschspalten, wo schöne und reiche Leute ihre Kleider kauften. Sie wußte, welche Designer momentan hoch im Kurs standen und welche Bistros, Kneipen oder Weinschenken gerade bevorzugt wurden.

Es erstaunte Michael immer wieder, daß sie Gespräche führen konnte, als habe sie Londons Insidestory besser im Kopf als er. Wenn er fallenließ, wohin sie am Abend hingehen könnten, korrigierte sie ihn: »Aber Elsa Sparrow und Tom Byrne gehen doch jetzt nach dem Theater immer ins ›Katmandu‹.« Oder: »Ich dachte, Meg und Freddy Arlen geben eine Party für die Stones und die Cartwrights.« Oder: »Ja, aber Cissie Verne hat doch Richard Bell geheiratet und nicht Varden Hoylock.«

Sie hatte eine unheimliche Spürnase für Publicity. Michael sagte: »Ich werde dir einen Job bei Jerry Wechsler verschaffen. Du wärst die perfekte Sekretärin für einen Klatschkolumnisten.«

Hauptsächlich weil es ihr Spaß machte, sprach er in letzter Zeit eine Menge über mögliche Jobs oder Karrieren, zu denen er ihr den Weg ebnen wolle. Wann immer von einem Photographen, Designer, Pelzmodenschöpfer, Regisseur, Kolumnisten oder Maler die Rede war, der in London Aufsehen gemacht hatte, schlug er vor, daß sie bei diesem Manne beginnen solle, sich in dieser Branche zu betätigen. Sie habe so viele Talente, alles stehe ihr offen ... Eine verbummelte Nacht folgte der anderen. Sie wunderte sich, wieviel Geld er ausgab, versicherte ihm stets, sie sei nicht müde, staunte, wieviel von dem, was sie beim eifrigen Studieren der Zeitung abgebildet gesehen hatte – Gesichter, Abendtoiletten, Sportsakkos – nun leibhaftig in Erscheinung trat. Wenn man bedenkt, wie kurz diese Zeit wilden Nachtlebens dauerte, war es erstaunlich, mit wie vielen Besitzern berühmter Gesichter – oder auch Stimmen – sie am selben Tisch in Restaurants, Bars und Nachtlokalen saßen und von wieviel berühmten Augenpaaren sie gemustert wurde – mit einem Grad von Interesse und Anerkennung, den sie nicht abzuschätzen vermochte.

»Kein Wort hast du zu Mr. Wechsler darüber gesagt, daß ich seine Sekretärin werde«, klagte sie. Sie war noch ganz durchgedreht von dem Abend im »Red Mill«, wo sie an Wechslers Tisch gesessen hatten, während dieser Milch und Brandy trank, an seiner Hornbrille herumspielte und auf seinem Notizblock große Dinge notierte, die Malcolm Bierce und sein Agent über den neuen Film von sich gaben, den sie in Italien drehten. »Du hast ihm nur gesagt, daß ich eine bessere Figur habe als diese Mädchen in der Show.«

»Erste große Zauberformel – hast du sie dir gemerkt? –: Zeig nie, hinter was du gerade her bist. Vielleicht erwähnt dich Wechsler in seiner Spalte. Dann wirst du einen Anruf von Randy Cleaver bekommen, der das Lokal ›The Tower‹ führt, und dann kannst du dort für eine Weile arbeiten und zeigen, daß du wirklich eine bessere Figur hast. Dann gehen wir wieder zu Wechsler, und der Job ist nur mehr eine Kleinigkeit.«

Ihr Name stand nächste Woche nicht in der Spalte. Aber sie bekam von Mr. Cleaver einen Anruf. Er wolle sie sprechen. Michael sagte, »die Bemerkung« über sie sei ihm wohl hinterbracht worden. Sie nahm ein Taxi zum »Tower« und war darauf vorbereitet, sich *ganz* auszuziehen, wenn er es verlangte. Michael hatte gesagt, es wäre möglich. Aber Mr. Cleaver plauderte nur ein Weilchen mit ihr, während er am Schreibtisch seinen Lunch – Whisky und ein Sandwich – einnahm. Er schien vor allem wissen zu wollen, welcher Art ihre Beziehungen zu Michael seien.

»Doktor Cobb ist nur ein guter Freund«, sagte sie fest und bestimmt. »Er hilft mir über die schwerste Zeit hinweg – damit ich mich etwas umsehen kann, bis ich weiß, was ich tun werde.«

Mr. Cleaver brummte nur. Als Cecile Michael erzählte, was sie zu Cleaver gesagt hatte, lachte er hellauf. Es war nicht immer leicht zu sagen, was ihn amüsierte, aber sie mochte dieses Lachen. Es klang so verzeihend, so gar nicht bösartig, auch dann nicht, wenn sie das Gefühl hatte, es gehe auf ihre Kosten.

Sie aßen zu Mittag mit dem Agenten Ruthven Hammersmith, und er gab ihr den Rat, auf keinen Fall einen Job bei Randy Cleaver anzunehmen, falls sie ein Angebot bekäme. »Es ist nicht schwer, in Randys Fleischbeschau hineinzukommen. Aber es ist furchtbar schwer, sich dort wieder loszueisen. Wenn Sie einmal alles gezeigt haben, was Sie zu zeigen haben – und die Leute frequentieren Randys Lokal, seine Mädchen sind bekannt –, was haben Sie dann noch herzuzeigen? Ich habe die besten Erfahrungen mit Mädchen gemacht, die *nicht* bekannt waren. Warten Sie! Sie müssen warten. Wie alt sind Sie?«

Sie sagte, sie sei achtzehn. Aus Hammersmiths Antwort war nicht zu entnehmen, ob er sie für zu alt oder für zu jung hielt, einen von den Jobs anzunehmen, zu denen er ihr verhelfen könnte. Er sagte: »Schaffen Sie sich Kleider an. Das ist das wichtigste. Habe ich nicht recht, Michael? Michael, sagen Sie ihr, sie muß sich Kleider anschaffen!«

»Richtig. Oh, absolut richtig«, sagte Michael. »Für eine Karriere als Modell muß ein Mädchen Kleider haben.«

Jedenfalls stimmte er zu, daß es für sie nötig sei, schickes Zeug zu tragen, um die Art von Modell zu werden, die ihr vorschwebte. Sie konnte sich überhaupt nicht mit dem Gedanken befreunden, anfangs vielleicht durch Modellstehen für Maler oder Bildhauer, bei denen er sie einführte, bescheidene Summen zu verdienen. Für sie gehörten zum Modellstehen Pelze, Juwelen, Badeanzüge, Miniröcke und eine Kamera. Eine Kamera mußte da sein, möglichst eine Film- oder TV-Kamera, ansonsten konnte sie Modellstehen nicht ernst nehmen.

»Ich will *dir* Modell stehen, wenn du es wünschst«, sagte sie zu Michael.

»Ich denke gerade daran, daß meine Freundin Patricia Viborg nach einem Modell gefragt hat. Du bist zwar für ihren Geschmack etwas zu mager, aber es geht.«

»Ist sie irgend so ein Mannweib?«

»Ganz und gar nicht. Sie ist eine sehr berühmte Malerin, wenn du auch nie von ihr gehört hast. Sie wird dir gefallen. Soll ich sie anrufen und etwas für dich arrangieren?«

Cecile schüttelte den Kopf. »Es gefällt mir nicht sehr«, sagte sie. »Ich meine, ich finde es einfach nicht angenehm.«

»Warum in aller Welt?«

»Ich will mich nicht vor einer Frau ausziehen. Das ist das eine...«

Es traf sie tief, als er sie deswegen auslachte. Um sie umzustimmen – wie er sagte –, unternahm er mit ihr eine extravagante Einkaufstour. Sie verbrachten den ganzen Nachmittag damit, in Mayfair, Kensington und Chelsea die Geschäfte abzuklappern. Die Verkäuferinnen, die ihr beim Anprobieren halfen, schienen Michael zu kennen. Sie versuchten auch alle, die Kleider ihm und nicht ihr zu verkaufen. Das sollte eines Tages anders werden, schwor sie sich.

Unter der Menge bezaubernder Dinge, die er ihr kaufte, war auch ein blaßrosa Umhang mit blaßrosa Pelzbesatz an allen Rändern des Kleidungsstückes, an Vorderleiste, Saum und Kragen. »Absolut abscheulich«, rief er. Wahrscheinlich meinte er, sie sehe komisch darin aus, und sie hätte es nicht so einfach hingenommen und ihm eine gehörige Antwort erteilt, wenn es nicht siebenunddreißig Pfund von seinem Geld gekostet hätte. Für die Späße, die er auf ihre Kosten machte, sollte er nur zahlen. Sie würde sie für sich zu nützen wissen.

Er sah sie gern in Stiefeln, bloß gefielen ihm nicht jene, die sie sich gekauft hatte. Und so nahm er sie in ein Schuhgeschäft mit, wo er zwei Paar speziell für sie anfertigen ließ – ein Paar rotbraune, die locker saßen wie Reitstiefel, und ein Paar schwarze, die ihr bis zur Hälfte der Schenkel heraufreichten. Sie wurden zu einer Art besonderem Kennzeichen für sie, wie für ihn seine dunklen Gläser.

Eines Nachmittags trafen sie in einem Teegeschäft in Bloomsbury Ursula Drake. Cecile war ziemlich sicher, daß Ursula wußte, daß sie zu Michael gezogen war. Es reizte sie, es Ursula zu sagen. Ursula war eine Schönheit, ganz ohne Zweifel. Doch es war sie, die kleine Cecile, die mit Michael Cobb zusammenlebte. Dennoch bewunderte sie, wie gelassen Ursula es hinnahm. Sie würde lernen müssen, auch das nachzuahmen.

Ursula hatte an jenem Nachmittag zwei junge Männer im Schlepptau. Der eine von ihnen, der jüngere, bei dem sich herausstellte, daß er erst neunzehn war, war Hansford Painter. Zweiter Sohn des Earl of Painter, bitte sehr.

Sie gingen nachher alle ins »Ritz« auf einen Drink, und der junge Hansford hatte es absolut auf Cecile abgesehen. Er wollte um jeden Preis wissen, wo sie wohne. Sie sagte ihm nur, in Marylebone und gab ihm nicht ihre Telephonnummer.

Wieder allein mit Michael, erzählte sie ihm die Sache.

»Warum in aller Welt hast du ihm nicht deine Telephonnummer gegeben?« fragte er.

»Weil es deine ist.«

»Himmel. Du wirst niemals nach oben kommen, wenn du dich immer hinter mir versteckst.«

»Du würdest eifersüchtig sein.«

Er schwor, er würde nicht. Sogar später, als ihr vorkam, sie kenne ihn jetzt gut genug, um ihn für alles bezahlen zu lassen, was er ihr antat, schien ihr, es wäre nicht möglich, das dadurch zu tun, daß sie ihn eifersüchtig machte. Die Schwierigkeit mit ihm war, daß er nichts besitzen wollte, nicht einmal die schönen und sorgfältig ausgewählten Möbel in seiner Wohnung. Es sah aus, als würde er sie eher verkaufen oder einfach an irgend jemanden weggeben, als daß er sie behielt.

Sie war voll sentimentaler Anwandlungen, doch wenn sie versuchte, damit bei ihm anzukommen, ignorierte er sie und ließ sie im Gefühl zurück, gerade das wären Vulgaritäten, die sie davon abhielten, den Erfolg zu haben, den sie sich wünschte.

Und doch – er mußte zugeben, jene ersten Tage waren von einer eigenen Süße gewesen. Am Morgen nahmen sie gewöhnlich das Frühstück zusammen im Bett ein. Sie schälten Orangen und Mandarinen und leckten sich gegenseitig den Saft von den Fingern. Geschmack und Geruch der Südfrüchte erinnerten ihn an Orte, an denen er einmal gewesen war, wahrscheinlich noch bevor sie geboren wurde. Er erzählte ihr über Länder in Afrika und dem Nahen Osten. In späteren Jahren war er, wie er erzählte, nach St-Tropez, Nizza und Cannes gereist und auch nach Algerien und Kairo. Immer war auch eine Frau dabeigewesen.

Sie war äußerst begierig, etwas über die Frauen zu hören, die mit ihm gereist waren. Sie wollte lernen – nicht gerade, wie sie ihm am besten gefallen konnte, sondern wie man sich mit einem Mann wie ihm am besten in Szene setzte. Sie hörte sogar geduldig zu, wenn er über das Malen erzählte und darüber, wie für das Auge des Malers das Licht am Mittelmeer wirkte. Sie verstand es nicht ganz, ahnte aber fern, daß dieses Erlebnis ihm eine große sinnliche Befriedigung gewesen war.

»Malen ist wie Geschlechtsverkehr«, sagte er zu ihr, als sie sich liebten. Das machte ihr die Sache mehr oder weniger klar und verständlich.

In den vielen Stunden, die sie allein zusammen verbrachten, erforschten sie ihre beiden Körper, spielten wie nackte Babys mit Fingern, Zehen und Zähnen und drapierten einander mit allerlei Zeug, um dann von diesem unschuldigen, naiven Vergnügen zu ernsthafterem Spiel überzugehen.

Sie entdeckten gemeinsam Ceciles Körper. Sie kamen darauf, daß die Rückseite ihres Beines oberhalb des Knies außerordentlich sensibel war. »Alles, was dort an die Haut kommt, fühlt sich wie Federn an«, sagte sie. Eine Zunge an ihrem Ohrläppchen ließ sie an Pferde denken. »Einmal würde ich gerne auf einem großen weißen Pferd reiten. Ich bin noch nie geritten, obwohl ich mir genau vorstellen kann, wie es ist.«

Oder sie saßen auf dem Fußboden vor dem Kamin und blätterten miteinander ein Magazin durch. Zum Beispiel über Segelsport. Sie rieten, wie teuer die einzelnen Boote seien, und machten Pläne, wie sie gemeinsam eine Jolle mit Hilfsmotor bauen würden. Im Frühling dann würden sie die Küste von Frankreich entlangfahren und bei jedem dieser stillen, kleinen Häfen in Frankreich und Spanien anlegen. Sie würde schick aussehen in Jeans und rotgestreiftem Hemd und einem bunten Tuch um den Hals. Und dazu einen Seemannshut . . .

Dieses Spiel mit dem Schein machte ebensoviel Spaß wie ihre Ausflüge in die Welt des Scheins von London. Sie mochte ihn besonders, wenn er in dieser spielerischen Laune war, und nützte solche Momente, um mit ihm ernsthafte Gespräche zu führen.

»Vielleicht könnte ich deine ständige persönliche Sekretärin werden«, schlug sie vor. »Ich behalte ziemlich gut deine gesellschaftlichen Verpflichtungen und alles was damit zusammenhängt im Kopf. Ich könnte mich um die geschäftlichen Dinge deiner Malerei kümmern. Vielleicht könnte ich dir sogar Aufträge verschaffen.«

»Eine glänzende Idee!«

Oh, er reagierte sehr nett, aber sie war nicht ganz zufrieden. »Nun, soll ich nicht?« fragte sie. Sie wollte von ihm versichert bekommen, daß es nicht stimme, daß viele, wenn nicht alle der etwaigen Klienten sie als sehr ungeeignete Sekretärin und Bevollmächtigte ansehen würden.

»Du wirst mir lieber Modell stehen. Ich werde verführerische Detailzeichnungen deines Körpers anfertigen, und die verkaufen wir dann. Aber kannst du in der Zwischenzeit, bis wir für dich das Richtige gefunden haben, nicht ein wenig Geduld haben?«

Sie war der Ansicht, sie sei ohnehin mehr als geduldig. Wenn man bedachte, mit wie vielen anderen Dingen er sich beschäftigte und wie wenig ihr außer seiner gelegentlichen Gesellschaft blieb. »Du denkst, ich bin nur gut für Sex.«

»Du bist nicht so gut, wie du glaubst. Du hast noch viel zu lernen.«

»Nach dem, was du mich lehrst, muß ich glauben, du willst aus mir die perfekte Hure machen.« Der Gedanke, daß Sex erlernt werden mußte, beleidigte sie zutiefst.

Anderseits wieder hatte er keine Wahl. Sie lernte Sex phantastisch schnell und gut, doch stand es kaum dafür, auf dem Sektor Intelligenz oder Charakter Zeit an sie zu verschwenden.

Nie hätte er gewollt, daß aus ihr eine Hure würde. Wie bei jedem anderen Menschen ließ er auch bei ihr die wahren, echten Wünsche und Gefühle sich entwickeln, ließ sie haben, was sie haben wollte. Er wollte die schöpferische Seite zu Wort kommen lassen, war stets für die Freiheit und wartete ab, welche natürlichen Impulse sie durch sie empfangen würde.

Einmal, sie wohnte erst einige Wochen in seiner Wohnung, entdeckte sie die Bilder der Prinzessin und ihrer Partner in dem Versteck unter seiner Wäsche in der Lade seines teuren Sekretärs. Sie war eine furchtbare Schnüfflerin, und er war stets darauf bedacht, seine Schlüssel nicht liegenzulassen. Dennoch beschwor ihre Entdeckung eine kleine Krise herauf.

»Was machst du mit diesen Bildern? Sie anschauen und dich dabei befriedigen?« fragte sie, als ob er ein schlimmer Bub wäre, den man bei einem kleinen schmutzigen Vergnügen ertappt hatte.

»Wenn ich dich wieder beim Schnüffeln erwische, werde ich dich bestrafen.«

»Bestrafen? O ja. Das möchte ich sehen! Ich gehöre nicht dir, weißt du. Was sind das überhaupt für Bilder?«

»Meine Liebe«, sagte er, »diese Bilder habe ich für dich eingehandelt.«

»Eingehandelt? Du kannst mich nicht einhandeln. Was in aller Welt meinst du?«

»Für diese Bilder wirst du an C. A. Kugel ausgehändigt. Und das wirst du ganz bestimmt, wenn du nicht lernst, mein Eigentum und den Teil meines Lebens, von dem du nichts verstehst, zu respektieren.«

»Versuch nur ja nicht, mich an diesen häßlich kleinen Menschen zu verschachern. Was für ein Recht hast du, so etwas vorzuschlagen.«

»Selbst wenn der Handel nicht auf diese Weise zustande kommt, kann für dich dabei ein schönes Stück Geld herausschauen.«

Sie war nicht sicher, ob sein Ärger verflogen war und er jetzt bereits scherzte. Doch bei diesem Vorschlag vergaß sie ihre Angst.

»Wieviel?« fragte sie neugierig und zugleich argwöhnisch.

Vielleicht scherzte er doch nicht. »Ziemlich viel. Du könntest fünftausend im Jahr als Zuwendung bekommen. Weißt du, daß er Tammy Chandler bedacht hat. Wenn er stirbt, ist sie eine reiche Frau. Es sei denn, er wirft sie vorher hinaus. Wenn Geld das ist, was du eigentlich haben willst, dann besteht kein Grund für dich, es nicht von ihm zu nehmen.«

»Fünftausend im Jahr«, sagte sie. Sie war etwas enttäuscht. Zehntausend war eine weit schönere Zahl, um davon zu träumen.

»Mittlerweile habe ich dich gänzlich verzogen«, sagte Michael.

»Ich bin sehr böse, daß du in meinen Sachen herumstöberst. Ich bestehe darauf, daß du etwas arbeitest. Zumindest mußt du für Miß Viborg Modell stehen. Sie braucht jemanden. Ich habe es ihr versprochen.«

»Wird es so sein, wie wenn ich dir Modell stehe?« wollte Cecile wissen.

»Ich wüßte nicht, inwiefern es anders sein sollte, außer . . .«

»Außer!« sagte Cecile grinsend. »Was bei dir anders ist, kann mir nur recht sein!«

Der Raum erschien ihr wie der szenische Rahmen eines wunderschönen, nie endenden Märchens. Während sie nackt und unbeweglich dalag, konnte sie unverwandt auf die ihr gegenüber befindliche Wandtäfelung blicken, in die neun Bernsteinplatten eingesetzt waren. Dort war einmal die Schiebetür eines viktorianischen Landhauses gewesen. Mädchen ihres Alters oder nur um ein weniges jünger hatten wahrscheinlich am Weihnachtsmorgen durch diese Tür höchst aufgeregt ins Zimmer gelugt.

Auf einem Wandbrett stand eine durchsichtige grüne Vase mit Rispengräsern, die beim leisesten Windhauch in Bewegung gerieten. An der Wand hingen farbige Werbeprospekte von Paris, das Plakat eines Reisebüros, ein altes Varietéprogramm.

Im Raum stand eine Couch mit einem abgewetzten hellvioletten Samtüberwurf. Der Stoff vermittelte ein eigenartig prickelnd-kitzelndes Gefühl, wenn man darauf lag. Es war Teil des Vergnügens, das sie gemeinsam hatten: ihre Haut auf verschiedenen Gewebestrukturen auszuprobieren. Der Reiz erreichte nicht die Höhe des Geschlechtsgenusses. Aber der Zauber der Umgebung trug das seine dazu bei, daß es für sie eigentlich dasselbe war. Malen, plaudern, scherzen und das Kitzeln der rauhen Unterlage waren für sie Teil einer körperlichen Vereinigung.

Schon nach einigen wenigen Besuchen in seinem Studio ließ er sie seine »Puppenkollektion« sehen. Sie befand sich im obersten Regal hinter den Schwingtüren einer antiken Vitrine. Das Regal sah aus wie eine kleine Bühne. Ungleichmäßig verteilt standen, lagen oder saßen hier kleine Figuren, nicht größer als zehn Zentimeter. Die meisten von ihnen waren mit kleinen Stofffetzchen bekleidet, einige hatten echtes Haar.

»Wozu hast du die?« fragte sie, als sie die Figuren zum erstenmal sah. Sie sagte es im Ton der Geringschätzung, als ob es sich um Bilder der Prinzessin handelte. »Sie sehen wie Puppen aus.«

»Sind sie auch«, gab er fröhlich zu. »Bitte! Greif sie nicht an, Cecile!« Sie hatte eine Figur vom Regal nehmen wollen, um sie näher in Augenschein zu nehmen.

»Sind sie zerbrechlich?«

»Nein, nein. Aber ich habe sie in ganz bestimmter Anordnung aufs Regal gestellt. Das sind die Leute, auf die ich aufpasse. Jede Puppe stellt eine Person dar, siehst du.«

Langsam begriff sie. »Bin ich darunter?«

Er zeigte ihr eine völlig nackte Figur, die in der Mitte des Regals an der Rückwand lehnte.

»Und ist Ursula Drake dabei?«

Er zeigte auf eine andere Figur, die etwas abseits stand. Irgendwie, Cecile konnte es nicht erklären, sah die Puppe wirklich wie Ursula aus. Cecile schüttelte sich. »Buuh, ich mag das nicht. Nimm meine Puppe 'raus von hier. Bitte!«

Er lachte und sagte, er werde es nicht tun. Aber er würde der Puppe etwas anziehen.

»Ich glaube, für einen erwachsenen Mann ist es sehr dumm, mit Puppen zu spielen.«

»Meinst du? Ich habe gehört, daß Picasso ein Regal oder einen ganzen Schrank voll mit Puppen hat, ähnlich wie meine. Sie sind für einen Künstler von großem Nutzen, weil sie seine Phantasie anregen.«

»Wer ist Picasso?«

Sie fand das Studio, die Gegenstände und die Aktzeichnungen, die er von ihr angefertigt hatte, recht aufregend. Doch es befriedigte sie nicht ganz. Sie hätte vorgezogen, wenn er eine Kamera verwendete. Hätte er eine Polaroidkamera, erklärte sie, könnte sie die Bilder von sich viel schneller sehen. Außerdem konnte er sie mit weit weniger Anstrengung aus mehreren Blickwinkeln zugleich aufnehmen.

»*Wenn* ich nun für Miß Viborg arbeite, wird *sie* eine Kamera haben?« fragte sie Michael.

»Du *wirst* für sie arbeiten, und sie wird *keine* Kamera haben«, sagte Michael fest. »Mach einmal eine Zeitlang, was man dir sagt. Glaubst du nicht auch? Du könntest immerhin etwas lernen. Du könntest, wenn es darauf ankommt, Geld verdienen, um für deine Lebenshaltungskosten ein Teil beizutragen. Ich habe für dich ein kleines Vermögen ausgegeben.«

»Habe ich dich darum gebeten?« Sie stand auf dem Standpunkt, daß sie ihn um nichts gebeten hatte. Mit keinem Wort.

# 12. KAPITEL

Drei Wochen arbeitete sie für Patricia Viborg in deren Atelier. Es waren ein paar Stunden, die sie zu sehr unregelmäßigen Zeiten absolvierte, und Patricia bezahlte sie gut: ein Pfund die Stunde. Cecile allerdings fand, daß die Bezahlung gar nicht hoch war. Einmal überreichte sie Michael fünf Pfund in bar »für die Miete«, und was ihr dann selbst blieb, war verdammt wenig.

»Ich arbeite nicht gern für sie«, maulte sie. »Ihr Atelier ist nicht wie deines. Sie ist nicht annähernd so gut wie du im Zeichnen. Und wenn ich bis in die Dunkelheit hinein arbeiten muß, fürchte ich mich immer, wenn ich allein nach Hause gehe.«

»Das ist doch alles Unsinn«, sagte Michael. Patricia hatte als Künstlerin einen weit besseren Ruf als er. Sie wurde von ernst zu nehmenden Kritikern ernst genommen; ihn würde man nie ernst nehmen. Sie war unverheiratet, Tochter aus reicher amerikanischer Familie, und ihr Atelier war, verglichen mit dem seinen, luxuriös eingerichtet.

Einmal verkündete Cecile: »Sie hat meine Extrabrust gezeichnet! Ich habe es auf ihrem Zeichenblatt gesehen!« Sie schwor, nie mehr hinzugehen. Die kleine Schwellung oberhalb ihrer rechten Brust war *keine* Brustwarze. Patricia Viborg mache sich absichtlich einen Spaß daraus. »Und außerdem fürchte ich mich dort. Ich fürchte mich wirklich!«

Auf Michaels genaue Befragung stellte sich heraus, daß das, was Cecile Schrecken einflößte, ein Streich war, den ihr ihre eigene Vorstellung gespielt hatte. Offenbar standen in einem der Fenster von Patricias Atelier zwei flache antike Flaschen, die eine rot, die andere blau. Während sie posierte, war Cecile eingeschlafen. Als sie aufwachte, hatte sie in ihrer anfänglichen Benommenheit diese Flaschen, durch die von draußen das Licht hereinfiel, im Fenster glühen gesehen. Es sah so aus, als starrten zwei schreckliche Augen ihren nackten Körper an. »Ich lag auf dem Fußboden!« schluchzte sie an Michaels Schulter. »Wie wäre dir zumute, wenn du auf einem schmutzigen Fußboden lägest, mit nichts am Körper, und zwei riesige Augen starrten dich an?«

»Ein Riese mit einem roten und einem blauen Auge«, sagte Michael, als redete er mit einem fünfjährigen Kind, das einen bösen Traum gehabt hatte. »Schrecklich! Jetzt sehe ich, warum du dich gefürchtet hast.«

Jetzt, da sie es wieder erzählte, kam es ihr absurd vor. Trotzdem sagte sie: »Und ich will dort nicht bis in die Dunkelheit hinein arbeiten und dann allein nach Hause gehen. Wenn du mich nicht abholst, lasse ich es bleiben.«

Er versprach es ihr halb und halb. Er war guter Laune, und in der Absicht, in der Sache etwas zu unternehmen, rief er Patricia an und fragte sie, ob die Arbeit mit Cecile gute Fortschritte mache.

»Das Mädchen ist als Modell nicht mein Typ«, sagte Patricia. »Ich ziehe im allgemeinen eine stärkere Figur vor. Sie ist schlank, das weißt du, noch nicht ganz entwickelt, zu hübsch, ich brauche das nicht. Aber ich finde sie interessant. Wir kommen gut weiter. Warum fragst du, Michael?«

»Aus freundschaftlichem Interesse. Sie sagt mir, daß sie sich fürchtet, wenn sie am Abend nach der Arbeit bei dir allein auf die Straße hinaus muß.«

»Komisch. Sie schaut mir nicht danach aus, als sei sie der Typ, der sich auf den Londoner Straßen fürchtet.«

»Nein, nein. Natürlich nicht. Aber sie ist – in manchen Sachen wie ein kleines Kind.«

»Ich könnte sie in einem Wagen nach Hause schicken«, bot Patricia an. »Ich arbeite gerne in der Nacht an meinen Zeichnungen und spare mir das Tageslicht für meine Ölbilder auf, du verstehst.«

»Natürlich.«

»Und ich stecke mit Cecile mitten in einer Serie. Es wäre nur jetzt sehr unangenehm, mittendrin abbrechen zu müssen. Soll ich ihr mehr zahlen? Muß ich?«

»Bitte, tu das nicht. Ich werde sehen, ob ich es arrangieren kann, sie abzuholen, wenn du mit ihr länger am Abend arbeiten willst.«

»Das wäre schön. Komm einmal vorbei und schau, was ich gemacht habe. Du warst ohnehin schon lange nicht mehr da.«

Daraufhin kam Michael einige Abende später nach einem Konzert in der Albert-Hall mit seinem Wagen zu Patricias Atelier. Er parkte unten und rief vom Garten aus hinauf. Sie schaute aus dem Fenster und winkte ihm, heraufzukommen.

Als er die drei Stockwerke erklommen hatte und zur Tür hereinkam, zeichnete sie bereits wieder. Im Atelier herrschte Disziplin und der Geist konzentriertester Arbeit, Cecile winkte nur kurz und verharrte in ihrer Stellung. Es war eine etwas schwierige Standpose und bereitete ihr offensichtlich einige Anstrengung. Michael gefiel das. Es bewies, daß die Disziplin hier größer war als zu Hause. Bis jetzt hatte er von Cecile nur sitzende oder liegende Stellungen verlangen können. Es war gut für sie, daß sie auch einmal etwas Schwieriges tun mußte.

Aus Patricias mürrischem Gehaben entnahm er, daß ihr an diesem Abend die Arbeit nicht sehr gut von der Hand gegangen war. »Ich versuche, Himmel und Hölle in Bewegung zu setzen«, erklärte sie und stieß mit dem Fuß verdrießlich nach den etwa fünfzig zerknüllten Blättern, die verstreut um ihren Sessel herum auf dem Boden lagen – lauter Skizzen von Cecile in den verschiedensten Stellungen.

»Sind aber gar nicht übel«, sagte Michael und deutete auf die herumliegenden Skizzen.

»Cecile, Liebes, es steht Wasser auf dem Herd. Mach uns Tee.«

Der Anblick seiner trägen Cecile, die da plötzlich gehorsam in die Küche eilte, den Tee zu bereiten und zu servieren, als wäre sie ein flinkes kleines Dienstmädchen, amüsierte Michael höchlichst. Disziplin tat ihr gut – hier hatte er den neuerlichen Beweis dafür.

Patricia sog heftig an ihrer Zigarette, die sie sich über der dampfenden Teeschale angezündet hatte. Gebannt starrte sie auf die Zeichnungen zu ihren Füßen, als könnte die Macht ihres Blickes die Linien auf dem Papier jene Form annehmen lassen, die sie im Geiste vor sich sah.

Sie besann sich und richtete ihre Aufmerksamkeit wieder auf Michael. »Du bist im Abendanzug.«

»Ich komme von einem ausgezeichneten Konzert. Roger Bacon hat den Dirigenten Drigalow engagieren können, wie du weißt. Ich habe Prokofieff noch nie in so farbiger Interpretation gehört.«

»Im Abendanzug«, wiederholte sie. »Wie schade!«

»Nachher habe ich mit Bentley Hartshorne und seiner neuen Frau gesprochen. Und Walter Grandlakes Partnerin war mit Ralph Genatto dort.«

»Kenn' ich nicht. Ich lese keine Klatschspalten«, sagte Patricia mürrisch.

Michael lachte herzlich.

Cecile legte los: »Bentley Hartshorne hat Prinzessin Harjigal geheiratet. Sie ist die Amerikanerin . . .«

Patricia unterbrach sie. »Als ich deinen Abendanzug erwähnte, wollte ich damit nur sagen, daß es schade ist, daß du nicht nackt hier hereinspaziert bist.«

Michael beugte sich weit aus dem Fauteuil, in dem er saß. »Ausgerechnet jetzt, nach all den Jahren, bittest du mich, dir Modell zu stehen? Du mußt wissen, ich setze langsam ein Bäuchlein an. Du brauchst irgendeinen jungen, herrlich schönen Athleten.«

»Ich habe nie einen Penis gezeichnet«, sagte Patricia ganz ernst und so, als spräche sie zu sich selbst.

»Wie du weißt, posieren die Herren mit Suspensorium«, machte Michael sie aufmerksam. Aus den Augenwinkeln beobachtete er Cecile und sah, daß sie begriff, was Patricia wollte. Nervös wand sie sich hin und her, als wollte sie jeden Moment davonlaufen.

»Vor einer Weile sah ich vor mir Cecile mit einem Mann«, sagte Patricia und schaute starr vor sich hin.

»Nein«, sagte Cecile, »es war niemand hier, Michael.«

Patricia sagte traumverloren: »Die Stellung – die Konturen – doch manches unklar, verschwommen. Eine Kontur begann sich zu formen, hörte plötzlich auf – blieb im Raum hängen, hatte keine Fortsetzung. Gespannte Muskelpartien in der Lendengegend. Aber nichts, was sich dieser Kraft entgegenstemmte. Doch ich sah es vor mir, sah die männliche Kraft als Gegenwirkung.«

»Warum hast du es dann nicht gezeichnet?« fragte Michael neugierig. Er warf einen Blick zu Cecile hin, die geziert von ihrer Teeschale nippte. Sie hatte ihr Steppkleid keusch über die Knie gebreitet. »Warum hast du das, was du in deiner Vorstellung sahst, nicht auf dem Zeichenblatt verwirklicht? Muß ein Künstler das nicht tun? Ist das nicht schließlich das Wesentliche? Das, worum es überhaupt geht?«

»Ich arbeite nicht nach dieser Methode«, sagte sie. »Für mich ist das Sehen verbunden mit . . . verbunden damit, daß ein Ding wirklich geschieht. Mein Auge muß glauben. Es muß an das glauben, was es *sieht*. Verstehst du?« Sie seufzte tief. Es war unüberhörbar, daß ein quälendes Gefühl sie peinigte. »Michael, lieber Freund, wäre es zuviel verlangt, wenn ich dich bitte, dich auszuziehen und mir ein Weilchen Modell zu stehen?«

Was nun folgte, hätte in letztklassige Schmierenkomödie ausarten können. Es überraschte und bestürzte sie. Daß sie es mit dem Ernst, dem Schrecken und der Freude betrieben, die ein altes Ritual in einem hervorruft, mochte an Patricias drängendem Eifer liegen.

Ihre ersten Posen waren konventionell, so als hätten sie eine Klasse von Zeichenschülerinnen vor sich. Michael und Cecile boten Arme, Beine und Oberkörper in komischer Imitation jener Aktposen dar, die Anfänger mit dem Kohlestift zu Papier bringen müssen. Michael hatte keine spezielle Ader für Nacktposen, er wollte Cecile durch seine Gelassenheit Sicherheit geben, und das half ihm selbst, gelassen zu bleiben.

Er sagte zu Cecile: »Bentley und seine junge Frau kreuzen im Mittelmeer. Sie waren fast zwei Wochen mit der Onassis-Gesellschaft zusammen. Nancy blüht förmlich auf in der jungen Ehe . . .« Er schwatzte munter drauflos, während sie beide regungslos dastanden, als befänden sie sich nicht in einem *Studio*, sondern auf einem Marmorsockel im Vatikanmuseum.

»'runter!«

Patricia schwenkte ihren Bleistift wie einen winzigen Zauberstab. »Michael, um Gottes willen, laß deinen rechten Ellbogen dort, wo er vorher war. Du siehst aus, als wärest du ein Kellner, der versucht, mit einem großen Kuchentablett durch eine Schwingtür zu gehen.«

Er lachte, doch mit taktvoller Zurückhaltung. Sie hatten sich zwangloser benommen, solange sie alle drei bekleidet gewesen waren.

»Oh, ich krieg' es nicht hin«, jammerte Patricia. Sie riß ein Blatt von ihrem Block und warf es auf den Fußboden wie ein benütztes Papiertaschentuch. »Ach, meine Lieben, so helft mir doch!«

»Du bist einfach erschöpft«, sagte Michael. »Warum nehmen wir nicht einen Whisky? Dann verschwinden wir beide, und du kannst dich ausruhen. Du hast ein paar sehr nette Zeichnungen gemacht. Und wir können das auch ein andermal probieren.«

»Ich scheiße auf nett«, sagte Patricia. »Das ist nicht das, was ich will.«

»Also gut«, sagte Michael. »Machen wir eine andere Stellung.« Er faßte Cecile am Arm und führte sie zur Couch. Er setzte sich zuerst und spreizte die Beine. Mit leichtem Druck der Hände dirigierte er sie. Sie mußte sich vor ihn auf den Fußboden setzen und sich zwischen seinen Knien zurücklehnen, so daß ihr schweißglänzendes, nach Shampoo duftendes Haar auf die Innenseite seiner Schenkel zu liegen kam.

Ein Blick überzeugte ihn, daß Patricia fieberhaft an ihrer Staffelei arbeitete. Ihr ebenholzschwarzes Haar fiel über ihr Gesicht und berührte fast das Zeichenblatt. Sie lächelte.

Und dieses Lächeln zeigte die große Wende an. Im Augenblick, da er dieses verzückte Lächeln sah, geriet Michaels Penis in Bewegung und hob sich langsam. Er wollte es verhindern, wollte, einem plötzlichen Impuls folgend, seine Hand schützend davorhalten.

Nur noch einen Augenblick, und er würde Ceciles Haut berühren, sie würde auffahren, puterrot vor Scham. Aber dann bemerkte er, daß sie es bereits wußte. Sie hatte es nicht gesehen, sondern aus Patricias Blick, der hektischen Konzentration, mit der sie arbeitete, gesehen.

Sie wußten es, sahen es und teilten mit ihm das Gefühl seiner Erregung, als wäre es von einem Fleisch, ihrem Fleisch, von Patricias Vision verursacht und genährt.

»Eine andere Stellung«, befahl Patricia. Ihre Stimme war völlig verändert. So hatten Cecile und Michael sie noch nie sprechen gehört.

Cecile kniete. Sie hatte die Arme mit den Ellbogen nach außen auf dem schmutzigen Boden des Studios aufgestützt. Ihr blasses Gesicht ruhte auf den Unterarmen und wurde von der Masse ihres Haares fast zur Gänze bedeckt. Die Kurve ihres Rückens stieg steil nach oben, senkte sich über die weiche Rundung ihres Gesäßes, teilte sich in die beiden schräg abwärts fallenden Linien der Schenkel. Hinter ihr der aufrecht kniende Körper des Mannes, gleichsam den Rahmen für das vor ihm ruhende Kurvenwerk abgebend, Gefäß einer Kraft, die nach vorwärts zwischen die Rundungen strebte, des Willens, sich mit der abwärts strebenden Kurve zu vereinigen.

Sie bewegten sich nicht. Die Zeit schien stillzustehen. Jeder schien den Moment festhalten zu wollen. Aus dem Augenwinkel beobachtete er Patricias hastige Bewegungen.

»Jetzt!« rief Patricia. »Oh, meine Lieben, ich danke euch, diese Stellung war großartig. Aber das genügt! Zieh dein Kleid über, Cecile!« Ihr professioneller Ton riß sie zurück in die Wirklichkeit. Michael erhob sich langsam und rieb sich die schmerzenden Knie.

Im Laufe der Woche suchte er Patricia noch einmal in ihrem Atelier auf. Diesmal allein.

»Was ist geschehen?« wollte er wissen.

»Ich verstehe nicht ganz«, sagte sie. »Ist etwas passiert? Suchst du Cecile? Sie sollte heute nicht kommen und hat auch nicht angerufen.«

»Was geschah an dem Abend, an dem wir beide für dich Modell standen?«

»Es war gut. Ich bin so dankbar. Dieser Abend hat mich von meiner Fessel befreit, mir einen neuen Start ermöglicht. Ich arbeite wie wild und mit absolutem Selbstvertrauen.«

Sie wich nicht absichtlich dem Thema aus, auf das Michael lossteuerte. Die letzten Tage hatte sie mit wilder Konzentration gearbeitet. Die Wände ihres Studios waren mit einfarbigen Aktstudien bedeckt, darunter auch eine Zeichnung von Michael und Cecile. Doch hatte sie sich außerdem in die Arbeit an einem fast zweieinhalb Meter hohen und um einiges breiteren Ölbild gestürzt, auf dem halbverschwommene, wirbelnd bewegte Gestalten in Braun, tiefes Rot und grünliches Blau hineinzutauchen schienen. Es war ein mächtiges, überwältigendes Gemälde; verwirrend wie ein Wald ohne Pfad. Und sie selbst, dachte Michael, schien sich inmitten dieses Irrgartens verborgen zu haben.

»Ich glaube, ich werde Cecile für eine Weile nicht mehr brauchen«, sagte sie. »Nimm bitte das Geld, das ich ihr noch schulde; und ein Extrahonorar für den letzten Abend. Ich habe nicht die Absicht, zu zeichnen, bevor ich dieses Ding da nicht fertig habe.« Dabei deutete sie auf die große Leinwand.

Michael ging quer durch den Raum, als ob er das Gemälde aus der Nähe betrachten wollte. In Wirklichkeit war es nur ein taktischer Schachzug, um ihre Aufmerksamkeit auf sich zu ziehen. Er fühlte sich ganz nahe und doch so irr weit von seinem Ziel.

»Dein Bild ist ebenso phantastisch wie erregend. Ich erkenne weder Cecile, noch mich, noch eine Stellung von uns beiden darauf.«

Patricia wollte nicht reden. Worte bedeuteten ihr jetzt nichts »Oh, das Fleisch fällt ab«, antwortete sie gähnend.

Michael versuchte es weiter. »Es war ein eigenartiger Abend für mich, Patricia. Er hat vieles verändert, und das macht mich nachdenklich, weil es auf eine mir noch nebulose Weise mit einigen anderen phantastischen Erlebnissen, die ich in punkto Sex gemacht habe, zusammenfällt.«

»Ah, du hast also auch dein Teil davon abgekriegt«, sagte sie, den ernsten Ton vermeidend, den er angeschlagen hatte. »Das *ist* der Grund, warum wir dich alle so gern haben, Michael, du Superbettmann. Wenn du hergekommen bist, um mir Geständnisse zu machen, wird es mir ein Vergnügen sein, dir zuzuhören.«

»In letzter Zeit erinnere ich mich oft an die sexuellen Phantasien meiner Kindheit. Keine Angst, die Phantasien sind nicht in der gleichen Form zurückgekehrt, und sie haben auch nicht von mir Besitz ergriffen. Doch wie dünn ist letzten Endes die Wand zwischen der bloßen Erinnerung an das, was einen einst quälte, und dem aktuellen Erleben und quälenden Verlangen – obwohl man als reifer Mann so viele Abwehrkräfte dagegen zu mobilisieren vermag.«

»Ja?« Ihr Interesse schien geweckt.

»Es war mir, als ob Merlin zu mir spräche und mich aufforderte, England zu retten.«

Sie lachte. »England retten! Eine hinreißend gute Idee. Nichts könnte mir und den Leuten, die ich schätze – lauter sehr ernst zu nehmende Leute –, mehr egal sein als das. Darüber sind wir alle hinaus. Es ist ebenso sinnlos wie Religion. Ist es nicht so?« Sie schaute auf ihr Gemälde, als ob sie plötzlich bemerkt hätte, daß sich einige der Gestalten darauf bewegten.

»Schau!« rief sie.

Er drehte sich blitzschnell zum Fenster um, auf das sie hinstarrte. Nichts war zu sehen. Aus dieser Höhe konnte man nicht einmal die benachbarten Dächer sehen, nur den blauen Himmel und die schneeweißen Wolkenflocken über der Themse. Auf dem Fensterbrett, halb in diese Leere hineinragend, standen zwei große, flache Flaschen aus altem Glas. Die eine rot, die andere blau.

»Nur bei dieser Beleuchtung ...« sagte sie. »Glühen sie nicht wirklich. Das ist mein Zauber. Mehr Illusion als das brauche ich nicht. Ich glaube, einmal hat Cecile davon einen kleinen Schrecken gekriegt. Sie glaubte, zwei Augen starrten sie an ... Warum sollte sie Angst vor meinen Flaschen haben?«

»Sie hatte wahrscheinlich Angst vor dir«, sagte Michael. »Ebenso wie neulich ich vor dir Angst bekam, als du mich etwas Neues lehrtest ... Bitte, fahr fort, sag mir mehr, Patricia.«

Patricia wußte nichts weiter zu sagen. Sie war darauf vorbereitet gewesen, eine Spukgeschichte über die Verirrungen seiner Kindheit zu hören. Als reine Unterhaltung. Ihre wirklichen Interessen lagen anderswo.

»Ihr Engländer landet immer wieder am selben Punkt«, sagte sie lachend. »Und dazu kommt eure Leidenschaft für Kriminalromane. Ihr habt es immer mit schwarzen Messen, Kandelabern auf dem Nabel nackter Damen und umgedrehten Kreuzen.«

»Das hat mich immer gelangweilt«, sagte Michael. »Ich weiß, was du meinst. Alistair Crowley und sein ganzer Hokuspokus. Habe mich nie besonders darum gerissen, etwas davon zu lesen. Oder Swinburne und sein Kreis. Wenn ich wirklich ernsthaft an Zauberei interessiert wäre, würde ich lediglich mehr über Merlin und den heiligen Georg lesen. Und der heilige Georg ist natürlich eine religiöse Gestalt und hat nichts mit Zauberei zu tun.«

»Wenn du interessiert *wärest*? Ich denke, du hast gesagt, daß du bereits an Zauberei interessiert *bist*!«

»Aber noch übe ich es nicht beruflich aus«, sagte er ironisch. »Aber wenn ... ich würde Malerei und Sex als Mittel benützen, meine Kunst zu vervollkommnen.«

»Deine ›Kunst‹. So nennt ihr – eure Arbeit, nicht wahr? Eine eigenartige Bedeutungsübertragung, wenn du Zauberei damit gleichsetzt. Aber Kunst ist Kunst und nicht Zauberei. Obwohl manche Maler aus ihren Studien über Spiritismus und Zauberei einige tolle Effekte gewonnen haben. Warum redest du nicht mit solchen Leuten? Vielleicht wissen sie über Merlin mehr als du?«

Abrupt ließ Michael das Thema fallen. Seine Fragen führten zu nichts. Wenn ihm ein mystisches Ereignis zuteil geworden war, Patricia hatte es ihm sicherlich ganz unbewußt übermittelt. Er verließ sie mit der Überzeugung, daß sie nicht ahnte, was sie ihm gegeben hatte.

Nach jenem Abend in Patricias Studio wußte er, daß seine Beziehungen zu Cecile in eine neue Phase getreten waren. Er spürte eine Versuchung, die weit gefährlicher war als die, Ceciles Charakter zu formen. Was bisher absonderliches Liebesspiel gewesen war, wurde zu etwas anderem, noch Abseitigerem.

Es war schwer vorstellbar, daß ein Mann seines Alters, mit seiner Erfahrung und seinen vielfältigen Begierden, einen so großen Teil seines Lebens ihr widmen sollte. Nachdem er sie aus dem Milieu der Perralli-Wohnung herausgeholt hatte – was lediglich eines Telephonanrufs bedurfte und eines Mannes, den man nach ihren Sachen schickte –, begnügte sich Michael mit dem Gedanken, daß sie diese oder die nächste Woche einen Mann oder einen Job finden würde, der ihr gefiele. Noch dachte er nicht ernsthaft an ein Arrangement mit Kugel betreffs Cecile.

Cecile selbst sagte viel später: »Wir haben komische Dinge zusammen getrieben.« Ja, das hatten sie. Dafür sorgte Michael.

# 13. KAPITEL

Man hat behauptet, Michael Cobbs Charakter bilde den Schlüssel zu der ganzen Derwent-Affäre. Dieser Ansicht kann ich mich nicht anschließen. Ich muß gestehen, daß es mir unmöglich ist, in Cobbs Handlungen Anzeichen für die Systematik seines Vorgehens zu entdecken.

Ich habe Sergeant Pennylasts erschöpfenden Bericht über Cobbs Frauenaffären genau studiert. Aus ihm geht einzig hervor, daß Cobb in höchstem Grade lasterhaft war. Eine Frau bedeutete ihm soviel wie die andere. Er hatte intime Beziehungen zu jungen und hübschen Mädchen aus gutem Hause. Doch gab er ihnen nicht den Vorzug gegenüber einer noch so primitiven Prostituierten.

*Der Melamine-Report*

Eine der schönsten Zeichnungen Michaels ist die, auf der Ursula Drake zu sehen ist, wie sie Cello spielt. Die Zeichnung ist mit Silberstift auf glattpoliertem Kreidegrund ausgeführt und etwa 70 mal 30 Zentimeter groß. In einem Geschäft in Chelsea fand Michael einen schönen vergoldeten Holzrahmen, den er als Rahmung verwendete. Das Bild wird nie in einem der großen Museen hängen. Michaels außerordentliches Geschick als Maler hat sich keinen Platz in der Kunstgeschichte erobert. Momentan befindet sich die Zeichnung in der Privatsammlung von George Golden, wo sie früher oder später, sobald das üble Gerede verstummt ist, der Öffentlichkeit zugänglich sein wird.

Ursulas Gesicht verrät Hingabe. Andächtig scheint das Mädchen auf die Töne zu lauschen, die es dem massigen Instrument, das schräg zwischen seinen Knien lehnt, entlockt. Graziös und zugleich majestätisch führt die Hand den Bogen. Die gekrümmten Finger der Linken liegen auf dem Griffbrett. Die auf den Boden aufgesetzte Spitze des rechten Schuhs zeigt dem Beschauer, in welch körperliche Anspannung die Freude am Spiel die Musizierende versetzt hat.

Ursula hat ganz im Sinne ihrer Auffassung von geistiger und sexueller Freiheit vieles getan und war stets bereit, an allerlei

Exzessen teilzunehmen. Bedenkt man dies, dann muß es einem als Ironie erscheinen, daß Michaels Zeichenstift ihr den Ausdruck völliger Unschuld verliehen hat. Ein hübsches, durch und durch sauberes englisches Mädchen, das die Flecken seiner Erfahrung ebenso leicht beseitigen könnte wie die Staubschicht auf seiner Gesichtshaut.

Und es ist gerade Ursulas Haut – diese glatte, weiche, makellos reine Haut –, die einen nachdenklich macht. Wie verschieden ist sie doch von der Ceciles. Ceciles Haut, mit den kleinen, nie mehr verschwindenden Spuren von Akne unter der Schicht des Make-up, erinnert an die Kupferplatte einer Radierung, in die sich bereits die ätzende Säure gefressen hat.

Haben die Reichen eine schönere Haut als die Armen? Vielleicht hat Ursula deshalb von Michael nie solche Geheimnisse erfahren wie Cecile. Sie hörte ihm zu, wie sie Musik hörte. Was sie hörte, hinterließ keine Spuren an ihr.

Sie betete Michael an und versuchte so zu sein wie er: lasterhaft, fröhlich, unternehmungslustig, erfinderisch, großzügig.

Einmal fuhr sie zu einem Musikfestival nach Westdeutschland. Zweimal die Woche erhielt er von ihr auf rosafarbenem, parfümiertem Briefpapier geschriebene Briefe.

Sie habe mit zwei Musikerkollegen und einem amerikanischen Austauschstudenten eine Autotour unternommen, schrieb sie.

Sie habe in Leipzig mit einem Professor gesprochen und werde vielleicht wieder nach Leipzig fahren, um bei ihm zu studieren.

Sie habe mit einem spanischen Professor getanzt. Er habe sich außerordentlich bemüht um sie, doch sei er kleiner als sie, was seiner Leidenschaft eine allzu komische Note verliehen habe.

Ein Wochenende verbrachte sie in Dänemark. Dort lernte sie einen russischen Filmstar kennen: Eugene Latvin. Sie schrieb:

»Er ist völlig humorlos und furchtbar eingebildet. Wollte sofort wissen, ob ich einen seiner Filme gesehen hätte. Gott sei Dank, ich hatte. Er ist riesengroß und so schön wie die letzte Rose des Sommers. Er hat irgendwie mit dem kulturellen Austauschprogramm der Russen, oder wie immer sie es in ihrem wunderschönen und völlig unverständlichen Fachjargon nennen, zu tun. Ununterbrochen redete er davon, ich müsse in Moskau studieren. Darauf sage ich dann immer, ich habe einen guten Freund, der auch mitkommen will. Ob er das arrangieren könne? Wenn er nach London kommt, mußt Du ihn aufsuchen. Er hat viel von Dir gehört und gibt vor, Verständnis dafür zu haben, daß Du gerne nach Moskau kommen würdest, um die Leute vom Politbüro und andere Bonzen zu konterfeien. Über Tschechow kannst Du mit ihm reden, soviel Du willst. Ich bezweifle allerdings, ob ihr in politischer Hinsicht etwas entdeckt, wo ihr konform geht. Er ist ganz doktrinär. Zu schade.«

Und dann, kurz vor ihrer Rückkehr:

»Ich habe noch einen Amerikaner kennengelernt. Sie sind überall anzutreffen, wie früher einmal die Deutschen. Ich habe ihn nicht nur kennengelernt, sondern diese Woche mit ihm geschlafen. Ich finde, es ist mein gutes Recht, Amerikaner und Russen auf diese Weise zu vergleichen. Kalter Krieg an einem warmen und (hoffe ich) angenehmen Ort! Mich dünkt, die Vagina ist die ideale Bühne für die Demonstrierung der Koexistenz.

Der Amerikaner ist bereits so weit, daß er mich heiraten will. Ich habe es nicht einmal ernstlich erwogen. Ich habe ihm von Dir erzählt. Als er unsere enge und doch so freizügige Verbindung nicht zu begreifen schien, sagte ich: ›Oh, Michael und ich sind wie Bruder und Schwester zueinander.‹ Was ihn nur noch mehr verwirrt hat. Latvin würde ich nie solche Geständnisse zu machen wagen. Die Russen sind so altmodisch.

Jedenfalls, wir beide sind nicht wie Bruder und Schwester zueinander, nicht wahr? Wir sind doch ein Liebespaar, wenn auch ein etwas eigenartiges. Héloise und Abélard in ganz moderner Version. Ich danke Dir für alles, was Du mich gelehrt hast.

Und weil wir gerade davon reden: Ich habe dem Russen Deine ›Wäscheklammer-Stellung‹ beigebracht, die Du von einer Dame hast und an mich weitergabst. Er fand sie aufregend, äußerte sich aber jedesmal abfällig über sie, nachdem wir sie praktiziert hatten (zweimal). Brummte, ich hätte ihn erniedrigt. Lerne einer die Russen verstehen.

Liebling, Du bist mir nicht böse, daß ich in völkerverbindender Mission tätig bin, oder? Ich wollte es Dir erst nach meiner Rückkehr erzählen. Doch kam ich zu dem Schluß: Was Du von mir haben willst, ist vor allem Offenheit. Da hast Du sie! Du hast mir gezeigt, daß das Leben und der Körper etwas Herrliches sind. Ich komme pünktlich wie geplant nach Hause und werde Dir beides ganz zu Füßen legen. (Trotz etwas roher Behandlung von seiten der beiden kalten Krieger komme ich unbeschädigt zurück.)

Ewig Dein, Ursula.«

Auf solch leichte Art vermittelte sie ihm die Freundschaft mit Eugene Latvin. Als Latvin dann im Winter nach London kam, zog sie von Michaels Wohnung in ihre eigene in Bloomsbury und widmete sich sechs Wochen lang ausschließlich Latvin. Zumindest war Latvin fest davon überzeugt, daß das der Fall war. Michael sei einer jener interessanten Londoner, versicherte sie ihm, ein alter Freund ihrer Mutter, der mit ihr, Ursula, die Begeisterung für London und für den »Geist Rußlands« teile.

Wie Latvin die Dinge sah, waren es Michaels Charme und seine großzügige Art, sich als Fremdenführer zu betätigen, gewesen, die sie beide zu guten Freunden machten, ehe Latvin auf höheres Geheiß nach Indien, Ägypten und schließlich Italien weiterfuhr.

Ursula hatte »Familie«. Einen ganzen Haufen davon. Doch schon seit ihrer Jungmädchenzeit hatte sie sehr selektiv unter ihren Verwandten jene ausgewählt, zu denen sie Beziehungen unterhalten wollte. Aus zweiter oder gar dritter Hand, wahrscheinlich von einem ihrer Vettern, hatte sie gehört, ein Großonkel solle einmal den Ausspruch getan haben: Eine Frau ist mir nicht viel wert, doch wenn sie sich diese Wertschätzung – gleichgültig wie – nicht erhalten kann, dann verlasse ich sie, wie immer die Umstände auch sein mögen.

Weil sie es sich leisten konnte, erhob sie diesen Spruch zum Motto ihrer Beziehungen zu Michael. Die weisen Worte waren so weitherzig und zugleich eine Rechtfertigung ihrer Ansicht, man dürfe Michael nicht an die Leine legen. Er brauchte viele Kontakte. Also sollte er gehen, wann und wohin sein Geist ihn trieb. Und wenn er nicht mehr zu ihr zurückkam, würden ihre Gefühle füreinander und die schönen Stunden, die sie verbracht hatten, unauslöschlich in ihrem Gedächtnis haftenbleiben.

Diese Einstellung erklärte ihre tolerante Haltung bezüglich seiner ständigen Suche nach »Gleichgesinnten«. Früher oder später wußte sie über jede seiner Episoden Bescheid. Und sie war eher amüsiert denn abgestoßen. Das hier war ein Blick in die tieferen Tiefen, eine weitere der zahlreichen Unterhaltungen, die Michael einem bot.

In dieser Phase ihrer Beziehungen ging er manchmal nach einer herzhaften Zweisamkeit mit Ursula direkt zu jenen, die er durch persönliche Annoncen oder durch Inserate in den in den Gäßchen von Soho zum Verkauf angebotenen schlechtgedruckten Magazinen ausfindig gemacht hatte.

L 165 Enthusiastisches Sklavenpärchen, 29/30, erfahren in allen Arten der Einschränkung der persönlichen Freiheit, wünscht Leute mit ähnlichen Interessen kennenzulernen. Eigene Wohnung vorhanden. Kommen auch ins Haus. (Preston/Lancs.)

Ja, die Collenders – Vic und Janine – hatten eigene Wohnung. Es war eines von 24 Reihenhäusern in einem ehemals Vorort gewesenen Teil von Preston. Ein winziger Rosengarten schmückte die Vorderfront des Hauses, und ein Kinderdreirad lag umgeworfen quer über den Stufen des Eingangs, als Michael spätabends von London ankam.

Vic war Fußballenthusiast. Janine trug eine RAF-Pilotenkombination mit dem verwaschenen Namensschildchen »L. Shaw« auf der Brust. Ihr Haar hatte sie im Nacken zu einem Knoten gebunden. Quer über ihre Stirn lief eine stark hervortretende Ader. Sie rauchte eine Zigarette nach der anderen, während sie am Küchentisch saßen und über Fußballergebnisse sprachen. Sie erklärte, es wäre bei solchen Gelegenheiten am besten, man ließ im Wohnzimmer die Jalousien oben, zog sie in der Küche herab und verrammelte die Fenster im Erdgeschoß mit Pappe.

Vic sagte: »Fangen wir also an? Wie wär's, Michael, mein Junge, wenn wir zuerst Janinchen fesseln?«

L 108 Dame, Farbige (Sambia), mit Interesse für Transvestitismus und Gummibekleidung, sucht Einzelpersonen oder Paare mit gleichen Interessen. (Ealing/London.)

Margaret Gonatta hatte Räucherstäbchen angezündet, bevor Michael kam. Und außerdem las sie Browning. Sie besaß zwei Taucheranzüge aus schwarzem Gummi, in die sie mit einer stumpfen Schere in der Gegend der Geschlechtsteile Löcher hineingeschnitten hatte. Sie bestand darauf, daß eine Platte aufgelegt werden müsse, auf der James Mason Gedichte von Browning rezitierte, während sie in dem von Kerzenlicht erhellten und weihrauchgeschwängerten Wohnzimmer saß und Michaels Hand hielt.

L 143 Willige Witwe, 30, träumt von dominantem Partner, 30–40. Je überlegener, desto besser. Sanfte Naturen nicht erwünscht. Offener, ausführlicher Brief erbeten, dazu Photo. (Hastings.)

Barbara Minetrees Gatte hatte sie verlassen, weil ihm die Tochter des Nachbarn, die im Delikatessenladen um die Ecke arbeitete, besser gefiel. Während sie sich von Michael mit einem flachen Brett schlagen ließ – sie bestand darauf, daß er unter die Initialen derer, die das Brett bereits benutzt hatten, auch die seinen setzte –, rief sie unaufhörlich nach ihrem Gatten. Er kam nicht. Dafür schlug jemand mit einem Hammer gegen das Wasserleitungsrohr, als sie schrie. Auf dem Brett waren dunkle Flecke zu sehen, die auch von Blut herrühren konnten.

NO 9835 Ehepaar mit Do-it-yourself-Interessen sucht zu Demonstrationszwecken geeignete Partner. (Essex.)

Ethel und Cleave Ollencarter schienen der Meinung zu sein, Michael sei von der Polizei. Ethel sprach mit ihm lange am Telephon. Als er sie in ihrem Landhäuschen in der Nähe von Sheffield aufsuchte, ließen sie ihn ein und saßen mit ihm eine Stunde lang beisammen, ohne durch ein Wort zu erkennen zu geben, daß sie wußten, warum er hier war. Als er mit zarten Andeutungen zur Sache kommen wollte, drohten sie, sie würden ihn anzeigen, weil er sich unter falschem Vorwand Zutritt in ihr Haus verschafft habe. Doch dann rief Ethel immer wieder an.

FR 071 Erfahrener, gutausgestatteter Mann von Gatten für seine 19jährige Frau gesucht, der ihr die Freuden zu dritt schmackhaft machen soll. (Huntington.)

Caroline Belzoten hatte über ihre Verhältnisse geheiratet. Sie war wohl bereit, mit ihrem geschwätzigen, lüsternen Gatten und Michael nach oben zu gehen, doch wollte sie sich nur im Dunkeln entkleiden. Danach schluchzte sie: »Ich habe es getan. Jetzt habe ich es getan, und du denkst, du hast mehr Gewalt über mich. Aber ich mach' es nicht wieder. Du hast es mich machen lassen, damit ich nichts dagegen habe, wenn du trinken gehst. Ich weiß. Aber ich habe was dagegen. Nichts hat sich geändert. Eine Heirat ist eine Heirat. Daran ändert nichts etwas.«

DR09L Vollbusige junge Autorin schreibt Geschichten für jeden Geschmack. Mit oder ohne Rahmenhandlung. Illustrationen. Mäßiges Honorar. (Manchester/London.)

Wenn sie nicht gerade bei ihrer invaliden Mutter in Manchester wohnte, lebte sie zusammen mit ihrer lesbischen Freundin Cathy Markhall auf einem Hausboot, das am Themseufer in Chelsea vertäut war. Michael hatte ihr einen falschen Namen angegeben, doch als er sich bückte und die Leiter zu ihrer Kabine hinabstieg, rief sie: »Sie sind das! Ich hab' es immer gewußt, daß ich nur auf dem Postwege mit den Leuten verkehren sollte.«

Oft hatte sie Michael auf dem Weg zu oder von seinem Atelier vorbeigehen gesehen, wenn sie gerade ihren roten Spitz an der Leine spazierenführte. »So wie Sie den geheimen Charakter eines Gesichtes zum Ausdruck bringen können, konnten das nur Leute wie Rembrandt oder van Gogh.« Sie hatte drei Ausstellungen von ihm gesehen und vor fünf Jahren ihrer Mutter als Geschenk eine seiner Silberstiftzeichnungen gekauft.

Sie schämte sich, von jemandem, den sie so verehrte, in solchen Verhältnissen angetroffen zu werden. Sie war eigentlich selbst ernsthafte Schriftstellerin. Sie arbeitete an einem Familienroman in drei Teilen und versuchte, sich und ihre Freundin »anderweitig« durchzubringen, bis sich für die Bände, die sie vollendet hatte, ein Verleger fände.

Er erzählte von seinen diversen Exkursionen. Über einige lachte sie ehrlich, bei den anderen, um nicht als Spielverderberin zu gelten, und manchmal auch spöttisch, wobei sie angestrengt nachsann, worin für ihn bei solchen Extremen das Vergnügen bestehen mochte.

Als er ihr die Tonbandaufnahme eines Telephongesprächs mit Ethel Ollencarter vorspielte, kicherte sie. Doch bei den mechanisch wirkenden Lustschreien stahl sich ein halbverschreckter Ausdruck in ihre Augen, und sie stockte mitten im Gelächter.

»Das ist ja zum Schreien«, sagte sie. »Direkt unheimlich. Das hört sich an wie eine Stimme vom – Mond.«

»Genau«, sagte Michael.

Es erschreckte ihn selbst ein wenig, Stimmen zu hören, die von jenseits des normalen Gesichtskreises kamen. Es war ein unnatürlicher Eingriff in eine fremde Sphäre, über dessen Sinn und Zweck er sich momentan selbst noch nicht im klaren war.

»Ich liebe dich, weil du Drake heißt«, sagte er zu Ursula. »Denn die Drakes sind Entdecker, so wie ich.«

»Aber unsere Beziehungen zu Sir Francis sind doch nur sehr entfernt, das haben wir erschöpfend bewiesen.«

»Würdest du gerne das Gegenteil beweisen?«

Sie »probierten aus«, was er auf seinen Exkursionen gelernt hatte. Er fesselte sie, wie Vic Collender seine Janine. Er lieh sich für Ursula ein Kostüm wie das, das Stella Grayling in einem Schrank ihres Hausbootes hängen hatte. Er schlug vor, es mit ihr vor den Augen ihres Freundes zu tun, eines Oboisten, der Mitglied des Amicus-Arte-Orchesters war. Sie würden den Kerl an einen Stuhl anbinden, und dann sollte er ihnen zusehen.

Aus diesem Vorschlag wurde nichts, obwohl Ursula sagte, sie wäre bereit dazu.

Keine ihrer Sexualeskapaden führte zu etwas oder erzeugte jene orgiastische Hysterie, die er, wie ihm immer mehr bewußt wurde, brauchte wie ein anderer seine Droge. Ursula war zu jedem Versuch zu haben. Doch sie fand die meisten der abnormen Stellungen von geradezu qualvoller Komik. Ihre selbstsichere, sonnige Art stand den Dingen im Weg.

Dabei wollte er, daß sich zwischen ihnen der Bereich des Unpersönlichen auftue, wollte in ihre gesunde Natur jene Macht und jenes Vergnügen hineinpflanzen, das die psychisch und körperlich Kranken und Verunstalteten kennen.

Es war ein ähnlicher Impuls wie der, der ihn dazu trieb, Kugels Raffsucht und Besitzgier durch die glatte bürgerliche Haut Englands in den Blutkreislauf des stagnierenden Landes zu injizieren. Er hegte eine heimliche Liebe für das prunkvolle alte England, wo Blutrünstigkeit und Prahlsucht noch Hand in Hand gingen mit Sanftmut und Takt.

Am Abend eines trübgesichtigen Sonntags fuhr Michael mit Ursula von einem Besuch bei ihrer Mutter in Buckinghamshire zurück nach London. Der Verkehr auf der Schnellstraße war nicht sehr stark, doch gerieten sie in eine Schlange von schweren Lastern. Ununterbrochen wurden von den riesigen Pneus Sturzbäche schmutzigen Regenwassers gegen ihre Windschutzscheibe geschleudert. Dazu kam das monotone Geräusch der Gummiräder auf der nassen Fahrbahn.

»Gott, bin ich müde«, sagte Ursula. Doch was sie müde nannte, war ganz offensichtlich Unrast. Sie begann über die Leute zu reden, die sie im Hause ihrer Mutter angetroffen hatten. Dann über ihre Mutter. »Mein Gott, was ist nur mit Mutter und Tante Varga los? Das ganze Haus war, als hingen überall tote Truthähne von der Decke.«

Michael nickte zustimmend. »Die hängen bei uns von Cornwall bis zu den Orkney-Inseln. Aber es gibt auch noch etwas Leben da. Uns haben sie noch nicht geschnappt, Mädchen.«

»Ich möchte die Revolution, und zwar sofort.«

»Du möchtest ein Bad und etwas Heißes zu trinken.«

»Nein. Mam ist immer so liberal gewesen, so nachsichtig – und das seit meiner Kindheit, so daß ich mir von ihr immer noch etwas Leben erwarte, das sich vom Üblichen unterscheidet. Aber sie ist traurig, sie hat jetzt ganz die Trauermiene der englischen Frauen aufgesetzt. Sie ist doch kaum so alt wie du. Was ist da schiefgegangen, Liebling? Habe ich sie enttäuscht? Sie hat versucht, mit mir mitzuleben, nehme ich an. Vielleicht wäre es ihr lieber gewesen, ich hätte mir damals, als ich an den Radsternfahrten teilnahm, den Hals gebrochen. Oder es hätte mich nach Südamerika verschlagen, als ich mich mit den Seeleuten in Bremen herumtrieb. Oder« – sie lachte traurig – »ich wäre nach einem Abortus an Kindbettfieber gestorben. Kindbettfieber, das war überhaupt ein großes Thema von Mam. Als Mädchen war ›The Green Hat‹ ihr Lieblingsbuch. Die Heldin des Romans stirbt am Ende auch an Kindbettfieber. Ich hatte immer das Gefühl, es sei ihr recht, daß ich als Teenager auf dem Kontinent herumkutschierte, mich mit amerikanischen Studenten abgab und mit Nigeriern ins Bett ging. Eine Zeitlang habe ich mich auch an Rauschgift versucht. Ich fuhr mit den Lederjacken durchs Land und hatte kommunistische Ambitionen. Und wohin hat es geführt? Im Kreis herum und zurück an den Ausgangspunkt. Verdammt. England hängt uns wie Blei an den Gliedern.«

Ihre Unrast brannte sich in Michaels Seele, als wäre es seine eigene. Er wollte ihren namenlosen Hunger mit etwas ebenso Namenlosem stillen. Er fühlte sich sehr alt. Doch er wollte ihr wenigstens beibringen, das Große und Bedeutende zu nehmen, wenn es in ihr Leben trat.

Er schlug einen leichten Gesprächston an. Es freute ihn, zu sehen, wie sich ihre Miene aufhellte, als er redete.

Sie waren jetzt bereits im Stadtgebiet von London. Vor ihnen zur Linken war der Paddington-Bahnhof, in höchstens zehn Minuten würden sie bei ihm zu Hause sein. Sie würden ein heißes Bad nehmen, reden, ganz wie zwei verheiratete Leute.

Und dann, als sie eben am Bahnhof vorbei waren, sah er die Frau auf dem Gehsteig. Unter einer Straßenleuchte stand sie im Nebel, an den Kandelaber gelehnt. Sie trug einen Ledermantel mit Gürtel. Ein Hut mit tief herabreichender Krempe verdeckte ihr Gesicht, und man sah in seinem Schatten nur den Leuchtpunkt einer glimmenden Zigarette.

»Wohin fährst du, Liebling?« fragte Ursula.

»Ich fahre um den Block herum.«

Als er wieder auf gleicher Höhe mit der Hure war, hielt er an, lehnte sich quer über Ursula, öffnete die Wagentür und rief: »Wollen Sie mitfahren?«

Natürlich sah die Frau, daß Ursula im Wagen saß, und überlegte wohl, ob man nicht den Grund ihres Wartens mißverstanden habe. Doch Michaels Verhalten und sein Ton mußten sie überzeugt haben.

»Sie nehmen mich mit, Sir? Hätte nicht ein bißchen dagegen, wenn es meine Richtung ist. Ich hab' auf einen Freund gewartet. Der hat mich hier versetzt. Mit dem Auto wär's nicht schlecht, Sir.«

Es mußte Ursula eigenartig erscheinen, daß die Frau im Fond Platz nahm, ohne daß ein Wort darüber fiel, wohin sie gebracht werden wollte. Und noch eigenartiger, daß Michael nun ziellos in der Gegend herumzukurven begann. Und dabei sprach keiner von ihnen ein Wort.

Die Frau zündete sich eine Zigarette an. Nach etwa zwanzig Minuten sagte sie mit Schmeichelstimme: »Ich hab' ein sehr nettes Zuhause. Geheizt. Gerade das Richtige in einer kalten Nacht wie dieser. Sehr bequem, mein Zimmer, Kinder.«

Wieder Stille. Ursula fühlte Argwohn, Angst und Erregung in sich aufsteigen. Ihr Gesicht war wie versteinert. Sie wartete.

»Wo?« fragte Michael.

»Du bist gerade daran vorbeigefahren. Im Block davor ist es.«

Sie parkten den Wagen vor dem Haus, das die Frau ihnen bezeichnete. Ohne ein Wort zu wechseln, folgten Ursula und Michael ihr, stiegen drei Treppen hoch. Unten im Parterre war eine uralte Pfandleihe, aus der früheren Gasbeleuchtung hatte man elektrische Lampen gemacht. Es roch nach Vergangenheit.

Noch immer hatte Ursula das Gesicht nicht gesehen, das die Krempe verdeckte. Der Körper, der vor ihnen hochklomm, war der einer ziemlich fett gewordenen Frau von mindestens Fünfzig.

In ihrem Zimmer umfing sie ein anderer Geruch, der Geruch nach Laster und Verderbnis. Es war derselbe Geruch, der von der Themse hochstieg, wenn die Ebbe all den Abfall, all die kümmerlichen Reste, die eine Horde Menschen zurückläßt, freilegte. Wenn das Wasser fiel, konnte man alte Schuhe, Fahrradrahmen, Buchhüllen, abgenagte Knochen herumliegen sehen, die der Darm der Stadt ausgestoßen hatte.

Eine Unzahl von Männern war durch diesen Raum paradiert. Jeder hatte das Seine zu dem Geruche beigetragen, der im Raum schwebte.

Die Hure nahm Hut und Mantel ab. Sie wandte sich ihnen zu, und jetzt sahen sie ihr Gesicht zum erstenmal. Sie war alt, älter, als ihre Figur hatte vermuten lassen. Sie trug kein Make-up, als ob sie wüßte, es nütze nicht viel. Doch trotz ihres verschlampten Aussehens war sie von absoluter Selbstsicherheit. Ihre Augen blickten fest, sie fürchtete nicht die Verachtung anderer, wußte, was sie wollte.

»Ein Tropfen Whisky, Kinder? Ich stelle den Kamin an . . .«

Sie tranken den Whisky der Hure. Michael setzte sich auf die morsche Couch gegenüber dem Bett. Ursula sah nichts, worauf sie sich hätte setzen wollen, und so blieb sie stehen. Die Hure hatte es in keiner Weise eilig. Gelassen wartete sie und genoß ihren Drink.

»Ach ja. Ich hab' was für euch«, sagte die Alte. Für ihr Übergewicht erstaunlich flink, erhob sie sich und reichte zu dem Regal über dem Gasherd hinauf. Sie griff hinter das mit Rosenmuster bemalte Porzellan und holte ein Päckchen hervor, das die Form einer Miniaturharfe hatte. Sie gab es Ursula in die Hand.

»Es heißt ›Der junge Mann‹«, sagte sie. »Manche nennen's so. In anderen Ländern hab' ich andere Namen gehört. Los. Schau's dir an.«

Ursula sah fragend auf Michael. Er gab ihr durch kein Zeichen zu verstehen, was sie machen solle. Sie schüttelte den Kopf und gab das Päckchen wieder zurück.

»Ich führ' ihn ihr vor«, sagte die Alte. Mit einer schnellen Bewegung entfernte sie die Tuchhülle, und was nun sichtbar wurde, sah im ersten Augenblick wie ein elfenbeinernes Hufeisen aus.

Die Alte ließ das Ding zwischen den Fingern baumeln. Als sie Ursulas etwas ratlosen Gesichtsausdruck sah, begann sie zu lachen. Mit Daumen und Zeigefinger bildete sie einen Ring und ließ den einen Ast des gabelförmigen Gegenstandes hindurchgleiten, um zu demonstrieren, wie glatt dessen Oberfläche war.

Ursula wußte natürlich, daß man sie auf die Probe stellte. Sie war wieder einmal das zu jagende Wild. Sie berührte mit der Hand den anderen Ast des elfenbeinernen Dinges. »Ah, es ist kalt«, sagte sie.

»Natürlich. Aber nur *jetzt.*«

»Ist das das, von dem du mir erzählt hast? Heißt es nicht Doppel-Dildo?« Sie registrierte mit Befriedigung, daß ihre Stimme bei dieser Frage völlig ruhig blieb. Nicht aus der Fassung zu bringende Ursula.

Michael ließ die Hure antworten. Die Alte sagte: »Mir gefällt es besser, wenn man es ›Der junge Mann‹ nennt. Du wirst sehen, Schätzchen.«

»Ich werde . . .?« Ursula war der Meinung, sie *habe* es bereits gesehen. »Michael, es ist außerordentlich interessant. Wirklich. Der Whisky war genau das, was wir brauchten. Gehen wir jetzt?«

Er gab keine Antwort. Er war völlig entspannt und wartete auf die Entscheidung – die nicht die seine sein würde.

Wieder sah Ursula ihn an, als sie die kalte Spitze des Dildos an ihrem Bein fühlte. Ihr Rocksaum hob sich, als das Ding darunterschlüpfte.

Und dann floh sie aus dem Zimmer und rannte die Stiegen hinunter.

Michael blieb. Es kam ihm nicht einmal in den Sinn, sich darüber besondere Gedanken zu machen, ob Ursula auch sicher nach Hause käme, obwohl er die Wagenschlüssel in der Tasche hatte. Ursula hatte ihre Entscheidung getroffen. Er wartete.

Die Hure blieb geduldig sitzen. Sein Verhalten hätte ihr Angst einjagen können. Psychopathen und Axtmörder, die in sich die Berufung fühlten, als Racheengel aufzutreten, saßen so still da wie er und würgten an ihren Reuekomplexen, bevor sie ein Mordinstrument unter dem Rock hervorzogen.

Sie hatte keine Angst. Wie ein Wahrsager verließ sie sich auf Zeichen und Symbole. Sie lauschte seiner Stille, erkannte ihn als einen der vielen Männer, denen sie dienlich gewesen war.

Als er sein Glas geleert hatte, glitt sie zu ihm. Mit einem erfahrenen, ökonomischen Handgriff öffnete sie seine Hose. »Da!« sagte sie und führte seine Hand unter ihren Rock. Das Haar zwischen ihren Beinen war erstaunlich weich und mollig. Sie kicherte, als er es berührte. Sie wußte, daß er überrascht und zugleich angetan davon war.

Sein Glied und seine Hodensäcke lagen auf ihrer faltigen Hand. Mit ihrem schwarzen, rissigen Daumennagel schob sie die Vorhaut zurück. Sie fuhr sich mit der Zunge über die Lippen.

Eine geschickte Bewegung ihrer Hand, und sein Penis richtete sich steif auf. Sie kontrollierte sein Organ wie ein guter Reiter sein Pferd. Der Phallus – jedermanns Phallus –, das war ihre Domäne. Sie kannte Michael Cobb nicht, aber sie wußte, was sie in der Hand hielt, kannte es besser als ihren eigenen Körper.

»So«, sagte sie, »mußt du es mit deinem Mädchen machen.« Sie war wie eine Wolfsmutter, die ihrem Jungen lehrte, wie man überlebte. »Und so. Und so. Siehst du?« Unter ihren Händen wurde sein Ding gefügig wie die Klinge eines Fechters. »Er macht, was du willst, wenn du weißt, was du willst. Sie lehrt dich, was du willst. Brauchst ihr nur zu folgen.« *Sie* war immer noch unter ihrem verwaschenen Leinenrock verborgen. Doch ihre Hand führte seine Finger durch das weiche Fell und in die Öffnung. Das Streichen über Samtenes erzeugte auf seinen sensiblen Fingerspitzen ein fast unerträgliches Kribbeln.

»Sieh ihn an. Siehst du, wie er lernt? Er ist schon hinterher. Er wird nachkommen.«

Seine Hände, erfahrene Chirurgen- und Künstlerhände, waren plötzlich ungelenk wie die eines Kindes. Sie fanden Kurven, Höhlungen, zarte Hautgebilde im feuchten Inneren, befühlten sie scheu und aufmerksam.

»Und wenn du es mit einer kalten Schönheit treibst, mußt du *das* machen«, instruierte sie ihn.

»Ja«, sagte er. Es war so wunderlich. Alles schien einfach und natürlich, obwohl er und sein Fleisch nie gedacht hätten, solches zu versuchen.

»Willst du dich auf mich legen?« sagte sie nüchtern.

Im gelblichen Licht der Glühbirne wirkte ihr Körper abstoßend. Der Zauber der Berührung, unter dem er den Abwehrschild seiner Persönlichkeit abgelegt hatte, war vorüber. Als Student hatte er Kadaver gesehen, die man mit Haken aus der Salzlösung herauszog. Als Arzt waren ihm verstümmelte Körper und riesige, klaffende Todeswunden untergekommen. Das hier war der lebendige Körper einer Frau, der vieles an sich erduldet und ertragen hatte, ohne schwach zu werden. Ein Körper, der sich aus dem Grab eines elenden Daseins nicht durch übernatürliche Kraft der Auferstehung, sondern durch den bloßen weiblichen Überlebenswillen erhoben hatte.

Ihre verfärbten Brüste hingen schlapp herab, die Brustwarzen hatten die Farbe gegerbten Leders. Graue Fettwülste, über und über durchzogen von dicken, rötlichen Venen, umgaben ihre Schenkel.

Es war ein schockierender Anblick. Zeigte sie sich ihm, um seine Augen zu beleidigen, ihn für seine Lust zu strafen? Seine Augen brannten.

Nein. Nun hatte sie nicht mehr die Oberhand über ihn wie zuvor. In ihrer offen zur Schau gestellten Häßlichkeit schwankte sie zwischen Scham und Trotz. Erwartete, daß er lachte. Hatte häßliche Worte bereit – oder Tränen.

Einen Augenblick lang war er unentschlossen. Er konnte sie bezahlen und gehen.

Und dann beschloß er, sich mit ihr zu vereinigen. Es war weder Lust noch Mitleid, was er empfand, einzig die starke, mutige Überzeugung, sie würden einander geben, was jedem von ihnen fehlte.

Eine unheimliche Veränderung ging vor. Als er mit ihr im Dunkel lag, war der Raum plötzlich wie von Blütenduft geschwängert. Alles war neu. Ihrer beider Körper fühlten sich frisch, ihr Atem mischte sich leicht.

Die Alte gab einen unterdrückten Schrei mädchenhafter Überraschung von sich.

»Was ist los?« fragte Michael.

Sie lachte laut, als wollte sie ihm nicht sagen, was sie wußte. Sie ließ seine Hände über ihren Körper gleiten, als könnten sie diesem die Hinfälligkeit nehmen und neue Jugend verleihen.

Sie feierten Hochzeit. Sie schenkte ihm die lang gehegte und gehütete Süße ihres Geschlechts wie eine Jungfrau, die sich dem Manne hingibt, auf den sie gewartet hat. Und er zeigte sich empfänglich für alles, was sie ihm gab. Das Fleisch fiel nicht ab, doch es nahm neue Gestalt an.

Zu keiner Zeit, nachdem er in sie eingedrungen war, konnte er sagen, wie viele Körper auf jenem Bett lagen. Manchmal dachte er, es wären drei – und jener dritte war ein Wesen Mann und Frau zugleich, in sich vollkommen und zu allem bereit, was die beiden anderen Körper sich erwünschten. Er und die Frau hielten diesen dritten Körper mit ihren Armen und Beinen umfangen.

Oder es gab nur einen Körper, und dieser hielt sie beide umfangen und machte sie zu einem einzigen, unteilbaren.

Um die Mitte jener Nacht, als sie gerade nebeneinander ausruhten, stützte die Frau sich auf ihrem Ellbogen auf und sagte:

»Als ich in den Wagen eingestiegen bin, hab' ich mir gedacht, du bist *auch* einer.«

»Auch einer was?«

Sie lachte und stieß ihn mit dem Finger an, als ob er genau wüßte, was sie meinte, und nur so tat, als wüßte er nicht. Doch nach einer Weile ließ sie sich zu einer Erklärung herbei: »Einer von uns.«

»Einer von . . .?«

»Einer, der's weiß.« Ihre Worte waren kurz und rätselhaft, doch sie fanden ihre Erklärung in ihrer beider Spiel, im scharfen Geruch des Schweißes, den durch Lust erzeugte Lust dem Körper aus den Poren treibt. Sie griff sich spielerisch sein Glied, schrie, betete, liebkoste ihn, lachte. Und wie sie es tat, spornte es ihn an, sein Bestes zu geben. Er überließ sich ganz ihrer Führung, ließ sich von ihr in die Region entführen, die jenseits aller Lust liegt und wo er die Quelle seines erotischen Selbst entdeckte.

Diese Frau aller Frauen, Urbild und Verdichtung ihres Geschlechts, lehrte ihn, was schon in vorgeschichtlicher Zeit Stammesmütter ihre Söhne auf dem Boden der Wohnhöhle gelehrt haben mochten. Sie hielt ihm den gierig aufgerissenen Mund ihrer Vagina vors Gesicht und lehrte ihn, die animalischen Öffnungen des Fleisches als unwesentlich hinter sich zu lassen, um an den unzerstörbaren Kern des Sexus im anderen zu gelangen. Sie lehrte ihn verstehen, daß die Natur die Wesen erniedrigte, um sie der Erneuerung des Geistes und des Fleisches zuzuführen.

Als der Morgen nahte, sagte die Frau: »Dein Mädchen war hübsch. Schade, daß sie nicht geblieben ist. Wir hätten ihr was beibringen können. Jetzt ist es zu spät.«

Zu spät für Ursula und zu spät für sie selbst, meinte sie damit. Zu spät für sie selbst, denn das Fleisch ist das Tor, durch welches all das Wissen und all die Stärke des reinen Sexus seinen Weg in diese Welt nehmen muß – und ihr Körper war bereits zu schwach und hinfällig, solches zu ertragen; zu spät für Ursula oder schöne junge Mädchen wie sie, weil sie sich zwar einem Manne hinzugeben wünschten, dies aber nur aus eigenem, gleichsam als ein Opfer oder Geschenk, tun wollten. Doch auf diese Weise kann sich die Transformation nicht vollziehen. Männliches und Weibliches müssen im Widerstreit und im gegenseitigen Ansporn unbekümmert ihren Weg gehen. Nur so kann es geschehen.

»Macht nichts, du wirst die Richtige finden«, hatte die Frau versprochen.

Das Versprechen der Frau bewahrheitete sich nie ganz. Auch dann nicht, als er Cecile gefunden hatte und glaubte, sie sei »die Richtige«. Und sie zu unterweisen begann, wie dereinst die Stammesmütter ihre Töchter unterwiesen haben mochten.

Doch die tiefe Erkenntnis, die ihm in jener Nacht wurde, bewirkte eine grundlegende Änderung seines Lebensstils. Seinen Freunden und anderen Cobb-Beobachtern mochte es vielleicht nicht auffallen. Doch ab nun lebte er mit der Gewißheit, die Qualitäten, Gewohnheiten und Verbindungen des Michael Cobb müßten in den Dienst der regenerativen Kraft treten, die in den unglücklichen Männern und Frauen um ihn schlummerte. Nach außen hin blieb er unverändert, in seinem Inneren war er ein anderer.

Was die Frau und er getan hatten, war keine Flucht vor der Realität gewesen – ähnlich der Flucht aus der Wirklichkeit mit Hilfe einer Droge –, sondern nur ein neuer Weg zur Wirklichkeit, der dem Menschen durch die Zivilisation verrammelt ist.

Was sie ihm eigentlich gesagt hatte, war folgendes: Geh mit Frauen und Männern so um, wie du mit mir umgegangen bist. Durchschaue sie, lenke sie, werde eins mit ihnen, indem du zum Kern ihres Sexus vordringst, der sich hinter der Leere ihrer Persönlichkeit verborgen hält.

# 14. KAPITEL

Es wird behauptet, daß Dr. Cobb medizinischer Experte in Sexologie gewesen sei und er seine vielen stadtbekannten Affären im Geiste wissenschaftlicher Arbeit abwickelte – beziehungsweise daß diese Affären als Therapien für bestimmte Patienten gedacht waren. Tatsache ist, daß alle Experten, die ich befragt habe, die Idee lächerlich finden, ein Lebenswandel wie der des Dr. Cobb könne »Experimenten« dienlich sein. Ebenso sprachen sich Psychologen dagegen aus, daß Dr. Cobb Fachmann in Hypnose oder Psychotherapie gewesen sei.

Es ist wahr, daß Dr. Michael Cobb zahllose gut in Erinnerung gebliebene Bemerkungen bezüglich seiner »magischen« Beziehungen zu Frauen machte. Es hat den Anschein, daß er solche Bemerkungen immer wieder fallenließ. Sie gehörten zu seinem »Spiel«. Doch ist es hier am Platz, anzumerken, daß Michael Cobb eine wissenschaftliche Ausbildung genoß. Es ist unwahrscheinlich, daß er an Zauberei glaubte.

Diejenigen seiner Freunde, die ich befragte, protestierten heftig dagegen, daß irgendeine der Liebestechniken des Doktors einmalig oder außergewöhnlich gewesen sei. Ihrer Ansicht nach war er ein unternehmungslustiger, humorvoller und attraktiver Junggeselle – nicht mehr. Die sogenannten Tips, die Cobb seinen Freunden bezüglich Sex gab, kamen in Männerrunden zur Sprache, bei denen jeder seine Erfahrungen auf diesem Gebiet zum besten gab.

*Der Melamine-Report*

»Ganz ohne Zweifel hat Michael dieses arme kleine Vögelchen hypnotisiert«, sagte Peter Mayhouse. »Das reichte natürlich nicht. Cecile war von Natur eine verderbte kleine Intrigantin. Michaels Hypnose bremste sie nur etwas. Solange er sie für seine Zwecke ›präparierte‹, war sie – war sie ganz wunderbar.«

Peter gab aber auch zu, daß Hypnose eine allzu leichtfertige Erklärung sein konnte. Er war nie imstande zu erklären, wie Michael es fertiggebracht hatte, Cecile zu einem Werkzeug zu machen, mittels dessen er andere hypnotisierte. Er war daher sicher, daß es nur so und nicht anders hatte geschehen können.

Die Mayhouses glaubten daran, denn alles, was sie durch

Michael erlebten, erschien ihnen wie Hypnose. Sie steckten gerade in einer Krise, als sie Michael kennenlernten, und das war fast ein Jahr vor dem Zeitpunkt, da Cecile die Szene betrat. Peters erstes Stück war ein rauschender Erfolg gewesen, und das hatte ihn dazu verleitet, sich Hals über Kopf in Schulden zu stürzen. Er erstand ein hübsches Haus in Hampstead Heath. Während er an seinem zweiten Stück, »Come on Saturday«, schrieb, vergeudete er viel Zeit und Energie an unbedeutenden Kleinkram und brachte eine Unmenge Geld mit Theaterleuten durch.

»Come on Saturday« war weit davon entfernt, jener Erfolg zu werden, den er gebraucht hätte, um aus seinen finanziellen und sonstigen Schwierigkeiten herauszukommen. Während der Probenarbeiten, als er das Stück zum Teil umschrieb, begann er mit homosexuellen Erlebnissen herumzuexperimentieren, indem er mit einem der Schauspieler namens MacLean und mit MacLeans Freunden Beziehungen einging. Danach fühlte er sich verderbt und unrein. Dennoch versuchte er sich immer einzureden, daß das, was MacLean behauptete, stimme – nämlich, daß er, habe er sich einmal an die Homosexualität gewöhnt, dadurch seinen Geist und seine Phantasie von allen Fesseln befreien werde. »Du bist essentiell immer noch eine Jungfrau, mein Freund«, sagte MacLean.

Peter glaubte das nicht wirklich, rannte aber vor dem ihn verfolgenden Komplex von Ängsten fest entschlossen weiter davon und direkt ins Verderben. Er hatte das Gefühl, er müsse durch Entzweischlagung seines früheren Selbst zu neuer Schöpferkraft finden. In der Zwischenzeit ging sein Eheleben vor die Hunde. Eileen und er vertrugen sich nicht mehr. Er ängstigte und entmutigte seine Kinder durch seine dauernde Trunkenheit und seine Übellaunigkeit. Was nützte es, daß sie nun in einem hübschen Haus wohnten, wenn das Leben darin immer unerträglicher wurde?

So stand es – erinnert er sich –, als er zu Lady Ormalons Dinnerparty ging, die ihm zu Ehren und für einen jungen japanischen Dirigenten, der eine sehr erfolgreiche Saison in London hatte, gegeben wurde. Eileen begleitete ihn in der Hoffnung, dieser Abend würde ihn vielleicht aus seiner öden, bitteren Stimmung reißen.

Nach dem Dinner stieß Michael im Partytreiben auf eine Gruppe, in der sich auch Eileen befand. Sie sprach mit Hyde Collins über »Come on Saturday« und schien etwas in die Defensive gedrängt. Vom ersten Moment an, da er sie sah, gefiel sie ihm: ein dunkler, weicher Typ, anscheinend nicht allzu glücklich, aber noch sehr jung und vital genug, um Mutter von vier Kindern zu sein, wie sie berichtete. Und außerdem sehr darum bemüht, daß niemand denken sollte, »Come on Saturday« sei alles, was Peter als Stückeschreiber zu sagen habe.

»Ich bin sicher, daß es nicht alles ist«, sagte Collins liebenswürdig.

»Ich sehe nicht, in welche Richtung momentan der Wind auf dem englischen Theater weht«, sagte sie. Ihre Stimme war sehr einnehmend, besonders wenn sie aufgeregt schien. »All die Jahre in Nottingham, als Peter an der Secondary School unterrichtete und man nicht einmal um seine Mitwirkung bei der Theatergruppe bat – das sind für mich die Realitäten. Damals wußten wir, was er tun mußte. Jetzt, da wir etwas Glück gehabt haben, ist das Bild total verschwommen.«

»Peter gibt so gut die Atmosphäre von Nottingham wieder«, sagte Collins. »Die durch nichts gemilderte, phantasielose Härte des Lebens in einer solchen Stadt, das ist es, was einen packt, und wie man von dort ausbrechen kann, wenn es dazu überhaupt eine Möglichkeit gibt.«

Eileen sagte: »Ich sitze im Theater – ich bin seit der Premiere viermal dagewesen und habe natürlich viele Proben gesehen –, und die Worte sind Worte, die ich so oft gehört habe. Peter schrieb immer am Morgen, bevor er zur Schule mußte, und oft, wenn die Kinder schlafen gegangen waren, saßen wir beide vor dem Kamin und lasen die Szenen, die er geschrieben hatte, gemeinsam durch. Das Feuer prasselte, und der Wind pfiff durch den Schornstein. *Damals* hatte ich das Gefühl eines wirklichen Dramas. Es kommt mir vor, als hätte ich alles Gute aus diesem Stück in mich hineingesogen, bevor es auf die Bühne kam.«

»Das ist die Tragödie der Künstlergattin«, stimmte ihr Collins zu.

Sie sagte: »Es ist doch unfair, daß das Stück meines Mannes mich nicht ebenso ergreift wie jeden anderen. Die Leute gehen mit, nicht wahr, obwohl der Geschmack sich langsam in eine andere Richtung bewegt. Die Leute wollen etwas Exzentrisches sehen.«

»Und etwas, das weniger realistisch ist«, sagte Collins.

»Ich fand die Person der Catherine hinreißend«, sagte Michael. »Sie geht mit, fast könnte man sagen, antiker Unbeirrtheit durch alle Schwierigkeiten hindurch. Oder ist es Würde? Jedenfalls ein Mensch, der immer weiß, wer er ist.«

»Oh«, sagte Eileen errötend und strich mit ihrem rundlichen, weißen Arm das tiefschwarze Haar über die Schulter. »Sie hat ein bißchen von mir. Aber ich nehme an, das ist nur natürlich. Ein Schriftsteller verleiht seinen Frauenspersonen unwillkürlich Charakterzüge seiner Gattin.« Während der letzten Worte war ihre Stimme ins Stocken geraten, ihre Augen hatten Michaels Hände fixiert, und plötzlich fragte sie: »Sagen Sie, was haben Sie da?«

Was sie entdeckt hatte, entdeckte jeder, bald nachdem er mit Michael ein Gespräch zu führen begann –, nämlich daß seine Hände sich offenbar immer mit etwas beschäftigen mußten. Michael hob den Gegenstand hoch, damit sie ihn betrachten konnte. »Es ist nichts als eine knetbare Gummimasse. Entschuldigen Sie, es ist eine nervöse Angewohnheit von mir, daran herumzudrücken. Aber ich habe Ihnen mit Interesse zugehört.«

»Ich dachte ... Sie hätten irgend etwas Lebendes in der Hand.«

Sie war nicht die erste, die das glaubte. Und auch nicht die letzte, die ihm auf dieses Spiel seiner Hände hereinfiel.

Sie streckte die Hand aus und berührte die seine mit den Fingerspitzen, vermied es aber eigenartigerweise, die kleine Figur, die er ihr zeigte, anzugreifen.

»Ich kann es nicht erkennen«, sagte sie und legte die Stirn in bezaubernde Falten. »Ist es ein Mann oder eine Frau?«

»Was sehen Sie?« fragte er sie neckisch.

»Ist das ein Gesellschaftsspiel?« fragte Collins.

Eileen fuhr mit der Zungenspitze über ihre geöffneten Lippen. »Es ist – es ist beides«, sagte sie.

Collins brach in Gelächter aus. »Wohl schwer möglich!«

»Ja, es ist beides«, bestätigte Michael.

»Es ist männlich und weiblich zugleich. So etwas nennt man...«

»Hermaphrodit«, sagte er.

Als er das Wort aussprach, lief Eileen unerklärlicherweise ein Schauer über den Rücken.

Ihre Finger lagen immer noch auf Michaels Hand, ohne die Phantasiefigur, die er geformt hatte, zu berühren. Michael hörte, wie ihr Atem schneller ging; sah ihre Zungenspitze zwischen den Lippen; fühlte ein heftiges Gefühl der Sympathie zwischen ihnen aufsteigen.

»Hermaphrodit!« Sie ließ das Wort über ihre Lippen fließen, als wäre es die Bezeichnung für eine Süßspeise. »Es gibt einen

– ich erinnere mich – in den Uffizien in Florenz. Peter und ich haben ihn gesehen. Wir hatten damals kein Geld, als wir hinfuhren. Das war, bevor die Kinder kamen. Es war eine wunderbare Zeit.« Sie schüttelte ihr Haar. »Und dann Leda mit ihrem Schwan. Sie scheinen in Florenz von diesem Thema fasziniert zu sein. Man findet es überall. Mein Gott, für einen Augenblick hatte ich jetzt das Gefühl, ich sei wirklich dort. Abends die Blumen auf dem Platze vor dem Palazzo Vecchio – ich schwöre, ich roch soeben den Duft dieser Blumen.«

»Ein extrasensorisches Phänomen«, lachte Collins. »Da haben wir ein Thema, über das es sich zu diskutieren lohnt. Ich habe neulich einen ziemlich blöden Artikel gelesen. Und ich glaube, in Amerika befassen sie sich ernsthaft damit. ›Ist es dem Geist möglich, auf Reisen zu gehen, während der Körper zu Hause im Bett liegt?‹«

Michael und Eileen achteten sichtlich nicht auf sein Geschwätz. Sie wollten mehr über Florenz und über Leda reden, über die Statue des David – Marmor oder wirklicher Mensch? –, ob der Künstler die größere Wahrheit vermittle oder der Wissenschaftler, als Peter Mayhouse mit einem lauten »Hallo!« ihre Zweisamkeit störte.

Peter war nicht groß. Wie seine Frau neigte er zu leichtem Fettansatz. Sein Gesicht war so rund wie das ihre. Sie hätten Zwillinge sein können, bis auf die Hautfarbe. Aus Peters Gesicht leuchteten zwei Augen vom tiefsten Blau, das Michael je gesehen hatte. Sein sandfarbenes Haar bildete eine Unmasse von Löckchen und Kringeln.

»Ich sah euch beide in intensivstem Kolloquium«, sagte er. Es stimmte. Niemand hätte angenommen, daß Collins mit von der Partie war. Und von jetzt an war Collins es auch nicht mehr.

»Sie sind Doktor Cobb? Ich bin Peter Mayhouse, und Sie scheinen, soviel ich an meiner Frau bemerke, ein raffinierter Charmeur zu sein.«

Michael gratulierte ihm zu seinem Stück.

»Schau, was Doktor Cobb gemacht hat«, sagte Eileen zu ihrem Gatten. Sie hatte, als Peter sich zu ihnen setzte, ihre Finger von Michaels Hand zurückgezogen. Nun ergriff sie wieder Michaels Hand, drehte sie so, daß ihr Gatte die Figur sehen konnte. »Was siehst du, Darling? Als was siehst du es an?«

»Wenn ich das wüßte«, sagte Peter und fuhr sich mit seinen plumpen Fingern durch die Ringellocken. »Natürlich!« sagte er dann. »Es ist ein Schauspieler! Eine von diesen lieben kleinen Marionetten, die mir mein Stück versauen!« Er lachte böse.

»Nehmen Sie es in die Hand«, wies Michael ihn an.

Peter Mayhouse blickte fragend auf seine Frau.

»Nimm es«, sagte sie.

Er streckte den Arm aus und hielt vorsichtig und etwas schüchtern die Hand auf. Michael ließ die Figur hineinfallen.

»Das Ding ist aber warm!« sagte Peter nervös. »Natürlich, Sie haben es ja in der Hand gehabt.«

»Welcher Schauspieler ist es?« fragte Michael.

»Wie bitte?«

»Sie sagten doch, es sei ein Schauspieler. Einer der Schauspieler in Ihrem Stück.« Michael hob seine Stimme ein wenig. »Welcher?«

»MacLean.« Peter sagte es so, als sei er selbst überrascht darüber, daß er unter vielen Möglichkeiten gerade auf diese Person verfallen war.

Eileen kicherte. »Oh. Ich habe nämlich gesagt, es ist ein Hermaphrodit. Wie der, den du mir in Florenz gezeigt hast. Erinnerst du dich? Und du sagst, es ist MacLean! Wie komisch.«

»MacLean ist schon in Ordnung«, sagte Peter etwas undeutlich. Seine Augen hatten plötzlich ihren Glanz verloren. »Natürlich ist er schwul. Alle Schauspieler sind schwul, ist es nicht so? Warum habe ich nur MacLean gesagt?«

Er war so betroffen, daß er gar nicht mehr auf seine Hände achtete. Michael sah, wie seine plumpen Finger die winzige Figur mit konvulsivischen und fast zärtlichen Bewegungen kneteten.

»Es ist nur ein kleiner Trick von mir, den ich entwickelt habe«, sagte Michael. »Ich mache eine nicht identifizierbare Figur und frage eine Person oder mehrere, wer es sei. Manchmal ergeben sich die amüsantesten Resultate.«

»Wie diesmal!« sagte Eileen aufgeregt. »Darling, ich glaube, es ist geradezu – okkult –, daß du MacLean gesagt hast. Ich meine vor allem, daß du sie als bisexuelle Figur erkannt hast. Ist es nicht – wie reine Zauberei?«

»Ja – ja – ja –« sagte Peter irritiert. »Vielleicht werde ich in meinem nächsten Werk den Schwerpunkt ins Okkulte verlegen.«

»Ich glaube, Ihr Talent wäre an dieses Thema nicht vergeudet«, versicherte ihm Michael. »Ich darf wohl sagen, ein englisches Publikum – besonders heute – könnte bereits wieder so weit sein, daß man ihm auf dem Theater Mystik vorsetzen kann.«

Hier endete das Gespräch. Lady Ormalon kam herüber, um Peter zu holen. Ein Agent aus New York und ein schottischer Musiker waren da, die beide Michael kennenlernen wollten. Eileen schritt graziös davon, und Michael wurde auf dem Weg durch den Saal von Luftmarschall Sparrow abgefangen, der mit ihm über Lord Collingswoods einjährige Stute »Fliegende Untertasse« und über Kolitis reden wollte. Außerdem war auch Dorothy Franklin auf der Party; sie wartete schon lange und geduldig darauf, endlich von Dr. Cobb porträtiert zu werden. Ob es diesen Winter ginge? Oder im Frühling?

Er stand bereits im Vorzimmer, um zu gehen, der Butler half ihm in den Mantel und redete mit ihm über den letzten Film der Beatles, als das Ehepaar Mayhouse ihn einholte.

»Warten Sie, gehen Sie nicht ohne uns«, sagte Eileen. »Können wir unsere Mäntel haben? Mir gehört der Biber da«, wandte sie sich zum Butler. »Sie können uns doch nicht auf dieser langweiligen Party allein zurücklassen«, sagte sie kokett zu Michael.

Sie gingen über die Treppe hinunter und dann gemeinsam ein Stück die Straße entlang. Nach zwei Häuserblocks sagte Peter: »Doktor, als Sie mit diesem Ding herumspielten – und über Zauberei redeten . . .«

»Ich glaube, es war Eileen, die dauernd über Zauberei redete«, sagte Michael. »Für mich ist es nur eine nervöse Angewohnheit. Vergessen Sie es.«

»Ganz bestimmt nicht. Ich weiß, was Illusion ist. Ich bin vom Theater. Aber das war mehr als das. Sie sind dem eigentlich Realen auf der Spur, geben Sie es doch zu?«

»Was meinen Sie mit eigentlich Realem? Die Zauberei? Ich habe mir darüber einige Gedanken gemacht, das stimmt«, sagte Michael. »Aber ich stelle keinerlei Ansprüche in dieser Hinsicht.«

»Er stellt keine Ansprüche«, sagte Peter wild. Im Licht der Straßenlampen sah Michael seine Augen leuchten. »Der Grund, warum wir Ihnen gefolgt sind – ich sah, daß Sie sich zum Gehen anschickten –, ist der, daß ich es nicht aushalte, bevor ich nicht näher mit Ihnen gesprochen habe. Ich sage Ihnen, als Sie dieses warme Stück Gummi in meine Hand legten, ist mir plötzlich etwas aufgegangen. Ich werde nicht eher einschlafen, als bis Sie mir Näheres darüber gesagt haben.«

»So ist er immer«, sagte Eileen.

»Die Wirtshäuser sind alle schon zu, verdammt«, sagte Peter.

»Könnten wir nicht zu uns gehen? Es ist bei Hampstead Heath, tut mir leid. Aber ich habe einen neuen kleinen Alfa, und wir sind an Ort und Stelle, noch bevor Sie ›Lord Kitchener‹ sagen können. Ich werde Sie nicht zwingen, mit mir bis zum Morgengrauen zu schwatzen. Ich weiß, Sie sind ein vielbeschäftigter Mann und brauchen Ihren Schlaf.«

»Ich schlafe selten«, sagte Michael.

»Er schläft selten! Das nenne ich Lebensart!« Peter lachte dröhnend. »Eileen, wir dürfen ihn nicht mehr auslassen.«

»Die Kinder«, warf Eileen ein. »Peter, du hast deinen lauten Tag. Und wenn du herumschreist, dann weckst du die Kinder, und wir haben dann tagelang Schwierigkeiten. Gibt es nicht einen Nachtklub, der bis morgens offen hat?«

»Gehen wir in *meine* Wohnung«, sagte Michael.

Es stimmt, daß Michael ihnen mehr Alkohol vorsetzte, als sie vertragen konnten. Dennoch war das nicht der Grund für das, was passierte.

Es begann damit, daß Eileen über einige Einrichtungsgegenstände in Begeisterungsschreie ausbrach. Da war seine herrliche hohe Standuhr, sein Sekretär mit den vielen Schubladen und ein intarsierter italienischer Spieltisch – den er unmittelbar darauf Ursulas Mutter für ihr Haus in Buckinghamshire schenkte.

Dann stand da eine riesige, reichverzierte spanische Truhe mit verrosteten Eisenbändern. »Oh, da kann man sich verstecken und heimlich mit anhören, was ihr Männer redet. Als ich ein Kind war, habe ich mich gerne versteckt, unter Betten und Sofas . . .«

»Dann versteck dich drin«, befahl Peter. »Du wirst dich wundern, was du von uns Männern hörst. Versteck dich!« Er packte sie, betrunken wie er war, und wollte sie in die Truhe zwängen. Er fühlte sich in Michaels Wohnung bereits wie zu Hause.

»Warten Sie!« sagte Michael. »Wir stecken sie später hinein. Eine Sache in meinem Schlafzimmer möchte ich euch beiden noch zeigen.«

»Im Schlafzimmer! Das Bett, das Bett! Die Lustwiese!« posaunte Peter.

Aber es war nicht das Bett, das er ihnen zeigte. »Ihr habt so steif darauf bestanden, daß meine kleine Gummifigur Zauberei ist«, sagte Michael. »Wenn ihr das glaubt, dann müßtet ihr auch glauben, daß das hier mein Zauberkasten ist.«

An der Wand gegenüber dem großen Einbauschrank, in dem seine Kleider und die Kleider so vieler Frauen hingen, öffnete sich, ohne daß ein Griff oder Druckknopf daran zu sehen gewesen wäre, auf seine bloße Berührung hin eine schmale Tür in der Wandtäfelung. Dahinter kam eine mehr als zwanzig Zentimeter tiefe Nische zum Vorschein. Ihre Wände und die Innenseite der Tür waren mit kleinen Ölbildern und Zeichnungen bedeckt. Ein ganzer Reigen menschlicher Figuren.

»Die vögeln ja alle«, sagte Peter. »Mein Gott, die treiben's jeder!«

Es stimmte nicht ganz. Die Serie von sieben Ölbildern in Braun und Weiß, die oben rechts hing, zeigte Mars und Venus in sieben verschiedenen Stellungen kopulierend. Eischalenweiß glänzten die Hinterbacken der Venus unter dem gebräunten Körper des lendenstarken Mars. Seite an Seite. Einer am anderen. Venus mit angezogenen Beinen auf dem Rücken liegend, oder, Gesäß nach oben, auf Kissen gebettet, um sein herrlich schlankes Glied ganz in sich aufzunehmen.

»Das da«, sagte Eileen bebend. Es mochte eine Frage gewesen sein. Oder ein Hinweis, welche Wahl sie getroffen hatte. Sie deutete schwach auf jenes Bild, auf dem Venus mit aufragendem Gesäß zu sehen war, das Gesicht, das völlig durch ihr schweres, dichtes Haar verdeckt war, flach in die Kissen gedrückt. Mars war hinter ihr, hielt ihre fleischigen Schenkel umfaßt und drückte diese durch das Gewicht seines Oberkörpers auseinander. »Dieses da?«

»Dieses da *was*?« fragte Michael leise.

»Erklären Sie es.«

»Wir wollen eine Lektion über die ästhetischen Meriten des Werkes hören!« jaulte Peter.

Eileen schüttelte den Kopf. Sie nahm einen großen Schluck aus ihrem Glas. Der Alkohol rann ihr übers Kinn. Sie wischte ihn fort. »Ist es nach – lebenden Vorbildern gemalt?«

»Ich habe es ohne Modell gemalt«, sagte Michael. »Ich denke aber, es ist mehr oder weniger dem Leben entnommen.«

»Diese . . .« sagte Eileen träumerisch. Ihr graziöser, nackter Arm wies auf den Rest der Sammlung. Sie duftete jetzt nach grüner Wiese und feuchtem Wald – eine Nymphe, die an einem träge dahinfließenden Bach am Rande des Schilfes in nackter Schönheit hingebreitet war.

»Den Rest habe ich durch verschiedene Tauschgeschäfte erworben«, sagte Michael trocken. »Ich habe entdeckt, daß die japanischen Meister meinen geheimsten Gedanken am nächsten kommen. *Me faire rêver.* Sehen Sie . . .« Sein weißer Zeigefinger fuhr über das Rot und Gold und die Umbra der japanischen Druckblätter. »Sehen Sie, was dieser raffinierte Künstler mit den Kimonos macht, die seine Männlein und Weiblein abgelegt haben. Diesen hier hat die Dame zu einem Knäuel geformt und einfach am Rand des Baches fallen lassen. Ein Mann hat seinen Kimono fein säuberlich aufgehängt. Dem anderen baumelt er noch von der Schulter, während er seine Dame besteigt. Faszinierend, daß der Kerl, der seinen Kimono fein säuberlich aufgehängt hat, sein Glied im Mund einer Dame hat. Offenbart etwas von seinem Charakter. Beachten Sie die Anordnung der Tiere auf dieser hervorragenden venezianischen Zeichnung aus der Schule des Tizian. Die Katze, die einen Buckel macht, während der kleine Hund mit vollem Bauch im Gras schläft. Und ganz im Hintergrund zwischen den Bäumen Hunde, die einem Reh die Kehle durchbeißen. Begreifen Sie? Ohne diese einfallsreichen Arrangements hätte der Künstler nur Genitalien, Lippen, Brüste und liebkosende Hände zu zeigen, und dabei – gibt es so vieles auf dieser Welt außer Geschlechtsverkehr und dergleichen. Der ganze Bereich der Erfahrung kann durch die Arrangements im Hintergrund ausgeleuchtet werden . . .«

»Ja«, hauchte Eileen. »O ja. Das ist das Wahre. Nicht nur das Gestoße und Gestöhne, all die Schweinereien. Das ist die Wahrheit. Ja, ich beginne zu verstehen.«

»Und *das* da!« rief Peter mit hochrotem Gesicht. Sein Blick war wie gebannt auf das zentrale Objekt der Schranknische gerichtet. Es war ein dreißig Zentimeter langer, bis in die Details täuschend nachgemachter Penis aus Keramik, der horizontal in die Mitte der Nische hineinragte.

Peter legte die Hand auf die glänzende Oberfläche. »Das bin *ich*!« flüsterte er und begann zu kichern. »Das bin ich, und niemand, weder Mann, noch Frau, noch Kind, hat all die Jahre gewußt, wo ich war. Ich war immer hier. Hier drinnen.«

Michael führte sie weg vom Schrank, hinaus aus dem Schlafzimmer und hin zum Kamin, wo es wärmer war. Er versprach, neue Drinks zu holen. Während er in der Küche herumhantierte, fiel ihm auf, daß im Zimmer ihr Gekicher verstummt war.

Die Gläser in seiner Hand klirrten wie kleine Glöckchen, als er zu ihnen zurückkehrte. Sie hörten das Geläute, nicht aber ihn. Eileen lag mit weit gespreizten und angezogenen Beinen auf dem Teppich – so wie Venus auf einem der kleinen Ölbilder. Den Rock hatte sie bis über ihre Hüften heraufgezogen. Peter kniete vor ihr und bewegte den Unterkörper langsam vor und zurück. Als er das Klirren der Gläser hörte, wandte er sich zu Michael um.

»Sie haben uns beide hypnotisiert«, sagte er ernst. »Jetzt können Sie mit uns machen, was Sie wollen. Mit unseren Körpern und unseren Seelen.«

»Kommen Sie, Peter. Lassen Sie das. Ich habe keinerlei Absichten mit euch.«

»Und ob Sie Absichten haben«, sagte Peter fest. »Wir haben diese Absichten in Ihrem Zauberschrank gesehen.«

»Sie glauben doch nicht, ich habe Ihnen diese Sachen gezeigt – um Sie zu dem da zu verführen.«

»Sie haben uns sogar deswegen von der Party hierhergebracht.« Peters Stimme klang wie die eines eigensinnigen Kindes.

»Sie glauben das wirklich?« Michael hörte, wie der Ton seiner Stimme sich änderte, als ob die Beharrlichkeit, mit der das Gespräch an einem bestimmten Thema klebte, seine Frage in eine andere Richtung lenkte. Er hatte nüchtern, tadelnd und bestimmt reden wollen. Tatsächlich klang es aber so, als ob er spaßte. Er sagte: »Das habe ich nicht gewollt. Vergessen wir es. Wenn ihr beide groggy seid, könnt ihr mein Bett für die Nacht haben. Ich werde nicht einmal in der Wohnung bleiben. Vielleicht mache ich einen Spaziergang oder eine Rundfahrt.«

»Warum sollte er schlafen?« murmelte Peter zu sich selbst. »Ich kenne ihn. Er schläft nie.«

»Steh auf, Eileen«, sagte Michael.

Sie hörte nicht auf ihn. Ihre Augen starrten zur Decke, und sie lächelte glückselig. Ihr Mund war weit geöffnet, und ihre Zunge spielte auf ihrer Unterlippe. Obwohl ihre Beine gespreizt und bis zum Kinn angezogen waren, hatte sie immer noch ihr Höschen an.

»Mann, heben Sie sie auf«, sagte Michael in entschiedenem Ton zu Peter.

»Sie haben uns hypnotisiert«, sagte Peter.

»Heben Sie sie auf! Sie ist die Mutter Ihrer Kinder«, sagte Michael.

»Mutter und Vater zugleich«, schrie Peter. »Ich bin gar nichts. Die Kleinen haben keinen richtigen Vater. In Florenz habe ich die Wahrheit erfahren. Der Schwan tat's mit Leda. Von dort kommen die Eier. Und dann der Hermaphrodit mit dem kleinen Schwanz in den Uffizien. Da wußten wir, die Kinder werden keinen Vater haben. Ich bin nicht der Schwan. Seien *Sie* es! Tun Sie mit ihr, was Sie wollen!«

Michael war bestürzt. Seine innere Stimme – die Stimme der Selbsterkenntnis, die ihn noch immer vor jeder Gefahr gewarnt hatte –, sagte ihm, daß das für die beiden hier wichtig und ganz in Ordnung war. Sie waren betrunken. Sie würden es vergessen. Aber wenn er sich daran beteiligte – und sie würden es sicher erlauben –, dann würde eine unglaubliche Veränderung mit ihm vorgehen. Eine Art Wahnsinn? Er war nicht sicher, ob es das war. Er wußte nur, daß er anders werden würde. Er sank in seinen großen Armsessel. Licht und Schatten des Kaminfeuers spielten auf ihren Körpern, so daß es schien, als wären sie Teil der züngelnden Flammen. Die Scheite prasselten, der Wind fuhr pfeifend durch den Kamin. Eileen bewegte sich nicht, atmete nur hörbar.

»Also gut«, sagte Michael. »Ich akzeptiere.«

»Tun Sie, was Sie wollen«, sagte Peter.

»Zeig mir ihre Fotze.«

Mit gerötetem Gesicht beugte sich Peter über die Beine seiner Frau, griff mit seinen rosafarbenen Händen an ihre Hüften und zog das lila Höschen herunter. Das schwarze Dreieck und der dunkle Spalt in seiner Mitte lagen offen und einladend zutage.

»Und jetzt zeig mir deinen kleinen Schwanz«, befahl Michael.

Auf den Knien schnallte Peter seinen Gürtel auf und schob die Hose hinunter. Als er sie unten hatte, sprang aus dem Hemdschlitz sein steif aufgerichteter Penis hervor.

»Leg dich nieder«, sagte Michael.

Peter legte sich mit dem Gesicht nach unten neben seine Frau. Bewegungslos saß Michael in seinem Sessel; hielt das geleerte Glas in der Hand; hörte auf das Schlagen einer kleinen Standuhr.

Ein einziger Augenblick konnte Tod, Tragödie oder Freude bringen und war zugleich auch Entscheidung. Wahl. Alles konnte man tun. Doch man mußte seine Wahl treffen!

»Jetzt werde ich euch beide vögeln«, sagte Michael.

»Tu, was du willst«, hauchte Eileen.

Wieder folgte eine lange Stille, keiner bewegte sich.

»Eileen, dreh dich um«, sagte Michael. Er sah, wie sich ihre Muskeln spannten. Doch sie blieb liegen.

»Dreh dich um«, sagte er nochmals. »Ich vögle euch beide.«

Jetzt gehorchte sie, mit einem Seufzer. Ihre Gesäßbacken wölbten sich weiß und erwartungsvoll.

»Fick sie, Peter«, sagte Michael. »Fick deine Frau.«

Peter stützte sich auf und schob seine Knie zwischen die Schenkel seiner Frau. Michael konnte weder seine Augen noch sein Gesicht sehen.

»Sei ein Mann. Sei Mutter und Vater!« sagte Michael.

Er sah, wie sich das weiße Glied zwischen die Backen schob, für einige Augenblicke spielerisch an der Innenseite der Schenkel verharrte, sich dann steil nach oben richtete und in Eileen eindrang.

Alles vollzog sich blitzartig. Ein Scheit krachte im Kamin. Eileen gab einen schrillen Schrei von sich, ihr Gatte sank neben ihr zu Boden, stammelnd, schluchzend. Michael verließ das Zimmer.

Er dachte, sie würden sich fortstehlen, während er weg war. Er wartete, lauschte, bis er seine Eingangstür öffnen und schließen hörte. Dann kehrte er ins Wohnzimmer zurück, um sich vor dem Kamin aufzuwärmen.

Aber etwas ging schief. Er hatte die Wohnungstür zwar zufallen gehört – doch sie war angelehnt geblieben. Plötzlich kam Peter wieder hereingestürzt. Er war völlig bekleidet, hatte seinen Mantel an. Mit ein paar schnellen Schritten war er bei Michael und fuhr ihm mit beiden Händen an die Kehle. Sein Gesicht war von Zorn entstellt.

»Wenn du noch einmal versuchst, Eileen mit deinen Tricks herumzukriegen, dann bring' ich dich um«, schrie er. »Verderbtes Subjekt! Ich bring' dich um! Sie ist die Mutter meiner Kinder.«

Dann rannte er hinaus.

Als Peter am nächsten Tag erwachte, fühlte er sich so elend wie nach einem begangenen Verbrechen.

Eine Stunde lag er da, von bösen Schauern geplagt und gegen Schemen ankämpfend, die ihm seine Sinne vorgaukelten. Dann kamen sein jüngster Sohn und die mittlere seiner Töchter ins Schlafzimmer gekrochen. Bei ihrem Anblick begann er wild herumzubrüllen. Sie rannten hinaus und holten die Mutter.

Sie kam herein, blaß, mißbilligend und distanziert. »Du willst wohl was zu trinken, weil du so schreist?«

Genau das war es, was er jetzt brauchte, aber er schämte sich, darum zu bitten. Er schämte sich zu sehr, um überhaupt um etwas zu bitten.

»Dann bring' ich dir eben Tee«, sagte sie.

Sie hielt seinen Kopf und flößte ihm das heiße Gebräu ein. Wortlos beobachtete sie, wie Tränen aus seinen blauen Augen quollen und über die fleischigen Wangen rannen.

»Das ist mein Ende«, flüsterte er.

»Du dummer Mann, warum sagst du so etwas?«

»Was ich letzte Nacht getan habe«, flüsterte er.

»Du erinnerst dich?«

Er nickte schwach. Es war die Hölle. Er erinnerte sich zu genau, und er wäre lieber tot gewesen, als mit dem Bewußtsein dessen, was geschehen war, leben zu müssen. Er hatte einen anderen Mann gebeten, es mit seiner Frau zu tun. Besser sterben, als so weit zu kommen.

»Es war – *extrem*«, sagte sie. »Die Leute leben sich durchs Böse hindurch. Ach, komm jetzt. Falls du dich besser fühlst, bringe ich dir einen Whisky.«

Als er ihn hinabgestürzt hatte, richtete er sich im Bett auf und kündigte an, er werde noch in dieser Minute gehen und Michael Cobb umbringen.

Eileen lachte ihn aus. Was sonst sollte er nun tun? Sie fühlten beide, sie hatten etwas Unvorstellbares erlebt. Etwas so Endgültiges wie den Tod. Aber sie waren nicht gestorben. Sie waren durchs Feuer gegangen.

»Hör auf damit«, sagte sie. »Ich bitte dich, hör auf, Peter. Vielleicht ist Cobb ein Teufel. Vielleicht ist er ein Engel, der an unsere Tür geklopft hat. Ich meine die Erfahrung, die wir gemacht haben. Laß sehen, was wir daraus gelernt haben.«

»Was heißt gelernt?« greinte er.

»Das, was Michael uns gesagt hat – vielleicht – im Bereich unserer sexuellen Erfahrungen. Sowohl im Geistigen wie auch im Körperlichen. Ich habe mich nicht so elend gefühlt wie du, als ich aufwachte, ich – ich fühle mich jung und so – ja doch, neugeboren. So bereit, weiterzuleben.«

»Du stehst noch immer unter Hypnose!« sagte er mit weit aufgerissenen Augen.

Jetzt lachte sie leicht amüsiert. »Mag sein. Warum auch nicht?«

Er wußte es nicht. Er hatte den Weg aus dem Labyrinth finden wollen, in das er sich verirrt hatte. Und jetzt, ganz schwach nur, dämmerte ihm, daß das, was Eileen sagte, soviel hieß, wie daß sie ihm einen Weg zeigen konnte. Daß Michael Cobb ihm durch sie sagte, er könne ihm einen Weg zeigen. Immer noch schwach und wackelig auf den Beinen, überließ er sich an jenem Nachmittag der Hoffnung, daß es so sei. Etwas Neues war geschehen, ganz anders als seine homosexuellen Versuche mit MacLean und dessen seidenweichen Freunden.

Und so ging er nicht hin und brachte Michael Cobb nicht um. Suchte auch keine billigen Ausflüchte für das, was er mit seiner Frau aufgeführt hatte, sondern schrieb statt dessen ein paar Tage später einen Brief:

»Von Eileen und mir: Danke. Du hast deine Aufgabe erfüllt. Wir sind durch deinen Zauber verändert. Phönix erhebt sich aus der Asche.

Wir hoffen, dich wiederzusehen. Aus Gründen meines Stolzes würde ich bevorzugen, daß dieses Treffen erst stattfindet, wenn ich etwas Anständiges geleistet habe. Laß mir ein Jahr Zeit zur Arbeit. Nach genau einem Jahr und einem Tag – wie das in den Märchen so ist – wirst du wieder von uns hören.

Liebe Grüße, Peter.«

Zweifellos war es ein Glück, daß in diese Frist von einem Jahr und einem Tag, die Peter so präzise angegeben hatte – und die Michael humorig akzeptierte, indem er den Brief aufhob, aber nicht beantwortete –, jener Zeitpunkt hineinfiel, da Cecile zu Michael zog, um mit ihm zusammenzuleben.

# 15. KAPITEL

Es kann kein Zweifel darüber bestehen, daß sich Cecile Banner in der Zeit, da sie periodenweise bei Michael Cobb lebte, als Prostituierte betätigte. Nach ihren eigenen Aussagen wurde sie während ihres Zusammenlebens mit Cobb nur in fünf Fällen auf mehr oder weniger ehrenhafte Weise als Modell oder Showgirl beschäftigt. Mindestens ebenso oft ließ sie sich als Dirne anwerben. Die Frage, wer in diesem schmutzigen Geschäft die Kontakte herstellte, war Gegenstand zahlreicher Meinungsverschiedenheiten und konnte bis zum heutigen Tag nicht ganz geklärt werden. Michael Cobb, C. A. Kugel, Rob Varden, Victor Gaspery und Tammy Chandler wurden nacheinander beschuldigt und beschuldigten einander gegenseitig, Miß Banner zur Unzucht angestiftet zu haben. Die Hauptfrage vor Gericht war, ob jemand von diesen Personen Gewinn aus ihrer Tätigkeit zog. Michael Cobbs finanzielle Situation war chaotisch. Vor seinem Prozeß versuchten seine Anwälte, durch Prüfung seiner Bücher nachzuweisen, daß man ihn nicht beschuldigen könne, aus unmoralischer Tätigkeit Gewinn gezogen zu haben. Sie mußten ihren Versuch aufgeben, denn es war unmöglich, aus seiner Art der Buchführung ein klares Ausgaben- und Einnahmenschema zu ersehen. Er behauptete, Cecile Banner habe ihm lediglich als Modell für seine Zeichnungen und Ölbilder gedient. Er beschuldigte Cecile – welche Beschuldigung er später wieder zurückzog –, daß sie in der Zeit, da sie bei ihm wohnte, Dinge aus seinem Eigentum entwendet habe. Außerdem behauptete er, daß Miß Banner sich bereit erklärte, ihm einen bestimmten Betrag als Miete zu bezahlen, ihm aber niemals einen Shilling von den Summen zurückerstattet habe, die er für sie ausgab.

Es handelt sich hier um sehr unbestimmte, schwer zu beweisende Tatbestände, deren Wahrheit außerhalb des eruierbaren Bereiches dieses Reports liegt. An dieser Stelle mag es genügen, zu sagen, daß Cecile Banner sehr oft mit Dr. Cobb Meinungsverschiedenheiten hatte und hierauf seine Wohnung verließ. Doch sie kehrte immer wieder zurück. Sie schien ihm verfallen zu sein.

*Der Melamine-Report*

Viele Tage in jenem Jahr verbrachte Cecile damit, zu Hause in Michaels Wohnung auf Telephonanrufe zu warten, die sie in jene glänzende Welt holen würden, für die sie sich bestimmt fühlte. Die Tage vergingen damit, daß sie im Bett lag und Radio hörte, badete und sich manikürte und sämtliche Schränke und Laden durchstöberte, die er nicht unter Verschluß hielt.

Michael wurde immer ungehaltener über ihre Schnüffeleien, sie hingegen entwickelte immer größeres Geschick im Verwischen aller Spuren. Dies war nur eines ihrer vielen Spiele, und wie bei allen anderen entfaltete sich auch bei diesem die ganze Skala möglicher Spielvarianten von bösartiger Auseinandersetzung bis zu erfindungsreichem Schabernack. Die Art, wie er etwa ein Messer mit der Schneide nach oben auf dem Küchenbord liegenließ, konnte, falls sie es fand, eine Warnung für sie bedeuten. Einer ihrer Strümpfe zwischen die Seiten seines Photoalbums gesteckt, bedeutete: »Ich weiß, du kannst es nicht lassen, deine Nase hier hineinzustecken.« Und auch die Reihenfolge, in der er die Platten auf den Plattenwechsler legte, hatte stets etwas zu bedeuten, zumindest daß er an sie dachte.

Jedenfalls verstand sie diese Zeichen, die er für sie zurückließ, weit besser als das, was er manchmal sagte. Die Dinge, die sie beide angingen, tauschten sie durch Zeichen und Signale aus, gleichgültig, ob es sich nun um Sex oder etwas anderes handelte. Und sogar ihre Schnüffeleien, von denen sie annahm, er müsse sie bemerken, auch wenn er sie nicht sofort dabei ertappte, sollten ihm sagen, wie sehr sie sich langweilte und wie böse sie darüber war, daß er ihr nicht die große Welt und das große Leben erschloß, von dem er so freimütig berichtete. Hatte ihr Überdruß einen bestimmten Grad erreicht und wollte sie das Michael mitteilen, dann erbrach sie eben eine Lade seines Sekretärs, die er stets verschlossen hielt. Und: – das paßte wieder sehr zu Michael – alles, was sich in dieser Lade fand, war der Schlüssel für irgendeine andere Lade oder irgendeinen anderen Schrank. Es bedurfte nicht des ganzen Nachmittags, um herauszubekommen, in welches Schloß dieser Schlüssel paßte. Es gab allerdings viele Schlüssellöcher in dieser Wohnung. Diesmal war es der Schlüssel für das Schloß der schmalen Tür in der Wandtäfelung, von der sie immer angenommen hatte, es handle sich um einen unbenützten zweiten Ausgang aus der Wohnung.

Als die Tür aufflog, und sie all die Zeichnungen und Gemälde mit den kopulierenden Paaren sah, dazu den riesigen Keramikpenis, setzte sie sich auf den Fußboden und begann zu lachen. Der Anblick dieser sorgfältig arrangierten Kollektion gab ihr zum erstenmal wirklich das Gefühl großer Überlegenheit über Michael.

Sie konnte es nicht erklären, aber es war wirklich so, als ob sie ihn mit heruntergelassener Hose ertappt hätte. Hier hatte sie eine seiner Schwächen entdeckt, und das machte sie froh. Dieser Fund, die schmutzigen Bilder, die Michael wie einen Schatz in der Wand seines Schlafzimmers aufbewahrte, erinnerte sie an die Puppensammlung, die er auf dem obersten Regal seines Schrankes im Atelier in Chelsea aufbewahrte.

Nach der Entdeckung dieses Geheimschrankes mußte sie einfach Tammy Chandler anrufen. Tammy erzählte ihr immer Herabsetzendes über C. A. Kugel, und hier war nun etwas, was sie als Gegengabe zu bieten hatte. Tammy sollte wissen, daß auch ihr Mann seine dunklen Punkte hatte. Das würde ihr das Gefühl der Gleichwertigkeit gegenüber Tammy geben.

Als Tammy kam, gerieten sie in immer wildere Stimmung, schauten die Bilder im Schrank an, tauschten ihre Erfahrungen bezüglich der Stellungen aus, die auf diesen Bildern zu sehen waren, und mit wem sie diese Stellungen praktiziert hatten. Sie tranken etwas Gin und hielten sich praktisch in der kleinen Schranknische auf.

Auf dem Höhepunkt ihrer Heiterkeit nahm Tammy das lange glänzende Keramikding vom Haken, hob ihren Rock und hielt es sich zwischen die Beine. Kichernd und johlend begann sie damit im Raum herumzuhüpfen und zu schreien, sie werde es jemandem hineintreiben. »Ich beschaffe mir einen Mann, stecke es ihm in den Hintern und schaue zu, wie ihm zumute wird«, kreischte Tammy. Mit der einen Hand hielt sie den Keramikpenis zwischen ihren Beinen, mit der anderen preßte sie sich den Bauch vor Lachen.

Schließlich erinnerte sich Tammy eines Studenten, der in der Nähe des Russel Square wohnte und dem es vielleicht gefallen würde, wenn man ihm das Ding hineinschob.

Und so trugen die beiden betrunkenen Mädchen den Gegenstand, den sie in ein Handtuch eingeschlagen und dann noch in Zeitungspapier eingewickelt hatten, die Stiegen hinunter – um dort Michael in die Arme zu laufen, der eben den Flur des Hauses betrat.

Cecile hätte sich nie gedacht, daß Michael so wild werden könnte. Sie war überzeugt, er hätte sie auf der Stelle verprügelt, wenn nicht die Nachbarn gewesen wären, die es mit angesehen und sich möglicherweise eingemischt hätten.

Er packte sie schmerzhaft am Arm und marschierte mit ihr

die Stiegen hinauf. Als sie sich sträubte, sagte er: »Dann geh, geh, und komm nicht mehr wieder. Du kannst gehen, wie du gekommen bist.«

Und er meinte es auch so. Das war es, was sie beide ernüchterte. Und da standen sie nun niedergedrückt im Dunkel des Hausflurs, nachdem er ihnen sein wertvolles Spielzeug abgenommen hatte und hinaufgegangen war.

»Ah, gut – du kommst mit mir und kannst bei mir wohnen«, bot Tammy an.

»Nein . . .« sagte Cecile unsicher. »Ach, warum regt er sich wegen so einer Kleinigkeit so auf. Nein. Ich kann nicht. Eins darf ich bei ihm auf keinen Fall tun: Kugel in die Nähe kommen!«

Dann änderte sie ihre Meinung und sagte, sie werde auf jeden Fall mit Tammy mitgehen. Doch Tammy zog zurück. Ihrem Gefühl nach dürfe man Michael nicht noch böser machen. »Ich habe keine Angst vor ihm. Aber schließlich hast du ihm etwas gestohlen, in das er vernarrt ist . . .«

Und so kamen sie überein, daß Cecile sich ein Zimmer mieten solle, bis die Sache irgendeine Wendung nahm oder Michael sich besänftigte und sie heimholte.

Das tat er nicht. Sie mußte ein paar Wochen später auf den Knien zu ihm gekrochen kommen. Er nahm sie auf und behandelte sie genau wie zuvor – wie ein Haustier, von dem man nicht mehr erwartet als ein wenig Liebe. War sie weder gelangweilt noch verärgert, dann war es gut. Ein Tier zu sein, war dasselbe wie ein Mädchen, das Wünsche und Ambitionen hat, die ihm nicht erfüllt wurden. Und in einem Punkt, nämlich Sex, konnte sie stets etwas Neues von ihm lernen. Jetzt beispielsweise hatte er ihr beigebracht, sich am ganzen Körper einzuölen. Auf diese Weise Liebe zu machen, hatte eine ganz spezielle Wirkung auf den Geist. Es war nicht das Gefühl auf der Haut, sondern die Art, wie der Geist arbeitete, während man es tat. Das war es ja, worin Michael so gut war und weswegen sie immer wieder zu ihm zurückkam, auch wenn er sie in anderem enttäuschte. Das Neue für sie war die Erkenntnis, daß, wenn man es trieb, der Geist, das Bewußtsein in ganz spezieller Weise funktionieren mußten, um es traumhaft schön werden zu lassen.

»Was geschieht eigentlich mit mir?« fragte sie ganz ernsthaft. »Wenn ich an Tammy oder Kugel oder irgendeinen deiner schmutzigen Freunde denke: sie sind alle anders. Warum?«

»Möglicherweise, weil du lernst, deine Vorstellungsgabe zu gebrauchen.«

»Aber Dinge, die man sich vorstellt, sind doch nicht wahr«, sagte sie.

»Du gebrauchst doch deine Vorstellungsgabe dazu, um zu erkennen, was wahr ist.« Er erwartete keineswegs, Cecile mit solchen Bemerkungen, die er aufs Geratewohl aussprach, erziehen zu können. Er warf sie ihr einfach hin; sollte sie daraus machen, was sie wollte.

Eine Zeitlang lief wieder alles im alten Gleis, aber der Frieden war nicht von langer Dauer. Im März gab es einen heftigen Streit, weil Michael sie für eine Woche ausquartierte. Er bezahlte für sie Hotel und Essen, solange sie weg war. Sie wußte, daß er die Wohnung für sich haben wollte, um jemand anderen dort unterzubringen. Wenn sie über die nötigen Mittel verfügt hätte, wäre sie überhaupt nicht mehr zu ihm zurückgekehrt, als er sagte, sie dürfe wieder kommen. Um ihn zu ärgern, kam sie just an dem Abend, an dem er sie zurückerwartete, sehr spät nach Hause. Er hatte mit ihr ausgehen wollen und war in keiner guten Stimmung, als sie erst nach Mitternacht aufkreuzte.

»Komm sofort hierher«, rief er aus seinem Lehnstuhl. Seine Stimme war die des gestrengen Vaters. Sie ging zu ihm, stellte sich vor ihn hin, ohne den Mantel auszuziehen. Trotzig preßte sie die Lippen aufeinander, so daß sie nur mehr dünne rote Striche waren.

»Spuck es aus«, sagte er.

»Ich war nur mit Tammy zusammen.«

»Ich bin sicher, du warst mit Tammy zusammen. Und mit C. A.?«

»Du weißt, ich mag ihn nicht. Nun – ja, er war dabei.«

»Wo dabei?«

»Ich bin müde, Michael. Ich sollte zu Bett gehen, sonst verkühle ich mich. Ich spüre es.« Sie versuchte zu niesen. Es fiel so wenig überzeugend aus, daß sie fast über sich selbst lachen mußte. »Wenn ich mich erkälte, werde ich bösartig und unleidlich.«

»Erzähl!«

»Ich habe mit niemandem gevögelt!«

»Ich habe dich nicht beschuldigt. Aber du verschweigst mir etwas. Daß du etwas verschweigst, macht es wichtig!«

»Ich sehe nicht ein, warum ich dir alles erzählen muß!«

»Du hast überhaupt nichts einzusehen, du dummes kleines Ding. Du hast mir zu gehorchen.«

»Mit dir darf ich schmutzige Sachen treiben, dann ist es, oh, so heilig, und mach' ich etwas für mich allein, wirst du wild. Du willst mich verblöden.«

»Du tust nichts von allein. Wenn es nicht für mich ist, dann hat dich eben jemand anders dazu angestiftet. Und das erlaubte ich nicht.«

Immer noch stand sie angriffslustig vor ihm und hatte den Mantel eng um den schlanken Körper geschlungen.

»Geh«, sagte er. »Geh und mach einen Blick ins Schlafzimmer.«

Er hatte seinen Zauberschrank offenstehen, und im Raum brannte kein Licht außer der fluoreszierenden Beleuchtung im Schrankinneren. Seine Sammlung hatte Zuwachs bekommen, was ihr nicht entgehen konnte. Es entging ihr auch nicht. Er hörte ihren erstickten Schrei fast im selben Augenblick, da sie das Zimmer betrat. Er wartete, daß sie zurückkäme und etwas sagte.

Nach zehn Minuten ging er, um nach ihr zu sehen. Sie lag zusammengerollt auf dem Bett wie jemand, den man auf der Straße überfahren hatte. Ihr Mantel klaffte weit auf, bildete Knautschfalten, der Rock war nach oben verrutscht. Doch sie achtete nicht darauf. Sie lutschte heftig am Daumen und hielt den Blick auf den offenen Schrank geheftet. Und dort, im Zentrum der Mittelwand, inmitten der erotischen Bilder, hing an einem neu eingeschlagenen Nagel eine lederne Hundepeitsche. Die Enden der beiden Peitschenschnüre, glänzend wie nach einem Säurebad, baumelten bösartig hin und her, als führten sie ihr eigenes, schlangengleiches Leben.

Er setzte sich neben sie auf das Bett und berührte sie zart an der Schulter. Er wartete einige Zeit, dann nahm sie den Daumen aus dem Mund und stieß hervor: »Du wirst sie nicht an mir ausprobieren? Bitte nicht, Michael, du machst mir wieder Angst. Ich werde es nicht mehr tun, ich werde es nicht mehr tun.« Sie lehnte sich an seine Brust, von kindhaftem Schluchzen geschüttelt. »Sag doch etwas. Sag doch etwas.«

»Natürlich werde ich dich nicht auspeitschen, ich wollte nur, daß du es siehst. Daß du daran denkst.« Er wollte, daß sich die Peitsche in ihr Gedächtnis einpräge, nicht die Erinnerung eines schmerzhaften Peitschenhiebes auf ihre noch kindhafte Haut.

Er ging und schaltete das Licht aus. Es schien ihm, daß er ihr damit Gutes tue, doch sie, die nicht verstand, was er damit beabsichtigte, begann zu schreien, als er den Schalter betätigte.

»Hast du geglaubt, ich komme damit im Finstern?« sagte er besänftigend. »So etwas würde ich nie tun, Darling.«

»Im Finstern seh' ich es noch viel deutlicher, Michael. Bitte, oh, bitte, dreh das Licht an.«

Er tat es nicht. Wenn es sich in ihrer Vorstellung eingenistet hatte, mochte es sich wie ein glühendes Eisen noch tiefer in sie hineinbrennen. Es war grausam, doch es würde ihnen andere Grausamkeiten ersparen.

Er begann sich zu entkleiden. Als sie sah, was er machte, schlüpfte sie schnell aus ihren Kleidern und rollte sich unter die Decke.

Er hielt sie von hinten umfaßt, seine Hände auf ihren Brüsten. Als er die Öffnung zwischen ihren Schenkeln gefunden hatte, stieß er zu. Sie zitterte immer noch, und er wußte, daß sie mit weit aufgerissenen Augen auf jene bestimmte Stelle hinstarrte und die Dunkelheit zu durchdringen suchte. Sie fürchtete, daß sie, wenn sie die Augen schloß, wieder die Peitsche sehen würde.

»Jetzt sag mir, was du heute abend gemacht hast«, sagte er.

»Also . . .« begann sie.

Ihr Geständnis kam ihr flüssig, ja überschwenglich von den Lippen, nachdem sie einmal ihre eigensinnige Furcht abgelegt hatte. Die Wahrheit war, daß sie zusammen mit Tammy für den Abend Pläne geschmiedet hatte. Sie wußte wirklich nicht, daß das Ganze eine abgekartete Sache war, als C. A. mit ihnen nach Notting Hill fuhr und sie in eine Dachkammer schleppte, wo Oliver Hodges und »einige andere« ihren »Dokumentarfilm« drehten. C. A.s Leibwächter war weggegangen. »So konnte uns nichts geschehen. Du hättest dich nicht zu sorgen brauchen.«

»Erzähl.«

Da war dieses schwarze Mädchen namens Eulia Price gewesen. Sie war aufregend. Sie hatte lange, wie Messerklingen schlanke, glänzende Beine und gebleichtes Haar. Unter dem Licht der Scheinwerfer in der Ecke der Dachkammer hatten sie und der Schwarze mit Namen Oliphant auf einem Feldbett und auf dem Fußboden »alle möglichen Sachen getrieben«. Oliphant war schrecklich. Er lachte so viel. »Wirklich, Michael, es war unglaublich, wie bei einem Pferd. Als er steif war, war er länger als das, was du in deinem Schrank hast.«

»Und Eulia?«

Cecile hielt den Atem an. Sie packte Michaels Hand und

drückte sie gegen ihre Brust. Dann glitten ihre Hände gemeinsam nach abwärts, über ihren zitternden Bauch, bis sie in dem feinen Haargewirr zwischen ihren Schenkeln anlangten.

»Und Eulia?«

»Sie war . . . Können schwarze Frauen überhaupt schön sein? Ja, sie war schön. Mit ihren langen Beinen und der Scham, die etwas vorspringt. Und ihre Brüste sind fest und spitz. Und dann ihr weißes Haar . . .«

Während sie beschrieb, spürte sie die stetige Bewegung seiner Hand, spannte jetzt die Muskeln unter dem Eindruck der erregenden Szene, die sie durch ihre Worte in ihrem Geist heraufbeschwor, und kam unter konvulsivischen Zuckungen zum Höhepunkt.

Nach einer Weile, während sich ihre Spannung löste, sagte sie: »Es tut mir leid, Michael. Ich werde nicht mehr zu diesen Leuten gehen. Wenn sie deine Feinde sind, will ich nichts mehr mit ihnen zu tun haben. Ich hätte dich fragen sollen. Verzeihst du mir?«

»Sie sind nicht meine Feinde. Ich lehne es ab, Feinde zu haben«, sagte er. »Du gehst, wann und wohin es mir paßt. Auch zu ihnen. Und du vergißt nie die Peitsche«, sagte er sanft. »Und ich werde sie nie an deinem Körper ausprobieren.«

»Ich verstehe«, sagte sie, mit ihren Lippen auf den seinen.

Aus jenem Frühling stammen einige Zeichnungen, die durch Details im Hintergrund erkennen lassen, daß sie in Michaels Atelier angefertigt wurden. Sie zeigen ein weißes und ein schwarzes Mädchen in enger Umarmung auf einem Bett. Es sind zwölf Zeichnungen, auf denen die beiden in den verschiedensten Positionen dargestellt sind. Die Arbeit zweier langer Nachmittage.

Wenn die Arbeit im Studio vorbei war und sie daheim im Bett waren, folgte wieder das »Erzähl«-Ritual.

»Also«, sagte Cecile, »zuerst hatte ich Angst. Ich habe nicht geglaubt, es würde mir gefallen. Aber dann – wir waren ja beide gemeinsam dort, du und ich. Es gefiel uns. Wir mochten es. Mochten es.«

In solchen ekstatischen Momenten nahmen ihre Beziehungen neue, ungeahnte Formen an. Sie hatten Teil an etwas, was nicht mit Worten auszudrücken war, das aber existierte, weil sie es erlebten und genossen.

Zugleich damit gewann sie mehr Unabhängigkeit und ertrug

mehr Gehorsam. Er ließ die Zügel lockerer, wohl wissend, sie würde es nicht zu sehr ausnützen. Selten machte er ihr Vorschriften bezüglich ihres Kommens und Gehens. Außerdem war es die von beiden akzeptierte Regel, daß sie herumliegende Münzen in ihre Börse steckte, jedoch niemals Banknoten an sich nahm, ohne zu versprechen, sie wieder zurückzuerstatten.

Im Winter wurde sie von einer außerordentlichen Rastlosigkeit befallen. Sie sah, daß sie nichts erreichte. Wo war die große Karriere? Die Wohnung und das Studio langweilten sie. Sie fuhr in den roten Zweideckerbussen kreuz und quer durch London und hielt Ausschau nach schönen Häusern, in denen man wohnen könnte, und nach romantisch veranlagten reichen Leuten, die ein verrücktes Leben führten. Tagelang streifte sie durch die Straßen und Läden im West End, in der Hoffnung, eine Bekanntschaft zu machen, lehnte jedoch hochmütig ab, was sich tatsächlich anbot. Die Männer, die es bei ihr versuchten, waren ihr jetzt nicht mehr gut genug.

Als er sah, daß es so weit mit ihr stand, zeigte er sich bereit, seine ehrgeizigen Pläne mit ihr zu verwirklichen. Nach und nach machte er ihr die Macht begreiflich, über die ein junges Mädchen wie sie verfügte. C. A.s Geld war für sie stets eine Verlockung gewesen. Nun, sie würden sich nehmen, was sie brauchten. Aber das war nur der Anfang. Wenn seine Vermutung stimmte, konnte man mit ihr weit größere Dinge bewerkstelligen als mit Tammy.

Sie hatte wahrscheinlich mit C. A. auf ihre exzentrische Art geflirtet. Jetzt war es allmählich Zeit, ernsthaft mit der Kampagne zu beginnen. Eines Nachts lag sie in seinen Armen und telephonierte kichernd und schwatzend eine Stunde lang mit Tammy und C. A. Das Thema der Konversation war völlig gleichgültig. Was geplappert wurde, war dumm genug. Die eigentliche Botschaft, die C. A. hier erhalten sollte, war die, daß am anderen Ende der Leitung sein Traum – die Frau aus Michaels Händen – zu ihm sprach. Und daß diese Frau nicht so quälend weit außerhalb seiner Reichweite war, daß nicht für ihn die Verlockung stark genug werden könnte, sie sich zu kaufen.

Konsequent hatte Michael sie von C. A. ferngehalten, bis die Zeit reif war. Jetzt ließ er den Köder etwas näher vor des Opfers Nase hin und her baumeln. Wobei baumeln bedeutete, daß er das andere Ende des Strickes fest in der Hand hielt.

Der zweite Teil des Tricks bestand darin, sie den Strick nicht fühlen zu lassen, außer er zerrte daran.

# 16. KAPITEL

Lange vor dem »Vorfall« beim Swimmung-pool in Cadwater befragte ein Agent der Abteilung MI-5 Michael Cobb über seine Beziehungen zu Eugene Latvin. Latvin war sowjetischer Filmstar und besuchte sozusagen als eine Art Reisender in Kultur viele Länder. Der Gedanke war nicht von der Hand zu weisen, daß er sich durch diese Reisen hervorragend zum Kurier des sowjetischen Geheimdienstes eignete.

Der Agent, der Michael Cobb Fragen stellte, wurde schließlich davon überzeugt, daß Michael Cobb mit Latvin keine Beziehungen zum Schaden der britischen Sicherheit unterhalte. Der Agent bat Michael Cobb, jede verdächtige Bemerkung oder Tätigkeit von seiten Latvins zu melden, mit einem Wort, man versicherte sich Michael Cobbs Mithilfe.

Der Bericht des Agenten lautete folgendermaßen: »Mein Eindruck von Cobb ist der eines von Natur aus ehrbaren Charakters. Es steht außer Frage, daß er ein chaotisches und nach konventionellen Begriffen unmoralisches Leben führt. Im Gespräch merkte ich eine innere Unruhe und Zerfahrenheit an ihm, wie ich das oft bei Menschen beobachtet habe, die kein geordnetes Leben führen. Er ist zweifellos eine Künstlernatur. Aber ich glaube, sein geistiger Zustand ist nicht krankhaft zu nennen, und ich bin sicher, er ist kein Kommunist. Die Kommunisten rekrutieren sich nicht aus Kreisen der Lebewelt.«

Der Agent interessierte sich auch für Michael Cobbs Beziehungen zu C. A. Kugel. Man mutmaßte, die beiden Männer wären mitbeteiligt an einem raffinierten Plan, nach welchem Persönlichkeiten des öffentlichen Lebens dazu erpreßt werden sollten, für fremde Mächte zu arbeiten. Es stellte sich heraus, daß das nicht der Fall war. C. A. Kugel kannte weder den Russen Eugene Latvin, noch hatte er irgendwelchen Kontakt mit ihm. Es ist wahrscheinlich, daß Michael Cobb seinen freundschaftlichen Umgang mit Mr. Kugel einzig aus dem Grund weiter pflegte, weil Mr. Kugel als wohlhabender Mann galt. Wahrscheinlich hoffte Michael Cobb, von Mr. Kugel finanzielle Unterstützung zu bekommen: entweder für sich selbst oder für einen seiner »Fälle«, die zu unterstützen er vorgab, oder für eine der Frauen, die zu unterstützen er müde geworden war.

*Der Melamine-Report*

»Michael . . . Sofort! Ich weiß nicht . . .«

Es war C. A. Kugels alter Hilfeschrei. Aber diesmal ging es weder um Kleider noch um Frauen, noch um eine Klubangelegenheit. Er hatte sich in der Beurteilung eines Menschen geirrt und war bestürzt durch die bösen Folgen, die das ausgelöst hatte.

Rob Varden hatte soeben in einer liberalen Wochenzeitung einen Artikel über die Übeltaten veröffentlicht, die böse Hausherren in London an armen Schwarzen aus ehemaligen Kolonialländern verübten. Und Kugel hatte er als Musterbeispiel jener kleinlichen, korrupten, möglicherweise sogar kriminellen Hausbesitzerclique hingestellt, die die Schwarzen in unmenschlichen Behausungen in Notting Hill pferchte, um sie dann durch exorbitant hohe Mieten und halsabschneiderische Schuldverschreibungen auszupressen und jenen, die ihren Verpflichtungen nicht nachkamen, schwere körperliche Strafen anzudrohen.

»Er schreibt, ich lege giftige Schlangen in ihre Badewannen und hetze Polizeihunde auf ihre Kinder. Ich lasse Dächer abdecken, wenn ich will, daß ein Mieter auszieht!«

C. A. protestierte nicht gegen die Beschuldigungen – sondern nur dagegen, daß gerade Rob Varden ihn dem Zorn der Öffentlichkeit aussetzte. Er hatte Varden für einen jungen Mann mit besonderer Begabung auf dem Gebiet der Erpressung und der Intrige in gehobenen Kreisen gehalten und versucht, ihm in dieser Hinsicht weiterzuhelfen.

Nun mußte er erleben, daß Varden im Namen der Moral den Spieß umdrehte und ihn wegen der Verfehlungen angriff, von denen er, C. A., ihn hätte profitieren lassen – sobald er ihn vertrauenswürdig genug fand.

Michael hatte kein Mitleid. »Du mußt andere Wege gehen, C. A.«, erklärte er ihm beim Glas Sherry. »Varden hat die Zeichen am Himmel erkannt. Er gehört zu einer anderen Generation. Er hat begriffen, was öffentliche Meinung ist.«

»Jetzt wage ich es nicht mehr, in den Lancer's Club oder sonstwo in einen Klub zu gehen«, sagte Kugel.

»Geh neue Wege. Du hast genug Geld verdient. Du brauchst keines mehr. Wirf deine Killer hinaus. Du brauchst keinen Leibwächter.«

»Die Anwälte sagen das gleiche«, gab C. A. traurig zu. »Man wird Gesetze erlassen . . .« Michael sah, daß es tatsächlich nicht der Einkommensverlust war, der C. A. bedrückte. Es war der

Verlust dessen, worauf sein Machtgefühl sich stützen konnte. Noch war sein Herz nicht getroffen, aber er sah das Ende kommen.

»Hör mir einmal zu, C. A. Seit Jahren sage ich dir, daß es verschiedene Möglichkeiten gibt, wie du den Rest deines Lebens verbringen kannst.«

Tiefe Schwermut überzog C. A.s Gesicht, als er sagte: »Für dich, aber nicht für mich.« Er sah, daß jetzt, da er alt wurde, jeder sich von ihm abwandte; sogar Tammy, die ihm mehr Ärger und Schwierigkeiten bereitete als je zuvor, würde nicht mehr lange bei ihm bleiben.

»Du behandelst sie falsch. Du hast zu wenig Phantasie«, sagte Michael hinterhältig. Und nun stopfte er C. A. mit Zündstoff voll: Geschichten über Cecile. Während er sprach, beobachtete er sein Gegenüber genau und sah ohne große Überraschung, daß Kugel neidische Blicke zu werfen begann, als er ihm eine erfundene Geschichte über Cecile erzählte, wie sie an einem Billardtisch im Spielsalon von Cadwater Bart Collingwood unterhalten hatte.

Er verkaufte einen Traum. Eigentlich verkaufte er Kugels eigenen Traum an diesen zurück. Und mit jedem seiner Worte schien Kugel bereiter, zu zahlen.

»Und du sagst...«, seufzte C. A., »die Billardkugeln rollten und stießen gegeneinander, während die beiden...« Das war vornehme Art zu leben – und das entging ihm. Er wußte, es blieb ihm nicht mehr viel Zeit. »Vielleicht hast du recht, Michael. Es ist Zeit für mich, das Leben so zu genießen wie du. Ich denke oft daran.«

»Michael... Sofort... Ich weiß nicht...« Diesmal hatte ein Agent der Abteilung MI-5 Kugel völlig aus der Fassung gebracht. Der Mann hatte um eine Unterredung gebeten. Als Grund gab er an, von Kugel etwas über einen belgischen Staatsbürger erfahren zu wollen, mit dem dieser während des Krieges im Konzentrationslager gewesen war. Der Agent, ein Mann namens Blake, hatte gesagt, die Befragung sei reine Routinesache. Doch seine Cambridgemanieren erregten wieder einmal Kugels Verdacht. Seit Vardens Verrat witterte er überall Fallstricke und Komplotte.

»Es sind die Schwarzen, die das tun«, sagte er wild. »Sie haben jetzt die Macht. Ich beschaffe ihnen ein Dach über dem Kopf, ich kümmere mich um sie, und sie lassen mich in der Presse verleumden. Vielleicht verbreiten sie auch Gerüchte, daß ich Spion bin, wer weiß?«

»Du legst ihnen Schlangen in die Badewannen – vorausgesetzt, daß es überhaupt Badewannen gibt«, sagte Michael schonungslos. »Du sperrst ihnen das Gas und die Wasserleitung ab, wenn du willst, daß sie ausziehen sollen. Aber dir einen MI-5-Mann auf den Hals zu hetzen, dazu sind sie gewiß nicht in der Lage.«

»Natürlich kenne ich Kommunisten, da und dort«, sagte Kugel, immer noch aufgeregt. »Wer nicht? Bin ich jemals aktiv gewesen? Nicht einmal in Deutschland hat man mich dessen bezichtigt.«

»Nun – reg dich nicht auf«, sagte Michael. »Zufällig kenne ich Henry Blake sehr gut, und wenn du auf ihn einen schlechten Eindruck gemacht hast, werde ich sehen, ob ich es nicht applanieren kann. Tatsache ist, daß ich mit ihm vor kurzem ein wenig über dich geredet habe, und ich versichere dir, du brauchst keinerlei Befürchtungen zu hegen.«

»Du kennst eben die Leute, die wichtig sind«, sagte Kugel, neue Hoffnung schöpfend. In Wahrheit kannte Michael Henry Blake nur von einem halbstündigen Gespräch, das sie geführt hatten, als der Agent gekommen war, um Michael über seine Beziehungen zu Eugene Latvin auszufragen. Nichtsdestoweniger stimmte es, daß im Laufe des Gesprächs auch der Name Kugel gefallen war.

In jener halben Stunde hatte keineswegs ein besonders tiefgründiger Gedankenaustausch stattgefunden, wie sehr auch Blake in seinem Report ihm literarische Schnörkel angedeihen ließ.

»Um die Wahrheit zu sagen«, schrieb Blake, »ich bin überzeugt, daß Eugene Latvin ein Esel ist. Ich kenne ihn ein wenig. Wenn die Russen ihm ernsthafte Spionagetätigkeit anvertrauen, dann brauchen wir weniger Befürchtungen zu haben, als mancher von uns glaubt. Natürlich ist er furchtbar nett . . .«

Michael hätte dem nicht widersprochen. Latvin hatte sich bei verschiedenen Gelegenheiten als angenehmer Trinkkumpan erwiesen. Die Hoffnungen, die er in den Russen gesetzt hatte, waren enttäuscht worden.

»Er ist furchtbar nett, dafür sind Sie es um so weniger«, hatte Blake in seidenweichstem, beleidigend arglosem Ton gesagt. »Aber Sie sind ein tiefgründiger Mensch, Doktor Cobb.«

»Sie schmeicheln mir.«

»Ich habe über einige Ihrer merkwürdigen Freunde nachgedacht. Ich werde bald mit C. A. Kugel reden müssen, und ich darf wohl sagen, wir sollten über Ihre Verbindung mit ihm mehr besorgt sein als über die mit Latvin.«

»Sie wollen doch nicht sagen, daß Kugel ein Meisterspion ist?«

»O nein! Natürlich nicht. Es ist bloß so, daß sich in Geheimdienstangelegenheiten sehr oft Geschäftsleute, manchmal gerade jene, die sich mit dubiosen Dingen befassen, als außerordentlich nützlich erweisen. Ihr Kugel hat Verbindungen nach vielen Teilen Europas und dem Nahen Osten. Er reist ziemlich viel.«

»Kugel ist der geborene Altwarenhändler«, sagte Michael. »Wenn er Kontakt zu Spionen hat, stelle ich mir vor, daß es alte und abgetakelte sind, über die sich keiner mehr den Kopf zerbricht.«

Anstatt über diesen Scherz in Gelächter auszubrechen, setzte Blake sich wieder hin und sagte: »Das ist es gerade. Ich frage mich – und einige der anderen vom Büro, die gelegentlich seinen Weg gekreuzt haben, tun dies auch –, ob er uns nicht etwas über die Reste des russischen Apparats aus den dreißiger Jahren erzählen könnte, die uns nie mehr untergekommen sind. Sie wissen, Planung und Aufbau eines Spionagenetzes brauchen länger, als der schlichte Staatsbürger glaubt. Nehmen Sie doch einmal zum Beispiel diese ganze Generation der dreißiger Jahre, die von Cambridge und Oxford abging und die so verhältnismäßig viele kommunistische Agenten hervorbrachte. Angenommen, die Aktiven unter ihnen sind zum Großteil bereits außer Gefecht – Philby, Wylder, Bagley, Corning Alfred und all die anderen –, so wissen wir trotzdem immer noch nicht alles darüber, wie und wo sie ihre Tätigkeit aufnahmen. Wer waren die Leute, die sie zum Eintritt in die Partei überredeten? Die alte Generation. Sind einige von ihnen immer noch tätig und ziehen eine neue Generation von Verrätern und Untergrundleuten heran?«

Absichtlich warf Michael ein: »Ich nehme an, mein Vater hat damit zu tun gehabt. Aber er zumindest ist tot und nicht mehr da.«

»Entschuldigung«, sagte Blake. »Sollte keine Anspielung sein. Ich habe nur die Hoffnung, daß, falls Kugel – und ebenso Latvin – jemals einen von den Alten erwähnen sollten, die uns interessieren, Sie es uns sagen. Sie werden doch?«

Michael versprach es.

Er konnte sein Versprechen halten oder auch nicht. Was für

ihn wichtig war, war die Tatsache, daß Kugel für ihn nun interessanter war als je zuvor. Es war wert, ihn für sich zu gewinnen.

C. A. würde sich nicht ändern, würde so bleiben, wie er war. Momentan war er auf Rob Varden böse und machte sich Sorgen wegen des Geheimdienstes, repräsentiert durch Henry Blake. Bei anderer Gelegenheit würde er, falls es sich lohnte, Michael bereitwilligst an jeden der beiden verkaufen. Michael nahm diese Tatsache ohne jede Sentimentalität und ohne jedes Gefühl der Verachtung als gegeben hin. Er erwartete nicht, C. A. oder sonst jemanden ändern zu können. Doch mehr als nur ein Anzeichen deutete darauf hin, daß man C. A. noch zu ganz anderen Dingen gebrauchen konnte.

# 17. KAPITEL

Michael schleppte eine verdrießlich dreinsehende und schmollende Cecile in eine Kapelle in Wimbledon, wo Mayhouses Stück »Die Frau des Zauberers« zum ersten und einzigen Mal aufgeführt wurde. Sie lehnte es dieses eine Mal sogar ab, in neuen Kleidern zu erscheinen, um gut auszusehen.

»Wenn es ein wirklich gutes Stück ist, warum spielt man es dann nicht in einem der Theater im West End?« fragte sie herausfordernd.

»Du bist eine unkultivierte Ziege«, sagte Michael. »Große Kunst ist nicht immer dasselbe wie kommerzieller Erfolg.«

Doch nachdem sie das Stück gesehen hatten, das man in der Kapelle vor einem kleinen, still dasitzenden und leicht verwirrt wirkenden Publikum aufführte, fühlte sich Cecile noch mehr genarrt als zuvor. »Kein Wunder, daß man das nicht in einem richtigen Theater spielt«, sagte sie giftig. »Wer in aller Welt konnte daraus klug werden, was da vor sich ging?«

Michael lachte und gab zu, er sei ganz ihrer Meinung. Das Stück war voll herrlich düsterer Ideen und Vorstellungen gewesen, von denen keine klar herausgearbeitet war. »Du und ich werden Mister Mayhouse dramatischen Unterricht erteilen«, sagte er dann zu Cecile.

Er besuchte die Mayhouses in ihrem Haus in Hampstead Heath.

»Ich werde es nicht umschreiben«, sagte Peter. »›Die Frau des Zauberers‹ war ein notwendiger Fehlschlag. Notwendig für mich. Um hier ein für allemal zu zeigen, daß ich die alten Formen ablegen muß.«

»Ich finde es gräßlich, mit ansehen zu müssen, wie du diese gute Arbeit einfach wegwirfst«, sagte Michael etwas unsicher.

Voll von neuen Ideen, lehnte Peter es ab, solche Beileidsbezeigungen entgegenzunehmen. Er sah die Dinge nun besser. »Oh, ich gebe das Theater nicht auf. Ich habe jetzt erkannt, was es wirklich ist und was es zu sein hat. Ich habe einfach die längst gestorbene Idee von Bühne und Zuschauerraum, die die Schauspieler vom Publikum trennt, aufgegeben. Ich sehe das Drama – glaube mir, Michael, ich sehe es wirklich so – als eine Lebensform, als eine Art höherer Existenz, bei der wir alles das tun, was wir sonst tun, was aber in England so stinkfad und tot geworden ist. Einkaufen und verkaufen, heiraten und Kinder kriegen, neue politische Empfänge für Leute mit breiten Ärschen an Stelle der alten für dieselben Leute, arbeiten und Gesetze machen ... Parlament, Banken, Königin und Polizei – das alles ist doch Theater, nicht wahr? Es ist alles Drama und Ritual. Der springende Punkt ist, daß es so, wie es jetzt getan wird, schlechtes Theater ist. Die Rituale haben nichts mit dem zu tun, was wir in uns fühlen. Was ich tun müßte – was ich tun will – was ich tun werde, ist, das alles zu ändern. Ich sehe vor mir ein Theater der Körper, des Körpers ... Lachst du mich aus?«

»In keiner Weise«, sagte Michael. Sein Lächeln war breiter geworden. Er sagte: »Peter, ich möchte, daß du zu mir kommst, um ein paar Männer kennenzulernen, die die Art von Theater, von der du redest, vielleicht schon in Betrieb haben. Von dem einen von ihnen hast du gehört: C. A. Kugel. Von ihm war in letzter Zeit in völlig skandalöser Aufmachung in den Zeitungen die Rede, und zwar wegen seiner üblen Praktiken als Hausbesitzer in den Slums. Du wirst ihn natürlich nicht akzeptieren.«

»Zum Teufel, was spielt das für eine Rolle, ob ich ihn *akzeptiere*?«

»Nicht bei dem, was wir vorhaben«, stimmte Michael zu. Die Dinge ergaben sich so, daß Peter, bevor er das Kugelsche Theater kennenlernte, mit Peters zweiter Entdeckung Bekanntschaft machte. An einem schönen Nachmittag fuhren Michael und Peter vom Zentrum Londons hinaus nach Guilder's Green. Es kam Peter fast wie Angeberei vor, daß Michael seinen schönen Wagen in einer so ärmlichen Gegend parkte. Das Haus, vor welchem sie stehenblieben, war genauso ein Ziegelbau wie alle anderen im Wohnblock. Hinten, von der Straße aus kaum zu sehen, befand sich ein glasüberdachtes Gewächshaus. Doch Peter bemerkte es und fragte: »Finden dort die Aufführungen statt?«

Michael nickte. »Das ist Conrad Wachtmeisters Bühne. Sein Globe-Theater. Du wirst schon sehen. Sei aber nicht enttäuscht, wenn der alte Conrad heute eine zweitklassige Vorstellung bietet. Ich bin hier schon einige Male gewesen und weiß, daß die Qualität der Aufführungen schwankt.«

Auf Michaels Klopfen öffnete eine behäbig aussehende Frau um die Fünfzig. Sie schwatzte mit ihm über das Auf und Ab des wechselhaften Wetters der vergangenen Woche. »Aber heute ist es wunderbar. Ich nehme an, wir müssen Ihnen dafür danken, daß Sie es uns gebracht haben. An einem Tag wie diesem könnte Mister Wachtmeister hinaus auf die Straße gehen oder auf der Wiese sein. Und Sie sind der Dramatiker, von dem man liest, nicht wahr?« fragte sie Peter mit unterwürfiger Bewunderung. (Sie hat bestimmt keines meiner Stücke gesehen, noch je ein Wort von mir in der Zeitung gelesen, dachte Peter. Man hatte über ihn gesprochen. Michael hatte sein Auftreten hier vorbereitet.)

Die Frau, sie hieß Nora, führte sie durch das Haus, dann abwärts, durch einen kurzen, freistehenden Tunnel, der in das von Grün wimmelnde Innere des Gewächshauses führte.

Peter hatte sich zumindest ein wenig Exotik erwartet. Er fand das Innere des Gewächshauses ebenso enttäuschend englisch wie das Haus. Eine bescheidene Reihe von Rosen- und Geranientöpfen und dann entlang der Milchglasfront, hinter der nur verschwommen die Konturen der Außenwelt zu sehen waren, Rittersporn und Aspidistra. Ein bunter Ara und einige umherschwirrende Sittiche belebten mit ihren Farben das glitzernde Glasdach. Ein Bananenbaum war bis in den einen Glasbogen hinaufgewachsen, so daß er sein Haupt beugen mußte. Eine Mozartplatte war aufgelegt, und durch die Musik hindurch war das unaufhörliche feine Geräusch zerstäubenden Wassers zu hören, das ein Sprenger über niedrigstehende Töpfe mit asiatischen Gräsern verteilte.

Am Ende des Ganges, der zwischen den Pflanzen hindurchführte, kamen sie dann in einen laubüberdachten Alkoven. Peter sah etwas, was wie eine riesige Wiege aussah – und darin saß ein riesiges, blauäugiges Baby.

»Meister!« grüßte Michael.

Die feuchte, stets gleichbleibende Treibhausatmosphäre war nicht für die Pflanzen bestimmt, sondern dafür, diesen Urmenschen, dessen Körper und Gesicht, mit Ausnahme der unglaublich großen, absurd blauen Augen, die eines Kindes waren, am Leben zu erhalten.

»Nora, willst du bitte die Musik leiser stellen?« bat Wachtmeister. »Ich bin hocherfreut, Sie kennenzulernen, Peter. Bring Stühle für die Herren, Nora, und drei Whiskys!«

Er streckte seine Hand aus, um die Peters zu schütteln. Die

Hand fühlte sich schlaff und feucht an, vorerst etwas schockierend, doch dann eher angenehm als beängstigend.

»Sie haben blaue Augen wie ich«, sagte Wachtmeister. Das Lächeln kam aus der Stimme. Das Gesicht war mit Ausnahme eines bestürzenden Ausdrucks von Kindhaftigkeit wohl keiner Regung fähig.

»Bedeutet das etwas?« fragte Peter.

Michael und Wachtmeister lachten wissend.

»Es ist nicht *das* Zeichen. Es ist *ein* Zeichen«, sagte der alte Mann. Er ließ den Blick in die Runde schweifen, zu den grünen Bananen auf dem Baum, zu dem bunten Papagei, zu den Ähren der zarten Gräser in den Töpfen. »Alles ist ein Zeichen für den richtigen Leser. Wissen Sie, warum Sie hierhergebracht worden sind?«

Peter wollte schon sagen, er sei gekommen, weil Michael es vorgeschlagen habe. Aber sein dramatischer Instinkt sagte ihm, daß er hier eine Rolle zu spielen habe. »Ich werde gebraucht«, sagte er ernst.

Diese Antwort gefiel dem Alten offenbar. Als Nora die Whiskys brachte, nahm er den seinen vom Tablett und trank ihn mit heiterer Miene. Auf dem Tablett lagen ein Beutel Tabak und etwas Zigarettenpapier. Wachtmeister nahm es mit seinen fast formlosen Händen und rollte sich geschickt eine Zigarette. Nora zündete sie ihm an und zog sich dann zurück.

Wachtmeister fragte: »Es ist die Erweckung. Michael und ich brauchen Sie, um der Erweckung zu dienen.«

Geduldig begann Wachtmeister weit vorzugreifen. »Sie wissen von dem, was Ihnen unser Bruder Michael gesagt hat, daß es – und das in allen Jahrhunderten, weit zurückgehend, über die heutige Zeit hinaus, die der Mensch Geschichte nennt – eine Elite gegeben hat. Zauberer, oder nennen Sie sie, wie Sie wollen. Nur sie besitzen das Wissen, durch welches die gesamte menschliche Rasse überleben und weiterschreiten kann. Ohne sie gibt es nur Schlaf, Auflösung, Verfall und – schließlich – Erlöschen. Wir stehen sehr nahe dem Punkt des Auslöschens ... Es gibt nur wenige in jeder Generation. Nur ganz wenige. Auch die können einschlafen, so wie ich. Ich selbst bin in meinem Leben viermal erweckt worden. Als ich als Knabe in Südafrika war, von den Theosophen. Dann einmal in Amerika. Das drittemal war es hier in London, von unserem Meister Gurdjieff persönlich. Jedesmal fiel ich zurück in den Schlaf, von dem die ganze Menschheit befallen ist und in welchem ich mich nicht unterschied von Ihnen und Ihren Freunden oder allen den Leuten, die unsere Regierung und unser Erziehungssystem leiten. Jedesmal waren es nur wenige von uns, die den Sieg über sich davontrugen. Wir konnten einander nicht wach halten . . .«

Das alte Baby leerte sein Whiskyglas und schmatzte mit den Lippen. »Unser großer Meister Gurdjieff hat folgendes gelehrt: ›Ein Mensch allein kann nichts tun. Mag er nun ein gewöhnlicher Sterblicher sein oder einer von der Elite, die von den anderen auserwählt wurde. Vor allem anderen benötigt er Hilfe. Die andern versuchen, ihn zu erwecken, aber Hilfe kann nicht von einem Menschen allein kommen. Außerdem kann ein Mensch sich leicht täuschen, indem er für Erweckung hält, was lediglich ein neuer Traum ist.‹«

Nun sprach Michael, mit einer Stimme, in der zugleich Düsternis und Inbrunst mitzuschwingen schienen: »So verlief auch mein Leben, bis ich – zum Teil – erweckt wurde durch ein Übermaß an Freud und Leid, Spiel und Schmerz und durch arge Laster. Jedesmal, wenn ich aus dem Schlaf schreckte, war es nur, um in einen neuen Traum zu gleiten.«

Es war die Stimme eines, der glaubte – und es klang weitaus überzeugender als das, was der alte Mann sagte.

Aber Wachtmeister wollte weitersprechen, so als ob seine Worte ein Ritual, eine religiöse Feier darstellten. »Gurdjieff lehrte uns: ›Wenn mehrere Leute in derselben Dämmerung langsam zu erwachen beginnen und beschließen, gegen den Schlaf anzukämpfen, dann werden sie einander gegenseitig aufwecken. Es mag oft geschehen, daß zwanzig von ihnen schlafen wollen, aber der einundzwanzigste wird wach sein wollen und die restlichen wecken. Mit Alarmglocken ist es genauso. Ein Mensch kann eine Alarmglocke der einen Art erfinden, ein anderer Mensch eine solche der anderen Art. Danach werden sie sie austauschen. Im ganzen können sie einander von großem Nutzen sein, ohne diese Hilfe kann niemand etwas erreichen.‹

Es war eine solche Erweckung, durch welche die großen Pyramiden entstanden und die Astronomie der Alten geschaffen wurde. Mehrere Magier erwachten, und zusammen mit ihnen errichteten die gewöhnlichen Sterblichen Atlantis. Und später haben andere die Renaissance ins Leben gerufen, eine der Renaissancen. Ich will jetzt erst gar nicht vom Christentum reden.

Die Erweckung hat nie lange angehalten. Sehr schnell, oder

nach längerer Zeit, schliefen alle von uns wieder ein. Wir haben immer wieder neue Hilfe gebraucht.

Als ich als junger Mann in London war, wurde ich von Gurdjieff erweckt. Ich wurde wach gehalten und tat mein Teil, andere wach zu halten – als Mitglied der Bruderschaft der Goldenen Dämmerung.«

»Die!« rief Peter aus. Zum erstenmal, seit er begonnen hatte zuzuhören, drehte er sich zu Michael um und bemerkte, daß Michael seine Brille abgenommen hatte und heiter, fast glücklich aussah. Er schnitt Peter eine Grimasse, wie um zu sagen: Siehst du?

In Büchern hatte Peter einiges über die Bruderschaft der Goldenen Dämmerung gelesen. Quacksalber, Gaukler, Scharlatane, große Dichter, Wissenschaftler – Yeats, A. E. Houseman, Tischchenrücker, Levitationisten, Sensationsjournalisten und Protoplasmaphotographen. Er hatte nie versucht, sich über diese historische Konfusion eine Meinung zu bilden, denn hier gab es keine Meinung zu bilden. Sie waren seinerzeit in der Presse eine Sensation gewesen. Sie waren Teil der Literaturgeschichte. Sie schienen ihm so fern wie die Dramatiker der Elisabethanischen Zeit.

»Und Sie sind der Überlebende«, sagte er zu Wachtmeister fast im Tone der Ehrfurcht. »Jetzt brauche ich noch einen Whisky.«

»Ich werde Nora bitten, die ganze Flasche zu bringen«, sagte Wachtmeister. Als er das getan hatte und die Flasche neben Peter stand, rollte er sich eine neue Zigarette und sagte: »Sie entschuldigen, daß ich nicht mehr trinke. Ich bin älter, als Sie glauben würden. Da das Geschäft, das wir besprechen, Ihre Glaubenskraft ohnehin stark genug beansprucht, werde ich Ihnen nicht mein wahres Alter sagen.«

»Ein Geschäft? Wir werden etwas tun?« sagte Peter. Er mußte schnell trinken. Das durch den Alkohol hervorgerufene wachere Bewußtsein war absolut nötig, um ein in seinem Gehirn kreisendes Etwas, das auf und nieder ging und sich losreißen zu wollen schien, zu besänftigen. »Ich sage *wir*, weil ich natürlich – wie Michael Ihnen gesagt hat – bis zum Hals in der Sache drinstecke. Ich könnte nicht mehr zurück, selbst wenn ich wollte. Aber natürlich ... Sagen Sie mir, was ich tun soll, und ich tue es. Ich nehme an, es wird am Ende zumindest mit einem Mord enden. Sehr schön, sehr gut. Ich bin es müde, Schriftsteller zu sein. Dieser Weg ist für mich zu Ende. Ich bin Ihr Mann, Wachtmeister. Ich bin es. Sagen Sie mir, was wir hier tun.«

Die erfahrenen blauen Augen, die ihn jetzt ansahen, waren wirklich ganz von der Farbe der seinen. Eine unglaublich frisch aussehende Zunge befeuchtete jetzt die babyhaften Lippen, und Wachtmeister sprach langsam weiter: »Einer nach dem anderen fielen sie während des Ersten Weltkriegs und zwischen den Weltkriegen in Schlaf, die Brüder der Goldenen Dämmerung, oder gingen verloren. Unsere letzten verzweifelten Versuche in der bescheidenen Erweckung fanden auf politischer Ebene statt. Zwangsläufig. In Deutschland wurden hinter Hitler Zauberer erweckt. Hören Sie, junger Mann? Sie werden sich zumindest an den Slogan des Doktor Goebbels erinnern: Deutschland erwache! Seine Zauberer waren im richtigen Augenblick da und wach.«

»Man mußte ihnen Einhalt gebieten«, sagte Peter.

»Mit allen Mitteln, die uns zur Verfügung standen«, stimmte Wachtmeister zu. »Und die Mittel waren nicht groß. Die Erweckung hat nichts Automatisches oder Omnipotentes an sich. Es ist ein Dienst, den wir verrichten, so gut wir können, da wir ja doch nur Sterbliche sind. Wir fielen in Schlaf und gingen immer mehr zu politischen Mitteln über. Wir schickten einige unserer Brüder nach Rußland, nach Amerika, damit sie versuchen sollten, dort die richtigen Leute aufzuwecken. Wir bedienten uns der Kommunistischen Partei. Schließlich besaß sie eine Untergrundorganisation. Es gibt tatsächlich Wanderungen des Massenbewußtseins, die durch andere als physische Mittel bewirkt werden können. Als sich herausstellte, daß wir zu schwach waren, um diese Wanderung nach Amerika und Rußland in Gang zu setzen, sahen wir uns gezwungen, uns des Apparates der Kommunisten zu bedienen. Manchmal auch des Apparates der Nazis. Wir wagten eben den allerletzten Einsatz.

Einige unserer Brüder erreichten es. Ja« – seine Augen lächelten – »sie erlangten sogar traurige Berühmtheit. Die Verräter. Doppelagenten. Von einigen hat man gewiß durch die Zeitungen erfahren. Zehnmal soviel waren im Geheimdienst bekannt.

Was der Geheimdienst nie wußte – und was er auch nicht wissen konnte –: Was wurde aus ihrer Loyalität, nachdem sie abgefallen waren? Wenn ein Kerl nach Rußland übergelaufen ist, so folgt daraus nicht notwendig, daß seine Loyalität nun auf seiten der Leute steht, die gerade im Kreml obenauf sitzen, nicht wahr? Vielleicht . . . Vielleicht ist er noch immer loyal gegenüber Großbritannien, könnte man sagen. Ah . . . Oder vielleicht ist er immer noch loyal gegenüber der Erweckung. Gegenüber der Bruderschaft der Goldenen Dämmerung, die dieses geisterhafte Jahrhundert vielleicht gerettet hat. Verstehen Sie? Sehen Sie jetzt den Kern, Peter?«

»Ich verstehe«, sagte Peter. Er trank noch ein Glas.

»Es muß für Sie ebenso verwirrend sein wie für Michael und mich«, sagte er. »Wenn man einmal das Gebiet der Doppelagenten betritt, gerät man in ein Faß ohne Boden. Nur daß wir glauben, es hat noch einen.

Der Geheimdienst kann nie wissen – mein Gott, schon allein durch die Grenzen, die ihm gesetzt sind, ganz gleich, wieviel konkretes Beweismaterial er hat –, was mit der Loyalität jener Brüder geschah, die in Rußland verschwanden oder in Amerika oder sonstwo eingeschlafen sind.

Wir hatten die Chance – oder zumindest die Hoffnung –, das zu erfahren, Kontakt aufzunehmen mit Hilfe der anderen und des Massenbewußtseins. Aber der britische Geheimdienst setzte mir immer mehr zu, die Leute taten natürlich ihre Pflicht. Schön und gut. Doch durch den Druck, den man auf mich ausübte – alles wurde immer beengter, es erschöpfte mich –, schlief ich ein.

Ich schlief, lebte das Leben eines gewöhnlichen Menschen, Peter, bis vor zehn Tagen Michael zu mir gebracht wurde.«

»Und Sie mit einem Kuß aufweckte«, sagte Michael und ließ diesen Worten heiteres Gelächter folgen. »Peter, genug, genug für einen Nachmittag. Wir haben den Meister ermüdet, und du kannst mehr von der Geschichte auch ein andermal erfahren.«

»Ich habe Michael wiedererkannt, als ich ihn sah«, sagte Wachtmeister.

»Du lügst«, sagte Michael gelassen. »Wir brauchen Peter nicht sofort zu beschwindeln. Er ist tief in der Sache drin. Wir können ihm zumindest das Märchen rein und unverfälscht erzählen.«

Wachtmeister kicherte. »Gewiß, gewiß. Verzeih mir, Peter. Die Wahrheit ist: Als er mich weckte, begriff ich, daß er einen üblen Magier – solche gibt es – dafür bezahlt hatte, daß dieser ihn bei mir einführe. Wir sind gelehrt worden, einen Meister an folgendem Zeichen zu erkennen: Er ist grausam und unverzagt. Die Worte mögen Ihnen unpräzise klingen, sind es aber nicht, Sie . . .«

Michael unterbrach ihn. »Wir brauchen Peter nicht schon

bei einer Sitzung die ganze Wahrheit zu sagen. Außerdem, Peter, der Meister ist müde. Wenn du noch einen Drink brauchst, bleiben wir auf dem Heimweg bei einem Gasthaus stehen.«

Eine Stunde später standen sie im »Grünen Mann«, hatten jeder ein Glas Bier in der Hand und schleuderten Pfeile auf die Wurfscheibe an der Wand.

»Er ist senil und leicht verblödet«, sagte Michael. »Aber du mußt zugeben, er ist ein kurioses Relikt.«

»Ich habe alles geglaubt, was er sagte«, behauptete Peter. Er warf den gelben Pfeil. Er zielte und traf in die doppelte Achtzehn. Mit einem Klicken fuhr die Spitze des Pfeiles neben dem Metallrand ins Holz. »Du hast mich nicht dorthin mitgenommen, damit ich eine Kuriosität kennenlerne. Du nahmst mich mit, damit er mich auf die Probe stellen konnte. Um zu sehen, ob ich für die Aufgabe geeignet bin, die ihr mit mir vorhabt.«

Michael warf. Dann sagte er: »Nein. *Ich* prüfe dich. Ich möchte sichergehen, daß du an die Sache glaubst, bevor ich dir sage, aus welchem Grund ich wirklich zu Wachtmeister gegangen bin.«

»Und warum?«

»Weil Wachtmeister, glaub es oder glaub es nicht, einen großen Einfluß auf einen Mann namens Corning Alfred hat. Erinnerst du dich des Namens? Er lief vor vielen Jahren zu den Russen über. Und Corning Alfred war ein Freund – und militärischer Untergebener – von Richard Derwent, der jetzt Kriegsminister ist. Ich entnehme daraus nicht mehr als du. Unsere Lebensfäden sind sehr lose miteinander verknüpft. Und doch . . .«

»Und doch siehst du Zusammenhänge?«

»Ich sehe . . . Oh, Peter, um Himmels willen, ich sehe einfach, was ich sehe. Es ist manchmal mein Spaß und mein Vergnügen, zu versuchen, Spuren nachzugehen, die andere nicht mehr weiterverfolgen. Trotzdem, es ist eigenartig . . . Ich habe dir versprochen, mit dir und Eileen einen anderen Magier zu besuchen. Nicht einen, der, wie Wachtmeister, nur glaubt, er sei einer. Aber laß dir sagen, bevor du den Schock eines Zusammentreffens mit Kugel hast, daß er der ist, der mich auf die Spur von Wachtmeister brachte. Ohne Kugel mit seinen ausgefallenen Vergnügungen wäre ich nie auf ihn gekommen . . . Darüber hinaus ist zu sagen, daß es ein Beamter der Abteilung MI-5 war, der mich zuerst darauf hinwies, daß Kugel solche Informationen geben könnte ... Und was sehe ich am Ende dieser verwischten alten Spuren? Nichts. Dunkel. Gar nichts. Und ich werde auch nicht so tun, als ob ich etwas sähe.«

Er warf einen Pfeil. Es war ein schwacher Wurf. Eine Drei. Für einen Zauberer – wie Wachtmeister behauptet hatte, daß er sei – hätte der Wurf besser sein müssen.

»Das komischste an allem«, sagte Michael, »ist die Art, wie der gute alte Wachtmeister immer wieder auf ›Den, der kommt‹ anspielt.«

»Der kommt?«

»Köstlich, wie weit du die Augen aufreißt, Peter, sobald von einem Mysterium die Rede ist. Du bist von Natur aus leichtgläubig. Er spricht von jemandem, ›der kommt‹, aus Rußland. Träger großer Veränderungen. Irgend etwas in dieser Art. Er hat mir noch nicht den Namen dieses Wunderwesens genannt.«

»Ich erinnere mich nicht, daß heute davon die Rede gewesen wäre.«

»Nein«, sagte Michael.

»Weil ich dort war?«

»Vielleicht. Ich weiß es nicht. Ich versuche, den alten Burschen auszulegen, so gut ich kann. Das ist alles.«

Plötzlich merkten sie, daß sie verstummt waren und einander ansahen. Möglichkeiten stiegen vor ihnen auf.

Michael versuchte zu lachen. Er schüttelte bedeutungsvoll den Kopf und fragte: »Sollen wir diesen alten, gewundenen Pfaden folgen oder sie mit einem Lachen beiseite schieben und als kuriose Zufälle oder Phantastereien eines Senilen der Vergessenheit anheimgeben?«

»Ihnen folgen«, sagte Peter.

# 18. KAPITEL

Viel ist während und nach der Derwent-Affäre über den schnellen Wandel der Moral in England gesprochen worden. Theorien wurden aufgestellt. Verfechter dieser oder jener Ansicht ergriffen anläßlich des Meinungsstreites die Gelegenheit, ihrem Standpunkt Gehör zu verschaffen. Ich habe mich weder von Anhängern einer konservativen Moral beeinflussen lassen noch von jenen, die die fortschrittliche Psychologie und die sogenannte sexuelle Revolution befürworten. Es gibt konstante Wertmaßstäbe im Leben des Engländers. Ich habe mich bemüht festzustellen, ob diese Werte durch die Prozeßführung oder durch Verstöße gegen die Sicherheit des Landes gefährdet wurden. Auf nichts sonst legte ich Gewicht.

*Der Melamine-Report*

»Es wäre eine Lüge zu behaupten, ich hätte vom ersten Augenblick an gewußt, wozu Richard Derwent oder sonstige Personen, die meinem Kreis angehörten, mir dienlich sein konnten. Ich sehe nur jetzt, wie weit ich sie hätte bringen können. Es war aufregend genug – und höllisch verlockend, zu sehen, daß durch mich der Tanz begonnen hatte.«

So Michael Cobb. Eine Bemerkung, nicht für die Öffentlichkeit oder für den englischen Gerichtshof gedacht.

Michaels Vorbereitungen für den »Theaterabend« bei Kugel bestanden in komplizierten Scheinmanövern. Cecile beispielsweise wußte nicht genau, wohin sie an jenem Abend gehen würden. Sie war überzeugt, sie seien an der falschen Adresse gelandet, als sie und das Ehepaar Mayhouse aus Michaels Wagen stiegen. Sie waren in der Nähe von Kugels Wohnung, betraten aber ein elegantes Mietshaus im selben Block und stiegen dort die Treppe hoch.

»Manchmal glaube ich, du bist nicht ganz normal«, sagte sie zu Michael.

»Ich habe dir ein sehr elegantes Dinner geboten, und die Wohnung prangt im Blumenschmuck, und das alles zu deinen Ehren«, sagte Michael heiter zu ihr. »Da war ich normal. Wie kannst du jetzt daran zweifeln?«

Es amüsierte Peter und Eileen, wie der Mann von Fünfzig und der kleine Teenager sich unablässig zankten, als wären sie ein Ehepaar, das zwanzig Jahre Ehe hinter sich hatte. Es war absurd, aber zugleich Zeichen einer tiefen Vertrautheit, wie nur Langverheiratete sie erreichen. Weder Peter noch Eileen hatten besonders viel für Cecile übrig. Beide sahen in ihr nur eines von Michaels Bühnenrequisiten. Ein Requisit wie etwa seine dunkle Brille. Etwas von seiner Energie übertrug sich ohne Zweifel auf jede seiner Freundinnen, ob sie nun Cecile hießen oder sonstwie.

Vom Lift gingen sie einen ziemlich langen, mit schweren Teppichen belegten Korridor entlang, bogen um eine Ecke und gingen am Ende des Ganges durch einen Dienerausgang. Hierauf stiegen sie einige Stufen hinab und kamen zu einer graugestrichenen Tür mit Gitterstäben am Fenster. Sie betätigten einen Druckknopf, worauf ein Summen ertönte. Kugel öffnete. Er war wie immer schemenhaft und unverbindlich. Seine Augen, halb verdeckt hinter gesenkten Lidern, leuchteten schwach auf, als er sie hereinbat. Seine Züge blieben glatt und ausdruckslos.

»Alles Gute zum Geburtstag«, sagte er zu Cecile.

Leicht beduselt antworteten Peter und Eileen unisono: »Schau, schau! Alles Gute zum Geburtstag, Cecile!«

Sie nahm an, das sei wieder einer von Michaels Späßen, und bemühte sich erst gar nicht, zu erklären, daß sie ihren Geburtstag vorher gefeiert hatte.

Man schob sie alle in einen kleinen, muffigen Büroraum, so als handle es sich um eine Überraschungsparty, bei der sie vorerst hier verborgen bleiben sollten, um dann im geeigneten Augenblick über die anderen Gäste herzufallen. Irgendwie brachte C. A. es fertig, jedem von ihnen einen Drink zu reichen.

»Jetzt Musik«, sagte er. Er drückte auf einen Knopf an seinem Schreibtisch, und eine Platte wurde gespielt, die Cecile sehr bekannt vorkam. Es war eine von Tammys Lieblingsplatten. Das brachte sie auf die Idee, Tammy könnte hier in C. A.s Wohnung sein, obwohl diese ihr nie gesagt hatte, man könne auf so sonderbaren Schleichwegen hierherkommen.

»Michael, wenn das ein Theater ist, dann ist es das kleinste, in dem ich je gewesen bin«, sagte Peter.

Cecile sagte: »Es ist keines. Es gehört zu C. A.s Wohnung, und sie werden sich jetzt mit uns einen ihrer Späße erlauben. Wo ist Tammy?«

»Schschsch«, machte C. A. »Ich habe hier . . .« Er genoß es sichtlich, daß niemand eine Ahnung hatte, was für sie vorbereitet worden war, und so glaubte sie, bereits zu erraten, was es sein würde. Er hatte sie hierherkommen lassen, um ihnen schmutzige Bilder, wie die in Michaels Zauberkasten, zu zeigen.

Der trotz seiner Körperfülle wie ein Schemen zwischen ihnen Durchgleitende lehnte sich jetzt über den Schreibtisch und berührte die schwarzen Vorhänge. »Mit den Vorhängen, die du vorgeschlagen hast, sieht es netter aus«, sagte er.

Michael sagte: »Hört ihr's!« Dann trat er in Aktion. An C. A. vorbei streckte er die Hand nach den Schaltern auf dem Schreibtisch aus und hantierte an ihnen. Die Musik wurde lauter wie in einem regulären Theatersaal. C. A. zog die Vorhänge, die sein ganzer Stolz waren, auseinander. Sie gaben den Blick auf eine in unwirkliches Grünlicht getauchte Szene frei.

Kaum hatten sich die Vorhänge geteilt, als Cecile wußte, wo sie sich befand. Sie schauten direkt in das große Schlafzimmer von Kugels Wohnung. Sie war schon einmal mit Tammy hier gewesen, als Tammy ihr Kleider zeigte, die sie von Kugel bekommen hatte, und ihr anbot, sich eines für sich selbst auszusuchen.

Das schöne, große Zimmer war voll von Regency-Möbeln, die Kugel von einem früheren Mieter erworben hatte. Unter diesen Möbeln befand sich ein riesiger Spiegel mit Goldrahmen. Cecile erinnerte sich, davor gestanden zu haben und ihr Spiegelbild betrachtet zu haben. Doch beim Gedanken daran hielt sie den Atem an. Sie fühlte sich plötzlich in einem jener Traumzustände, wo man sich gleichsam von einem Punkt außerhalb seines Körpers beobachtet. Der Spiegel war eine Art Fenster, und sie saß auf der anderen Seite und sah in den Raum hinein.

Und Tammy wußte es nicht. Sie kam zum Spiegel, lächelte hinein, als sie die Arme langsam hob, um ihre Brüste emporzurecken, schob eine Haarlocke an ihren Platz und strich dann in ganz privater Geste, wie um sich zu reizen, mit dem Zeigefinger mehrmals über die Unterlippe. Cecile wollte schreien, um Tammy zu warnen.

Dann hörte sie C. A. vor dreckigem Vergnügen kichern. Es klang wie Blubbern von kochendem Brei, ein Geräusch, das sie in ihrer Kindheit immer an Hexen und ihre Bratöfen denken ließ. Keiner der anderen Zuseher gab einen Laut von sich, als Tammy, die einen Pyjama anhatte, von der Spiegelfläche zurückglitt, gleich einem exotischen Fisch, der in die Tiefe des Aquariums hineinschwimmt.

»Sie kann uns nicht hören«, sagte Michael. Seine Stimme zerstörte die Illusion, die sie für einen Augenblick gehabt hatten. Jetzt war es ihnen nur mehr, als säßen sie vor einem Fernsehschirm.

»Sie glaubt, ich bin in Rom«, ließ sich C. A. geisterhaft vernehmen. Er lachte wieder. »Vor einer Stunde habe ich sie von *Rom* angerufen.« Er nahm den Telephonapparat von seinem Schreibtisch und schwang ihn zur Illustration. »Ha, ha. Ich habe sie von Rom angerufen.«

»Du siehst, Peter, es ist eine richtige Inszenierung«, sagte Michael. »Bühnenbild und Arrangement unter freundlicher Mitwirkung von C. A. Kugel. Doch der Anfang der Komödie ist noch abzuwarten. Seien Sie nicht ungeduldig. Etwas wird geschehen. Aber was?«

»Niemand ist ungeduldig«, sagte Peter. »Ja, das ist es, Michael. Ohne Bühneneinrichtung kein Theater. Aber alles *so* geschehen lassen, wie es geschehen wird. O ja! Das ist der Weg, so sollte es sein. Ich sehe jetzt, wo wir hinmüssen.«

Jetzt war Tammy als kleine Gestalt am anderen Ende des Raumes auszunehmen. Sie hatte ihr Pyjamaoberteil ausgezogen und war völlig nackt bis auf die hochhackigen Hausschuhe. Sie ging quer durch den Raum zum Schrank und bückte sich, um etwas aus einer Lade zu nehmen. Sie kehrte zum Bett zurück, setzte sich und feilte ihre Nägel. Sie nahm die Platten vom Plattenwechsler und ersetzte sie durch neue. Das war die Musik, die die Zuseher hörten, aber weil Kugel es so wollte, vernahmen sie keines der anderen Geräusche aus dem Raum hinter dem Spiegel. Sie hörten nicht das Läuten des Telephons, sahen nur, daß sie den Kopf hob und hierauf den Hörer von der Gabel nahm.

Es war ein kurzer Anruf. Sie sahen, wie sie ein einziges Mal die Lippen bewegte und dann nickte. Dann ging sie zum Schrank, nahm ein blaues Steppkleid heraus, schlüpfte hinein und verließ das Zimmer.

Fast eine Stunde lang geschah nichts. Doch diese Unterbrechung hatte kein Sinken der Spannung zur Folge. Jeder hatte die Bedeutung des Telephonanrufes erfaßt, jeder wußte, daß Tammy auf jemanden wartete und diesen Jemand einlassen würde. Der nun leere Raum schien vollgepackt mit Dramatik.

Und dann kehrte Tammy zurück, und an der Hand führte sie den schwarzen Mann namens Oliphant.

»Und jetzt«, sagte C. A. mit seiner Flüsterstimme, »jetzt seht ihr, was das brave Mädchen tut, wenn ich in Rom bin.« Aus ihm sprach eiskalte Lust, eiskalter Triumph. Cecile erschauderte.

»Nein!« sagte Eileen, als Tammy, immer noch das Kleid um die Schultern, die Hand nach dem Lichtschalter ausstreckte. »Nein, ihr werdet nichts sehen!«

Aber als Tammy den Schalter betätigte, geschah nichts. Der Raum war immer noch in dasselbe trübe, grüne Licht getaucht. Nur die Form der Schatten hatte sich verändert.

»Ultrarotes Licht«, sagte C. A. »Sie können sich nicht verbergen.« Dann begann er wieder mit seinem schrecklichen Geblubber, als Tammy sich gegen den schwarzen Körper preßte und das weiße Hemd des Mannes aus dem Hosenbund zerrte.

Oliphant war nicht groß, er war kaum größer als Tammy. Glatt und schmiegsam waren seine Muskeln an Brust und Schultern und schimmerten bläulich in diesem eigenartigen Licht. Dem Betrachter erschien er wie eine Silhouette eines Schattens, so daß Tammy immer noch allein im Zimmer zu stehen schien.

Sein Oberkörper war nun nackt, und sie standen in enger Umarmung neben dem Bett. Er zog das Kleid über Tammys Schultern und ließ es fallen. Es verfing sich für einen Moment am Leintuch, geriet dann gleich einer Lawine aus Stoff in immer schnellere Bewegung und glitt schließlich zu Boden.

Tammy hatte mit ihren Händen den Gürtel des schwarzen Mannes gepackt. Sie sahen seine weißbleckenden Zähne, als er sich wehrte und halb von ihr abwandte. Sie sprach auf ihn ein. Er schien einen angenehmen Kitzel zu empfinden, als sie ihn ins Ohr biß.

Sie ließ sich rücklings auf das Bett fallen, rollte sich spielerisch bis zu dessen anderem Ende und wieder zurück und hob ihm die Arme entgegen. Vorsichtig, immer noch halb angezogen, kniete Oliphant auf das Bett, ließ sich auf den weißen Körper fallen, und dann rollten sie, einander immerfort küssend, hin und her.

Wieder zerrte sie leicht an seinem Gürtel. C. A.s Kichern näherte sich dem Gewinsel. »Sie will ihn nicht mehr auslassen, und er will gar nicht«, sagte er. »Wer gewinnt?«

Nach einer Weile entwand Tammy sich ihm, stand auf und ging verdrossen zum Schrank. Sie starrte einen Augenblick lang hinein, kehrte zurück und setzte sich neben Oliphant. Oliphant hatte die Hände hinter dem Kopf verschränkt und sprach ernsthaft auf sie ein. Tammy hörte ihm ungeduldig zu und schüttelte immer wieder den Kopf. Die letzte Platte war abgespielt, und Tammy drehte das Licht an, um neue Platten aufzulegen.

Sie warf sich wieder auf Oliphant, grub sich förmlich in seinen Körper, rieb sich an ihm, wand sich, und als sie sich etwas zurückbog, sahen sie, daß seine Hose offen war. Mit beiden Händen war sie beschäftigt, die Öffnung zu erweitern. Oliphants Augen waren geschlossen. Er bog den Körper nach oben, damit sie ihm die Hose herunter und über die Füße ziehen könne. Dann stieß er das Kleidungsstück von sich. Das Weiße seiner Augen leuchtete, als er den Flug des Kleidungsstückes beobachtete.

»Seht! Seht!« Das hohe, schwächliche Gekrähe war C. A.s Siegesgeschmetter. »Seht den Schwarzen! Er hat nichts vorn. Er weiß, er ist in meinem Haus, und ist unfähig. Seht ihn an! Seht ihn an! Er hat Angst!«

Nichts stand von Oliphants schönem schwarzen Körper weg. Das schlaffe Hautgebilde hob sich kaum von der im Schatten liegenden Schenkelpartie ab. Als Tammy sich um ihn bemühte, schien er entschuldigend zu grinsen.

Schließlich wälzte sich Oliphant von Tammy herunter und sprang ruckartig aus dem Bett. Taumelnd rannte er zu dem Spiegel. Warum wohl? Vielleicht, um sich zu versichern, daß Oliphant ein Mann war, um in seine eigenen Augen zu blicken und bestätigt zu bekommen, daß er vorher ein Mann gewesen war und es wieder sein würde.

Indem er zum Spiegel kam, brachte er sein Gesicht bis nahe an die Zuseher heran. Sie sahen es näher kommen, riesenhaft werden, auf sich zustürzen, eine Maske mit dem eingemeißelten Ausdruck tiefer Erniedrigung. Der gräßlich verzerrte dicklippige Mund formte einen Schrei. Jenseits der Glaswand war nichts davon zu hören. Die blauschwarzen Nasenflügel bebten. Seine Augen suchten vergeblich im Spiegelbild nach einer Bestätigung des Versprechens, das er sich gegeben hatte.

Eileen Mayhouse schrie.

Man konnte an Oliphants Gesicht sehen, daß durch die schalldichte Wand ein Ton in das Zimmer drang. Er konnte nicht wissen – und in dem Augenblick nicht ahnen –, von wo es kam – dieser menschliche Ton, der ihm durch und durch ging. Er mochte von der Straße hereinkommen, mochte bloß eine Illusion oder eine Erinnerung sein. Es war ein Ruf, der von draußen kam, von außerhalb seines gequälten Selbst.

Man konnte es sehen – zuerst in seinen Augen –, daß er sich

zusammenriß, Kraft aus diesem Schrei schöpfte. Sein Gesicht belebte sich jetzt. Er lauschte, doch der Ton kam nicht wieder.

C. A. sagte: »Sie hätten nicht ... Geht es Ihnen gut? Ist alles in Ordnung, Mrs. Mayhouse ... Ich glaube nicht, daß er es gehört hat. Nein. Sie sind also in Ordnung? Gut.«

Es war Eileens Schrei, der sie aus dem Geschehen herausriß. Sie alle hatten es später so in Erinnerung. Eileen dagegen erinnerte sich weder an die Zeit noch an den Weg, den sie nahmen, um zurück auf die Straße zu gelangen.

Sie erwachte aus ihrem Trancezustand und sah, daß sie zu viert auf dem Gehsteig vor dem Haus standen. Es war nebelig und naßkalt.

In Peters Augen stand ein wilder Glanz, der im Licht der Scheinwerfer vorbeifahrender Autos in flackernde Bewegung geriet, um dann wieder zu erlöschen. Seine Stimme war schrill wie die eines Verrückten. »Theater des Alptraums«, sagte er. »Jetzt habe ich es gesehen, kenne es, kann es auch tun.«

»Ich muß nach Hause, ich kann kaum mehr stehen«, sagte Eileen. Sie hatte den Arm um Peters Hüften geschlungen und drängte sich gegen ihn. »Ich werde nie darüber hinwegkommen«, jammerte sie. »O Gott, dabei glaubten wir, es werde ...«

»Kein bloßer Ulk«, sagte Peter. »Wir kamen nicht hierher, um einen Ulk mitzumachen. Ich hatte mir geschworen, ich müsse auch einmal so etwas sehen.«

Michaels Stimme war klar und verriet keinerlei Bewegung. »Das Theater des Alptraums? Kann sein. Ich dachte, es wäre die Hölle.«

»Es *war* die Hölle«, sagte Peter.

»Für diese kleinen Einblicke brauchst du mir nicht dankbar zu sein. Bring jetzt Eileen nach Hause.«

»Ich bin dankbar«, sagte Peter. »Ich bin mit diesen meinen Augen zur Welt gekommen, um zu sehen.«

»Dieser Abend kann nicht so enden«, sagte Eileen. »Es war zu schrecklich. Es darf nicht mit diesem grausigen Mißton ausklingen!«

Sie war soweit, Michael völlig zu vertrauen. Keine Form der Sexualität vermochte sie noch zu schockieren. Was menschliche Körper taten, ganz gleich, bis zu welcher Grenze es ging: es waren für sie Dinge, denen sie sich anvertrauen wollte. Aber sie konnte nicht ertragen, wenn es grausam und häßlich vor sich ging.

Michael sah ihre Verzweiflung. Er sagte: »Kommt. Kommt jetzt mit mir nach Hause.«

Jetzt hatte Michael sie soweit, daß sie sich dem Traum überließen, den er für sie bereit hatte. In seiner Wohnung öffnete er den Zauberschrank, und vor dessen geöffneten Türen und im Schein seiner Innenbeleuchtung ließen sie auf dem Bett und auf dem Fußboden ihren Alptraum zu neuem, anderem Leben erwachen, so als müßten sie sich von der sexuellen Perversion, deren Zeuge sie gewesen waren, befreien, indem sie sie akzeptierten und neu erlebten.

Die beiden Frauen knieten vor dem glitzernden Keramikpenis auf dem Boden, und Eileen entkleidete Cecile. Ceciles Beine leuchteten im fluoreszierenden Licht, als wären sie ebenso aus künstlichem Material wie jener Gegenstand aus Keramik.

»Oh, du bist schön, du bist schön«, sagte Eileen in sanftem, singendem Ton, während ihre Hände über Ceciles Haar strichen, als wäre es ihr eigener jungfräulicher Körper, den sie für die erste Vereinigung mit einem anderen entblößte. Sie drückte Cecile sanft zu Boden und schob ihr ein Kissen unter den Kopf und unter die Hüften. Dann zog sie Peter zu sich herab und entkleidete ihn. Sie nahm sein Glied in beide Hände und näherte es Ceciles leicht geöffneten Schenkeln. Als er in sie eindrang, sah Cecile fragend zu Michael auf, der über ihnen stand, bewegungslos, voll bekleidet und so, als sei er scheinbar ohne jede Anteilnahme an diesem Geschehen.

Sie vergaß, wer auf ihr lag, ob es ein Mann oder eine Frau war. Michael hatte sie das gelehrt, dieses Fliehen aus dem Selbst, dieses Auslöschen der Persönlichkeit, um eine Art höheres Bewußtsein zu erlangen, das an die Stelle der Sinneseindrücke trat.

Blumen waren rings um sie. Michael hatte sie mitgebracht, und jetzt streuten er und Eileen ganze Arme voll davon auf den Fußboden und auf das sich liebende Paar.

Und als Cecile wieder die Augen öffnete, sah sie Michael, jetzt unbekleidet, in enger Umarmung mit Eileen breitbeinig über ihnen stehen. Geisterhaft bewegte sich Michaels weißes Glied und tauchte in den Schatten zwischen Eileens Schenkeln. Die beiden Körper sanken zu Boden, rollten über die zerquetschten Blüten, krümmten sich. Jetzt fühlte Cecile, wie Peter von neuem in ihr anschwoll, in immer raschere Bewegung geriet.

Dann lag sie quer über Michaels Beinen, kraftlos, empfing Michaels Stöße, ließ seine Stärke in ihren Körper, in ihr neues Selbst einfließen. Peter und Eileen näherten sich mit ihren Mündern und kosteten von ihr und ihrer Ekstase. Sie selbst hielt einen

Blütenkelch an ihre Lippen, stieß mit der Zunge tief in dessen Inneres und schmeckte Honig und Blütenstaub.

Sie ruhten aus. Michael brachte Handtücher, warmes Wasser, Öl und Wein. Sie reinigten und salbten einander und ließen einen Becher Wein kreisen. Cecile und Peter lagen nebeneinander, während Michael wie eine Raubkatze geduckt auf Eileen zuschlich. Sie rollte sich auf den Rücken, bereit, ihn zu empfangen. Doch als er in sie eindrang, begann sie sich mit heftigen Bewegungen zu wehren. Er hatte ihre unterdrückten Zerstörungsgelüste freigelegt, sie rasten aus ihr heraus, schwemmten all ihre Sanftheit hinweg. Ihre breiten Hüften hämmerten in wildem Rhythmus gegen den Fußboden, ihr Rücken krümmte und wand sich, die bleckenden Zähne näherten sich seiner Kehle, um sich darin zu verbeißen. Sie wollte töten. Das Schauspiel in Kugels Wohnung hatte ihre dunklen Triebe geweckt, und jetzt, inmitten sexueller Befreiung, drängten sie gewaltig nach oben. Michael hatte ihre Kinnlade gepackt und schob sie von sich. Erschaudernd ließ sie sich zurücksinken. Jetzt wollte sie seinen Samen empfangen, ihn seiner Säfte berauben und damit die Macht von ihm nehmen, die er über Peter und sie gewonnen hatte. Er hatte ihre bacchantische Wildheit von allen Fesseln befreit und sodann bezwungen. Ihr Körper begann ihn anzubeten. Schließlich brach sie in Schluchzen aus. Ein Strom von Tränen ergoß sich aus ihren Augen und floß in ihr Haar. Michael hielt sie schützend umfangen. Cecile berührte den Tränenbach und führte die benetzten Finger an ihre Zunge.

»Ich liebe dich«, sagte Eileen. Sie schien sich damit an alle zu wenden. »Ich liebe dich jetzt und immer. Ich liebe, liebe, liebe . . .«

Es sollte enden. Doch es hatte kein Ende. Es wurde zu einer Vision, an der ihre Körper teilhatten.

Cecile hörte eine Stimme sagen: »Jetzt wird sie sich berühren.« Sie mußte es einfach tun. Und im Augenblick höchster Hingegebenheit sah sie sich und Michael als eine Person oder als zwei Personen in einem Körper.

Sie sah sich aufrecht dastehen. Sie blickte an sich hinunter und sah ein weißes Glied zwischen ihren Schenkeln hervorragen. Sie lachte Michaels Lachen. Sah durch das dunkle Glas seiner Brille. Vor sich sah sie die Gestalten fliehender Mädchen, eines davon Tammy mit langem, wehendem Weißhaar. Sie rannte ihnen nach, fing sich eines, trug es in das Halbdunkel blühender Büsche – und fand sich nackt und zu nichts nütze, als das Mädchen, das sie vorher gewesen war.

Sie hörte Kugels winselndes Gelächter. Sie ritt auf einem Pferd durch taunasse Blumen. Ein Drache krümmte sich unter ihr und stieß heiße Dampfwolken aus den Nüstern. Es nahm ihr den Atem, als Pferd und Drache aneinandergerieten.

Ein weißer Speer mit dünnem Schaft und glänzender Spitze bohrte sich ins Fleisch des Drachen. Sie spürte den Widerstand der weichen Masse. Doch der Drache hatte die Zähne in den Hals des Pferdes geschlagen. Seine riesigen Flügel schlugen unter ihr auf und nieder. Ihre weiße Lanze zersplitterte. Gänse flogen in ungeordneter Formation quer über den Nachthimmel. Ihre Federn fielen wie Flocken zu Boden und verwandelten sich dort in Tiere.

Sie war ein Mädchen in Rüstung. Ein Schwan mit dickem, schlangengleichem Hals stand vor ihr. Mit einem einzigen Flügelschlag zerbrach er den Panzer der Rüstung. Seine schwarzen Drachenklauen faßten sie an der Innenseite ihrer Schenkel, sein Schnabel drang tief in sie ein.

Vor ihr auf dem Boden lagen die Schalen von Eiern, riesigen Eiern, größer als die eines Straußes. Sie schämte sich der Eier. Aus dem einen war ein Knabe, aus dem anderen ein Mädchen ausgeschlüpft.

Sie erwachte. Sie lag neben Michael im Bett. Michael war wach. Zuerst konnte sie sich nicht an den Traum erinnern, dann nur noch an den Traum. Sie fürchtete, sie würde nur noch an den Traum denken können. Sie wollte ihn auslöschen, kämpfte, daß er ihr nicht entglitt.

»Du mußt es mir erzählen«, rief sie in panischer Angst. »Erzähl, was geschehen ist!«

»Du erinnerst dich doch daran.«

»Nein. Ich erinnere mich nur an einen Traum. Du mußt es mir sagen.«

»Geschehen ist, woran du dich erinnerst.«

»Nein, nein, nein.«

»Ich weiß, was du geträumt hast. Du warst die Königin der Liebe.«

»Ich will ich selbst sein«, jammerte sie.

»Wir haben die Tore zu neuen Erkenntnissen aufgestoßen.«

»Es war alles verrückt.«

»Wir sahen hinter den Schleier der Welt der Erscheinungen. Wir erwachten aus einem bösen Traum und fanden uns in einer schöneren Wirklichkeit. Wir haben das große Werk begonnen, von dem die Alchimisten einst träumten.«

»Einiges machte wirklich Spaß«, kicherte sie.

# 19. KAPITEL

Michael Cobb und Richard Derwent wurden erst befreundet, als Richard Derwent nach dem Treffen am Swimming-pool in Cadwater mit Cecile in nähere Beziehung trat. Die beiden Männer hatten allerdings eine Menge gemeinsamer Bekannter, darunter Lord Collingwood.

Da Michael Cobb ein gesellschaftlicher Emporkömmling war, der sich gerne berühmter und einflußreicher Freunde rühmte, ist es wahrscheinlich, daß er den Wunsch hatte, Derwent auf die eine oder andere Weise für sich einzunehmen. Sicher war Cecile Banner für ihn ein Mittel, mit dem Kriegsminister in Verbindung zu kommen. Es ist höchst unwahrscheinlich, daß er außer der Befriedigung, die ihm der familiäre Umgang mit einem prominenten Mitglied der Regierung verschaffte, noch anderes dabei anstrebte.

*Der Melamine-Report*

»Entweder . . .« sagte ich.

General Gath sagte: »Entweder wir glauben, daß einer der scharfsinnigsten unter den neuen Köpfen des englischen Machtapparats – und zu jenem Zeitpunkt mit einer bekannten Schönheit verheiratet – seine Karriere wegwarf und seine Ehe wegen einiger Stunden Vergnügen mit einem kleinen Teenager aufs Spiel setzte, oder . . .«

Es war dieses »oder«, das so schwer ins Gewicht fiel, als die Derwent-Affäre begann, lawinenartig durch die gesamte Presse der Welt zu gehen und wir im Falkenflügel versuchten, uns die Lage nach dem Gang der Dinge besser zusammenzureimen, als die Zeitungen es je könnten.

»Oder«, sagte ich, »wir sollten uns lieber bereit zeigen, Peter Mayhouse und Ursula Drake ihre Geschichte abzunehmen.«

»Weiter.«

»Daß Michael sich an Derwent heranmachte, indem er Cecile als Vorboten, als Zwischenträger, als ein Kommunikationsmedium benützte. Ich meine nicht damit, daß er bloß ihren leckeren kleinen Körper als Träger einer gewöhnlichen Erpressungsfalle zu benützen beabsichtigte. Michael macht sich nichts aus Erpressung. Daran ist er nicht interessiert. Er spielt ein anderes Spiel.«

»Ein größeres?«

»Er glaubt, es ist größer.« Ich tat einen Atemzug und sagte: »Gewiß, ich spreche von Geheimwaffen. Wie Nietzsche sagte: ›Für die großen Schlachten neue Waffen.‹ Und die Vagina mag die älteste Waffe sein, die der Mensch je benützte, um einem anderen seinen Willen aufzuzwingen. Aber ich spreche über die Möglichkeiten, diese Waffe zu benützen, und die Möglichkeiten, den anderen darüber im unklaren zu lassen, was dabei gewonnen werden soll. Entweder Ihre Erklärung ist ausreichend, oder wir müssen glauben, daß Michael Cecile mit einer psychischen Kraft ausstattete, die zu besitzen und unter Kontrolle zu halten er von anderen Frauen gelernt hatte.«

Das klang etwas weit vom Schuß, sogar für eine Hypothese von Norman Scholes. Der General sagte darauf nichts.

»›Wir leben inmitten eines konstanten, nie aufhörenden Austausches von Signalen‹«, zitierte ich. »Was ich Ihnen sagen will, ist, daß Michael ein Zurückgebliebener ist oder einer, der uns weit voraus ist. Er hat gelernt, Signale zu verstehen, die die meisten von uns nicht registrieren oder vergessen haben zu registrieren. Und was noch wichtiger ist – und bis zu jenem Punkt brachte er es bei Derwent –: Michael konnte an Leute Signale aussenden, die nicht einmal wußten, daß sie sie empfingen, selbst dann nicht, wenn sie ausführten, was die Signale von ihnen verlangten.«

Der General sagte nicht ja und nicht nein. Ich wußte, daß ich ihn jetzt nicht bloß zitierte, sondern daß ich seine Sprache sprach. Ich sagte hier nicht mehr und nicht weniger, als daß es jemanden gab, der das geheime Motiv, aus dem heraus der General sein großes Signalzentrum im Falkenflügel errichtet hatte, mit ihm teilte.

Er stellte eine nüchterne Frage: »Gab es jemals einen anderen Beweis für diese ›Macht‹, von der Sie sprechen? Irgendeine Begebenheit, bei der er in einem Kreis von Männern die Wirkungsweise von dem unter Beweis zu stellen suchte, von dem er selbst annahm, er habe es vom anderen Geschlecht erworben?«

»Ich weiß einen solchen Fall«, sagte ich. »Und das Komische daran ist, daß dieser Beweis ebenfalls an Derwent erbracht wurde.« Und ich erzählte dem General die Anekdote, die mir der Journalist Simon Whetlock hinterbracht hatte.

Derwent war damals Mitglied des Schattenkabinetts – es war kurz vor den Wahlen, durch die seine Partei auf der Regierungsbank landete. Zusammen mit dem späteren Premierminister und noch einem halben Dutzend anderer, die auf der Kandidatenliste für die einzelnen Kabinettsparten standen, war er auf Waldhühnerjagd in Schottland. Eine Menge Journalisten hielten sich rund um das Schußrevier auf oder hetzten zusammen mit den Leuten der Jagdgesellschaft über das Moorland.

Auf dem Moor traf nun die Jagdgruppe des Premierministers mit der von Lord Bader, dessen Revier in der Nähe war, zusammen. Lord Collingwood und Michael waren unter denen, die Baders Jagdhunden mit geladenen Gewehren nachfolgten. Mittag war vorüber, als die beiden Jagdgesellschaften aufeinandertrafen, die Jagdteilnehmer mischten sich untereinander und begannen zu plaudern, während sie den Rückweg zu den Jagdhütten antraten.

Derwent war so ziemlich der Star der Gruppe. Er durfte sich mit Recht rühmen, ein großer Schütze zu sein, vor allem, wenn es fliegende Objekte betraf, was sehr gut auf einen Mann paßte, der für den Posten des Kriegsministers vorgesehen war und als solcher die Entwicklung des Antiraketenprogramms überwachen sollte. So wußte es zumindest die Öffentlichkeit aus den Zeitungen.

Auch wirkte er in dieser Umgebung etwas imposanter als einige seiner Politikerkollegen. Er war nicht hochgewachsen, hatte aber das Gehabe eines Soldaten. Er wußte graziös mit Hunden umzugehen und führte seine Waffe wie einer, der Waffen zu schätzen wußte. Sein Gewehr war auch ein besonders schönes Exemplar. Es war ein Schweizer Fabrikat in Spezialausfertigung, doppelläufig.

Michael mußte dagegen wie ein Stümper erscheinen. Er hatte den ganzen Morgen nichts getroffen, obwohl er mit seinem ausgeborgten Gewehr fleißig in der Gegend herumgeballert hatte. Von Derwents Jagdjoppe dagegen hingen massenweise tote Vögel herab.

Als sie unterhalb von Lord Baders Revier die Wiese überquerten, scheuchten die Hunde genau vor Michael zwei Rebhühner auf. Derwent schoß das eine, Michael verfehlte das andere. Derwent gab ihm Zeit für einen zweiten Schuß, und dann, als das Huhn bereits extrem weit entfernt war, sandte Derwent ihm einen Schuß nach, der es ins Heidekraut purzeln ließ. Der Ausflug hinterließ keinen Zweifel darüber, wer der beste Schütze sei. Und dann, während beide Gesellschaften heißen Grog tranken, den die Diener zum Stall herunterbrachten, begann eine Gruppe von Jägern, zu der auch Michael und Derwent gehörten, über die Schützenqualität des Kennedy-Mörders Lee Harvey Oswald zu diskutieren. Möglicherweise war man gelegentlich der Diskussion über die Reichweite von Gewehren auf dieses Thema gekommen. In jenem Jahr überschattete dieses Attentat sämtliche Gespräche.

Derwent ging nach Meinung von Whetlock ein wenig zu weit, wenn er behauptete, die Theorie, ein einziger Mann habe das Attentat ausgeführt, wäre nicht glaubhaft. Schließlich war das die offizielle amerikanische Version, und Derwent stand kurz vor Antreten eines offiziellen Regierungspostens, was unter anderem auch diskrete Behandlung amerikanischer Fragen erforderte.

»Es war ein Schuß auf ein bewegliches Ziel, wobei die Waffe beim Zielmanöver geschwenkt werden mußte«, argumentierte Derwent. »Es ist reiner Käse, zu behaupten, es wäre ein Direktschuß gewesen. Man bedenke doch die Schußwinkel. Ich habe Erfahrung in der Ausbildung von Bordschützen. Fragen Sie einmal diese Burschen, ob es möglich ist, mit einem Gewehr, das auf den Schrotthaufen gehört, drei Schüsse auf ein bewegliches Ziel abzugeben. Ich glaube es nicht.«

Aber dann schien er zu erkennen, daß es unklug war, im Beisein von Journalisten so zu reden. »Ich nehme an, wir könnten vielleicht akzeptieren, daß der Schütze sensationelles Glück gehabt hat.«

»Es war nicht Glück«, warf Michael kühn ein.

»Nicht Glück? Nun, natürlich großes Pech für die Welt. Aber soweit es darum ging, das Ziel zu treffen, würden Sie nicht auch sagen, es muß großes Glück im Spiel gewesen sein?«

»Unerhörte Konzentration«, sagte Michael. »Nicht bloß Konzentration von Muskeln und Nerven, auch nicht Konzentration aller erworbenen Erfahrung mit Feuerwaffen, sondern Konzentration des Willens und der Seele. Der Mörder schickte mit der Kugel den Willen auf die Reise, den Präsidenten zu töten. Hat die Konzentration des Mörders einmal den Grad des Fanatismus erreicht, ist der Schuß so leicht wie bloße Berührung. So leicht und einfach, wie sich vorzubeugen und mit der Hand den Kopf des Opfers zu tätscheln.«

Es mußte Derwent völlig gegen den Strich gegangen sein, einen blutigen Amateurjäger wie Michael sich in so autoritärer Weise über das Schießen äußern zu hören. Derwent sagte aufgebracht: »Oh, wenn Sie die Absicht haben, Übernatürliches ins Spiel zu bringen . . .«

»Das haben *Sie* gesagt«, sagte Michael. »Sie wissen vielleicht sehr viel über Gewehre. Ich habe Erfahrung bezüglich der Konzentration und Projektion des Willens – vorausgesetzt, sie ist reinster Ausdruck von Liebe oder Haß.«

»Wär' schön, einen Bomber mit Haß herunterzuholen«, lachte jemand. »Warum nicht?« gab Michael, ebenfalls lachend, zurück. Ihm schien im Gegensatz zu Derwent diese kleine Auseinandersetzung eher Spaß zu bereiten. Was nicht verwunderlich war, wenn man ihre beiden Charaktere in Betracht zog.

Die meisten der Zuhörer hatten das Gefühl, er wolle Derwent bloß etwas reizen, als er weitersprach: »Ich wette, ich könnte mit verbundenen Augen einen Vogel zur Erde holen, wenn ich meinen Willen wirklich darauf konzentrierte, ihn zu treffen.«

Just in diesem Augenblick fiel ein toter Vogel aus der Tasche von Derwents Jagdjoppe. Erklärlich aus der Tatsache, daß er eine ganze Menge davon hineingestopft hatte. Außerdem hatte er sich eben vorgebeugt, um sein Grogglas auf die Bank zu stellen, die die Diener zu diesem Zweck gebracht hatten.

»Nein, nein«, krähte Michael. »So habe ich es nicht gemeint. Ich meinte, ich könnte ihn aus der Luft herunterschießen.«

Derwent lachte auch und war sich unschlüssig darüber, ob er sich nach dem hinuntergefallenen Vogel bücken oder ihn mit dem Fuß wegschieben sollte.

»Sehen wir uns Ihren Vorschlag einmal an«, sagte er mit der klaren Stimme eines Mannes, in dem der Sportsgeist erwacht war.

»Um einen Einsatz?« fragte Michael.

»Natürlich um einen Einsatz.«

»Es muß um sehr viel gehen, wenn ich meinen Willen zu äußerster Konzentration bringen will«, sagte Michael.

»Um soviel Sie wollen.«

Zufällig hatte man im Stall einige Tauben in einem Käfig. Ohne viel Aufhebens nahmen ein paar Männer eine Taube und gingen mit Michael und Derwent um das Gebäude herum auf die Wiese.

»Ich möchte mir für den Versuch Ihr Gewehr ausborgen«, sagte Michael.

Derwent grinste, lud die wunderschöne Waffe und gab sie ihm.

Michael wog sie in seinen Händen, um sich an ihr Gewicht zu gewöhnen und seinen Muskeln die Gleichgewichtsverhältnisse mitzuteilen. Er sah sich die wertvolle Eingravierung an. Nymphen und Faune. In goldener Filigranarbeit ein Netzwerk der Lebensfreude auf tödlichem Stahl.

»Ich wette was immer Sie wollen gegen dieses Gewehr«, sagte Michael.

»Das geht lei . . .« begann Derwent, unterbrach sich aber, als er sich an die Bedingungen der Wette erinnerte. »Gegen fünf Pfund«, sagte er. »Oder nein, gegen fünf Shilling.«

Michael legte das Gewehr an und drückte seine Wange gegen das blankpolierte Holz des Kolbens. Liebevoll ließ er den Gewehrhahn spielen, drückte ihn bis zur Sicherung durch. »Ich spüre es«, sagte er. »Jetzt stelle ich mir vor, Mr. Derwent, ich habe mit Ihrer Waffe auch Ihr Geschick geborgt. Ich kann den Mann spüren, der mit dieser Waffe zielt. Sie ist nun für mich mehr als bloß Holz und Stahl.«

Er wandte sich zu den grinsenden Männern um, die die Taube hielten, und legte seine Hand auf die aufgeregt schlagenden Flügel des Vogels. »Ich treffe dich«, sagte er.

Lord Collingwood legte ihm die Binde um. Dadurch erhält die Episode eine zweideutige Note. Nicht nur, daß Collingwood Michaels Freund war, der Unsicherheitsfaktor kommt auch von daher, daß jeder wußte, daß Collingwood ebensoviel für Späße übrig hatte wie Michael. Niemand prüfte die Augenbinde.

Michael fügte nun einige Instruktionen hinzu: »Wenn der Vogel losgelassen ist, wäre ich dankbar, Mr. Derwent, wenn Sie mir etwas zurufen würden. Rufen Sie ›rechts‹ oder ›links‹. Rufen Sie ›hoch‹ oder ›tief‹. Rufen Sie ›steil‹ oder ›gerade‹. Ich möchte Ihre Stimme hören. Wollen Sie mir die Ehre erweisen?«

Whetlock sagte, daß er in diesem Augenblick, als Michael mit der Binde dastand, zum erstenmal spürte, daß es sich um keinen Ulk handelte. Er sagte, Derwent habe nervös gewirkt, so als wäre ihm bewußt geworden, bei seinen Überlegungen etwas entscheidend Wichtiges außer acht gelassen zu haben. Und Michael, der in Positur stand, schien jeden seiner Muskeln anzuspannen.

»Fertig«, rief er.

Derwent hob seine linke Hand ein wenig, als bereitete er sich unwillkürlich darauf vor, auf den Vogel zu zielen.

»Los!« rief Michael.

Der Vogel wurde in die Luft geworfen, seine Flügel flatterten, gewannen Widerstand, und er flog.

»Links. Hoch. Gerade!« schrie Derwent.

Das Gewehr brüllte los. Michael riß sich die Binde von den Augen, gerade noch rechtzeitig, um den zerschmetterten Vogel auffallen und mit den blutigen Flügeln um sich schlagen zu sehen. Er feuerte nochmals, um ihn zu töten.

Mit großmütig-erhabenem Lächeln sagte Richard Derwent: »Sie haben meine Theorie bewiesen. Es gibt so etwas wie unberechenbares Glück. Würden Sie es noch einmal versuchen, Sir?«

Michael warf ihm das Gewehr zu wie ein Feldwebel, der einem Soldaten nach der Inspektion die Waffe zurückgibt. »Ich wünschte, Sie glaubten nicht an Glück, Mr. Derwent.«

Derwent schien einen Augenblick liebkosend über die Waffe zu streichen. Doch er verlor nicht seine großartige Haltung. Er lächelte immer noch. Aber es war klar, daß er es haßte, sich von der Waffe trennen zu müssen.

»Sie haben gewonnen, es war fair und gerecht«, sagte er. Immer noch hielt er das Gewehr. Eine Sekunde lang schien er unentschlossen. Und dann machte er den Schnitzer und sagte das Falsche. »Geben Sie mir Ihr Wort, daß Sie nichts sehen konnten? Die Binde . . .«

»Ich möchte keinerlei Schwur tun«, sagte Michael mit schiefem Lachen. »Alles, was wir wissen, ist, daß der Vogel tot ist.«

»Natürlich«, sagte Richard Derwent. »Hier. Das Gewehr gehört selbstverständlich Ihnen.«

»Danke«, sagte Michael. »Ich werde es in Ehren halten.«

General Gath sagte: »Ich werde jetzt nicht den Fehler begehen, danach zu fragen, was wir ohnehin nicht wissen können – ob die Binde echt war oder ob Collingwood sich einen Ulk leistete. Was von Belang bleibt, ist das Aufeinandertreffen der beiden Männer. Die Art, wie sie sich kennenlernten und sich verstanden.«

Darüber hinaus gibt es kaum Raum für irgendwelche Vermutungen. Bei jenem Zusammentreffen gab Michael tatsächlich dem anderen etwas zu verstehen, indem er zur Taube sagte: Ich treffe dich.

# DRITTER TEIL

## Der Swimming-pool von Cadwater

# 20. KAPITEL

Das mehr oder minder zufällige Zusammentreffen bestimmter Personen bei Lord Collingwoods Swimming-pool-Party ist die Crux der ganzen Affäre.

*Der Melamine-Report*

Meg Derwent erwachte sehr früh an jenem kühlen Junimorgen. Die langen weißen Vorhänge an den blaßgetönten Wänden bauschten sich in der warmen Sommerbrise. Sie schienen ihr zuzuwinken, aufzustehen und aus dem Fenster zu sehen. Einige Gärtner waren bereits bei ihrer Arbeit an den Blumenbeeten. Aus den kunstvollen Wasserspeiern zu Füßen der weitgeschwungenen Treppe von Haus Cadwater schossen keine Wasserfontänen, aber der tanzende Strahl, der sich aus einem Gartenschlauch über Blumen und Rasen senkte, schuf den silbrig-zitternden Hintergrund für einen höchst vergänglichen Regenbogen.

Sie zog schnell ihr Reitkostüm an. Bart Collingwood hatte allen seinen Weekendgästen versprochen, sie würden zu jeder Zeit im Stall einen Stallburschen vorfinden, falls sie Lust hätten, einen Ausritt zu machen. Sie wollte an diesem Morgen die erste auf den Beinen sein. Ohne ihren Gatten Richard aufzuwecken, ging sie die Stufen des großen, noch im Schlaf liegenden Hauses hinunter und überquerte den Rosengarten, um zu den Ställen zu gelangen. Ein unrasierter Stallbursche, barfuß und mit Leibchen und Jeans bekleidet, sattelte eine schwarze Stute für sie.

Wie schön war es doch, im tiefen Schatten des Weges die weiten Rasenflächen von Cadwater entlangzureiten und dann plötzlich, aus dem Gehölz kommend, am steil abfallenden Ufer des Flusses zu stehen. Zwischen den grünen Hecken und Weideflächen des Tales lagen die Dörfer Barlow, Mickle und Clumm. Vor dem schneeweißen Morgengewölk gegen Barlow hin zog ein Falke seine Kreise. Zwischen den Ulmen am Ufer hüpften Saatkrähen hin und her.

Aus irgendeinem Grund erinnerte der Anblick sie an Kenia, wo sie einmal einen Film gedreht hatte. Das war so viele Jahre her. Damals war sie wirklich jung gewesen und aus eigenem berühmt, nicht bloß als die Gattin eines bedeutenden Regierungsmitglieds.

Unten auf dem ebenen Boden des Flußtales galoppierte sie über eine etwa zwei Kilometer lange Weide, die zum Gute Cadwater gehörte. Sie bog in eine Sandstraße ein und folgte ihr, bis sie zu den Überresten des alten Stadtgrabens von Clumm gelangte, wandte sich dann rechts der Sonne entgegen und überholte in eiligem Trab einen kleinen Bauernwagen, der mit einer hohen Ladung Gemüse nach London unterwegs war.

Bis sie wieder die Waldwege unterhalb von Cadwater erreichten, waren sie und ihre Stute in Schweiß geraten. Kein Lufthauch regte sich im Geäst der Bäume. Die Schwüle des aufsteigenden Tages saß bereits im dichten Buschwerk und zwischen den riesigen, moosbewachsenen Bäumen.

Es war ihr unmöglich, zu glauben, sie habe sich verirrt, aber sie wußte im Augenblick nicht genau, in welchem Teil des Gutes Cadwater sie sich befand. Einer plötzlichen Regung folgend, bog sie vom Hauptreitweg in einen Nebenweg ein, der kaum sichtbar war und so schmal wurde, daß der Tau an den Büschen die Beine ihrer Reithosen benetzte.

Und nach einer Wegbiegung stand sie urplötzlich auf einer Lichtung mit hohem, tiefgrünem Gras. Eine Frau lag dort ganz allein auf der Wiese. Diese unerwartete Begegnung ließ sie den Atem anhalten. Sie fürchtete instinktiv, einen Leichnam, das Opfer eines Verbrechens, eines Unfalles oder eines Selbstmordes vor sich zu haben.

Aber nein, die Frau im Gras vor ihr war lebendig. Und sie schien dem Gehabe nach auch nicht allein zu sein.

Allerdings – niemand lag neben ihr im hohen, saftigen Gras. Doch ihre Bewegungen waren wie die Antwort auf eine Liebkosung. Ihre weißen Arme hatte sie über sich zu einem Bogen vereinigt, als umschlänge sie den Hals ihres Liebhabers und ziehe ihn zu sich herab. Rumpf und Schenkel lagen auf dem Grasboden, doch ihr Rücken war nach aufwärts gekrümmt, so daß sich ihr Bauch nach oben wölbte. Und unter dem weißen Kleid waren die einladenden Formen der Knie sichtbar.

Die Stute zitterte. Meg Derwent legte ihr die Hand auf den schweißnassen Hals, um sie zu beruhigen. Sie hatte das Gefühl, es wäre falsch – oder sogar gefährlich –, durch ein Geräusch oder eine Bewegung den Trancezustand oder das Ritual dieser Frau zu stören.

Ein starkes Gefühl der Sympathie für die Unbekannte ergriff sie. Sie fühlte sich wie im Traum, losgelöst von ihrem eigenen Körper, diesen aus der Entfernung betrachtend. Die Frau war ihr Spiegelbild. Die unmißverständliche Geste sexueller Leidenschaft, die die im Grase liegende Figur ausführte, war der Ausdruck des Gefühls, das sie begleitete, seit sie vom Bett barfuß zum Fenster gelaufen war, um durch die Vorhänge den schönen, neuen Morgen zu begrüßen. Wie eigenartig. Wie schön. Nie in ihrem Leben hatte sie bacchantischer Sehnsucht so freien Lauf gelassen wie diese Frau hier.

Dann schnaubte die Stute. Das Geräusch brach in den Zauber der Lichtung ein wie Verkehrslärm oder Schritte im Augenblick des Erwachens.

Die Frau setzte sich im Gras auf und starrte mit dunklen, unbewegten Augen zu ihr herüber. Ohne Angst, ohne Feindschaft. Doch schien sie plötzlich völlig verändert.

Meg befeuchtete ihre Lippen, um zu sagen: »Entschuldigen Sie, bitte. Entschuldigen Sie mein Eindringen.« Hierauf würde sie vielleicht um den Weg nach Cadwater House fragen. Aber anstatt zu sprechen, gab sie dem Pferd die Sporen und ritt, von plötzlicher Panik ergriffen, davon.

»Meg hat uns ganz verlassen«, sagte Richard Derwent beim Frühstückstisch zu Bart Collingwood und dem alten Hoe. »Ich muß sagen, ich schlief in dem herrlichen Bett so ausgezeichnet, daß ich bestürzt war, als ich aufwachte und sah, daß sie weg war.«

»Ich weiß, wie das ist«, sagte Hoe. »Sie werden mir nicht glauben, daß Maris und ich fünfzehn Jahre keine einzige Nacht getrennt geschlafen haben. Außer jener schrecklichen Zeit, als ich im Krankenhaus war, natürlich. Wird einem zur Gewohnheit, die Frau an seiner Seite zu finden, wenn man aufwacht.«

»Nein, es war nicht ganz das«, sagte Richard Derwent. Er und Meg schliefen oft genug getrennt. Ihr geschäftiges Leben erforderte es. Aber er hatte sehr gut geschlafen. In letzter Zeit hatte er viel gearbeitet, fast bis zum Punkte völliger Erschöpfung. Er hatte geschlafen und war wie ein Kind aufgewacht – beim Erwachen noch so benommen, daß Erinnerung und Bewußtsein nur langsam zurückkehrten.

»Unser Dick liebt es eben, über eine Frau herzufallen, wenn er aufwacht. Dann fällt ihm das Aufstehen leichter«, kicherte Collingwood. »Ich kenne das.«

»Sie schmeicheln mir«, sagte Richard Derwent.

»Er spricht für sich selbst«, sagte Aldernon Hoe, nicht ganz begeistert von der zotigen Note, die Bart, sein Schwager, ins Gespräch brachte.

A. V. E. Hoe war Offizier an Bord des Luftschiffes R-34 gewesen, als dieses 1919 seine erste Atlantiküberquerung machte. Später, in den zwanziger Jahren, war er seiner Versuche mit Flugkörpern leichter als Flugzeuge wegen zu einer heroischen und international gefeierten Persönlichkeit geworden. Er führte die Kampagne zugunsten einer Flotte von Luftschiffen, als das Luftfahrtministerium das Interesse an ihnen verlor und sich ganz auf Flugzeuge verlegen wollte. Noch bis zu den Tagen von München hatte Hoe öffentlich die Meinung verfochten, daß Großbritanniens Luftüberlegenheit, ja sogar seine Luftsicherheit auf diesen veralteten Giganten ruhe.

Die Geschichte hatte Aldernon Hoe überrundet, und er hatte es ihr fast vergeben, wie viele Engländer seiner Generation gezwungen waren, solches zu tun. Als Luftschiffe zu einem Relikt der Vergangenheit wurden, widmete er sich der Wohltätigkeit und der Viehzucht auf seinen Farmen in Buckinghamshire. Aber er war immer noch »interessant«, wußte das und erzählte immer wieder Anekdoten aus jenen Zeiten, als er mit der R-100 und deren Vorgängerinnen Goodwill-Flüge nach den Kolonien unternahm.

Dieser schöne Morgen, der so mächtig jedermanns Phantasie und Erinnerung anzuregen schien, hatte in ihm jene Tage des Jahres 31 heraufbeschworen, als er von der Kanzel seines Luftschiffes auf Kairo und auf den riesigen, sich mäanderhaft dahinschlängelnden Nil hinabschaute. Undeutlich sah man die Umrisse der Pyramiden im Sonnenglast über der Wüste. Die Motoren schwiegen für eine Weile. Dreißigtausend Fuß über dem erwachenden Kontinent trieb die Silberzigarre dahin. Dann das erste Blitzen der Morgensonne auf dem Suezkanal, gleich den Flammenbogen zwischen zwei elektrischen Polen... Er sah, wie das gedämpfte Licht des Speisezimmers vom Rand eines silbernen Teetopfes zurückgeworfen wurde, und fragte Derwent: »Waren Sie nicht mit Alexander in Ägypten. Phantastisches Land. Ich erinnere mich, als wir eines Morgens im Jahre einunddreißig...«

Hauptsächlich aus dem Grund, seinen älteren Schwager und Richard Derwent miteinander bekannt zu machen, hatte Bart Collingwood für dieses Wochenende Leute zu sich geladen. Er hatte gedacht, die Gäste würden für Stimmung sorgen. Doch, soweit es ihn betraf, langweilten sie ihn bereits. Sie waren alle so alt, dachte er und rutschte unruhig auf seinem Sitz hin und her. Würde ihnen guttun, wenn er hinunter ins Dorf schickte und Michael Cobb und seine Freunde einlud, heraufzukommen, um etwas Leben in das große Haus zu bringen. Er war sich nicht ganz sicher, mit wem Michael dieses Wochenende verbrachte. Ach was, Narretei. Man konnte nicht Öl und Wasser mischen. Diese gesetzten Leute und Michael Cobb mit seinen Späßen.

Als er seine Freunde einlud, hatte er dabei nicht wirklich den Gedanken gehabt, sie seien alt und gesetzt. Bevor Roger Botsford Inge heiratete – das war sicher noch in den zwanziger Jahren gewesen –, hatte er eine amerikanische Filmschauspielerin über zwei Kontinente verfolgt und umworben, war in ein Komplott verwickelt gewesen, das ein junger Kronprätendent insezniert e, um eine balkanesische Königin zu stürzen, und war vermutlich Partner von amerikanischen Alkoholschmugglern geworden, und das aus Prinzip, da er der Meinung war, die Prohibition verletze die Freiheit zur See. Er war ein ziemlich toller Kerl gewesen – das nur eben vor langer Zeit.

Perry und Vivian Tallgood waren viel zu reich, um gesetzt zu sein. Mit dreiundsechzig war Vivian immer noch eine auffallend schöne Frau. Doch selbst bei größter Ausgelassenheit stoben keine Funken bei ihnen. Sie waren viel zu glücklich miteinander, um sich allzusehr mit anderen Leuten abzugeben. Dann waren da noch die Brüder Whitbread mit ihren Frauen. Die Männer waren seit den Oxforder Schultagen Freunde von Bart Collingwood. Jeremy, ein Jagdenthusiast wie er selbst und Derwent, aber ach, zu alt, um noch zu reiten. So hatte er sich in geradezu beleidigender Art darauf verlegt, Lügen über seine Heldentaten als Fischer aufzutischen. Und die Enscotts und Sir Joel – nun, es wäre nicht fair, von ihnen zu sagen, sie seien langweilig und gesetzt. Nichtsdestoweniger, Bart Collingwood schob das alles beiseite und versuchte, sich an den Familiennamen der Kleinen zu erinnern, die sich Michael Cobb im vergangenen Jahr aufgegabelt hatte. Bradner, Bishop, Benning – ach nein, Banner. Cecile Banner. Der Kerl trieb's wahrscheinlich gerade mit ihr, während er hier mit Derwent und Hoe Tee schlürfte.

Meg Derwent kam durch den Speisesaal, als sie immer noch bei Tisch saßen.

»Ich habe einen wunderschönen Ritt bis Clumm gemacht«, sagte sie. Auf ihrem Gesicht, das von aschblonden Locken umrahmt war, zeigte sich Röte. Auf ihrem offenen, weißen Kragen zeigten sich schwache Spuren von Schweiß.

Sie kam zum Tisch und gab ihrem Gatten einen Kuß. »Ich verirrte mich total auf dem Rückweg im Wald«, sagte sie.

»Es war ungewohnt, ohne dich aufzuwachen«, sagte Derwent. Seine schönen dunklen Augen waren fragend auf sie gerichtet. Obwohl sie ihn geküßt hatte, wich sie seinem Blick aus. Hatte er etwas getan, was sie ärgerte? War sie gereizt, weil er schlief, während sie gewünscht hatte, mit ihm einen Morgenritt zu machen?

»Ich glaube, ich nehme ein Bad«, sagte sie.

»Ich komme mit dir«, sagte Derwent.

»Sollen wir nicht alle ins Schwimmbecken gehen?« schlug Bart Collingwood vor.

»O ja, machen wir das«, sagte Meg. »Ich nehme im Badehaus eine Dusche und komme dann zu euch. Richard, ich glaube, das Mädchen hat deinen Badeanzug ausgepackt und in die unterste Lade des Kastens beim Fenster gelegt. Soll ich mit dir hinaufkommen und ihn für dich heraussuchen?«

Er sah, daß sie nicht wirklich den Wunsch hatte, jetzt mit ihm zusammen zu sein. Sie wollte allein duschen. Und so sagte er, daß er durchaus imstande sei, allein eine Lade zu öffnen und daraus eine Badehose hervorzuholen.

Die drei Männer waren bereits ins Wasser gesprungen, als Meg aus dem kleinen Ziegelhäuschen am Rande des Teiches kam, das an der Mauer angebaut war, die das Schwimmbecken umgab und es den Blicken Fremder entzog.

Donnerwetter, sie war immer noch eine Schönheit, dachte Bart Collingwood. Sie trug einen einteiligen weißen Badeanzug. »Er ist neu, aus Skandinavien«, sagte sie. »Ich habe ihn nicht selbst gefunden. Einige meiner Freunde vom Hillman-Studio sind natürlich über die neueste Mode informiert. Wenn sie nicht wären, fürchte ich, ich in meinem Alter würde wie eine alte Schachtel aussehen.«

Bei ihrem Alter! Bart Collingwood knirschte mit den Zähnen. Sie war bei weitem die jüngste von allen, die er zu diesem Wochenende um sich versammelt hatte. Sie sah wie Dreißig aus – dabei mußte sie gut über Vierzig sein. Ihr skandinavischer Badeanzug bedeckte einige der bemerkenswertesten Kurven, die die britischen Inseln zu bieten hatten. Bart Collingwood liebte ausgereifte Frauen. Und von Meg Derwent konnte man das sagen. Ihre Brüste waren fest, als wären sie reine Muskelmasse. Die Haut lag wie angegossen auf dem Körper dieser Maid, ähnlich wie bei dem Achilles des Wellington-Monuments im Hyde-Park. Idiotisches Denkmal, aber ein großer Tribut an die Fleischlichkeit.

Meg sprang hinein und schwamm einmal die Länge des Bassins durch, und der alte Hoe sagte: »Natürlich war nicht nur alles Abenteuerlust und Kolonialstolz, nicht einmal damals. Ich sage Ihnen, als wir vor Kairo Treibstoff ablassen mußten und dann die Seile in die Menge der Fellachen warfen, die in Schwärmen auf dem Feld standen und beobachteten, wie wir landeten, fürchtete ich am meisten, daß ein Parlamentsabgeordneter der Liberalen oder ein Reisejournalist da unten stünde und genau achtgab, ob wir die Eingeborenen beschimpften oder mißhandelten. Ob wir britischen Pomp abzogen. Ich verachte diese Journalisten, aber ich hielt Ausschau nach ihnen, kann ich Ihnen sagen . . .«

Bart Collingwood sah keine Veranlassung, ihm zuzuhören. Er hatte es schon einmal gehört. Er sah zu Meg hin, die mit feuchtschimmernder Haut eben aus dem Bassin kletterte. Vielleicht nicht anständig, der Gedanke – aber Mann, was für ein *mons veneris* schwellte da zwischen ihren reifen Schenkeln. Jeder Zoll davon ebenso muskulös wie ihre Zitzen. Die konnte einen Mann in die Zwicke nehmen!

Und, Gott segne ihn, Dick Derwent wußte, was er an dieser Frau hatte. Er war nicht der Mann, zurückzuschrecken und Mama zu schreien, weil ein starker Muskel sein Ding in die Zwicke nahm. Und wetten, es war diese schöne Frau, die ihn auf Trab hielt. Wenn man einen Mann sah, der in die Fünfzig ging, mit scharfem, hellem Auge, schlankem Körper und der Lebhaftigkeit eines guten Hundes, dann konnte man wetten, daß eine Frau dahintersteckte, die sich gut um ihn kümmerte.

»Ich habe Schwierigkeiten mit der Presse bei meinen Bemühungen um die Red-Arrow-Rakete«, sagte Derwent zu Hoe, der mitfühlend nickte.

»Tut mir leid, Darling, ich habe dich angespritzt.« Meg sagte es, als sie ein Handtuch ausbreitete und sich neben ihren Gatten setzte.

»Ja, das haben Sie«, sagte Hoe.

»Wenn es etwas gibt, was meine alten Augen erfreut, dann ist es ein wohlausgewogenes Pärchen«, sagte Bart Collingwood zu Derwent.

»Meinen Sie Meg und mich? Oder . . .«

Mit diesem »oder« meinte er Megs Brüste. Dieser schlau eingefädelte Witz direkt unter der puritanischen Nase des alten Hoe versetzte Bart Collingwood in hellstes Entzücken. Er mußte so tun, als wäre ihm etwas Wasser in die Nase geraten, und nieste heftig.

»Die dummen Köter machen Ihnen das Leben sauer«, sagte der alte Hoe bewundernd. »Ich habe es genau verfolgt. Meine Freunde im Oberhaus halten mich auf dem laufenden. Sie sind alle für Sie, kann ich Ihnen sagen.«

»Schön, das zu hören!«

Meg sagte: »Richard hat zwischen Budget, Technikern, Presse und Öffentlichkeit einen Seiltanz zu vollführen. Wenn die Leute nur wüßten, wie geschickt er sich auf diesem Seil bewegt.«

»Bin nicht sicher, ob das sehr schmeichelhaft für mich ist«, lächelte er sie an.

»Aber ich meinte es so!«

Hoe sagte: »Doch eines darf sich nie ändern: daß den Verleumdern Paroli geboten wird! Stehen Sie auf gegen sie, Sir! Und wenn Sie diesem Hundepack ein paar Lügen auftischen, aber die Red Arrow ist eine große Sache. Sie müssen es schließlich wissen. Die Öffentlichkeit weiß es nicht. Stehen Sie auf gegen sie! Nur entschlossener Widerstand bringt die Sache durch!«

Die Augen des alten Mannes leuchteten triumphierend, als er das sagte, so als wäre *er* es gewesen, der, schließlich und endlich, Britannien gerettet hatte, indem er diese Dummköpfe und Lügner von Presse und Öffentlichkeit gezwungen hatte, sein Luftschiffprogramm anzunehmen. Und als hätte sich der Himmel, als es Zeit wurde, mit Herrn Hitler die Klingen zu kreuzen, plötzlich mit Tausenden tödlichen silbernen Zigarren gefüllt, die ostwärts flogen, den deutschen Bluthund auf die Knie zu zwingen...

Perry Tallgood hatte sich zu ihnen gesellt und erzählte von einem gefälschten Van Gogh, den man ihm und Vivian aufgeschwatzt hatte, als Bart Collingwood jenseits der Mauer

Stimmen hörte. Jemand ging auf der Straße vorbei, die zwischen dem Schwimmbecken und dem Sattelplatz hinter den Ställen vorbeiführte.

Er hörte das perlende Lachen eines Mädchens, und dann sagte er – verdammt, ohne sich etwas dabei zu denken, verdammt, die Leute sollten sich endlich daran gewöhnen, daß er sagte, was ihm gerade durch den Kopf ging –: »Das muß Michael Cobb mit einer seiner Huren sein!«

Hoe schaute ihn an, als habe er sich soeben beschmutzt. Perry Tallgood setzte seinen Satz über die gesetzliche Verantwortlichkeit von Kunsthändlern fort. Sogar Dick Derwent errötete ein wenig.

»*Mädchen*«, korrigierte sich Bart Collingwood. »Verzeihung Mrs. D.« Meg streckte den Arm aus und berührte seine Hand, um ihm zu versichern, daß das, was ihm entschlüpft war, nichts sei, worüber man sich besonders aufzuregen habe. Sie kannte das Leben, sie kannte die Filmleute, und sie war sicher nicht durch Worte wie dieses aus der Fassung zu bringen!

Ihr Mitgefühl ermutigte ihn. Hoe war ein alter Gimpel. Mein Gott, an seinem eigenen Schwimmbecken konnte Bart Collingwood sagen, was ihm gefiel. Wenn es Hoe nicht gefiel, dann sollte er es eben bleibenlassen. Er mit seinem blöden Gerede von den Luftschiffen.

Collingwood mischte sich jetzt direkt in das Gespräch ein: »Sie erinnern sich an Doktor Cobb, nicht wahr?«

»Ich habe ihn nie persönlich getroffen«, sagte Perry Tallgood. »Wir besitzen natürlich zwei ausgezeichnete Zeichnungen von ihm. Sehr talentierter Bursche.«

»Vivian empfahl mir, bei ihm ein Porträt machen zu lassen«, erinnerte sich Meg. Dabei wanderte ihr Blick zu den Baumwipfeln jenseits der Mauer, zu den lammweißen Wölkchen und hoch hinauf in das tiefe Blau des Morgens. Es fiel ihr ein, daß die Frau, die sie auf der Lichtung gesehen hatte, eine der Besucherinnen in Dr. Cobbs Haus sein müsse.

»Ich erinnere mich an ihn«, sagte Derwent. »Wir hatten – eine kleine Auseinandersetzung.« Sein Gesicht hatte sich verdüstert.

»Dick wettete ein Gewehr, daß Michael Cobb eine Taube nicht treffen könne«, erklärte Collingwood Tallgood.

»Das ist nicht der ganze Kern der Geschichte«, brummte Derwent. Er war sichtlich einem Zornesausbruch nahe. Jeder außer Bart Collingwood hätte das gemerkt und versucht, dem geschickt aus dem Weg zu gehen.

Meg sagte: »Als ich den Morgenritt machte, hatte ich ein – ich wollte schon eigenartiges Erlebnis sagen. Aber das war es natürlich nicht. Ich traf im Wald eine junge Frau. Sie war ganz allein.«

Alle lauschten gespannt.

Sie durchbrach die plötzlich eingetretene Stille mit einem Lachen. »Das ist gar keine Geschichte. Ich weiß nicht, warum ich es erwähne. Ich nehme an, mein erster Gedanke war, sie sei in Schwierigkeiten. Natürlich war sie es nicht. Sie hatte einen Spaziergang zeitig am Morgen unternommen. Sie war müde geworden und hatte sich ins Gras gelegt. Ich kann es ihr nachfühlen. Es war so – schön. Hohes, saftiges Gras. Ich hätte nichts dagegen gehabt, mich selbst hinzulegen. Das ist alles. Ich weiß nicht, warum ich es erwähne.«

»Was war mit dem Gewehr?« fragte Perry Tallgood. Dann sah er, daß niemand die Geschichte erzählen wollte. Offenbar gab es hier starke Ressentiments. Er wollte das Thema fallenlassen.

Derwent antwortete ganz langsam. »Ich muß sagen, es tat mir sehr leid, das Gewehr zu verlieren. Sie wissen, man hängt sehr an einer Waffe. Es ist etwas Irrationales, aber es ist so. Es war ein sehr teures Stück. Beim Kauf habe ich einfach meiner Leidenschaft nachgegeben.«

»Das soll Ihnen nicht zu nahegehen«, sagte Bart Collingwood. »Absolut unerhört, dieses Glück, daß er den Vogel mit verbundenen Augen traf.«

Meg, die natürlich von der Geschichte gehört hatte, sagte: »Ein klarer Fall von Hellseherei. Ich bin sicher, es gibt solche psychischen Phänomene. Es gibt Leute, die können ein Geschehnis vor sich sehen, bevor es wirklich passiert.«

»Nonsens«, sagte Derwent etwas schärfer als nötig.

Perry Tallgood sagte: »Vivian glaubt an Astrologie.« Damit deutete er an, daß solche Interessen bei Frauen akzeptiert, wenn nicht übersehen werden müßten.

Und wieder sagte Bart Collingwood zuviel. »Michael ist ein eigenartiger Mensch. Ich für mein Teil bin überzeugt, er hat die Macht zu heilen, die hinausgeht über das, was die Wissenschaft ihn lehrte. Er hat etwas von einem Zauberer an sich.«

»Das ist lächerlich«, sagte Derwent.

»Ich behaupte, das ist es nicht!« sprach Collingwood heiter weiter. »Ich hatte eine Nierenkolik und war nahe daran zu sterben – und der Bursche rettete mich.«

»Mit den geeigneten Medikamenten. Ich habe ihn nicht der Unfähigkeit geziehen. Sie haben das weit mehr als ich angedeutet, indem Sie uns einreden wollten, er habe die Ausstrahlung eines Magiers. Handauflegen! Wir sind nicht im Mittelalter, Bart.«

»Dick, Dick«, sagte Meg besänftigend. Er war so reizbar in letzter Zeit. Sein Ton ließ sie fürchten, daß er diese dumme Auseinandersetzung in einen Streit ausarten ließ. Niemand mußte mit dem guten alten Bart streiten.

Aber Collingwood sagte: »Dick, Sie sollten es selbst am besten wissen, daß er irgendwie außerordentliche Fähigkeiten besitzt. Geben Sie es zu!«

»Was für ein handgreiflicher Unsinn!« sagte Derwent. Er sprang auf und ging langsam um den Swimming-pool herum. Ganz am Ende blieb er stehen, pflückte eine Rose von den Rosenbüschen an der Mauer und brachte sie seiner Frau. Er hatte sich wieder beruhigt. Er sagte zu Bart Collingwood: »Lieber Freund, das einzige, was mir die ganze Zeit seit diesem Zwischenfall zu schaffen macht, ist die Sache mit der Augenbinde. Sie waren es schließlich, der sie ihm umlegte. Es hat sich in meinem Gehirn festgesetzt, daß ihr Playboys mich an der Nase herumführtet, mich täuschtet und es zustande brachtet, daß ich vor den anwesenden Journalisten lächerlich gemacht wurde. Ich bin froh, wenn ich meine persönliche Eitelkeit unter Kontrolle halten kann, und doch habe ich etwas von einem Seiltänzer an mir, wie meine Frau vorhin sagte. Ich versuche, mein Image selbst aufzubauen, wie Sie wissen. Ich muß es.«

»Die Augenbinde . . .« begann Bart Collingwood zu erklären. Doch Derwent wollte jetzt, so lange danach, keine Erklärungen mehr hören.

»Schschsch«, sagte er lachend. »Es macht nichts, macht nichts, dumm von mir, daß ich es überhaupt erwähnte.«

Natürlich hatten sie das Gefühl, er tat recht daran, das Thema fallenzulassen. Die Sonne schien, seine schöne Frau war hier und machte die alten Herren neidisch. Sie alle waren der Hitze Londons und den Sorgen ihres Berufes entflohen und hierhergefahren. Sollte man sich über diesen kleinen Schatten in der Vergangenheit aufregen? Es konnte nicht bekömmlich sein, auch noch ein einziges zusätzliches Wort darüber zu verlieren.

»Schau«, sagte Meg. Sie zeigte zum blauen Himmel. »Da kreisen zwei Falken. Ich habe sie schon vorher auf meinem Ritt bemerkt. Ich kann mich nicht erinnern, in England je Falken gesehen zu haben . . .«

Die Falken, die Meg Derwent an jenem Morgen gesehen hatte, waren Beizfalken. Sie gehörten einem irischen Jungen namens Solo Rokey, der den Sommer bei Verwandten in Clumm verbrachte.

Michael hatte die Vögel vor einigen Wochen beobachtet, als er zum Wochenende in sein Haus kam. Er hatte sich ganz beiläufig beim Kaufmann und in der Dorfgarage, wo er seit Jahren den Mechaniker kannte, danach erkundigt. Sie sagten ihm genug über den Sommergast, um sein Interesse noch mehr zu wecken. Und schließlich war er am Abend zuvor mit Cecile gegangen, um Solo Rokey kennenzulernen und die Falken anzusehen.

Er hatte einen Siebzehnjährigen vorgefunden, schön und zartgebaut wie ein Mädchen. Solo hatte hellrote Lippen, eine dünne, gerade Nase und lange, samtene Augenwimpern, die manchmal seine grauen Augen fast völlig überdeckten. Sein rotbraunes Haar war in gerader Linie fransenartig in der Stirn abgeschnitten. Michael nahm an, daß er es sich selbst geschnitten hatte.

Als sie beim Haus seiner Verwandten anläuteten und ihr Interesse bekundeten, zeigte sich sofort, daß der Junge bei Cecile Feuer fing. Michael ließ die beiden die Konversation bestreiten. Sie war es, die ihn fragte, ob sie nicht die Vögel sehen dürften. Der Kaufmann hatte gesagt, der Bursche wäre sehr empfindlich und hielte sich von den Dorfbewohnern fern. Niemandem von ihnen habe er je erlaubt, sich den Falken zu nähern.

Auf Ceciles Überredungskunst hin gab er nach und führte sie durch den Hinterhof von seines Onkels Haus zu dem Drahtkäfig, in dem die beiden Falken mit über den Kopf gestülpter Haube und angekettet auf einer Stange saßen.

»Arme Dinger«, sagte sie, als sie sie sah. »Sie müssen sich doch stickig fühlen mit ihren Köpfen in diesen Säcken.«

»Sie sollen keine Dinge sehen, die sie ohnehin nicht anfliegen dürfen«, erklärte der irische Junge.

»Wie beispielsweise meine dunklen Gläser«, lachte Michael.

»Ich glaube, sie sehen etwas hinter ihren Hauben«, sagte Solo.

»Und wie machen sie das?« spottete Cecile.

»Es ist so, wie wenn Sie sich schlafen legen«, sagte Solo. »Sehen Sie da nicht auch Bilder auf Ihren Augenlidern?«

»Oh«, sagte Cecile. »Und was sehen sie?«

Solo lächelte. »Ich nehme an, Kaninchen und Tauben. Etwas, was sie fressen. Sie haben schrecklichen Hunger. Manchmal, unter Tags, liege ich unter jenem Busch dort und beobachte sie«, sagte Solo absolut ernst. Es war offensichtlich, daß er die Wahrheit sagte. »Ich sehe, wie manchmal ihre Flügel zittern und ihre Klauen die Sitzstange umklammern. Und dann ist es eigenartig, was ich sehe, wenn ich meine Augen schließe.«

»Was?«

»Nun, was *sie* sehen. Kaninchen und Tauben und Hühner. Ich fühle mich ihnen sehr nahe.«

»Glaubst du das, Michael?« fragte Cecile ängstlich.

Er sagte bloß: »Ja.«

Wie Solo seine enge Beziehung zu den Tieren beschrieb, kam Michael seine eigene Beziehung zu Cecile in den Sinn. Sah nicht auch er durch seine starke Einstellung auf sie die flackernden Bilder der Sehnsucht und des Verlangens auf ihren Augenlidern, wenn sie nahe dem Einschlafen war? Die wilde, verlangende Gier ihrer Wünsche. Nur ein außerhalb der Moral stehendes Wesen wie Cecile oder ein Falke konnte das Gefühl des Verlangens in solcher Reinheit erleben.

»Wie sind ihre Namen?« wollte Cecile wissen.

»Sie haben Geheimnamen«, sagte Solo. Er spaßte weder noch wollte er sie ärgern. »Man hat sie mir gesagt, aber ich sage sie nicht weiter.«

Das reizte Cecile. »Wer hat sie Ihnen gesagt?« verlangte sie zu wissen.

»Ich habe sie nicht selbst gefangen. Im Norden, wohin ich vor zwei Sommern fuhr, traf ich einen Mann. Er hatte sie gezähmt und sagte mir ihre Namen, als er sie mir gab.«

»Warum gab er sie ausgerechnet Ihnen?«

»Ich nehme an, er liebte mich«, sagte Solo mit seiner bestürzend ernsten Offenheit. »Er hatte gesehen, ich hatte den Kniff heraus, wie man sie behandelt. Nicht jeder kann es.«

Einer seiner Vettern, etwas jünger als er selbst, war in den Hinterhof gekommen, um die Besucher zu sehen. Er rollte den Ärmel auf, um eine lange, noch nicht ganz verheilte Narbe herzuzeigen, die von seinem Handgelenk bis zum Ellenbogen reichte. »Ich werde die Teufel nicht mehr anrühren. Der Bursche da hat das mit einem einzigen Schnabelhieb getan. Aber Solo hat den Trick heraus, es ist wahr. Sie haben dich nie verletzt, nicht wahr, Solo?«

»Ich hätte nicht geglaubt, daß sie so etwas tun könnten«, sagte Cecile.

»Ihre Grausamkeit ist etwas ganz Natürliches«, sagte Michael.

»Würden Sie gerne einen auf dem Arm halten, Miß?« sagte Solo. Sekundenlang leuchteten seine Augen boshaft. »Ich gebe Ihnen einen Handschuh. Es kann Ihnen nichts geschehen.«

»Nein!« Das sagte sie so heftig, daß Solo gekränkt zu sein schien. Er sah Michael an und erwartete eine Erklärung. Michael sagte: »Natürlich willst du ihn halten. Wenn sie jetzt nicht die Gelegenheit ergriffe, würde sie mich später beschuldigen, ich hätte sie ihn nicht halten lassen. Cecile, nimm ihn!«

Während Solo einen abgesteppten Lederhandschuh über ihren Unterarm zog, legte Michael ihr beide Hände auf die Schultern, um ihr Mut zu machen. Solos Hand war ungeschützt, aber er nahm den männlichen Falken ohne Zögern. Er hob ihn auf ihren Arm. Michael spürte, wie der Arm das unerwartete Gewicht entgegennahm, spürte den Reflex der Vogelklauen, die nach Stütze suchten und sich ins Leder krallten. Solo gab höflich Erklärungen: »Falken waren eine Waffe für Damen. Auf der Jagd. Auf alten Bildern habe ich Damen gesehen, die mit bewaffneten Männern ritten. Sie hatten Falken auf den Armen sitzen, während die Herren Bogen, Pfeile oder Lanzen trugen.«

Plötzlich begann sich das Gefieder auf der Oberseite der Flügel des Falken zu sträuben. Solos Vetter kreischte: »Schaut ihn an!«

Michael war es, der die Hand ausstreckte, um den aufgescheuchten Vogel zu besänftigen. Er beruhigte sich sofort bei der Berührung. Ohne Handschuh, wie Solo, hob er ihn von Ceciles Arm und ließ ihn auf seine Stange klettern.

Nach dieser Handlung wandte Solo sein Interesse nun Michael zu. »Sie haben Umgang mit Vögeln gehabt, Sir?«

»Nein, aber mit Frauen.«

Solo lachte nicht. Vielleicht ging der Spaß über seinen Verstand.

Noch wahrscheinlicher war, daß er es nicht für einen Spaß hielt. Er sagte: »Er hätte Ihnen die Krallen einsetzen können. Die junge Dame hat ihn gereizt. Die Vögel sind sehr scharf und sehr klug. Das heißt, wenn man Wild sieht, während sie die Kappe aufhaben und auf Ihrem Arm sitzen, so spüren sie es. Sie wissen, was man sieht.«

»Was hast du gesehen, als du den Vogel gereizt hast?« fragte Michael. »War ich es?«

»Sei nicht dumm«, sagte sie. Es gefiel ihr gar nicht, daß Solo seine Aufmerksamkeit von ihr ab- und Michael zugewendet hatte.

Solo sagte: »Sie behandelten ihn wie der Mann, der ihn mir gab. Manche Leute haben die Gabe dazu.«

»Wenn ich den Kniff heraus habe, wäre es schade, ihn nicht anzuwenden«, sagte Michael. »Wollen Sie mir noch mehr beibringen? Wollen Sie nicht einmal zu meinem Haus auf Gut Cadwater kommen und Ihre Vögel mitbringen? Dürften wir nicht zusehen, wenn Sie mit ihnen jagen?«

»Oh. Nein. Es tut mir leid...« Solo schwankte. Natürlich waren die Vögel sein privates Eigentum. Teil seiner selbst. Die Erwähnung von Cadwater hatte ihn in die Reserve gedrängt. Es käme zu sehr einer billigen Unterhaltung gleich, und er wollte nicht Objekt eines Spektakels sein.

»Nicht dieses Wochenende«, sagte Michael. »Aber vielleicht irgendwann bald? Ich schicke Ihnen die junge Dame, um Sie abzuholen.«

Solo errötete, und Cecile sagte: »Laß ihn doch, Michael. Kannst du niemanden in Ruhe lassen und tun lassen, was er will?«

An jenem Abend kamen die Mayhouses aus London zu ihnen ins Haus. Andere sollten ihnen am nächsten Tag und am Sonntag folgen.

Zu viert verbrachten sie die Nacht auf zwei Matratzen, die sie im Obergeschoß des Hauses aufgelegt hatten. Es war weder Schlaf noch Wachen. Wieder gelangten sie in jenen Traumzustand, in den sie zum erstenmal Wochen vorher vor Michaels Zauberschrank im Schlafzimmer seiner Wohnung gekommen waren. Es war ein Zustand, in dem ihre Körper nur Ausgangspunkt für etwas waren. Sie schienen eher Hindernis zu sein, bevor alles zu reinem Gefühlserleben wurde. Und Gefühlserlebnis war auch nur ein bloßes Stadium des Übergangs in die Welt der Visionen und Halluzinationen.

Als in der Morgendämmerung Eileen in ein Kleid schlüpfte und das Haus verließ, vermißten die drei anderen sie nicht. Der Rausch von Sensationen und ekstatischem Traum hielt sie immer noch umfangen, als sie auf jener Lichtung im Gras lag. Immer noch fühlte sie Ceciles Mund auf ihren Brüsten, Michaels Hände auf ihrem Körper, und Peters Körper, der sich eng an den ihren schmiegte. In diesem Zustand beseligten Nacherlebens hatte Meg Derwent sie gesehen.

Danach fielen die vier in tiefen körperlichen Schlaf, ohne Traum und Vision, und erwachten im Gewand ihrer Persönlichkeit, dem sie für eine Weile entflohen waren.

Michael stand nachmittags auf und fuhr zur Eisenbahnstation, um Eulia Price und Oliver Hodges abzuholen, die ein Pärchen mitbrachten – eine Mrs. Dree und einen gewissen Steve Varokian.

Cecile, die um vier Uhr nachmittags erwachte und die Neuankömmlinge auf der Grasfläche unterhalb ihres Fensters schwatzen und lachen hörte, wurde plötzlich außerordentlich böse. Ihre Hingabe zu Michael, Süße, Vergnügen und Freude zu lieben, all diese Gefühle wurden immer wieder abgelöst von Gefühlen des Zorns darüber, daß sie ausgenützt wurde.

Sie hatte eine leichte Migräne und beschloß, sie zu übertreiben. Ein Weilchen blieb sie allein liegen und gab sich übellaunig dem Schmerz in ihren Schläfen hin. Sie begann darüber nachzudenken, wie böse sie Michael war, weil er Tammy nie mit ihnen hier herausfahren ließ. Sie preßte die Finger gegen ihre Schläfen und ließ den Zorn in sich wachsen.

Hierauf sprang sie aus dem Bett, zog ein blaues Kleid und Leinenschuhe an und rief, während sie sich oben aus dem Fenster beugte, gellend laut: »Michael!«

Er saß unten mit Peter Mayhouse und Eulia Price. Eine Weinflasche stand im Eiskübel. Er schaute zu ihr hinauf, als wäre sie bloß irgendeine von seinen Freundinnen oder eines seiner Kinder, und es machte sie wild, daß er ihr keine besondere Behandlung angedeihen ließ. »Ich möchte spazierengehen«, sagte sie. »Du mußt mit mir spazierengehen. Du hast es versprochen.«

Er hatte nichts dergleichen versprochen. Aber er verließ die anderen, um mit ihr zu gehen und sich anzuhören, was sie auf dem Herzen hatte. Es machte sie wütend, daran zu denken, daß er sanft reagierte, so daß sie ihm keine Szene würde machen können. Vielleicht würde sie doch eine machen. Wenn er ihr nur eine kleine Möglichkeit dazu gab, würde sie es ihm geben!

Als sie außer Hörweite der anderen waren, sagte sie: »Du hast niemanden von den Leuten hergebeten, die mir gefallen.«

»Du meinst Tammy, nehme ich an.«

Natürlich meinte sie Tammy. »Jetzt geh' ich und ruf' sie an und sage ihr, sie soll herausfahren.«

Er nickte beifällig, als wollte er, daß ihr jeder Wunsch erfüllt würde. Doch er sagte: »Du weißt, C. A. läßt sie nicht herkommen, wenn wir nicht auch ihn fragen.«

»Dann frag ihn!«

»Nein.«

»Warum nicht? Michael, warum nicht? Du sagst mir den Grund nicht.« Sie wollte, daß er zumindest Anzeichen von Gereiztheit zeigte. Doch er blieb aufreizend kühl. »Ich versuche, etwas von C. A. zu bekommen, etwas für dich, du kleines Dummchen. Aber ich will ihn nicht hier heraußen haben oder ihn in deine Nähe lassen, bis ich nicht sicher bin, daß ich es bekomme.«

»In meine Nähe lassen! Wie willst du das kontrollieren?«

»Ich kann es jederzeit«, sagte er eitel.

Sie rümpfte die Nase, und ihre Augen sprühten Feuer. »Du wirst schon sehen, Michael. Ich werde einfach irgend etwas Besonderes mit C. A. unternehmen, wenn du es nicht weißt. Ich hab' um nichts Großes gebeten, ich wollte nur Tammy zum Weekend hier haben. Was tust du mir nicht alles an, diese ganzen schmutzigen Sachen mit den Mayhouses.«

»Es hat dir gefallen.«

»Nein. Jetzt, nachdem ich das alles zugelassen habe, läßt du mir nicht einmal meine Freundin.«

Er war zu klug, um das Argument an sie zu verschwenden, sie wäre kindisch und wankelmütig. Aber natürlich waren es gerade diese beiden Eigenschaften, die sie zu Cecile – zu seinem Darling und zu seinem Falken –, zu seiner Waffe machten. Er sah sie bloß an und lächelte selbstsicher. Sie spürte, wie sie hinter seinen dunklen Gläsern seine Augen ruhig und bestimmt anblickten.

»Hör auf damit«, sagte sie.

»Ich mache doch nichts.«

»Du siehst mich so an, daß ich an die verdammte Peitsche denken muß.«

»Red keinen Unsinn. Du weißt, ich werde sie nie gebrauchen.«

»Aber du läßt mich daran denken!«

»Ja«, gab er zu. »Ich lasse dich daran denken. Ja, das tue ich.«

»Es tut mir leid«, verlegte sie sich aufs Schmeicheln. »Ich bin in schlechter Laune aufgewacht. Ich wollte dir nichts vorjammern, aber können wir nicht für morgen Tammy und C. A. einladen? Nur für den Nachmittag?«

»Sehr bald einmal«, versprach er.

# 21. KAPITEL

Bart Collingwood hatte Michael mitgeteilt, daß der Swimmingpool nach fünf Uhr für ihn und seine Weekendgäste benützbar wäre.

Die Zeiger der Turmuhr zeigten fast auf sechs, als die acht Leute aus dem Haus kamen und durchs Gittertor schritten. Mrs. Dree rannte über die Grasfläche und sprang ins Wasser.

Eulia Price breitete ihr orangefarbenes Handtuch bei einem großen Busch aus. Michael legte sich auf ihrer einen Seite ins Gras, während Oliver Hodges auf der anderen Seite Platz nahm. Das Ehepaar Mayhouse, Steve Varokian und Cecile setzten sich an den Rand des Schwimmbeckens und ließen die Füße ins warme Wasser baumeln.

Hodges blinzelte in die Gegend und hielt Ausschau nach geeigneten Kameraeinstellungen. Zufrieden darüber, daß er als Gast, gleichsam als Insider, an den so berühmten Platz gekommen war, fuhr er sich mit der Zunge über die Lippen. »Ich fühle mich wie in einem anderen Jahrhundert«, sagte er. »Michael, du bist wie ein Freiherr, der mit seinem gesamten Gefolge, seinen Freunden, seinen Dienern und seiner Frau, gekommen ist, um einen anderen Freiherren zu besuchen. Dieser Uhrturm mit den Schwalben! Wenn ich ihn anschaue, glaube ich, ich bin im siebzehnten Jahrhundert.«

Während seiner Entzückungsergießungen blickte er auf die zwei Flaschen eisgekühlten Weines, die sie vom Haus mitgebracht hatten.

»Ha!« sagte Eulia Price, kreuzte ihre schlanken, schwarzen Beine und streckte sich. »Alles sehr modern. Total modern! Wir alle sind total moderne Leute. Könnte ich hier sein, wenn wir nicht total modern wären? Erstens, ich bin schwarz. In einem anderen Jahrhundert wäre ich eine Sklavin.«

»Und hier bin *ich* dein Sklave«, sagte Oliver.

»Zweitens«, sprach Eulia weiter und wendete sich dabei mehr an Michael als an Oliver, »lebe ich nach einem modernen Moralkodex, wie alle hier – oder nicht, Doktor Cobb? Wenn ich in einem anderen Jahrhundert lebte, wie du vorhin sagtest, Oliver, dann würde ich, als Austauschstudentin in England, bestimmt nicht ohne Anstandsdame hierhergefahren sein – mit einem Mann, der nicht mein Gatte ist.«

Oliver nickte. »Du hast mich mit deinem schönen schwarzen Arsch völlig versklavt.«

»Den du heute nacht abküssen wirst«, sagte sie kühl. Sie sprach weiter. »Dabei sollte ich, anstatt hier als Gleichberechtigte herumzusitzen, in meinem kleinen Zimmer in London sitzen und die Bücher studieren, die man mir aus Mitteln des Stipendienfonds zur Verfügung gestellt hat. Nein. So bin ich nicht. Ich bin wie die andern hier. Ich bin nach London gekommen, und im letzten Jahr habe ich mit meinem Studium gute Fortschritte gemacht. Aber ist das Stipendium so großzügig? Wenn mir das Geld ausgeht, ergeht es mir genau wie den anderen armen Hunden. Ist mir vielleicht nicht klar, was ich tue? Völlig.«

»Sie sagt die Wahrheit, Michael«, sagte Hodges. »Eulia hat völliges Verständnis dafür, daß es mein Privileg ist, mit ihr zu streiten. Mehr Wein, schwarze Perle?«

»Gib mir den Wein, und dann bist du dispensiert«, sagte Eulia. »Ich wende mich an einen Menschen mit modernem Moralkodex, wie dem meinen, nicht wahr, Doktor Cobb?«

Michael lächelte und nickte. Er hatte zugehört, beobachtet. Jedermann und alles auf dieser Szene war Teil seiner Komposition – er hatte das alles zu einem Bild zusammengesetzt, das nicht nur für die Augen, sondern auch für alle anderen Sinne gedacht war.

Als Cecile ins Wasser sprang und das Bassin durchtauchte, vergaß sie ihre Migräne und daß sie eigentlich auf Michael böse war. Sie drehte sich unter Wasser auf den Rücken und behielt die Augen offen, obwohl das grünliche Wasser sie brannte. Die Mauer neben dem Bassin, der Baum in der Ecke der Mauer, der Uhrturm und das weiße Dach von Cadwater bekamen zitternde, wackelnde, ineinanderschwimmende Konturen, wenn man sie von unter Wasser anschaute. Mrs. Dree und die beiden Mayhouses sahen wie Bänder aus, die im melonenfarbigen Abendlicht im Winde baumelten. Eileens Kostüm sah aus wie Creme, in die man Beerenmarmelade verquirlt hatte.

Cecile wendete und schwamm in den tiefen Teil des Bassins.

Tief tauchte sie hinab, und es kam ihr vor, als tauchte sie unter die Wurzeln des Grases und der Rosenbüsche, die das Schwimmbassin umsäumten. Sie sah den Schatten ihres Körpers am Grund des Bassins. Ihre Lungen schmerzten.

Wasser drückte gegen ihre Ohren, die im Takt ihres Pulsschlages pochten. In plötzlicher Panik stieß sie nach oben und durchbrach die Wasseroberfläche mit einem kleinen Schrei des Glücks. Es war Freude darüber, daß sie die Oberwelt erreicht hatte, wo Michael war. Sie hatte das Gefühl, als habe er sie heraufgezogen.

In diesem kurzen Augenblick ihres Lebens wußte sie zum erstenmal, was Liebe war. Man hatte sehr Widersprüchliches darüber gesagt. Doch für diesen Augenblick schienen alle diese Widersprüche miteinander im Einklang.

Steve Varokian half ihr, als sie sich am Rande des Bassins hochstemmte. Mühelos zog er sie heraus. Sie brauchte nicht einmal mit den Füßen nachzuhelfen.

»Sie sind aber stark«, schmeichelte sie ihm. Sie beschloß, sich neben ihn und Mrs. Dree zu setzen, anstatt zu Michael zu gehen. Sie mußte ihm immer noch zeigen, daß er ihr seine Aufmerksamkeit zu schenken hatte. Und wenn sie ihn noch so liebte. Aber er hatte ihre Wünsche zu respektieren. Sie wollte ohnehin nur Tammy . . .

»Steve ist unermüdlich«, sagte Mrs. Dree. Sie legte die Hand auf Varokians Arm. Es war eine Besitzergeste – sie war nicht bereit, durch Ceciles Kokettieren etwas zu verlieren. »Sie haben ja gesehen, wie er zwischen den Bäumen hin und her jagte, als wir hierhergingen. Ich habe mich nur gewundert, daß er nicht wie Tarzan auf einen hinaufkletterte.«

»Von unermüdlich kann keine Rede sein. Das ist eine weibliche Einbildung«, sagte Steve. »Sagen Sie mir, Cecile, sind Sie oft hier am Swimming-pool gewesen?«

»O ja«, sagte sie. Das war fast eine Lüge. Sie war erst einmal hier gewesen. Damals war sie mit Michael und mit Tracy Bryce hier schwimmen gewesen. An dem Tag war sie sehr verschüchtert gewesen – stets bemüht, sich bestens zu benehmen, ladylike zu sein. Jetzt war sie selbstsicherer, nichts konnte sie mehr einschüchtern.

»Waren Sie auch gestern abend hier?«

»Wir gingen ins Dorf. Dort ist ein Junge, der großartig mit Falken umgehen kann. Er hat zwei Falken und . . .«

»Steve, willst du mir bitte etwas Wein bringen?« sagte Mrs. Dree. »Aber nur ein halbes Glas.«

Der Mann stand auf und tat, worum sie ihn gebeten hatte. Während er weg war, sagte Mrs. Dree kein Wort zu Cecile.

Das brachte sie wieder in Hitze. Es war die Art, wie viele von Michaels Freunden sie behandelten, roh und unhöflich – es sei denn, sie durften durch das Bezeigen von Aufmerksamkeit hoffen, durch ihn zu Ansehen zu kommen.

Nun, sie würden damit nicht länger Erfolg haben! Sie hatte auch ein paar Tricks auf Lager.

Als er lächelnd das Glas zurückgebracht, es Mrs. Dree gegeben und sich selbst wieder neben ihnen niedergelassen hatte, rieb Cecile ihre Schulter gegen die seine und fragte: »Sagen Sie, Mister Varokian, glauben Sie, daß Sex etwas ganz Natürliches ist?«

»O ja, ja, natürlich«, lachte er.

»Ich glaube es«, sagte sie.

»Und was folgt daraus?«

Es schien ihr nicht, als müßte man danach noch etwas sagen. Aber er sah sie mit erwartungsvollem Grinsen an und harrte ihrer weiteren Kommentare.

Sie konnte sich nicht denken, was sie sagen sollte, aber die Idee, was jetzt zu tun sei, formte sich in ihrem Gehirn. Sie kicherte, sprang auf und hüpfte ins Bassin.

Diesmal hatte sie unter Wasser nicht das Gefühl, daß sie Michael gehörte. Es war mehr so wie damals, als sie von C. A.s Spiegel in dessen Wohnung erfahren hatte oder als sie zugesehen hatte, wie Oliver Eulia und Oliphant filmte – beide mit glänzender Haut und außer Atem. Es war sehr aufregend gewesen.

Sie tauchte und sah nach oben. Sah die Rosenbeete auf dem Wasser treiben, schwarze Tintenflecke wie riesige Regentropfen, die schreckliche Gestalt angenommen hatten und böse Flecken auf ihrer Haut hinterlassen würden.

Sie schwamm nach oben, um Atem zu holen, und sah, daß Michael sie überhaupt nicht beachtete. Das gab für sie den Ausschlag. Sie würde ihn zwingen, herzusehen. Alle würden sie herschauen!

Als sie wieder emporgetaucht war, hatte sie ihren Badeanzug ausgezogen. Sie wirbelte ihn um den Kopf und warf ihn so hinaus, daß er in der Nähe von Michael im Gras landete. Mit Befriedigung hörte sie Mrs. Drees kleinen Aufschrei des Entsetzens und Mißfallens. Natürlich, eine Frau wie sie würde alles nur außer Sichtweite tun, nicht hier. Varokian schien über ihre Vorführung eher beunruhigt als aufgeregt. Wenn er schockiert war, dann geschah es ihm recht. Sie sah, wie Oliver Hodges aufsprang, so als wollte er davonlaufen wie ein Junge, den man beim Apfelstehlen erwischt hatte.

Nur Michael schien ihr keinerlei Aufmerksamkeit zu schenken.

Nun, dann würde sie eben so lange nackt bleiben, bis er gezwungen war, ihr zu sagen, sie solle damit aufhören. Sie würde zeigen, daß sie sogar ihm Schrecken einjagen konnte.

Auf dem Rücken durchschwamm sie die ganze Länge des Bassins, so daß jeder viel von ihr zu sehen kriegte. Dann, wieder in der Mitte des Bassins angelangt, tauchte sie knapp unter der Oberfläche quer durch den Swimming-pool. Jede Einzelheit ihres Körpers trat offen zutage, eingetaucht in Grün. Dann ließ sie sich auf dem Wasser treiben und sang mit schriller Stimme »Rule Britannia, Britannia rule the waves«. Hierauf warf sie in neckischem Salut ein Bein hoch. Wasser gab ihr Selbstvertrauen. Nach all diesen Jahren, nach all dieser Zeit fühlte sie, daß sie einzig hierher gehörte. Schaut mich nur an, ihr Mädchen aus der Klasse, schauen Sie mich nur an, Mrs. Frum!

Am entfernten Ende des Bassins kletterte sie heraus und stand da, den Blick auf Michaels Freunde gerichtet. Sie griff sich zwischen die Beine und warf mit einer burlesken Drehbewegung – wo sie sie gelernt hatte, wußte sie nicht – einen Phantasiegegenstand auf die Menschengruppe. Er schien fast sichtbar durch die Luft zu wedeln und senkte sich wie ein Netz, das sie alle umfangen würde, auf sie nieder.

»Das ist alles ganz natürlich«, kreischte sie, so laut sie nur konnte. Sollte sie in Gelächter ausbrechen, vielleicht im Gefühl der Macht, das ihren Körper durchflutete, laut zu brüllen beginnen?

Gerade in diesem Augenblick begann sie zu erkennen, daß Michael und seine Leute nicht nur *sie* anstarrten. Sie roch – der Geruch kroch förmlich an ihr empor – den intensiven Geruch von Zigarettenrauch.

Sie hatten sich an sie angeschlichen.

Später, im Augenblick wildester Demütigung, dachte sie, es sei nicht fair gewesen, daß Lord Collingwood und alle seine Gäste sich angeschlichen hatten, als sie kein Fädchen am Leibe hatte.

Natürlich waren es nur die Männer gewesen, nicht die Damen, Gott sei Dank, die zugesehen hatten, als sie tat, als würfe sie etwas über das Bassin. Und die Männer hatten sie nur von hinten und von der Seite gesehen; sie hatten nicht wirklich die Haare gesehen, auch dann nicht, als sie um den Swimming-pool herumrannte, um ihr Badekostüm zu nehmen und sich schnell zu bedecken. Und so konnte man doch wahrlich nicht sagen, sie hätten sie wirklich nackt gesehen, nicht wahr?

Bis sie herumgerannt war, um in die Nähe ihres Badeanzuges zu gelangen, der wie ein helles, winziges rotes Eiland der Sicherheit inmitten der Grünfläche lag, hatte sich Varokian kerzengerade aufgerichtet und stand da wie ein Gardist, der auf den Befehl seines Vorgesetzten wartete. Mrs. Dree versteckte sich halb hinter ihm, obwohl sie mit ihrem blöden einteiligen Badeanzug fast wie in einem Kittel steckte. Nur Michael räkelte sich immer noch bequem im Gras. Dieser Teufel genoß ihre Erniedrigung. Und als sie sich eben bückte, um den Badeanzug an sich zu ziehen, was tat er da? Er zog ihn mit seinen Fingerspitzen blitzschnell in die Höhe und wirbelte ihn einmal zwischen ihren ausgestreckten Händen hindurch. Dann ließ er ihn durch die Luft segeln, direkt auf die fünf Männer zu, die dort mit ihren Zigarren standen.

»Michael«, sagte sie.

»Ist was?«

»Tu etwas!«

Er lag auf den Knien, und die Männer hielten einander an den Schultern wie Ringer. Zu blöd. Über seine dunklen Gläser hinweg konnte sie in seine Augen sehen, die vor Lust sprühten. Sie hätte ihn töten können.

»Ich geb' dir *meinen* Badeanzug«, sagte er.

»Nein!« Sie wußte, er wäre dazu imstande gewesen.

»Also gut«, sagte er. Er erhob sich und hatte sie im selben Augenblick schon mit den Armen vom Boden gehoben, trug sie die fünf Schritte bis zum Rand des Schwimmbeckens und ließ sie formlos hineinplumpsen.

Als das Wasser über ihr zusammenschlug, hörte sie einen der Neuankömmlinge applaudieren. Es war Eileen Mayhouse, die ihr mit einem Handtuch zu Hilfe kam, natürlich, Michael hätte keinen Finger gerührt. Und Varokian war zu beschäftigt mit Protokollfragen. Vielleicht erkannte er Dick Derwent von Bildern in Zeitungen oder von Verzeichnissen der Botschaftsangehörigen. Natürlich erkannte er Lord Collingwood und wollte das Amusement, das die Situation lieferte, nicht stören.

Eileen ließ das Handtuch wie einen Vorhang bis zum Wasserspiegel hinunterhängen. »Hier«, flüsterte sie und hielt ihr den Fuß hin, so daß Cecile ihn fassen, sich an ihm emporziehen und hinter dem Handtuch aus dem Bassin arbeiten konnte. Mit Eileens Hilfe schlang sie das Handtuch schicklich um ihren Körper. Jetzt wäre es soweit gewesen, daß sie direkt hinunter zum Haus hätte rennen können.

Aber Michael hatte natürlich nicht die Absicht, sie davonlaufen zu lassen. »Komm, Liebstes, nach dieser Vorstellung mußt du vorgestellt werden, wie sich's gehört«, sagte er. Er nahm sie bei der freien Hand – mit der anderen hielt sie das Handtuch – und führte sie zu jener Stelle der Schmach zurück, wo sie vorhin gestanden hatte.

»Sie erinnern sich an Cecile Banner«, sagte er zu Lord Collingwood. »Ich sagte Ihnen, ich würde heute Gäste haben. Ich dachte aber nicht, daß wir hier alle zusammentreffen würden.«

Und Lord Collingwood, dieser liebe und absolut sichere Mann, sagte: »Ich fürchte, wir haben Sie arg erschreckt, Kindchen.«

»O nein, Sir.« Sie wollte einem plötzlichen Impuls folgen und vor ihm einen Knicks machen. Das wieder kam ihr so dumm vor, daß sie statt dessen kicherte, ihr Gesicht im Handtuch verbarg, spürte, daß es hinunterzurutschen begann, und sich gerade noch im letzten Augenblick von ihrer momentanen Verwirrung erholte.

»Haben Sie gar keine Jäger mitgebracht, Bart?« fragte Michael. »Ich habe die Jagdschreie vermißt!«

Alle Männer lachten. Einer sagte, sie sei davongeschossen wie eine Antilope oder – noch besser – wie eine abgeschossene Rakete. Und alles sei bestens gewesen. Sie waren bloß Männer, mit einem Haufen Männer zusammenzusein war so, als wenn man, von Zigarettenrauch leicht benebelt, in einem Nachtlokal saß.

Es war angenehm zu wissen, daß sie wieder etwas anhatte. Und während Michael Mrs. Dree und Varokian Bart Collingwood vorstellte und Bart Collingwood seine Gäste ihm vorstellte, zeigte sie allen ihr Lächeln. Sie merkte sich keine Namen, es waren ja bloß Männer.

Sie hätte vielleicht Dick Derwent den ganzen Nachmittag nicht bemerkt, wenn nicht in diesem Augenblick auch die Damen sich ihnen zugesellt hätten. Alle Gäste des großen Hauses hatten offenbar einen Spaziergang gemacht. Herrliche Lichtverhältnisse, nicht wahr? Die Damen waren ein bißchen zurückgeblieben, um die Blumen im East Gardens zu bewundern. Manche von ihnen hatte im Arm einen Strauß roter und lavendelfarbener Blumen, als sie nun etwas verspätet durch die Tür in der Mauer hereinkamen, um den Swimmingpool herumgingen und in den Kreis ihrer Männer traten.

Sie war Meg Craven, der Filmstar, und verheiratet mit dem Menschen von der Regierung. Als Cecile klein war, hatte sie Meg Craven in dem Film »Der Fall Rochemer« gesehen und hatte geweint, wenn man ihr nicht das Geld gab, damit sie sich noch andere Erfolgsfilme mit Meg Craven anschauen konnte. Meg Craven war – oh, ganz bestimmt – eine von den Frauen, die sich Cecile als Mutter gewünscht hatte.

Und da stand sie jetzt – nicht ohne einen leichten Anflug von Mißbilligung, als sie erriet, warum Cecile das Handtuch so eng um sich geschlungen hielt, aber dennoch so huldvoll wie eine Königin, während Lord Collingwood ihr Cecile vorstellte.

Sie ließ Cecile an den Blumen riechen. Durch die Blumenkelche warf Cecile das erste Mal einen pfeilschnellen Blick auf Richard Derwent, denn sie hatte sich erinnert, daß er Meg Cravens Gatte war.

Aus der Deckung des Blumenstraußes konnte sie ihn geruhsam beobachten und sehen, daß er ein freundliches Gesicht und braune Kuhaugen hatte. Es war eigentlich nicht das Gesicht eines Menschen, von dem man annehmen konnte, er sei Kriegsminister, oder was er eben sonst für einen Posten in der Regierung hatte.

Als drei der älteren Damen, die das Wochenende in Cadwater House verbrachten, beschlossen, bald nach dem Dinner zu Bett gehen zu müssen, sagte Meg Derwent, sie müsse es auch. Sie war sehr früh am Morgen aufgestanden. Nein, dieser schöne Frühsommertag hatte sie schläfrig gemacht.

Im Zimmer des Ehepaares Derwent hatte das Mädchen die Blumen, die Meg gepflückt hatte, in verschiedene Vasen verteilt. Meg konnte im Dunkeln den Geruch spüren, nachdem sie sich niedergelegt und das Gesicht im Kissen vergraben hatte. Sie schlief ziemlich rasch ein.

Nach einigen Minuten fuhr sie aus dem Schlaf. Sie war immer noch allein, Richard war noch nicht heraufgekommen, saß mit den Männern unten und plauderte. Sie war allein in dem luxuriösen und komfortablen Zimmer. Die lebhafte Erinnerung an das strahlende Morgenlicht und an eine im Gras liegende Frau hatte sie geweckt.

Jetzt wußte sie den Namen der Frau. Es war Eileen Mayhouse, die Frau des jungen Dramatikers, von dem sie – natürlich – schon gehört hatte. Am Rande des Schwimmbassins hatte man sie einander vorgestellt. Doch war die Frau ihr danach um nichts vertrauter, als sie es bereits war, nachdem sie sie am Morgen gesehen hatte.

Sie schlug die Bettdecke zur Seite und ging zu dem Sessel, der beim Fenster stand. Dort zog sie die Vorhänge zur Seite, setzte sich und schaute hinaus. Samtene Schwärze bedeckte die weiten Grasflächen von Cadwater. Weit weg flimmerte ein Licht, das wahrscheinlich aus einem der Dörfer im Tal bis hierher leuchtete. Immer noch vermeinte sie, den hellen Lichtschein zu sehen, der sie aus dem Halbschlaf gerissen hatte. Mit seiner Hilfe schien sie gleich einer Eule die Finsternis durchdringen zu können und auf dem Rasen die eigenartige Gesellschaft zu sehen, die Michael Cobb heute nachmittag dort versammelt hatte. Die gereizte Phantasie ließ sie diese Leute als eine Bande von Gesetzlosen oder Zigeunern sehen, die sich heimlich zu einem Gelage begaben. Es war beängstigend und erregend zugleich, sie von einem sicheren Ort aus beobachten zu können und nicht zu wissen, was sie Verbotenes im Sinn haben mochten.

Richard schaltete das Licht im Zimmer ein und beendete durch seine beruhigende Gegenwart ihren Alptraum.

»Du schläfst also doch nicht? Ich sehe, du bist nur der Langeweile da unten entflohen«, sagte er.

»O nein. Ich mag die Leute, ich mag sie alle«, protestierte sie. »Hoe ist so furchtbar nett. Normalerweise könnte ich seinen und Barts Anekdoten so lange zuhören, wie es ihnen Spaß macht.«

»Ich verstehe.« Richard kicherte und begann sich zu entkleiden. »Ich fürchte allerdings, die beiden Herren waren nahe daran, zu streiten. Bart fühlte sich wegen seines Freundes Doktor Cobb attackiert. Der alte Hoe betätigte sich heute nachmittag beim Swimming-pool als Moralapostel und äußerte sich abfällig über ›diese Leute‹. Das brachte Bart auf die Palme, und ich fürchte, er nannte seinen Schwager einen eingebildeten Affen.«

»Wie schade.«

»Ja. Und wegen nichts.«

»Nichts?« Sie wollte ihm schon sagen, wie sehr sie sich in Gedanken mit Dr. Cobbs Gruppe von Gesetzlosen beschäftigt hatte. Statt dessen sagte sie: »Nun, dieser Mann, dieser Doktor Cobb, hat es fertiggebracht, einige atemberaubend hübsche Mädchen um sich zu scharen. Warst du nicht auch von dieser Schwarzen fasziniert? Mrs. Mayhouse wirkt sehr fraulich, und dieses andere kleine Mädchen ...«

»Cecile Banner?«

»Ja. Die, die nackt war, wie du mir erzählt hast, als ihr alten Esel euch von hinten an sie angeschlichen habt.«

»Alte Esel!«

»Entschuldige, Darling. Ich habe Spaß gemacht. Scheint ein vorlautes kleines Ding zu sein.«

»Sie sind heutzutage alle so vorlaut, die Mädchen in diesem Alter. Und aus dieser Schicht.«

»Nun, Liebling, du magst ihren Hintern gesehen haben, aber wie kannst du daraus auf ihre Klassenzugehörigkeit schließen? Ich kann mir das nicht vorstellen.«

Derwent hatte nun seinen Pyjama an. Er schaltete das Licht aus, kam zu seiner Frau, legte ihr die Arme auf die Schultern, und sie sahen beide aus dem Fenster. Er sagte: »Bart hat angerufen und hat für morgen nachmittag noch einmal ein Treffen am Swimming-pool vereinbart – für alle, außer den beiden Hoes jedenfalls.«

»Du lieber Gott.«

»Du willst mit Doktor Cobbs wilder Gesellschaft nichts zu tun haben?«

»Es ist nicht das, du weißt, ich bin nicht prüde. Nur – ich weiß nicht, ich weiß es nicht. Sie machen mir Angst. Ein bißchen. Sie sahen so aus, als wären sie aus den Wäldern ausgebrochen ... Wie Nymphen und Faune.«

Weniger die Worte als vielmehr der Ton, in dem sie dies sagte, rührte ihn. Er vermeinte, aus ihm Neid herauszuhören – den Neid der alternden Frau, die sich krampfhaft bemüht, auf junge hübsche Mädchen nicht eifersüchtig zu sein.

Er umfaßte sie, strich mit seinen Händen über ihre festen Brüste und Schultern. »Ich liebe dich«, sagte er heiser. »Meg, Darling, komm ins Bett. Laß mich zu dir.«

Sie zögerte einen Augenblick. »Wenn du willst«, flüsterte sie.

»Nein. Es tut mir leid. Natürlich bist du müde«, sagte er. »Es war gedankenlos von mir.«

»Ich will dich haben«, sagte sie. Aber es war zu spät. Ihr Zusammensein wäre nicht echtem Verlangen entsprungen. Doch was machte es? Dieser Nacht würde eine andere folgen. Und so lagen sie nur zusammen und liebkosten einander. Ein Nachtvogel sang irgendwo in einem der alten Bäume.

Und beide sahen Michael Cobb vor sich, wie er ausgestreckt im Gras lag, mit seinen dunklen Gläsern, die einem verbargen, ob er einen anblickte oder nicht.

# 22. KAPITEL

Es ist kaum nötig, der Öffentlichkeit in Erinnerung zu rufen, daß Meg Derwent einen makellosen Ruf hatte. Sie war Filmstar gewesen. Doch üble Gerüchte, wie sie so oft über Leute vom Film zu kursieren pflegen, gab es nie welche in Verbindung mit ihrer Person. Im Leben wie im Film repräsentierte sie die tugendhafte Frau.

*Der Melamine-Report*

Meg Derwents Interesse für das Photographieren stammte aus den Tagen der Schauspielerei. Sie hatte bei Professionals gelernt, und ihr Können auf diesem Gebiet hatte denn auch professionelles Niveau. Doch sie betätigte sich nicht häufig als Photographin, und wenn, dann nur zum eigenen Vergnügen. Als sie erwähnte, sie würde am Nachmittag ihre Kamera mitnehmen, sagte Derwent: »Ja, ja, bring sie mit. Wir wollen sicherlich eine Photoreportage über die seltenen Vögel machen, die uns unterkommen werden.«

Doch schien es, sie hätte besser am Tag zuvor ihre Kamera mitnehmen sollen. An diesem Nachmittag war das Treffen weit weniger überraschend und gewiß weniger interessant. Einige von Dr. Cobbs Gästen waren nicht über Nacht geblieben; es fehlte das schwarze Mädchen und diese recht liederlich wirkende Mrs. Dree mit ihren Verehrern.

Michael Cobb, anstatt schläfrig und böse zu tun wie ein alter Indianerhäuptling oder ein kleiner Waldgott, entpuppte sich als aalglatter, wendiger Emporkömmling. Sein besonderer Gast an diesem Tag war der russische Schauspieler Eugene Latvin.

»Sie und Mister Latvin kennen bestimmt die Filme, in denen Sie beide gespielt haben«, sagte Michael zu Meg. Er drängte sie, Latvin zusammen mit Bart Collingwood zu potographieren. (»Bart ist im Herzen ein Kommunist, Eugene.« – »Verdammt, das bin ich nicht. Die einzige Gelegenheit, auf die ich warte, ist die, daß ihr lieben Leute zugebt, ihr habt einen schrecklichen Fehler gemacht, und wieder Mitglieder der menschlichen Gesellschaft werdet.« – »Michael scherzt, glaube ich, das tut er immer, ich höre immer nur Späße. Aber Sie nehmen es ihm nicht übel?« – »Er ist ein Hohlkopf, aber wir lieben ihn trotzdem.«) Dann mußte sie das Ehepaar Tallgood und Inge Botsford aufnehmen, sogar zusammen mit den Hoes. Der alte Hoe hatte seine moralischen Bedenken gegen Dr. Cobb aufgegeben und schien sich bei dem Wortgeplänkel, das rund um den Swimming-pool im Gange war, ganz wohl zu fühlen.

Cecile Banner benahm sich, als hätte man ihr befohlen, beste Schulmädchenmanieren zu zeigen. Sie redete nur, wenn sie angesprochen wurde. Sie blieb in der Nähe von Eileen und Peter Mayhouse, die Meg wegen ihrer Frische und Natürlichkeit am besten von allen gefielen – hielt sich bescheiden im Hintergrund und sprach mit gedämpfter Stimme. Nur hin und wieder warf sie böse Blicke. Dann glichen ihre Augen denen eines hungrigen Nagetiers und zeigten einen verräterischen Glanz, so als hörte sie etwas, was nicht für ihre Ohren bestimmt war.

»Da gibt es einen sehr netten irischen Jungen«, erzählte sie Meg. »Er ist Fachmann für Falken. Michael . . . Doktor Cobb und ich haben ihn besucht, und er ließ mich einen seiner Falken halten. Er sagt, auch Michael hat den Trick heraus, wie man die Tiere behandelt.«

»Dann müssen Sie Doktor Cobb dazu überreden, seinen bisherigen Künsten noch die Falknerei hinzuzufügen«, sagte Meg. Sie nützte den Vorteil, den die Kamera ihr bot. Man konnte sich hinter dem Ding verstecken und zusehen wie die Maus aus ihrem Loch und auf diese Weise langsam mit den Leuten, deren Leben so ganz anders war als das ihre, einige Fühlung gewinnen.

»Kameras sind für mich eine absolute Faszination. Sie sind ebenso wie die Bühne eine Art von Zauber«, sagte Peter Mayhouse.

»In welcher Hinsicht?«

»Ah«, sagte er und fuhr sich durch sein wuscheliges Haar wie ein Junge, der nicht weiß, wie er einer Schwärmerei Ausdruck verleihen soll. Dann grinste er und sagte: »Es kommt mir immer so vor, daß wir alle in diesem kleinen schwarzen Ding drinnen sind. Daß unsere kleinen Ichs da drin wie winzige kleine Puppen herumtanzen und hüpfen. Ich meine damit, daß wir *wirklich* drin sind. Wenn Sie in den Sucher hineinschauen, haben Sie da nicht das Gefühl, Sie schauen auf eine Bühne, nicht auf uns, die wir um das Schwimmbassin sitzen?«

»Ja. Ja, so kommt es mir manches Mal auch vor«, sagte sie. »Ein eigenartiger Gedanke. Und wenn ich dann blitzschnell den Hebel des Verschlusses drücke, kann ich sie alle wie kleine Insekten, die ich im Gras gefangen habe, mitnehmen.«

»Bitte nicht!« rief Cecile, und sie lachten alle.

Die Sonne stand bereits hinter den Bäumen, und der Schatten der Mauer fiel schräg über das Bassin, als Meg die besten Bilder von Cecile schoß. Meg begann sich einzugestehen, daß das Mädchen außergewöhnliche Qualitäten hatte. Im Sucher der Kamera zeigte sich ihr ein Wesen, dessen Körper von seltsamer Dynamik und Ausdrucksfähigkeit war. Er übte jene unbeschreibbare Wirkung auf den Beschauer aus, die geschickte Regisseure und Modephotographen so sehr suchen und auf den ersten Blick erkennen. Meg wußte das aus ihrer langen Filmerfahrung.

Sie wollte es dem Mädchen gegenüber natürlich nicht erwähnen. Sie würde ihr damit vielleicht einen Floh ins Ohr setzen. Doch insgeheim brachte sie es Dr. Cobb gegenüber zur Sprache. »Denkt das Mädel daran, eine Karriere beim Film oder als Modell zu machen?«

»Ich fürchte, sie denkt an fast gar nichts anderes.«

»Ich verstehe. Aber ich habe das Gefühl . . . Vielleicht, wenn sich ihr die richtigen Gelegenheiten bieten, könnte sie es tatsächlich schaffen.«

»Mit den richtigen Gelegenheiten«, stimmte er ihr zu. Und das einzige Mal an diesem Nachmittag sah Meg einen teuflischen Zug um seinen Mund.

Später, sie fühlte sich noch immer als Maus, die aus dem Loch schaute, wenn sie auch die Rolle der angesehenen Ministersgattin spielte, gesellte sie sich zu Richard, der mit Peter Mayhouse und dem Russen Latvin in der Nähe stand. Die beiden sprachen über Dr. Cobb.

»Natürlich mag ich Michael«, protestierte der Russe. »Viele mögen ihn, trotz seiner Schwächen.«

»Sind es Schwächen? Sind Sie dessen sicher?«

»Sein einziger Lebenszweck ist das Vergnügen. Ist das nicht Schwäche? Sogar sein Interesse an Politik, an Kommunisten. Er unterhält sich damit, Gedanken zu wälzen, wie man die Welt verändern könnte. Und das macht ihm Spaß.« Latvin zuckte gutgelaunt mit seinen massigen Schultern.

»Er will mehr.«

»Was denn? Ich kenne ihn jetzt zwei Jahre. Ich kann beim

besten Willen keinen Lebenszweck bei ihm entdecken.« Dabei sah Latvin Peter mit einem Gesichtsausdruck an, der wohl sagen sollte: Bitte, erklären Sie mir das.

Mayhouse nahm diese Herausforderung an und fand als Mann von Phantasie sogleich eine Entgegnung. »Er will einen neuen Mythos schaffen. Er hat etwas gefunden und versucht nun, die einzelnen Teile zu einem Bild zusammenzusetzen. Wie ein Höhlenmensch. Der Höhlenmensch sieht ein Licht. Er spürt, daß es heiß ist. Er versucht, das Feuer zu erfassen, die Idee des Feuers. So ist Michael. Geht allem nach, wohin ihn die Erfahrungen bei seinen Vergnügungen führen. Gelangt zu einer neuen Sicht der Welt.«

Latvin schüttelte glücklich den Kopf. »Wir müssen alle Mythen zerstören. Wie sollen die Menschen frei sein, wenn sie an Mythen glauben? Die Priester und die Kirche bedienen sich ihrer. Das ist vorbei. In Rußland ist das alles vorbei.«

Peter Mayhouse war Lehrer gewesen, und die Dummheit dieses Menschen – seiner Meinung nach war es Dummheit – machte ihn außerordentlich glücklich. Sie gab ihm die Gelegenheit, genau auszuführen, was er glaubte, daß man von Michael Cobb lernen könne. »Schauen Sie«, sagte er, »in früheren Zeiten hatte jedes Volk seine eigenen Mythen. Der Mythos ist eine Vorstellung oder eine Idee, die die rationalen ebenso wie die irrationalen Bereiche des Lebens erfaßt. Der Mythos lehrt jeden Menschen, wie er über sich selbst denken muß, wie er gegenüber den irrationalen Dingen denken muß, die ihm widerfahren: Geburt, Abenteuer, menschliche Beziehungen, Beziehungen zur Natur, Tod. Wenn ein Zeitalter zu Ende geht – wie das unsere –, dann sind die Mythen das erste, was verschwindet. Wenn die Mythen verschwunden sind, bemächtigt sich des Menschen die Verwirrung bezüglich seiner selbst und der Welt um ihn. Und so geht es jetzt uns. Wir werfen uns politischen und psychologischen Modetorheiten in die Arme.«

»Kommunismus ist keine Modetorheit«, sagte Latvin.

»Er ist eine. Er ist es.«

»Naturwissenschaft ist ein Mythos«, sagte der Russe mit verschmitztem Lächeln. »Sie hat uns die Mythen wegerklärt.«

»Die Naturwissenschaft ist der einzige Mythos, der uns geblieben ist«, sagte Peter. »Und sie wird auch bald zusammenkrachen. Wie das Britische Empire. Und was dann? Wir werden neue Mythen haben müssen oder verrückt werden, auf den Hund kommen. Die Menschen ersinnen keine neuen Mythen, sie entdecken sie, indem sie sie aus Ereignissen herauslesen, die sie anders nicht erklären können. Das ist es, was Michael für uns tut.«

In eben diesem Augenblick sah Meg Derwent ihren Gatten an und merkte, wie aufmerksam er zuhörte. Sie wußte, warum. Im Grunde hätte er sich ernsthaft am Gespräch beteiligt. Ihr gegenüber sprach er gerne über Mythen. Über den heiligen Georg und andere Waffenheilige. Aber in der Öffentlichkeit – bei seinem immerwährenden Seiltanz – mußte er zu solchen Themen schweigen. Sogar hier, am Schwimmbecken in der Sonne, wo jeder frei und gelöst tat. Wäre er mit einer Universitäts- oder Künstlerkarriere glücklicher geworden?

Die Frau eines jeden Mannes, der im öffentlichen Leben steht, fragt sich das, und manchmal beneidet die eine oder andere von ihnen – aus schmerzlichem Mitleid mit dem eigenen Gatten – andere Männer. So ging es jetzt Meg Derwent.

Latvin sagte eben fröhlich: »Ich glaube, daß die Funktion solcher Glückssucher, wie unser Freund Michael einer ist, darin besteht, den Zerfall eures ohnehin schon zerfallenden Kapitalismus beschleunigen zu helfen. Er ist völlig dekadent. Er sucht nur das eigene Vergnügen und erweitert die Risse in eurem System. Gut so. Er allein kann den englischen Kapitalismus natürlich nicht ruinieren. Aber er hat viele Helfer.«

Beim Packen vor der Rückfahrt nach London erinnerten sich die beiden Derwents an das Gespräch.

»Ich fand es sehr anregend«, sagte Meg.

Richard drückte ihre Hand. »Ich fürchte, du vermißt die Gesellschaft, die du einst hattest. Intellektuelle und Künstler. Und dennoch, wir fahren nicht so übel. Wir kennen viele Leute. Es ist doch nicht so, als wären wir völlig abgeschnitten, nicht wahr, mein Mädchen?«

Sie kannten viele Leute, hatten gesellschaftlichen Kontakt. Doch mit wem führten sie jemals eine Diskussion zu Ende?

»Glaubst du, England ist ein Mythos, mit dem es vorbei ist?«

»Nein, offenbar nicht.«

»Ich meine es wirklich. Was fühlst du, wenn du so etwas sagen hörst, und man *hört* es sagen. In einer oder der anderen Form. Und ziemlich oft sogar.«

»Ich fühle ...« Er zögerte lange. »Ich muß zugeben, mich faszinieren solche Reden, wie wir sie vom jungen Mayhouse hörten. Du hast doch sein Stück gesehen? Gescheiter Bursche.«

»Ja, er ist ein gescheiter Bursche. Ich beabsichtige, mehr mit seiner Frau zu sprechen. Sie waren so unterhaltend. Ich glaube, das Wochenende hat uns beiden gut getan.«

Neben dem Schlafzimmer der Londoner Wohnung der Derwents befand sich ein kleines Ankleidezimmer, das für Derwents privaten Gebrauch bestimmt war. Dort stand ein abschließbares Schreibpult, in dem er die Papiere aufbewahrte, die er manchmal vom Büro mit nach Hause nahm.

An der Wand hing ein kompliziert zu öffnendes Metallkästchen, in dem sich ein Codetelephon befand. Höchst geheime Meldungen vom oder zum Kriegsministerium gingen über diesen Apparat. Nur der Apparat am anderen Ende dieser Leitung, im Zimmer L 214, entschlüsselte die Impulse, die seine Stimme auf den Apparat übertrug, und verwandelte sie wieder in das zurück, was er gesprochen hatte. Ein Zauberding, sagte Meg immer. Die Mädchen, die in diesem Raum Ordnung zu machen hatten, behandelten das Ding mit höchster Ehrfurcht. Und die Techniker, die einmal im Monat kamen, um den Apparat auf einen neuen Code einzustellen, ähnelten in ihrer peinlichen Sorgfalt Priestern, die sich am höchsten Sakrament ihrer Religion zu schaffen machten. Derwent selbst erfaßte jedesmal ein eigenartiger Schauer der Angst, wenn er den Apparat benützen mußte – so als ob er seine Seele und alles, wofür er verantwortlich war, einer unbekannten Macht anvertraute, die vielleicht damit ein leichtfertiges Spiel trieb.

In der Tat waren in den letzten Monaten keine größeren Enthüllungen über diesen Draht gegangen als etwa: »Lord Craiglen möchte, daß Sie sofort zu ihm kommen, Sir.« Und hierauf seine Antwort: »In Ordnung.« Aber eines Tages konnte dieses Ding in seinem großen rauhen Metallkasten mit doppelter Sicherung – die akustisch zu öffnen war – läuten und den Weltuntergang ankündigen. Und dann würde er, auf seine eigene Verantwortung, antworten müssen, würde anordnen müssen, wie die britischen Waffen zu reagieren hätten. Als es installiert worden war, hatte einer der Arbeiter, die die letzten Drähte anschlossen, mit dünnem Lächeln zu ihm gesagt: »Hoffentlich haben Sie jetzt keine bösen Träume, Sir.«

»Ziemlich unpassendes Möbel für ein Ankleidezimmer, was?«

»Ich würde hier ebenso schnell einschlafen, wie ich es im Krieg im Munitionslager getan habe«, sagte der Mann.

Derwent hatte nie davon geträumt, obwohl er in einer Entfernung von fünf Metern davon schlief. Das war eigenartig, dachte er manchmal. Und manchmal dachte er, er träume nicht davon, weil es ohnehin in allen seinen Träumen war, so wie die Bühneneinrichtung, die auf der Bühne bereitstand, bevor noch die Schauspieler auftraten.

An diesem Abend lag er bereits in seinem Bett und wartete, daß seine Frau käme, als er ganz entfernt, doch deutlich das Summen jenes Telephons im Ohr hatte.

Er beobachtete, wie sich Megs voller, graziöser Körper von ihm abwandte, wie sie die kleine goldene Armbanduhr von der Marmorplatte des Nachtkästchens nahm. Sie war schön in ihrem blauen Nachtgewand und begehrenswerter denn je. Doch als sie an dem Kettchen zog und das Licht ausschaltete, sah er die weiße Gestalt eines Mädchens vor sich, das erschreckt davonrannte, und vor einem dunklen Hintergrund, dunkler als der Rasen beim Schwimmbecken in Cadwater, durch sein Blickfeld lief.

Meg schmiegte sich an ihn. Ihre Hand strich über das Jackett seines Pyjamas und blieb auf der Brust ruhen. Sie küßte sein Ohrläppchen.

»Ich denke an unser Gespräch in Cadwater.«

»Welches?«

»Beim Schwimmbecken. Als du von Sehergabe gesprochen hast und von psychischen Phänomenen.«

Sie lachte leise und liebkoste nochmals sein Ohr. Er spürte das Gewicht ihrer Brust auf seinem Arm. »Liebster, du bist so gedankenverloren«, sagte sie. »Das war vor zwei Tagen. Ich muß sagen, ich bin das von dir gewöhnt und wäre überrascht, wenn es anders wäre. Wenn jemand etwas zu dir sagt, gibst du nicht gleich Antwort, wie andere Leute es tun. Du ziehst dich mit dem Gehörten in dich selbst zurück und denkst es durch. Und dann, wenn der andere es längst vergessen hat, daß er etwas gesagt hat – dann antwortest du.«

»Es fiel mir nur ein, dich zu fragen, ob du wirklich an solche Dinge glaubst.«

»Ich glaube schon. – Ja. Ja, ich glaube daran, an das, was dieser Mayhouse über die Kamera sagte. Ja. Ich habe oft solche Phantasien. Ich sehe eben mehr als das. Ich habe dir erzählt, daß ich Mrs. Mayhouse sah, als ich den Morgenritt machte. Ich hatte das Gefühl, daß sie nicht allein war, daß sie sich jemandem hingab – aber sie war ganz allein. Es war unheimlich.«

Sie waren in zärtlicher, gelöster Stimmung gewesen, wie immer, wenn sie einander lieben wollten. Doch dann schoben sich plötzlich Erinnerungen zwischen sie, ihre Gedanken schweiften ab, eine Besonnenheit überkam sie beide. Es war unmöglich zu sagen, was plötzlich fehlte.

Derwent sagte: »Dreh einen Augenblick das Licht an, willst du, Liebste?«

»Mmm. Es ist spät. Fast ein Uhr.« Sie drehte sich um und sah auf die Leuchtziffer ihrer Uhr, ob es nicht noch später war. »Ist dir nicht gut? Soll ich dir etwas bringen?«

Er schämte sich vor sich selber. Wie ein kleiner Junge, der sich vor den bösen Träumen fürchtete, hatte er um Licht gebeten. Er wollte keine endlosen Erklärungen und nebulosen Spekulationen. Er wollte sich beruhigen, Liebe machen und dann schlafen. Morgen hatte er viel zu tun.

»Nein, danke, es ist alles in Ordnung.« Es war es nicht. »Ich glaube, ich hätte gerne einen Drink zum Einschlafen. Wäre das nicht besser als eine Schlaftablette?«

»Natürlich«, sagte sie und ging, um für sie beide Drinks zu holen.

Mit gekreuzten Beinen saßen sie in traulicher Zweisamkeit auf dem Bett und plauderten eine Stunde lang – weder über Politik noch über das Wochenende in Cadwater.

Sie sprachen über ihre »Zufluchtsstätte« bei Cap Ferrat in Südfrankreich. Sie hatten das Haus vor fünf Jahren gekauft, als er bei Harrier Combine gekündigt hatte. Sie hatten es selten aufgesucht, und nur viermal gemeinsam. Aber die Bücher, die sie nicht Zeit hatten zu lesen, stapelten sich dort. Ebenso die Erinnerung an all das Schöne, das sie versäumen mußten, während er Politik machte.

Nach ihren Plänen würde Meg Anfang nächster Woche dorthin fahren und auf dem Weg einen Tag in Paris bleiben. Sie fuhr mit ihrer Freundin Dobie Carmichael, die immer ihre zweite Besetzung gewesen war, bevor sie ihre Filmkarriere aufgab. »Ich wünschte, du wärest es, der mit mir fährt. Diesmal wünsch' ich es mir wirklich, Richard.«

»Hast du das Gefühl, wir haben so etwas wie eine Krise?«

»Natürlich nicht. Ich meinte nur, es wäre schöner.«

Der Gärtner auf Cap Ferrat wartete darauf, daß sie ihm die

Genehmigung erteilten, die Stützmauer neu zu bauen, die verhinderte, daß der mit Kakteen bestandene Erdhang in den nahe am Haus vorbeifließenden Bach abrutschte. Aber Derwent sagte: »Sag ihm, er soll nichts tun. Ich werde etwas später in diesem Sommer Zeit frei haben. Ich bin entschlossen, mir diese Zeit zu nehmen. Wenn die Steine bereitliegen, werde ich die Mauer selbst bauen. Ich würde das gerne tun.«

»Natürlich, natürlich«, sagte Meg. »Eine herrliche Idee. Und was machst du, wenn du dir einen Finger quetschst? Wir werden gemeinsam in der Sonne braten und arbeiten.«

Das schöne Vorgefühl reichte aus, um ihn schläfrig zu machen. Sie vergaßen ganz, daß sie sich hatten lieben wollen, und legten sich zufrieden aneinandergeschmiegt hin. Und dieses Mal waren sie innerhalb weniger Minuten eingeschlafen.

Derwent wußte nicht, wie spät es war, als er aufwachte. Der Raum war noch finster. Er hätte auf das Leuchtzifferblatt schauen können. Statt dessen schlug er die Decke zurück und eilte zum Codetelephon nebenan. Er nahm ein Pfeifchen und blies hinein. Zwei tiefe Töne erklangen, und das Türchen, das die Wählscheibe unter Verschluß hielt, schwang auf. Die beiden Metallklammern, die den Hörer umfaßt hielten, öffneten sich. Er wählte drei Nummern.

Sofort ertönte eine Stimme. »Hier ist Charterhouse, Old Times. Ich wiederhole: Charterhouse, Old Times.«

»Lockwood?« fragte Derwent.

Es folgte ein Moment der Stille. Der Mann am anderen Ende der Leitung mußte diesen Bruch der Routine erst verdauen. Dann sagte die Stimme: »Ja, Sir, hier spricht Lockwood. Ist dort Unverzagt?«

»Maxwell 888«, sagte Derwent. »In Ordnung, Lockwood, nichts Dringendes, nur ein Test. Nicht, daß wir daran zweifeln, daß das System in Ordnung ist. Ich wiederhole: Nur ein Test. Gute Nacht.«

Darauf keine Antwort. Derwents Hand wurde feucht vom Schweiß. Lockwood – wenn es Lockwood war, der in jenem Zimmer im dritten Stock in Whitehall saß – stellte jetzt sicherlich blitzschnell Überlegungen an, wog alle Möglichkeiten ab, fragte, was schiefgehen könnte oder ob etwas schiefgegangen war. Ob er diesen Anruf wirklich nur als Test ansehen sollte oder als Zeichen einer unvorhergesehenen Katastrophe undenklichen Ausmaßes.

Und was, wenn es nicht Lockwood war, der hier geantwortet

hatte? In der ihn umgebenden Finsternis des Raumes, in der er erwacht war, wurde Derwent klar, daß diese großartige und sorgfältig gehandhabte Apparatur keine absolute Garantie gegen Versagen oder Täuschung bot. Die Chancen waren sehr groß – und Lockwood mußte genau dasselbe denken –, daß nichts an der Apparatur fehlerhaft war. Aber keiner von ihnen konnte dessen völlig sicher sein. Hatte man den Hörer einmal abgehoben, war man von Tausenden Möglichkeiten, von guten wie unguten, umgeben.

»Gute Nacht, Sir«, sagte Lockwood.

Wenn es Lockwood *war* . . .

Dann kam es ihm in den Sinn. Er stolperte einfach über den Gedanken: Es hätte auch Michael Cobb sein können. Jenseits des Vertrauens, das der Mensch in seine Methoden und Maschinen setzt, stehen immer noch alle Möglichkeiten. Und Michael Cobb wußte das. Menschen wie er, mit der Freiheit des Gedankens und frei von jedem Zeitdruck, wußten das früher als er. Und vielleicht wußten sie auch Nutzen daraus zu ziehen. Vielleicht waren sie sogar gefährlich. Auf welche Weise?

Darauf gab es keine Antwort; dagegen gab es keine Möglichkeit, sich zu schützen; also war es besser, nicht darüber nachzudenken.

Als Derwent ins Schlafzimmer zurückkehrte, hatte sich Meg im Bett aufgesetzt. Sie hatte das Licht nicht eingeschaltet, und er wußte, sie war ebenso hellwach wie er. Mehrere Minuten lang sprach keiner von ihnen. Dann sagte sie in einem Ton, der genau darauf abgestimmt war, alle seine Bedenken über den Haufen zu werfen: »Willst du es dir nicht doch überlegen und mit mir auf ein paar Tage nach Cap Ferrat fahren? In die Sonne?«

Seine Stimme war liebenswürdig, jedoch nicht ohne Härte. Er sagte: »Ich bin durchgedreht, nicht wahr?«

»Jedem kann das passieren«, sagte sie. »Unsere Zeit verlangt einem alles ab.«

»Dann muß ich diese Anspannungen eben aushalten.«

»Ja, Darling. Du wirst es auch. Darum bist du auch Dick Derwent. Ich habe dir auch nicht vorgeschlagen, den *Rückzug* nach Cap Ferrat anzutreten. Nur . . .«

»Es ist ganz unmöglich«, sagte er. »Und jetzt müssen wir schlafen. Du sollst dir meinetwegen keine Sorgen machen, Darling. Ich war etwas durchgedreht. Jetzt ist es vorüber.«

Sie saß noch immer aufrecht im Bett. Schließlich sagte sie:

»Wenn es dieses Mädchen ist . . .«

»Was für ein Mädchen?«

»Die, die du nackt beim Swimming pool gesehen hast. Cobbs Hure. Nein, ich meine natürlich Cecile Banner. Es ist schon was dran an ihr. Nicht nett, aber sie hat etwas Gewisses . . .«

»Sie ist jung. Eine nichtssagende Person. Wirklich.«

»Wenn du entzückt von ihr bist . . .«

»Darling, ich habe nichts dagegen, wenn du an Astrologie und Sehergabe glaubst und an psychische Phänomene, aber bitte, füge dieser Liste nicht auch noch magische Verzauberung hinzu.«

». . . ich sehe eigentlich keinen Grund, daß du dich nicht mit ihr amüsierst, während ich weg bin, dazu sind doch die Huren da?«

»Bitte, Darling. Wir sind beide übermüdet. Sollten wir jetzt nicht schlafen?«

»Ich wäre nicht im mindesten eifersüchtig. Im Gegenteil, ich wäre ihr dankbar, glaube ich . . Ich habe gesagt, was zu sagen ist. Es liegt jetzt an dir.«

Der Kriegsminister lachte selbstsicher. »Wir haben dieses verrückte Gespräch weit genug ausgewalzt, meine Liebe. Ich habe alle Erinnerungen an das Wochenende aus meinem Geist verbannt. Und jetzt werden wir schlafen.«

Und als Mann von Willenskraft tat er das auch.

# 23. KAPITEL

Richard Derwent galt sowohl in seiner Partei als auch unter seinen Geschäftsfreunden als ein Mann, der stark an einmal gefaßten Meinungen und Vorsätzen festhielt. Mit Dreißig war er Brigadegeneral. Als Stabsoffizier wußte er die besten Köpfe der britischen Armee, Fachleute in neuer Technologie, in Waffenkunde und militärischer Verwaltung, um sich zu scharen und für sich einzuspannen. Im Zweiten Weltkrieg hatten sowohl die amerikanischen als auch die russischen Armeestellen ein Auge auf diese Leute. Es wurde allgemein erwartet, daß sie in England in der Nachkriegszeit im militärischen wie politischen Leben eine Rolle spielen würden.

... aus ihrer Aussage klar hervorging, daß Cecile Banner tatsächlich in Richard Derwents Haus gewesen war. Sie beschrieb in Details die Einrichtung von Derwents Schlafzimmer. Sie beschrieb das Codetelephon in Derwents Ankleidezimmer. Es war ihr »komisch und kompliziert« vorgekommen. Sie hatte nie ein derartiges Telephon gesehen. Es gibt nur sehr wenige solcher Telephone.

*Der Melamine-Report*

Ein paarmal in seinem Leben hatte Derwent die Nerven verloren, und sogar da hatte er Glück gehabt. Seine Anfälle von Panik, seine Verwirrung, seine groben Mißgriffe – und so viele waren es nicht gewesen – hatten ihn immer hinter den Kulissen ereilt und bevor Entscheidungen getroffen werden mußten. War es einmal soweit, die Entscheidungen zu treffen, gewann er seine Ruhe und Festigkeit wieder.

Die, die ihn gut kannten, verstanden das. So war er eben.

Welche Erklärung gab es bei alldem dafür, daß zehn Tage, nachdem er seiner Frau ruhig und bestimmt erklärt hatte, er habe Cecile Banner völlig aus seinen Gedanken verdrängt, sich Cecils schlanker Arm aus dem Bett seiner Frau reckte, um die goldene Uhr von der Marmorplatte des Nachtkästchens zu nehmen? Daß Cecile Banners Stimme es war, die ihm mitteilte, was ihm selbst schmerzlich genug bewußt war: daß es fast fünf Uhr nac mittags war? Und er darauf mit gemimter Herzlichkeit sagte: »Wie schnell dieser Nachmittag mit dir vergangen ist!«

Und sie sich weigerte, aufzustehen und die Wohnung zu verlassen. Sie zog sich die weiße Bettdecke bis über Mund und Nase – das kleine Luder – und lugte zu ihm herüber, so wie sie damals durch den Blumenstrauß seiner Frau zu ihm herübergelugt hatte. »Ihr habt eine richtige Klimaanlage hier. Auf der Straße ist es tierisch heiß.«

»Aber wir müssen gehen.«

Sie schüttelte den Kopf und grinste wieder. Der Minister Ihrer Majestät stand unentschlossen neben dem Bett, von dem er sich soeben erhoben hatte, und fragte sich, ob er ihr eine über den Kopf geben, sie in einen Teppich einrollen und hinaustragen sollte, noch bevor das Personal kam, oder ob er es wagen könne, sich fertig anzuziehen und allein fortzugehen. Selbst eine Mutmaßung darüber, ob Geld sein Problem vergrößern oder lösen helfen würde, wagte er nicht anzustellen.

»Wir werden bald wieder nette Stunden verbringen«, versprach er. »Sei lieb und zieh dich jetzt an. Schnell.«

»Nein«, sagte Cecile.

Wie diese groteske Situation erklären? Hier ist der Punkt, wo der Melamine-Report leider versagt. Der gesunde, gesetzesbewußte Menschenverstand will nicht wahrhaben, daß sich unter der makellosen Oberfläche des Gemeinwesens die labyrinthartigen Gänge der Unterwelt befinden; will nicht zugeben, daß das Schicksal auf einer dünnen Kette von Zufällen beruhen kann, deren sich Derwent mit Schweiß auf der Stirn erinnerte, als er nach Worten suchte, um Cecile zum Aufstehen zu bewegen; leugnet ebenso, daß so komplexe, im Verborgenen bleibende Dinge wie Sex oder die magischen Phantasien von Leuten wie Michael Cobb Einfluß auf das Schicksal haben könnten. Doch hier lag Cecile, Produkt von Michael Cobbs Leidenschaft, Menschen wie Ton zu formen.

»Hast du das Ganze mit Cobb ausgeheckt, um mir Schwierigkeiten zu machen?« fragte er das Mädchen, das im Bett lag.

Sie blinzelte ihn verschlafen an: »Was hat er im geringsten damit zu tun? Du hast mich angerufen. Du hast mich gebeten, mit dir zu essen.«

Er hätte sie überhaupt nicht angerufen. Dessen war er sicher. Es war alles ein Zusammentreffen von Umständen. Der Mensch, der die Bilder seiner Frau, die sie vor fast zwei Wochen beim Swimming-pool in Cadwater aufgenommen hatte, entwickelte, lieferte verspätet. Die Bilder wurden ins Haus geschickt, nachdem Meg nur wenige Stunden zuvor mit Dobie Carmichael nach Paris und

Cap Ferrat abgereist war. Das Mädchen hatte gefragt, ob man die Bilder zusammen mit der gewöhnlichen Post von Mrs. Derwent nachschicken solle. Ganz überlegen hatte Derwent gesagt, nein, das sei nicht nötig, sie konnten bis zu Mrs. Derwents Rückkehr hier bleiben.

Vielleicht hätte er das Päckchen überhaupt nicht geöffnet. Es gab für ihn wahrlich keinen Grund, es zu tun. Sicher war er nicht so sehr versessen darauf, an das Zusammentreffen beim Swimming-pool von Cadwater erinnert zu werden, daß er die photographischen Beweise hiefür sehen wollte.

Was ihm sogleich merkwürdig vorkam, als er nun tatsächlich die Bilder aus dem Paket nahm, war, wie sehr Meg offenbar bemüht gewesen war, immer wieder das Mädchen vor die Kamera zu bekommen. Cecile war natürlich nicht auf allen Bildern, die Meg an jenem Tag geschossen hatte – jedoch als Ganzes gesehen war die Photoserie der Beweis dafür, daß sich das photographische Interesse seiner Frau auf dieses eine Mädchen konzentriert hatte.

Warum?

Da die Frage nun einmal gestellt, seine Neugier durch die Liebe zu seiner Frau von neuem angefacht war, folgte der Rest vielleicht ganz natürlich. Nach all diesen Jahren der Ehe hatte er angenommen, daß seine Frau kein Geheimnis mehr sei. Doch die Bilder, die sie aufgenommen hatte, zwangen ihn zu der Annahme, es sei etwas in ihr, das er noch nicht kenne. Etwas, was ihm in all den Jahren entgangen war. Nichts kann einem lang verheirateten Mann, der seine Frau liebt, unangenehmer sein als das Gefühl, die romantische Seite seiner Frau nicht nur nicht befriedigt, sondern nicht einmal bemerkt zu haben.

Er legte den Packen Photographien in eine Lade von Megs Schreibtisch, nahm sie am nächsten Abend heraus, um sie noch einmal anzuschauen. Er überlegte, ob er nicht durch einen Bediensteten zwei oder drei von ihnen an Cecile Banner, per Adresse Dr. Michael Cobb, schicken solle.

Nein. Solches Gehüpfe um den heißen Brei war seiner nicht würdig. Wenn er die Bilder übergeben wollte, würde er es auf direktem Wege tun. Er beschloß, das Mädchen zum Lunch einzuladen. Und während sie sich inmitten von Bart Collingwoods bemerkenswertem Freundeskreis verewigt sah, würde er ihr Gesicht studieren. Die beste Strategie wäre die, mit ihr bei Prunier zu dinieren. Dort konnte er sicher sein, daß sie von jemandem gesehen wurden, der ihn kannte. So etwas würde weit besser sein, als zu versuchen, sich an einem abgelegenen Platz zu verstecken. Leichter wurde er bei Prunier von jemandem gesehen, der es dann Meg als Tratsch weitergab. (»Ich habe Richard mit einem sehr hübschen kleinen Ding gesehen, eine Verwandte oder Tochter oder Freundin, nehme ich an.«) Wenn sie das hörte, würde Meg ohne Zweifel beruhigt sein. Sie würde es als Zeichen seines Vertrauens nehmen.

Derwent kannte genau die Art der Nervenanspannung, der er in den vergangenen Monaten ausgesetzt gewesen war. Er hatte hauptsächlich Schwierigkeiten mit dem Red-Arrow-Programm gehabt. Die Presse und das Unterhaus attackierten ihn, und er saß da wie ein Spieler, der seinen Berg von Chips schwinden sieht, sich nebenan welche borgt, wenn sein Vorrat erschöpft ist, sich aber weigert, einen kleinen Einsatz auf eine andere Zahl zu riskieren, um sich gegen den Verlust von mehreren hundert Millionen Pfund abzusichern. War es nicht ein beruhigender Akt der Herausforderung, angesichts solcher Repressalien öffentlich mit einer kleinen Hure zu speisen?

Zumal, in seinem letzten Jahr in Oxford, als die Prüfungen heranrückten und er sich in keiner Weise vorbereitet fühlte, war er absichtlich in das Geschäft eines Juweliers gegangen und hatte seine ganze Zukunft dadurch aufs Spiel gesetzt, daß er dem Juwelier unter der Nase eine Uhr wegstahl. Es war eine billige Uhr und an und für sich von keinerlei Belang. Aber daß er mit ihr auf und davon ging – das redete er sich abergläubisch ein –, hatte ihn innerlich aufgerichtet, so daß er die Prüfungen mit Auszeichnung bestand und jene Karriere machte, die er sich eigentlich wünschte.

Vor vielen Jahren, am Beginn seiner politischen Karriere und bevor er Meg heiratete, war er sich sehr wohl bewußt gewesen, daß Churchill großes Interesse für ihn hegte und ihn nicht mochte. Der Alte hatte in Richard Derwent wohl sich selbst wiedergefunden – den jungen Mann mit ungezähmtem Temperament und dem Willen, das große Spiel der Macht mit Ellbogentechnik und Intuition zu spielen. Man hatte ihm berichtet, Churchill habe über ihn gesagt: »Der Widerling wird vor 1970 Premierminister werden.« Dann hatte der alte Titan mit maliziösem Lächeln hinzugefügt: »Falls die Karten richtig fallen.« Das gleiche boshafte Lächeln hatte Churchill gezeigt, als er erfuhr, daß die »Bismarck« gestellt und versenkt worden war. Es war eine zweischneidige Prophezeiung gewesen – eine Mahnung daran, daß die Sicherheit eines Soldaten einzig in der Liebe zum Risiko lag.

Anstatt bei Prunier, was diskret indiskret gewesen wäre, aß er mit Cecile in einem kleinen Lokal in South Kensington namens Au Fin Bec.

Er hatte noch nie ein Gesicht gesehen, das so deutlich die inneren Gefühlsregungen widerspiegelte wie das Ceciles, als sie die Bilder ansah, die er mitgebracht hatte. »Oh, sehr gut! Um Himmels willen! Mmmm. Das ist doch ... Ihre Frau ist ein Genie. Wenn ich so photographieren könnte ... Sie ist sogar ein noch größerer Photograph als Filmstar.«

»Sie wollte, daß Sie sie zur Erinnerung an den Tag behalten«, sagte Derwent.

»Für mich?« stieß sie hervor. »Das hat sie wirklich? Sagen Sie ihr ... Oh, danke vielmals!«

Cecile begann sich erst ein wenig zu erholen, als sie Wein zu dem *suprême de volaille à l'estragon* tranken, den er ihr empfohlen hatte. Sie sagte: »Es ist mein größter Tag. Heute nachmittag wird eine Ausstellung mit Zeichnungen von mir eröffnet. Ich meine, einige der Zeichnungen sind von mir.«

Er vermied es, zu fragen, ob die Zeichnungen von Dr. Cobb seien. »In welcher Galerie?«

»Nicht in einer Galerie. Eigentlich ist es ein Gasthaus, das ›Horseferry Arms‹. Er *hätte* sie auch in einer Galerie ausstellen können, denke ich. Sie sind schön. Ich meine – natürlich nicht wie die Bilder Ihrer Frau, aber ...«

»Aber schön, ich bin sicher.«

»Wollen Sie sie sehen? Es wird wahrscheinlich ein größeres Interesse dafür bestehen, und Sie werden sicher darüber in den Zeitungen lesen.«

»Ich werde sehen, ob ich es einrichten kann«, versprach er und überließ es ihr, zu begreifen, wie beschäftigt er war und daß dieser Lunch mit ihr in einem abgelegenen Restaurant einen besonderen Ausnahmefall darstellte.

Von Kaffee und Schnaps mild gestimmt, gestand er ihr, daß er dieses Lokal ausgesucht habe, weil Meg es ihm empfohlen habe. »Sie mag gute Sachen so gern. Sie hat etwas von einem Sinnesmenschen an sich – was ich durchaus an ihr liebe. Außerdem hat sie mehr Zeit als ich, die netten Lokale, die es überall in London gibt, zu entdecken. Es gibt jetzt so viele davon. Sie sind kaum alt genug, um sich daran noch zu erinnern, wie schwer es früher war, in unserer Stadt anständige Restaurants zu finden. Aber Meg ...«

Dabei fiel ihm ein, daß Meg erwähnt hatte, sie habe hier vor nicht allzu langer Zeit mit Greg Harlow, dem amerikanischen Komponisten, gegessen. Vielleicht hatte er aus einem Anflug von Eifersucht heraus dieses Lokal für sich und Cecile ausgesucht. Er hatte natürlich keinen echten Anlaß zur Eifersucht, außer daß er Meg manchmal beneidete, nicht wie er unter dem Druck öffentlicher Verpflichtungen zu stehen und sich den Luxus leisten zu können, mit Freunden zusammenzukommen, ganz wie es ihr beliebte.

Jetzt saß sie sicher im Badeanzug auf der Terrasse ihres Hauses auf Cap Ferrat. Umhüllt von Blumenduft inmitten der Windstille eines Mittelmeertages. Und ihr Körper sehnte sich nach ihm ...

»Gehen wir irgendwohin, ich möchte mit dir vögeln«, sagte Cecile.

Sie barg das Gesicht in ihren Armen, die auf dem leinernen Tischtuch ruhten. Er konnte nur ihr blondes Haar sehen, die dünne weiße Linie des Scheitels.

»Kellner«, rief er.

Er ging das ganze Risiko ein, das dieser Nachmittag zu Gebote hatte. Er brachte sie in sein eigenes Haus. Ins Bett seiner Frau. Er bestieg sie wie ein Mann, benützte sie wie eine Hure. In jenem wirbelnden, abrupt heranstürzenden Augenblick des Höhepunktes, nach welchem jeden Sündigen Klarheit überkommt, echote in ihm Megs Frage: »Dazu sind doch Huren da?« Doch das entschuldigte dies nicht. Diese harte Bemerkung war der einzige Halt zur Umkehr, weil es in dieser Situation das einzige war, an das er sich klammern konnte.

Das moralische Problem war also ohne Zweifel gelöst. Blieb das Problem, Cecile aus dem Haus zu befördern, bevor das Personal zurückkam. Als er beschloß, sie hierherzubringen, war es ihm sicherer erschienen als ein Hotel, weil sowohl Zimmermädchen als auch Butler sich den Nachmittag freigenommen hatten. Ohne Meg benötigte er sie nicht so sehr. Aber sie würden bald kommen.

Er war nun ganz angezogen. Sie war nicht einmal richtig zugedeckt. Ihr schweißglänzender Körper war von einem total vermuddelten, zu einem Strick eingedrehten Leintuch umwunden, das wie ein weißes Band in Spiralen an einem ihrer Beine und an ihren Schenkeln hochlief. Das Ganze sah aus wie ein Weihnachtspaket, das neugierige Hände zum Teil geöffnet hatten.

Erstmals kam es ihm so vor, als wäre das Mädchen betrunken.

Er beugte sich über sie und zog an dem um sie gewundenen Leintuch. Es gelang ihm nur, die rosafarbenen Brustwarzen freizulegen. Er fuhr mit seinen Händen um ihren Brustkorb. Vielleicht konnte er sie in die Brause befördern. »Das Lieben war schön«, sagte er. »Aber ich muß mich jetzt wirklich beeilen. Wenn du schnell bist, kann ich dich nach Hause bringen oder irgendwo in der Nähe absetzen.«

Sie wehrte sich nicht gegen sein Zerren. Jegliche Spannung hatte ihre Gliedmaßen verlassen. Wie unglaublich schlaff ihr Körper werden konnte. Ihre Haut war unglaublich heiß.

»Du hast mich nicht einmal . . .« Ihre Stimme war so schwach und kläglich, daß er sich tiefer herabbeugte, um zu verstehen.

»Nicht einmal . . .?«

»Fertiggemacht.«

»Ein andermal«, flehte er. Es traf ihn ein wenig, eines solchen Versagens beschuldigt zu werden.

Sie achtete nicht auf seine Versprechungen. Worte beeindruckten sie nicht. »Ich liebe dich so«, sagte sie. »Ich liebe das Bett deiner Frau. Ich liebe diese kleine goldene Uhr.«

»Wenn ich . . .«

»Was, Liebling?«

»Wenn ich dich jetzt schnell fertigmache – gehst du dann mit mir weg?«

»Gibst du mir die kleine Uhr?«

»Darling, sei vernünftig. Die Uhr gehört Meg. Sie hat dir die Photos gegeben. Sie wollte, daß du sie bekommst, bist du nicht zufrieden?«

»Ich will sie haben.«

Er richtete sich auf und lächelte wehmütig auf sie herab. »Diese Suppe habe ich mir wohl selbst eingebrockt, nicht wahr? Also gut, ich bin ein Narr. Ich komme in eine furchtbare Situation, wenn du nicht gehst, aber du kannst auch bleiben, und das Personal wird dich hier vorfinden, und dann kannst du ihnen dein Hiersein erklären, wie es dir paßt.«

Angesichts seiner Zerknirschtheit wurde Cecile nüchtern. Eine lange Minute sahen ihn ihre traurigen Augen an.

»Willst du?« Er verstand nicht ganz, was sie meinte. Aber ihre geflüsterten Worte erregten ihn ebenso wie ihre schockierenden Worte beim Lunch. Es nahm ihm jede Vorsicht, jede innere Sicherheit. Das war psychisches Jiu-Jitsu, was sie an ihm praktizierte. »Willst du es mir mit der Zunge machen?«

Er wollte. Er wollte nicht, doch er beugte sich über sie und näherte seinen Mund der behaarten Stelle zwischen ihren Schenkeln. Ein Gefühl der Selbstbesudelung überkam ihn. »Nein!« sagte sie. Sie wälzte sich von ihm weg. »Das ist nicht gut. Nein.« Sie griff nach dem Leintuch und riß es zu sich heran, als wollte sie sich wieder damit bedecken.

Sie machte sich lustig über ihn. Dieses Kind, mit der Weisheit und Erfahrenheit alles tief Weiblichen, hatte seinen Spaß an seiner Unerfahrenheit. »Du verstehst das nicht«, sagte sie.

Zornig, ängstlich, verzweifelt sah er sie an. Er überlegte fieberhaft. Entschlossen packte sie eines von Megs Kissen, legte es quer über das Bett und legte sich mit gespreizten Beinen darauf. Ihre Hände begannen spielerisch über Brüste, Hüften und Schenkel zu gleiten. Zart rieb sie mit den Fingern an ihren steif gewordenen Brustwarzen. Dann näherte sich die eine Hand langsam, fast scheu der Innenseite ihrer Schenkel und streichelte sie. Die Augen hielt sie zuerst geschlossen, doch dann öffnete sie sie und sah ihn an. Er wußte, daß sie ihn beobachtete, wie er ihr zusah. Sie lächelte ihn an und begann zu spielen. Mit halblautem Stöhnen reizte sie sich, versetzte sie sich in immer höhere Erregung. »Ja, jetzt. Oh, ja. Ja. Ja. Ja. Stärker. Stärker. Ja. Jetzt!«

Nachher brauchte er nichts zu sagen. Sie war bereit zu gehen. Sie warf sich das lange Haar aus dem Gesicht und grinste zu ihm hinüber.

Flink las sie ihre Kleidungsstücke auf, die sie vorhin arglos hingeworfen hatte. Ihr ganzes Leben lang war sie ein Mädchen gewesen, das stets gewußt hatte, wie man schnell von wo verschwand, wenn man einmal dazu entschlossen war.

Als sie eben dabei war, sich die Schuhe anzuziehen, sah sie etwas auf dem fleckigen Leintuch liegen. Mit einem Ruck fuhr sie in die Höhe und nahm es mit den Fingern auf. Sie hielt ihre Trophäe in die Höhe. Man konnte kaum sehen, was es war. Derwent versuchte zu lachen. Was sie auf dem Bett gefunden hatte, schienen einige ineinander verflochtene Haare zu sein. »Ich bin eine Hexe«, kicherte sie. »Ich werde sie behalten, damit du mich immer liebst.«

Das Glück blieb ihnen treu. Sie waren aus dem Haus, bevor der Butler oder ein Mädchen zurück war. Er hatte nur mehr soviel Zeit, Cecile bis zur Marylebone Road zu fahren, aber es machte ihr jetzt überhaupt nichts mehr aus. Die Photos von Cadwater hielt sie fest unter den Arm gepreßt. Als sie davoneilte, winkte sie ihm fröhlich.

Mit dem Außenminister nahm er drei Whiskys und hörte Mr. Boone vom Home Office sich in Erinnerungen an de Gaulle, als dieser während des Krieges in London war, ergehen – was natürlich auf etwas Bestimmtes hinauslaufen sollte, während er Cecile vor sich sah, wie sie auf dem Kissen kniete und masturbierte.

Das waren Bereiche, die ihm und seiner Frau unbekannt geblieben waren, ein Spiel mit Leidenschaften, an die zu glauben er sich nie erlaubt hätte.

Beschämt spürte er neuerlich Erregung in sich aufsteigen. Zu Boone sagte er: »Jedenfalls, ohne de Gaulles Narreteien hätten wir es hier außerordentlich schwer, stets zu wissen, aus welcher Richtung der Wind am nächsten Morgen bläst.«

Mr. Boone sagte, er nehme an, das sei der Fall. Jede Prüfung habe auch ihr Gutes.

# 24. KAPITEL

Natürlich hatte Michael Cecile bei ihrem ersten Zusammentreffen mit Derwent gelenkt wie ein Regisseur Fleisch und Persönlichkeit seiner menschlichen Marionetten. Wie stets tat er dies aber nicht unmittelbar, sondern mehr durch Präparation als durch direktes Befehlen.

Als die Einladung zum Lunch erfolgte, war Cecile in einem Zustand höchster Aufregung. »Ich gehe nicht. Ich habe gesagt, ich gehe, aber ich gehe nicht. Was will er von mir? Michael, was soll ich tun? Was soll ich anziehen? Ich werde nicht hingehen. Du kannst mich nicht zwingen.«

»Ich bin froh, wenn du nicht gehst. Es ist unverschämt von ihm, dich einzuladen.«

»Aber ich habe ja gesagt.«

»Es ist ganz recht, daß du deine Meinung geändert hast.«

»Und was sollte ich anziehen, wenn ich schon hingehe?«

»Mit deinem blonden Haar siehst du am besten in Pastellfarben aus. Ein weißes Kleid? Dazu, glaube ich, ein violettes Halstuch. Das ausgeschnittene Mieder, damit man die Brustwarzen sieht. Und auf keinen Fall Höschen.«

»Warum will er mit mir essen?«

»Er will von dir Rat einholen, ob man Westdeutschland mit Atomwaffen ausrüsten soll.«

»Er hat gesagt, er gibt mir einige Photos, die seine Frau in Cadwater aufgenommen hat.«

»Das ist bestimmt eine Lüge.«

»Wäre es gut, wenn ich das blaßgelbe Leinenkleid anziehe? Natürlich werde ich Höschen tragen. Ich fühle mich nicht wohl ohne. Was erwartet er sich von mir?«

»Er will mit dir ins Bett gehen.«

»Ich gehe nicht.«

»Wahrscheinlich will er dir eine Stelle in der Truppenbetreuung in Kuwait anbieten.«

»Wirklich? Gibt es wirklich so etwas? Würde es mir gefallen?«

»Es ist einer der schönsten Plätze der Erde.«

»Er wird doch keinen Versuch machen, nicht wahr? Beim Lunch?«

»Er ist ein vielbeschäftigter und bedeutender Mann. Glaubst du, er kann Tage und Tage daran verschwenden?«

»Ich gehe bestimmt nicht hin.«

Aber innerhalb von Stunden fand sich für sie ein Grund. Mit böse glitzernden Augen sagte sie: »Ich muß es über mich ergehen lassen, wenn du es so willst. Ich habe Angst, daß du mich auspeitschst, wenn ich es nicht tue.«

»Im Gegenteil, ich werde dich auspeitschen, wenn du es tust. Ich habe andere Pläne mit dir. Ich kann es nicht zulassen, daß er dich mir wegschnappt.«

»Es ist doch nur ein Lunch«, sagte sie.

»Hast du mit Tammy darüber gesprochen?«

»Ich habe sie angerufen. Ich erwähnte keine Namen. Ich sagte bloß, es sei jemand von großer Bedeutung. Sie wollte wissen, ob er reich ist. Ist er reich?«

»Ob er reich ist oder nicht, du darfst auf keinen Fall seine Einladung annehmen.«

»Michael! Ich will wirklich nicht, aber ich glaube, ich sollte. Es war so nett von ihm, mich anzurufen! So nett von Mrs. Derwent, zu denken, es könnte mir Freude machen, eine Erinnerung an unser Zusammentreffen mit ihnen in Cadwater zu haben!«

»Dann wäre es von ihr richtiger gewesen, dich in ihr Haus zu bitten. Zum Tee. Dort hätte sie dir die Bilder geben können.«

Cecile dachte nach. »Das ist eigenartig. Ich muß es aus ihm herauskriegen, warum es nicht so arrangiert wurde. Bist du nicht neugierig? Ich verspreche, ich werde eine Erklärung verlangen.«

Es war ausgemacht worden, sie sollte Derwent im Restaurant treffen. Michael fuhr sie auf dem Weg zum Royal Hospital und zum Horseferry Arms hin. Er parkte den Wagen einen Häuserblock von ihrem Bestimmungsort entfernt. Die Hände am Lenkrad, sah er sie von oben bis unten prüfend an. In seinen schwarzen Gläsern konnte sie sich wie in einem Spiegel betrachten.

»Du siehst großartig aus.«

»Dann ...?« Sein Benehmen verwirrte sie.

»Du hast etwas vergessen.«

»Nein.« Sie befühlte ihre Börse, dann öffnete sie sie und warf einen schnellen Blick hinein. »Was?«

Er gab ihr Zeit zum Nachdenken. Dann streckte er den Arm aus und hielt die Hand auf.

»Michael! Nein!«

»Komm schon.«

»Michael, es gehört sich nicht.«

»Gib her!«

Sie blickte nervös auf die Uhr. Steif saß sie in ihrem Sitz, um zu zeigen, daß sie ebenso störrisch sein konnte wie er. Dann sagte sie: »Also gut. Ich komme ohnehin schon zu spät.«

Mit einem schnellen Blick vergewisserte sie sich, ob nicht ein Vorübergehender sie beobachtete, und griff dann mit beiden Händen unter ihren kurzen Rock. Mit dem Daumen fuhr sie unter den Gummi ihres Bikinihöschens und zog es aus. Sie ließ das winzige Stoffdingelchen in Michaels Hand fallen. »Gib mir keine Schuld für das, was passiert«, sagte sie böse.

»Nein, ich werde nicht. Bestimmt nicht«, versprach er.

Der Sommertag war zu schön, als daß man auf den Gedanken gekommen wäre, jemanden mit Schuld zu beladen. Er war obenauf, dirigierte *seine* Welt, so daß alles sein Fehler, seine Schuld gewesen wäre. Ein Taumel überkam ihn. Er war auf einem Punkt der Macht angelangt, wo er alles erreichen konnte.

Er saß in seinem teuren Wagen, füllte seine Lunge mit der würzigen Luft des Sommers. Er beobachtete, wie Cecile die Straße in Richtung auf das Restaurant, in dem Derwent auf sie wartete, hinunterging. Ihre Gestalt wurde puppenklein, bewegte sich zwischen Licht und Schatten der Häuserblocks dieser Stadt, die ebenfalls auf die Größe einer Marionettenbühne zusammenzuschrumpfen schien, während er dasaß und an den Fäden zog.

»Jetzt rechts einschwenken«, dirigierte er stumm. Als das Kommando sich in seinem Gehirn zum Gedanken geformt hatte, verließ die kleine Puppe im Minirock, die Cecile hieß, den Gehsteig und verschwand mit einem schnellen Schritt im Au Fin Bec.

Er startete den Motor seines Wagens. Beim ersten Brummgeräusch drückte er den Gashebel durch. Der Wagen heulte auf, rasend, drängend meldeten sich die mobilisierten Kräfte zu Wort. Er ließ sich tragen vom Lärm. Undeutlich nahm er wahr, daß ein Passant sich erschrocken duckte, als der Schrei des Motors die mittägliche Stille durchschnitt. Aus einem Laden in der Nähe starrte jemand erschrocken herüber. Volle dreißig Sekunden blieb er auf dem Gashebel stehen. Dann noch zehn. Der stählerne Rahmen seines Wagens begann wild zu vibrieren. In den Gesichtern, die sich ihm zuwandten, stand ein Ausdruck der Angst, den er kennengelernt hatte, als im Krieg die Menge auf derStraße beim Explosionsdonner einer in der Nähe einschlagenden V-2 vor Schreck erstarrte.

Er gab weniger Gas, winkte lässig denen, die sich nach ihm umdrehten, und fuhr den Wagen im Rückwärtsgang durch die beißende Wolke von Auspuffgasen, die er hochgewirbelt hatte. Ein Junge schrie: »Den haben Sie verschrottet, Meister.«

Nein, er hatte nur seinem Hochgefühl, dem Gefühl, Außerordentliches zu vermögen, Ausdruck verliehen. Er hatte die Maschine sagen lassen, was er nicht auszudrücken vermochte. Wie gefügig der starke Motor jetzt war. Er schien ihn förmlich durch die unbelebten Straßen zu tragen, wie ein schneller weißer Hengst im Märchen, der ihn überall hinbrachte, ohne daß er ihn besonders zu lenken brauchte.

Auf der Fahrt dachte er: Jetzt habe ich Derwent. Jetzt habe ich einen Kriegsminister. Und wenn ich einen Kriegsminister habe, bin ich dann nicht der ...

Er sprach das Wort nicht aus, lachte statt dessen vergnügt vor sich hin.

Vom düsteren Treppenaufgang aus betrat er sein Studio. Er nahm die dunkle Brille ab und blinzelte, bis sich seine schmerzenden Augen an die strahlende Helle gewöhnten, die durch das große Oberlicht hereinflutete.

Um ihn, an den Wänden, hingen die Dinge, die sein Leben bedeuteten – Landschaften und Gesichter aus vielen Jahren und vielen Ländern, Orte und Menschen, die er für immer eingefangen hatte. Manchmal waren sie ihm wie tote Reste seines Lebens erschienen. Souvenirs. Doch im hellen Licht dieses Mittags wußte er, daß sie nicht tot waren. Sie lebten im weiten Reich seiner Vorstellung. Lebten alle – und gehorchten ihm. Er regierte über sie, beherrschte Gesichter und Länder.

Ohne es zu merken, schritt er zu dem antiken Schrank und öffnete die oberste Tür, um seine Puppensammlung zu sehen. Wie ein Vater, der seinen Kindern beim Spiel zusieht, lächelte er nachgiebig. Seine Hände, die die Puppen nahmen und neu einordneten, waren die eines träumenden Kindes, das überzeugt ist von der Kraft, die es den leblos erscheinenden Figuren einzuhauchen vermag.

Er nahm die Puppe in Stiefeln, die Cecile darstellte, vom

Bord. Er hatte sie vor einem Jahr gemacht und Kostüm und Gesichtsausdruck mehrere Male verändert. Einige Tage vorher hatte er ihr aus Falkenfedern, die er aus Solo Rokeys Käfig genommen hatte, ein Bett gemacht. Er ließ sie zwischen Daumen und Zeigefinger tanzen. Dann legte er sie unsanft auf die Puppe, die seinen Kriegsminister darstellte, seinen Richard Derwent.

Eine andere Puppe stellte Meg Derwent dar. Michael streckte die Hand nach ihr aus, ließ sie dann wieder unschlüssig sinken. Sie mußte neu eingeordnet werden, ihre Beziehungen zu den anderen hatten sich geändert. Aber wo? Wie? Seine Unsicherheit amüsierte ihn. In dem Muster, das er eben entwarf, konnte er nicht ganz den Platz sehen, wo Meg Derwent hingehörte. Er ließ sie zwischen den Puppen der beiden Mayhouses liegen.

Aber das Gran Unsicherheit war dazu angetan, ihm sein Selbstvertrauen zu nehmen. Es nahm dem Spiel seinen Reiz, und er schlug das Türchen zur Puppensammlung heftig zu.

Er nahm sich einen Wermut aus dem Kühlschrank. Das Glas zitterte in seiner Hand. Schwer sackte er in seinem Drehsessel zusammen, in den er sich hatte fallen lassen, um die Zeichnungen oder Ölbilder anzusehen, an denen er gerade arbeitete. Der Sturz in Verzweiflung und Angst vollzog sich ebenso heftig wie vorhin sein Hochgefühl. Er hörte die Stimme seines Vaters zugleich mit dem Heraufdämmern der Erinnerung an einen Sonntagmorgen seiner Kindheit, als er geduldig zur Kirche gegangen war, um die Predigt zu hören. Er sah die überwältigende Trauer auf dem Gesicht, das sich von der Kanzel zu ihm herabbeugte. Er hörte die Worte: »Der Samen wird nicht auf dieser Erde gesät, um aufzugehen und wieder zu Staub zu werden. Die Rechtfertigung wird uns nicht auf dieser Erde.« Er hatte sich gefragt, warum sein Vater immer zu ihm sprach und nicht auch zu den anderen in der Versammlung. Warum hatte nur er die mahnenden Worte gehört.

Er hatte seine Stimme noch viele Male gehört, wenn er an sich selbst und an dem verderblichen Kurs, den sein Leben nahm, zu verzweifeln drohte. Und zuzeiten, wenn Menschenverstand und Vernunft ihm sagten, er verschwende seine Talente und werfe sein Leben leichtfertig nur an Sex und Luxus weg.

Er hatte sich selbst belogen. Und das Wissen um diese Lügen hatte ihn um so mehr gequält. Die Stimme echote in ihm: »Den haben Sie verschrottet, Meister!«

Nein, dachte er. Ich habe ihn nicht verschrottet. Ich übernehme die Verantwortung, die andere Leute mir in die Hände legen. Ich nehme von Derwent nicht mehr in Besitz, als er selbst mir ausliefert. Wie Cecile sich mir ausgeliefert hat.

Die Macht war ein Tanz. Peter und Eileen Mayhouse schienen zu glauben, daß eine sogenannte hypnotische Kontrolle über sie und, ja, auch über Cecile, etwas Festes, Dauerhaftes war. Doch sie war es nicht. Heute nahm er sich Derwent. Und wie er ihn nahm. In wenigen Augenblicken oder Stunden würde die Falle zuspringen. Dessen war er absolut sicher. Aber indem er kurz Macht über Derwent gewann, verlor er sie über Cecile. Das war klar. Sie hatte sich ihm vorhin widersetzt. Jetzt bewegte sie sich innerhalb der Figuren des Tanzes von ihm weg.

Nichts blieb an seinem Platz im Tanz um die Macht. Er mußte es im richtigen Augenblick ergreifen. Noch war er nicht ganz bereit, noch nicht ganz sicher, was er tun würde, tun mußte, jetzt im Augenblick, da seine Macht über Derwent größer und größer wurde. Etwas wollte ihm nicht klarwerden. Hier in seinem Studio sah und verstand er es. Warum nicht auch das letzte Geheimnis?

Er hatte noch einiges zu tun an diesem Nachmittag. Seine Freunde, seine Mittänzer, seine Jünger, warteten wahrscheinlich schon im Horseferry Arms, wo seine Bilder aufgehängt werden sollten.

Bevor er ging, rief er in seiner Ordination an, um anzufragen, ob für ihn Anrufe oder sonst etwas gekommen sei. Miß Podmore sagte: »Ein Amerikaner war da. Etwas rüder Kerl. Norman Skolls oder so. Ich habe es hier aufgeschrieben.«

»Ach, Scholes.«

»Er *sagte*, er sei Ihr Freund. Und so habe ich ihm den Rat gegeben, Sie im Horseferry Arms aufzusuchen.«

»Er *ist* ein Freund.«

Michael begann zu grinsen und mit dem Fuß im Takt auf den Boden zu schlagen. Eben hatte er etwas bekommen, ohne sich dafür anstrengen zu müssen. Norman Scholes hatte die Musik gehört und war von weither gekommen, um mitzutanzen. Es war ein großer Tag für neue Partner. Derwent und Norman Scholes.

Als er an jenem Tag im Krankenhaus seine Runde gemacht hatte, ging er nicht in seine Wohnung, sondern zurück in sein Studio. Als er die Tür aufsperrte, saß Cecile dort und wartete auf ihn. Auch das war so ausgemacht gewesen. Sie saß in seinem

Drehsessel, trank Whisky und kaute Feigen. Offenbar war sie schon längere Zeit da. Sie war völlig betrunken.

»Ich hab's getan, hab's getan!« sang sie ihm entgegen.

Ohne ein Wort zu sagen, kniete er nieder und zog sie auf den Bretterboden. Ohne jedes Vorspiel drang er in sie ein. Ihr Körper öffnete sich ihm gieriger als je zuvor. Sie war noch naß von Richard Derwents Samen, erhitzt von den Aufregungen des Nachmittags. Er ejakulierte, kaum daß er in sie eingedrungen war. Ruhig blieb er auf ihr liegen, überließ sich ganz ihrer Führung, die ihn zu neuer Erregung und zu neuerlichem Höhepunkt brachte. In seinem Kopf tanzten alle durcheinander, ihre beiden Körper mit eingeschlossen. »Erzähle, erzähle«, flüsterte er in ihr schweißnasses Haar. Und sie erzählte ihm vieles über Richard Derwent, sein Haus und seine Frau, was sie nicht begriff.

Derwent hatte sein Codetelephon, dieses technische Wunderwerk, das ihm den Schlaf raubte.

Aber Michael hatte Cecile. Er hatte vom ersten Augenblick an gewußt, daß sie eine tödliche Waffe war. Und er hatte sie sich ganz angeeignet.

Mit ihr nahm er nun auch jedwede Bedrohung hin, die sie ihm bringen mochte. Wie Tiere wälzten sie sich auf dem Boden und hatten teil an den Visionen des Tanzes um die Macht, zu dem alle Gruppen aus seiner Puppensammlung den Schrank verließen und sich im Kreis um sie herum bewegten. Kugel, Hodges, Varden, die Mayhouses, Lord Collingwood und die Derwents.

Und jetzt auch Norman Scholes.

VIERTER TEIL

# Das Erwachen

# 25. KAPITEL

Je mehr Enthüllungen in der Presse veröffentlicht wurden, desto mehr Erstaunen erregte es, daß Michael Cobb so viele Beziehungen angeknüpft hatte, zwischen denen kein Zusammenhang feststellbar war, und Kontakte zu Personen pflegte, die untereinander keinerlei Umgang hatten. Es ist nur fair zu sagen, daß er eine Art Adabei war.

*Der Melamine-Report*

So trat ich also wieder in Michael Cobbs Leben, und das in der Stunde, da er glaubte, mich gerufen zu haben.

Dieses Mal kam ich voll Skepsis und umgeben mit einer harten Schale der Abwehr, die sich sehr von jener unterschied, in der ich gesteckt hatte, als er zum ersten Mal auf meinem Tennisplatz in Hansville, Missouri, aufgetaucht war. Doch was für einen Unterschied machte es schließlich und endlich aus, daß ich mich diesmal mit einem schützenden Panzer von Skepsis umgeben hatte? Ich hing seit langem an seinem Angelhaken. Ich hatte mich nie loshaken können. Die Wunde war wohl vernarbt, doch Spitze und Widerhaken steckten immer noch dort, wo er sie eingehakt hatte. Wie sehr arbeiten wir doch an uns, um dann so wenig an uns zu ändern. Nach all diesen Jahren – rannte ich immer noch auf der Sandstraße außerhalb von Hansville um mein Leben, rannte im Finsteren einer Sache nach, der einen Namen zu geben ich nicht ertragen hätte, die aber meinem Leben erst einen Sinn geben sollte.

In London geriet ich nie in den inneren Kreis seines »Tanzes« – um den Ausdruck zu verwenden, den er der Sache zu geben pflegte. Meine Füße fühlen sich wohler auf dem Sportplatz. Doch am Rande hüpfte ich etwas mit. In jenem Jahr vor seinem Prozeß aß ich oft mit ihm, dachte oft über ihn nach. Ich besuchte ihn in seinem Atelier in Chelsea und sah mir seine Puppensammlung an.

»Ich nehme an, du bindest dich an keine von ihnen«, sagte ich.

»O doch, manchmal«, antwortete er, ohne mit der Wimper zu zucken.

Ich wurde dick Freund mit Ursula Drake. Ich will damit nicht sagen, daß zwischen uns eine Liebesaffäre bestand oder noch besteht. Liebe ist Liebe und weiß sich selbst zu behaupten, ohne daß es dazu einer Feststellung bedarf. Es kam so weit, daß ich viel von Ursula hielt. Außerdem spielte Sex eine ziemliche Rolle. Ich entdeckte, daß sie eine der besten, stärksten und schönsten Frauen war, die ich in meinem Leben kennengelernt hatte. Ich hoffe, diese Feststellung genügt. Was wirklich zwischen Ursula und mir passierte, gehört nicht in diese Geschichte. Darf ich sagen, daß meine Beziehung zu Ursula mir erlaubte, Michael ständig im Auge zu behalten und zu sehen, was er vorhatte. Ich sah ihn durch sie und machte mir meine Gedanken.

Ich dachte viel über ihn nach, und die Gespräche über ihn mit dem General gingen weiter, manchmal zäh, dann wieder sehr flüssig, in dem Maße, in dem wir erkannten, daß Michael an einer geheimnisvollen, nicht unbedeutenden Verschiebung innerhalb der Machtstruktur des Landes maßgeblich beteiligt war.

Ich erinnere mich, einmal zu General Gath gesagt zu haben: »Es muß Ihnen wohl klar sein, daß Michaels Studio in Chelsea sein Kommandostand ist. Alle diese Bilder und Photos, Bänder und Federn, mit denen er seine Wände behängt hat, entsprechen den Fähnchen und den Stecknadelköpfen, die ein Stabsoffizier in die strategischen Karten des Hauptquartiers steckt. Sie dienen Michael dazu, ständig das Gesamtbild vor Augen zu haben. Er schiebt seine Stecknadeln, Bilder und Blumen in dem Raum hin und her, um mit den Menschen, mit denen er zu tun hat, die verschiedensten Kombinationsmöglichkeiten ihrer Beziehungen untereinander zu erproben. Er glaubt nicht, dadurch, daß er die Anordnung seiner Puppen ständig verändert, direkt den Gang der Dinge zu beeinflussen. Oder dadurch, daß er sie anders einkleidet. Das ist es nicht, ganz gleich, ob sie nun seine Manipulationen Hexerei nennen wollen oder nicht. Mit Hilfe der Puppen vergegenwärtigt er sich Situationen und Möglichkeiten. Er stellt sich vor, was er sagen oder tun wird, um seine Leute durcheinanderzuwirbeln. Und wann er es sagen oder tun wird.«

»Ja. Ja, natürlich«, sagte General Gath. »Ja. Dazu benützt er also die Puppen. Aber was macht er mit den Frauen, die er ins Studio mitnimmt?«

»Ja, das ...« Ich verstummte. Damit hatte er mich gestoppt.

»Nun, da sind wir beim eigentlichen Problem, nicht wahr? Ich nehme an, er vergegenwärtigt sich mit ihrer Hilfe ebenfalls die Dinge. Was er da sieht, kann ich mir nicht vorstellen.«

»Ah«, sagte der General mit sanftem Spott. »Sie können es sich nicht vorstellen.«

»Das heißt, ein wenig schon, aber . . .«

Ende des Gesprächs. Wobei der General die Andeutung in der Luft schweben ließ, ich solle ihm beim nächsten Mal darauf die Antwort geben.

Doch dazu reichte es nie. Ich hielt mich eng dran, versuchte der Sache in jenem Jahr vor dem Prozeß auf den Fersen zu bleiben, war aber nie nahe genug, um auf dem laufenden zu bleiben. Ich verknüpfte Ursachen mit Wirkungen, brachte sie aber chronologisch durcheinander. In dem Bemühen, die Zeit zu besiegen, rannte ich der Spur nach, die ich aufgespürt hatte, doch ich kam nicht an den Kern der Sache. Michael und General Gath waren tot, noch bevor ich die Hauptfakten eruiert hatte. Indem ich jetzt die einzelnen Ereignisse in nicht chronologischer Form zusammensetze, suche ich die Zeit auf andere Weise zu besiegen. Das heißt, ich durchbreche die Chronologie, lese die Zeitpartitur horizontal, diagonal, vertikal zur gleichen Zeit. Das ist Syncrotex-Denken.

Zumindest einige Daten über Michael konnte ich dem General liefern, als Michael noch am Leben war. Als der Prozeß näherrückte, nahm ich ein Gespräch mit Michaels Onkel auf Band auf. Der General hörte es sich an.

»Der Bursche glaubte, und ich muß sagen, auch ich war geneigt, daran zu glauben, daß er über eine Art ›Superhirn‹ verfüge.

Michael gestand mir das während seines ersten Schuljahres in der Grammar School. Ich kann mich nicht mehr genau an den Anlaß erinnern. Er war ein vorzüglicher Schüler, eine Art Wunderkind, doch nicht nur wegen des Lobes, das die Lehrer ihm spendeten, oder wegen irgendwelcher Ehren, die er einheimste.

Jedenfalls, sobald ihm der komische Ausdruck ›Superhirn‹ entschlüpft war, errötete er. Als ihm bewußt wurde, daß er geprahlt hatte, war er verwirrt, denke ich. Ich zog ihn auf: ›Nun, mein Junge, dann solltest ja du der Lehrer sein und nicht Mister Cogsdale, und warum bist du es nicht?‹ Daraufhin murmelte er so etwas wie, ein Superhirn sei in der Schule nicht richtig anwendbar, und nun hatte ich das komische Gefühl, seine Verwirrung rühre nicht daher, daß ich ihn beim Prahlen ertappte, sondern daher, daß er etwas verraten hatte, was er für sich behalten sollte.

Während seiner Schuljahre neckte ich ihn hier und da wegen seines sogenannten Superhirns. Bestand er einmal eine Prüfung weniger gut, als wir es von ihm gewohnt waren, dann pflegte ich zu sagen: ›Aber Junge, ich hatte den bestimmten Eindruck, daß so schlechte Noten für ein Superhirn nicht tragbar wären.‹ Ein- oder zweimal zog ich ihn vor den anderen Familienangehörigen auf, bis ich bemerkte, daß das für ihn so schmerzlich war, daß ich es nicht mehr tun dürfe. Aber die seltsamen Worte von damals, zusammen mit seiner stets heiteren Gemütsart, bewirkten, daß meine Gedanken ständig um ihn kreisten. So dachte ich viel über sein Superhirn nach und fragte mich, ob er dies nicht auf eine Neigung bezogen habe, die wir alle haben: nämlich unsere Aufmerksamkeit auf Dinge zu lenken, denen wir wirkliche Bedeutung beimessen, und nur einen Teil unserer geistigen Betriebsamkeit für Schule oder Beruf zu verwenden. Denn, sehen Sie, der Gedanke erschreckte mich ein wenig, ihn mit Begabungen ausgestattet zu wissen, die ihm gefährlich werden könnten. Wir alle wünschen ganz normale Kinder, denken Sie nicht auch? Sind sie das, werden die Götter sie nicht als Werkzeuge der Vergeltung auswählen. Das ist natürlich reiner Aberglaube.

War ich auch der einzige, dem er sein Superhirn eingestanden hatte, so gab es außer mir doch viele andere, die seine überdurchschnittliche Klugheit bemerkten, – die Nachbarn, die Kindermädchen, die ihn fallweise betreuten. Seine Klassenkameraden spürten es und bewunderten oder verfolgten ihn abwechselnd. Bewunderten ihn manchesmal in vernunftwidriger Weise. Es gab tatsächlich ungefähr ein halbes Dutzend Burschen, die ihn anhimmelten, als wäre er ein kleines Mädchen. Sie umwarben ihn richtig und brachten ihm Blumen und Geschenke.

Natürlich war sein Vater vernarrt in ihn. Der arme Robert. Es ging ein wenig zu weit, hatte ich manchesmal das Gefühl, befürchtend, es könnte den Jungen verderben.

Michaels Familie war alles andere als glücklich, obwohl beide Eltern hochstehende Menschen waren. Meine Schwägerin war eine sehr begabte, in sich gekehrte Frau. Ich möchte sagen, sie war nie mit ihren Begabungen zufrieden. Nun – und der arme Robert, mein Bruder . . . Sie wissen, was ihm passierte? Michael hat es Ihnen erzählt?«

»Ich weiß, er ist seit 1939 tot«, sagte ich.

»Ja. In einem Keller in Barcelona hingerichtet. Von den Leuten, denen er glaubte helfen zu müssen. Schreckliche Ironie. Aber Schicksal? Ich habe mich auch das oft gefragt. Robert neigte zu Vergrämtheit, außer wenn Michael bei ihm war. Die Heiterkeit des Jungen übertrug sich auf ihn. Robert hatte nie ein rechtes Auskommen mit seiner Kongregation. Sie werden sagen, er war zu radikal. Aber vielleicht wurde er zu einem Linken, weil er sich nicht um seine Herde kümmerte. Er wollte sie mit seinem Radikalismus herausfordern, aus dem Wunsch, zu beleidigen. Sind viele radikal Gesinnte so? Er liebte die Menschen, aber nicht, wie sie waren, sondern so, wie sie sein sollten. Das bestimmte ihn vielleicht für das Ende, das sie ihm schließlich bereiteten.

Das jedenfalls waren die Spekulationen, die ich über Michael anstellte. Natürlich jenseits jeder Überzeugung. Ich erinnere mich eines weiteren Gespräches, das mich nur in noch tiefere Ratlosigkeit stürzte ... Er war zum jungen Mann herangereift, als ich wieder auf sein Superhirn anspielte, diesmal im Zusammenhang mit einem Lob, das ich ihm für eine besondere Leistung aussprach. ›Oh‹, sagte er, lächelte eher herablassend und zuckte mit den Achseln. ›Du weißt, ich habe ziemlich angegeben.‹ Damit wollte er mir sagen, daß er über diese Dinge längst hinaus sei. ›Ich pflegte Dinge wie das Superhirn zu erfinden. So zu tun, als wäre ich ein Zauberer. Einer wie Merlin. Ein Zauberer, der ganz besondere Dinge fertigbrächte. Und einmal wollte ich England retten ...‹

›Retten? Wovor?‹ wunderte ich mich.

Dieses Gespräch fand lange vor dem Krieg statt, und obwohl wir Schwierigkeiten hatten, sprach niemand davon, England müsse gerettet werden, so als ob ihm eine echte Gefahr drohte. Es klang komisch, anzudeuten, das gute alte England habe Rettung nötig. Damals sahen wir alle noch nicht, welche furchtbare Gefahr sich uns näherte.«

»Damit müssen wir Syncrotex füttern! Daraus müssen wir etwas machen!« sagte General Gath. Der alte Mann spottete, aber die Zielscheibe des Spottes war er selbst. Er war reingefallen. Er wußte besser als jeder andere, daß Syncrotex nicht arbeitete wie ein Kopiergerät, das für jede Vorlage eine säuberlich ausgeführte Kopie lieferte. Fütterte man es mit unkompletten Daten, lieferte es unkomplette Antworten.

»Ihr Freund sah voraus, daß ihm persönliche Macht einmal viel bedeuten würde«, sagte der General. »Und wer sieht, der handelt.«

»Aber wie? Er hatte nie einen fixen Plan«, erwiderte ich. »Was ihm seine Zauberei, seine Intuition und sein Herumgequatsche mit Weibern zeigte, reichte doch nicht einmal für eine handfeste Theorie. Er machte aus einem Teenager eine Sexwaffe. Und weiter? Was konnte er in seinem Alter erwarten? Eine Wiederbelebung des englischen Lebens durch Herausgabe eines Sexhandbuches als Ergänzung zu D. H. Lawrence? Vorträge in Jugendclubs, bei denen er zusammen mit Cecile auf dem Boden demonstriert, wie leicht man ein Kabinettsmitglied entgleisen lassen kann? Warum sagen wir nicht, er hat sich in die Sache auf Teufel komm raus eingelassen? Warum sagen wir nicht, es ist alles Zufall? Warum sagen wir nicht, Cobb ist schlicht und einfach wahnsinnig?«

»Wie jeder Mensch versuchte er, das zu tun, was seiner Meinung nach zu tun war – und mit den eigenartigen Mitteln, die ihm zur Verfügung standen«, sagte der General. »Denken Sie sich die Zentren der Macht als ein riesiges Schiff. Viele von uns haben das Gefühl, dieses Schiff hat begonnen, im Zickzackkurs zu fahren, verrückte Kreise zu ziehen – möglicherweise fährt es auf einen Eisberg auf.

*Einer* an Deck weiß plötzlich, warum. Ich sage nicht, er errät es, ich sage, er *weiß* es. Er weiß es, es fährt wie blind in der Gegend umher, weil niemand am Steuerrad steht. Dabei ist jedes Deck voll von Offizieren. Manche von ihnen leisten sehr gute Arbeit. Aber es ist nicht ihre Aufgabe, das Schiff zu steuern. Diese Offiziere gebrauchen ihre Autorität und verbieten unserem Mann, zur Kommandobrücke hinaufzugehen. Kommt er dennoch an ihnen vorbei, rennt er auf dem nächsten Deck anderen in die Arme. Und alle sagen ihm dasselbe – nämlich, daß er nicht die Kommandobrücke betreten darf, um das Schiff zu steuern.

Wenn niemand die einfache Wahrheit hören will, daß das Schiff jemanden braucht, der es lenkt, dann muß man doch etwas tun, nicht wahr? Man muß mit allen zur Verfügung stehenden Mitteln versuchen, dort hinauf zu gelangen, bevor es kracht und alles zusammenbricht.

Ihr Freund weiß zumindest, daß England gerettet werden mußte. Nicht jedermann glaubt, ein Land könne gerettet werden, indem man seine Finanzen in Ordnung bringt, obszöne Bücher verbietet, die Einwanderung aus den Kolonialländern beschränkt –

oder Red-Arrow-Raketen baut, die außer im Testgebiet in Australien nirgends sonst fliegen werden. Es kann sich herausstellen, daß ein Land, um gerettet werden zu können, vor allem Moral braucht . . .

Wir leben in einer Zeit großer Umwälzungen. Macht und deren Aneignung beherrscht das Denken aller Menschen dieses bedauernswerten Planeten. Vielleicht wollte Ihr Freund zumindest dieser Ansicht entgegentreten und bediente sich all dessen, was ihm zu Gebote stand . . .«

# 26. KAPITEL

Michael Cobb erklärte mehr als einmal, daß sowohl Polizei als auch Geheimdienst ihm nachstellten. Es war dies eine seiner Taktiken, die Öffentlichkeit für sich einzunehmen. Bei gewissen Regierungsstellen mag Cobb sehr wohl als verdächtig gegolten haben, manche mögen sich ihm gegenüber ausgesprochen feindselig verhalten haben. Diese Einstellung ging auf die Kubakrise zurück, als Cobb weit über das normale Maß hinaus in ziemlich beleidigender Weise hohe Regierungsbeamte, die er nur flüchtig kannte, angriff und von ihnen verlangte, sie sollten Schritte unternehmen, um die Spannung zwischen den Vereinigten Staaten und der Sowjetunion abzubauen.

Ich bin zu der Meinung gelangt, daß diese Animositäten in keiner Weise die Haltung und das Vorgehen der Abteilung MI-5 beeinflußten. Ich zitiere hier einiges aus den Beobachtungen des Agenten, der Michael Cobb interviewte, bevor dieser mit Richard Derwent bekannt wurde.

»Er scheint dem mystischen Glauben anzuhangen, daß von Rußland eine gewaltige spirituelle Kraft ihren Ausgang nehmen würde. ›Vielleicht kommt sie sogar aus den Arbeitslagern, wo die Menschen leidgeläutert sind‹, sagte er. Er erklärte, er sei stark beeinflußt von russischen Erzählern und dem Dramatiker Anton Tschechow.

Seine Ansichten über Rußlands machtvolle Rolle im internationalen Kräftespiel sind zweifellos recht eigenartig. Äußerst unzufrieden ist er mit den ›bürokratischen Methoden‹, deren man sich in Rußland bedient, um dieses machtvolle Kräftepotential einzusetzen. Aber er sagte nichts, was hätte annehmen lassen, er plane staatsfeindliche Handlungen.«

Offenbar hielt man ihn in der Abteilung MI-5 für verschroben.

Obwohl MI-5 ihn nicht so einschätzte wie er sich selbst, unternahm man keine weiteren Schritte gegen ihn.

*Der Melamine-Report*

Einige Tage nach dem Weekend in Cadwater entschloß sich Michael, Henry Blake von MI-5 anzurufen.

»Sie haben mich einmal gebeten, Sie wissen zu lassen, wenn ich etwas Außergewöhnliches von Eugene Latvin höre.«

»Latvin? Latvin? Oh, ja, ich erinnere mich, daß wir von ihm sprachen. Haben Sie ihn gesehen?«

»Er war mit mir und einigen Freunden auf dem Land. Vielleicht ist es nichts von Bedeutung, und ich sollte Sie damit gar nicht belästigen. Aber er erwähnte, daß in der Russischen Botschaft ein neuer Mann ist, der ihn treffen will. Ein gewisser V. A. Obukow. Er fragte, ob ich Obukow nicht einmal zu mir ins Landhaus einladen könne, wenn Bart Collingwood wichtige Gäste bei sich empfange.«

»Ich verstehe. Ich werde das überprüfen«, sagte Henry Blake. Michael hatte den Eindruck, daß es Blake eher lästig war, sich mit einer ihm so unwichtig scheinenden Sache abgeben zu müssen.

Aber am Morgen nach dem Telephongespräch kam er in Michaels Ordination. Jetzt zeigte er plötzlich großes Interesse.

»Sie sind da vielleicht auf etwas gestoßen«, sagte er. »Ich muß zugeben, der Name des Russen sagte mir nichts, als Sie ihn mir nannten. Aber ich habe gestern abend einige Recherchen angestellt und etwas ausgegraben. Vor einem Jahr hat Obukow sich an Leute unseres Konsulats gewendet. Sie gewannen den Eindruck, er beabsichtige abzuspringen. Eine Woche lang besprachen sie eine Reihe von Fragen, etwa wie er von Italien nach England gelangen könne oder welche Rechte er als politischer Flüchtling habe.«

»Ich sehe keinen Zusammenhang«, sagte Michael. »Jetzt, da er in England ist, sollte man denken, er springt einfach über die Mauer der Botschaft – vorausgesetzt, daß er wirklich abspringen will.«

»Vorausgesetzt«, stimmte Blake zu. »Nun, was für Leute waren in Cadwater, als Latvin dort war?«

Michael nannte mehrere Namen. »Und die Derwents. Richard Derwent und seine Frau. Aber Latvin zeigte kein besonderes Interesse an ihnen. Welcher Spion mit etwas Hirn geht schon direkt zum Kriegsminister, um ihm die Würmer aus der Nase zu ziehen?«

»Richtig«, sagte Blake. »Aber Obukows Gerede vom Abspringen könnte sehr wohl ein Köder sein und manche Leute mitteilungsfreudiger werden lassen, als sie dürften. So etwas aber zieht nicht bei Derwent. Doch ich nehme an, Lord Collingwood hat auch andere Mitglieder der Regierung von Zeit zu Zeit bei sich zu Gast.«

»Was würden Sie mir raten?« fragte Michael unterwürfig.

»Tun Sie, worum Latvin Sie gebeten hat«, sagte Blake.

»Obukows Bekanntschaft machen? Ihn vorstellen? Auch Leuten wie Derwent, falls es sich ergeben sollte?«

»Ich sehe keine Gefahr darin«, sagte Blake.

Hier könnte man anführen, daß Michael das als Freibrief ansah und ein Gutteil mehr machte, als Blake je beabsichtigt haben kann. Reichte man Michael den kleinen Finger, so nahm er gleich die ganze Hand.

Das vertrauliche Gespräch mit Blake öffnete ihm Möglichkeiten, die er weidlich zu nützen gedachte. Blakes Vorsicht war ein Signal. Sie zeigte an, daß Obukow ein wichtigerer Mann war, als MI-5 ihn wissen lassen wollte. Für diesen Fingerzeig revanchierte sich Michael in keiner Weise. Er sagte Blake nichts davon – weder jetzt noch später –, daß Obukows erster Besuch ihn auf die Spur von Riesenbaby Wachtmeister in seiner Wiege im Gewächshaus gebracht hatte.

Statt dessen suchte er unverzüglich Wachtmeister auf. Als er an dem Abend zu Wachtmeister geführt wurde, war eine Bach-Fuge aufgelegt. Es war eines jener wunderschönen Schachspiele mit Tönen, bei welchen mehrere Kombinationen auftreten, sich voneinander lösen, ineinander verwoben werden, verschwinden und wieder auftauchen – und alles nach einem Ordnungsprinzip, das man nicht gleich zu erkennen vermag. Michael sagte nichts, bis das Stück zu Ende war, weil er das Gefühl hatte, Wachtmeister wolle andeuten, die Musik sei der Schlüssel zur Entzifferung dessen, was er danach sagen würde.

Als die Platte zu Ende gespielt war, schwieg Michael immer noch, bis er herausplatzte: »Ich bin gekommen, um etwas über Wanja Obukow zu hören.«

»Ja«, sagte Wachtmeister. »Das habe ich mir gedacht. Gewiß. Er ist einer von uns. Ein Bruder der Goldenen Dämmerung.«

»Ist er einer von denen, die kommen?«

»Du sagst, er kommt. Ich sage dir, er ist hier.«

»Bist du sicher?«

»Ich spreche oft mit ihm.«

»Hier?«

Das alte Baby in seiner Wiege kicherte. »Meister, du weißt, wie ich mit ihm rede. Er ist hier. Ich bin dort, sitze im Gras seines Obstgartens in seiner Datscha in der Nähe von Moskau. Du weißt, bei diesem schönen Wetter sind Corning und ich oft dort. Ich mag Wanja sehr. Wir arbeiten zusammen an einem Buch. Es ist ein Buch über Cornings Erfahrungen, bevor er wiedererweckt wurde. Wir haben nicht die Absicht, die Geheimnisse der Wiedererweckten preiszugeben. Das Buch hat jedenfalls einen ganz bestimmten Zweck. Es wird hier veröffentlicht werden. Nicht um England zu schaden – es wird ein weiterer kleiner Schritt zur Erweckung der Menschen sein. Ein klein wenig hier, ein klein wenig dort. Auch die Menschen in Rußland können nur allmählich erweckt und zu den Aufgaben der Bruderschaft hingeführt werden. Unser Buch wird den dortigen Menschen eine Hilfe dazu sein.«

»Sie haben von Corning Alfred Briefe über Obukow bekommen?« fragte Michael. Es war vielleicht zum erstenmal, daß er dem alten Mann eine konkrete, ganz bestimmte Frage stellte. Der Alte hatte das nicht gern. Jedoch die Abendmüdigkeit ließ Wachtmeister diesen Vorstoß gegen die Regel übersehen. »Ich bekam Briefe ... Ja, ich bekam Briefe, bevor du kamst, um mich zu erwecken. Ja, von Corning. Über Wylder, Bagley und diesen Philby. Ich kannte sie nicht richtig, bis ich erweckt wurde. Sie waren der Beginn unseres gegenwärtigen Gesprächs im Obstgarten. Jetzt brauchen wir sie nicht.«

»Unser Bruder Wanja ist ein Freund aller englischen Überläufer in Moskau?«

»Warum nennst du sie so?« fragte Wachtmeister nachsichtig. »Sie sind keine Überläufer. Sie sind unsere lieben Mitbrüder im Missionswerk zur Erweckung Britanniens und Groß-Rußlands aus dem schrecklichen Schlaf.«

Michael wollte nicht über Wachtmeisters Begriffe witzeln. Das Vokabular des Alten klang mehr denn je nach plumpem Betrug. »Unter den Erweckten zu weilen ist weit schmerzlicher und ermüdender, als den Schlaf der Gemeinen zu schlafen.«

Zufrieden vor sich hinpfeifend fuhr Michael nach Hause. Er setzte die exzentrischen Begriffe des Alten in das um, was sie für Henry Blake sein mochten. Für Blake war Obukow ein großer Fisch im Gewässer der Spionage. Ein Mann, der es wert war, daß man ihn umwarb, falls er wirklich die Absicht hatte, abzuspringen und zu sagen, was er wußte. Anderseits möglicherweise eine bemerkenswerte Bedrohung, wenn er sich hier deshalb aufhielt, um einen schwankenden Engländer dazu zu überreden, mit ihm über den Eisernen Vorhang zu gehen.

Und eben jetzt kam es Michael vor, als sei er im Wettlauf um diesen Fisch der Regierung ein Stück voraus. Wenn Wachtmeisters Hinweise, die er über die Goldene Dämmerung gegeben hatte, einigermaßen verläßlich waren, dann schien Obukow nicht der Mann zu sein, der für den Westen oder den Osten sein Letztes zu geben bereit war. Vielleicht war er einer von den Pionieren – Michael wünschte das heftig –, die auf der Suche waren nach neuen Kategorien als Ersatz für die abgestandenen alten des Nationalismus und der ökonomischen Ideologie.

Wenn man einen solchen Mann an die richtige Nahtstelle setzen konnte, ihm Mittel und Wege öffnete, um Einfluß in Richtung auf die Aussöhnung der feindlichen Lager auszuüben ... Wenn man beispielsweise direkt an Richard Derwent herankam, in einem Gespräch von Mann zu Mann: Wäre das nicht ein Unterschied?

Und das wäre dann natürlich der Punkt, wo Michael sich einschalten würde. Eben jetzt ließ er Derwent, ohne daß dieser es wußte, mit Hilfe Ceciles nach seiner Pfeife tanzen. Er war, wie Michael glaubte, reif für ebensolche ernsten Schritte, wie sie nach Michaels Meinung in Rußland getan wurden.

Wenn er dabei Geburtshelfer und Ehestifter spielen durfte, war er gerne bereit, dafür auf Cecile zu verzichten, für sich selbst nichts zu verlangen und ebensoviel Risiko einzugehen, wie Derwent und Obukow voraussichtlich eingehen mußten.

Fast quälend nahe fühlte, ja wußte er den Augenblick, da die Woge der Feindschaft brach, die ärgsten Flutwellen sanken und neue Strömungen der Hoffnung Raum geben würden. Es bedurfte eines Mannes, der diesen Augenblick, in dem schon der leiseste Windhauch den Lauf der Geschichte zu ändern vermochte, erfaßte. Er mußte diesen Mann finden oder sich selbst in diese Rolle hineindenken. Und zwar bald!

Bei der Kubakrise hatte er versucht, in dieser großen Konfrontation zu intervenieren. Er wußte sehr gut, wie stümperhaft er dabei vorgegangen war. Er glaubte, ja mußte es glauben, daß er jetzt größere, tauglichere Mittel in der Hand habe, um eine ähnliche Sache zu beginnen. Er wußte einiges, und er hatte, zumindest für eine Weile, die Hilfe von Cecile. Doch die große Sache, die zu versuchen er vorhatte, würde mehr erfordern als bloß Ceciles Hilfe. Er brauchte Männer, mit denen er sich, was ihm bis dahin stets nur mit Frauen gelungen war, schnell und intuitiv verständigen konnte. Und er dachte, so einfach und unbeweisbar es auch war, daß Obukow dieser Mann sei. Er fühlte es und setzte alles auf diese Karte.

Doch jetzt, da er diesen erdachten Obukow an seiner Seite zu haben wünschte, war er vom wirklichen Obukow immer noch durch viele und große Barrieren getrennt.

Das war es. Immer wenn er ihn am nötigsten brauchte, war kein Mann in seinem Bekanntenkreis, zu dem er offen über seine wirklichen Anliegen sprechen konnte. In dieser Nacht, da er so verlockend und klar ein Lebensziel vor sich zu sehen schien, das seinem chaotischen Dasein einen Sinn geben würde, war das Beste, was er unternehmen konnte, den guten alten Bart Collingwood in seinem Londoner Klub aufzusuchen.

Collingwood hatte stets ein Ohr für Klatsch oder Witze. Wenn man ihn richtig zum Thema führte, gab er Meinungen über Derwent von sich, die einmal nützlich sein konnten. Collingwood sagte: »Du erinnerst dich, daß man während des Krieges und in den Jahren danach von ›Derwents Dutzend‹ reden hörte? Keiner von diesen Leuten nahm einen hohen Rang ein, aber alle Befehle, die von Churchill kamen und später von den Burschen der Labour-Regierung, mußten durch den Filter des Dutzends gehen. Sie feilten an ihnen herum, da kannst du Gift drauf nehmen, bevor sie sie weiterleiteten. Ein wenig hier, ein wenig da. Ihre Stellung erlaubte es ihnen, zu beschließen, wie die Politik der großen Bonzen Anwendung zu finden hatte. Und so haben sie überall in der Welt ihren Stempel hinterlassen. Alles, von Malaysia bis zum Pentagon, hat sich durch sie ein wenig anders entwickelt.

Und es ist meine ehrlichste Überzeugung, daß sie weiter bis zur Spitze vorgestoßen wären, wenn dieser Schwächling von einem Corning Alfred nicht solchen Mist verbrochen hätte. Er sprang ab, ging zu den Ruskis. Innerhalb von zwei Jahren war Dick Derwents Macht und Einfluß praktisch dahingeschwunden. Damals quittierte er den Dienst. Er ging zu Harwich Combine und arbeitete dort mit solch durchschlagendem Erfolg auf geschäftlicher Ebene, daß er natürlich früher oder später wieder in der Regierung sitzen mußte. Ein verdammt toller Bursche. Ich würde jederzeit mein Geld auf Dick Derwent setzen.«

»Du würdest auf ihn setzen«, sagte Michael. »Und was tut er, auf den du setzt?«

Diese Frage schien Bart Collingwood unfair. »Nun – eben seinen Job. Nun, und ich möchte sogar darauf wetten, er wird eines Tages Premierminister. Ich habe keinerlei Inside-Informationen, falls du das wissen möchtest, bevor du meine Wette annehmen willst.«

»Ja, ja, Bart. Aber was würde er tun, wenn er Premier wäre? Das Empire wiedererrichten? Uns in die EWG hineinlotsen? Frankreich besetzen? Den Rüstungswettlauf stoppen? Unsere

Unabhängigkeit von den Vereinigten Staaten erklären? Die königliche Familie in Pension schicken? Rauschgift, Prostitution und Pornographie erlauben? Die Suezschlappe rächen?«

Collingwood lachte. Doch sein Lachen war von leichtem Unwillen überschattet. »Mir ist sehr wohl klar, daß du ein Bolschewist bist, mein Junge. Seit Jahren verteidige ich dich gegen die Beschuldigungen, du seist tatsächlich Kommunist. Aber ich werde dir sagen, was ich mir von Dick Derwent erwarten würde. Wenn er Premierminister wäre, würde er dort, in seinem Amt, seine Pflicht erfüllen. Was wollen wir mehr?«

Die fieberhafte Unruhe war Michael nicht anzumerken. Sie war bloß ein widerwärtiger Fremdkörper inmitten seiner unbekümmerten Hoffnungen, gleich einer großen Fleischfliege, die man mit einem Schluck feurigen Weines in die Kehle bekam. Hier war sie wieder, die große englische Krankheit dieses Jahrhunderts, die Unfähigkeit, sich einen Grund für die eigene Existenz auszudenken oder zumindest das Gefühl zu haben, es sei erlaubt, nach einem solchen zu suchen. Wir wollen unsere Pflicht tun: für unsere Klasse, unser Land, unser Amt – und dann sterben. Was gibt es da noch? Und was hat es für einen Zweck, die zu fragen, die einen solchen Tod akzeptieren?

Leider hatte Bart wahrscheinlich recht, wenn er die Meinung vertrat, Derwent würde nichts tun, wenn man ihn sich selbst überließ. Gab es einen hinreichenden Grund, ihn nicht sich selbst zu überlassen?

Als der Kellner ihre Gläser wieder gefüllt hatte, lehnte Bart sich zu Michael hinüber und berührte ihn mit seiner im Lampenlicht schneeweiß scheinenden Hand am Ärmel. »Tut mir leid, wenn ich ungehalten war, mein Junge. Ich lasse keinen meiner Freunde durch einen Freund verunglimpfen. Das kannst du nicht von mir verlangen.«

»Ich habe bestimmt nicht die Absicht gehabt, Nachteiliges über Derwent zu sagen.«

»Anderseits bin ich einmal auf ihn losgegangen, als er über deine ›Magierhände‹ witzelte . . .«

»Wer hat sie so genannt?«

»Eigentlich ich selbst. Ich habe ihn ein wenig aufgezogen, weil er durch deinen Wunderschuß sein Gewehr verloren hat. Daraufhin hat er sich etwas abfällig geäußert. Ich sagte zu ihm, er solle keinen Unsinn reden, und wollte nichts weiter von der Sache hören.«

»Danke, ich weiß das zu schätzen. Ich darf wohl sagen, es half, Derwents Haltung mir gegenüber zu revidieren. Ich glaube, wir sind jetzt gute Freunde.«

»Doch ist es Derwent damit gelungen, mich für das Thema zu interessieren. Ich habe ein Buch über Magie und derlei Dinge gelesen. Eine ganze Menge richtigen Märchenstoff. Etwa, daß Hitlers Stellvertreter Rudolf Heß mit dem Flugzeug nach England flog, weil er von uns den Heiligen Gral stehlen wollte. Heß sollte hier mit einem Vertreter in hoher Position Kontakt aufnehmen, der ihm den Gral übergeben sollte. Ist das nicht eine schöne Geschichte?«

Michael lächelte und schaute nervös auf die Uhr. »Ich glaube, wir haben den Gral.«

»Haha. Und wo wird er aufbewahrt? Unter dem Teppich im Buckingham-Palast oder in der Westminsterabtei? Wenn wir ihn haben, dann finde ich es verdammt richtig, ihn an Feiertagen auszustellen. Würde uns mindestens so viel Ehre eintragen wie die Beatles.«

Michael lachte und entschuldigte sich. Es war spät.

Aber Bart Collingwood lud ihn zu einem weiteren Drink ein. Richtige Männer wären rar in diesen Zeiten, und gute Gesprächspartner noch rarer. Gelegenheiten wie diese durfte man nicht leichtsinnig verpassen. »Nein? Nun also, wenn du gehen *mußt* . . .«

Doch als Michael gehen wollte, hielt er ihn noch am Ärmel fest. »Dieser Heß geht mir nicht aus dem Kopf. Er stand inmitten des Bösen, doch welche Gelegenheit hatte dieser Mann, Gutes zu tun? Mit seinem Einfluß! Dieser *eine* Mann! Bedenke, welch andere Richtung er dem Lauf der Dinge hätte geben können!«

# 27. KAPITEL

»Das Phantastische hat sich unserer Wirklichkeit bemächtigt.« So erklärte Michael Cobb während seines Prozesses vor Presseleuten. Seine Äußerung wurde in zahlreichen Blättern veröffentlicht und war geeignet, Phantasie und Aberglauben breiter Kreise anzusprechen.

Wie wir wissen, meldete sich eine Anzahl von Personen – charakterlich durchaus unausgeglichene Menschen –, die behaupteten, zu Cobb in okkulter Beziehung zu stehen. Mehrere Frauen bezeichneten sich als seine »mystischen Bräute«, und gewisse Äußerungen von Cecile Banner legte man dahingehend aus, daß der Doktor sie in eine Hexe verwandelt hätte. Andere gaben ihrer Überzeugung Ausdruck, sie sei unter hypnotischem Einfluß gestanden. Die erregende Wirkung dieser ohne Zweifel achtlos hingeworfenen Bemerkung Cobbs ließ befürchten, daß die Gerichtsverhandlung zu einem Hexenprozeß wurde. Richter Malleck lehnte es daher richtigerweise ab, Zeugenaussagen anzuhören, die Michael Cobb seelische oder okkulte Kräfte zuschrieben. Er beschränkte sich auf Beweismaterial, das konkrete Hinweise auf die Punkte der Anklage lieferte, die Cobb beschuldigte, aus Cecile Banners und Tammy Chandlers Tätigkeit als Prostituierte persönlichen Gewinn gezogen zu haben. Im zwanzigsten Jahrhundert in einem englischen Verfahren die Anklage auf Ausübung übernatürlicher Praktiken auszudehnen, hätte die Verhandlung zu einer traurigen Farce herabgewürdigt.

*Der Melamine-Report*

Michael hatte mir zwar versprochen, mich Richard Derwent vorzustellen, mich aber bezüglich des Zeitpunktes auf später vertröstet. Niemand drängte ihn. Ich nahm es als sicher an, daß das Treffen im geeigneten Moment stattfinden würde. Aber ich sah Derwent zum erstenmal, als ich an einem Sonntag auf der Besuchergalerie des Unterhauses saß. Ich war gekommen, um mir eine Debatte über die Gewährung einer Anleihe für den Aufbau einer Industrie zur Erzeugung landwirtschaftlicher Maschinen in Südamerika anzuhören. Als die Debatte vorüber war, blieb ich sitzen, denn von einer der hinteren Bänke der Opposition erhob sich ein kleiner Mann und legte los, als habe er vor, jetzt und sogleich die Regierung aus dem Amte zu jagen.

»Wie stellt sich die Regierung«, begann das Ehrenwerte Mitglied des Unterhauses, Abgeordneter von Bly-Hostwerry, »zu den immer häufiger zu hörenden Bemerkungen, *jetzt*, nachdem bereits mehr als vierhundertzwölf Millionen Pfund dafür ausgegeben worden sind, sei das Red-Arrow-Programm reif für den Mistkübel?«

Es war unschwer zu erkennen, daß sich der Abgeordnete unter Mitbeteiligung persönlichster Gefühle in dieser Sache engagierte. Er redete wie ein Mann, der sich zu wiederholten Malen durch die geschickten Manöver der Insider auf den Arm genommen fühlte. Man hatte den Eindruck, daß niemand in seiner Partei ihn hatte dazu drängen müssen, an diesem Vormittag eine solche Frage aufs Tapet zu bringen, die Sache hatte lange genug an ihm genagt und seinen Zorn genährt.

In der ersten Regierungsbank steckte man die Köpfe zusammen. Eine Bewegung, die sich durch die spärlich besetzte Bankreihe fortpflanzte. In Abwesenheit des Premiers erhob sich Reeve Hunter und fragte, ob die Opposition diese »zu etwas unpassendem Zeitpunkt« gestellte Anfrage in schriftlicher Form zu machen wünsche. Oder ob sie es bereits getan habe?

Das Gesicht des Abgeordneten Garth verzerrte sich zu einem grimmigen Lächeln. Er holte zornig Atem. Hier wollte ihn jemand verulken. »Nnnein!« schrie er in unverhohlenem Sarkasmus. »Ich wiederhole nur eine Frage, die schon öfter aufgetaucht ist. Die Rüstungsgiganten, inbegriffen – ich darf das wohl erwähnen – gewisse Tochtergesellschaften der Harwich Combine, verstehen es recht gut, im Namen der nationalen Sicherheit ihr Schäfchen ins trockne zu bringen. Inzwischen warten die Bürger in Bly-Hostwerry – und es sind deren nicht wenige – geduldig darauf, daß man für sie neue Schulen und Krankenhäuser baut. Aber wenn es die Regel ist, eine Anfrage schriftlich zu machen, werde ich nicht darauf bestehen, das Thema *jetzt* zu behandeln.«

Während die Regierungsbank sich nochmals beriet, blieb der Abgeordnete Garth stehen. Mir gefielen seine Worte. Wenn auch er selbst mir nicht gefiel, trotz seiner emotionellen Haltung zum Schutze der Interessen der kleinen Leute gegen die Interessen unsichtbarer Finanzmagnaten. Er spitzte den Mund wie jemand, der einen Kieselstein auf der Zunge liegen hat und den Geschmack als seinen Erwartungen entsprechend findet.

Bevor noch entschieden war, ob der Punkt auf die Tagesordnung gesetzt werden solle oder nicht, polterte er von neuem los: »Im letzten Frühjahr unterhielt man die für das Rüstungsbudget zuständigen Herren, darunter auch mich, mit Filmen, die auf der Raketenversuchsbasis in Australien aufgenommen waren. Zu diesem Zeitpunkt schienen die Wissenschaftler und Techniker völlig überzeugt vom Erfolg des Red-Arrow-Projekts. Ich erinnere mich, daß man sah, wie eine Red Arrow eine Quadrant-Rakete abfing. Die Explosion war ziemlich eindrucksvoll. Falls jedoch die Regierung nicht nur damit beschäftigt ist, utopische Filme herzustellen . . .«

Diese sarkastische Bemerkung brachte ihm Gelächter ein. Aber in diesem Moment erhob sich Richard Derwent, um für die Regierung zu antworten, und fegte den armen Garth von der Bildfläche.

Er begann damit, daß er sich unverhohlen amüsiert zeigte über den kleinen Seitenhieb bezüglich der utopischen Filme. Mit heiterem Ton, dem er einen Anflug von sympathischer Schärfe gab, bekannte er, daß er früher einmal ein absoluter Fan utopischer Filme gewesen sei. Diese Begeisterung paßte zwar nicht zu seinem Charakterbild, war aber geeignet, bei vielen seiner Zuhörer Sympathie zu erwecken.

Aber, um die Wahrheit zu sagen, er sei etwas enttäuscht gewesen von dem Film, auf den der Ehrenwerte Abgeordnete von Bly-Hostwerry sich bezogen habe. »In den utopischen Romanen, die mich als Knabe so entzückten, bildeten rätselhafte oder sogar übernatürliche Ereignisse den Höhepunkt der Handlung. Eine bloße Explosion hätte nicht genügt. Die vielen Wissenschaftler und Techniker, die an der Red-Arrow-Rakete arbeiten, dürfen so manchen technologischen Geniestreich für sich buchen, doch sind sie keine Magier. Niemand würde behaupten, sie hätten Wunderdinge vollbracht, es sei denn, man wolle ihre einzigartige Hingabe an die Arbeit und ihr unerreichtes Teamwork als Wunder bezeichnen. Was wir als Endprodukt dieser Arbeit vorliegen haben, ist ein sehr zufriedenstellendes Stück Stahl. Sein Wert für Zwecke der Verteidigung wird vom Verteidigungsministerium ständig geprüft . . .«

Nun wandte Derwent sich seinem Spezialgebiet zu. Aus dem Gedächtnis begann er Einzelheiten über die verschiedenen Anweisungen herunterzurasseln, setzte sie in Bezug zu signifikanten Entwicklungsdaten der Red-Arrow-Rakete, umriß noch einmal die Hauptfragen, die im Parlament für und gegen das Projekt im allgemeinen aufgetaucht waren, dazu die Gründe für die einzelnen Beschlüsse, sowohl was die Stimmenabgabe der Ehrenwerten Abgeordneten betraf als auch die Arbeit der Techniker und deren Fortsetzung und die Unterstützung des Projekts durch die Regierung.

Er sagte nicht direkt, daß man in sehr naher Zukunft innerhalb eines Abwehrringes von Red-Arrow-Raketen ruhig werde schlafen können, doch es war aus der Art seiner Argumentation herauszuhören. Er sagte auch nicht, es könnte sich als nötig erweisen, die Entwicklungsarbeiten abzubrechen, weil die zur Verfügung stehenden Mittel nicht ausreichten, um erfolgreich mit den Vereinigten Staaten in Konkurrenz zu treten – aber er ließ diese Möglichkeit offen. Derlei konnte man zum gegebenen Zeitpunkt sagen.

Man konnte nicht anders, als diese Solodarbietung zu bewundern. Hier stand ein Mann, der das Schwert zu führen verstand, der einem plumpen Bauern, der ihn attackiert hatte, kurzerhand die Ohren abschnitt. Sogar Garth mußte – wenn auch zähneknirschend – die Art, in der er da in seine Ecke verwiesen wurde, mit Bewunderung zur Kenntnis nehmen.

In dieser nur wenige Minuten dauernden Rede ließ Derwent Garth als kleinlichen, übervorsichtigen Narren erscheinen. Und er tat es, ohne dabei auch nur ein hartes Wort zu gebrauchen, einzig mit Intelligenz und persönlicher Ausstrahlung. Jede Minute dieser Darbietung schien ihm Spaß zu machen. Ich bekam den Eindruck, daß er ein Mann war, der den Konflikt so sehr liebte, daß die Angst vor der Niederlage ihn nicht beschwerte.

Die Leute in meiner Umgebung waren wie elektrisiert. Die Gesichter einiger Schüler hellten sich auf, während sie ihm zusahen und zuhörten. Das Parlament war also doch nicht so langweilig und lehrhaft, wie sie erwartet und befürchtet hatten. Sogar einige indische Geschäftsleute lächelten hinter vorgehaltener Hand. (Ich nehme an, sie glaubten hier die Stimme des einstigen Radscha zu vernehmen, und wußten plötzlich, daß sie sie eigentlich vermißten ...)

Sein Auftritt vor der Öffentlichkeit war so überzeugend, daß ich bei mir echte Bedenken hatte, wenn ich daran dachte, ihn noch am selben Abend in Michaels Wohnung zu treffen, wo inmitten von lauter hochstehenden Männern, mit denen Michael sich in letzter Zeit umgab, Cecile und Tammy Chandler die Rolle der Damen des Hauses zu spielen haben würden.

Es war eigentlich keine Party. Ich glaube, in der Zeit, als ich dort war, kamen und gingen fünfzehn oder zwanzig Leute. Sie waren offensichtlich ebenso en passant eingeladen worden wie ich selbst und hatten sich von einer Mischung aus Neugier und Liebhaberei getrieben gefühlt, die Einladung anzunehmen. Außer Tammy und Cecile gab es keine Frauen. Als Dekor genügten diese beiden. Tammy war mit ihrem metallisch glänzenden Haar und den bläulichen Augen allein schon ein Feuerwerk. Dazu kam ihre Figur, die ein Schlachtschiff zum Sinken bringen konnte.

Wenn die Erinnerung an unser Zusammentreffen im »Hilton« sie jetzt in peinliche Verlegenheit brachte, so ließ sie sich diese jedenfalls nicht anmerken. Kaum hatte sie mich erblickt, als sie quer durch Michaels Wohnzimmer direkt auf mich zusteuerte.

»Michael hat gesagt, Sie hätten mit ihm gegessen und wir würden uns wieder treffen. Das ist einfach fabelhaft.« Sie genoß den großartigen Augenblick. Sie bot mir sogar die Hand zum Kuß. Ich war froh, sie beim letzten Mal nicht in den Hintern getreten zu haben.

Cecile kannte ich bisher nur von Michaels Zeichnungen. Im Original fand ich sie keineswegs ebenso attraktiv wie Tammy. Sie trug an jenem Abend einen kurzen, bauschigen weißen Rock, dazu marokkanische Stiefel aus Handschuhleder, die ihr bis über die Knie reichten. Ihre Farben paßten alle zur Farbe ihres Haares. Nur wenn man ihr ganz nahe kam oder wenn sie nahe bei Michael stand, um seine Signale zu empfangen, wobei etwas von seiner Kraft und seinem Feuer auf sie übersprang, spürte man plötzlich ihre starke, erregende Vibration.

»Sie und Michael waren bei den Ozarks«, sagte sie, als wir einander vorgestellt wurden.

»Hat er Ihnen alles über mich erzählt?«

»Nur das wichtige.« Sie erprobte ihren Augentrick an mir. Ihre Augen blickten weise und zugleich ratlos verwirrt, wie die eines Foxterriers, der menschliche Züge imitiert.

»Michaels ältere Freunde sind sooo reizend«, sagte sie. Sie ergriff meinen Arm und führte mich in die Küche, um mir einen Drink anzubieten. Es war nicht Lady Ormalon, die mich führte, sondern ein aufgewecktes kleines Mädchen, das sich von Lady Ormalon angeeignet hatte, was für sie verwendbar schien. »Es ist alles so natürlich und selbstverständlich, und doch kann ich nicht anders, ich bin immer aufgeregt, wenn ich jemanden vom amerikanischen Außenamt kennenlerne.«

»Ich schwöre, ich bin kein Mitglied des Außenamtes und war auch nie eins.«

»Ich habe die CIA gemeint«, sagte sie mit ihrem damenhaftesten Lächeln.

Der Versuch, ihr zu erklären, was die Gath Corporation war und welch feiner Unterschied bei uns zwischen einem Spionageabwehrdienst oder einem Regierungsbeamten bestand, war sinnlos. Der Geist, der hier herrschte, ließ derart zarte Differenzierungen nicht gelten. Es war sehr leicht einzusehen, daß Michael aus reinem Spaß Cecile über mich falsch informiert hatte. Mittels ihrer Dummheit, die zwischen CIA und Gath Corporation nicht zu unterscheiden vermochte, wollte er mich daran erinnern, daß es den Unterschied, der sich auch in einem Unterschied der Arbeitsweise hätte zeigen müssen, gar nicht gab.

Das hier war eben eine »Liberty Hall«, wie wir Amerikaner Plätze nennen, wo Narrenfreiheit gilt. Die Narrenfreiheit war Michaels Domäne.

In der Küche fanden wir Tammy. Sie war allein und, man glaubte es nicht, damit beschäftigt, Anrichte und Abwäsche zu reinigen. Sie spülte Gläser und fegte Krümel vom Tisch und Fettreste von den Hors-d'œuvre-Platten in den Abfalleimer. Häuslichkeit war für sie wohl das letzte.

Sie schenkte mir ihren schönsten, verführerischsten Katzenblick und sagte: »Mister Scholes, Sie werden nicht erraten, wo Cecile und ich in einer der letzten Nächte waren.«

»Sie gingen aus, um Hamburger zu essen und einen Aufriß zu machen«, sagte ich. »Und das ohne Anstandsdame. Oder war es etwas noch Schmutzigeres?«

Sie setzte eine überlegene Miene auf. »Wir waren auf einer Party in der Wohnung eines sehr reichen Mannes.«

»Ah, der«, sagte ich, um sie zu reizen. »Ich kenne ihn gut. Einige meiner besten Freunde sind reich.«

»Wenn Sie glauben, Sie können mir den Namen herauslocken, täuschen Sie sich«, sagte Tammy kurz angebunden. »Er ist tatsächlich sehr reich. Auf dieser Party wurden perverse Dinge getrieben. Ich war sehr schockiert. Du nicht auch, Cecile?«

»Außerordentlich«, sagte Cecile im Tonfall von Lady Ormalon.

Ich amüsierte mich köstlich. »Jaaa?« fragte ich gedehnt. »Meinen Sie damit, daß ein widerlicher alter Herr wie ich versuchte, Ihnen unter den Minirock zu greifen?«

»Wenn Sie glauben, Sie können mich dazu bringen, alles zu

erzählen, was dort passierte, werden Sie nicht viel Glück haben«, sagte Tammy.

»Ich gebe Ihnen fünfzig Pfund, wenn Sie mit mir ins Hotel kommen und es mir zeigen.«

»Wir haben beide je *hundert Pfund* bekommen«, sagte Tammy hochmütig.

»Ich zünde Ihnen eine Zigarette an, und Sie dürfen mir dann den Rauch ins Gesicht blasen«, bot ich an.

Plötzlich schien sie zu erkennen, daß ich sie die ganze Zeit veräppelt hatte. Ich beobachtete, wie sie nachdenklich mit der Zunge über die Innenseite ihrer üppigen Lippen fuhr, offenbar bemüht, eine Möglichkeit zu finden, wieder Oberwasser zu bekommen.

»Ich will Ihnen nur eine kleine Sache erzählen. Ich habe meinem Freund versprochen, ich werde es *nie* weitersagen.«

»Brechen Sie bitte meinetwegen kein Versprechen.«

Tammy überlegte, was sie C. A. eigentlich versprochen hatte und daß ihm recht geschehe, wenn sie eines dieser Versprechen brach.

»Da war dieser eine Mann, der das Dinner servierte und nackt war bis . . .«

»Ein nackter Lakai?«

»Wollen Sie mich bitte erzählen lassen?« gebot Tammy. »Nackt bis auf eine putzige kleine Schürze vor seinem, Sie wissen schon.«

»Ich weiß gar nichts. Habe ihn auch nie in meinem Leben getroffen.«

»Vor seinem kleinen Dings. Er hatte eine schwarze Ledermaske mit winzigen Augenschlitzen vor dem Gesicht. Niemand konnte erkennen, wer er war, oder erraten, wer er sein könnte. Wir alle waren schrecklich neugierig. Wir wußten nur, er war eine bedeutende Persönlichkeit.«

»Es war der König.«

»Blödsinn. Wir haben keinen König. Wir haben nur Philipp, und der war es ganz sicher nicht. Wir nahmen an, es müsse jemand von der Regierung sein. Aber jedermann dort war großes Kaliber, Sie werden nicht glauben, *was* für Leute! Was ich sagen wollte . . . *Nachher*, als wir alle mehr oder weniger auf- oder übereinanderlagen . . .«

»Und einander gegenseitig mit Trauben fütterten.«

»Ich mag weder Trauben noch Feigen. Nachher also verlangte

dieser arme Mensch, der uns die Speisen serviert hatte, ausgepeitscht zu werden. Wir sollten ihm der Reihe nach eins überziehen. Ich muß sagen, ich schlug nicht sehr fest zu. Ich finde so etwas widerlich, ich ertrage es nicht, jemandem Schmerz zuzufügen. Wirklich, ich mag so was nicht.«

»Und was dann?« fragte ich. »Hat man Sie gezwungen, Trauben zu essen, obwohl Sie sie verabscheuen?«

»Was *dann*? Sie tun ja nur so, als ob Sie nicht schockiert wären«, rief Tammy und gab mir mit der Faust einen Stoß in die Seite.

»Ich glaube nur, was man mir vorführt«, sagte ich. »Ich bin schließlich von Missouri. Ich hab das Schlagwort vom ›swinging London‹ schon gehört. Aber es existiert nur in der Fremdenverkehrspropaganda. Ihr redet gerne davon, wie verderbt ihr seid, aber es ist eben nur Gerede.« (Nach jenem Abend, den sie mir mir verbracht hatte, war Tammy durchaus in der Lage, mich in diesem Punkt einen Lügner zu nennen. Einerseits war es durchaus verständlich, daß unser Gespräch nicht nach streng logischen Gesetzen geführt wurde; es war nur das übliche präsexuelle Spiel mit Worten.) Ich sprach weiter: »Und jetzt erzählen Sie mir vom Traubenessen und von einem komischen Mann mit schwarzer Maske. Mädchen, ich glaube Ihnen leider nicht.«

»Nun«, begann Cecile vornehmtuerisch, »wenn Sie natürlich nur geschäftlich oder als Tourist hierherkommen, werden Sie sehr wohl nichts zu sehen bekommen. Sie müssen an die richtigen Leute geraten.«

»Auch diesen Satz habe ich schon einmal gehört. Ich suche nach den ›richtigen Leuten‹.«

»Dann sehen Sie sich einmal um«, sagte Cecile.

Ich drehte mich ruckartig um und sah Michael am Türpfosten lehnen. Das Wortgeplänkel, das er mit angehört hatte, amüsierte ihn. Er paffte an einer türkischen Zigarette und trug an Stelle seiner dunklen Brille eine schwarze Ledermaske mit winzigen Augenschlitzen. Eine richtige Teufelsfratze.

»Sehen Sie?« krähte Tammy in mein Ohr. »Es gab nicht genug Mädchen auf jener Party, bis mein Freund Michael anrief, und der fuhr dann mit uns hinüber. Das haben wir als Souvenir mitgebracht, nicht wahr, Michael?«

Er sagte: »Die Mädchen halten dich zu lange in der Küche auf, Norman. Komm herein, ich stell dir andere Gäste vor.«

Er zog die Maske ab, faltete das geschmeidige Leder zusammen und steckte es in die Tasche.

»Ich nehme an, ich habe die richtigen Leute gefunden, nicht wahr?« sagte ich.

Die »richtigen Leute«. Das Angebot an bedeutenden Persönlichkeiten war zeitweise phantastisch. Einer der Gäste drückte es später mir gegenüber mit folgenden Worten aus: »Es war eine Art vorrevolutionärer Salon. Ähnlich denen im Frankreich des achtzehnten Jahrhunderts, wo sich Intellektuelle und Heißsporne um eine schöne und gebildete Dame des Hauses scharten wie Bienen um eine Bienenkönigin.«

Es war so etwas, nur in neuzeitlicher Version. Weder Cecile noch Tammy hatten Komtessenformat, sie waren ohne Geist und ohne eigenen Willen, Puppen, die ihre Rolle in Michaels Spiel hatten. Und ein Spitzel hätte schwerlich jemanden ausfindig gemacht, der über das beherrschende Thema Revolution redete. Es lag wohl in der Luft, doch nicht einmal Michael brachte es zur Sprache.

Cecile hatte mich immer noch im Schlepptau. Sie zeigte uns einige neue Platten, die sie in einem Geschäft in der Shaftesbury Avenue erworben hatte, wo sie, wie sie sagte, den ganzen Nachmittag verbracht habe. »Lauter Bolschewisten, die den Laden führen.« Sie rollte die Augen als Ausdruck ihrer Mißbilligung für die Exzesse der jüngeren Generation, jener jungen Leute in ihrem Alter, die »da draußen« die Gegend unsicher machten. »Sie wollten, daß ich für sie arbeite. Stellen Sie sich das einmal vor!« Sie war längst darüber hinaus! Über so etwas konnte sie nur lachen!

Robert Bacon und ich mußten uns auf den Fußboden neben sie setzen und die Platten anhören. Seite eins: eine Gruppe von unmusikalischen Analphabeten, die sich »Viscera« nannten. »Sie protestieren!« erklärte Cecile. »Sie sind gegen alles. Wie in Amerika. Richtige Avantgarde.«

Bacons Gesicht beim Zuhören war ein Bild für Götter. Hier saß einer der geschicktesten und durchtriebensten Männer der Künstlerwelt seiner Generation. Ein Mann, der die »Viscera« oder deren Agenten nicht in seinem Büro empfangen würde. Denn wenn es ihm auch nichts ausmachte, daß sie ihre Elektrogitarren an das Stromnetz anschlossen, so wußte er doch genau, wie unbedeutend, primitiv und imitatorisch ihr Geheul und ihre mißtönigen pubertären Bemühungen waren. Aber er hörte todernst zu.

Wie wir, so versuchte auch er, mehrere Dinge zugleich aufzufangen: die Stimmung, den verborgenen Sinn des Durcheinanders, die Dissonanzen, die ungewöhnlichen Konsonanzen, auf der Suche nach etwas Neuem – wie ein Musiker, der jede Stimme einer Partitur einzeln verfolgt, um das Tongewebe des Komponisten zu begreifen.

Unter den Tönen, die er hörte – jenseits des Gejaules auf der Platte –, befand sich auch die hohe, hysterisch klingende Stimme von Peter Mayhouse, die wie ein Leitmotiv eine der thematischen Komponenten des Abends bildete. »Wir werden dieses England niederbrennen. Und England wird sich aus der Asche Englands erheben. Wir haben so etwas schon oft gesagt. Aber was, wenn wir es ernst meinen? Wenn wir es wirklich ernst meinen? Wir werden die alten Städte bis auf den letzten Ziegel abbrechen. Und die neuen Städte waren ein billiger, blöder Irrtum und müssen ebenso verschwinden. Wir werden mit einem England anfangen, in dem die einzige Massenkommunikation der Tratsch ist. Transportmittel werden der Ponywagen sein, von Handwerkern gezimmerte Pferdewagen und Raddampfer. Die Feiertage werden zum Vögeln da sein. Die Mühlen betreiben wir durch Wasserräder...«

Es war komisch, aber erträglich, denn man wußte, daß Peter Mayhouse Schriftsteller war, und Schriftsteller dürfen alles sagen, ohne daß man es so ernst nimmt, daß ernst zu nehmende Leute sich veranlaßt fühlen, es zu bremsen. Bacon und ich kümmerten uns nicht einmal darum, zu wem er das alles sagte. Es war bloß eine durchdringende Stimme, die wir in Michaels »Liberty-Hall« eben hörten.

Man hörte allen auf einmal zu. Beobachtete Tammy und Cecile. Ich merkte, daß Derwent gekommen war, als ich Cecile ansah. Sie war nicht so unvorsichtig, ihm gleich entgegenzugehen. Daran, daß sie sein Kommen *nicht* bemerkte und plötzlich hastig und geschäftig Platten wechselte und Bacon eine dumme Frage über Ballett stellte, merkte ich, daß er gekommen war.

Wieder holte mich Michael und stellte vor. Ich gratulierte Derwent zu seinem fabelhaften Auftritt am Morgen, als dieser tatterige Gath aufgestanden war und sein Raketenprogramm angriff.

»Was für ein außerordentliches Zusammentreffen, daß Sie heute dort waren«, sagte Derwent zu mir. Er war ein anpassungsfähiger Showmensch. Ich hätte auch nichts anderes erwartet. Er gab sich erfahren, leutselig, locker, hellwach.

»Ich kam hin, um mir die Debatte über die Hilfsanleihe für Südamerika anzuhören«, sagte ich. Jetzt galt es Ohren und Augen aufzumachen. »Die Gath Corporation erstellt für die Länder Südamerikas eine Prognose für zehn Jahre. Foggy Bottom hat diese Länder als eines der strategischen Gebiete der Finanzpolitik herausgreifen lassen. Wir beobachten, welche Fäden Ihr dort wohl knüpfen werdet.«

»Natürlich. Darf ich vorschlagen, daß Sie sich mit Jan Persewater zusammensetzen«, riet mir der gute alte Dick. »Ein guter Mann. Ging siebenundvierzig nach Guayana und war mehrere Jahre Aktivist auf seiten von Gayan und den Negern. Mathematiker durch Training, Politiker aus Passion. Es mag Ihnen widersinnig vorkommen, daß er sich aus einer Bankreihe der Konservativen erhebt und gegen die radikale Jugend wettert, aber . . .«

Wir hörten Peter Mayhouse jemanden anschreien: »Sagt doch den Engländern, daß der Mensch Geist ist!« Wir grinsten einander an, jeder dem anderen einräumend, daß er mithören dürfe, was anderswo gesagt würde. Ich sah ihn über die Schulter hinweg zu Cecile hinschauen. Der kleine Blasengel schlich sich hinter mir die Mauer entlang. Ich wußte, wo sie war. Ich habe den Trick heraus, den Leuten auf der Spur zu bleiben. Nie habe ich mich je von einem Gespräch so fesseln lassen, daß ich nicht zugleich auch einen geschlossenen Überblick darüber gehabt hätte, wo sich jeder im Raum befand und was er zu tun beabsichtigte. Es ist wie beim Rugby. Man sieht, wo die anderen einundzwanzig sind, auch dann, wenn einem ein Gegenspieler gerade die Schulter in den Magen rammt. Und ich merkte Derwents sorgfältig aufgelegte Maske flauen Interesses. Dabei stand für mich außer Zweifel, was der hauptsächliche Grund seines Kommens war.

Ich sagte: »In finanzpolitischer Hinsicht haben wir uns schon fast ganz Afrika und Asien angeeignet. Warum ich in England bin, hat den Grund, den Entwurf einer auf zehn Jahre berechneten Projektion der endgültigen Aufrollung Europas und Englands von der Oder-Neisse-Grenze aus einzuleiten. Sie wissen doch sicherlich, Sir, daß eine der Stellen, wo die Worte des Vorsitzenden Mao ernst genommen werden, gerade bei Foggy Bottom in Washington ist. Mao sagte doch: ›Wir werden die unterentwickelten Länder in unseren Besitz bringen, dann die landwirtschaftlichen Hauptgebiete, und dann werden wir die kosmopolitischen Zentren erdrosseln.‹«

Das ließ ihn seine Aufmerksamkeit wieder mir zuwenden. Himmel, er hatte mich nie zuvor gesehen. Ich tat mein Bestes, ihn dazu zu bringen, sich zu fragen, ob ich ein Verrückter sei oder ihn einfach provoziere, um eine passende Antwort aus ihm herauszukriegen.

Er sagte: »Tatsächlich?« Es war die englische Art, sehr vornehm zu sagen: Wie blöd sind Sie eigentlich? Aber zugleich auch der noble Hinweis, daß die Audienz zu Ende sei.

Doch so leicht wird man mich nicht los. Jetzt hatte ich ihn in Arbeit. Während ich meine Pseudotheorie hervorkramte, nahm ich seine Maße und verglich sie mit dem, was ich am Morgen im Unterhaus gesehen hatte. Ich habe herausgefunden, daß Politiker wie Mädchen sind: Greift man einem Mädchen zwischen die Beine, kaum daß man ihm vorgestellt wurde, gibt es zwei Möglichkeiten: entweder sie schreit und rennt davon, oder sie tut's nicht. Im letzteren Fall hat man viel Zeit erspart, sich langsam bei ihr einzuführen.

»Verteufelt gewagte Spekulation«, sagte Derwent. »Vielleicht sollte Europa, und ebenso Großbritannien, sich auf der Stelle ergeben?«

Das Lächeln, das er mir schenkte, bedeutete mehr als bloße Toleranz für einen armen Narren. Natürlich lächelt ein Politiker jeden an. Cecile gab das Zeichen, daß wir beide einander nähergekommen waren. Gerade in diesem Augenblick kam sie zu uns und legte mir den Arm um die Hüfte.

Was für ein Mädchen! Ein Kanarienvogel in einer Kohlengrube. Sensibel wie ein Zigeunermedium, mit einer Intelligenz, die kaum der Beachtung wert war. Was Worte bedeuteten, verstand sie nicht, außer es handelte sich um solche, die in billigen Magazinen vorkamen. Aber sie nistete sich bei uns ein, kaum daß sie sah, daß wir von Mann zu Mann miteinander sprachen.

Ich sagte zu Derwent: »Die Übergabe wird man genügend schmackhaft machen müssen. Ich schaue mich hier nach einem Quisling um, der das besorgt.«

»Es gibt reichlich Quislinge hier, nicht wahr? Sie existieren immer noch, doch entdeckt man sie nicht so leicht.« Damit wollte er sagen, daß er keiner war.

»Was für schrecklichen Unsinn ihr beide redet«, sagte Cecile. Es tat gut, ihren Arm um meine Hüfte zu fühlen und den von ihr ausgehenden Duft einzuatmen, dem ein leichter Beigeschmack von Schweiß anhaftete; er verlieh dem Körpergeruch genau jene

Wirkung, die er haben sollte. Und daß sie mich liebkoste und diese Liebkosungen eigentlich Derwent galten. Es gibt einem ein angenehmes Gefühl, daß ein brillanter Politiker sich nicht scheut mit einem Mädchen seiner Wahl ins Bett zu gehen, ohne vorher seine Wähler zu fragen. Und um das zu wissen, brauchte ich keinen sichtbaren Beweis.

Wir standen beisammen und hörten immer noch Peter Mayhouse reden – jetzt möglicherweise zu Robert Bacon. »Die lebenden Toten sind im Begriff, Auferstehung zu feiern. Aus diesen Särgen, die wir Häuser nennen, werden wir herausschreiten und zusammen leben. Das Theater wird sich in den Straßen, an den Versammlungsplätzen vollziehen. Und in der Regierung. Warum sollten wir kulturlose, hilflose Menschen bleiben, wenn wir es von Natur aus gar nicht sind? Warum sollten wir nicht die Hände ausstrecken und uns das nehmen, was uns gehört? Warum sollten Männer und Frauen nicht kunstvollen Umgang pflegen? Es gibt keinen Grund, unter dem Dreckhaufen der Zivilisation weiter begraben zu bleiben, nur weil das Establishment sein Geld damit verdient, daß alles so bleibt, wie es ist.«

An jenem Abend waren fast alle Personen von Michaels Drama vertreten. Nur die Hauptperson kam nicht.

Viel später erfuhr ich, daß Michael erwartet hatte, Wanja Obukow würde »vorbeischauen« – ebenso zufällig wie Derwent. Derwent und der Russe hätten sich dann in einer Atmosphäre getroffen, in der alles möglich war, weil man die alten Begriffe von Anstand und Moral aus ihren Bindungen gelöst hatte. Hätte das von Michael geplante Zusammentreffen hier stattgefunden, der Ausgang der ganzen Affäre wäre ein ganz anderer gewesen. Michael arbeitete mit Haaresbreiten, beachtete psychologische Details und menschliche Schwächen und Stärken, die von jenen ignoriert werden, die die große Maschinerie der Macht zu lenken vermeinen.

Gewiß, Derwent und Obukow kamen später noch zusammen, Michael arrangierte das. Am Flußwehr von Cadwater saßen sie in Michaels Wagen und führten eine fatale Stunde lang ein privates Gespräch. Derwent spielte loyal den Part, den er zu spielen gezwungen war: den des Ehrenmannes, des guten Patrioten – und des verzweifelten Tierchens, das sich aus ihm unbegreiflichen Umständen in einer Falle gefangen hatte.

Michaels Spiel lief – bis zu einem gewissen Punkt.

Ich werde nie behaupten, ich wüßte, wie die Sache ausgegangen wäre, wenn auch nur einige kleine Details sich anders gefügt hätten. Er tut mir nur für mich selbst leid, daß ich meine einzige Chance, Obukow in persona vor mir zu sehen, in jener Nacht verpaßte.

Ich habe Photographien von ihm gesehen, und der Mann fasziniert mich. Er hat über dem kahlgeschorenen Nacken das Haar in ungleichen Stufen liegen, als habe er es sich selbst geschnitten. Kaum sah ich diesen Haarschnitt, da wußte ich auch schon, woran er mich erinnerte. Diesen Haarschnitt hatten die Bauernjungen, mit denen ich in Hansville, Missouri, Rugby gespielt habe. Und sein Anzug sah aus wie die Anzüge der Bauernjungen, die sie bei Sears und Roebuck kauften, um damit am Sonntagabend stutzerhaft in der Stadt aufzukreuzen. Ich nehme an, er kaufte in Moskau im GUM ein und kümmerte sich nie darum, daß es Schneider gab, die die Sowjetdiplomaten ausstatteten.

Wenn ich mir sein Photo ansehe und an die Rolle denke, die er spielte, glaube ich ihn zu kennen, bin mir seiner Person fast sicher. Nur seine Stimme fehlt noch zur Vervollständigung des Bildes. Wenn ich nur seine Stimme gehört hätte . . .

Ich hörte sie nicht. Und so bleibt sein Kommen nach England und sein Auftreten in dem grausamen, unsichtbaren Drama jenes Sommers für mich ein Rätsel. Und bleibt es ebenso für die Chefs der englischen und amerikanischen Abwehr – und vielleicht auch für die russischen Spionagebosse.

# 28. KAPITEL

Niemand möge Richard Derwent um seine Liebesaffäre mit Cecile Banner beneiden. Sie war nicht von langer Dauer; ich bin überzeugt, sie währte nicht länger als zwei oder drei Wochen. Gerüchte sprachen davon, sie habe sich bis Weihnachten hingezogen. Ich hatte keine Veranlassung, ihnen Glauben zu schenken. Privat kam er mit ihr nicht öfter als ein halbes Dutzend Male zusammen.

*Der Melamine-Report*

Cecile hatte den ganzen Tag durchgeschlafen. Draußen war es heiß und feucht. Und die Feuchtigkeit zog sich in die Wohnungen und blieb dort schwer und träge haften. Die Nacht zuvor, als sie um zwei Uhr früh von der Party mit Derwent zurückgekommen war, hatte sie nicht in Michaels Bett, sondern im Schlafzimmer daneben geschlafen.

Michael weckte sie früh am Morgen, als er vom Krankenhaus nach Hause kam. »Steh auf, ich mach' ein Frühstück«, versprach er.

Sie grunzte in ihr dumpfig-nasses Kissen, was heißen sollte, daß sie weder an Essen noch an ihm interessiert sei. Er packte sie an ihrer unter der Decke hervorlugenden Fessel und zerrte sie bis an den Rand der Matratze am Fußende des Bettes, wo sie sich hochrappelte, um nicht die Balance zu verlieren und auf den Boden hinunterzugleiten. Jetzt war sie hellwach.

»Kuchen? Obst? Weichgekochte Eier? Ich mache Spiegeleier«, sagte er fröhlich. »Beeil dich, Liebstes. Ich habe eine Verabredung.«

Zehn Minuten darauf kam sie in die Küche geschlichen. Sie war weder gewaschen noch gekämmt und hatte sich noch nicht einmal den Schlaf aus den Augen gerieben. Sie hatte einen dünnen Morgenmantel übergezogen, den sie vorn achtlos offenließ. Ihre Füße waren nackt und schmutzig. Beim Essensgeruch verzog sie ihr Gesicht.

»Du mußt essen«, sagte er. »Bei dir verderben die Sachen, wenn man sie nicht in dich hineinstopft.«

Sie gähnte mehrmals. Dazwischen sagte sie: »*Was* stopft man in mich hinein?« Dabei zwinkerte sie. Ihn anzulächeln, hätte ihr zuviel Energie abgefordert.

»Du warst letzte Nacht mit unserem Richard zusammen.« Er setzte ihr ein Glas Juice und ein mit Butter bestrichenes Brötchen vor. Als ihr der Geruch des heißen Brötchens in die Nase stieg, begann sie zu schnuppern, doch ihr Kopf ruhte weiterhin bewegungslos auf ihrem Unterarm.

»Ja, *zusammen*«, sagte sie spöttisch. Sie sog noch einmal den Brötchengeruch ein und nahm einen winzigen Schluck Juice. »*Beisammen* – du liebe Güte! Weißt du, wo wir waren? Wir fuhren durch ganz London in einem Minor. Nicht gerade das Schickste. Der Kasten war so klein. Ich habe lauter blaue Flecke. Auf meinem Knöchel.« Sie beugte sich hinab, um ihren Knöchel zu untersuchen, und als sie sich wieder aufrichtete, grinste sie zum erstenmal an diesem Morgen. »Hast du es schon einmal in einem Minor gemacht? Wir standen neben einem gräßlichen Park mit einer Statue. Ich schwöre es.« Sie kicherten beide. Sie begann mit großem Appetit ihr Brötchen zu verzehren. Weiß glänzten ihre Zähne zwischen den Bissen, die sie heftig kaute.

»Er in seiner Position muß vorsichtig sein«, sagte Michael. Er verspeiste seine Eier mit ebenso großem Appetit, bot ihr von seinem Teller an, und sie öffnete den Mund und ließ sich von ihm füttern.

»Ich hab' es ihm erzählt«, sagte sie.

»*Was* erzählt?«

Sie führte seine Gabel an ihren Mund. »Über die Party bei Fitch.«

»Du hast doch nicht Fitchs Namen erwähnt?«

Sie schnaubte verächtlich und öffnete den Mund, damit er sie weiterfüttere. Kauend sagte sie dann: »Ich bin doch nicht blöd. Ich habe nur gesagt, im Haus eines sehr reichen Mannes. Und ich habe nur über die Peitschen erzählt und über den Kerl mit der kleinen Schürze vor seinem Spatz und über die Masken, die wir alle aufhatten. Das war alles. Noch etwas. Noch etwas Ei bitte.« Er steckte ihr noch einen Bissen in den Mund.

»Und?«

»Es wurde ihm dabei ganz schön heiß. Deshalb sind wir ja überhaupt in den Park gefahren. Er mußte über mich drüber, als ich ihm alles erzählte – was ich getan habe.«

»Gewiß.«

»Du bist ja immer so gut!« kreischte sie auf. »Du glaubst, ich habe alles von dir gelernt. Ich weiß selbst ein paar Tricks, wie man Männern einheizt.«

»Ja, das verstehst du«, sagte Michael heiter. Wieder hielt er ihr die Gabel mit Ei hin. »Was sagte er, als du ihm erzähltest, was du alles auf der Party bei Fitch gemacht hast?«

Das Talent, andere nachzuäffen, hatte Cecile schon mitgebracht. Michael hatte es sich nur weiterentwickeln lassen. Jetzt äffte sie Derwent nach. »›Du hast es also für Geld getan?‹ fragte er.«

Das klang echt. Und war vielsagend. Michael kostete die Worte noch einmal aus. Er hörte Derwent noch einmal fragen, hörte die Mischung aus Neid, Eifersucht, Unschuld, Zorn – Zorn über sich selbst, daß Ceciles Bericht über jene Orgie ihn so erregte. Er hörte den Neid auf die Jugend aus diesen Worten. Und den Neid eines Mannes, der im öffentlichen Leben stand, auf jene, die bloß reich waren, sonst nichts, und sich je nach Laune achtlos ihrer Verderbtheit überlassen konnten.

Michael nahm sich selbst das Ei, das er zuerst ihr anzubieten vorgegeben hatte. Sie sagte: »Willst du nicht mehr hören? Wohin er in dem verdammten Minor meine Beine gegeben hat? Es war zu komisch, Michael. Diese Wagen sind so winzig und ...« Sie sah, daß er nur halb zuhörte und sagte: »Ich hab' dir ja schon gesagt, seiner ist ziemlich stark, und als wir es machten ...«

Michael erhob sich. Dabei lächelte er jenes Lächeln, das sie so rasend machte, und sagte: »Ich will natürlich die ganze Komödie hören. Aber jetzt habe ich diese Verabredung ... Später. Ich werde es mir später anhören ...«

Er hatte gar keine Verabredung. Es sei denn die mit sich selbst in seinem Atelier in Chelsea, wohin er sich wieder einmal verkroch, um sein Orakel zu befragen. Sein Puls ging schnell, und er fühlte sich schwach, zitterte. Es war ein Zustand, den jeder Arzt, der schon mit Epileptikern zu tun gehabt hat, aus den Berichten solcher Patienten kennt: »Doktor, kurz vor dem Anfall hatte ich das Gefühl riesenhafter Weite um mich. Dazu ein Gefühl der Unsicherheit, als ob man nicht mehr gerade stehen könnte, eben weil alles so weit offen war. Ich hätte in jede Richtung fliegen mögen – durch die Wände und Türen. Erschreckend. Und doch auch wieder eine angenehme Empfindung. Man denkt sich: ›Ja, alles ist in Ordnung mit mir, ganz gleich, was passiert.‹ Und dann – plumps.«

An solche Worte dachte er, um seinen Zustand rationell zu bewältigen und damit zu verhindern, daß es wirklich passierte.

Doch kaum hatte er die Tür des Studios hinter sich geschlossen, als er sich mit dem Gesicht nach unten auf das glatte Bett legte, auf dem Cecile so oft posiert hatte. Er schloß die Augen, grub sein Gesicht in das Kissen mit dem Blumenmuster, und plötzlich überkam ihn ein furchtbarer Gedanke: Ich kann nicht mehr aufstehen. Der Arzt in ihm ging in Gedanken die Medikamente durch, die seinem Zustand abhelfen konnten. Er wußte, die Krise war noch nicht da. Glücklicherweise hatte er im Wagen Pillen, die helfen würden. Aber die andere, die brutale Stimme in ihm sagte: Bis zum Wagen kommst du nicht mehr. Übersteh es hier.

Überstehen – was?

Der Arzt in ihm sagte: Entspanne dich ganz. Atme tief. Spar dir deine Kräfte auf, bis der Anfall vorüber ist und du dich stark genug fühlst, das Pulver zu holen. Die Krise ist noch nicht da. Hab keine Angst. Die andere Stimme sagte: Du überlebst das nicht, solange du es nicht kennst. Lern es kennen. Überlaß dich ihm.

Fast im selben Augenblick entspannte er sich völlig. Er richtete sich langsam auf, erhob sich vom Bett. An Stelle von Verzweiflung fühlte er in sich Heiterkeit. Keine Stimmen mehr, die miteinander im Widerstreit lagen. Er konnte wieder klar denken.

Was immer mit ihm los gewesen war, es war vorüber. Derwent fiel ihm wieder ein. Er kannte diesen Mann jetzt. Cecile hatte ihr Werk vollendet, soweit sie konnte. Für alle Zwecke.

Michael öffnete den Schrank und starrte auf Derwents Puppe.

Er war jetzt absolut sicher, die lebende Vorlage, den Kriegsminister, ebenso gut zu kennen wie dieses winzige Figürchen aus Plastik und Stoff, das er fabriziert hatte und das sich gut aufgehoben bei den anderen Puppen fand.

Doch jetzt, da er Derwent durch und durch kannte, tauchte ein neuer Unsicherheitsfaktor auf, der gleichen Art, die er bereits gelöst zu haben glaubte. Angenommen, es war lediglich die Frage nach Derwents schwachen, verwundbaren Punkten gelöst. Wenn er diese jetzt auch kannte, so blieb immer noch eine halsstarrige, sich widersetzende Kraft übrig, die *hinter* Derwent stand, ihm den Rücken steifte und ihn zu einem nach wie vor unberechenbaren Gegner machte. Wenn Michael die Festung Derwent nehmen wollte, mußte er diese Kraft neutralisieren. Mußte er den Kraftstrom unterbrechen, der von Michaels Frau zu Derwent führte.

Zwei Stunden danach saß er noch immer in seinem Atelier. Er hatte keinen Entschluß gefaßt. Michael mußte bestimmte Personen um sich haben. Er brauchte jemanden, der ihm half, zu einem Entschluß zu kommen. Er rief die Mayhouses an.

»Peter ist nicht da«, sagte Eileen. »Er ist mit den Kindern aufs Land gefahren. Kann ich ...?«

»Nein. Nichts, wenn Peter weg ist.«

»Aber es muß doch etwas los sein. Ich helfe dir, wenn ich kann.«

»Es ist nichts. Alles ist bestens.«

Aber da war etwas in seiner Stimme, das sie fragen ließ: »Bist du krank, Michael?«

Sein Lachen vermochte ihre Besorgnis nicht zu verscheuchen. Er sagte nicht, sie solle kommen. »Michael, ich kann bei dir in – laß mich sehen – in weniger als einer halben Stunde sein.«

Er sagte: »Komm punkt zwölf.«

»Es ist schon zwölf vor ...« wollte sie sagen. Dann sagte sie aber: »Ich komme so schnell wie möglich.«

»Bevor du kommst ...«

»Ja, Michael? Ich kann dich kaum hören.«

»Bade, bevor du kommst. Reinige dich.«

Es war das erste Mal, daß sie sich vor ihm fürchtete. Doch sie hatte auch Angst um *ihn*. Deshalb wollte sie im ersten Augenblick auf die Straße hinunterlaufen und ein Taxi nehmen. Sie hätte es tun sollen. So wild die Dinge gewesen sein mochten, die sie zusammen getrieben hatten, sie hatte deswegen genug Hausverstand, um sich zu sagen, daß jetzt Eile nottat.

Doch sie nahm sich die Zeit für ein Bad. Sie badete sorgfältig, ölte und cremte sich ein, bevor sie sich mit zeremoniöser Umständlichkeit ankleidete.

Im Bad versuchte sie sich auszumalen, was er von ihr wollte. Sie war nie ohne Peter bei ihm gewesen. Ihre sexuellen Beziehungen waren stets nach einem genauen, nie verletzten Ritual abgelaufen. Wenn Cecile dabei war, dann nie ohne Michael. Bei ihrer geschlechtlichen Vereinigung war Peter ihr Gatte. Daran änderten sämtliche Praktiken nichts, die sie sich erlaubten. Peter sagte, Michael habe gleichsam als Gottvater ihrer Ehe ihre eheliche Beziehung intensiviert und mystisch gefestigt.

Im Zustand höchster Angst fuhr sie mit dem Taxi quer durch London, wie versteinert, merkte nichts vom stickigheißen Tag und gab beim Aussteigen dem Fahrer ein fürstliches Trinkgeld.

Eigenartigerweise war sie erleichtert, Michael in ebensolcher Aufregung vorzufinden. Er sortierte Zeichnungen und Photographien, die verstreut auf dem Boden des Ateliers, auf dem Tisch und in den tiefen Regalen gegenüber von seinem Schrank mit den Malutensilien herumlagen. Auf dem Schwarzen Brett hatte er Bilder entfernt und durch andere ersetzt. Neben einer Kreidezeichnung von Cecile – nackt auf dem Rücken liegend, mit den Fingern zwischen ihren Schamlippen – hing ein Photo von Richard Derwent. Um diese beiden Bilder waren kreisförmig eine Menge anderer pornographischer Zeichnungen von Cecile angeordnet. Daneben hatte Michael mit Reißnagel eines von Kugels Photos befestigt: der Minister in intensiver Beschäftigung mit der Prinzessin.

Eileen riß ihn aus seinen fiebrigen Gedanken. Er empfing sie mit den Worten: »Ich habe den König der Angst gesehen.« Doch dieses wilde Geständnis schien ihm Erleichterung zu verschaffen. Er küßte sie auf die Wange. Er zeigte auf die herumliegenden Zeichnungen und Photos und sagte: »Ich versuche mir ein Bild zu machen. Setz dich, Liebste, und ich erzähle dir alles.«

»Ja, das wird dir guttun, Michael.«

Sie erwartete kein volles Geständnis, keine erschöpfenden Erklärungen. Er gab nie welche. Durch seine bloße Gegenwart schuf er die Zusammenhänge zwischen unzusammenhängenden Reden und Handlungen.

Er ging im Raum auf und ab, mit nervösen Gesten, begann zu sprechen: »Physikalisch gesehen, ist dieses Atelier mit einem lebenden Auge zu vergleichen. Das war mir immer klar. Du siehst, wie die Fenster das Licht hereinlassen, wie die Pupille des Auges Licht hereinläßt. Rund um uns, auf diesen Bildern, sind Vorstellungen eingefangen, wie sie auch auf der Retina des Auges erzeugt werden. Gewiß, wir müssen uns eingestehen, daß meine Hand und mein Auge dabei mithalfen, diese Vorstellungen zu erzeugen. Doch was sagt das, außer daß die mechanischen Vorgänge in Hand und Auge Teil einer größeren Welt sind, als dieses Atelier darstellt. Entweder wir sind Teil eines endlosen Lebensstromes, oder es ist sinnlos, zu glauben, daß wir überhaupt leben. Was ich mein Auge nenne, ist nicht nur der gallertige Ball in meiner Augenhöhle, es ist auch dieses Atelier mit allem, was darin ist. Alle diese materiellen Dinge hier sind Spiegel, die mir Bilder der Wirklichkeit liefern. Dieses Atelier und meine Wohnung sind Teil meines Auges. Cecile gehört dazu. Und du.«

Eileen glaubte ihn zu verstehen. Und was sie nicht verstand, glaubte sie einfach, sagte sich, sie würde später begreifen.

»Alle Kunst ist dazu da, uns sehen zu helfen. Und die Medizin erfüllte für mich, wenn schon sonst keinen, so diesen Zweck. Und alle Künste des Körpers. Ist Sex nur zum Vergnügen da und dazu, die blinde, vor sich hindösende Masse, die sich gegenseitig auf die Füße tritt, zu vermehren? Das kann nicht sein. So läuft alles auf Sehen und Wissen hinaus. Nicht Sehen, um bei seinen Unternehmungen Erfolg zu haben, sondern Sehen um des Sehens willen.«

Eileen hatte nie an einer Erweckungsversammlung teilgenommen. Doch sie kannte das innere Feuer, das sich entzündete, wenn der Geist sich der Wahrheit nahe glaubte.

»Eine ganze Nacht lag ich mit Cecile zusammen, mit ihr vereinigt, nachdem sie mit Derwent zusammengewesen war«, sagte er. »Ich wußte Dinge, die ich nie sagen, deren ich mich nie bedienen dürfte. Doch was macht das? Ich wußte einfach. Aber vielleicht kann einiges von dem, was ich wußte, zu etwas gut sein.«

Eileen stieß einen leisen Schrei der Überraschung aus.

»Seine Frau ist verreist. Nach Frankreich. Auf Cap Ferrat. Eileen, ich möchte zu ihr. Bringst du mich hin?«

»Gut«, flüsterte sie. Sie fühlte ihren Willen unter dem seinen dahinschmelzen. Sie krümmte sich zusammen und ließ sich vornüber auf die Couch fallen. Ihr Kleid rutschte hoch, die Gabelung ihrer Beine begann genau am Rande der Polsterung. Sie schloß die Augen und wartete ergeben auf seine Hände. Sie hakte ihre Daumen in den Gummizug ihres Höschens und zog das Kleidungsstück über die Schuhe.

»Ich sah Meg, als sie an jenem Morgen einen Ausritt machte. Sie zügelte ihr Pferd und starrte mich an.«

»Sie wußte, was du getan hast?«

»Sie wußte. Sie wußte, daß ich nicht allein war. Sie wußte, daß du, Cecile und Peter dabei wart. Und ich erkannte, daß sie wußte. Sie sah mir zu, war mit uns verbunden. Unsere Gefühle flossen in der Frische jenes Morgens ineinander.«

»Weiter«, befahl er.

»Ich kann nicht. Es ist alles schwarz. Ich sehe nichts mehr. Hilf mir.«

Mit brutaler Gewalt ergriff er ihre linke Hand und stieß die Spitzen ihrer Finger zwischen ihre Schamlippen. Seine Finger folgten nach, bewegten die ihren wie die unbelebten Tasten einer Klaviatur. Ihre Lider flatterten, angestrengt versuchte sie die Augen zu öffnen, gegen seine Gewalttätigkeit zu protestieren.

»Weiter«, befahl er.

Langsam fühlte sie, wie der Druck seiner Finger nachließ. Ihre Finger spielten verzückt im Fleisch, das das Geheimnis hütete, das er ihr entreißen wollte. Sie sah nicht mehr das Licht im Atelier, ritt auf einer Welle der Dunkelheit, war allein.

»Die Sonne sticht herab«, begann sie. »Ich bin auf der Terrasse. Das Meer hat bedrohliche Farbe angenommen, von der Seeseite her bläst eine kräftige Brise. Der Duft der Blumen ist so stark, daß ich wie betäubt bin. Ich möchte schlafen. Ich liege auf dem Ruhebett mit den Kissen. *Ich weiß, wer du bist, Michael.* Es ist rücksichtslos und grausam von dir, hierherzukommen. Die Lust überkommt mich – doch ich will nicht mit dir. Ich werde nicht nachgeben. Doch du wirst mich zu Boden schlagen und schänden.«

Dann spürte sie ihre Finger nicht mehr. Die Welle eines ausgedehnten Orgasmus ging über sie hinweg, verschlang sie. Sie fürchtete, sich ganz zu verlieren. Sie begann sich verzweifelt durch die Weiten, die sie zurückgelegt hatte, zurückzukämpfen. Mit äußerster Anstrengung gelang ihr ein Hilferuf. »Michael!«

Direkt neben ihr sagte er: »Es ist alles in Ordnung, Eileen. Ich bin ja hier. Dir geht es gut. Ruh dich aus. Ruh dich aus. Wir sind fertig.«

Sie fiel in einen Weinkrampf. Die Tränen reinigten ihren verwirrten Geist, und langsam kehrte die Stärke in sie zurück.

»Das war nicht mein Orgasmus. Es war der von Meg Derwent. Kann das sein? Du warst dort, Michael. *Dort.* Bei ihr. Du hast sie mit Gewalt genommen. Sie wehrte sich. Doch du hattest mich. Ich kämpfte dagegen an, doch du hattest sie . . . Aber was rede ich da?«

Michael gab auf keine ihrer Fragen Antwort. Sie mußte lachen, und das Lachen reinigte sie, wie zuvor ihre Tränen sie gereinigt hatten. Schließlich sagte sie: »Mein Gott, du hast mich hypnotisiert, stärker denn je.«

Michael schien gänzlich entspannt. Er war aufmerksam, fast professionell, und sehr distanziert. »Du wirst dich daran erinnern. Doch das Gefühl der Tatsächlichkeit des Geschehenen wird schwinden. Es schwindet jetzt schon, Liebes, nicht wahr? In ein paar Tagen, glaube ich, wird es dir wie ein Traum vorkommen.«

Sie glaubte ihm. Sie und Peter hatten sich in seine Hände gegeben. Sie war fest überzeugt, daß ihr Leben seither besser geworden war. Peter blühte förmlich auf. Er arbeitete wieder. Er war wieder ein ganzer Mann, und die Zukunft lag vor ihm.

Sie glaubte, und dennoch sagte sie impulsiv: »Laß uns gehen, Michael. Laß Peter und mich in Ruhe. Bitte, bitte, bitte. Laß uns in Ruhe.«

Für einen Augenblick kam ihr vor, als überziehe sein Gesicht sich mit Blässe. Doch er lachte leichthin und sagte: »Komm schon, Eileen. Die Séance ist vorüber, und es war eine besonders schöne. Du kannst es Peter ruhig erzählen. Es wird ihm nichts ausmachen. Darüber sind wir wohl hinaus.«

»Ich werde Peter nichts erzählen«, sagte sie. »Nicht darüber. Laß uns gehen.«

»Ich wäre gänzlich verloren ohne euch«, sagte er. »Wißt ihr nicht, wie sehr ich euch mag . . .«

»Wir lieben dich und verehren dich, Michael. Es wäre schrecklich, dich als Freund zu verlieren. Schrecklich.«

»Aber das ist es nicht, was du meinst, nicht wahr?« sagte er. Sie wußten beide, daß er offenließ, was er nie mit Worten zugeben würde.

»Nun gut«, sagte er und schnippte mit den Fingern. »Geh in Frieden, mein Liebes. Natürlich. Natürlich. Ich bin heute zu weit mit dir gegangen. Ich hatte nicht das Recht dazu. Aber ganz gleich, wie du darüber denken magst, es war alles ein Spaß, ein Vergnügen, ein neues Blendwerk des guten Onkel Michael. Nichts des Übernatürlichen. Dafür haben wir nichts übrig. Wir nicht. Grüße mir Peter, und es möge zwischen uns alles so bleiben wie bisher. Bleiben wir für immer Freunde. Natürlich.«

Er hatte es gewußt, ehe sie es wußte, und jetzt war er ganz sicher: An jenem Tag verlor er die Mayhouses. Was sie ihm auch bedeutet haben mochten, ihre Beziehung würde nicht mehr dieselbe sein wie früher. Es hatte wohl so kommen müssen.

Und während er darüber brütete, wurde ihm klar, daß es mit Cecile ebenso war. Sie hatte ihn an den Punkt gebracht, wo er nun allein stand. Von nun an war sie ihm von keinem Nutzen mehr. Am besten, er ließ sie ihrer Wege gehen.

Ach was. Er wußte sehr gut, warum er seine Macht auf Cecile und die Mayhouses ausgeübt hatte.

Um sich Richard Derwent zu nehmen, hatte er dessen Frau

eine Nachricht zukommen lassen müssen. Sie wußte nun, daß er sie haben konnte, wann immer er wollte. Daß er sie schänden konnte, ihren Geist unter seinen Willen zwingen. Auch sie war ihm untertan.

# 29. KAPITEL

Der Privatsekretär des Premierministers führte mit Derwent ein Gespräch über dessen Verbindung zu Michael Cobb. Er fragte, ob Derwent einmal bei Cobb gewesen sei, wenn V. A. Obukow sich unter den Gästen befunden habe. Richard Derwent verneinte. »Ich war einige Male in Cobbs Wohnung. Ich ging dorthin, um mich nach der harten Tagesarbeit zu entspannen. Ich fand Cobb als Gastgeber charmant und äußerst angenehm.«

*Der Melamine-Report*

Die erste peinliche Hürde, die Lord Northcote zu nehmen hatte, war die, den Kriegsminister fragen zu müssen, ob er ihn in »einer äußerst delikaten Angelegenheit« in seinem Büro sprechen könne.

Northcote war hochgewachsen und hatte sich bis in die Sechzigerjahre seine gesunde Hautfarbe bewahrt. Er trug Mittelscheitel, seine dunklen Augen blickten entweder schüchtern oder ausdruckslos, und wenn er den Mund offenließ, was er öfters tat, kam die unregelmäßige Reihe seiner oberen Schneidezähne zum Vorschein.

Er nahm auf dem Ledersessel in Derwents Büro Platz. Seine zur Schau getragene Nonchalance war in keiner Weise überzeugend. Als er die Vereinbarung getroffen hatte, hatte er keinerlei Andeutung über den Grund seines Kommens gemacht.

In den ersten Minuten des Gesprächs äußerte er seine Sorgen über einen Bericht in der »Daily Mail«, wonach Vertreter des War Office soeben ihre Verhandlungen mit den USA wegen des Ankaufs von Polaris-Raketen beendet hätten. Warum er in diesem heiklen Punkt Besorgnis zeigte, und das als Innenminister, ohne jede Verantwortung in Verteidigungsfragen, war unklar. Aber Northcote war ein sehr feinfühliger Politiker. Früher einmal war er Parteiführer im Unterhaus gewesen. Der Popularität der Regierung galt stets seine ganze Sorge. Wenn England Polaris-Raketen kaufte, dann sah es schlecht für Derwent aus.

Aber dann wurden seine Andeutungen geradezu aufreizend vage und indirekt. »Es gibt Leute, Sie wissen, für die heißt vertraulich sozusagen nur *relativ vertraulich.* Ich nenne seinen Namen nicht, aber er ist Minister mit den Initialen V. R. – haha –, der unter vertraulich offenbar verstand, daß nur er die Tonbandaufnahmen unseres Gespräches abhören dürfe. Sie verstehen, was ich meine.«

Derwent blinzelte. Ein stechender, runder Schmerz wie von einem Geschoß war in seine rechte Schläfe gefahren. Er entblößte die Zähne und lächelte wie im Einverständnis.

Doch das genügte Northcote nicht, er wollte eine Antwort, ohne die Frage stellen zu müssen.

Er ließ einen weiteren Versuchsballon steigen: »Sogar schon die Frage, ob jemand mithört, kann eine böse Sache werden, wenn sie aufgenommen und später abgehört wird. Eine sehr böse Sache. Ich möchte nicht in eine solche Lage kommen.«

»Ich kann Sie absolut verstehen«, sagte Derwent. »Darf ich Ihnen einen Whisky anbieten?«

»Nicht am Morgen, mein Lieber. Nein. Ich speise zu Mittag mit Leuten von der Gewerkschaft. Mit denen muß ich bestimmt einen Guiness nehmen. Verflucht, jetzt ist's mir egal, Mann. Ist hier im Raum ein Aufnahmegerät oder nicht? Kann jemand von Ihren Leuten mithören?«

»Hier gibt es kein Gerät«, sagte Derwent. »Außer die Russen haben eines installiert.« Beide Männer lachten herzlich – und beobachteten einander dabei durch die vom Gelächter zu Schlitzen verengten Augen. »Oder die Amerikaner«, sagte Derwent. Beide brachen von neuem in lautes Gelächter aus.

Während er seinem eigenen Gelächter zuhörte, das in seinem Schädel widerhallte wie Gewehrschüsse in einem Raum mit Überakustik, hatte Richard Derwent die beklemmende Vision, ihrer beider Lachen legte sich, Northcote griff plötzlich in die Innentasche seines Sakkos und brachte ein Stück weißen Karton in einer Klarsichthülle zum Vorschein. Unter der Plastikhülle hob sich vom weißen Hintergrund des Kartons ein hauchdünnes, gekringeltes, rötlichschwarzes Etwas ab. Dieses Schamhaar, würde seine Lordschaft beginnen, dieses Haar vom Körper von Miß Cecile Banner, wurde dem Geheimdienst von Ihrem unserem Staate treu ergebenen Dienstmädchen übergeben. Sie fand es an einem Badetuch, mit dem Sie sich abtrockneten ...

In der oberen Lade seines Schreibtisches lag auf einer Filzeinlage der geladene Dienstrevolver, den Brigadier Derwent während des Italienfeldzuges getragen hatte. Dick Derwent hing außerordentlich an seinen Sachen. Die Freude an ihnen machte ihm manchen Kummer erträglich. Es wäre das Werk einer Sekunde gewesen, den Revolver aus der Lade zu nehmen und ein Ende zu machen. Doch für den armen Northcote wäre es ein arger Schrecken, die Schußdetonation, herumspritzendes Blut, vermanschte Knochenmasse, der fallende Körper, der vielleicht auf seine blankgeputzten Schuhe kollerte. Er stellte sich das Gesicht vor, das Northcote machen würde, und mußte lachen. Nicht am Morgen, mein Lieber ... Minister Ihrer Majestät ziehen nicht vor dem Lunch einen Revolver und verspritzen ihre Gehirnmasse über Bürowände, mein Lieber. Und schon gar nicht in Gegenwart eines Pairs. Auch dann nicht, wenn es auf Band aufgenommen wird. Nicht am Morgen ...

Sein Lachen schwoll immer mehr an. Er zog ein blütenweißes Taschentuch heraus und wischte sich damit über die Stirn. »Verzeihen Sie!« stieß er mühsam zwischen nicht zu stillenden Lachsalven hervor. »Verzeihen, Eure Lordschaft. Bin gleich wieder soweit.«

»Ich bin ganz Ihrer Meinung«, sagte Northcote und tat sein Bestes, es Derwent gleichzutun.

Offenbar hatte er die ganze Zeit gesprochen. Derwent hatte nicht ein Wort gehört, seit die Vision von dem lächerlichen weißen Karton in ihm aufgestiegen war.

Northcote sagte: »Ich bin ja ganz Ihrer Meinung, haha. Schon die bloße Vorstellung ist absurd. Dennoch, Sie dürfen es dem Geheimdienst nicht übelnehmen. Die Leute tun ihre Pflicht. Ich glaube, es ist meine Pflicht, Ihnen diese Mitteilung zu machen, wenn es mir auch verdammt unangenehm ist. Aber sehen Sie, das einzig Positive daran ist, daß Sie jetzt auf der Hut sein können. Wenn Sie diesen Cobb wieder treffen, seien Sie außerordentlich vorsichtig, was Sie zu ihm sagen. Er scheint ein harmloser Narr zu sein, aber er hat's mit leichten Mädchen. Mit seinen ausgedehnten Verbindungen zur guten Gesellschaft steht er immer noch im Ruf, gut informiert zu sein. Er braucht nur prahlerisch im Gespräch etwas von dem weiterzugeben, was Sie achtlos erwähnt haben. Wahrscheinlich völlig harmloses Zeug. Aber, wie ich höre, verkehrt er mit diesem Latvin. Soweit der Geheimdienst informiert ist, ist Latvin kein Spion. Ist zu dumm dazu. Ein Hohlkopf wie alle Leute vom Film ... Entschuldigen Sie. Aber, verdammt, alle Russen sind Spione, wie Sie wissen. Die ganze verdammte Botschaft ist nichts als ein einziges Spionagenest.«

Derwent hatte zu lachen aufgehört. Er hielt immer noch das Taschentuch in der Hand.

»Ich verstehe durchaus«, sagte er. »Sie können sich nicht vorstellen, Eure Lordschaft, wie dankbar ich Ihnen für das bin, was Sie mir da sagen. Offen und ehrlich, von Mann zu Mann. Sollte ich indiskret . . .?«

»Das möchte ich nicht sagen«, versicherte Northcote. »Bestimmt nicht. Ich komme mir ohnehin wie ein Narr vor, daß ich das überhaupt erwähnen muß.«

Nun, da seine Botschaft in schicklicher Art an den Mann gebracht war, hatte er es merklich eilig, wegzukommen.

Nachdem er gegangen war, beugte sich Derwent über seinen Schreibtisch. Obwohl durch die Schallmauer des Gelächters ein Teil dessen, was Northcote gesagt hatte, nicht an sein Ohr gedrungen war, glaubte er sicher zu sein, daß Cecile Banner nicht erwähnt worden war. Und ebenso, daß Northcote nicht auf die Unwahrscheinlichkeit einer solchen Affäre hingewiesen hatte – womit angedeutet worden wäre, daß man an seiner geistigen Integrität zweifle, was für einen Mann in seiner Position untragbar wäre.

Letzteres war für ihn persönlich das ärgste Problem. Moral, Anstand und Konvention waren zweitrangig, aber ein Mann, der sich so vergessen konnte wie er und dem ersten besten Mädchen in die Arme lief, der würde möglicherweise ebenso unvorhergesehen einer anderen Versuchung erliegen.

Er sah die tödliche Gefahr, die ein Mann mit solchen Schwächen für ein Amt wie das seine darstellte. Um so mehr erbitterte es ihn nun, daß Northcote nicht scharfsinnig genug oder nicht genügend informiert war, um die Wahrheit zu ahnen. Hätte man ihn richtig ertappt, dann hätte ihn wohl niemand aus seinem Dilemma befreien können. Aber Northcotes verletzende Einmischung hatte das Problem nur noch komplizierter gemacht, denn nun lag es bei ihm, Richard Derwent, die Verantwortung für einen verantwortungslosen Mann zu übernehmen.

Diese unfähigen Kretins vom Geheimdienst wußten nicht einmal, daß sie Cobbs Freundin war, und ebensowenig, daß Cobb ihn hineingelegt hatte. Schließlich würden sie auf ihre umständliche Art die Spur bis zu Cecile verfolgen. Aber zu spät, um ihm zu helfen, sich mit dem gefährlichen Verrat auseinanderzusetzen, der ihn bedrohte. Ein Verrat, dessen Wurzel in seiner zerrissenen, wankelmütigen Natur zu suchen war.

Ein Geringerer als er, ein Mann, weniger gewohnt, sich selbst das Höchste abzuverlangen, hätte erleichtert aufgeatmet, wenn er entdeckte, daß Northcote so weit von der Wahrheit entfernt war. Aber Seiltänzer Derwent konnte keinen Derwent dulden, der auf so irrationale Weise die Balance verloren hatte.

Er zog die Lade auf, in welcher er den Revolver aufbewahrte, als ob der Anblick der Waffe ihm sagen würde, was er zu tun habe.

Sie lag an ihrem Platz, eine ebenso tödliche Versuchung wie Cecile im Bett seiner Frau. Wie unglaublich, daß ein Mann, der solchen Versuchungen unterlag, für die Sicherheit von Millionen Menschen verantwortlich war. In einem Schnellverfahren hätte er nicht gezögert, einen solchen Kerl auf der Stelle erschießen zu lassen. Durch Northcotes Blindekuhspielerei war er zum Richter über sich selbst geworden. Er fühlte sich zu raschem Handeln verpflichtet.

Er nahm ein Blatt Papier aus der Lade. Er mußte Meg eine Nachricht hinterlassen, etwas, das sie überzeugen sollte, daß er ihr gegenüber sein Wort nicht gebrochen habe. Seltsam, daß er sogar jetzt, da er gewillt war, die schwere Strafe des Selbstmordes auf sich zu nehmen, nicht bereit war zu erdulden, daß seine Gattin ihn als Wortbrüchigen betrachtete. Dabei mußte ihm bei einiger vernünftiger Überlegung klar sein, daß es so und so nichts ausmachte, wenn seine Frau erfuhr, daß er sie mit Cecile Banner betrogen hatte. Doch seine peinliche Ordnungsliebe ertrug es nicht, daß er gesagt hatte, er würde etwas nicht tun, und es dann doch tat. Im öffentlichen Leben war er nicht immer bei der Wahrheit geblieben, wer konnte das schon? Aber hier war es ein Spiel. Man spielte es nach genau festgelegten Spielregeln, und er haßte Lügen.

Und noch etwas quälte und beschämte ihn: Daß er sich wieder mit Cecile getroffen hatte, nachdem sie ihm an jenem Tag in seinem Haus solchen Ärger bereitet hatte. Er war einfach nicht imstande gewesen, sich gegen ein weiteres Zusammentreffen zu wehren. In den Stunden, die er mit ihr verbrachte, fühlte er sich in zwei Hälften gespalten. Er fand sie hübsch, doch lange nicht so schön wie Meg. Dafür verleitete sie ihn, was Meg nie tun würde, zu allerlei Liebesspielen. Es war dieses Gefühl, daß sein Wille sich dabei in Nichts auflöste, was ihm so naheging.

Er war bereit zu sterben. Als er jetzt das Blatt Papier zur Hand nahm und seine Füllfeder aufschraubte, sehnte er fast den Tod herbei. Doch einen Wunsch hatte er noch: vor jedermann und vor sich selbst zu verbergen, daß er schwach gewesen war wie ein unreifer Knabe.

Er haßte Lügen. Doch jetzt würde er um eine Lüge nicht herumkommen. In Gedanken entwarf er die ersten Zeilen: Liebling. Du hast bemerkt, daß ich in diesem Sommer nicht mehr derselbe war wie früher. Du wußtest, daß mich meine politischen Gegner wegen meiner Red Arrow unter Druck setzten. Unter normalen Umständen hätte man mich nicht kleingekriegt. Aber wenn Du Dr. Ralston fragst, wird er Dir den wahren Grund mitteilen. Irgend so eine blöde Sache mit einem inoperablen Karzinom.

Er schrieb nichts dergleichen nieder. Bevor er tatsächlich eine solche Geschichte erfand, mußte er mit dem guten alten Ralston reden und ihm auf den Zahn fühlen. Er mußte ganz sichergehen, daß sein Freund und Arzt ihn decken würde. Sollte er ihn anrufen? Oder mußte er persönlich zu ihm gehen und ihm ebenfalls eine Lüge auftischen?

Während er noch darüber nachdachte, klopfte sein Adjutant und kam herein. »Neue Zusammenstöße auf Kreta, Sir. Wollen Sie bitte den Hörer abheben. Leitung drei wartet. Hier habe ich den Bericht von Admiral Hough.« Der Adjutant senkte die Mappe und legte sie geöffnet vor Derwent auf den Tisch.

Heute nachmittag – oder morgen – würde er Zeit haben, mit Ralston zu reden.

Der sympathische junge Mann, der ihn am nächsten Morgen aufsuchte, hieß Blake. Er zog aus der inneren Rocktasche ein schmales Lederetui und klappte es auf. Eine Karte in einem Plastiküberzug kam zum Vorschein. Sie wies Henry Blake als Agenten der Abteilung MI-5 aus.

»Sir George hielt für am besten, daß ich den Fall mit Ihnen bespreche«, begann Blake heiter-zwanglos. »Natürlich, wenn es Ihnen lieber ist, die Sache mit ihm persönlich zu besprechen, wird er sich gerne für Sie freinehmen und selbst herkommen.« Sir George Bartlett war Chef der Abwehr. »Oder er und ich könnten beide mit Ihnen . . .«

»Das wird nicht nötig sein, nehme ich an«, sagte Derwent. »Sie und ich sollten imstande sein, den Fall zu klären.«

Derwent zweifelte keinen Augenblick daran, daß ihm hier noch jemand wegen Cecile Banner das Messer ansetzen wollte. Doch das machte nichts. Heute hatte er sich in der Hand. Seine ersten Befürchtungen waren beseitigt. Am Abend zuvor war er bei seinem Freund Dr. Ralston gewesen. Unter taktvoller Umgehung des wahren Sachverhaltes hatte er von diesem jene Zusicherung erhalten, die er brauchte. »Edward, altes Haus, es könnten Dinge passieren, die der Öffentlichkeit am besten für immer verborgen bleiben. Da oben in der Regierung gibt es, muß es Geheimnisse und private Dilemmas geben, die die Öffentlichkeit nicht wissen darf.« Er war zuversichtlich, daß die Erklärung für seinen Selbstmord ein unheilbares Krebsleiden sein würde.

Jetzt, wenn die Sache mit Blake bereinigt war, konnte er unter die Überschrift Darling für Meg eine gute, glaubhafte Lüge setzen. Kein Fleck würde an ihm haftenbleiben.

»Ich kann mir ungefähr vorstellen, weswegen Sie kommen«, sagte er zu Blake. »Kommen wir gleich zum Thema. Doktor Cobb? Cecile Banner?«

Blake nickte und strich sich den Schnurrbart. »Und einer von Cobbs Freunden«, fügte er hinzu.

»Er hat viele, hört man.«

»Uns interessiert nur einer«, sagte Blake. »Ich habe in Erfahrung gebracht, daß er in Kontakt steht – oder im Begriff ist, in Kontakt zu treten – mit einem Russen namens V. A. Obukow.«

Das war eine Niete. Derwent schüttelte den Kopf.

Blake sagte: »Obukow ist unter anderem im gegenwärtigen russischen Machtapparat in eine schiefe Lage geraten. Als ein Mann Chruschtschews gelangte er nach oben. Als Chruschtschew ging, mußte er einige kunstvolle Manöver getätigt haben, um nicht selbst auch durchzufallen. Kurz, er dürfte mit der neuen Spitze immer weniger gut auskommen.«

»Also ein doppeltes Rätsel«, sagte Derwent. Es war böses Gerede, einfach nur, um etwas zu sagen. Er mochte diesen Mr. Blake. Besonders in seiner gegenwärtigen Abschiedsstimmung. Blake war ehrgeizig, und er wollte ihm gerne behilflich sein. »Sie scheinen ihn ohnehin bereits ziemlich genau durchleuchtet zu haben.«

»Nicht genau genug, um mit letzter Sicherheit alles über ihn sagen zu können«, meinte Blake. »Aber es gibt vielversprechende Ansätze, was seine Person betrifft. Der Bursche ist für uns von besonderem Interesse, weil er mit den englischen Überläufern zu tun hat. Jahrelang hatte er mit ihnen gesellschaftlichen oder sogar freundschaftlichen Umgang. Wir stufen ihn nicht so sehr als einen Spion ein, eher als einen Menschen, der sich geistig in die nebelhafte Sphäre zwischen Abwehr und Ideologie geflüchtet hat, wenn Sie verstehen, was ich meine.«

»Ja.«

»Wir verstehen nicht ganz, warum er jetzt in London ist. Tatsache ist, daß uns zuerst Doktor Cobb auf ihn hingewiesen hat. Durch ihn sind wir neugierig geworden.«

Derwent ließ sich seine Überraschung nicht anmerken. Er zeigte weiterhin sein interessiertes Lächeln. Doch in seinem Inneren waren plötzlich viele Lichter angegangen, Möglichkeiten, Mutmaßungen, Hoffnungen bahnten sich an – ein ganzes Räderwerk von Gedanken, das er zum Stillstand verurteilt hatte, begann in Bewegung zu geraten. In schmerzlicher Fülle stürzte alles auf ihn ein. Er fühlte sich wie ein Mensch, den man durch einen Schlag ins Gesicht vom Scheintod erweckt hat.

»Cobb arbeitet für Sie?« fragte er. Eine bejahende Antwort hätte alles verändert, vieles in freundlichem Licht erscheinen lassen.

Blakes Antwort war nur ein dünner Strohhalm. »Er ist eine unserer Quellen. Verläßlich und loyal, glaube ich. Er ist schwer durchschaubar. Aber jedenfalls, Eugene Latvin ist ihn darum angegangen, mit Obukow Kontakt aufzunehmen.«

Derwent mußte seine quälende Ungeduld unterdrücken. Am Horizont hatte sich ein Lichtschein gezeigt, man hielt ihm einen Strohhalm hin. Sein Überlebenswille war in ihn zurückgekehrt, aber noch sah er den Weg nicht.

»Wir glauben, Obukow könnte den Versuch machen, abzuspringen. Er könnte Cobb als Zwischenglied benützen, um an jemanden heranzukommen, der ihm, nun ja, eine anständige Bleibe verschaffen kann. Sie wissen, Cobb hat ausgezeichnete Verbindungen. Ich möchte nicht, daß Sie glauben, daß wir Cobb nicht trauen, aber wir versuchen, ihn, so gut es geht, für unsere Zwecke auszunützen. Sehen Sie jetzt, worauf ich hinaus will?«

»Ich glaube, ja.« Langsam zeichnete sich ein Weg ab, den er gehen könnte.

»Ihr alter Freund Corning Alfred ist zu ihnen übergelaufen. Ganz gewiß kannte er Obukow. Ich nehme an, Sie müssen sich fragen, was mit Alfred geschehen ist. Wie er jetzt über seinen Verrat denkt und was er tun würde, wenn er noch einmal vor der gleichen Entscheidung stünde.«

»Natürlich möchte ich das gerne wissen. Wobei selbstverständlich nicht nur meine persönliche Neugier im Spiel ist.«

Blake schien über diese Worte erfreut, er sah, daß Derwent und er am selben Strang zu ziehen begannen.

»Sie müssen mit Obukow über ihn reden.«

Derwent zuckte mit den Achseln.

»Tut mir leid. Mein Vorschlag kam etwas zu früh. Wie die Dinge stehen, glaube ich, wir können auf Sie zählen. Sie stecken bis zum Hals im Sumpf, wie Sie wissen. Ich glaube, der Innenminister hat Sie gestern aufgesucht.«

Derwent sagte sarkastisch: »Es erleichtert mich unglaublich, zu wissen, daß die Abteilung MI-5 sich ebenso darum kümmert, was unter den Regierungsmitgliedern vor sich geht, wie um die Ereignisse in Übersee.«

Blake war durch diese sarkastische Bemerkung nur leicht irritiert. »Manchmal möchten wir das«, gab er zu. »Ohne zu wünschen, uns in persönliche Ange . . .«

»Es ist Ihre Pflicht.«

». . . daß Sie mit Cobbs Mädchen ins Bett gegangen sind, war, glaube ich, die richtige Zauberformel. Ob Sie es nun absichtlich getan haben oder nicht, ist ein echtes Täuschungsmanöver. Tarnung der wahren Absichten. Cobb muß von Ihnen genau den falschen Eindruck gewinnen. Andererseits kann es dem Innenminister nicht gefallen, wenn er erfährt, Sie hätten eine Indiskretion begangen, es sei denn, man kann das ganze als Teil eines Planes hinstellen, dessen Ziel es sei, Obukow auf unsere Seite zu ziehen.«

Jetzt endlich! Der Mann ihm gegenüber hatte seine Cambridge-Manieren über Bord geworfen und ihm das Messer gezeigt. Derwent zuckte mit keiner Wimper.

»Ich möchte nicht, daß Sie glauben, ich übe Zwang auf Sie aus. Ich schlage nur eine Zusammenarbeit vor, die attraktive Ergebnisse bringen könnte«, sagte Blake.

Derwent lächelte boshaft. Zahn um Zahn. Oh, er würde sein Spiel spielen, auf seine Weise. Noch war es nicht sinnlos, Blake glauben zu lassen, er baumle bereits als hilfloser Köder an der Angel.

»Aber«, sagte Blake, »ich kann mir nicht ganz vorstellen, wie Sie aus dem Schlamassel herauskommen, wenn Sie nicht mit uns mitspielen. Früher oder später wird die Cecile-Banner-Affäre Ihren politischen Gegnern oder Ihren Freunden zu Ohren kommen. Sie werden eine Erklärung dafür brauchen.«

Wie in Gedanken hatte Blake die ganze Zeit über mit seiner Krawatte gespielt. Jetzt ließ er sie los und starrte auf seine Handfläche. »Ein Mann braucht manchmal eine Erklärung für sich selbst.«

Das war vielleicht das Überzeugendste, was er bisher gesagt hatte. Mehr als alles andere paßte es in den Plan, der in Derwents Gehirn Form annahm. Doch das würde er Blake nicht sagen. Stattdessen fragte er ihn: »Wollen Sie mir bitte genau auseinandersetzen, was Sie vorhaben?«

»Nun – die Not zur Tugend machen. Sie werden sich weiterhin mit Cobb und seinen Huren abgeben, und Sie werden mit Obukow reden, wenn sich die Gelegenheit dazu ergibt. Ich kann nicht garantieren . . .«

Derwent machte eine wegwerfende Handbewegung. Er brauchte keine Garantie. Trocken sagte er: »Sie sind sich doch klar, junger Mann, daß das, was Sie mir hier sagen, einen Versuch darstellt, Zwang auf mich auszuüben. Ich bin Mitglied des Oberhauses. Und Sie wollen mich als Spitzel, oder wie immer man das nennt, benützen. Ihr geistreicher Plan hört sich ganz so an wie die Vorbereitungen zu einem Dummen-Jungen-Streich.«

Blake sagte: »Ich glaube, Sie sind eine tote Ente, wenn Sie nicht mit uns mitmachen.« Er schluckte, und eine plötzliche Röte überzog sein Gesicht. Er wußte, wenn dieser letzte Bluff ins Leere ging, konnte Mr. Blake der Abteilung MI-5 ade sagen und seine Karriere in einer High-School in Australien fortsetzen.

»In diesem Fall«, sagte Richard Derwent nach einer Weile, »in diesem Fall, junger Mann, will ich Ihnen erklären, daß ich fest glaube, daß Tod eine schreckliche Sache ist. Für Enten. Für jedermann. Ihr Dummer-Jungen-Streich könnte gelingen. Ich sehe keinerlei Nachteile darin, mich mit Obukow zu treffen und ein Gespräch mit ihm zu führen, wenn Sie glauben, er will britischer Staatsbürger werden. Wenn sich die Gelegenheit ergibt, werde ich dem Zusammentreffen gelassen entgegensehen.«

Blake tat einen Atemzug. »Recht so, Sir. Ich hoffe, ich war nicht zu aggressiv. Und wie ich die Sache sehe, kann es das Ende der Welt bedeuten, wenn wir Obukow nicht kriegen. Die Sache ist einen Versuch wert.«

»Bleiben Sie mit mir in Verbindung«, sagte Derwent, als der junge Mann hinausging.

Wenn er sich selbst gegenüber ehrlich war, dann hätten ihn die überschwenglichen Gefühle, die ihn nach Blakes Weggehen überfielen, ebensosehr beunruhigen müssen wie seine Selbstmordstimmung zuvor. Er ging zum offenen Fenster und blieb einige Minuten lang dort stehen und sah hinaus, bevor er sich wieder seiner Arbeit zuwandte. Weiße Schäfchenwolken zogen über Londons altehrwürdige Dächer. Er gab ihnen seinen jugendlichen Überschwang mit auf den Weg.

Wieder an seinem Schreibtisch, öffnete er die Lade und nahm das Blatt Papier heraus, auf dem er begonnen hatte, seinen Abschiedsbrief an seine Frau zu schreiben.

Darling!

Darunter schrieb er:

Eine lästige Verpflichtung ist mir dazwischengekommen, und so konnte ich unsere Verabredung nicht einhalten. Ich habe dich schrecklich vermißt. Ich hoffe, Du weißt, was Du meinem alternden Herzen angetan hast.

Es sieht so aus, als ob die Umstände mich für den Rest der Woche zwischen diesseits und jenseits des Ozeans herumpendeln lassen werden, aber ich kehre wieder.

Geh also nicht fort. Ich will Dich so bald wie möglich sehen. Ich rufe Dich sehr bald an. Aber es wäre furchtbar lieb von Dir, wenn Du mich nächsten Sonntag zu Hause anriefst. Es geht mir gut, falls Du Dich um mich gesorgt hast.

Dein Dick

Dieser Stimmungsumschwung hätte ihm als weiteres Zeichen seines inneren Aufruhrs dienen müssen. Doch Überschwang trübt das Urteilsvermögen mehr als Verzweiflung.

Als er den Brief an Cecile aufgab, wußte er nur, daß eine Hochstimmung die andere abgelöst hatte. Der alte Seiltänzer hatte seine Balance wiedergewonnen. Der alte Krieger war bereit zur Schlacht.

In seinen Ohren klangen ihm jene Worte wieder, die ihn an jenem ersten Tag so schockiert hatten: »Gehen wir irgendwohin, ich möchte mit dir vögeln.«

Jetzt war es Teil eines Planes. Er würde es tun. Genau das. Und mit Vergnügen.

# 30. KAPITEL

Es ist oft die Frage gestellt worden, warum man nicht sofort den Premierminister informierte, als Richard Derwents Affäre mit Cecile Banner und seine Beziehungen zu Michael Cobb bekannt wurden. In der Rückschau muß es gewiß bedauerlich erscheinen, daß der Geheimdienst, die Abteilung MI-5, Scotland Yard und die Londoner Polizei von Anfang an nicht besser zusammenarbeiteten. Jede dieser Organisationen betrieb ihre eigenen Nachforschungen, ohne Rücksicht auf die Nachforschungen der anderen und manchmal auch, ohne über die unternommenen Schritte der anderen informiert zu sein. Die Polizei befaßte sich mit Cobb und C. A. Kugel wegen ihrer auf Gewinn ausgerichteten Beziehungen zu Cecile Banner und Tammy Chandler. Der Tatbestand der Zutreiberei schien durch die stadtbekannte Party im Hause »eines sehr, sehr reichen Mannes« genügend erwiesen. Der Geheimdienst hatte von Anfang an ein Auge auf die Freundschaft zwischen Michael Cobb und dem Russen Eugene Latvin. Die Gefahr der Bedrohung der Sicherheit schien in dem Augenblick gegeben, da Richard Derwent in Michael Cobbs Wohnung zu verkehren begann und an dort stattfindenden Partys teilnahm. Die Abteilung MI-5 wollte die Möglichkeit ergründen, den Russen V. A. Obukow zum Abspringen zu bewegen. Und Scotland Yard schließlich interessierte sich, zumindest anfänglich, für illegale Devisentransaktionen, an denen C. A. Kugel und ein gewisser älterer Herr beteiligt gewesen sein sollten ...

*Der Melamine-Report*

Der Armeehubschrauber, der südlich von Bad Kissingen einen Fluß überflog, befand sich so knapp über dem Erdboden, daß die Weidenzweige im Luftwirbel der Rotoren zu tanzen begannen. Der eiförmige Schatten, den die Blätter der Luftschraube auf das braunblaue Wasser warfen, glich den Umrissen eines riesigen Fisches, der sich knapp unter der Wasseroberfläche in gleicher Richtung wie der Flugkörper fortbewegte. Knaben und Mädchen, die entlang einer Sandbank badeten, winkten herauf und schienen etwas zu rufen.

»Schau!« sagte Derwent zu seiner Frau. »Dort ist die Panzerkolonne aus Schweinfurt.« Er zeigte durch die auf der Schattenseite liegenden Fenster des Helikopters. Zwischen den mit Spätsommerlaub stehenden Bäumen sah Meg die lange Schlange getarnter amerikanischer Panzer und Lastwagen über die Schattenstriche der Alleebäume kriechen. Zu beiden Seiten der Straße wellten die Felder grün und goldgelb bis zum sanften Horizont. Das Korn wurde eingebracht. Auf den Äckern standen die Bauern, und an den Einmündungen der Seitenstraßen warteten Pferdewagen darauf, daß die vorbeiziehenden Militärfahrzeuge ihnen den Weg wieder freigaben. Da und dort stach aus tupfenartigem Baumgrün ein spitzer Dorfkirchturm in den Himmel.

Plötzlich war ein leises Summen zu hören, das bis zum Gebrüll anschwoll. Der Hubschrauber wurde leicht durchgeschüttelt. Der Pilot wendete sich um und gab durch ein Grinsen zu verstehen, daß alles in bester Ordnung sei. Nur etwa dreihundert Meter links von ihnen war eine Formation deutscher Starfighter vorbeigeflogen, die der gepanzerten Kolonne Deckung aus der Luft gab.

»Jetzt schau dorthin«, sagte Derwent. »Kannst du sie noch erkennen? Sie fliegen sehr hoch, aber man kann sie sehen, wenn sie das Sonnenlicht reflektieren.« Er deutete in den Himmel gegen Osten.

»Sind das auch unsere?« fragte Meg.

»MIG«, sagte er. »Es sind drei, siehst du sie? Sie verfolgen alles, was sie von jenseits der Grenze aus sehen können.«

Das hier waren offizielle NATO-Manöver.

»Blue Baron wird sich mit Ulysses und Longbow bei Kissingen vereinigen«, sagte Derwent. Blue Baron war die gepanzerte Kolonne. Ulysses war eine motorisierte Abteilung, die über Atomwaffen, Artillerie und Raketen verfügte. Und Longbow war ein motorisiertes britisches Infanterieregiment.

Das hier war ein Kriegsspiel. Denn in diesem Teil der Welt herrschte offiziell Frieden – doch das war, so schien es Meg Derwent, auch nichts anderes. Mitten durch die sommerlichen Felder und vorbei an dem badenden jungen Volk bahnten sich die Maschinen ihren Weg zu einem vorher genau festgesetzten Punkt. Und dann – Feuer! Krieg oder Frieden, Soldaten konnten nicht ununterbrochen schießen. Zum Krieg gehörte auch noch anderes. Der Anmarsch. Das Aufeinandertreffen. Der Countdown, die Feuereröffnung.

Meg gehörte nicht zu den Frauen, die bei solchen Vorstellungen fröstelten. Es drückte nicht auf ihre Stimmung, beeinträchtigte nicht die Schönheit dieser Welt. Krieg war das Geschäft ihres Mannes, und daher war es auch ihr Geschäft. In Träumen oder in Gedanken – wie eben jetzt – sah sie sich an seiner Seite, und sie würde zweifellos auch im Ernstfall an seiner Seite sein.

Nach den Tagen auf Cap Ferrat war sie von Marseille abgeflogen und hatte ihn zum Lunch am französischen Luftwaffenstützpunkt bei Straßburg getroffen. Sie hatten mit Marschall Juin und dessen Stab gespeist. Sie hatte auf einen französischen Oberst besonderen Eindruck gemacht und ihm – für seine Töchter im Lycée, wie er sagte – ein Autogramm geben müssen. Sie wußte nicht, was der Marschall und Dick im Arbeitszimmer des Herrenhauses, das Juin als Hauptquartier diente, besprochen hatten. Beim Lunch war natürlich auch niemand von der Presse dagewesen, aber die jungen Männer, die als offizielle Photographen hier tätig waren, umgaben sie wie ein Bienenschwarm und machten Photos von ihr, wie die Publicityleute damals in ihrem alten Studio.

In wenigen Minuten würde der Helikopter in Bad Kissingen landen. Sie würden einen Cocktail nehmen – bei dem schönen Wetter wahrscheinlich im Freien –, zusammen mit Billy Fitzburn: Feldmarschall William L. O. Fitzburn, dem Kommandeur der NATO-Landmacht. Hierauf war sie Gast bei Count und Countess Termohlen, blieb bei ihnen über Nacht, während Dick nach London zurück mußte; er konnte das Dinner nicht abwarten.

Dieser kleine Ausflug mit dem Hubschrauber war die einzige Möglichkeit zu einem privaten Gespräch. Und eine recht armselige dazu, denn seit ihrem Abflug von dem französischen Stützpunkt waren sie zweimal zwischengelandet. Dick mußte vor den Soldaten einer Frankfurter Garnison eine Rede halten. Irgendein Trottel hatte die Leute in Reih und Glied vor ihnen aufmarschieren lassen.

So war es oft und oft abgelaufen. Diese Kriegsspiele und Rituale, die irgend jemand ausknobelte. Ebenso knobelte man ja auch die üblichen Kriege aus und mißinterpretierte sie dann, wenn sie einmal im Gang waren. Jedoch hinter dem witzlosen Getanze vor den Augen der Öffentlichkeit gab es Dinge, die fest und bestimmt waren. Mochten sie auch nur von privater Bedeutung sein, man mußte sich an sie halten, wenn die formelle Hülle abfiel.

Und so mußte sie ihm einfach sagen, was ihr seit Bad Kissingen auf der Seele lag: »Dick, ich hätte dich nicht allein in London lassen sollen. Dick, ich möchte dich vor Doktor Cobb warnen.«

Er sah sie erschrocken an. Dann sagte er ruhig: »Das ist nicht nötig. Du hast offenbar von jemandem gehört, daß ich gelegentlich bei ihm in der Wohnung war. Er ist ein sehr unterhaltsamer Gastgeber, wie sich jetzt herausstellt. Das ist alles.«

»Nein, hör zu, Dick. Denk meinetwegen, ich bin verrückt. Aber ich muß es dir sagen. Als ich auf Cap Ferrat war, kam er eines Nachmittags zu mir.«

»Kam zu dir?« Es war ganz unmöglich. Derwent war sicher, daß Cobb London während Megs Abwesenheit nicht verlassen hatte.

»Es war an einem Tag, an dem ich allein zu Mittag gegessen hatte. Ich war auf der Terrasse. Die Sonne stach herab. Das Meer hatte bedrohliche Farbe angenommen. Von der Seeseite blies unablässig eine kräftige Brise.« Derwent hatte das eigenartige Gefühl, daß sie den Text von einer Vorlage ablas. »Ich erinnere mich an den starken Duft der Blumen. Ich mußte schlafen. Es war erschreckend, sich wie unter einem Zwang zu fühlen.«

»Du Armes.«

»Ich war ganz allein. Aber ich glaubte, ich wäre es nicht. Jemand war noch da. Ich konnte mich nicht wehren. Dann wußte ich, wer es war. Er war grausam, rücksichtslos . . .«

Derwent war ehrlich bestürzt. Er mußte sie beruhigen. »Und du meinst, Cobb war da? Ganz unmöglich, wie du weißt.«

»Ich weiß nicht. Ich weiß nicht. Wer sonst könnte es gewesen sein? Ich fühle mich ganz wie jene Frau, die ich an jenem Morgen in Cadwater im Gras liegen sah. Ganz genau erinnere ich mich meiner Gefühle. Soviel ich weiß, war niemand physisch anwesend. Aber ich schlief auch nicht. Es war ein Zustand, wie ich ihn nie zuvor an mir erfahren habe. Ich fühlte unglaubliches Verlangen . . .«

Nun mußte Derwent laut lachen. »Wir haben oft davon gesprochen, wie sich das Mittelmeer auf dein Gefühlsleben auswirkt.«

Sie lachte mit, ein wenig erleichtert, aber doch noch voll Unbehagen.

Heiter sagte er: »Bevor wir abreisten, sprachen wir davon, wie Cobb sich in das Innenleben anderer hineinzustehlen vermag. Ich hatte das gleiche Gefühl wie du, glaube mir. Aber jetzt, da ich ihn etwas besser kenne, finde ich ihn, wie schon gesagt, sehr unterhaltsam und nicht ein bißchen dämonisch.«

»Ich bin sicher, er ist es nicht«, sagte sie. »Verzeih mir . . .«

Sie schien nicht gänzlich beruhigt, und Derwent war betroffen von der Sicherheit ihres Instinktes. Schon vor mehreren Tagen hatte er beschlossen, ihr die Affäre mit Cecile zu bekennen, sobald sie einander treffen würden. Er wollte an Megs Toleranz appellieren, sie sogar, falls nötig, daran erinnern, daß sie selbst ihm diesen kleinen Seitensprung anempfohlen hatte, bevor sie abreiste; wollte es mit dem französischen Sprichwort abtun: »Uns nützt es sehr, und den anderen schadet es wenig.«

Doch jetzt war dieses Eingeständnis nicht mehr möglich. Es würde nur dazu beitragen, Megs wunderlich-makabres Bild von Cobb, das sie seit jenem Wochenende auf Cadwater von ihm hatte, weiter zu verzerren. Er würde vieles vor ihr und der Welt durch Teilgeständnisse für immer verbergen müssen.

»Wir sind beinahe am Ziel«, sagte er.

Unter ihnen, auf einer anmutigen Grünfläche vor einem wunderschönen, aus Ziegel und Stein erbauten Schloß, entlud eben ein anderer Helikopter seine Passagiere, fünf Männer in Uniform und drei Zivilisten. Gott sei Dank, es war eine Frau dabei. Meg haßte es, bei solchen Gelegenheiten die einzige Dame zu sein.

»Die Amerikaner«, sagte Dick. »Bestimmt sind es Harvey und Arthur.«

Am Rande des Gartengrundstücks neben einem Sommerhäuschen und einer wunderlichen alten Zugbrücke hatte ein Ehrenbataillon Aufstellung genommen, und daneben wartete ein Musikkorps auf das Zeichen zum Einsatz. Die Nationalflaggen neben den Büfettischen flatterten im Wind der Rotoren nach allen Richtungen, die amerikanischen Generäle mußten ihre Uniformkappen niederdrücken, und die Frau, wohl General Archibalds Gattin, hielt mit beiden Händen ihren Minirock.

»Meg«, sagte Derwent, »ich werde dir etwas sagen, was ich vielleicht nicht sagen sollte. Aber vielleicht erleichtert es dein Gemüt. Es hat immer mehr den Anschein, als ob Cobb nur ein Schreckgespenst wäre. Hilft es dir, wenn ich dir jetzt sage, daß er MI-5 bei einer Sache behilflich ist?«

»Oh«, sagte sie.

»Und ich habe auch ein wenig damit zu tun. In ein paar Wochen kann ich dir vielleicht die ganze Geschichte erzählen.«

Sie sah ihn durchdringend an, lächelte schwach. »Das erklärt eine ganze Menge«, sagte sie.

Er log natürlich. Durch ihr Gespräch vorhin hatte sie erfahren, daß er in ihrer Abwesenheit Michael Cobb besucht hatte. Das bedeutete, daß er dieser Cecile arg auf den Leim gegangen war, und bestätigte ihre Befürchtungen bezüglich Dr. Cobbs.

Für sie war es nur ein böser Traum gewesen – und er tischte ihr jetzt Halbwahrheiten über Cecile und Cobb auf. Zwischen sie war eine Lüge getreten, und neue Lügen würden folgen. Was immer Richard ihr in ein paar Wochen erzählen würde, es würde kaum die häßliche Wand beseitigen helfen, die sie beide jetzt zwang, jeder die Situation von seiner Seite aus zu sehen und die Version des anderen zu respektieren.

All das ging ihr durch den Kopf, jedoch sie ließ sich nichts anmerken. »Darf ich dir den Kragen richten«, sagte sie. Der amerikanische Hubschrauber hatte in Schräglage abgehoben, und ihr Pilot machte sich bereit, auf dem saftigen, tiefgrünen Grasboden vor dem Schloß aufzusetzen.

»Ich bin froh, das über Cobb zu hören. Es war nicht schön von mir, so von ihm zu denken«, sagte sie. »Vielleicht werde ich ihn sogar beauftragen, ein Porträt von mir anzufertigen. Ja, ich glaube, das werde ich.«

Ein sanfter Ruck, und sie standen auf dem Rasen. Der amerikanische Leutnant trat einige Schritte vor, um ihnen die Tür zu öffnen.

Billy, Harvey, Arthur und die anderen Generäle kamen quer über den Rasen und begrüßten sie mit breitem Grinsen und ausgestreckten Händen.

# 31. KAPITEL

Der Brief an sie war auf Derwents offiziellem Briefpapier geschrieben. Auf dem Briefkopf prangte ein bossiertes Wappen, die Überschrift lautete: »Darling«. Nichts in ihrem kurzen Leben hatte ihr ein derartiges Gefühl der Eigenexistenz und Bedeutung zu geben vermocht wie das hier.

Nun war sie offiziell sein Darling, dachte sie mit leichtem Schaudern. Sie wußte nicht sehr viel von der Form, in der offizielle Schreiben auf solchem Briefpapier abgefaßt wurden. Für sie war der Brief eine Medaille, und sie mußte unablässig daran denken, für welchen Dienst sie dekoriert worden war.

Der Postbote brachte den Brief in Michaels Wohnung, als dieser nicht zu Hause war. Sie dachte zuerst, sie müßte ihm den Brief zeigen und ihn um Rat fragen. Oder sie wollte das Blatt vor seinem Gesicht hin und her schwenken und ihn so weit bringen, daß er zugab, sie stehe bei anderen hoch im Kurs, sehr hoch. Es war ihr etwas unbehaglich zumute, die Verantwortung für dieses bemerkenswerte Dokument allein übernehmen zu müssen.

Aber Michael hatte ihr die Photos, die in Cadwater von ihr aufgenommen worden waren, weggenommen und sie irgendwo versteckt. »Ärgere dich nicht, ärgere dich nicht. Sie gehören ja dir. Ich werde sie getreulich für dich aufbewahren«, hatte er versprochen. Es machte sie wütend, daß er nicht einmal zuließ, daß sie die Bilder Tammy zeigte.

Als sie den Brief bekam, war ihr erster Gedanke: Was würde Tammy dazu sagen? Vierundzwanzig Stunden lang unterdrückte sie standhaft jede Regung, das Blatt vor ihr prahlerisch hin und her zu schwenken. Es lag zwischen ihrer Unterwäsche versteckt in einer Schublade. Aber das Bewußtsein, daß es existierte, machte sie nervös, zog sie dauernd zu dem Versteck hin, sie wollte das Blatt herausnehmen und noch einmal lesen. Eigentlich schrieb er nichts Bestimmtes, außer daß er ziemlich deutlich zum Ausdruck brachte, wieviel sie ihm bedeute. Aus dem Umstand, daß jemand mit einem ins Bett ging, wenn sich die Gelegenheit dazu bot, war so etwas nicht mit Sicherheit zu entnehmen. Aber ein Handschreiben auf offiziellem Briefpapier . . .

Als sie es nicht mehr länger aushielt, rief sie Tammy an und sagte ihr, sie wolle ihr etwas zeigen. Tammy glaubte, aus Ceciles Ton entnehmen zu können, daß es sich um ein Geschenk handelte, und sie sagte, sie habe Cecile ebenfalls etwas zu zeigen. Etwas, was mindestens fünf Pfund gekostet haben mußte.

Sie machten aus, einander, so schnell es ging, in einer Untergrundstation zu treffen. Sie fuhren beide bis Kensington Gardens, stiegen nach oben und durchwanderten den Park auf der Suche nach einem schattigen, einsamen Plätzchen, wo sie einander ihre Enthüllungen machen konnten. Tammys Geschenk war eine Nadel in Form eines goldenen Schmetterlings mit einem Stein, der ihrer Meinung nach ein Opal sein konnte. Wenn der Stein echt war, hatte die Nadel einen Wert von ungefähr fünfzigPfund.

Als Tammy Ceciles Brief las, ließ sie sich ins Gras fallen, rollte sich auf den Rücken und strampelte mit den Beinen. »Du hast ihn!« kicherte sie.

Cecile war verwirrt und betroffen zugleich. »Aber er liebt seine Frau sehr. Ich bin nur ein Abenteuer für ihn. Oder ist er . . .?« Es war ihr der Gedanke gekommen, der Brief könnte wichtiger sein, als sie bisher angenommen hatte. »Seine Frau ist sehr schön. Sie sieht wunderbar aus für ihr Alter. Sie ist verreist, aber sie wird bald wieder in England sein.«

»Viele bedeutende Männer haben Frauen«, höhnte Tammy. »Die Sache ist nur die: Dein Derwent klingt so happig, so echt.«

»Wenn er es mir macht, dann sagt er immer, ich bin schön, und er liebt mich«, gab Cecile zu. Das mochte vielleicht kein Beweis dafür sein, daß er es ehrlich meinte, aber . . .

»Und wenn er es nicht ehrlich meint«, sagte Tammy mit überlegenem Lächeln, »dann habt ihr ihn immerhin in der Hand. Ich nehme an, es lohnt sich, einen Brief wie diesen weder seiner Frau noch dem Premierminister zukommen zu lassen.«

»So etwas würde ich nie tun. Nie.«

»Ich rede natürlich nicht von Erpressung. Aber du könntest Rob Varden fragen, ob die Zeitungen nicht bereit wären, ein schönes Sümmchen springen zu lassen, wenn man sie diesen Brief lesen ließe.«

»Ich werde auch das nicht tun«, sagte Cecile. Ihre Gefühle waren zu rein, um solche schmutzigen Überlegungen zuzulassen. Woran sie höchstenfalls zu denken wagte, war eine eigene Wohnung. »Etwas Nettes, ich meine, etwas wirklich Nettes«, sagte sie gedankenverloren. »Er ist an schöne Dinge gewöhnt. Es ist sicher nicht recht von mir, bei Michael zu bleiben, wenn Dick mich ... Ich meine, er hat mich über Michael ausgefragt, und ich nehme nicht an, er glaubt mir allzusehr, wenn ich sage, wir sind wie Bruder und Schwester zueinander.«

Tammy kicherte laut. »Da bin ich ganz deiner Meinung, daß er dir keine Lüge glaubt. Wenn du eine nette kleine Wohnung hättest, wäre das etwas anderes. Die Sache könnte eine Weile so weitergehen. Aber wie willst du ohne Geld so etwas kriegen? Und der Brief ist das einzige, was du hast, aus dem man Geld herausschlagen kann.«

Diese beiden Wünsche, eine Wohnung und eine süße, länger währende Affäre mit Dick Derwent als dessen Hintertreppenmätresse, waren miteinander unvereinbar. Sie waren aber auch wieder zu verlockend, um einfach die Hände in den Schoß zu legen. So kamen sie überein, daß das mindeste, was zu tun wäre, das Anfertigen einiger Photokopien des Briefes wäre. Für den Fall eines Falles.

»Natürlich besteht die Chance, daß er es ehrlich meint«, überlegte Tammy, »warum würde er dir sonst überhaupt schreiben? Überlaß mir auf jeden Fall eine Kopie des Briefes. Ich werde C. A. fragen, was man damit anfangen könnte. In diesen Dingen ist er ziemlich geschickt.«

So erfuhr Kugel von dem folgenschweren Brief früher als Michael. Und gerieben war er in der Tat. Gerieben und genauso habsüchtig wie Tammy. In Erpressungs- und Nötigungssachen war er zu Hause. Aber er war nicht mehr der alte. Michael versuchte die längste Zeit, ihm Cecile aufzuschwatzen. C. A. war überzeugter, als er sich anmerken ließ, daß es Michael nicht ungern sähe, wenn man ihr finanziell unter die Arme griffe. Sie war keinesfalls die Dame in Michaels Stall, die dieser sich würde weiterhin als Aushängeschild leisten können. Noch war er nicht soweit, einen entscheidenden Schritt zu tun und Cecile gegen Tammy auszutauschen, und er war nicht einmal sicher, daß Cecile zu ihm kommen würde, obwohl Michael gesagt hatte – das war Teil ihres Abkommens –, sie könne jederzeit dazu überredet werden, wenn Michael sich einmal mit der Summe einverstanden erklärte, die sie als regelmäßige Zuwendung dafür erhalten würde.

Nun, da Kugel wußte, daß sie die Mätresse eines Mannes vom

Range Derwents war, begann seine Wertschätzung für Cecile höchste Höhen zu erklimmen. Er eilte zu Michael, bereit, das Geschäft zum Abschluß zu bringen.

»Mein Gott!« rief Michael, als er die Kopie des Briefes in Kugels schmächtiger, zarter Hand sah. »Mein Gott!« Er mußte die kleine Idiotin sofort an die Leine legen, bevor sie den Brief überall in der ganzen Stadt herumzeigte. Sie war im Begriff, alles zu verderben – für sich und für andere, die es noch weniger verdienten als sie.

»Es ist ja nicht, weil ich annehme, Derwent treibt die Sache mit ihr weiter«, schnurrte Kugel, »nein, so leichtsinnig ist er nicht. Aber er hat etwas an ihr gefunden, nicht wahr? Du hattest recht. Du hast ihre Qualitäten zum Vorschein gebracht. Von sich aus hat sie nichts.«

»Ich habe ihre Qualitäten zum Vorschein gebracht! Zum Teufel damit«, sagte Michael aufgebracht.

»Kein Grund zur Aufregung«, sagte Kugel. »Bei mir ist das Geheimnis absolut sicher. Ist doch besser, es bleibt eins, als es ergeht ihm wie den Photos, die beim Swimming-pool aufgenommen wurden, oder nicht?«

»Die hast du auch gesehen?«

Es stellte sich heraus, daß das nicht der Fall war. Das war wenigstens etwas. C. A. hatte nämlich durch Tammys Bericht den falschen Eindruck gewonnen, auf jenen Bildern sehe man Cecile nackt inmitten der Leute umherstolzieren. So etwas nötigte ihm Bewunderung ab. Das Mädchen war Klasse, war ausbaufähig. Seine Begeisterung stieg. Rund um dieses aufregende Mädchen würde sich immer etwas tun.

C. A. Kugel war geschickt. »Sag ihr vielleicht, ich borge ihr das Geld für die Wohnung, in der sie ihn empfangen will!« schlug er vor.

Michael sagte noch einmal: »Mein Gott!« Sonst nichts. Und eilte schleunigst nach Hause.

Sie erwartete ihn bereits. Sie war sichtlich gewappnet für den harten Strauß. Als er ihr befahl, ihm sofort den Originalbrief auszuhändigen, sagte sie: »Das tu ich nicht. Und es wird dir auch leid tun, daß du mir meine Bilder nicht zurückgibst. Aber der Brief beweist zumindest, wie er von mir denkt.«

»Ich werde mir nicht Zeit für Erklärungen nehmen. Du würdest sie ohnehin nicht verstehen. Tu, was ich dir sage.«

Er war nicht gesonnen, herumzuschreien und den Versuch zu unternehmen, ihr zu erklären, daß Derwent nicht im Traum daran denke, sie zu seiner Mätresse zu machen. »Die Idee, dir eine Wohnung zu nehmen, um ihn dort empfangen zu können, ist Blödsinn. Ohne mich bist du nichts. Er hat seinen Spaß mit dir gehabt. Dieser Brief bedeutet nur, daß er dich an die Leine legen will, um dich noch einmal besteigen zu können.«

»Es wird dir leid tun, daß du das gesagt hast«, sagte Cecile mit frisch gewonnenem Stolz. »Glaubst du, ich bin nur eine kleine Hure, der du diktieren kannst, mit wem sie ficken soll? Gut, du hast es gewollt, und ich habe es getan. Aber es ist anders ausgegangen, als du gedacht hast!«

Michael ließ seiner Wut über diese Stümperei nicht freien Lauf. Innerlich mußte er sogar über sie lachen. Noch war Polen nicht verloren. Vielleicht würde Kugel, wie die Dinge jetzt lagen, Geld springen lassen, zusätzlich anderer milder Gaben. Und außerdem – er brauchte Zeit, um zu sehen, was Derwent weiter tun würde.

»Geh und hol den Brief, den du versteckt hast«, sagte er. Sie schüttelte den Kopf. Er brummte: »Auch gut. Dann muß ich ihn also selbst suchen.«

Nun verblüffte sie ihn mit der Neuigkeit, daß der Brief sich nicht mehr in der Wohnung befinde. »Ich vertraue dir nur so viel wie du mir«, rief sie zornig. »Du denkst vielleicht, du kannst mich auspeitschen oder ficken oder mich zwingen, alles das zu tun, was du willst. Aber dieses Mal nicht. So lange nicht, bis ich wieder habe, was mein Eigentum ist.«

»Du sollst die Bilder haben. Nur – bitte! – verdirb dir nicht deine eigenen Chancen . . .«

»Wie ich mir meine Chancen verderben kann, weißt du am besten!«

»Ja, das weiß ich am besten. Indem du jedermann mit der Nase darauf stößt, daß du mit Derwent ein Verhältnis hast.«

Cecile erhoffte sich also von dieser Affäre weit mehr, als er angenommen hätte. Er hatte sie unterschätzt. Es gab also noch andere Stimmen, von denen sie sich leiten ließ und denen sie in manchen Fällen mehr Gehör schenkte als ihm.

# 32. KAPITEL

Wer war Obukow wirklich? Das Spiel ist vorüber, die großen Spieler sind tot, in Ungnade gefallen oder vergessen. Aber alle bis auf diesen einen sind begreiflich. Wanja Obukow nicht. Er will mir nicht in meine Aufstellung passen. Er erscheint so unwirklich wie eine Illusion. Sein Name dient mir zur Erklärung einer geistigen Verwirrung meiner Hauptthelden und einiger anderer, scheint der Phantasie jenes geisterhaften Riesenbabys im Gewächshaus entsprungen zu sein.

Doch es genügt nicht, Obukow einfach ins Reich der Phantasie zu verweisen. Er hatte genügend Realität, war durchaus aus Fleisch und Blut. Ein Mann mit Bürstenhaarschnitt und einfachen, offenen Zügen. Soweit besteht Gewißheit.

Er existierte wirklich. Er kam tatsächlich zweimal in Michaels Landhaus auf Gut Cadwater. Bei einem dieser Besuche sprach er eine Zeitlang mit Richard Derwent. Offenbar schöpfte er aus der Persönlichkeit seines Gegenübers die Gewißheit, daß Derwent sehr wohl in der Lage wäre, ihm Versprechungen bezüglich seines Anrechts auf Erhalt der britischen Staatsbürgerschaft machen zu können, samt genauen Angaben darüber, in welcher Weise man von Informationen Gebrauch machen würde, die er von jenseits des Eisernen Vorhanges mitgebracht hatte.

Er nahm das als gegeben an. Und so traf sich Michael ein zweites Mal mit ihm und verbrachte mit ihm den Nachmittag auf Cadwater. Um vier Uhr fuhr Michael ihn dann nach Clumm. Als sie durch das kleine Städtchen fuhren, startete Henry Blake den Motor seines Wagens und folgte ihnen bis zur Fernstraße. Und dort, bei einer Kreuzung, stieg Obukow aus Michaels Wagen und wechselte in den des MI-5-Agenten. Es war abgemacht, daß Blake den Russen zu einem Versteck nahe der schottischen Küste bringen sollte. Und dann . . .

Henry Blake berichtete Michael nachher folgendes: »Je mehr ich ihn frage, desto schwieriger ist die Nuß zu knacken. Die echte Probe begann, als wir zu unserem von Weinlaub umrankten

Haus kamen und Obukow anfing, tausend Kleinigkeiten über sich, die englischen Überläufer und das sowjetische Spionagenetz aufzutischen, lauter Zeug, das wir längst wußten. Dazu ein paar Rosinen, damit der altbackene Kuchen genießbar würde und wir ihm Kleinigkeit Nummer tausendeins abnahmen: die ganz große Lüge, weswegen man ihn hierhergeschickt hatte. Und sogar diese erste Lüge konnte ein Test sein, ob wir schon so gar gekocht waren, daß wir ihm auch noch eine zweite Lüge abnehmen würden. Der eigentliche Kampf wird sich im Unsichtbaren und ohne das Tamtam des Vorgeplänkels abspielen.«

So war es also. Obukow fuhr mit Blake weg und verschwand von der Szene – eine nicht mehr identifizierbare mathematische Hypothese. Was die beiden Männer in der kurzen Zeit, die sie zusammen waren, sprachen und planten, ergab sich ganz natürlich aus ihrem Zusammensein an jenem Nachmittag.

Obukow kam aus London mit dem Taxi an. Er und Michael saßen vor dem Häuschen und nahmen Wein und Sandwiches zu sich, die Michael auf einem Picknicktischchen servierte. Michael erinnerte sich später, daß sie den Nachmittag verblödelten wie zwei Zimmergenossen, die einander nach den Sommerferien zum erstenmal wiedersehen. Sie schlenderten durch die Felder, kauten Grashalme und schlugen die Zeit tot.

»Ich hätte Sie mit einem Zitat empfangen sollen«, sagte Michael. »Etwa mit den Worten wie ›Dr. Livingstone, wenn ich nicht irre?‹ Es ist, als hätten wir uns nichts mehr zu sagen.«

Das war so ziemlich der bedeutungsvollste Satz, der an jenem Nachmittag gesprochen wurde.

An der staubigen Straße, die zwischen niedrigen Steinmauern hindurchführte, machte Obukow die Bemerkung: »Ich mag Derwent mehr, als ich glaubte.«

»Er ist ein nettes Haus.«

»Nur etwas nervös. Als ginge er dauernd am Rande eines Nervenzusammenbruchs spazieren.«

Michael lachte lauthals und spie zerkaute Grashalme in den weißen Straßenstaub. »Man hat dem armen Teufel arg mitgespielt. Er weiß nicht, wie ihm wird.«

Das war die einzige Anspielung auf Ceciles Rolle. Obukow wußte darüber so viel, als er wissen mußte. Außerdem gehörte das bereits der Vergangenheit an.

Dann sprach er über seinen Besuch bei Wachtmeister. »Freut

mich, ihn persönlich vor mir gesehen zu haben. Solange war er nur eine bloße Idee, ein Bild. Ich hatte natürlich von einigen Engländern in Rußland von ihm gehört. Ich glaube aber, daß niemand aus dieser Generation ihn gekannt hat, als er noch politisch aktiv war. Sie konnten mir keiner genau sagen, welche Rolle er in der Bewegung gespielt hatte. Sie kannten und schätzten ihn als einen Exzentriker. Ihr Engländer liebt das Exzentrische. Die Meinungen über ihn gingen sehr auseinander. War er ein Scharlatan oder ein Meisterspion? Ein religiöser Fanatiker? Ein Größenwahnsinniger, der im Gefühl der Allmacht badete? Aber vielleicht war es auch ganz gleichgültig, was er war.«

»Ja«, sagte Michael. Es war ihm, als hörte er da seine eigenen Gedanken.

»Sagen Sie mir Ihre Meinung über Wachtmeister.«

Michael lachte. »Er ist ein seniler alter Tatterich. Entweder der Erste oder der Letzte der Magier.«

Die Männer gelangten an eine Weggabelung und zu einer weniger frequentierten Straße, die bergab führte. Obukow sagte: »Ich habe mit Derwent über vielerlei Dinge gesprochen. Er ist sehr intelligent. Aber eines schien er nicht zu verstehen: Es betrifft das Manuskript von Corning Alfred, das ich mitgebracht habe.«

Michael wußte, daß Corning Alfred einer der englischen Überläufer und daß er früher mit Derwent befreundet gewesen war. Doch er hörte zum erstenmal von einem Manuskript. »Ich möchte es gerne lesen«, sagte er. »Ich glaube, auch Derwent würde das gerne tun.«

Obukow nickte nachdenklich. »Das hat er auch gesagt. Aber ich habe es ihm nicht gegeben. Ich habe auch beschlossen, es Ihnen nicht zu geben, obwohl ich hoffe, daß Sie es einmal lesen werden. Ich werde es Ihnen erklären. Es ist ein Buch, an dem Corning Alfred viele Jahre lang gearbeitet hat, als er auf der Krim und dann in Moskau lebte. Hauptperson ist ein Mann, der sein ganzes Leben lang tapfer und treu zu einer Idee steht.«

»Ja«, sagte Michael. Er deutete auf einen Überstieg über den Weidenzaun, hinter dem Rinder und zahmes Rotwild grasten. Die Weide erstreckte sich entlang eines kleinen windungsreichen Baches unterhalb von Cadwater. Michael ließ Obukow den Vortritt. Dann sagte er: »Ja, nach dem, was ich von ihm gehört habe, paßt das zu Alfred. Ein guter Mensch.«

Obukow entgegnete scharf: »Nein. Ich habe mich falsch ausgedrückt. Ich glaube, Alfred war kein guter Mann. Er war schwach und ohne moralischen Halt. Das wußte er. Sein Buch ist keine Autobiographie im eigentlichen Sinn. Es ist eine Art geistiger Biographie. Natürlich basiert sie auf seinen Erfahrungen als junger Mann in England. Auf seiner Suche nach annehmbaren Werten in der Bewegung der ›Moralischen Aufwertung‹ und seinem Kokettieren mit der Bruderschaft der Goldenen Dämmerung. Seine Enttäuschung über die Niederlage Hitlers und dann auch seine Enttäuschung in praktischer Hinsicht über die Art des Lebens in der Sowjetunion. Die Härte und Grausamkeit des dortigen politischen Lebens, die sich nach Stalins Tod kaum milderte . . . Doch die Zentralfigur ist nicht Alfred selbst, sondern jeder von uns, Sie genauso wie ich. Der Mann geht durch unsere Zeit, ohne sich durch etwas beeinflussen oder korrumpieren zu lassen. Er ist für den Leser ein Spiegel, in dem dieser sich selbst betrachten kann. Er ist einfach – sagen wir es so – *der* junge Engländer. Oder nennen Sie es den Galahad in uns. Die Tapferkeit besteht darin, allem begegnen zu wollen: dem Geringen wie dem Grotesken, und die Treue darin, nur nach dem zu verlangen, was einen direkt anspricht. Solche Menschen hat es immer gegeben, sogar in den Arbeitslagern; in Stalingrad, in Nervenheilanstalten. Der Autor, der sich korrumpiert, spricht solcherart mit sich und nicht über sich.«

Michael lachte leise und melancholisch. Die Beschreibung Alfreds paßte nur zu gut auf ihn selbst – dieser Widerspruch zwischen Leben und reinem Wollen, das in diesem Leben zur blanken Karikatur wurde.

»Das alles habe ich gegenüber Derwent erwähnt. Ich sagte ihm nicht, wo sich das Manuskript befindet oder wann er es zu sehen bekommen würde. Ihnen sage ich es«, sagte Obukow.

Er brauchte es Michael nicht erst zu sagen; Obukows Gedanken und Wünsche schienen ganz den seinen zu entsprechen. »Sie haben es bei Wachtmeister gelassen.«

»Ja. Es ist im Gewächshaus versteckt«, gab Obukow zu. »Kein perfektes Versteck? Ich habe daran gedacht. Vielleicht finden es Derwent und die englischen Agenten dort – wenn es ihnen wichtig genug erscheint, dort eine Haussuchung zu veranstalten. Und das wäre nur gut. Es ist eine Botschaft, die zur rechten Zeit von der Welt gehört werden soll. Möglicherweise nehmen sie diese Sache ernster, wenn sie das Manuskript nach einer Haussuchung zutage fördern, nicht wahr?«

»Natürlich«, sagte Michael. Es entsprach genau seinen Überlegungen und seiner Auffassung von Showmanship. Mit einer Handbewegung deutete er an, daß darüber kein Wort zu verlieren war.

»Ich glaube, ich folgte nur einer Laune, als ich das Manuskript von Alfred bei Wachtmeister zurückließ. Ich hätte es ebensogut Derwent geben können. Um die Wahrheit zu sagen, ich fürchtete, er würde davon enttäuscht sein. Es enthält kein einziges militärisches Geheimnis, keine Nuklearformel, keine Hinweise auf Spione in England. Es enthält Geheimnisse, ja, aber nicht von der Sorte, die er schätzen würde.«

Die beiden Männer hatten einen kleinen Hügelkamm jenseits des Baches erklommen. Eine Gruppe uralter Ulmen spendete Schatten. Inmitten der Bäume stand eine alte eiserne Parkbank, wie aus längstvergangenen Tagen von einer längst nicht mehr auf Erden wandelnden Generation in diese Gegend gesetzt. Michael ließ sich auf der schräg geneigten Sitzfläche nieder. Obukow warf sich der Länge nach ins Gras und starrte in den englischen Himmel, der als zartblaues Muster durch das reglose Blattwerk zu sehen war. »Ich bin zu Hause«, sagte er. Er meinte nicht, er sei hier in England daheim, er meinte, er sei zu Hause auf der Erde, zu Hause nach einer langen, an Irrwegen reichen Wanderung. Endlich in Sicherheit und seiner selbst sicher.

Sie ruhten immer noch und warteten der Stunde entgegen, die mit Henry Blake vereinbart war, als sie plötzlich Cecile erblickten. Sie spazierte mit Solo Rokey durch die Felder unten am Fuß des Abhangs. Heute trug sie Rot. Sie wirkte ebenso belebend wie ein einziger roter Pinselstrich inmitten des Gelb, Blau und Grün einer Landschaft in Wasserfarben. Solo trug wie immer Arbeitskleidung.

Die beiden jungen Leute wanderten an den grasenden Tieren vorbei, hielten einander an den Händen, schwangen die Arme ausgelassen vor und zurück. Dann blieben sie beide, einem plötzlichen Impuls folgend, stehen, fielen auf die Knie und sahen einander an, nur ein paar Zoll voneinander entfernt. Sie beugten sich vor und küßten sich scheu, ohne einander mit den Händen zu berühren.

Der Kuß war so anmutsvoll wie eine einstudierte Tanzfigur, ebenso unschuldig wie das An-den-Händen-Fassen zuvor. Die beiden Männer rissen sich aus ihrer Gedankenversunkenheit und sahen zu. Sie hielten den Atem an. Obukow sagte: »Führen wir nicht ein Scheißleben?« Er meinte es so. Aus dieser einfachen, leicht hingeworfenen Bemerkung sprach die Verbitterung über einen mit Leichen gepflasterten Daseinsweg.

»Ja«, sagte Michael, »wir haben ein Scheißleben.«

»Ein Scheißleben, aber ich fühle mich ebenso jung wie die beiden dort unten«, sagte Obukow.

Das war es, sowohl bei Obukow als auch bei ihm, was einem Hoffnung einflößte. Die gütige Vergangenheit war ein altes, von Fehlern strotzendes Schulheft. Man konnte es für immer weglegen.

Doch ein kleiner Zweifel schlich sich in seine Zuversicht. Es war das Bedauern darüber, daß Cecile nicht das war, was sie in dieser Szene mit Solo Rokey zu sein schien. In der Stille und Schönheit des Nachmittags war sie ein Mißton. Sie schien so unschuldig wie die Tiere um sie. Doch nichts konnte ihr die Unschuld wiedergeben, die er ihr – und das mehr als jeder andere – genommen hatte.

Er fürchtete keineswegs, seinen Einfluß auf sie verloren zu haben. Doch der Schaden, den er hier angerichtet hatte, konnte nie wieder gutgemacht werden.

»Es ist ein schöner Tag gewesen«, sagte Obukow, als sie zum vereinbarten Treffpunkt fuhren. »Wir müssen uns bald wieder treffen.«

»Ja, das müssen wir. In ein paar Wochen«, sagte Michael.

»Ein paar Wochen mehr oder weniger, was macht das aus?« sagte Obukow. »Wir haben den Anfang gemacht.«

## 33. KAPITEL

> Aussagen, wonach in Michael Cobbs Landhaus magische und okkulte Treffen abgehalten wurden, habe ich nicht berücksichtigt.
>
> *Der Melamine-Report*

Genau eine Woche nachdem Obukow an Blake übergeben worden war und von diesem dann zu dem Versteck gebracht wurde, empfing Michael einen weiteren Gast, der zum erstenmal nach Cadwater kam. Es war C. A. Kugel. Mit Tammy als Chauffeuse wagte er sich tapfer hierher, um den Traum von einem schöneren und besseren Leben in die Tat umzusetzen.

Vom ersten Tag der Bekanntschaft an hatte er Michael um seine Freundschaft mit Bart Collingwood beneidet, hatte stets den Wunsch geäußert, in den Kreis aufgenommen zu werden, dann aber immer wieder zurückgezogen, wenn er aus Michaels Worten die Andeutung herauszuhören glaubte, die Sache werde arrangiert. Jetzt hatte er den ersten Schritt getan.

Seine ersten Worte, nachdem er den Wagen verlassen und vorsichtig den Duft des Waldes und der Felder eingesogen hatte, waren: »Jetzt werden wir ein Leben führen wie die Lords!« Das war seine Art, wirklich zu bekennen, daß er endlich bereit sei, ein Engländer zu werden. Er würde nicht länger wie eine Ratte in seinem Loch sitzen und an einem gestohlenen Käse nagen.

Seine Rolle spielte er nicht gerade bestens. Natürliches Licht paßte nicht zu ihm. Als Tammy auf Michaels Rasenfläche parkte, sprang er flott aus dem Wagen, zögerte aber, sich weiter von dem Fahrzeug zu entfernen, als müßte er erst Witterung nehmen. Er trug einen leichten Sommerhut und einen sehr teuren Sportanzug. Seine Sonnenbrille war größer und schwärzer als die von Michael. Er stieß die Spitze seines Spazierstocks in die Grasnarbe und richtete sich auf.

»Keine Angst, der Wind wirft dich nicht um«, sagte Michael.

»O nein, o nein. Es ist schön, wirklich schön hier. Sehr schön. Wo ist ...?«

Die Frage klang, als wolle er sich nach dem gewissen Örtchen erkundigen. »Wo ist der – Swimming-pool? Der Swimming-pool, von dem ich so viel gehört habe?« Damit schien er immer noch sagen zu wollen, er werde, kaum daß er den Swimming-pool gesehen habe, wo Cecile vor den hohen Herrschaften als Nackedei aufgetreten war, geradewegs nach London zurückkehren.

»Heute können wir nicht hingehen«, sagte Michael. »Aber wir werden ihn bald einmal ansehen.«

Das Versprechen reichte. Kugel würde auf dem neuen Kurs bleiben. Die Sportbekleidung und der Stock mochten ihn nicht gerade als Modellsportsmann ausweisen, aber sie gehörten zu seinem Versuch, erste Schritte in diese Richtung zu tun.

Und als Beweis dafür, daß er sich von Grund auf ändern wolle, hatte er das Original des Briefes mitgebracht, den Derwent unklugerweise an Cecile gesendet hatte. Den »Darling«-Brief. Er bat Michael in die Küche des Landhauses, wo er ihm das Schreiben unter vier Augen aushändigen konnte.

»Du wolltest es. Es gehört dir«, sagte er. »Es dient nicht zu einer Erpressung?«

»Ich möchte, daß es in meinen Händen bleibt, damit es eben nicht dazu benützt werden kann«, schwor Michael.

Kugel glaubte ihm. Er hatte Michael in der Angelegenheit der Photos der Prinzessin falsch eingeschätzt. Endlich bekannte er sich zu Michaels Motiven. Jetzt, da er begonnen hatte, sich aus seinem Schneckenhaus herauszuwagen, wollte er auch zusammen mit Michael im Sinn dieser Motive handeln.

»Wir müssen Derwent schützen«, sagte er. »Im Interesse der guten Sache. Cecile will ihm nicht schaden, aber sie ist sehr – sehr ... Darf man wissen, was sie nächstens tun wird?«

»Genau!« sagte Michael. Es war schwer, ernst zu bleiben, wenn Kugel Worte wie »im Interesse der guten Sache« gebrauchte. Doch er hatte gelächelt, und das bedeutete zumindest eine Zustimmung. Wenn C. A. so weit gewandelt werden konnte, dann war Wachtmeisters Erweckungsglaube doch nicht nur ein Mythos. »Um die Wahrheit zu sagen, ich bin erstaunt, daß Cecile den Brief überhaupt herausgegeben hat.«

»Im Austauschverfahren«, sagte C. A.

»Du hast ihn ihr abgekauft?«

»Ich habe ihn nicht gekauft. Nicht direkt. Ich habe doch diese

Wohnung. Sie ist nett. In Belgravia. Frag mich nicht, warum ich eine Wohnung in Belgravia habe, aber für ein anständiges Mädchen ist sie wirklich schön. Tammy mußte ihr die Wohnung zeigen, und ich glaube, Cecile würde ihren wichtigen Freund gerne an einem solchen Ort empfangen . . .«

Jetzt war Michael alles klar. Es ließ ja auch keinen Zweifel an Ceciles Absichten offen: Sie wollte Derwent von nun an ausschließlich für sich haben, ohne jede Einmischung von seiten Dr. Cobbs. Und soweit es ihn betraf, fand er das auch in Ordnung. Die Affäre mußte jetzt ihre eigenen Wege nehmen. Derwent sollte sich nie wieder einem Zwang ausgesetzt sehen. Von jetzt an würde er seinen Einfluß auf weit subtilere Art zur Geltung bringen. So weit, so gut. Nur schmerzte es ihn ein wenig, daß Cecile den Entschluß so rasch getroffen hatte, ohne ihn in ihre Pläne einzuweihen. Wie sehr mußte sie es ihm übelnehmen, daß er sich ihrer bedient hatte. »Du abgefeimter Gauner«, sagte er zu C. A.

»Nein, nein, nein. Ich versuche nur ein wenig, ihn zu schützen – im Interesse der guten Sache . . .«

Als weiteres Zeichen seiner inneren Wandlung, die er natürlich Michaels Einfluß verdankte, hatte C. A. außer Tammy noch Rob Varden und Eulia Price hierher aufs Land gebracht. Wie er Michael erklärte, konnte er immer noch nicht verstehen, daß Varden ihn in seinem Artikel attackiert hatte. War er nicht ein Hausbesitzer wie jeder andere? Ein Geschäftsmann, der auf durchaus erlaubte Weise aus seinen Investitionen im Realbesitz Profit zog? Aber er hatte dem jungen Mann vergeben. Jedermann hatte das Recht, einen eigenen Standpunkt zu vertreten, war es nicht so? Und vielleicht würde die Publicity, auch wenn sie ungünstig war, ihm nützen.

In alten Zeiten hätte Michael gesagt: »Du hängst an Varden, weil er unseriös ist. Und jeder, der so unseriös ist wie er, kann dir einmal bei einem krummen Handel dienlich sein.« Doch jetzt ließ er es dabei bewenden und nickte zustimmend. »Alles kommt, wie es kommt. Jetzt seid ihr hier. Wir werden leben wie die Lords und alle zusammen einen schönen Tag verbringen.«

Tatsächlich ging nicht alles so glatt vonstatten. Tammy war schlecht gelaunt, weil sie nicht zum Swimming-pool vor dem großen Haus gingen. Sie hatte gehofft, sich ebenfalls aus dem Bikini schälen zu können und ihre nackte Haut hochherrschaftlichen Lüstlingen zu präsentieren.

»Michael hätte es für uns arrangieren können, daß wir schwimmen dürften«, sagte Cecile. »Aber er ist aus mehreren Gründen böse auf mich. Er ist so halsstarrig, wenn er nicht in allem seinen eigenen Willen durchsetzen kann.«

»Michael wirst du nie leiten können«, sagte Tammy. Eine der obersten Satzungen ihres Evangeliums lautete: Bei Männern, die sich nicht leiten lassen, hat ein Mädchen nichts verloren. Das hatte sich in ihrem Zusammenleben mit Kugel immer wieder erwiesen.

»Er läßt sich schon leiten von mir . . .« Cecile lachte, denn sie erinnerte sich an die fruchtlosen Auseinandersetzungen, die sie hatten, als die Sache mit dem Brief passiert war. Bis dahin hatte sie zumindest sagen können, sie behaupte sich gegen Michael, wenn sie auch in vielem nachgeben müsse.

»So«, sagte Tammy. »Das ist ja herrlich, daß du dich endlich auf die eigenen Beine stellst. Hast du etwas von Dick gehört?«

Cecile hatte nicht, und das machte sie um so reizbarer.

»Ich hätte längst, aber nicht bevor . . . Du weißt schon – bis ich mein eigener Herr bin. Ihn werde ich besser leiten können, wenn ich weiß, daß ich nicht gleich alles Michael zu berichten brauche.«

»Du hättest Michael nie alles erzählen sollen«, sagte Tammy. Schon wieder Evangelium. Sie wußte immer noch nichts von dem transparenten Spiegel in Kugels Wohnung und überschätzte ihr Wissen von C. A.s Geheimnissen bei weitem.

Cecile spürte, wie Zorn in ihr hochstieg. Langsam dämmerte ihr auf, daß Michael sie vielleicht gerade deshalb schätzte, weil sie ihm alles erzählte. Das erst jetzt zu erkennen, machte sie so wild, daß sie am liebsten aus der Hängematte, in der sie sich schaukelte, aufgesprungen wäre und das Gewehr von seinem Platz über dem Kamin herabgeholt hätte. Aber jetzt war, Gott sei Dank, ohnehin alles egal. Dieses Mal, wenn sie Michael verließ, würde es für immer sein.

»Nun«, sagte sie, »wenn wir schon nicht zum Swimming-pool gehen können, habe ich wenigstens arrangiert, daß wir zusehen dürfen, wie Solo Rokeys Falken ein Tier töten. Der Kerl hat sich in mich verliebt. Er würde alles tun, worum ich ihn bitte. Für Michael würde er keine Show abziehen, wenn er ihn darum bäte.«

Das war eine Genugtuung für sie. Es zeigte ihr, daß sie doch mit Männern umgehen konnte. Aber als sie Tammy erklärte, wer

Solo war, versetzte Tammy: »Aber der ist ja fast noch ein Kind.«

Das brachte Cecile erneut in Rage. Doch sie unterdrückte auch jetzt ihren Ärger. Hatte es einen Sinn, Tammy sehen zu lassen, daß sie sich ärgerte? Bald würde diese Ära vorüber sein. Solo war ein neuer Anfang. Und er war wirklich nur das. Die Art, wie sie ihn für sich gewonnen hatte, einfach mit einem Kuß, zeigt, was sie mit Männern anzufangen wußte. Und sie hatte weit mehr als nur Küsse auf Lager.

Am Nachmittag fuhren sie mit Leihwagen zu einer Wiese, nicht weit vom Ortsende von Clumm, wo sie Solo Rokey trafen. Er hatte nur den einen seiner beiden Falken mitgebracht. Auf der Straße, die von der Wiese zum Ort führte, wartete neben einem Gehölz Solos Cousin. Er hatte auf seinem Fahrrad einen Käfig montiert, in dem sich drei Tauben befanden, die dem Falken als Jagdwild dienen sollten.

Cecile war wieder guter Laune, als sie auf die Wiese kamen. Sie hatte noch gut den Tag in Erinnerung, als sie die Falken das erstemal gesehen hatte. Wie der Blitz war sie aus dem Wagen, rannte quer über die Wiese, Tammy und Eulia folgten hinterdrein. Die Männer kamen ihnen nach, so schnell Kugels Beine es schafften.

»Hast du das Weibchen mitgebracht, wie du versprochen hast?« sagte sie zu Solo, ganz außer Atem.

Er errötete und sagte, er habe das Weibchen mitgebracht.

»Und wie heißt sie?« fragte sie frech. Er verrate ihren Namen nicht, erklärte sie Eulia und Tammy.

»Sie heißt natürlich Cecile«, schlug Eulia vor. Sie zündete sich eine Zigarette an. Beim Geruche des brennenden Streichholzes und des aufsteigenden Tabakrauches begann sich der Falke auf Solos Arm zu rühren. Solo starrte das schwarze Mädchen an. Er vermochte seine Verwirrung nicht zu verbergen. »Wenn es Marihuana wäre, würde ich dich einen Zug machen lassen, Kleiner«, sagte Eulia, als sie seine Befangenheit merkte. »Warum hat das arme Tier diese Metallhaube auf?«

»Sie haben Geheimnamen«, erklärte Cecile. »Es hat einiges mit Magie zu tun, nicht wahr, Solo?«

Er nickte zerstreut. Die Chancen, ihn in solcher Gesellschaft zum Reden zu bringen, standen sehr schlecht. Cecile übernahm für ihn den Sprechpart. Als die Männer bei ihnen anlangten, erklärte sie gerade den Zweck der Haube, wie mordlustig diese

Tiere seien und wie man sie bei der Beizjagd auffliegen lasse – alles Dinge, die sie von Solo gehört hatte und jetzt als ihr geistiges Eigentum zum besten gab.

»Du hast doch einen Handschuh für mich? Gut«, sagte sie. Sie zog den ledernen Stulphandschuh über ihren schlanken, sonnengebräunten Arm und ließ sich ohne Zögern den Vogel auf die Faust setzen. Heute war *sie* Jägerin.

Kugel war hinter sie getreten. Der wilde Blick, den sie ihm zuwarf, als sie sich umdrehte, ließ ihn unwillkürlich etwas zurückweichen. »Michael hat angeblich den Trick heraus, wie man mit diesen Vögeln umgeht, ohne es je gelernt zu haben, aber hier gibt es keinen Trick, außer dem, daß man keine Angst vor ihnen haben darf?« Solo öffnete den Mund, um ihr zu widersprechen, nickte dann aber nur, ohne ein Wort zu sagen.

Tammy glaubte offenbar, was Cecile gesagt hatte, und wollte mit ihren lackierten Fingern das gesträubte Gefieder des Falken berühren. Cecile wich zurück und schrie: »Greif ihn nicht an! Du wirst einen Hieb abbekommen!«

»Wer hat jetzt Angst?« höhnte Eulia.

Nach diesem kleinen Zwischenfall hielten sich alle in Respektdistanz von Cecile und Eulia. Solo entfernte die Haube. Purer Haß stand in den wie blankes Eis funkelnden Reptilaugen des Tieres. Solo fuhr mit beiden Händen in den Handschuh, den Cecile trug. Er flüsterte ihr etwas zu, und dann ließen sie gemeinsam den Vogel auffliegen.

Zuerst ein erschreckendes Schlagen der Flügel, ein Knattern der Luftwirbel, als die Schwingen sich in ihnen fingen, dann gewann der Falke an Höhe. Solo beschattete die Augen, um ihn steigen zu sehen. Cecile schien das Tier aus den Augen verloren zu haben.

Als der Falke in achtzig Meter Höhe seine Kreise zu ziehen begann, gab Solo dem Cousin mit einem lauten »Hallo«-Ruf das Zeichen. Die »Hallo«-Antwort kam, und im selben Augenblick wurde eine Taube freigelassen.

»Mein Gott«, sagte Rob Varden. »Es funktioniert. Er fliegt ihr nach.« Irgendwie kam ihm das komisch vor, und er sah sich um, ob jemand in sein Gelächter mit einstimme.

Mit mächtigen Flügelschlägen schraubte sich der Falke höher und höher. Beide Vögel drehten ab gegen Nordost. Die Taube wußte anscheinend, daß sie verfolgt wurde, jedenfalls sah es so aus, ihre Flügel schwirrten wild und unrhythmisch.

»Ich weiß nicht, für wen ich die Daumen drücken soll«, sagte Varden. Sein Ton war der eines Mannes, der sich immer verfolgt fühlt.

Jetzt ging der Falke zum Sturzflug über, ein dunkler, flügelloser Klumpen, der durch die friedliche Wolkenstimmung dem Erdboden entgegenraste. Tammy und Cecile schrien gleichzeitig auf. Eulia stieß hastig den Rauch aus und gab sich gelassen. Weiße Federn flogen nach allen Seiten, als die Taube getroffen wurde. Ihr Körper trudelte ab und verschwand hinter den Bäumen.

»Wird Ihr Falke die Taube auch apportieren?« fragte Varden Solo.

Der Bursche schenkte ihm keine Beachtung. Ängstlich beobachtete er seinen Falken, und nach einer Minute steckte er seine Finger in den Mund und gab einen schrillen Pfiff von sich.

Der Falke zog weiter stolz seine Kreise, beachtete nicht den Pfiff, nicht seine Beute. Er schraubte sich wieder höher, höher als zuvor. Gelassen und selbstsicher war sein Flug, ohne Hast, ohne Widerstreben, voll Vertrauen in das Medium, das den Vogelkörper trug.

Cecile sagte: »Oh – er kommt nicht mehr zurück.«

Zehn Minuten lang sahen alle dem Falken nach, der immer noch kreiste, immer noch kein bestimmtes Ziel zu haben schien, bis er im Nordwesten verschwand.

»Solo«, sagte Cecile schuldbewußt. »Kränk dich nicht, Solo. Es war meine Schuld. Ich kaufe dir einen anderen. Ehrlich. Habe ich etwas falsch gemacht? Ihn erschreckt?«

Er sah sie nicht an, beachtete sie gar nicht. Sein Blick war auf Michael gerichtet, der sich entfernte und zu den Wagen zurückkehrte. Er rannte ihm nach.

Beim Zaun holte er ihn ein. »*Sie* waren es«, sagte Solo verzweifelt. »Sie waren es, der ihm gesagt hat, er soll nicht mehr zurückkommen.«

Michael sah ihn wortlos an. Solo mußte es am besten wissen. Geständnis oder Leugnen würden nichts an seiner Überzeugung ändern.

»Kommen Sie, steigen Sie ein«, sagte Michael. »Ich möchte mit Ihnen über Cecile reden.«

Sie fuhren zuerst ein Stück in westlicher, dann in nördlicher Richtung. Über ihnen zogen langsam die Wolken, türmten sich, wurden dunkler. Die Schönheit des Tages war verblaßt. Das Grün der Felder leuchtete unter dem düster werdenden Himmel fahler und fahler.

Solo sagte: »Ich habe nicht einmal daran gedacht, mit ihr etwas Unrechtes zu tun, wenn es das ist, was Sie meinten.«

»Ich bin sicher, Sie haben nichts getan.«

»Ich glaube, sie mag mich ein wenig.«

»Wahrscheinlich hat sie auch nicht daran gedacht, mit Ihnen etwas Unrechtes zu tun. Aber sie hat keine Ahnung davon, was Recht und was Unrecht ist.«

Jetzt stieß Solo hervor: »Ich liebe sie. Was spielt es schon für eine Rolle, daß wir uns so selten gesehen haben. So geschieht es eben, oder nicht?«

»Ja, so geschieht es. Aber nun müssen wir uns entschließen, was zu geschehen hat. Ich glaube, Sie müssen sich dazu entschließen, sie nicht wiederzusehen.«

»Weil sie Ihnen gehört?«

»Nicht mehr. Ich schicke sie fort. Sie *hat* mir gehört, aber jetzt nicht mehr. Sagen Sie mir: Habt ihr beide Pläne gemacht, wie ihr euch künftig treffen wolltet?«

Solo konnte nicht lügen. »Sie sagte mir, sie würde bald eine eigene Wohnung haben. Wenn ich nach London käme, könnte ich sie treffen, ohne daß Sie es erführen.«

»Das hab' ich mir gedacht, daß sie Ihnen das sagen würde. Aber Sie dürfen sie nicht treffen.«

»Ich hatte mich noch nicht entschlossen.«

»Wissen Sie, was für ein Mädchen das ist?«

»Ich belaste mich nicht mit Dingen, die mich nichts angehen. Ich denke nur an das, worauf es ankommt. Meinen Sie damit, daß Cecile nicht rein ist?«

»Das Mädchen, das Sie in ihr sehen, ist rein, weil Sie es mit Ihren reinen Augen sehen. Und jetzt stellen Sie sich vor, was verderbte Gemüter in ihr sehen. Genauso ist sie. Sie ist immer das, was man in ihr sieht.«

»Wie eine Hexe.«

»Wie eine Hexe. Ich scherze nicht, Solo.«

Das hatte Solo nicht angenommen. Aber der Knabe liebte, und sein Leiden war echt und tief wie alles in ihm.

Michael sagte: »Wenn ich Ihnen jetzt sage, Sie sollen nicht mehr versuchen, sie noch einmal zu treffen, werden Sie gehorchen?«

»Wenn Sie – befehlen?«

»Nehmen Sie es so, wenn Sie wollen. Nun?«

»Sie befehlen es mir also?«

»Ja.« Er hätte Worte des Trostes sagen können, doch er tat es nicht. Es hätte einen Mißton in ihrer einfachen, klaren Beziehung entstehen lassen. Sie verstanden einander. Der Knabe würde wissen, daß da einer war, der seinen Schmerz und seine Enttäuschung begriff und sie mit ihm teilte.

Vor dem Haus angelangt, in welchem Solo wohnte, verabschiedeten sie sich mit einem stillen Händedruck. Dann aber drehte Solo sich um und kam zurück: »Wenn Sie sie wegschicken, fürchte ich mehr für Sie als für Cecile.«

Diese Warnung aus dem Munde des Knaben traf Michael. Doch er grinste und sagte: »Ach, ich weiß, was ich tue.« Dabei beließen sie es. Michael fuhr noch eine Stunde lang kreuz und quer durch das Land, ehe er zum Haus zurückkehrte. Dort stellte er befriedigt fest, daß Cecile mit den anderen bereits nach London zurückgefahren war.

Natürlich hatte sie ihm keine Nachricht hinterlassen. Er hatte es auch nicht erwartet – ebensowenig wie er erwartete, daß sie es ihm mutig bekennen würde, wenn sie beabsichtigte, mit ihm zu brechen. Die Szenerie für den nächsten Akt war bereit. Die Akteure warteten auf ihren Auftritt.

Fröhlich pfeifend machte er Ordnung in der Hütte. Er blieb stehen, nahm Derwents Gewehr von seinem Ehrenplatz über dem Kamin, betrachtete sinnend die eingravierten Nymphen und Faune. Die Waffe war Symbol für das Gemeinsame zwischen ihm und Derwent. Sie hatten verschiedene Rollen im Leben inne, doch ein gemeinsames Lebensideal.

Als er im Abendlicht über den Rasen vor dem Haus schritt, sah er zwischen den schwarzen Zweigen der Ulmen etwas wie Flügelschlag. Die Erinnerung an den Augenblick, als Solos Falke auf die schwache Taube stieß, erregte ihn. Die in den Himmel entlassene Kraft hatte etwas Heiteres an sich. Heiter und tödlich, wie das Leben.

Und jetzt hatte er Cecile auffliegen lassen, nicht weniger tödlich als der Vogel. Mit Heiterkeit dachte er an die auf ihr Opfer herabschießende Cecile.

Sie hatte ihm weit über ihre Kräfte hinaus gedient. Nun war sie frei. Seine Wünsche begleiteten sie.

# 34. KAPITEL

Zu den Unterlagen, die mir zur Rekonstruktion der Geschichte dienen, gehören auch meine Spesenbelege für jenes Jahr. Unter ihnen befinden sich die beiden folgenden:

*Lunch. Mit Michael Cobb und Jonathan Pollwether 8 £ 4 sh 6 d*

*Tennis, Drinks und Dinner mit Michael Cobb 30 £*

Daneben hatte ich vor langer Zeit hingekritzelt: Großes Geschäft, Scholes!

Während rund um uns die Hölle los war und die Bombe nahe am Platzen, ging ich mit ihm essen, spielte Tennis mit ihm!

Es gibt keine Entschuldigung dafür, daß ich mit keinen Details aufwarten kann. Jener Spätsommer war für Michael eine ruhige Zeit, eine Atempause. Er wartete ab. Ich möchte schwören, er hatte bereits einige der Zündschnüre, die er in den letzten Monaten gelegt hatte, wieder aus dem Boden gerissen.

Beim Lunch sprachen Michael, Pollwether und ich über Derwents kürzliches Aufscheinen in der Presse. Man hatte zu guter Letzt bekanntgegeben, daß England das Red-Arrow-Programm einstelle.

Pollwether sagte: »Auf der Regierungsbank sieht man darin einen neuen genialen Schachzug Derwents. In der Wahl des Zeitpunktes und in der Art, wie er die Nachricht in der Presse lancierte. Er ist doch ein Hexer.«

»Vor allem anderen hat er die Karre in den Dreck gefahren«, sagte ich.

»Ah, aber . . .« sagte Pollwether. »Ohne das Team, das er aufstellte, hätte euch das arme, zweitklassige England nicht einmal die Möglichkeit geben können, einen Anlauf zu nehmen.«

»Das Geld, das im Arsch ist, ist eine nationale Katastrophe.«

»Allerdings«, sagte Pollwether. Wie in Zeiten des Niedergangs viele Engländer zu tun pflegten, sah er die nationalen Angelegenheiten mit den Augen des Sportsmannes. Man muß nicht gewinnen. Man haßt es nur, auf die Bretter geschickt zu werden. »Einige von uns sind der Meinung, daß Derwent uns mit einem blauen Auge über die Runden gerettet hat. Eine Art Dünkirchen. Man verzeichnet es nicht direkt als einen Sieg, aber die Truppen wurden immerhin gerettet.«

»Die Sache mit einem Preisetikett zu versehen, ist nicht angemessen, Norman«, meldete sich Michael zu Wort. »Eine reine Moralfrage. Moral im engen Sinn, nicht die Moral, die wir durch Paraden und Vorbeimarsch von Düsenjägerstaffeln christlich hochzüchten. Ich darf wohl sagen, daß Leute wie Cobb sogar jetzt das Gefühl haben, unser altes, kleines Staatsschiffchen schaukelt weiter fröhlich auf den Wellen. Wir sind noch manövrierfähig. Wenn wir nur an den Nerv der Volksseele herankommen, an den Stolz der Leute appellieren, werden wir wahre Wunder vollbringen.«

Man beachte: ... wenn wir an den Nerv der Volksseele herankommen können ... Hier liegt der Schlüssel für das, was er sich bei seinem Spiel von Leuten wie Derwent und Obukow erhoffte.

Michael und ich spielten endlich Tennis in Wimbledon.

Sie haben recht gehört. Aber nicht vor Tribünen mit jubelnden Massen, die dem amerikanischen Sieger Norman Scholes Beifall klatschten. Die Wirklichkeit ist anders, als sie Knaben in ihren Träumen erscheint. Wir hatten beide den plötzlichen Einfall gehabt, Tennis in Wimbledon zu spielen. Wir fuhren in Michaels Jaguar hin und mieteten uns einen Platz.

Es war ein einseitiger Kampf. Ich spiele wirklich gut. Ich traf die Bälle so gut wie immer und wußte sie auch zu placieren. Michael dagegen verstand mit dem Rackett nicht viel besser umzugehen als mit dem Gewehr.

Als das Spiel zu Ende war, sagte er scherzend: »Nun, Norman, nach allem, was du einmal in Hansville von meinem Spiel gesagt hast, glaube ich leider ...« Diese scherzende Bemerkung gab die Tonart an für den nun folgenden lustigen Abend, den wir zusammen verbrachten.

»Ach, ich habe so viele Stunden meines Lebens mit Frauen verbracht, Norman, daß es geradezu wohl tut, hie und da mit einem Mann beisammenzusitzen«, sagte er, als wir in einer Kneipe hockten, in die wir bei unserer Rückfahrt nach London eingekehrt waren.

»Ich glaube allerdings, daß du dich nicht lange wohl fühlst dabei«, sagte ich. »Das ist heute nur dein freier Abend, du Wüstling. Du hast doch noch immer deine Vöglein, die Aufsicht brauchen. Cecile und Tammy?«

Er verteilte Küsse an unsichtbare Dinger, die auf seiner Hand saßen, und entließ sie dann mit einer Handbewegung in die Luft. »Die Vöglein sind ausgeflogen, mein Junge. Das ist nun mal so. Jetzt sind sie selbständig. Red Arrow ist abgeblasen. Michael Cobbs weibliche Streitmacht ist verabschiedet worden. Der Rückzug aus Dünkirchen ist in letzter Zeit große Mode.«

Beim Abendessen im Lancer's Club gab er eine beißendwitzige Schilderung des Schicksals der Mädchen, seit er sie hatte gehen lassen.

»Die Vöglein setzten sich beide in den Käfig eines Freundes von mir namens Kugel. Und Kugel starb.« Michael begann zu lachen, steigerte sich immer mehr hinein, konnte nicht aufhören. Er fuhr mit dem Finger über seine Brillengläser, um die Tränen wegzuwischen. »Kugel *starb*«, sagte er noch einmal und mit derselben Betonung wie vorher und schüttelte sich vor Lachen.

»Amüsierst du dich immer so, wenn deine Freunde sterben?« fragte ich.

Er schüttelte den Kopf und antwortete: »Nein, nein, nein. Laß mich dir nur erzählen, wie erstaunlich viel Freude und Erleichterung der plötzliche Tod von C. A. Kugel bei einigen Leuten auslöste. Er war nicht allzu beliebt. Überhaupt, nur wenige hielten ihn für einen anständigen Menschen.«

Michael lachte eine Weile, wischte sich wieder die Augen aus und sprach weiter: »Er war weder jung noch robust, noch gesund. Sogar der geübte Laie hätte in ihm den Typ erkannt, der in mittleren Jahren der Gefahr einer Herzattacke ausgesetzt ist. Und es war tatsächlich eine Herzattacke, die ihm den Garaus machte.

Doch wie ich es sehe, bin ich für seinen Tod verantwortlich. Ich möchte vorausschicken: Er war eine Ratte, verstehst du? Die reine Ratte. Die Ratte aller Ratten. Und als Ratte hatte er sich der Welt angepaßt, in der er lebte. Dann wurde er durch meinen Einfluß etwas irritiert. Nicht sehr viel. Er brachte, wenn du es so ausdrücken willst, eine größere Tat zuwege, der man altruistische Motive zubilligen könnte. Und das war zuviel für ihn. Er verlor seine natürliche Anpassungsfähigkeit. Das war sein Ende. Es machte ihn verwundbar, als Cecile und Tammy gemeinsam an seiner Substanz zu nagen begannen.

Als Cecile mich vor einigen Wochen verließ, hegte sie große Erwartungen. Kugel war dabei, ihr eine Wohnung einzurichten, nicht für sich selbst, sondern weil sie es so wollte. Sie hatte einen

Mann kennengelernt und dachte, es wäre attraktiver, wenn sie eine eigene Wohnung hätte.

Doch leider, kaum hatte sie mich verlassen, als jener Mann mit ihr brach. Er machte kurz und bündig Schluß und brachte sie damit völlig aus der Fasson. Sie war am Boden zerstört, obwohl du dir denken kannst, daß Cecile sich immer sehr schnell umzustellen vermag.

In jener Phase von Ceciles tiefster Enttäuschung geschah es, daß Tammy Kugel zwang, Cecile bei sich aufzunehmen. Tammy hatte dem armen Mann im Lauf der Jahre vieles abgezwungen, doch nie etwas Rücksichtsloseres und Gefährlicheres als das: zwei Mädchen zugleich bei sich aufzunehmen.

Du stellst dir jetzt vor, die beiden Mädchen hätten ihn zu Tode gevögelt. Aber da irrst du. Vor diesem Schicksal bewahrte ihn Mutter Natur, indem sie ihm die Gabe der Impotenz verlieh. Wie sehr sie auch auf ihm herumgestrampelt haben, er konnte an sie nicht seine Kräfte verschwenden, auch wenn er es gewollt hätte.

Gewiß, er war von erfinderischer Perversiertheit. Viele meiner Freunde waren es, du weißt es. Unter den vielen schönen Dingen, die ihn interessierten, befand sich auch ein transparenter Spiegel, der von seiner einen Seite, einem winzigen Büroraum, den Blick ins Schlafzimmer freigab. In diesem winzigen Zimmerchen saß ich manchmal und verfolgte die orgiastischen Szenen, die sich hinter der Glaswand abspielten.«

»Jetzt begreife ich«, sagte ich. »Ein Glück, daß ich an jenem Abend, als Tammy mir zugeteilt war, nach Hause ging. Nicht daß ich Bedenken hätte, wenn jemand zusieht. Aber es gibt einen alten amerikanischen Witz über genau diese Situation, und ich hasse es, in diesem Witz die Rolle des Blöden zu spielen.«

»Ich bin sicher, daß du in dieser Hinsicht nicht feige bist, Norman. Sonst könnte ich dir nicht sehr vieles von dem erzählen, was in meinem Leben von Bedeutung war. Du bist wählerischer. Und das ist der Unterschied. Kugel, der Mann, von dem ich rede, war alles andere als wählerisch.

Unter anderem liebte er es, hinter seinem Spiegel Szenen zu arrangieren, in denen jemand vor seinen Augen gedemütigt wurde. Einmal, nach sehr sorgfältigen und wohlausgeklügelten Vorbereitungen, sah er zu, wie Tammy auf dem Bett eines Schlafzimmers einen Schwarzen demütigte. Kugel fürchtete und haßte die Schwarzen krankhaft – zumindest so lange, bis ich seine

Phobie etwas abbaute. Ich nahm seinen Gefühlen die Spitze, zivilisierte den Mann ein wenig, wie ich schon sagte.

Aber indem ich ihn gegen seine Furcht unempfindlich machte, seine Ratteninstinkte abstumpfte, machte ich ihn verwundbar. Als die Mädchen bei ihm wohnten – und besonders Cecile war durch die Enttäuschung wild und hemmungslos geworden –, mußte er entdecken, daß sie sich mit Schwarzen eingelassen hatten. Er beschloß neuerlich, sich von seinem Platz hinter dem Spiegel anzusehen, was für Versager die Schwarzen waren. Und so gebrauchte er seine alte List. Er sagte den Mädchen, er werde für einige Zeit nach dem Kontinent verreisen. Tatsächlich aber lag er hinter dem Spiegel in dem Bürozimmerchen auf der Lauer. Eine Nacht. Zwei Nächte. Drei Nächte . . .

In der vierten Nacht kamen sie. Tammy, Cecile und zwei Schwarze. Er sah sie das Schlafzimmer betreten. Er war ziemlich erschöpft vom langen Warten. Aber nun sah er sie endlich.

Das erste, was sie taten, war, die Bettdecke zu nehmen und damit den Spiegel zu verhängen.

Sie wußten, daß er dahinter war, du verstehst. Cecile kannte den Spiegel, sie war bei jenem früheren Spektakel, das ich erwähnt habe, unter den Zuschauern gewesen. Der arme C. A. hatte das nicht bedacht, wenn nicht gar vergessen, und jetzt saß er in der eigenen Falle. Natürlich hätte er immer noch sein Versteck verlassen können, doch wie konnte er der Erniedrigung entgehen, von ihnen ausgespielt worden zu sein?

Er hörte Stimmen und Bewegungen aus dem Schlafzimmer, ohne es zu sehen. Triumphgeheul, unzüchtige Späße, Seufzen und Stöhnen!

Dann fiel plötzlich der Schleier, die Bettdecke wurde weggezogen. Cecile stand splitternackt vor dem Spiegel. Sie hatte die Hülle selbst abgenommen. Im Bett fickte ein riesiger Neger in souveräner Manier die zartgebaute Tammy, Cecile und der andere Schwarze brachten ihre Gesichter nahe an das Spiegelglas und lachten meinem Freund ins Gesicht. Ihr Gelächter muß wohl das letzte gewesen sein, was er in diesem Leben sah . . .«

Ich hatte mir die Geschichte angehört, hatte die Art, wie sie erzählt wurde, akzeptiert, hier und da gelacht, wie es Michael von mir erwartete. Nachdem er geendet hatte, sagte ich: »Sic transit. Prost auf unseren dahingegangenen Freund!«

Michael prostete mir zu und sagte: »Ich habe nie einem Menschen den Tod gewünscht. Und keinem so wenig wie Kugel.«

»Aber du fühlst dich schuldig«, sagte ich. »Du hast dich eingemischt. Du hast versucht, ihn zu bessern, und das hat ihn getötet. Und so bist du verantwortlich.«

»So ist es, Norman«, sagte er. Dabei blieb er völlig heiter und gelassen, soweit ich das beurteilen kann.

Während dieser seiner Abwartephase ging Michael einmal nachsehen, wie es Cecile und Tammy gehe.

Sie hausten gemeinsam mit mehreren anderen wie die Vandalen in Kugels Wohnung. Eulia Price öffnete ihm. Aus den hinteren Räumen der Wohnung war Negermusik zu hören. »Guten Abend, Sir. Ich freue mich sehr, daß Sie kommen«, sagte Eulia und gab ihm einen Kuß. »Jetzt können wir uns für Ihre frühere Gastfreundschaft revanchieren.« Sie war sternhagelvoll. Ihre Haarfarbe hatte sich vom gewohnten Hellorange zu Tiefschwarz gewandelt.

Michael hatte geglaubt, die Musik käme von C. A.s teurem Plattenspieler, den jemand auf volle Lautstärke gedreht habe. Aber als er das in ein einziges Chaos verwandelte Wohnzimmer betrat, fand er die gesamte Band des »Mary St. Kidds« hier versammelt. Mit allen ihren Instrumenten machten sich Victor, Oliphant, Achille, Jean und Tacky Joe auf dem Boden breit. Auf einem Sessel in der Ecke saß Cecile in enger Umarmung mit Rob Varden. Oliver Hodges und Gwen Sprague tanzten – mehr oder weniger miteinander, und Tammy tanzte – mehr oder weniger allein.

Den Verstorbenen abgerechnet, war es fast genau die gleiche Gesellschaft wie an jenem Abend in der Kneipe am Westbourne Park, als Michael Cecile zum erstenmal dorthin mitnahm.

Als sie ihn erblickten, kamen Tammy und Cecile auf ihn zugewankt. »Onkel Michael, ich will dich schon die ganze Zeit anrufen«, sagte Tammy im Ton des Jammers. Sie ließ ihn Platz nehmen, machte es sich auf seinem Schoß bequem und überließ Cecile die Armlehne des Sessels. »Es ist dieser verdammte Notar. Du mußt mir einen guten Rechtsanwalt sagen, zu dem ich gehen kann.«

»Läßt er dich nicht an C. A.s Geld heran?«

»Ärger als das. Er läßt mich das Testament nicht sehen. Ich weiß, daß ich bedacht worden bin. Ich sah es einmal, und da stand mein Name drin. Ich weiß nicht, wie oft ich schon in seinem Büro war. Sie lassen mich nicht einmal mehr hinein. Und heute kündigte er an, es gäbe gar kein Testament. Was soll ich jetzt tun?«

Er versprach, ihr zu helfen. Sie solle ihn in der Früh anrufen. Nachdem er mit seinem Anwalt gesprochen habe, werde man den Fall genauer überblicken können.

»Es kommt noch ärger«, sagte Cecile. »Sie haben uns zwei Männer mit kleinen Notizbüchern hergeschickt.«

»Du hast sie hereingelassen«, sagte Tammy vorwurfsvoll.

»Sie sagten, sie müßten Kugels Inventar aufnehmen«, erklärte Cecile. Wie jemand das inmitten dieser Menschenmassen und der sich überall türmenden Trümmer und Reste fertigbringen wollte, entzog sich jeder Vorstellung. »Und dann hatten wir die Polizei auf dem Hals. Sie sagten, wir müßten für ein Fernsehgerät und einige Kleider und ich weiß nicht für was noch Ersatz leisten.«

»Diese Sachen müssen doch hier irgendwo sein.«

Die Mädchen sahen sich an und kicherten. »Eigentlich nicht«, sagte Tammy. »Ein paar Sachen sind verkauft worden.«

»Wir mußten«, erklärte Cecile. »Wir haben es nur getan, weil wir von etwas leben mußten, bis Tammy ihr Geld ausbezahlt bekam, weißt du?«

Michaels Miene verdüsterte sich. »Das dürft ihr nicht tun. Seht ihr nicht ein, daß ihr, solange die Vermögensmasse nicht rechtmäßig aufgeteilt ist, für jeden Schaden aufkommen müßt, der an C. A.s Sachen entsteht?«

»Oh, es *ist* kein Schaden entstanden«, betonte Tammy. »Außer daß Victor den verdammten Spiegel zerschlagen hat, als er ihn entdeckte. Er fand es pervers und machte ihn kaputt. Er hat was für Gelüste übrig, aber im Vergleich zu C. A. sind diese Leute hier lauter Waisenknaben.«

Michael war erstaunt und amüsiert zugleich, diese Bande randalierender Piraten mit Waisenknaben verglichen zu sehen. Doch bevor er noch eine Meinung äußern konnte, gaben die Waisenknaben ein Lebenszeichen in Form von wildem Geschrei von sich, das jede Unterhaltung unmöglich machte. Durch Zeichen gab er zu verstehen, daß er zu gehen beabsichtige. Schließlich hatte er nur kurz hereinschauen wollen. Er war nicht gekommen, um hier den Richter abzugeben oder sich in ihre Vergnügungen einzumischen.

Doch Cecile nahm ihn bei der Hand und zog ihn mitten durch tanzende und auf dem Boden liegende Paare ins Badezimmer. In diesem vom Lärm verhältnismäßig verschonten Refugium brach sie vorerst einmal in Tränen aus, um dann zu einer Schimpfkanonade überzugehen.

»Es ist nicht fair, Michael. Alles entwickelte sich bestens. Ich machte mir nichts aus Derwent, aber – die Sache kam ins Laufen. Wirklich. Du mußt zu ihm gehen und ihm sagen, er kann mich nicht einfach fallenlassen. Das lasse ich mir nicht bieten.«

Aus ihr sprachen weder Logik noch Verzweiflung. Nicht einmal echte, gesunde Wut, sondern nur ein jämmerlicher Rest von innerer Auflehnung gegen das Schicksal. Es war vielleicht trauriger als am Anfang ihrer Bekanntschaft, und Michael fühlte, daß ihn die Schuld daran traf. »Vielleicht wäre es am besten, du kommst zu mir zurück und wir denken uns etwas aus«, sagte er.

»Niemals! Du mach nur und geh zu Derwent und zwing ihn, zu mir zurückzukommen. Und gib mir meinen Brief und die Bilder, wenn du sie hast.«

Er konnte jetzt nicht von ihr verlangen, zu ihm zurückzukehren, auch wenn er es wollte. Wollte er überhaupt? Sie verlangte weder Unterschlupf noch Liebe, noch irgendwelche Unterstützung. Sie verlangte nur eines: Begleichung ihrer Rechnung. Ihre einzige Triebfeder war Rache.

»Hör zu, hör zu, Michael! Als die Polizei kam und uns ausfragte, was, glaubst du, wollte sie am meisten wissen?«

»Nun?«

»Über dich – das wollten sie wissen. Und glaub nur ja nicht, ich habe es ihnen nicht gesagt.«

»Meine Verbrechen . . .« sagte er ironisch. Doch Ironie war bei Cecile die reine Verschwendung.

»Nicht nur die Verbrechen«, sagte sie. »Was du mit den Leuten machst. Ich habe von meinen schwarzen Freunden erfahren, was du machst.«

»Was mach' ich denn?«

»Wudu. Victor kann das. Besser als du. Er hat mir die Augen darüber geöffnet, was du mit mir vorhast, mit den verdammten Mayhouse-Leuten und all den anderen aus dieser – dieser – schmutzigen Gesellschaft.« In ihrem ungeordneten Wortschwall waren einige sinnvolle Gedanken erkennbar. Wie eine Spinne, deren Netz irgendwo von einem Fremdkörper berührt wird, in Vibration gerät und Gefahr signalisiert, ohne deren Charakter bestimmen zu können, fühlte er Besorgnis in sich aufsteigen.

Noch war er nicht ernstlich beunruhigt. Es war das erste schwache Sichankündigen von etwas, das auf ihn zukam und seine wahre, schreckliche Natur erst offenbaren würde, wenn es ganz heran war. Der Gefühlsausbruch des Mädchens kündigte ihm eine kommende Katastrophe an. Sein eigenes Ende.

Doch er schob das Bild kommenden Unheils von sich. Jetzt wollte er sie väterlich trösten und dies dadurch zum Ausdruck bringen, daß er sie küßte und ihr auf diese Weise Lebewohl sagte.

Als er ihr die Arme um die Schultern legte, entwand sie sich ihm mit einer heftigen Bewegung und ließ ein eigenartiges Gelächter vom Stapel. »Du willst einen Kuß?« Ihre Augen blickten ihn boshaft an. »Jetzt werde ich dir einmal einen Wuduzauber zeigen. Den haben mir meine schwarzen Freunde beigebracht.«

Sie riß das Türchen der Hausapotheke auf. Ihre Finger griffen nach etwas, steckten es in den Mund, als handelte es sich um eine Giftkapsel. Sie drehte sich um, stand geduckt vor ihm. Er sah, daß sie eine Rasierklinge zwischen den Zähnen hielt. Bösartig leuchtete die Stahlklinge zwischen ihren bebenden Lippen. Einladend bot sie ihm ihren Mund, richtete sich mit einer katzenartigen Bewegung auf und wackelte verführerisch mit den Hüften.

Er verhielt sich keineswegs ablehnend. Leicht öffnete er die Lippen, ergriff Cecile an den Armen und drückte sie gegen die Badezimmerwand.

Langsam, jedoch ohne auch nur einmal innezuhalten, näherte er seinen Mund dem ihren. Ihr von Alkohol, Drogen und Haß gezeichnetes Gesicht versuchte einladend zu wirken. Ihr Mund mit der Klinge zwischen den Zähnen schien zu lächeln.

Sie wurden unterbrochen. Jemand schlug donnernd gegen die Tür.

»Cecile, du Schlampe, ich weiß ganz genau, daß du drin bist!«

Sie wurde schlaff in seinen Armen, drehte den Kopf und spie die Rasierklinge auf den Boden. Sie grinste blöde, als ob alles nur ein Spaß gewesen wäre.

»Dasselbe mache ich mit ihm, wenn er mir unterkommt.« Sie meinte Derwent.

Wieder das Gebrüll von draußen. »Cecile, bist du drin?«

Michael öffnete die Tür. Victor Gaspery stand davor. Er machte keinerlei Anstalten, auf Michael loszugehen. Aber als sie den Raum verließen, sagte er drohend: »Lassen Sie die Finger von ihr! Jetzt bin ich ihr Beschützer!«

Nach den Anstrengungen und Ausschweifungen des Sommers mußte er sich entspannen und abwarten. Es war eine Periode aufgezwungenen, geduldigen Wartens. Er wartete wie die Chirurgen nach einem schweren Eingriff, daß die Natur ihren Teil zur Heilung des Operierten beitrage.

Indem er Obukow an den Mann von MI-5 übergab, hatte er Fremdgewebe in den kranken Körper Englands verpflanzt. Die Operationswunde war vernäht. Was mit Obukow nun geschah, konnte nur aus indirekten Zeichen abgelesen werden – die übliche Methode, der sich jeder Arzt in einem solchen Fall bediente. Es gab keinerlei Garantie für den Erfolg. Die Operation war gelungen. Der Patient mochte dennoch sterben. In der Zwischenzeit hatte der behandelnde Arzt ein wachsames Auge auf Puls, Atmung und Körpertemperatur.

In der zweiten Septemberwoche erhielt er einen Brief von Meg Derwent, in welchem sie ihm mitteilte, sie würde gerne ein Porträt bei ihm in Auftrag geben. Er rief sie an. Er könne selbstverständlich bei ihr vorbeikommen, sagte er, sie solle einen Tag bestimmen. Wenn das schöne Wetter anhielte, könnten sie vielleicht im Freien arbeiten. Er denke vorerst an ein Aquarell.

# 35. KAPITEL

Eine Frau, die einem Maler für ein Porträt sitzt, überläßt sich automatisch ihren Träumen. Ihr Körper, ihr Gesicht nehmen jenen Ausdruck, jene Haltung an, die sie sich für das Porträt wünscht. Für den Künstler ist dies immer wieder ein von neuem ergreifendes Erlebnis, das nicht einer gewissen Ironie entbehrt, denn immer nehmen die Gesichter der Porträtierten einen leidenden Ausdruck an, als wäre das Leiden von Anfang an ihr ständiger Begleiter gewesen und die Freuden des Lebens dagegen nur flüchtige Besucher.

Bevor Michael mit seiner Arbeit begann, konfrontierte ihn auch Meg Derwent mit dieser ergreifenden Ironie: eine schöne, ausgeglichene Frau, in prächtiger, luxuriöser Umgebung – mit dem Gesichtsausdruck einer zum Tode Verurteilten, die auf den Henker wartet.

An jenem Spätsommermorgen war er auf die an der Rückseite ihres Hauses gelegene Terrasse gekommen, um eine Farbskizze anzufertigen. Sollte diese gut ausfallen – so sagte sie am Telephon, als sie darüber sprachen –, sollten sie also beide zufrieden sein, dann würde sie vielleicht ein Ölbild bei ihm bestellen.

Es ging sehr gut. Er würde alles auf der Leinwand einfangen, was er sah, bis auf den Ausdruck der Trauer und Verzweiflung.

Während die Arbeit unter seinen Händen Fortschritte machte, gelangte Meg an den Punkt, da sie sprechen mußte. Ohne ihre Haltung zu verändern, sagte sie: »Ich verstehe bestimmt nicht alles, was vorgeht, Doktor Cobb. Für die Frau eines Ministers ist das nicht nötig, oder? Eine Regierung hat ihre Geheimnisse. Aber wenn diese Amtsgeheimnisse sich mit solchen privater Natur verquicken, wird es für die Nerven zuviel. Aber soweit sehe ich klar – in dieser anderen Sache –, daß Richard die große Krise seines Lebens durchmacht.«

Michael trocknete seinen Pinsel ab und lehnte sich gegen den kleinen Eisentisch, den er als Staffelei benützte. »Wollen wir darüber reden? Haben Sie mich deshalb hierher eingeladen?«

»Nein. Nein. Malen Sie weiter«, sagte sie hastig. Es war klar, daß sie selbst nicht sicher war, ob sie darüber reden sollte oder nicht. Sie fürchtete, daß sie zuviel sagen könnte, und fürchtete gleichzeitig, die Gelegenheit zu verpassen, von ihm etwas zu hören, was ihren unklaren Absichten den Weg weisen würde.

Also würde er warten, bis sie soweit war. Er tauchte den Pinsel in das grüne Tümpelchen auf seiner Palette und legte in den Schatten auf ihrer linken Wange – unter der vorspringenden weißen Hutkrempe – einen zarten Grünton. Mit blassen Pinselstrichen zog er die Konturen der weißen Steinmauern der Nachbarhäuser nach. Mit Bleistift- und mit Pinselstrichen deutete er die geraden Hecken und die dichtbelaubten Ulmen an, die den Garten gegen die Nachbargrundstücke abgrenzten. Mit leichten roten, wäßrigen Tupfen bedachte er die Blumen auf dem Tisch, auf dem ihr entblößter Arm ruhte, den weißen Sonnenschirm, der von ihrer anderen Hand baumelte, und ihre säuberlich übereinandergeschlagenen Beine.

Als sie von neuem zu sprechen begann, schien es nicht Entschlossenheit, sondern Pein, die sie trieb, sich mitzuteilen.

»Eines muß Ihnen klar sein«, sagte sie. »Ich mache mir nicht nur Gedanken darüber, was mit der blöden Regierung geschieht, oder ob Richard seine Stellung behält oder nicht, oder was mit England passiert. Es ist mir ganz bestimmt gleichgültig, was aus Ihrer Räuberbande wird oder aus Ihrem – Harem. Ich werde für Richard mit meinem ganzen Verstand und mit all meiner Kraft kämpfen.«

Diese massive Drohung schreckte ihn aus seiner Ruhe. Das hier war etwas anderes als Ceciles harmlose Bosheitsakte und die Drohungen mit der Polizei. Doch immer noch glaubte er unerschütterlich – und sollte noch lange in diesem Glauben verharren –, daß sie beide ein und demselben Ziel zustrebten.

Meg Derwent sprach leise. Diener oder Nachbarn könnten zuhören. Doch sie war fest entschlossen, ihm ihren Standpunkt klarzumachen.

»Sie haben ihn mit diesem Mädchen verkuppelt, und jetzt glauben Sie vielleicht, Sie könnten ihm mit Enthüllungen drohen.«

»Sie wissen genau, daß ich ihm nie gedroht habe.«

Aus ihrem bezaubernden Lächeln hätte ein Außenstehender, wenn er die Szene aus einem Fenster des Hauses oder von jenseits der Hecke beobachtete, entnehmen müssen, daß sie vielleicht über einen amüsanten Film sprach. »Lassen Sie sich sagen, wir haben mächtige Freunde. Verbindungen, von denen sich selbst ein Mann wie Sie keine Vorstellung macht. Wir werden Sie vernichten.«

Michael spielte gleichfalls seine Rolle in diesem Spiel. Er trat von der Staffelei zurück und hob den Kopf. Versonnen mischte er ein zartes Violett an und malte hinter die Figur quer über das Blatt ein breites violettes Band, um seiner Komposition dadurch gleichsam einen Zusammenhalt zu geben. »Sie brauchen keine Angst zu haben«, sagte er. »Ihr Gatte hat sich von dem Mädchen wieder gelöst.«

»Sie meinen, Sie haben den Russen bereits angelockt. Sie haben ihn zum Abspringen bewogen. Es ist Ihnen gleichgültig, welcher Preis dafür bezahlt werden mußte.«

Der Maler streckte seine Hand aus und visierte sein Objekt mit dem Daumen an. »Das war nicht ich«, warf er ein. »Ich nehme an, Sie wissen, daß die Abteilung MI-5 die ganze Operation leitet. Ich spielte nur eine kleine Rolle darin. Ich nahm an, auch Richard würde nur für diesen Teil der Operation gebraucht werden. Er hat seinen Part erfüllt. Ich kann mir nicht vorstellen, was sie noch von ihm wollen könnten.«

Meg war nahe daran, aufzuspringen, auf ihn loszugehen und ihm mit den Fingernägeln ins Gesicht zu fahren. Er spürte es. Daß er sich dumm stellte, machte sie so wütend. Obwohl ihr Gesichtsausdruck unverändert blieb, war die schnaubende Wut aus ihrer gedämpften Stimme sehr wohl herauszuhören. »Sie spielen nicht dasselbe Spiel wie MI-5.«

Wahr genug. Doch wieviel erriet sie? Wollte sie herausbekommen, ob auch ihr eine Rolle in seinem Plan zugedacht war? Sie sagte: »Da ist die Sache mit dem Brief, den mein Gatte an Miß Banner schrieb. Sie sagen, er hat sich von ihr gelöst. Aber der Brief wanderte durch London und ebenso Miß Banner, die die Geschichte überall, wo sie hinkommt, breittritt.«

»Leute mit Verantwortungsgefühl werden finden, man kann nichts von dem glauben, was Cecile erzählt. Sie erzählt nie eine Geschichte so, wie sie sich wirklich zugetragen hat.«

»Sie hat es der Polizei gesagt.«

Die Hand des Malers zitterte nicht, als er drei kurze graue Striche auf das Papier zog: die Umrisse von Schatten neben dem Geäst. Eine kalte Hand griff nach ihm. Meg Derwent wußte, daß Cecile bei der Polizei geplaudert hatte. Sie hatten mächtige Freunde . . . Hatte sie bereits Schritte gegen ihn eingeleitet?

Leicht warf er hin: »Was den Brief betrifft, über den Sie sich solche Sorgen machen – es war sehr unvorsichtig von Richard, daß er ihn abgeschickt hat. Ich frage mich, warum er das getan hat. Das zumindest haben die Leute von MI-5 nicht von ihm verlangt.«

»Weil er offen und verwegen ist«, sagte sie. »Er ist nicht der Mann, der schleimig um den Brei herumredet wie Sie – und andere.«

»Er ist ritterlich«, gab Michael zu. »Und doch hätte er wissen müssen, daß er diesen Brief nicht schreiben durfte. Diesen Fehler müssen wir für ihn ausbügeln.«

»*Wir* müssen . . .?« Ihr Zorn wurde wieder hörbar. Wie konnte Michael es wagen, »wir« zu sagen?

»Der Brief stellt keine Gefahr für Richard dar«, sagte Michael.

»Wie kann ich Ihnen glauben?«

»Ich habe den Brief. Den Brief und die Bilder, die Sie von uns am Swimming-pool in Cadwater aufgenommen haben – die Bilder, die Sie so unvorsichtig an Miß Banner geschickt haben –, sie alle sind in meinem Besitz, Sie brauchen keine Angst zu haben.«

Das zu erfahren beruhigte sie keineswegs. *Er* war es vor allem, den sie fürchtete.

»Sie geben mir den Brief und die Photos?« fragte sie.

Er zögerte nicht mit der Antwort. »Natürlich gebe ich sie Ihnen«, sagte er.

»Sofort?« fragte sie. »Noch heute?«

»Ich sagte, sie seien in meinem Besitz. Aber sie sind an einem sicheren Ort aufbewahrt. Nein, ich kann Ihnen nicht versprechen, daß ich sie Ihnen noch heute aushändige.«

Sie zuckte geringschätzig mit den Achseln.

Er sagte: »Ich möchte wirklich nicht, daß Richard und Sie sich durch diesen Brief bedroht fühlen.«

»Aber Mr. Derwent und ich *fühlen* uns bedroht.«

Und dann sagte sie ganz plötzlich: »Ich habe Ihr Versprechen, daß Sie sie mir aushändigen, ohne dafür eine Gegenleistung zu verlangen?«

»Natürlich ohne jede Gegenleistung«, sagte er.

Er wollte, daß den Derwents nichts geschah. Er wollte, daß sie ihm vertrauten.

Daß Meg Derwent in ihm momentan einen Feind sah, machte ihm nichts aus. Das war nur eine Phase der Entwicklung, an deren Ende er die Dinge unter Kontrolle haben würde.

Am Ende würden sie ihm vertrauen. Doch jetzt mußte er ins Auge fassen, daß sie und andere ihres Kreises drauf und dran waren, ihn zu vernichten. Und wenn ihnen das gelang, hatte alles, was er in diesem Sommer gewagt hatte, seinen Sinn verloren. Er hätte Obukow damit Leuten ausgeliefert, denen nicht zu trauen war, hätte ihn zu einer Waffe anstatt zu einem Friedensapostel gemacht.

Also mußte er den Brief und die Photos behalten, um sich abzusichern. Inzwischen – inzwischen hatte er von Meg Derwent ein entzückendes kleines Porträt angefertigt, an dem sie eigentlich Gefallen finden müßte.

»Wollen Sie sehen, was ich gemacht habe?« fragte er, als er begann, die Farbtuben in ihren Behältern aus mattglänzendem Eichenholz einzuräumen.

Es gefiel ihr. »Sehr schön! Doktor Cobb, ich hatte nicht erwartet ... Sieht es nicht wie von Sargent aus?« Sie stand neben ihm, hob ihre Hand, und ihre langen, feingliedrigen Finger schienen hineinreichen zu wollen in die Szene. Sie berührten fast die roten Blumen, das Schattenmuster auf dem Tischtuch, die Frau, die inmitten ihrer luxuriösen Umgebung düsteren Gedanken nachhing.

»Ich möchte keine Angst vor Ihnen haben. Wir könnten Freunde sein«, sagte sie.

»Sie können sicher sein«, sagte Michael, »wir *werden* Freunde.« Er versprach, das Bild sofort rahmen zu lassen und es ihr zu schicken. Es sei ihm ein Vergnügen gewesen, sie zu malen. Es würde ihn glücklich machen, wenn sie das Bild als Geschenk annähme. Sie solle Vertrauen haben, er werde den Brief zur rechten Zeit übergeben. »Wollen Sie mich wirklich vernichten, geistig und körperlich?« setzte er leicht hinzu.

»Habe ich es so hart ausgedrückt?«

»Nicht ganz so hart.«

»Es tut mir leid. Vielleicht, wenn dieser schreckliche Sommer einmal vergessen ist, können wir Freunde werden.«

»Ich bin sicher.«

»Norman«, sagte er. »Du kannst mir einen Gefallen erweisen.«

Überraschend war, daß sich diesmal er zu mir herbemüht hatte. Jedesmal, wenn wir uns trafen, hatte ich den ersten Schritt tun müssen. Er tauchte in meinem Hotelappartement im Dorchester auf, als ich eben dabei war, vor meinem Rückflug noch einige Dinge zu erledigen.

Ich hatte an jenem Morgen zwei Sekretärinnen bei mir. Sie saßen zu beiden Seiten des Fernsehgerätes vor ihren Schreibmaschinen und tippten brav. Auf meinem Schreibtisch lagen haufenweise Papiere, als hätte man den Inhalt des Papierkorbes über der Tischplatte entleert, und dazwischen wanden sich die Drähte und Kabel des Diktaphons. Der Griff meines Tennisrackets ragte aus dem Telephonbuch heraus. Claude Bowman, der Leiter unseres Londoner Büros, war bei mir und stellte für die kommende Woche die Reiseroute zusammen, während ich Briefe an Leute in Kenia und Rhodesien diktierte, wohin ich als nächstes reisen mußte.

»Endlich sehe ich, wie du lebst«, sagte Michael.

»Nimm's nicht ernst. Ich hasse Papierkrieg. Ich kann Papier nicht riechen. Ich erledige meine schriftlichen Arbeiten immer erst in letzter Sekunde. Dann sieht es so aus wie jetzt. Stimmt's, Claude?«

Claude Bowman sagte: »Ärger als das, Norman: Du sitzt meistens im Flugzeug, bevor die Arbeit getan ist.« Richtig. Damit wollte er sagen, daß ich die Sachen fein säuberlich eingepackt am Flugplatz in Nairobi oder Salisbury abholen konnte, wenn ich dort landete. Produktionsziffern und Weltmarktpreise von Zyan, Asbest und Vanadium. Alles bestens recherchiert und auf den neuesten Stand gebracht, so daß ich bei meinem Frage- und Antwortspiel stets die richtigen Fragen stellte.

Michael sagte: »Ich bin im ungünstigsten Moment gekommen.«

»Nein«, sagte ich. Wenn er privat mit mir sprechen wollte, konnten wir ins Nebenzimmer gehen. Ich erriet, daß er mehr von mir wollte, und so sagte ich: »Ich brauche frische Luft. Können wir zum Marble Arch spazieren? Laß mir noch zehn Minuten, um diese Briefe fertigzumachen, dann gehen wir.«

Während ich diktierte, wanderte er im Raum umher. Er nahm nur den Griff des Rackets genauer in Augenschein und registrierte wahrscheinlich jene Telephonbuchseiten, zwischen die ich das Racket geschoben hatte. Er war beim Buchstaben D, und die Nummer, die ich brauchte, war die von Ursula Drake. Ich hatte sie bereits angerufen und gebeten, mich zum Flugplatz zu bringen.

Als wir loszogen, sagte er: »Ich habe geprahlt, ich könnte dir bei deiner Arbeit von Nutzen sein. Kontakte und so. Ich fürchte, ich habe da völlig versagt.«

»Stimmt nicht«, sagte ich. »Dein Derwent hat mich auf Jan Persewater gebracht. Bei diesem Spiel gibt es keine Spur, die direkt zum Ziel führt.«

»Ja, ich weiß.« Und ob er das wußte! »Es freut mich, daß Persewater sich für dich als so ergiebig erwiesen hat.«

»Wir haben uns ein wenig in London herumgetrieben.«

»Du hast Tennis mit ihm gespielt.«

»Persewater ist kein solcher Athlet wie du. Wir haben etwas Geld beim Pferderennen verloren und uns beim Roulett versucht, um herauszukriegen, ob wir dieselbe Sprache sprechen.«

Er sagte: »Wir haben zwar nur im Scherz darüber geredet, aber – du hast doch Kontakte zu den regulären Abwehrdiensten? Zur CIA und zu MI-5? Kennst zumindest die Leute von dort, an die du dich wenden kannst. Ich meine, falls du sie nicht erreichst, dann kann eure Corporation sie um – gelegentliche Tips und Hinweise angehen.«

»Ja und nein. Manchmal. Es ist eine heikle Sache. In manchen Dingen kann ich mich an einen Mann bei der hiesigen Botschaft wenden. Der geht dann zu seinem Freund im Home Office und gelangt über diesen schließlich an die MI-5. Direkte Pipeline habe ich keine, nein, und gewöhnlich ist das ganze Manöver so beschwerlich, daß es sich für das, was ich schließlich erfahre, gar nicht lohnt. Aber wir reden um den Brei herum. Was willst du wissen?«

»Soll ich es ganz offen sagen?«

»Ich wünsche, du tätest es. Es ist wirklich wichtig für mich, daß ich mit der Abendmaschine wegkomme. Ich kann, wenn nötig, ein oder zwei Tage überziehen, um für dich auszugraben, was du brauchst, falls ich dir überhaupt helfen kann. Aber . . .«

»Kommt absolut nicht in Frage«, sagte er. »Was ich vor dem Riecher habe, ist zu vage und zu trivial. Du darfst deswegen deine Pläne nicht verschieben. Absolut nicht.«

»Es kann nicht so trivial sein, sonst würdest du mich nicht . . .«

Er nickte und lächelte. »Ich habe mir gedacht, es könnte dir möglich sein, obwohl du ihn nicht kennst, mit einem Mann von MI-5 namens Blake zu reden, und . . . Nein, nein. Es ist zu lächerlich.«

»Was willst du von Blake wissen?«

»Mein Gott.« Plötzlich bemerkte ich eine gewisse Herablassung in seinem Gehaben mir gegenüber und war leicht irritiert. »Glaubst du wirklich, ich kann das in dieser Kürze so mit dir besprechen? Ich bin mir selbst noch nicht einmal im klaren, was ich von Mister Blake wissen will.«

»Michael«, bat ich, »sei ehrlich. Komm schon.«

Jetzt legte er los. »Ich möchte wissen, was aus Obukow geworden ist. Ob es für mich eine Möglichkeit gibt, mich mit ihm in Verbindung zu setzen.«

Die Zeitungen hatten nichts über Obukows Absprung berichtet, Engländer wie Russen gaben sich gelassen – ein Zeichen dafür, daß der Fall noch nicht abgeschlossen war. Man sprach darüber in Botschaften und ihnen nahestehenden Kreisen. Die Sache wurde offenbar vertuscht. Meiner bisherigen Meinung nach war Obukow nur ein Bauer in einer Schachpartie, die die Geheimdienste spielten und die erst bis zur Hälfte gediehen war. Michaels Bitte, für ihn zu intervenieren, war der erste Hinweis für mich, daß Obukow alles andere als nur ein gewöhnlicher Bauer war.

»Wer ist er? Jetzt sei ehrlich«, sagte ich. »Zum Teufel, wer ist Obukow wirklich?«

Damit hatte ich den Faden durchschnitten. Von jetzt an wußte er immer mehr Gründe dafür anzuführen, daß es dumm sei, mich um Interventionen bei Blake zu bitten. »Ich weiß, du bist ein sehr scharfer Beobachter und genauer Zuhörer, Norman«, sagte er. »Aber jetzt wäre es völlig witzlos, wenn ihr euch träfet. Ich sehe, daß das nicht genügen würde. Aber du hast mir dadurch eine Menge geholfen, alter Freund, daß ich die Sache in deiner Gegenwart neu durchdenken durfte. Ich werde an einem der nächsten Tage selbst mit Blake reden. Natürlich, das ist die Idee! Nein, du brauchst nicht zu intervenieren, Norman. Es wäre ganz falsch.«

Als ich am Abend mit Ursula zum Flugplatz fuhr, sagte ich: »Ich habe Michael enttäuscht. Er kam zu mir und bat mich um etwas, und ich war nicht schnell genug am Schalthebel.«

»Ich bezweifle das. Leute enttäuschen Michael nie. Er bedient sich ihrer, wie sie ihm über den Weg laufen.«

Ich dachte darüber nach, während sie uns durch das Verkehrsgewühl manövrierte. »Du bist ein kluges Mädchen«, sagte ich.

»Ich bin eine erfahrene Cobb-Kennerin.«

»Soso. Dann kannst du mir vielleicht sagen, warum er plötzlich seine Meinung geändert hat?«

»Er hat seine Meinung nicht geändert. Er hat dir eine Botschaft überbracht. Ein Signal.«

»Und was bedeutet dieses Signal?«

»Daß er wahrscheinlich bald deine Hilfe benötigen wird und du dich am besten jetzt schon darauf einstellst.«

Also gut.

Während ich im Jet das Abendessen einnahm, ließ ich mir Ursulas Interpretation durch den Kopf gehen. Michael war also gekommen, um mich wissen zu lassen, wie hoch sein Einsatz im Spiel mit Derwent, Obukow und Blake war.

Ich schlief in meinem Sitz ein. Als ich aufwachte, befanden wir uns über der afrikanischen Küste. Ich beugte mich zum Fenster. Unter der Tragfläche war das blasse Band der Brandung undeutlich zu sehen. Kein einziges Licht leuchtete herauf. Die Landmasse lag einsam und geheimnisvoll im Dunkel.

Erst in diesem Augenblick erreichte mich Michaels Signal. Jetzt verstand ich es. Er spielte ein gewagtes, ein großes Spiel. Seine Gegner waren dabei, ihn zu eliminieren.

Es war mir so klar, als wäre es bereits geschehen. Aber noch konnte ich es nicht laut aussprechen, nicht einmal gegenüber dem General.

# 36. KAPITEL

Bei ihrem ersten Gespräch mit Sergeant Pennylast vom Polizeirevier Marylebone machte Cecile Banner für ihre gegenwärtige Lage Michael Cobb verantwortlich. Er habe sie auf Richard Derwent »angesetzt«, damit sie diesem Atomgeheimnisse entlocken solle, und außerdem habe er mittels hypnotischer Kräfte den Tod seines Freundes C. A. Kugel bewirkt.

Sergeant Pennylast war nicht geneigt, einer so ungewöhnlichen Aussage Glauben zu schenken. Durchaus für möglich hielt er allerdings, daß Beziehungen zwischen ihr und Richard Derwent bestanden hatten. Sie hatte hierzu einige detaillierte Angaben geliefert.

Ohne dazu besonders verpflichtet zu sein, rief er Inspektor Spicer von der Sonderabteilung, die sich mit Fragen der nationalen Sicherheit zu befassen hatte, an und informierte ihn. Er war der Meinung, daß sich unter den gegebenen politischen Verhältnissen Richard Derwents unvorsichtiges Verhalten sehr leicht zu einem Skandal ausweiten könnte.

Sergeant Pennylast fühlte sich außerdem verpflichtet, C. A. Kugels Anwalt davon Mitteilung zu machen, daß Miß Banner behauptete, Michael Cobb versuche, einen Teil des Realienbesitzes des Verstorbenen an sich zu bringen. Ohne Zweifel geschähe das zum Nachteil der Bemühungen von Miß Tammy Chandler, den nach dem letzten Willen des Verstorbenen festgesetzten Anteil zugesprochen zu erhalten. (Wie ich erfahre, harrt die Frage des Nachlasses noch ihrer gesetzlichen Klärung).

Als man Cecile, Tammy Chandler, Eulia Price, Victor Gaspery und andere wegen des erwiesenen Besitzes von Haschisch und anderen Narkotika in Haft nahm, sagte Miß Banner weiter aus, Michael Cobb versuche sie loszuwerden, indem er ihr Prostitution und Drogenbesitz anhänge. Sie gab ihrer Befürchtung Ausdruck, Cobb handle hier in Richard Derwents Auftrag, der sie zum Stillschweigen bringen wolle, um seine eigenen Verfehlungen zu decken. Michael Cobb und seine mächtigen Freunde, sagte sie weiter, gebrauchten ihre Positionen und ihren Einfluß, um ihr nachzustellen. Um ihre Geschichte zu untermauern, führte sie Beispiele an, wie andere Mädchen von Cobb Männern zur Verfügung gestellt worden seien, und deutete an, dies wäre unter Ausübung von Zwang geschehen. So sehr man ihre Darstellung als Versuch werten konnte, sich selbst von Schuld reinzuwaschen, enthielt sie doch im Kern genug Explosivstoff.

Auf Grund dieser Enthüllungen wurde daher ein Treffen vereinbart, an dem Sergeant Pennylast, Inspektor Spicer und Sergeant

Lonsader vom Rauschgiftdezernat teilnehmen sollten. Vielleicht wäre man, falls das Treffen stattgefunden hätte, der Wahrheit dieser verworrenen Geschichte auf den Leib gerückt. Unserem Land wäre viel negative Kritik erspart geblieben.

Doch Lord Northcote legte sein Veto ein. Von seinem Standpunkt aus und im Hinblick auf das Ausmaß der ihm zu diesem Zeitpunkt zur Verfügung stehenden Informationen eine durchaus begreifliche Entscheidung. Die Presse wußte zu diesem Zeitpunkt bereits von dem Protest der russischen Botschaft. Die Russen beschuldigten den Geheimdienst und die Sonderabteilung, beim erwiesenen Absprung ihres Botschaftsangehörigen V. A. Obukow mitgewirkt zu haben. Erfuhr nun die Presse, daß Geheimdienst und Sonderabteilung Cecile Banner über Michael Cobb ausfragten, der seinerseits wieder Obukow durch Eugene Latvin kennengelernt hatte, so wäre das Home Office in Schwierigkeiten geraten, den Russen auf ihre Beschuldigungen in geeigneter Weise zu antworten. Die Situation war ohnehin schon verfahren genug. Aus diesem Grund wurde Sergeant Pennylast informiert, daß das in Aussicht genommene Treffen nicht stattfinden würde. Man gab ihm keinerlei Erklärung dafür, und er mußte diese abrupte Abfuhr als Verhöhnung seiner patriotischen Bemühungen ansehen. Er beschloß, seine Nachforschungen nachdrücklich zu betreiben, um den mutmaßlich kriminellen Akten, die ihm in der Angelegenheit mitzuspielen schienen, auf die Spur zu kommen. Immer mehr setzte sich in ihm die Überzeugung durch, daß es sich hier um eine akute Bedrohung der nationalen Sicherheit handle.

Wenn man den Eindruck gewinnen muß, daß unsere verschiedenen Dienste sich in ihren Nachforschungen durchaus nicht immer einig waren, so darf man dabei nicht vergessen, daß Michael Cobb eine Spur hinterließ, deren Verfolgung abwechselnd einmal in die Kompetenz der einen, dann wieder in die einer anderen Abteilung zu fallen schien.

Bis Mitte Herbst war Cecile Banners Geschichte in signifikanten Details einer ganzen Anzahl von Personen bekannt. Zu diesem Personenkreis gehörten:

1. Rob Varden; durch ihn Edna Hawkes, Fernsehkommentator; durch diese D. M. Gath, Abgeordneter von Bly-Hostwerry.
2. Die Zeitungen; da vor allem die Sonntagsblätter »Graphic« und »Today«. Diesen Blättern waren von Rob Varden und Edna Hawkes Photokopien des »Darling«-Briefes vorgelegt worden. Die Zeitungsleute wußten, daß der Originalbrief sich im Besitz von Michael Cobb befand. Sie nahmen an, daß er ihn zu erpresserischen Zwecken benützen wolle.
3. Die Polizei.
4. Die Sonderabteilung.
5. Die Anwälte von C. A. Kugel (verstorben), Richard Derwent, Michael Cobb und Lord Collingwood (der der Polizei von Cecile Banner als einer von jenen Männern genannt worden war, denen sie nach Michael Cobbs Wunsch zur Verfügung zu stehen hatte).

6. Freunde und Bekannte von Mr. und Mrs. Derwent. Einem hohen Regierungsbeamten gegenüber (dessen Rolle in der Affäre eine so untadelige ist, daß sein Name nicht genannt zu werden braucht) erklärte Richard Derwent: »Es war sehr unvorsichtig, einen Brief diskriminierenden Inhalts einem Mädchen zu schreiben, das wir in Cadwater kennenlernten. Es ist zu befürchten, daß sie den Brief an die Zeitungen weitergibt.« Sein Freund glaubte daraus entnehmen zu können, daß es sich dabei um eine indiskrete Äußerung, nicht aber um eine verbotene Beziehung handle.

Was als private Affäre begonnen hatte, begann nun in die Sphäre der Politik, der Finanzwelt und der Rechtsinstitutionen hineinzuspielen. Dazu kamen jene Bereiche, die im Dienst einer sensationshungrigen Öffentlichkeit standen. Ich bin überzeugt davon, daß der Premierminister zu diesem Zeitpunkt nichts von dem wußte, was sich zusammenbraute. Und das erscheint durchaus begreiflich.

*Der Melamine-Report*

Michael sagte: »Sie fanden sich ihren Verbrecher. Da hatten sie mich nun. Und jetzt, da sie mich hatten, begannen sie sich auszudenken, worin mein Verbrechen bestand.«

Stella Grayling kam gleichsam als Prophet des Unheils. Sie saß eines grauen Morgens in seinem Wartezimmer, ein kleines Häufchen Elend, das sich unter Miß Podmores gestrengem Auge nicht zu mucksen wagte. Sie hatte Miß Podmore einen falschen Grund für ihr Kommen angegeben. Ihr »Frauenleiden« bestand allerdings, wie sich in dem Gespräch mit Michael herausstellte, darin, daß die Polizei sie dreimal in ihrem Hausboot auf der Themse aufgesucht und verhört hatte.

»Es mußte ja einmal so kommen«, sagte sie in einem Ton, in dem auch ein Vorwurf mitschwang. Natürlich hatte sie es erwartet. Welcher sexuell Abnorme lebt nicht in ständiger Angst vor dem Klopfen an seiner Tür, und davor, vor die Schranken des Anstandes zitiert zu werden? »Das erstemal kam Pennylast mit einigen Proben meiner Schriftstellerei.« Sie hatte sich angesichts dieser Konfrontation sicherlich gewunden vor Scham. Die Sexualphantasien, die sie für »Gleichgesinnte« auf Bestellung schrieb, mußten in der Hand von Pennylast den Eindruck recht schäbiger Beweisstücke gemacht haben. »Ich konnte nicht herausbekommen, wie er die Spur bis zu mir zurückverfolgt hatte. Sie mußten sich durch die Leute durchgefragt haben, die auf meine Annoncen antworten. Beim zweitenmal fragte er, ob ich jemals Beziehungen zu Männern unterhalten hätte, mit denen ich durch meine literarischen Erzeugnisse in Kontakt gekommen sei.«

»Und da hast du ihnen von mir erzählt«, sagte Michael. Er wollte sie nicht beschuldigen. Er nahm an, sie war gekommen, um ihm ein Geständnis zu machen und ihn zu warnen. Er wollte es ihr so leicht wie möglich machen.

»Ich leugnete es glatt!« sagte sie. »Aber sie wußten bereits alles. Sie hatten deinen Namen neben vielen anderen. Ich bekam es mit der Angst zu tun, als ich erkannte, daß sie nun wußten, daß ich sie belogen hatte. Dann fragten sie mich, ob du mich jemals mit den anderen zusammengebracht hättest. Ich sagte: Nein, natürlich nicht.«

»Und dann?«

»Dann deuteten sie an – erst wollten sie nicht recht heraus damit –, daß ich mir um die anderen keine Sorgen zu machen brauchte, falls ich mich ›erinnern‹ könne, ob dein Name fiel, wenn einer dieser anderen mit mir beisammen war.«

»Ich hoffe, du hast ihnen in diesem Punkt die Wahrheit gesagt.«

»Ich habe einigen gegenüber mit deiner Bekanntschaft geprahlt«, sagte sie. Sie hatte natürlich Grund dazu. »Du bist jemand. Du magst keine Berühmtheit sein, aber du bist eine bekannte Londoner Persönlichkeit. Ja, ich erwähnte deinen Namen. Und ich sagte das der Polizei.«

Er sah sie an – und wußte, daß sie nicht gekommen war, um ihn zu warnen, sondern um sich daran zu weiden, daß er in Schwierigkeiten geraten war. Sie hatte der Polizei das wenige, das sie wußte, gesagt, um ihn zu bestrafen. Nicht, weil er ihr mit Verachtung und Grausamkeit begegnet war, sondern weil er die arme Verirrte geliebt hatte und sie dann plötzlich mit ihrer Verirrung wieder allein gelassen hatte.

»Du hast eine Art, die Leute in etwas hineinzuhetzen und sie dann ihrem Schicksal zu überlassen.« Der ganze Jammer ihres Lebens brannte in ihren Augen, als sie das sagte.

Der Kreis derer, die innerhalb der nächsten zwei Wochen befragt wurden, wuchs zu einem netten kleinen Häufchen an. Manche der Befragten waren so weit vom Schuß, daß Michael sich wunderte, wie Pennylast auf sie gekommen war, wenn auch außer Zweifel stand, daß der Sergeant bei der Suche nach dem Verbrechen, das er ihm aufhalsen könnte, mit peinlichster Genauigkeit vorging.

»Ich bin Objekt polizeilicher Nachforschungen«, erwähnte er seinem Freund Tracy Bryce gegenüber.

»Ich weiß.«

»Sie waren auch bei dir?«

Bryce verneinte das. »Aber sie haben aus Bart Collingwood – respektvollst, nehme ich an – Dinge herausgequetscht, die er lieber nicht gesagt hätte. Hat der alte Scheißer nun wirklich Cecile gevögelt, oder hat er es auf Grund deiner schmutzigen Bettgeschichten nur in Gedanken mit ihr getrieben?«

»Warum sollte er nicht, wenn alle damit einverstanden waren?«

»Genau, mein Alter. Ich kehre nicht vor fremden Türen. Aber Bart rief mich in einiger Aufregung an, machte seiner Empörung Luft und bat darum, daß das Parlament sich einschalten möge, um der Sache Einhalt zu gebieten.«

»Warum hat er nicht mich angerufen?« fragte Michael, und Bryce überließ es ihm, sich die Antwort darauf selbst zu geben. »Weil *ich* das Ziel der Angriffe bin und von seiten meiner Freunde Diskretion und mitfühlendes Schweigen erwarten darf. O verdammt!«

Ursula Drake kam nach ihrem kurzen Gespräch mit Pennylast zu ihm hereingestürmt. »Der Schmutzfink fragte von hinten herum«, tobte sie. »Er wollte nur wissen, wo du an bestimmten Tagen gewesen bist. Nun, einige der Daten konnte ich in meinem Kalender nachsehen, an andere erinnerte ich mich. Sie durchstöbern dein Sexualleben, Michael. Wenn es mit deinen politischen Überzeugungen oder sonst etwas Wichtigem zu tun hätte, wüßte man, warum sie dir an die Kehle wollen. Aber es geht sie absolut nichts an, wo du deinen Schwanz hineinsteckst!«

»Es geht sie *ja* was an«, sagte Michael. »Stell keine Behauptungen auf, wenn du nicht weißt, wovon du redest. Pennylast fühlt, daß auf seine Welt etwas Schreckliches zukommt. Er hat nur zu recht, wenn er annimmt, es hat etwas mit Sex zu tun.«

Er hatte den kompromittierenden »Darling«-Brief und die Photos immer noch nicht zurückgegeben, wie er es den Derwents versprochen hatte. Solange die Polizei weiterschnüffelte, würde er sie behalten. Er war überzeugt, daß die Kampagne gegen ihn auf Betreiben der Derwents und deren Clique inszeniert worden war.

Das mußte nicht heißen, daß sie weiter die Hand am Drücker hatten. Immerhin, er litt darunter. Doch er war willens, diesen Preis für eine spätere Versöhnung zu zahlen. Jetzt hieß es stillhalten und in der Defensive bleiben. Es gab keinen Grund zur Verzweiflung. Gewissenhaft unterließ Michael jeden Kontakt mit all jenen, die vor dem Sommer engsten Umgang mit ihm gepflegt hatten. Dazu gehörte nicht nur Cecile, sondern auch die Mayhouses, Ursula und Bart Collingwood, um nur einige zu nennen. In der Stadt zeigte er sich mit einer neuen Begleiterin, einer dreiundzwanzigjährigen spanischen Tänzerin, Luisa Morada.

Er nahm sie zu einem Empfang mit, der anläßlich des Besuches russischer Astronauten gegeben wurde. Dort trafen sie die Derwents. Nach den Ansprachen, der offiziellen Begrüßung durch die RAF-Ehrengarde und dem kurzen Auftauchen Ihrer Majestät bewegte sich die Menge der Besucher durch die Treppen hinunter in die Hall, wo man ein kaltes Büfett und Erfrischungen hergerichtet hatte. Unter Uniformträgern und Herren im Frack fiel Michael durch das schöne Mädchen an seinem Arm aus dem Rahmen. Sie war die Flagge, die seine Unabhängigkeit anzeigte.

Meg Derwent schien ehrlich entzückt, ihn mit einer neuen Freundin zu sehen. Sie hielt ihren Gatten auf der Treppe zurück, um mit Michael und dem Mädchen einige Worte zu wechseln.

Derwent sagte: »Ich bewundere das kleine Bild, das Sie von Meg gemacht haben, sehr. Unsere Freunde sind da einhellig einer Meinung mit mir. Denkst du immer noch an ein Ölbild, Liebes?«

»Ja«, sagte sie. »Ich habe allerdings mit Doktor Cobb noch nicht weiter darüber gesprochen.«

»Es wäre schade, nicht damit zu beginnen«, sagte Derwent. Er wandte sich für einen Augenblick ab, um einige Worte mit General Vixreah zu wechseln, der eben vorbeiging. Dann sagte er: »Es ist immer schade, etwas nicht vollendet zu sehen, was so gut begonnen wurde.«

»So denke ich auch darüber«, sagte Michael. Er wußte, Derwents Freundlichkeit durfte nicht falsch ausgelegt werden. Auf Meg, deren Gefühle sich seit jener Begegnung im Garten ihres Hauses gewandelt hatten, war weit mehr Verlaß. Jetzt, da sich die Gelegenheit bot, ging sie förmlich über vor Begeisterung über das Aquarell, das er rahmen lassen und ihr ins Haus geschickt hatte.

»Ich stehe so oft davor, es hängt an einem guten Platz, meinst du nicht auch, Richard? Ich gehe ein dutzendmal am Tag vorbei, und jedesmal spricht es mich an. Ich habe fast Angst davor, Sie ein größeres Bild in Angriff nehmen zu lassen. Ginge dabei nicht etwas von der Unmittelbarkeit des ersten Eindrucks verloren?«

»Das würde ich auch befürchten«, ließ Luisa ihren Sopran hören. »Das Unmittelbare ist so schwer einzufangen. Ich glaube, du solltest es lieber nicht versuchen, Michael.«

Die beiden Männer lachten.

»Es liegt nicht bei mir«, sagte Michael. »Wenn Mrs. Derwent befiehlt, gehorche ich.«

»Das ist meine Meinung nicht«, sagte Luisa.

»Und auch nicht die meine. Keine Minute lang«, sagte Meg Derwent.

»Aber *ich* hätte gerne ein Ölporträt«, sagte Derwent.

»Richard befiehlt«, sagte Meg.

»Also werden wir an einem der nächsten Tage mit dem großen Porträt anfangen«, sagte Michael.

»Gut«, stimmte Meg zu. Weder aus ihrem Blick noch aus ihrer Stimme war abzulesen, ob es ihr einzig und allein um ein Treffen zu tun war, bei dem sie ihn neuerlich an sein Versprechen, den Brief zurückzugeben, erinnern konnte.

Michael beschloß, das entgegenkommende Verhalten der Derwents für bare Münze zu nehmen. Am Ende mußte doch das gegenseitige Vertrauen die Oberhand über alle Zwistigkeiten gewinnen. Whetlock und andere seiner Bekannten aus der Pressewelt hielten ihn über das ständig steigende Interesse für Ceciles Brief auf dem laufenden. Ein halbes Dutzend Zeitungen hatten Kopien gesehen, doch ohne das Original gesehen zu haben, wollten sie eine Veröffentlichung nicht wagen. Cecile hatte dem »Graphic« eine von ihr unterzeichnete Erklärung übergeben, die in den Safe gewandert war. Die Leute vom »Graphic« wagten es ebenfalls nicht, ohne effektive Beweise eine Serie anlaufen zu lassen, weil sie etwaigen gesetzlichen Schritten nichts entgegenzusetzen gehabt hätten.

»Ich glaube, daß auf diese Weise der Wert von Derwents Brief beträchtlich in die Höhe geschnellt ist«, sagte Simon Whetlock. »Man wird ohne Zweifel an dich herantreten – mit großzügigen Angeboten. Man ist allgemein der Meinung, du müßtest im Besitz des Originals sein, weil Cecile es nicht vorweisen kann. Wenn du dich zum Verkauf entschließt, kannst du dir eine Weltreise leisten.«

Michael sagte: »Ich nehme an, du bist von der Zeitung beauftragt worden, mir ein Angebot zu machen.«

Widerwillig gab Simon zu, daß das stimmte. Mit einem tiefen Seufzer sagte er: »Ich erwarte gar nicht, daß du ihn verkaufst, aber ich bin beauftragt, dich zu fragen. Warum verbrennst du dieses blöde Stück Papier nicht?«

»Ich möchte ja«, sagte Michael. »Das heißt, wenn ich ihn jetzt in Händen hätte, würde ich ihn wahrscheinlich auf der Stelle verbrennen.«

»Ich verstehe«, sagte Simon.

Hier und da hörte er etwas von Cecile und Tammy. Panik, Gelächter, Beteuerungen und absurde Vorschläge entquollen der Hörmuschel, sooft eine der beiden anrief.

»Michael, du hast ja so recht gehabt«, sagte Cecile einmal. Was nichts anderes hieß, als daß Kugels Anwalt endlich die Wohnung versiegelt hatte und sie und Tammy sich nach einer Bleibe umsehen mußten. »Ich werde brav sein, wenn ich zu dir zurückkomme. Wirklich. Du kannst meine ganzen geschäftlichen Angelegenheiten in die Hand nehmen, und ich werde genau befolgen, was du sagst.«

»Nein.«

»Michael . . .?«

»Ja?«

»Wir haben es viel zu selten von hinten gemacht, Liebling. Ich möchte dein kleines Tierchen sein . . .«

Er brauchte kein Tierchen. Er brauchte seit einiger Zeit überhaupt keine Frau mehr. Deshalb war seine Wahl auch auf Luisa Morada gefallen. Sie erwartete keine Annäherungsversuche, noch hätte sie solche erlaubt. Ihr Körper war unverletzlich wie eine Marmorsäule. Die Zeit der Exzesse war vorbei. Er war darüber hinaus und brauchte keine Cecile mehr.

Dazu kamen praktische Erwägungen. Andrew Allworth, sein Anwalt, hatte ihm den dringenden Rat gegeben, möglichst keinen Kontakt, auch keinen telephonischen, mit Cecile zu unterhalten.

»Ich bin sicher, du findest dir einen Beschützer«, sagte er zu Cecile. Worauf sie von süß auf sauer umschaltete.

Tammy rief Michael an und fragte ihn, ob er Männer kenne, die Anschluß suchten. Im Laufe des Gesprächs gestand sie, daß die Frau, die ihr früher immer einträgliche Rendezvous verschafft hatte, mit ihr nichts mehr zu tun haben wolle. Es hatte sich offenbar in einschlägigen Londoner Kreisen herumgesprochen, daß es riskant war, mit diesem Mädchen zu schlafen. Warum nahm sie aber an, daß Michael ihr sagen konnte, wo sie sich mit Leichtigkeit 20 Pfund verdienen konnte? Derartige Tips hatte er ihr nie gegeben, schon gar nicht auf diese direkte Weise.

Es war ganz klar, daß die Polizei dahintersteckte, die dieses Telephongespräch abhörte. Das Manöver war äußerst durchsichtig. Der Anruf diente nur dazu, ihn zu informieren, daß die Mädchen jetzt zusammen mit Victor und Oliphant eine Dachkammer bewohnten und auch diesen Herren zu teuer geworden waren.

Dennoch ärgerte es ihn so sehr, daß er ein Treffen mit Blake vereinbarte. Er lud Blake zu sich ins Atelier ein. Blake kam mit dem Gegenvorschlag, Michael solle ins Büro der Abteilung MI-5 kommen und die Sache zusammen mit ihm und Sir George Keith besprechen. Michael blieb jedoch hart, und so suchte Blake ihn in seinem Atelier auf.

Blake schlenderte zuerst einmal durch den Raum, der sein Licht von oben erhielt, bevor er sich einen Stuhl nahm. Grinsend sagte er: »Ich muß gestehen, ich hatte Angst davor, herzukommen.« Er drehte den Kopf und ließ seinen Blick über die Bilder und Skizzen an den Wänden schweifen. »Man hört so Widersprüchliches über Sie, Doktor Cobb. Schmeichelt es Ihnen, wenn ich zugebe, daß ich ein wenig an Ihre übernatürlichen Fähigkeiten glaube?«

»Ihre Bemerkung heißt nichts anderes, als daß Sie die Mayhouses über mich ausgefragt haben. Wer sonst behauptet, ich hätte übernatürliche Fähigkeiten? Und genau das ist es, was endlich ein Ende haben muß«, sagte Michael. »Ihre Abteilung MI-5 und die Polizei, ihr habt auf so gut wie jeden, den ich kenne, Druck ausgeübt. Patienten. Nachbarn. Gibt es jemanden, der Ihrer Aufmerksamkeit entgangen wäre? Ich dächte doch, daß ich Ihnen einige Dienste erwiesen habe, und zum Dank dafür werde ich jetzt fertiggemacht.«

»Es scheint so.«

»Hören Sie damit auf. Ich kann mich wehren.«

Blake blickte ihn seltsam an. »Ich glaube Ihnen«, sagte er. »Es waren nicht nur die Mayhouses, die Ihnen okkulte Kräfte nachgesagt haben. Wie Sie wissen, hab' ich mit Obukow ein ausführliches Gespräch geführt. Er beteuert, schon vor Jahren in Rußland, noch bevor er von Ihnen gehört hatte, gewußt zu haben, wer Sie sind.«

»Dann«, sagte Michael, »muß dieser Mann total verrückt und also für Sie völlig wertlos sein.«

Blake gab darauf keine direkte Antwort. Er hatte auf Michaels Zeichentisch ein Klümpchen von jener grauen Knetmasse gefunden, aus der Michael so oft die kleinen Figuren machte. In Blakes Händen nahm das Kügelchen jetzt ebenfalls menschenähnliche Formen an. Blake ließ sich in den Sessel fallen, und sein Gesicht überzog sich plötzlich mit dem Ausdruck kindlichen Schmerzes. »Wir sind alle wie verrückt in diesem undurchschaubaren Durcheinander, das Sie angerichtet haben«, sagte er freundlich. »Und wie entwirrt man solche Fäden, wie entkommt man dem Wahnsinn? Das hat man uns in Cambridge gelehrt. Man handelt und glaubt an das, was man tut. Das verirrte Kind findet den Weg nur, wenn es sich von der Stelle bewegt.«

»Und *was* wird das verirrte Kind tun?«

»Als Obukow nach England kam, brachte er – oder veranlaßte, daß gebracht wurde – ein Manuskript eines Mannes namens Corning Alfred mit. Wenigstens hat er es so Derwent gegenüber behauptet. Aber seit er bei uns ist, hat er offenbar Besseres damit vor, als es uns auszuhändigen.«

»Sie haben gepatzt. Ihn falsch behandelt. Ist es das?«

»Ach ja!« sagte Blake. Er strich sich den prächtigen Schnurrbart. »Die Sache wurde mir übertragen, und vielleicht habe ich wirklich über die Stränge geschlagen. Eine herrliche Gelegenheit zunichte gemacht. Auch ich habe meinen Ehrgeiz. Aber ich will zugeben, ich bin vielleicht nicht der richtige Mann für diesen Job gewesen.«

»Bringen Sie mich mit ihm zusammen«, sagte Michael. »Lassen Sie mich mit ihm reden.«

»Ich habe mir das überlegt. Lange und gründlich.«

»Ich versichere Ihnen trotz meiner allfälligen Mißfallensäußerungen, daß ich jederzeit bereit bin, mich als Vermittler einzuschalten.«

»Als Übersetzer? Damit Obukow uns besser verständlich wird?«

»Als Übersetzer. Es ist natürlich keine Frage der Sprachenbarriere. Es ist eine Frage nach dem Motiv. Was sind seine Motive? Ich traue mir zu, Ihnen diese Motive begreiflich machen zu können.«

Blake starrte mitleidig und zugleich fast mit einer Art von Scheu auf Michael. Er schüttelte den Kopf.

»Warum nicht, Mann?« bat Michael.

»Ich sagte Ihnen bereits, ich habe es mir überlegt. Lang und gründlich. Ich wollte Sie zuziehen. Nur fehlte mir dann dazu der Mut nach – nach diesen Sexualperspektiven, die sich ergeben haben. Zu explosiv, wenn das je der Presse bekannt wird. Ich bin ganz offen: Ich habe es so nachdrücklich wie möglich Sir George vorgeschlagen. Ich servierte es ihm so schmackhaft wie möglich, und er war nahe daran, ja zu sagen. Er trug es jemandem vor, und wir bekamen unsere Antwort. Nein. Nichts. Aus. Kommt nicht in Frage.«

»Wem trug es Sir George vor?« wollte Michael wissen. »Doch nicht dem Parlament. Nicht Derwent. Wem also?«

»Ich kann es nicht sagen. Wirklich, ich weiß es nicht, wer die Entscheidung fällte.«

»Und ob Sie das wissen!« seufzte Michael. »Soweit ist es mit uns gekommen. Sir George fragte die Amerikaner, nicht wahr? Er hat es Washington vorgelegt oder der CIA. Sie wissen ebensogut wie ich, daß dort die Entscheidung gefällt wurde, ich dürfe Obukow nicht wiedersehen. Geben Sie es zu!«

Blake pfiff wunderlich durch die Zähne. »Doktor, es würde uns alle sehr traurig machen, wenn wir das sicher wüßten. Das ist eine reine Spekulation, *Ihre* Spekulation. Aber bleiben wir auf der Erde. Ich wünschte, ich hätte Sie als Helfer. Ich muß sagen, ich finde, Obukow ist ein ebenso schlauer Fuchs wie Sie. Meine Hoffnung ist jetzt ... Wenn ich das Manuskript von Alfred in Händen hätte, könnte ich vielleicht Obukow besser verstehen. So eine Art Stein von Rosette, wissen Sie. Ich kann nicht glauben, daß es außer einigen Fingerzeigen bezüglich Obukows Persönlichkeit noch besondere Geheimnisse enthält. Ich sage Ihnen, Doktor, wenn Sie uns helfen können, das Manuskript in die Hände zu bekommen, könnte man ein Wort mit der Polizei reden. Kein Vergnügen, die Bullen auf dem Hals zu haben. Vergessen Sie nicht: Nicht MI-5 hat damit angefangen! Aber sicher hat das Feuer noch nicht so um sich gegriffen, daß man es nicht noch löschen könnte.«

Und nach soviel abstrusem Gerede stellte Blake die simple Frage: »Können Sie uns sagen, wo sich das Manuskript von Alfred befindet?«

Jetzt beantwortete Michael Blakes Theater mit einer eigenen komödiantischen Einlage. Er schnappte sich die winzige Figur, die Blake geformt hatte, rollte sie zu einem Bällchen und schleuderte sie ärgerlich gegen die Decke. »Der springende Punkt ist der, daß Sie von Obukow nicht das zu hören kriegen, was Sie gerne hören wollten. Ein Mann kommt von weit her mit einer Botschaft der Versöhnung, und Sie wollen aus ihm nur Geheimnisse herausquetschen, die im Hinblick auf die Fortführung feindseliger Handlungen nützlich sein könnten. Sie wollen das Manuskript haben, um es mit der Zeit propagandistisch auswerten zu können. Oder Sie persönlich wollen Ihre Vorgesetzten davon überzeugen, daß Sie Ihre Chance nicht vertan haben.«

Blake sagte sanft: »Ich hatte nicht die Absicht, Sie zu hintergehen, Doktor. Ich kam, um Ihnen einen Ausweg anzubieten.«

»Den will ich gar nicht so sehr für mich. Zuviel steht bereits auf dem Spiel. Aber gute und harmlose Menschen, die mit mir verkehren, sind die Hauptopfer.«

»Perverse.«

»Harmlose Menschen!«

»Was um so bedauerlicher ist«, stimmte Blake zu. »Auch für mich ist es bestürzend, mit ansehen zu müssen, wie die Polizei diese Leute hetzt, nur um Sie, Doktor, aus dem Bau zu locken. Aber Sie wissen ja: so ist die Polizei auf der ganzen Welt.«

»Ich bezweifle, daß sie mich aus dem Bau locken können, wie Sie sich auszudrücken belieben.«

»Jeden kann man aus dem Bau locken.«

»Dann sollten Ihre Leute wenigstens wissen, um welchen Preis das geschieht. Wenn ich absaufe, reiße ich die Regierung mit in die Tiefe.«

»Und Derwent als ersten? Warum? Es gibt weit Schlechtere als ihn. Er muß Ihnen einmal sehr vertraut haben, sonst hätten Sie ihn jetzt nicht so in der Hand.«

Michael zögerte. Er hatte gesagt, was er zu sagen hatte. Es war fast zuviel gewesen. Sicher erriet Blake, daß er den Aufbewahrungsort des Manuskriptes kannte. Doch er müßte verrückt sein, wenn er denen noch etwas sagte.

»Ich habe um Gerechtigkeit gebeten. Ich werde versuchen, gerecht zu sein.«

Blake sah ihn mit nachsichtigem, unpersönlichem Bedauern an. Das Rad drehte sich weiter, es entfernte sich mehr und mehr von seiner Achse und geriet in wilde, schlingernde Bewegung.

# 37. KAPITEL

Es erhebt sich folgende Frage: Hätten die Zeitungsherausgeber, die von der Existenz des »Darling«-Briefes wußten, den Premierminister und das Home Office vom Inhalt des Briefes in Kenntnis setzen müssen? Wenn der Premierminister entsprechend informiert gewesen wäre, hätte er sich gewiß nicht von Derwent täuschen lassen. Und Derwent hätte zu einem früheren Zeitpunkt und unter weitaus ruhigeren Umständen von seinem Posten zurücktreten können. Doch muß bedacht werden, daß die Herausgeber des »Graphic« sich noch keineswegs über die Bedeutung dieses Dokumentes im klaren waren. Nach wie vor führten sie mit Cecile Banner und deren Vertretern ermüdende Verhandlungen bezüglich der Herausgabe des Originals und der Abgabe einer Erklärung, die dessen Echtheit bestätigte. Nur mit zusätzlichen Beweisen in der Hand sahen sie sich in der Lage, gegen den Kriegsminister gerichtete Beschuldigungen zu veröffentlichen, ohne gerichtlicher Schritte gegen sich gewärtig sein zu müssen. Und ebensowenig waren sie in der Lage, das Material dem Premierminister vorzulegen, bevor es nicht veröffentlichungsreif war.

Dazu kamen weitere Komplikationen. Die falschen Gerüchte eilten der Wahrheit voraus. Ein Informant sagte, Mr. Derwent habe seine Besuche bei Miß Banner in der Wohnung von C. A. Kugel und auch noch danach, als sie bereits mit Victor Gaspery zusammenlebte, fortgesetzt. Dieser Informant bot seine Geschichte einem Konkurrenzblatt des »Graphic« an. Er krönte seinen Bericht mit der sensationellen Behauptung, er habe Mr. Derwent und Miß Banner als Butler gedient und ihnen den Kaffee ans Bett serviert. Diese Geschichte war erfunden. Der Mann war kein Butler, sondern ein stellungsloser Buchhalter. Ein bulgarischer Photograph bot in einem zweifelhaften Nachtlokal aufgenommene Photos zum Verkauf an, die sich, wie er sagte, in seinem Besitz befänden und auf denen einwandfrei Mr. Derwent und Miß Banner zu erkennen wären. Bei der Prüfung der Photos stellte sich heraus, daß die abgebildeten Personen nur entfernte Ähnlichkeit mit den beiden hatten.

Solange solche Ware auf dem Markt angeboten wurde, war der »Graphic« gezwungen, zur Wahrung seiner geschäftlichen Interessen Schweigen zu bewahren und den Gang der Dinge abzuwarten. Richard Derwent blieb weiterhin unklar, was Michael Cobb mit dem in seinem Besitz befindlichen Beweismaterial vorhatte. Während des ganzen Sommers hatte er sich den Derwents gegenüber sehr freundlich verhalten. Er hatte die Beziehungen zu Cecile Banner abgebrochen. Wenn die beiden Männer zusammenarbeiteten, konnten sie sicherlich alle Behauptungen Miß Banners entkräften. Ebenso konnten sie die Veröffentlichung der gegen sie gerichteten Artikel verhindern. Mr. Derwents Anwalt wurde von Michael Cobb in Kenntnis gesetzt, daß sich die von Mrs. Derwent beim Swimmingpool von Cadwater aufgenommenen Photos und das Original des »Darling«-Briefes in seinem Besitz befänden.

Es ist wahrscheinlich, daß Mr. Derwent weitere Vorschläge ins Auge faßte, um Michael Cobb zu einer Entscheidung zu veranlassen.

*Der Melamine-Report*

Man kam überein, daß Michael mit seiner Arbeit an einem großen Ölporträt von Meg Derwent beginnen solle. Es wurde kein Vertrag gemacht. Wie bei allen Aufträgen Michaels wurde die Sache im Rahmen eines Gentleman's Agreement ausgehandelt. Auch die Honorarfrage wurde von keiner Seite erwähnt.

Die ersten Sitzungen sollten in seinem Atelier stattfinden. Aus Schicklichkeitsgründen erschien es Michael angezeigt, daß eine dritte Person anwesend war, wenn Meg Derwent zum erstenmal ins Atelier kam. Der Zufall kam ihm dabei zu Hilfe. Patricia Viborg sagte sich bei ihm an. Die Polizei hatte auch sie ausgefragt, und sie wollte Michael beruhigen und von ihm beruhigt werden. Michael sorgte dafür, daß ihr Besuch mit dem von Meg Derwent kollidierte.

»Wenn einen die Polizei auf solche Weise in die Zange nimmt, kann einem die Gänsehaut kommen«, sagte Patricia. »Es ist verheerend, was sie alles über einen wissen und nicht wissen.«

»Es tut mir schrecklich leid«, sagte er. »Die wissen, wie sie dich kriegen können, indem sie über deine Freunde herfallen.«

»Michael, sie schienen über unsere – unsere etwas eigenartige kleine Sitzung damals, als du und Cecile für mich posiertet, informiert zu sein.«

»Sie muß auch das ausgeplaudert haben. Welche Erklärung sie ihnen hierzu lieferte, kann ich mir nur entfernt vorstellen. Und diesbezüglich weiß ich nicht einmal, wie du zu der Sache stehst. Für mich haben sich daraus bemerkenswerte Konsequenzen ergeben.«

»Ich will nichts hören«, sagte sie. »Ich bin ohnehin schon kribbelig genug. Ich will einfach nicht glauben, daß . . .«

»Was?«

»Michael, es kann nur reiner Zufall sein. Aber ich habe eine ähnliche Sitzung noch einmal mit einem Maler namens DeVries und einem Berufsmodell, Victoria Hammersmith, versucht. Es ging sehr gut. Das Ende vom Lied war ein Verhältnis der beiden. Das Mädchen zog zu dem Maler, und die beiden lebten monatelang zusammen. Und diese Woche habe ich erfahren, daß Victoria sich umgebracht hat. Ist das nicht wirklich ein furchtbarer Mist?«

In teilnahmsvollem, zugleich aber bestimmtem Ton sagte er: »Das ist natürlich reiner Zufall.«

»Ohne Zweifel«, sagte sie. »Ohne Zweifel. Aber durch ihren Tod ist in den Kunstkreisen, in denen ich verkehre, einiges Gerede entstanden. Im vergangenen Monat habe ich in einer Privatausstellung zwei dieser Zeichnungen vorgeführt. Es waren – sehr starke Blätter. Stellungen, bei denen er an ihr Cunnilingus ausübte. Dabei war zumindest der Bart von DeVries ein ziemlich deutliches Erkennungsmerkmal. Jetzt munkelt man, daß ich die beiden in sexuelle Ausschweifungen gehetzt und dadurch Victorias geistige Verwirrung verschuldet hätte. Es würde mich nicht wundern, wenn die Polizei davon Wind bekäme.«

»Laß dich nicht drankriegen von denen«, sagte Michael. »Du darfst deine Gefühle nicht zu Verbündeten der Polizei machen.«

»Ich weiß, ich weiß«, sagte sie. »Ich bin dir ja dankbar, daß du mir den Kopf zurechtsetzt. Ich komme schon wieder in Ordnung.«

Insgeheim fragte sich Michael, ob er selbst wieder in Ordnung kommen würde. Patricias Erzählung hatte in ihm das Gefühl tiefer Reue ausgelöst. Er fühlte sich mit Victorias Tod verkettet, und daß er hierfür keinen ersichtlichen Grund angeben konnte, machte die Sache noch ärger. Seine Stimmung besserte sich nicht, als Meg Derwent mit Dobie Carmichael eintraf. Sie hatten am frühen Nachmittag bei Harrod's eingekauft, wie sie sagten, und Dobie würde später wieder kommen und Meg zum Tee abholen. Es blieb ihm also kaum mehr als eine Stunde für die Arbeit an dem Ölbild.

Sie fühlten sich unbehaglich, vermochten ihre Steifheit nicht abzulegen. Michael warf ein paar blaue Konturstriche auf die Leinwand, kratzte sie wieder weg und begann mit dem Kohlestift zu arbeiten. Der Stift brach entzwei. Das leise Geräusch schreckte sie auf.

»Unten ist starker Verkehr«, sagte sie. »Ich wundere mich, daß es hier oben so ruhig ist.«

»Ich habe die Fenster geschlossen, weil es heute kühl ist.«

Im Gegensatz zu anderen Besuchern hatte sie es auffällig

vermieden, das Atelier näher in Augenschein zu nehmen oder seine Atmosphäre auf sich einwirken zu lassen. Es schien fast, als erwarte sie, daß Cecile Banners böse lächelnde Fratze plötzlich hinter einem Kasten oder einer Staffelei zum Vorschein käme.

Er begann wieder mit dem Pinsel zu arbeiten. Mit dünnen Farbschichten deutete er ihr Kleid, ihre Arme und ihren Kopf an. Die händische Betätigung gab ihm seine Sicherheit wieder. Wie immer, wenn er angestrengt jenes Bild vor sein geistiges Auge zu projizieren bemüht war, das auf der Leinwand seiner Verwirklichung harrte, ergriff ihn starke nervliche Anspannung. Doch wenn seine Vorstellung als Farbe und Form Gestalt anzunehmen begann, stand er vor einer Barriere. Damals, als er das Aquarell gemacht hatte, malte er sie so, wie er sie sehen wollte, verlieh er ihr ideale Züge und setzte sie in eine idealisierte Umgebung. Jetzt hatte er das Bedürfnis nach größerer Wirklichkeitsnähe und keine Hoffnung, diese zum Ausdruck bringen zu können.

Er legte den Pinsel weg und ging nahe zu ihr hin. Sie verharrte in ihrer Pose, doch er sah, daß sie die Farbe wechselte.

»Mir kommt der Gedanke, Sie müßten eigentlich hergekommen sein, um mir etwas zu sagen oder mich etwas zu fragen, und nicht, um sich von mir malen zu lassen.«

Sie hätte sich keine freimütigere Eröffnung wünschen können. Doch falls er damit recht hatte, daß sie nur den geeigneten Moment abwarten wollte, um etwas zu sagen, dann hatte er sie durch seine Bemerkung davon abgeschreckt.

»Nein, wirklich – nein«, sagte sie. »Geht die Arbeit nicht gut vonstatten?«

»Jeder Maler neigt zur Ansicht, daß, wenn er die Arbeit zu sehr vorantreibt, sein Werk mißlingt. Er braucht einen gewissen Spielraum und eine gewisse Sorglosigkeit. Dann geht alles wie von selbst. Hand und Auge arbeiten zusammen. Ein chinesischer Meister hat gesagt: ›Die Schönheit sitzt im blinden Fleck zwischen Pinsel und Leinwand.‹«

Sie wandte sich ihm zu. Die Spannung wich aus ihr. »Das ist ähnlich wie in der Schauspielerei, und ich glaube, ebenso auch in der Photographie. Einige meiner besten Schnappschüsse sind durch puren Zufall entstanden.«

Dann umfing sie wieder die Stille des Raumes. Doch bevor die Stille unerträglich zu werden drohte, brach sie das Schweigen: »Wenn Sie das Gefühl haben, es geht heute nicht, können wir es dann nicht auch bleiben lassen? Ich komme ein andermal, wenn

Sie besser in Stimmung sind. Würde es helfen, wenn Sie nach Photos arbeiten könnten?«

»Ich arbeite gleich wieder weiter. Die Inspiration kommt mir mit der Arbeit. So ergeht es mir immer. Ich habe fest vor, etwas zustande zu bringen, was uns allen gefällt, auch Ihrem Gatten. Wenn ich auch ein Jahr brauchen werde.«

Verbissen malte er weiter, nahm es hin, daß die Farben vergröbert oder verwischt reproduzierten, was ihm vorschwebte. Er war ganz in seinen Bemühungen vertieft, als er sie sagen hörte: »Es wäre unfair, nicht die Gelegenheit zu benützen, Ihnen zu sagen, daß wir . . . Ich bin nicht gegen Sie.«

»Das freut mich.«

»In einem Punkt muß ich allerdings ausschließlich Ihnen die Schuld anlasten: *Sie* haben Richard mit diesem Mädchen verkuppelt.«

Sie mußte so sprechen, mußte ihm die ganze Schuld geben. Es machte ihm nichts aus. Sein Pinsel, beladen mit Violettrosa, ruhte auf der Kohlekontur, die ihre Lippen anzeigte. Mit einer leichten Drehung seiner Chirurgenhand ließ er den Pinsel sich seiner Farbe entledigen.

»Und jetzt bin ich soweit«, setzte sie fort, »mich zu fragen, ob nicht ich allein an allem schuld bin. Ich denke an Cadwater. Ich bin eine sehr sensible, für alles Romantische empfängliche Person. Ich spiele manchmal im Leben Theater, versuche die Geschehnisse zu verdichten, Unaussprechliches auszudrücken.«

Er hörte ihr zu. Sein Puls ging schneller.

»Nun, ich nehme an, die Sache verhielt sich so, daß ich wollte, daß Richard Ihnen wegnahm, was Ihnen gehörte. Dieses wilde Mädchen. Sie waren in so eitler Besitzerlaune, gaben sich bohemehaft ungezwungen, wie wir es nie zuwege brächten. Sie erschienen mir wie ein Faun, der mit seinen Nymphen im Wald lebt.«

Michael arbeitete weiter. Er hatte sein Streichmesser zur Hand genommen und kratzte damit die Farbe von Lippen und Kinn, solcherart das Gesicht entstellend. Hierauf war er eifrig darauf bedacht, die Farbe wieder neu aufzutragen.

»Sie sagten Ihrem Gatten, er solle Cecile nachstellen?« Sein Ton verriet Überraschung. Wollte er sie dadurch zu noch größerer Offenheit verleiten?

Sie lachte freimütig. »Ich kann mich nicht erinnern, es ihm direkt vorgeschlagen zu haben. Ich glaube, ich sagte nur, daß die Kleine, falls meine Photos gut wären, sich geschmeichelt fühlen würde, das eine oder andere geschenkt zu bekommen. Sie wissen vielleicht, wie Frauen Impulse zu geben vermögen, ohne daß man sie jemals dafür gesetzlich zur Verantwortung ziehen könnte. Ich versuche hier, mein Wunschdenken zu beichten. Macht es mich schuldig?«

»Genau das erleben wir jetzt. Unsere Wünsche steigen aus uns empor wie die Toten aus ihren Gräbern.«

Bei diesem ungewöhnlichen Vergleich fuhr sie zusammen. Sie drehte ihren Stuhl halb ihm zu, und es sah so aus, als wollte sie aufstehen und einen Blick auf die Leinwand werfen.

Er machte eine abwehrende Geste. »Sie sollten die Arbeit nicht in diesem Zustand sehen. Sie würde Ihnen ärger vorkommen, als es tatsächlich der Fall ist. In ein paar Minuten kann es wieder weitergehen. Wenn ich einmal die wichtigsten Farbtöne und die Hauptproportionen habe, folgt der Rest ziemlich schnell.«

Er ließ ihr einige Augenblicke Zeit, die Beine zu strecken, konnte es aber sichtlich nicht erwarten, daß sie wieder ihre Pose einnahm.

Kaum hatte sie sich wieder zurechtgesetzt, als sie munter mit ihrem Geständnis fortfuhr. »Um die Luft um uns ganz zu reinigen, will ich Ihnen gestehen, daß ich einmal einen schrecklichen Traum über Sie hatte. Es sollte mich nicht wundern, wenn das der Grund für meine feindliche Einstellung war. Schon wieder unfair, nicht wahr?«

Wollte sie von ihm versichert bekommen, daß es mit diesem Traum keinerlei Bewandtnis habe? Er wollte sie beruhigen und von diesem unguten Thema abbringen. Lange überlegte er, womit er ihren Wortfluß hemmen könnte. »Patricia Viborg hat mir über eine sehr traurige Sache berichtet«, platzte er heraus. »Eines ihrer Modelle hat sich umgebracht.«

Der entsetzte Ausdruck in Megs Gesicht stand in keinem Verhältnis zu dem Gesagten. Sie starrte ihn an wie einen Dämon. »Sie . . .«

». . . ich hatte natürlich nichts damit zu tun. Wenngleich wir durch ein Experiment, das Patricia vorschlug, den Anstoß zu einer Reihe von Ereignissen gegeben haben mögen . . .«

»Sie . . .«

». . . wagte mich zu weit auf ein Gebiet, das man besser unangetastet läßt . . . Der Geist, der dem Chaos begegnet, wird zu einem Teil des Chaos. Und die Träume . . .«

Seine letzten Worte waren wie ein Signal. Ihr Kopf sank gegen die Lehne des Stuhles, ihre Schultern krümmten sich, der Stuhl kippte und krachte im nächsten Augenblick mit ihr zu Boden.

Das unsichtbare Tier war über sie hergefallen, riß ihr die Beine auseinander, bevor sie sich noch von ihrem Sturz erholen konnte, hielt ihren Kopf umklammert. Ein Mundwinkel stand offen, vergeblich versuchten die Zähne nach der unsichtbaren schänderischen Hand zu schnappen. Ihre Zunge kreiste zwischen ihren Lippen, verschwand wieder in der Tiefe ihrer Kehle. Die Augen waren eingesunken, die Nasenflügel bebten, als die Luft pfeifend eingesogen wurde. Gurgelnd löste sich ein Schrei aus dem zuckenden Mund, ein Schrei triumphierenden Sichunterwerfens, und die weit klaffenden Schenkel erwarteten den Stoß des Tieres.

Schrill, unmenschlich, ekstatisch, wild klang es. Der Schrei der Geschändeten, dem die Frauen entgegenleben, ohne ihn suchen zu dürfen. In diesem Schrei war Ceciles instinktive Erfahrenheit, Eileens mütterliche Gier, Ursulas gesunder Appetit und die Freude jener unbekannten Hure an der Macht ihrer Vagina.

Dann klatschte ihr Gesäß im Auf- und Niedergehen des Körpers, der sich wie ein enthaupteter Vogel durch Nervenreflexe fortzubewegen schien, gegen den Fußboden. Einzig der Verstand der Lenden funktionierte, trieb sie quer durch den Raum.

Sie kam erst zu einem Halt, als ihre Knie und ihr Kopf die Wand des Ateliers berührten. Das eine Knie scharrte an den rauhen Bodenbrettern, zuckte zurück. Dann klatschten die entblößten Schenkel gegeneinander.

Er war Arzt. Und als Arzt hätte er ihr sofort beistehen müssen. Er bewunderte diese Frau, und seine Gefühle für sie waren die liebender Verehrung.

Er hatte helfen wollen und schämte sich seiner Untätigkeit. Endlich löste er sich aus seiner Starre, zog einen Rock über und rannte hinunter zu seinem Wagen, um seine Arzneitasche zu holen. Als er zurückkam, fand er sie auf dem Fußboden sitzend, den Kopf tief gesenkt, so daß er auf den Beinen auflag. Sie ließ sich eine Medizin einflößen. Er stützte sie, während sie trank. »Es ist ein Laxiermittel«, beruhigte er sie. »Sie haben einen epileptischen Anfall.«

Ihr Lächeln war eine grausige Mischung aus Verschlagenheit und Qual.

Langsam gewann sie wieder ihre Kräfte zurück. »Helfen Sie mir auf«, befahl sie. »Es geht mir wieder gut. Ich habe Angst.«

Mit eigener Kraft ging sie ins Badezimmer, um sich zurechtzumachen. Als sie wieder zurückkehrte, sagte sie: »Schnell! Dobie und Ihre Freundin dürfen mich nicht so sehen. Rufen Sie mir ein Taxi. Wo finden wir eines?« Ihr Ton war der eines Komplicen bei einer Bluttat. Sie brauchte seine Hilfe nur, um von hier möglichst schnell wegzukommen. Kein Alibi. Keine Erklärung. Nur Flucht.

»Ich fahre Sie«, sagte er. »Es wäre am besten, Sie gehen sofort zu Ihrem Arzt. Er kann Ihnen Ihren Zustand bestätigen und besser für Sie sorgen als ich.«

Sie wiederholte: »Ein Taxi.« Dann sagte sie langsam und bedeutsam: »Sie wissen ebensogut wie ich, Doktor, daß das kein epileptischer Anfall war.«

»Ja«, stimmte er ihr zu. »Sie müssen Ihrem Arzt erklären, sie litten seit den Vorfällen in Cadwater unter Halluzinationen, Anfällen von Selbsthypnose. Keine große Sache. Völlig verständlich. Dafür gibt es eine Behandlung. Sie brauchen Ruhe.«

»Ich werde ihm . . .« Sie brach ab und lachte hysterisch. Dann riß sie sich zusammen und sagte sehr würdevoll: »Ich werde meinem Arzt überhaupt nichts sagen. Wir beide, Sie und ich, tragen die ganze Schuld, nicht Richard!«

# 38. KAPITEL

»Mein lieber Mann, du brauchst aber dringend einen Drink«, sagte Patricia Viborg. »Hab' ich recht?«

Sie hatte soeben mit angehört, wie er Dobie Carmichael beruhigte. Es sei nichts passiert – Meg Derwent habe sich nur müde und benommen gefühlt, wäre mit einem Taxi nach Hause gefahren und hätte ihn gebeten, Dobie zu erklären, warum sie nicht auf seine Rückkehr gewartet habe.

Soweit es Dobie betraf, hatte er sich der Sache gut entledigt. Dobie hatte keinerlei Verdacht geschöpft. Doch Patricia hatte ein schärferes Auge. Sie sagte vorerst nichts, als sie das Atelier verließen. Doch als sie nebeneinander einherschritten, merkte sie, wie sein Bemühen, sich in der Gewalt zu haben, seinen inneren Aufruhr nur noch verstärkte.

»Wir gehen nur um die Ecke und einen Block weiter zu Finch«, sagte sie energisch. Er nickte erleichtert, und sie nahm seinen Arm, nicht ihretwegen, sondern um ihm durch den warmen Druck ihrer Hand Mut und Kraft zu geben. »Ich habe Finch am liebsten, wenn er gerade aufsperrt und die Leute, die ich dort gerne treffe, langsam eintrudeln . . .«

Sie standen vor dem Eingang und wollten eintreten. Jemand grüßte Patricia. Michael blieb stocksteif stehen und begann zu zittern. Leise, fast zärtlich flüsterte sie ihm ins Ohr: »Komm, ich nehme dich mit in mein Atelier. Dort kannst du dich niederlegen.«

Sie ließ ihn sich auf dem Behelfsbett inmitten ihrer Bilder ausstrecken, kniete sich neben ihn und wartete geduldig, daß der Whisky seine beruhigende Wirkung tue.

Er stützte sich auf und sagte heiser: »Ich brauche Hilfe.«

»Die braucht jeder einmal. Sogar du, der du ein Leben geführt hast, aus dem man den Eindruck gewinnen mußte – besonders die Frauen, glaube ich –, du wärst der selbstsicherste Mensch auf Gottes weiter Erde. Du hast mir heute sehr geholfen. Willst du dich aussprechen? Ich sag's der Polizei nicht weiter, was immer es auch ist.«

Als er das Glas wieder an die Lippen setzte, tropfte ihm etwas Speichel vom Kinn aufs Handgelenk und rann in seinen Ärmel. »Ein Fluch lastet auf mir. Man hat mich verflucht.«

»Hör auf damit! Ich nehme an, Mrs. D. sagte etwas besonders Verletzendes. Vielleicht hast du dich ihr gegenüber nicht richtig betragen, und sie hat dir die entsprechende Antwort erteilt. Aber das alles sieht morgen wieder viel freundlicher aus. Ihr Gatte wird schon nicht mit seinem Schießgewehr über dich herfallen.«

»Ich bin verflucht. Patricia, wenn man an weiße Magie glaubt, glaubt man auch daran, daß manche Menschen die Macht haben, einen zu verfluchen. Ich versuche das so mild wie möglich auszudrücken.«

Sie dachte, er habe Mißerfolg gehabt. »Ich erinnere mich, daß die Magie dich immer so fasziniert hat. Doch nahm ich an, daß du die Beschäftigung damit wegen deiner zahlreichen sonstigen Verpflichtungen längst aufgegeben hast.«

Sie entschuldigte sich, weil das Telephon läutete. Er trank sein Glas leer. Er sah ihr zu, wie sie den Hörer abhob, sich meldete und mit dem Fuß wippte, während sie darauf wartete, daß am anderen Ende der Leitung jemand antwortete.

»Komisch.« Sie zog eine Grimasse, legte den Hörer auf die Gabel und kehrte zu ihm zurück. »Da war niemand. Ich konnte nicht einmal jemanden atmen hören. Eine falsche Verbindung.«

Michael lachte. »Kriegst du öfter solche Anrufe? Störanrufe?«

»Selten.«

»Das war Margaret Gonatta oder Cleave Ollencarter.«

»Aber wie wissen die, daß du hier bist? Wer sind die überhaupt . . .?«

»Diese verdammten Biester wissen immer, wo ich bin und wie man mich erreichen kann. Ihr ganzes Leben haben die gewußt, unter welcher Nummer ich zu erreichen bin. Sie hingen immer wie die Kletten an mir, und ich habe mich geschmeichelt gefühlt durch den Gedanken, ich könnte sie aus dem Sumpf ziehen. Schöner Gedanke: Die Bewohner der Hölle werden aus einem Londoner Kellerloch an die Oberwelt gespien und wollen die Erde für sich beanspruchen! Kugel und Konsorten. Würden sie es nicht verdienen, nach allem, was die Erde ihnen angetan hat? Aber ich irrte, und jetzt trifft mich für alle meine Mühen ein Fluch.«

Seine Rede war so exaltiert, daß Patricia sagte: »Wenn dein

Kummer eine Geisteskrankheit . . . Solltest du da nicht lieber ärztliche Hilfe in Anspruch nehmen, als darum zu bitten, daß ein Fluch von dir genommen werde?«

»Für mich gibt es keine Umkehr. Wenn es eine Geisteskrankheit wäre, wäre das erst der Anfang. Etwas will mit meiner Hilfe herein.«

»Herein? Wo?«

»In die Welt. Von – ich weiß nicht, von wo. Aus der Hölle vielleicht. Von irgendwo außerhalb dieser Welt.«

»Ich verstehe. Ich verstehe«, sagte sie. »Ich sehe jetzt den Zusammenhang mit dem, was du mir einmal gesagt hast. Du verstehst es, bei jedem Menschen den Punkt zu finden, wo seine Abwehr durchbrochen werden kann. Um an den Sitz seines Aberglaubens zu gelangen . . . Schau!« Wie damals zeigte sie gebieterisch zum Atelierfenster, das über die Bäume und Dächer am Themseufer blickte. »Ich habe die beiden Flaschen, die, ich weiß nicht wie lange, dort standen, weggegeben. Sie waren mir unheimlich.«

Michael setzte sich langsam auf. »Du siehst also? Du verstehst, was ich meine, nicht wahr? Dann kannst du mir also helfen.«

»Du glaubst doch nicht, ich bin eine Hexe, die einen Fluch von dir nehmen kann?«

»Hilf mir. Sag alles, was du weißt. Über dein Modell Victoria und was man mit ihr getan hat. Auch sie wurde benützt und dann einfach beiseite geschoben.«

Patricia schüttelte heftig den Kopf. »Du bist krank. Bleib noch eine Weile ruhig liegen und ruf jemanden an. Du mußt doch Psychiater kennen.«

Er sprang auf, rückte näher an sie heran. Sie hatte Angst, war aber entschlossen, ihn zu beruhigen.

Als ob er eine Vorlesung hielte oder einer Krankenschwester Instruktionen gäbe, begann er langsam und deutlich zu sprechen: »Du hast eben gesagt, daß ich die Gabe habe, an den Sitz des Aberglaubens vorzudringen. Das würde heißen, daß ich die Schwächen der Menschen ausnützen kann. Sogar ihre Krankheiten. Dann mußt du zugeben, daß es möglich wäre, daß uns damals, als wir mit Cecile beschäftigt waren, etwas durch deine beiden Flaschen beobachtete und jetzt an meinen Kern vorgedrungen ist und die Kontrolle über mich erlangt hat.«

»Das ist entsetzlich. Bitte, hör auf. Bitte.«

Aber er wollte nicht aufhören. Konnte er nicht? Er rückte

ihr nicht mehr näher, beugte sich aber vor. »Du weißt mehr, als du gesagt hast«, drang er in sie.

»Ich gebe zu ... Hör zu, Michael, du weißt, wie der Geist eines Künstlers beschaffen ist. Man hat Vorstellungen – Vorstellungen aller Art. Im Laufe eines Lebens gibt es bald nichts, was man nicht irgendwann einmal gedacht hat. Man liest, sieht utopische Filme. Doktor Jekyll und Mister Hyde. Momentan bist du für mich ein Mister Hyde, direkt zum Fürchten. Leute wie wir brauchen immer Gruselgeschichten, um uns in Erregung zu versetzen. Aber es sind eben nur Vorstellungen. Wir müssen von unserem Phantasieflug wieder zur Erde zurückkehren. Wie sollten wir sonst überleben? Genau das hast du erst vor Stunden zu mir gesagt.«

»Nicht jeder kehrt zurück. Patricia, wer war am Apparat?«

Sie schüttelte den Kopf, und zum erstenmal sah sie ihn mitleidsvoll an, da er sich von seinen Wahnbildern nicht lösen konnte.

»Wer?«

»Niemand.«

»Es war Victoria, nicht wahr? Tote sprechen durch ihr Schweigen, ist es nicht so? Es war Victoria, und sie gab uns die Schuld an ihrem Tod.«

Patricia senkte den Kopf, und ihre schwarzen Locken fielen nach vorn und baumelten vor ihrem Gesicht hin und her. »Michael, gib acht auf dich.«

Doch er konnte nicht an sich halten. »DeVries war dein Werkzeug, wie andere das meine, als ihr Victoria egal was immer angetan habt. Aber, verdammt, sag mir, woher dir das Wissen kam, sich seiner zu bedienen? Das Wissen, das Victoria tötete?«

Victoria geriet in wilde Erregung. »Ich habe, weiß Gott, meine eigenen Schuldkomplexe, was Victoria betrifft. Und ich wollte dir was Gutes tun, indem ich dich, der du nahe dem Zusammenbruch warst, hierherbrachte. Und jetzt gehst du auf mich los und wühlst in meiner offenen Wunde. Kein Wunder, wenn die Leute auf dich losgehen. Sie müssen einfach. Wenn ich mich gehenließe, würde ich mir eine Psychose anzüchten, weil ich immer denken würde, *ich* hätte Victoria was angetan.«

Der feindselige Blick, den sie ihm jetzt zuwarf, glich bis aufs Haar dem von Stella Grayling. Sie wollte, daß er seine Strafe bekäme, weil er ihr gegenüber zu weit gegangen war. Und so würde es ihm schließlich bei allen ergehen. Der Fluch erstreckte sich nicht nur auf Meg Derwent.

Er wurde plötzlich ganz ruhig. Patricias Feindseligkeit war ihm ein sichererer Hort als ihre Freundschaft. Er sagte: »Nein. Ich werde dich nicht weiter bedrängen. Du brauchst dir keine Psychose anzuzüchten. Das besorge ich an deiner Stelle für mich selbst. Schließlich ist das nur eines der Dinge, die ich mir aufspare. Ich bin eben, wie du so schmeichelhaft sagst, ein selbstischer Mensch.«

Als er ging, schien er seine Beherrschung wiedergewonnen zu haben.

Er hatte sich wieder so weit in der Gewalt, daß er einen Abstecher ins Krankenhaus machte und dort eine Stunde blieb, um nach dem Befinden eines schottischen Priesters zu sehen und das verletzte Bein eines Rugbyspielers zu untersuchen. Mit einem jungen Krankenwärter unterhielt er sich scherzend über einen Artikel, der in einem Sensationsblättchen erschienen war.

Der Titel des Artikels lautete »Ist eine Biene besser als die getreue Gattin?« Der Autor war Robert Varden. Zur Illustration dienten Photos von Cecile und Tammy – Cecile in Stulpenstiefeln und schwarzer Unterwäsche. Der Wärter sagte: »Glauben Sie, ich soll es meiner Frau zeigen? Um sie ein bißchen aufzuheizen, sozusagen?«

»Man soll ein schlafendes Weibchen nicht aufwecken«, riet ihm Cobb mit einem Augenzwinkern.

Es war bereits dunkel und unangenehm kalt auf der Straße, als er zu seinem Atelier fuhr. Er war entschlossen, alles zu zerstören, was ihm zu seinem Spiel gedient hatte.

Vor Kälte zitternd, machte er Feuer in einem Eisenofen. Als es tüchtig brannte, öffnete er das Türchen zu seiner Puppensammlung. Stück für Stück wanderten die Figuren in die Glut.

Er hatte erwartet, Erleichterung zu empfinden, wenn er die Puppen los war. Aber jetzt waren sie für ihn nichts als Stoff, Plastik und Ton. Die Kraft, die einst von ihnen ausgegangen war, die Gedankenströme, die sie in Bewegung setzten, wenn er sie auf dem Regal ordnete: nichts von all dem war geblieben. Das gleiche galt für die unanständigen Zeichnungen und für Derwents Photo, die ebenfalls in den Ofen wanderten. Wenn er dadurch, daß er sie an die Wand hängte, den Gang der Ereignisse beeinflußt hatte – durch die Verbrennung wurde nichts von dem aufgehoben. Er fühlte keine Wende, alles blieb in Bewegung wie bisher, und seine Verantwortlichkeit war dieselbe.

Zuerst hatte er in einem Anfall von panischem Zerstörungswillen sein Werk weiter und weiter fortsetzen wollen. Er hatte beabsichtigt, in seiner Wohnung seinem Zauberschrank zu Leibe zu rücken. Doch jetzt, bevor er noch sämtliche Zeichnungen, die er sich hergerichtet hatte, verbrennen konnte, setzte die furchtbare Reaktion ein. Diese Dinge waren für ihn ein Kompaß gewesen, der ihm den Weg in jene andere Welt gewiesen hatte. Wenn er sie zerstörte, wie sollte er den Weg zurückfinden zu der Stelle, wo er den ersten Fehltritt getan hatte?

Er war einem Wahnbild gefolgt, hatte sich narren lassen. Er kauerte sich neben den Ofen. Er schaute in die Glut und sah die Puppe Cecile noch halb intakt im Feuer liegen. Mit bloßer Hand griff er hinein und zog sie heraus. Seine Haut roch verbrannt, als er zum Waschbecken ging, um die Glut zu ersticken. Da lag sie auf dem weißen Porzellan, mit Wasser vollgesogen und deformiert, ein nichtssagendes Überbleibsel aus Stoff und Holz, keinem menschlichen Wesen mehr ähnlich.

Seine Sinne begannen ihn zu narren. Plötzlich nahm die Figur die Gestalt eines toten Vogels an. Die Staffelei mit Meg Derwents Bildnis rückte langsam gegen ihn vor. Ohne Rock rannte er aus dem überhitzten Studio. Auf der ganzen Fahrt verfolgten ihn diese Wahnbilder. Erst in seiner Wohnung schien alles normal, wie er es am Morgen verlassen hatte. Das leise Zischen der Heizkörper war ihm seit Jahren vertrautes Geräusch. Auf dem Teppich hinter der Eingangstür lag die Post wie immer. Er war heiter und gelassen wie vorhin im Krankenhaus.

Doch gerade das war das alarmierendste. Diesem plötzlichen Normalbefinden war am wenigsten zu trauen. Das war nicht *er*. Das Chaos bediente sich seiner durch diesen Zustand, benützte seine eigenen Kräfte, um ihn einem ungewissen Ende entgegenzuführen.

Er ging zum Telephon mit dem verzweifelten Vorhaben, seine Normalität gegen sich selbst zu kehren. Das, was wirklich, wahr und menschlich war, sollte mobilisiert werden gegen die Maske des Nichtssagenden, die ihn ganz seiner Persönlichkeit beraubte.

Er rief etliche Leute an, löste begreiflicherweise bei allen Überraschung oder Bestürzung aus. Fast jeder der Angerufenen glaubte an einen seiner Winkelzüge, waren diese Leute doch alle überzeugt, daß er sie stets zum Narren gehalten hatte.

Er rief die Derwents an und hinterließ dem Butler die Nachricht, er werde umgehend Mr. Derwents Gewehr zurückschicken.

Er rief Ursula an und warnte sie im freundlichsten Ton davor, noch einmal schlafen zu gehen, ohne vorher neben ihr Bett ein Kruzifix gestellt zu haben. Das würde sie davor schützen, von etwas »heimgesucht und geschändet zu werden, das in meiner Gestalt auftauchen könnte«. Das sagte er so klar und vernünftig, wenn auch etwas überdreht, daß sie darauf heiter reagierte. »Jetzt darf ich nicht einmal von dir träumen! Sehr anmaßend von dir, das muß ich schon sagen! Soweit es mich betrifft – komm jederzeit!«

Er rief Kugels Anwalt an und teilte ihm mit, er habe für ihn eine Information, die die Regelung des Nachlasses beschleunigen helfen würde. Als der Mann fragte, welcher Natur diese Information sei, sagte Michael: »Nun, sie betrifft meine Mitschuld an Kugels Tod.« Worauf der Mann frostig erwiderte, dies stehe bei dem vorliegenden Fall nicht zur Debatte, und er könne seinem Anwalt sagen, er solle während der normalen Bürostunden anrufen, wenn er etwas Wichtiges zu sagen habe.

Er rief die Mayhouses an und sprach sowohl mit Peter als auch mit Eileen. »Ich möchte nur eure Stimmen hören. Ich habe einen kleinen Schock erlitten, der mich zur Überzeugung brachte, es sei höchste Zeit für uns, unserem dauernden Gewitzel über waghalsige Ausflüge in die Magie ein Ende zu machen und ehrlich zuzugeben, daß wir ein paarmal wunderbar miteinander gefickt haben. Nein, nein, ich bin ganz in Ordnung. Fühle mich nur ein bißchen alt und ernüchtert. Habe ein wenig Angst, daß wir unser Theater länger getrieben haben, als uns guttat. Wir sind alle so rührselig und pathetisch, das müßt Ihr doch zugeben.«

Dazwischen rief er immer wieder Cecile und Henry Blake an. Beide waren ausgegangen.

Während er die beiden über die verschiedensten Nummern zu erreichen suchte, schrieb er eifrig an einem »Plan«:

> Wichtig, festzustellen, ob wir zwei oder nur eine Person waren. Bildeten wir zusammen ein echtes Doppelwesen? Einen Hermaphroditen?
> Meine Vagina, ihr Penis. Unser Penis, unsere Vagina. Wir beide einem Untersuchungsausschuß (ausgestrichen) Team (ausgestrichen) einer Gruppe Gelehrter vorgeführt, um psychosexuelle Bindungen festzustellen. Ungewöhnliche Diskretion erforderlich wegen Derwent und möglicherweise entstehender Gerüchte.

Vielleicht in strenge Quarantäne, bis die Tatsachen feststehen.
Anwendung jeder Art von Hypnose- und medikamentöser Therapie zur Feststellung gemeinsamer und nicht gemeinsamer Erinnerungen an Träume (ausgestrichen) Erkenntnisinhalte völlig individueller Natur, die zwei ganz verschiedenen Persönlichkeiten und getrennten (ausgestrichen) trennbaren physiologischen Einheiten entspringen.
Könnte Anfang eines neuen Zweiges der Wissenschaft sein. Eine neue Psychologie des Körpers? Neue Philosophie?

Und darunter:

Strenge Quarantäne wichtig, bis Wahrheit herausgefunden!!!

Als er schließlich Cecile in Victor Gasperys Dachkammer erreichte, spielte sich ihr Gespräch auf völlig anderer Ebene ab.

»Ist etwas passiert, Michael? Ich meine, weil du um diese Zeit anrufst?«

»Alles bestens, bis auf eins. Ich möchte, daß du zu mir zurückkommst, Cecile.«

Schon der Vorschlag allein schien sie zu entzücken. »Ich kann jetzt nicht reden«, sagte sie zurückhaltend.

»Du brauchst darüber nicht zu reden. Komm einfach.«

»Ich will bestimmt die Sache mit dir besprechen. Das wollte ich immer. *Du* hast immer Schwierigkeiten gemacht.«

»Ich hätte gern, daß du sofort kommst. Liebes, ich war nie ganz ehrlich zu dir.«

»Der Meinung bin ich auch!«

»Einmal habe ich dich in Cadwater zusammen mit Solo Rokey durch die Felder spazieren gesehen. Da wußte ich, du gehörtest zu ihm und solltest nicht das Leben führen, das du mit mir führtest. Cecile, komm zurück, und wir suchen ihn gemeinsam.«

»Mmmm«, machte sie. Der Gedanke klang verlockend. Ohne Zweifel. Doch er konnte nicht mit anderem konkurrieren. Sie sagte: »Michael, bevor wir über anderes reden: Ich will haben, was mir gehört. Ich will den Brief und die Photos. Du hast kein Recht, sie zu behalten.«

»Du solltest eigentlich wissen, warum ich sie behalte.«

»Ich will sie haben, ich will sie haben«, kreischte sie. Dann nahm ihr jemand den Hörer weg, und die Stimme von Victor

Gaspery war zu hören: »Wenn Sie anrufen, um Drohungen anzubringen, Sir, dann lassen Sie sich sagen, daß auch wir drohen können.« Es ertönte ein kurzes Klicken. Er hatte aufgelegt.

Unter sein Konzept schrieb er folgenden Satz:

Zu spät. Selbst mit ihr würde ich nicht den Weg zurück finden.

Wieder befiel ihn Angst. Die Zeit schien sich zu verdichten. Wieviel davon blieb ihm in seinem gegenwärtigen Zustand der Bewußtseinsklarheit? Sein Puls jagte. Eiskalte Nadelspitzen schienen sich in seine Kopfhaut zu bohren, ein neuer Schwindelanfall kündete sich an.

Als er endlich doch noch Blake ans Telephon bekam, machte er ein verzweifeltes Angebot. »Etwas außerordentlich Ernstes ist eingetreten. Es ist meiner Meinung nach zwingend nötig, daß man mich mit Obukow reden läßt. Ich erkläre Ihnen alles später. Ich will nichts vor Ihnen geheimhalten, doch möchte ich zuerst mit ihm reden. Dazu bin ich ihm gegenüber verpflichtet.«

»Ja, mein Lieber, ich ...«

»Sie waren so scharf auf das Manuskript von Alfred. Ich weiß, wo es ist. Ich beschaffe es Ihnen, wenn Sie mir ein Gespräch mit Obukow vermitteln.«

»Nun, das klingt nicht übel. Prächtig, wenn Sie es auftreiben können. Aber, sehen Sie, die Sache ist nur die, daß unser russischer Freund gar nicht mehr bei uns ist.«

»Tot?« Dumm, mit einer solchen Frage herauszuplatzen. Das reichte, um den anderen ahnen zu lassen, daß er noch ein paar Karten in der Hand hatte. Ein paar wenigstens.

»Keine Spur. Aber die Russen sagen uns die ganze Zeit, daß der Mann ein Psychopath ist. Das ist natürlich üblich bei denen. Jeder, der protestiert und zu fliehen versucht, muß ein nervöses Leiden haben. In diesem Fall aber sind wir zu dem Schluß gekommen, daß sie recht haben. Ein ganzes Aufgebot an Ärzten hat sich mit ihm beschäftigt. Tatsache ist, daß wir ihn an die russische Botschaft ausgeliefert haben. Gestern ging er zurück. Tut mir leid. Dennoch, es wäre furchtbar gut – für uns, für uns alle –, wenn Sie imstande wären, das Manuskript aufzutreiben.«

Eine Stunde später parkte Michael seinen Wagen vor Wachtmeisters Haus in Gilder's Green. Kein Licht brannte, doch vom Glasdach des Hintergebäudes stieg ein schwacher gelblicher Schimmer in den Nebel.

Michael hämmerte an die Vordertür. Sein Klopfen hallte überlaut durch die stille Straße. Doch drinnen rührte sich nichts.

Er sprang über die niedrige Mauer, die den Garten gegen die Straße zu abgrenzte, und ging zwischen den entlaubten Büschen am Fuße des Bahndammes hindurch. Als er zu der Glasfront des Gewächshauses kam, sah er die verwischten Konturen einer sich zwischen den Pflanzen bewegenden Gestalt. Er dachte, es wäre die Frau namens Nora, und klopfte heftig an die Glasscheibe. Die Gestalt hielt erschrocken inne. Er rief leise nach ihr. Doch anstatt näher an die Scheibe zu kommen, verschwand die schemenhafte Figur hinter einem länglichen Schatten, den ein Blumenregal auf die Glaswand warf.

»Hallo, Sie! Kommen Sie einmal 'raus von da!« Er stand im Lichtkegel einer Taschenlampe, die jemand vom Bahndamm aus auf ihn richtete.

Die Stimme war unverkennbar die eines Polizisten. »Gehen Sie langsam auf die Straße zurück, bitte, und warten Sie dort.«

Michael erklärte, er sei ein Freund des alten Wachtmeisters und Arzt von Beruf. Der Polizist prüfte seine Papiere und den Wagen. Er ließ sich zum Teil überzeugen und ging mit ihm zur Vordertür.

Diesmal öffnete Nora auf sein Klopfen. »Du lieber Himmel«, sagte sie zu Michael, »hätten Sie nicht früher kommen können?«

»Ist der Mann in Ordnung, Madam?« fragte der Polizist Nora.

»Lassen Sie ihn herein«, sagte sie. Als sich die Tür hinter ihnen geschlossen hatte, nahm sie mit beiden Händen Michaels Hand und drückte sie an sich. Es war deutlich zu sehen, daß sie geweint hatte.

»Weg«, sagte sie. »Es ist weg.«

»Alfreds Manuskript?«

Sie nickte. »Ich habe es vor drei Stunden verbrannt. Heute morgen kamen einige Männer. Sie sagten, sie wären Freunde von Obukow. Ich führte sie ins Gewächshaus, damit sie mit dem Meister reden könnten. Sie sagten ihm, man hätte sie geschickt, um das Manuskript abzuholen, und er sagte ihnen auf den Kopf zu, das stimme nicht. Ich weiß nicht, wieso er daraufkam. Einer von ihnen hatte ein Gewehr und bedrohte ihn damit. Er lachte sie nur aus, aber sie schickten sich an, das ganze Haus zu durchsuchen. Die Zeit, die ihnen dafür blieb, reichte aus, um eine schreckliche Unordnung anzurichten. Ich bin jetzt noch nicht ganz mit dem Aufräumen fertig. Aber dann, gegen Mittag, stieß ich absichtlich einen Blumentisch um. Einige Scheiben wurden zerschlagen. Die Nachbarn schauten natürlich herein, um zu sehen, was geschehen wäre, und ich rief ihnen zu, sie sollten die Polizei holen.

Die Russen – denn die waren es – machten sich schnellstens aus dem Staub. Gleich darauf kam die Polizei. Sie bewachen uns immer noch, wie Sie sehen. Der Meister sagte ihnen, es wären keine ihm bekannten Leute gewesen, die ihn bedroht hätten.

Er konnte sie überzeugen – vorläufig.

Nachdem es etwas ruhiger geworden war und die Polizei abgezogen war, fragte ich ihn, was wir mit dem Manuskript tun sollten. Er sagte, wir müßten auf ein Zeichen von Obukow warten. Er sagte noch, Sie, Sir, würden wissen, daß etwas passiert sei, und herkommen.«

»Der Besuch der Russen war Obukows Zeichen«, sagte Michael mehr zu sich selbst.

»Vielleicht. Ich verstehe nichts von diesen Dingen. Ich habe immer nur getan, was man von mir verlangte. Jedenfalls, am Nachmittag schlief der Meister ein.«

»Verlor er das Bewußtsein?«

Nora wollte schon zustimmend nicken, doch dann schüttelte sie traurig den Kopf. »Das ist es nicht. Er zog sich einfach zurück, ging fort. Er ist nicht bewußtlos, er hat sich nur zurückgezogen. Gibt durch nichts zu erkennen, daß er weiß, wer ich bin, und als ich ihn bat, mir zu sagen, was ich tun solle, gab er keine Antwort. Ich habe versucht, Sie telephonisch zu erreichen.«

»Und so haben Sie es verbrannt«, sagte Michael leise. Was war nun von allem übriggeblieben? Ein ohnehin dünnes, schwaches Gewebe war zerrissen. Nun gab es weder Anfang noch Ende, noch einen sichtbaren Weg, der von hier aus weiterführte.

Das Telephon in Patricias Atelier – zuviel, um daran zu glauben – noch ein Zufall – bedeutete etwas oder nicht – führte nirgendwohin . . .

»Kann ich den Meister sehen?«

Gemeinsam gingen sie in den Raum, wo der alte Mann lag.

Neben dem Bett brannte eine Lampe. Er lag ganz flach und ohne Kissen auf dem Rücken. Über dem weißen Schädel wölbten sich die Brauen, in denen mehr Leben zu sein schien, als in dem ganzen übrigen Körper. Die Atmung war kaum wahrnehmbar. Der Puls ging flach und beängstigend langsam, war so schwach, daß er dieses Wesen kaum noch am Leben erhielt.

»Gehen Sie hinaus«, befahl Michael der Alten. Sie sah ihn lange an, faltete die Hände und tat, wie ihr geheißen. Michael hörte ihre Schritte auf der Treppe.

Nicht die leiseste Bewegung war an dem Alten wahrzunehmen. Michael hob mit dem Daumen das Augenlid in die Höhe, um die Pupillen zu untersuchen. Sie waren schneeweiß.

Michaels Hirn war so leer wie diese Augenbälle. Kein Gedanke wollte sich formen, kein Entschluß. Nicht einmal ein Impuls, von diesem Raum irgendwohin zu gehen. Es war ihm, als teilte er mit dem Alten diesen Schlaf an der Schwelle des Todes.

Jenseits dieser Leere lag der Wahnsinn. Der gesunde Verstand ließ sich einfach fallen – wie der Alte da. Doch Michael akzeptierte den Wahnsinn.

Er hörte sich nicht schreien. Er sah nicht, wie seine starken, geschickten Hände die Bettdecke wegzerrten und sich am Flanellnachthemd zu schaffen machten. Inmitten dieser verschwimmenden Bilder des Raumes schien der Schein der Lampe nur einen einzigen Punkt zu beleuchten: die Stelle, wo die welken, grauweißen Genitalien auf der faltigen Haut lagen.

In den alten Legenden wurde berichtet, daß die Magier Hermaphroditen waren. Hier sah er vielleicht das Zeichen im Fleisch. Bevor er etwas erkennen konnte, wurde hinter ihm die Tür aufgerissen.

Nora hatte seinen Schrei gehört, war sofort herbeigeeilt und stand im Türrahmen mit aufgerissenem Mund, wagte nicht, näher zu kommen. Er zog die Bettdecke wieder über den Körper.

Wachtmeisters Augen öffneten sich. Sie waren in völligem Erkennen auf Michael gerichtet.

»Du Narr!« sagte Wachtmeister. »Laß es endlich sein. Stirb.«

Die tiefblauen Augen schlossen sich, der Raum war wieder in normales Licht getaucht, die in Verschwommenheit und Düsternis gesunkenen Umrisse der Gegenstände traten wieder in die Wirklichkeit hervor.

Michael hatte das letzte Urteil über all seine Hoffnungen vernommen.

Die Mühe war umsonst.

In jener Nacht schrieb er einen kurzen Brief an Meg Derwent:

»Ich habe einer Kraft den Weg in diese Welt gebahnt, die ich nicht länger unter Kontrolle halten kann. Wir müssen dieser Bedrohung mit all unserer inneren Stärke entgegentreten.«

Aus seiner Ordination holte er sich einen Vorrat an Drogen, begab sich dann in seine Wohnung, um ein Tonband, Whisky und ein Notizbuch mitzunehmen, und fuhr allein zu seiner Hütte in Cadwater.

# 39. KAPITEL

Es steht außer Zweifel, daß Michael Cobb während des Winters einen schweren Zusammenbruch erlitt. Er verschwand aus seiner Londoner Wohnung. Er übergab seine Praxis einigen Kollegen. Er brach beinahe alle gesellschaftlichen Kontakte und auch alle Liebesbeziehungen ab.

Aller Wahrscheinlichkeit nach bewirkte der Druck seiner vielen Intrigen diese Nervenkrise, man darf daraus aber nicht schließen, daß er nun ein völlig gebrochener Mann war. Wie er einigen Freunden sagte, sah er voraus, was auf ihn zukam, und wollte sich in aller Ruhe »darauf vorbereiten«.

*Der Melamine-Report*

»Meine hochgeschätzten Herren und Musterexemplare an Tugend! Ich bekenne mich der Schmach und des Betruges schuldig und des törichten Verkehrs mit dem Bösen, wodurch unschuldigen Menschen Schaden entstand und der Ruf edler, ehrenwerter Männer befleckt wurde ...«

Ich befand mich gerade in einem Nebenraum der Bibliothek im Falkenflügel und spielte dieses Tonband ab, als eine Sekretärin klopfte und mir sagte, Frank Niles wolle mich sofort sprechen. Ich versprach, innerhalb der nächsten Stunde in sein Büro zu kommen – ich wollte nur vorher einige der Tonbänder in chronologische Reihenfolge bringen, was eine äußerst schwierige Aufgabe war.

»Aber«, sagte das Mädchen, »er ist schon hier ...«

Tatsächlich, er stand hinter ihr, strich sich über die Locken und trat ein. In der Hand hielt er einen einzelnen Bogen Papier Er hielt ihn so vor die Brust, daß ich nicht erkennen konnte, was darauf stand. Einen Augenblick lang glaubte ich, er wollte mir einen Valentinsgruß überreichen.

»Wie du weißt«, sagte er, »versuche ich, General Garths Nachfolger ein klares Bild unserer Arbeit zu vermitteln. Die Entscheidungen über zukünftige Projekte der Corporation müssen innerhalb des kommenden Monats getroffen werden, Norman.«

Ich half ihm nicht weiter. Sollte er sich doch selbst plagen! Er lächelte gequält und fuhr fort: »Ich möchte den Erben gern genau erklären, welche Aufgabe du in unserem Arbeitsprogramm erfüllst.«

Ich sagte: »Zeig mir einmal dieses Dokument, Frank.« Ich griff nach dem Bogen, den er hielt. Es war ein Meisterwerk. Der Saukerl hatte eine regelrechte Zeitstudie über mich ausgearbeitet. Nicht nur eine Zeitabrechnung, wie sie für Akkordarbeiter gemacht wird, sondern eine komplizierte Zusammenstellung ineinandergreifender Faktoren. Die Grundlagen dazu bildeten mein Aufwandsentschädigungskonto, meine Reisen während des vergangenen Jahres, die Wortanzahl der Berichte, die ich den Stenotypistinnen im Falkenflügel diktiert hatte, Prozentzahlen über den Beitrag, den meine Worte zu dieser oder jener »Hauptaufgabe« der Corporation geleistet hatten. Dazu kamen noch gewisse physiologische Daten, die ich mit allen anderen Sterblichen teile – wie lange es dauert, die Blase zu entleeren oder die Nase zu putzen. Es waren Daten, wie man sie an einen Computer verfüttert, wenn man nichts Gescheiteres zu tun hat.

Aber Frank und seine Mitarbeiter waren wirklich Künstler. Sie hatten mein Leben auf drei oder vier Zahlen reduziert, die ungefähr das aussagten, was Tim, unser Portier, ihnen jederzeit hätte sagen können: »Scholes blödelt nur herum. Werft ihn 'raus und spart euch viel Geld!«

Ich gab Frank den Bogen wortlos zurück.

Er sagte: »Ich weiß, daß General Garth deine Arbeit am Fall Derwent guthieß – abgesehen vom persönlichen Interesse, das dich mit diesem Fall verbindet. Er hielt es offensichtlich für eine Investition, die sich später erst amortisieren würde. Ich werde das nie können, dieses Kalkulieren mit so unsicheren Faktoren wie . . .«

»Wie ich«, sagte ich. »Frank, du bist der Ansicht, daß ich das Geld der Corporation verschwende, wenn ich stundenlang hier sitze und pornographische Photos anschaue und lese, was die Boulevardpresse über eine Affäre schrieb, die längst abgeschlossen ist. Selbst der offizielle ›Bericht‹ darüber ist schon geschrieben, ich habe ihn hier.« Ich nahm eine Abschrift von Lord Melamines Bericht und hielt sie Frank unter die Nase.

»Ich erlaube mir darüber gar kein Urteil, Norman«, sagte er verlegen. »Es handelt sich nur darum, daß die Nachfolger von mir den Beweis erlangen, daß wir rationell arbeiten. Ich habe größte

Hochachtung vor deiner Kombinationsgabe – deiner Energie! Wenn du mir nur ein wenig erklären könntest, *was* du im Moment suchst!«

»Ich verstehe schon, Frank«, sagte ich. »Ich glaube, ich kann es in einer Gleichung ausdrücken, die einfacher ist als die Zahlen auf deiner Studie. Hier ...« Ich griff über den Tisch und nahm ihm das Blatt Papier aus der Hand. Ich drehte es um und schrieb mit der Füllfeder folgende Gleichung auf:

$$E = mc^2$$

»Energie ist nicht Masse mal Lichtgeschwindigkeit zum Quadrat. Ich versuche zu beweisen, daß Einstein irrte.«

Frank lief rot an und legte die Fingerspitzen aneinander. Er beugte sich über seine gefalteten Hände und schien ehrlich bedrückt. »Entschuldige, Norman, es war gedankenlos von mir, dich so zu überfallen. Ich möchte wirklich gerne deine Weiterarbeit in der Corporation rechtfertigen. Vielleicht können wir in aller Ruhe noch einmal darüber sprechen – wenn es dir paßt, selbstverständlich.«

»Ich sage dir doch, was ich suche. Ich arbeite an einer Kritik aller wissenschaftlichen Thesen. Im Moment höre ich mir einen Hexenprozeß an. Angeklagt ist Michael Cobb. Es wird ihm vorgeworfen, eine Anzahl von Hexen um sich versammelt zu haben. Soeben gesteht er seine Schuld. Hör dir das an, Frank ...«

Ich ließ das Tonband laufen. »Ich traf die Maid im Wald nahe Cadwater, und ich erkannte sie, als die Trommeln Satans ertönten ... Ich sah ihre Taten und mißtraute ihr und nahm sie dennoch zur Gefährtin. Sie tanzte vor Beelzebub und sie gab ihm den Kuß der Schande. Dann tanzten wir alle um den Meister, der auch König der Furcht genannt wird ...«

»Großer Gott!« sagte Frank. »Was bedeutet denn der Lärm im Hintergrund?«

»Das ist Beelzebub«, erklärte ich. »Er schreit, während die Hexen ihn umtanzen. Die Tonbänder sind oft ganz unzusammenhängend. Vorher hatten wir den Prozeß. Jetzt sind wir im Wald, wo das Verbrechen geschah.«

»Wessen Stimmen sind das? Sind das Schauspieler? Ist das ein Theaterstück?«

»Es kann eigentlich nur Michael Cobbs Stimme sein«, sagte ich. »Er befand sich ganz allein in seiner Hütte in Cadwater, als er diese Aufnahme machte.«

»Du meinst, er imitierte alle diese – diese Laute?«

»Das habe ich nicht behauptet.«

»Großer Gott!« sagte Frank. Er warf den Kopf zurück und wieherte. »Nun, Norman, komm bei mir vorbei, sobald es dir paßt, und wir besprechen alles noch einmal. Wenn mir das Ziel deiner Arbeit klar wird, beauftragen dich die Erben sicher mit der Weiterführung. Es sind genug finanzielle Mittel vorhanden. Sie müssen nur das Gefühl haben, daß es nicht hinausgeschmissenes Geld ist.«

Das Tonband, mit dem ich Frank schreckte, war in jenen Tagen entstanden, als Michael in seinem ungeheizten Haus saß und unentwegt in den Regen und den kahlen Wald hinausstarrte. Er versuchte »alles zu sagen«. Er war schrecklich verwirrt. Er nahm Scopolamin und vermutlich auch Meskalin, bevor er seine »Wahrheit« in das Mikrophon ergoß – eine Parodie auf wissenschaftliche Forschungsarbeit. Er, der sich nie die Mühe genommen hatte, seine gebrauchten Schecks bis zum nächsten Monat aufzuheben, der nie ein Tagebuch geführt hatte, er wollte nun in einer gewaltigen Entleerung sein gesamtes Geistesleben mit all seinen Irrungen dem Tonband überantworten.

An vielen Tagen lag Richard Derwents geladenes Gewehr neben ihm, während er in eine Decke gewickelt dasaß oder lag und in das Mikrophon lachte, lallte, stöhnte, dozierte. »Damit ich die absolute Wahrheit sage«, erklärte er. Er hatte vor, das Gewehr auf sich selbst anzulegen, sollte er sich bei einer Lüge oder einer irreführenden Auslassung ertappen.

»Das war mein Prozeß«, sagte er später, als er mir zum ersten Male einige der Aufnahmen vorspielte. Und er erklärte mir, warum er den Prozeß vor Richter Malleck im Old Bailey nicht so ernst nehmen konnte, wie wir es gerne hätten. »Das Leben eines Menschen ist sein wahres Gericht. Die irren Zeiten – natürlich war ich damals irr – sind nicht die schlechtesten, dieses ganze Leben zu beschreiben.«

Schließlich gab er mir die Tonbänder. Er wußte, daß das ein zweifelhaftes Geschenk war. Wenn ich sie wörtlich nahm, wurde ich vielleicht so verrückt wie er in jenem Winter.

Auf einem Band erzählte er in seiner seltsamen, altertümlichen Redeweise, wie er Cecile zu sich nahm und einweihte in »das Wissen um Hurenart und matriarchalische Gewalt, das mir die Alte an der Wegkreuzung gegeben hatte«. Und als sie eingeweiht war, »sammelte ich mit ihrer Hilfe eine Gruppe von Hexen um mich, und sie war die Oberhexe dieser Gruppe.« (Ergänzende Erklärung: Eine Hexengruppe besteht meist aus zwölf Hexen, die dem Hexenmeister, der sie in ihren Tänzen und Orgien leitet, folgen müssen. Oberhexe ist eine junge Frau, die auf die anderen sexuell anregend wirkt, so daß sie in die richtige Stimmung kommen.)

»Mit Hilfe ihrer körperlichen Reize und vieler Verführungskünste gelang es ihr, den Geist des ehrenwerten und geschätzten Richard Derwent zu verzaubern – nicht, um dem Königreich zu schaden, sondern um ihm Kraft zu verleihen, sein Volk wieder zu führen wie in alter Zeit. Es war auch nicht beabsichtigt, anderen Menschen Schaden zuzufügen, sondern sie über die Kräfte des Körpers aufzuklären und ihnen die Weisheit zu vermitteln, die aus dem Fleisch kommt. Und Peter Mayhouse soll die Macht gegeben werden, über große Dinge zu den Menschen dieses Königreiches zu sprechen, damit ihre Augen den Ruhm ihrer Ahnen wieder schauen und sie wie in früherer Zeit die Welt anführen.

Denn es herrschte große Furcht in England . . .«

Ich höre eine Weile diesem ekstatischem Gestammel zu und zweifle nicht, daß das Michael Cobbs Stimme ist und daß er, auf seine unbegreifliche Art, die Wahrheit sagt. In Wahrheit waren dies seine Beweggründe. In Wahrheit versuchten die Engländer, ihre Furcht unter einem Deckmantel von Zuversicht und guter Laune zu verbergen.

Nun aber kommt der unheimliche Teil. Die Stimmen der Inquisitoren auf dem Tonband gehören ganz bestimmt nicht Michael. Und doch war er, wie ich Frank gesagt hatte, zur Zeit der Aufnahme völlig allein in seiner Hütte.

Eine ernste, bebende, fanatische Stimme fragte: »Michael Cobb, stimmt es oder stimmt es nicht, daß Sie mit Hilfe des Teufels, den Sie auch als Satan oder Beelzebub kennen, außerhalb Ihres leiblichen Körpers über Länder und Meere reisen?«

Michael antwortete: »Es stimmt, mein Herr, und gereichte einer äußerst tugendhaften Dame zur Schmach.«

In jenen Tagen der Einsamkeit und Gewissenserforschung sprach er »in Zungen« – oder er war, wie er ganz ernsthaft behauptete, von anderen besessen, die durch seinen Mund sprachen und alles aussprachen, was sein Gewissen quälte, es aber in Worten und Tönen aussprachen, die er nie im eigenen Leben mit eigenen Worten gehört haben konnte. Während die Drogen und die Verwirrung seine normale Intelligenz beeinträchtigten, sprachen gute und schlechte Stimmen aus ihm, ohne daß er es wollte. Er meinte, das mußte wohl so sein, obwohl er sich mit jenem letzten Rest von Persönlichkeit, die er vor Drogen und Irrsinn bewahrt hatte, auf die Seite des Guten stellte.

»Und Sie haben gegen jenen Mann Kugel, einen Fremdling aus fernem Land, Zauberkraft angewendet?«

»Ja, mein Herr. Ich erkannte ihn als Zauberer anderer Prägung, und ich fürchtete, daß durch ihn der Teufel selbst Macht gewänne über unschuldige Seelen.«

»Statt dessen kamen sie zu Schaden durch Sie und Ihren Hochmut.«

»So ist es.«

»Und diese Seelen sind verdammt, weil Sie gegen Kirche und Königreich sich erhoben?«

»Ja, mein Herr. Ich gestehe meine Schuld und kann nur auf Gnade hoffen.«

Ich ließ einige der Tonbänder von Sekretärinnen im Falkenflügel übertragen. Die Mädchen, die damit beauftragt waren, fanden die Bänder »faszinierend« – offensichtlich wirken sie auf jemanden, der nicht weiß, welche Qual dahinter steht, einfach unterhaltend. Sie sahen ja nie im Geiste den eleganten, sorglosen Michael allein, zitternd, kotzend auf seinem Bett, wie er in den grauen Regen hinausstarrte und in die nichtendenwollende Nacht zwischen den Bäumen und versuchte, so viel Willenskraft und Verstand aufzubringen, daß er das Tonband einlegen und die richtigen Knöpfe drücken konnte, bevor er wieder mit seinem Gestammel begann.

Die Sekretärinnen (und ich halte sie durchaus nicht für dumm) sind »entzückt« von der Stelle, wo Cecile zur Maid Marian wird (Robin Hoods Hexe, die Oberhexe seiner Hexenversammlung, in einer anderen Gegend von England und zu einer anderen Zeit). Sie stellen sich den Tanz um den Märchenbaum wunderschön vor, und es fällt ihnen gar nicht auf, daß diese Szene phallische Symbolkraft besitzt. Eines Tages hörte ich sie miteinander flüstern und überlegen, was wohl der »Kuß der Schande« in den Hexenzeremonien bedeuten mochte. Vermutlich einigten sie sich während der Mittagspause und betrachteten von da an die Leiden des Mannes, dessen Stimme sie aus dem Kopfhörer vernahmen, mit einer Art medizinischem Interesse.

Hier ist wieder eine Stelle, die ganz normal klingt, wenn man sie aus dem Zusammenhang reißt.

»Ich hatte nie erwartet, eine Frau zu finden, die so bereitwillig motorische Reaktionen auf das Erlebnis des Orgasmus entwickelte wie Miß Banner. Wir experimentierten mit Atemübungen, Muskeltraining . . .« Es folgt eine sachliche, detaillierte Schilderung dieser Übungen und ihrer Auswirkungen. Man könnte das ganze für einen medizinischen Vortrag halten.

Dann aber wird die klare Stimme des Sprechers plötzlich verschwommen und unzusammenhängend, man hört tierische Laute, Stöhnen, Schnauben, Schmatzen, einen Hexenkessel männlicher und weiblicher Stimmen, Jaulen, Kreischen. Man würde gern annehmen, daß es sich um eine Störung im Tonband handelt, aber in Wirklichkeit besteht die Störung nur im Verhältnis zwischen dem Körper und dem Geist, der mit diesem Körper zu leben versucht.

Diese verdammten Tonbänder hinterließ Michael als Testament und Vermächtnis. Gemeinsam mit seinen Zeichnungen und Gemälden sind sie beinahe das einzige, das man dem dürren, unbefriedigenden Bericht Lord Melamines entgegensetzen kann. Beide Zeugnisse sind zweifellos nötig, um ein Bild des Mannes, der Michael Cobb hieß, zu entwerfen. Wenn ich jedoch die Wahl hätte zwischen diesen beiden Berichten, ich müßte das Gestammel wählen.

Eines würde dabei den Ausschlag geben, und bestünden die Tonbänder auch nur aus sinnlosen Phantasien und Ausbrüchen eines kranken Geistes. Er versuchte auf ihnen immer wieder, Alfreds Manuskript zu rekonstruieren, das vernichtet worden war.

Er hatte kein Wort davon gelesen. Vernünftigerweise muß man annehmen, daß es nichts enthielt, das den Lauf der Welt verändert hätte. Michael war romantisch genug, daran zu glauben. An das Wort zu glauben, das die Welt verändern könnte, würde es nur einmal ausgesprochen. Die ganze Zeit hatte er darauf gewartet, daß es hörbar wurde. Und dann war es – aus welchen Gründen immer, Zufall, Pech, Irrtum oder der Einfluß böser Mächte – verbrannt worden.

Michael aber gab nicht auf, als das geschah. Hatte er auch seine Zauberkraft oder doch sein Vertrauen darauf, ja sogar seinen Verstand verloren – er legte sich in die kalte Hütte, bis es ihm gelang, diese Kraft wieder zu beleben. Und dann wollte er seinen Geist aus dem Körper fortsenden, damit er ihm das verlorene Buch wiederbringe.

Die qualvollsten Stellen des Bandes sind für mich jene, wo Michael sich im Gespräch mit Alfred in Sibirien zu befinden scheint und krampfhaft versucht, die verlorenen Gedanken und Worte, die er hört, zu behalten und wiederzugeben. Sie ergeben überhaupt keinen Sinn, aber die Stimme – ernst, geduldig, mild, würdig. Man braucht sich die Aufnahmen nur aus großer Entfernung anzuhören, aus dem Nebenzimmer etwa, und man versteht – verdammt, man versteht, woran dieser geistesgestörte Michael in seinem kalten Haus in Cadwater glaubte. Man hörte eine geistige Wahrheit, die rechtfertigt, daß wir die Tiere sind, die wir sein müssen.

Sobald ich die Bänder in chronologische Reihenfolge gebracht hatte, konnte ich mir etwa ein Bild machen von Michaels Zusammenbruch und seiner Wiederherstellung in den Wochen, da er noch mit niemandem sprechen wollte. Meiner Ansicht nach setzte er die Bandaufnahmen ganz bewußt zu seiner Heilung ein und brauchte darüber hinaus die Psychose selbst, um sich von schwereren Übeln zu befreien. Jedenfalls bot sie ihm die Möglichkeit, sich zurückzuziehen, bis sein Gleichgewicht wiederhergestellt war.

Langsam, Stückchen für Stückchen, werden mir die Bänder klarer (wenn ich auch noch sehr viel daran arbeiten muß). Manche sind einfach Berichte über den einen oder anderen Lebensabschnitt; andere versuchen mit viel Einfühlungsgabe, diesen Lebensabschnitt zu deuten. Aus allem geht klar hervor, daß er seinen gegenwärtigen Zusammenbruch im größeren Zusammenhang sah: Im fünfzigsten Lebensjahr wiederholte sich die Krise, in die er geraten war, kurz nachdem ich ihn in Amerika kennenlernte.

Der erste große Einbruch in sein Leben geschah im Jahr 1939, in jener Nacht, als er erfuhr, daß sein Vater tot war. Hals über Kopf war er von Hansville, wo er alles in Scherben zurückließ, nach Europa zurückgefahren und so nahe wie möglich an den Ort herangekommen, wo sein Vater gefangengehalten wurde – Perpignan, eine kleine Stadt an der französisch-spanischen Grenze.

In der Nähe gab es ein großes Konzentrationslager; hier sammelten die Franzosen die Flüchtlinge der sich auflösenden republikanischen Armee. Die Stadt wimmelte von Spionen aller Richtungen, Agenten der französischen Sûreté und einer Horde verängstigter, habgieriger, unglücklicher und neugieriger Menschen, wie jede Katastrophe sie anzieht. Es war keine Unterkunft zu bekommen. Michael verbrachte drei Nächte auf freiem Feld. Dann geriet er an einen Engländer namens Boulger, der mit seinem Vater in Andalusien gewesen und mit ihm nach Barcelona gekommen war.

Boulger sagte ohne Umschweife, was er wußte: »Man erschoß Ihren Alten, weil er sich mit den Anarchisten verbündet hatte. Jetzt, wo es zu spät ist, greift man endlich energisch durch.«

»Und arbeitete er tatsächlich mit den Anarchisten zusammen?«

Boulger zuckte mit den Achseln, und dieses Achselzucken sagte mehr aus über die Sinnlosigkeit dieser Zeit als der Tod selbst. Was galten schon Gerechtigkeit und Liebe? Hier ist das Leben, dort ist der Tod. Krümme dich zwischen diesen beiden, Ratte! Schrei oder sei still! Mach, was du willst – du kannst nichts ändern. Es erwischt dich zuletzt ja doch!

Die ganze Nacht ging Michael im Mondlicht auf und ab und betete. Er konnte damals noch beten – bis zu jenem Tag. Aber als der Morgen dämmerte, waren alle Gebetworte verbraucht und sinnlos geworden, die großen Worte, die sein Vater aus Jahrhunderten geistlicher Weisheit aufgenommen und weitergegeben hatte.

Nur die Leere blieb. Der Hunger der Sinne. Die Zeit. Die undurchdringliche Mauer des Daseins, die keine Öffnungen hatte, nur kleine Nischen, in denen man sich vergnügte. Michael aber hatte sich nie mit dem Gedanken zufriedengegeben, daß das alles war. Irgend etwas war ungesagt geblieben beim Tod seines Vaters, und er hatte immer gelauscht, ob er es nicht hören konnte. Und schließlich hatte er sich eingebildet, daß der Fremdling Obukow gesandt war, es ihm zu sagen, oder – sollte das nicht zutreffen – daß das Manuskript enthielt, worauf er so sehnlich wartete.

Sein Beruf, seine Kunst, seine sexuelle Freizügigkeit sollten ihn darauf vorbereiten, die Botschaft zu verstehen, wenn sie einmal an ihn herangetragen würde. So erklärte er sich auch die offensichtlichen Widersprüche in seiner eigenen Entwicklung. Es war ihm langsam klargeworden, daß die politische und die sexuelle Revolution – sollten sie überhaupt etwas bedeuten – identisch sein mußten. Auf einem Band spricht er davon, daß er Derwent dazu verhelfen wollte, auf sexuellem Gebiet ein Vollmensch zu werden. Als ob die Vermenschlichung des Kriegsministers ein Militärsystem verändern könnte, das mit jeder neuen technischen Erfindung unmenschlicher wurde! Diese Illusion ist vielleicht das Rührendste, das Michael je über sich aussagte. Aber hier ist es festgehalten, mit allen anderen nackten Enthüllungen eines Mannes, der es nicht übers Herz brachte, einfach zu sagen: Was geht es mich an?

# 40. KAPITEL

Natürlich ließ man Michael in seiner Hütte nicht lange in Ruhe. Was in Gang gekommen war, nahm von Woche zu Woche bedrohlichere Formen an. Die Zeitungen, die Polizei und das Establishment selbst wollten ihn haben und hätten sich mit einem seiner Anzüge begnügt, wenn man eine Strohpuppe hineinsetzen konnte, die aussah wie er.

Sergeant Pennylast arbeitete eifrig an dem Akt über Michaels sexuelle Verfehlungen im Laufe der Jahre. Rob Varden half ihm dabei. Varden wußte ja jetzt durch Cecile viel mehr über Michael, als er bei seinen früheren Nachforschungen erfahren hatte. Pennylast war bereit, seine Ausbeute dem Gericht für eine Vorverhandlung zur Verfügung zu stellen. Die Derwents und ihr Anwalt warteten mit Spannung und Sorge, welche Haltung Michael nun einnehmen würde. Nach seiner letzten Nachricht an sie mußten sie ihn für gefährlich halten, aber ganz sicher waren sie sich nicht. Sein Anwalt gebrauchte ständig Ausflüchte und war nicht bereit, ohne neue Instruktionen seines Klienten irgendwelche Auskünfte zu geben. Er vertröstete alle auf später.

»Es war höchste Zeit, daß ich wieder gesund wurde«, sagte Michael mit jener seltsamen, überlegenen Ironie, die seine ganze Haltung der Öffentlichkeit gegenüber zu dieser Zeit charakterisierte. »Ganz England rief schon nach mir. Ich konnte mir eine Geisteskrankheit nicht länger leisten. Aber mir will fast scheinen, ich kann mir auch die vielen Pfund Fleisch nicht leisten, die man von mir einfordert.«

Seine Wiederherstellung war nicht so einfach, wie er sie darstellte. Der Zusammenbruch war in jeder Beziehung ein vollkommener gewesen. Auf dem Rückweg in die Realität waren ihm seine langen Gespräche mit Solo Rokey eine große Stütze.

Der Junge kam eines Abends bei starkem Schneefall an die Tür der Hütte. Er klopfte, aber nichts rührte sich. Er sah auch kein Licht, versuchte aber doch die Tür aufzumachen und trat ein.

Er fand Michael in eine Decke gewickelt auf der Couch vor dem kalten Kamin. Auf dem Tonbandgerät drehte sich noch eine leere Spule. Neben seinem Kopf lehnte das Gewehr.

Ohne Erklärung, warum er kam oder wieso er erwartet hatte, Michael zu dieser schlechten Jahreszeit hier anzutreffen, sagte er: »Ich habe nachgedacht . . .«

»Nachgedacht«, wiederholte Michael tonlos.

»Warum Sie meinen Falken freigelassen haben«, sagte Solo. Seine Schultern waren mit Schnee bestäubt, und er sah in dem düsteren Raum größer aus, als er tatsächlich war, aber sehr schlank. Er trug über einem dicken Pullover nur eine Drillichjacke.

»Es hat mit dem zu tun, was wir alle in uns tragen: das Wilde und das Gezähmte«, sagte Solo. »Ich habe viel über die Falken und über mich selbst nachgedacht, und ich wunderte mich über den Auftrag, den Sie mir bezüglich des Mädchens gaben, und ich überlegte, ob ich Ihnen folgen sollte oder meinen eigenen Gefühlen. Ich kam darauf, daß der Unterschied zwischen dem Falken und mir, einem Mann, gar nicht so groß ist. Ich verstehe jetzt, daß Sie eigentlich dem Falken gar nicht befahlen fortzufliegen, und eigentlich drängten Sie auch mir und den anderen nie Ihren Willen auf: Sie befahlen uns ja nur das, was wir sowieso getan hätten. Ich mache Ihnen jetzt keinen Vorwurf mehr. Wie ich es jetzt sehe, ist es gleichgültig, ob der Falke davongeflogen ist oder ob ich ihn an einer Kette halte und mir einbilde, er gehört mir. Was für einen Sinn hat es, zu sagen, ein Ding gehört mir oder dir, wenn man doch nichts wirklich besitzt als sich selbst?«

Michael weinte. »Du hast dieses Geschöpf geliebt, nicht wahr?«

»Ich sah es gerne an, und ich glaubte es zu verstehen, aber das ist sehr unwahrscheinlich. Ich war gerne in seiner Nähe und beobachtete gern, wie seine Laune sich änderte, je nachdem, ob es hungrig oder schläfrig war. Ich denke auch jetzt oft und gern an diese Zeit, und vermutlich kann man ein Wesen gar nicht vollkommener besitzen als so. Es ist jetzt gar nicht mehr so wichtig, daß es fort ist. Ich habe die Erinnerung – was kann man mehr wollen?«

Keiner von ihnen wußte, ob sie über das verlorene Tier sprachen oder über das Mädchen Cecile, oder über irgend etwas anderes, das sie nicht benennen konnten.

Jedenfalls kam Solo nach jenem ersten Besuch täglich zu Michael. Er brachte Essen mit, räumte das Haus auf und sah zu, daß das Feuer im Kamin nicht ausging. Jeden Tag sprachen sie eine Zeitlang über Falken. Es existiert ein Tonband von einem dieser Gespräche. Es ist erstaunlich, wieviel man über Falken sagen kann, das genausogut auf Menschen paßt. Diese Gespräche halfen Michael, seine zerflatternden Gedanken etwas zu sammeln. Und vermutlich halfen sie ihm auch, sich selbst zu vergeben, daß er in Schicksale eingegriffen hatte, die ohne sein Zutun auch nicht viel anders verlaufen wären.

Sicher verliehen ihm diese einfachen Gespräche mit Solo den Mut, sich dem zu stellen, was ihm von seinem Leben noch geblieben war. Er lernte alles herzugeben, sich völlig zu entäußern und nur zu behalten, was das Gedächtnis und die Phantasie immer behalten würden.

Auch Ursula trug dazu bei, ihn auf die Beine zu bringen und dem normalen Leben wiederzugeben. Schon wenige Tage nach seinem Verschwinden hatte sie begonnen, bei seinen Londoner Bekannten und in Lokalen, die er gern besuchte, nach ihm zu fragen. Sie hörte eine Unmenge von Gerüchten über ihn, kam jedoch selbst zu dem Schluß, daß er nur in seiner Hütte in Cadwater sein konnte.

»Man sagt, du hättest England verlassen. Vermutlich mit Luisa Morada. Aber Luisa ist noch da, und sie nimmt an, du seist mit irgendeinem anderen jungen Ding unterwegs. ›Doktor Cobb ist ja als frivol bekannt.‹«

»Wer behauptet solche Sachen?« fragte Michael bitter.

»Jedermann weiß etwas über dich zu sagen. Du hast doch nicht angenommen, daß niemand mehr von dir spricht, nur weil du fünfzig Meilen von London entfernt bist?«

Sie hatte ihn grau und unzulänglich wie eine alte Vogelscheuche am kalten Kamin vorgefunden. Er wirkte beinahe feindselig und reagierte überhaupt nicht auf ihre Versuche, ihn aufzumuntern oder der Ursache seines Leidens auf die Spur zu kommen. Als sie seine Rückkehr nach London erwähnte, schien er beunruhigt, ja verängstigt. Vielleicht kam das daher, daß seine dunkle Brille nirgends zu sehen war. Ohne sie sah er mitleiderregend und schwach aus, und Ursula fiel auf, daß man sich seine Augen hinter der dunklen Brille ausdrucksvoller und lebhafter vorgestellt hatte, als sie tatsächlich waren.

Um ihm zu helfen, schlug sie ihm sogar vor, Cecile wieder

zu sich zu nehmen, wenn er nach London zurückkäme. »Ich weiß, ihr habt gestritten. Aber – du warst so voll Energie in der Zeit, da sie bei dir war . . .«

Michael in seinem Stuhl schien immer kleiner und welker zu werden. Die häßlichen Spuren seiner Krankheit waren für Ursula um so schwerer zu ertragen, als sie ihn bis dahin nur stark und zuversichtlich gesehen hatte. Sie erkannte, daß er ihr bisher nur Stärke und Zuversicht *gezeigt* hatte und die unvermeidlichen Schwächen so sorgsam vor ihr verbarg, daß sie sie nicht einmal ahnte. Und es wurde ihr klar, daß er alle anderen in gleicher Weise getäuscht hatte. Da er sich immer auf dem Weg von einer Frau zur anderen befand, gelang es ihm, vor allen zu verbergen, was eine Ehefrau in kürzester Zeit herausgefunden hätte.

Darum also hat er nie geheiratet, dachte sie. Weil er niemandem eingestehen wollte, wieviel Schwäche hinter der Fassade verborgen lag. Als er nun wie ein alter Mann in Tränen ausbrach, kniete sie mit einer Zärtlichkeit neben ihm nieder, die sie noch nie verspürt hatte.

Er faßte sich ein wenig und murmelte: »Nicht Cecile. Will sie nicht sehen. Alles würde wieder von vorn beginnen.«

»Dein Leben wäre wieder wie zuvor?«

Er aber meinte mehr als das. »Was ich nicht mehr in der Gewalt habe.«

Weiter kam sie nicht mit ihm bei diesem ersten Besuch. Sie kam wieder und brachte ihm seine Post, Bleistifte, einen Zeichenblock und Zeitungen, die zumindest eine Nachricht enthielten, die ihn interessieren mußte.

*Russe doch kein Überläufer*

Das geheimnisvolle Geschehen um W. A. (Wanja) Obukow wurde heute noch rätselvoller, als er an Bord eines Aeroflot-Düsenflugzeuges nach Moskau zurückkehrte.

Angeblich hat sich Obukow, Angehöriger der russischen Botschaft, im vorigen Sommer für einige Monate außerhalb russischer Kontrolle irgendwo im Norden von England »versteckt« gehalten. Anscheinend hatte er die Absicht, die britische Staatsbürgerschaft zu erwerben. Russische Stellen behaupten, er sei geisteskrank, und baten, man möge ihn ihnen wieder übergeben. Man nimmt an, daß er sich vor einigen Monaten freiwillig den russischen Behörden stellte und sich seither in der russischen Botschaft befand.

Gestern hielten Zollbeamte auf dem Flugplatz Heathrow die Gruppe von Russen auf, die Obukow zum Flugzeug geleitete. Sie stellten fest, daß er das Land nicht verlassen dürfe, bevor er auf seinen Geisteszustand untersucht sei. Es wäre ja möglich, daß man ihn gegen seinen Willen nach Rußland zurückbrachte.

Nach kurzem Handgemenge, das von Journalisten beobachtet wurde, erklärte Obukow zornig, daß er freiwillig heimkehre. Es wurde ihm daraufhin gestattet, das Flugzeug zu besteigen ...

Michael las die Geschichte schweigend durch und wandte sich dann seiner Post zu. Hauptsächlich handelte es sich um Rechnungen und Einladungen. Lady Kyteler bat ihn zu einem Essen, das sie für Robert Artisson gab. Lady Ormalon wäre glücklich, wenn er zum Cocktail kommen und dabei einen dänischen Komponisten kennenlernen könnte. Dr. und Mrs. Osgood baten ihn ... George und Karen Golden wollten ihm eine Zeichnung von Boudin zeigen ... Die Rechnungen beliefen sich auf 1100 Pfund.

»Es ist, wie du sagst, Ursula«, meinte er, verwundert lächelnd. »Mein Leben wartet auf mich. Ich kann es wieder anziehen wie einen alten Anzug.« Sie freute sich, daß er so viel ruhiger schien als bei ihrem letzten Besuch. Er war frisch rasiert und gewaschen. Er roch auch besser als letztes Mal. Er war öfter mit Solo Rokey durch den Wald gestreift, und sie waren bis zur römischen Uferanlage bei Barlow marschiert.

Aber es war auch ein dringender Brief von Michaels Rechtsanwalt dabei:

»Lieber Dr. Cobb! Ich fürchte, Sie werden am 10. Februar vor Gericht erscheinen müssen. Im Mittelpunkt dieser Vorverhandlung stehen die Aussagen Miß Banners, aber die Polizei verfügt angeblich auch über anderes Material. Die daraus abgeleitete Anklage wird vermutlich besagen, daß Sie von Cecile Banner und Tammy Chandler Geld angenommen haben, das diese durch Prostitution verdienten. Meiner Meinung nach wird es sehr schwer sein, diese Behauptung zu beweisen. Nichtsdestoweniger ist es sehr wichtig, daß Sie an Hand Ihrer Unterlagen aufzeigen können, daß Sie auf Geld aus solchen Quellen nie angewiesen waren. Es würde mir bei der Vorbereitung des Prozesses sehr helfen, wenn Sie mir weitere Abrechnungen über die letzten sieben Jahre zusenden wollten. Außerdem benötigen wir Charakterzeugen. Ich habe bisher gezögert, in dieser Sache an irgend jemanden heranzutreten. Es handelt sich doch um eine sehr heikle Angelegenheit . . .«

»Wie abscheulich, wie idiotisch! Zum Verrücktwerden!« sagte Ursula, als Michael ihr den Brief zu lesen gab. Und dann sagte sie, was sie sich seit ihrem letzten Besuch zu sagen vorgenommen hatte – oder auch schon länger, vielleicht immer schon, seit sie ihn kannte. »Michael, fahren wir weg! Diese Leute – irgend jemand hat es auf dich abgesehen. Und zwar nicht nur wegen der Verfehlungen, deren Cecile dich bei der Polizei anklagt, sondern einfach, weil du so bist, wie du bist.«

»Richtig«, sagte er wie ein Lehrer, dessen begabter Schüler von selbst die richtige Antwort gefunden hatte. »Langsam erkennen sie, mit wem sie es zu tun haben.«

»Verlassen wir England, Michael! Ich sehe wirklich nicht ein, warum du hierbleiben und dich besudeln lassen solltest. Ich weiß, du liebst London und seine Menschen, du bringst gern Glanz in ihr Leben, bringst Dinge in Schwung – aber man wird dich nicht mehr lassen! Man wird dich zwar weiterhin einladen. Ich wage sogar zu behaupten, daß nur wenige Leute, an denen dir liegt, sich wegen dieses Stunks von dir abwenden werden. Aber du wirst immer darauf achten müssen, dich tadellos zu benehmen, und du bist einfach nicht du selbst, wenn man das von dir verlangt. Hauen wir also ab! Ich meine auf immer! Wir werden schon ein Land finden. Fahren wir endlich nach Rußland! Oder in die Tschechoslowakei? Oder eines der neuen Länder, Israel? Warum eigentlich nicht?«

Sie sah das Licht in seinen Augen und glaubte schon, er wäre einverstanden. »Ich habe genug Geld für uns beide. Nicht viel, aber genug bis an unser Lebensende«, sagte sie.

»Du willst, daß wir heiraten?«

»Meinetwegen«, sagte sie aufrichtig. »Wir lassen uns einfach treiben, und wenn es sein muß, heiraten wir eben. Ich werde aber nie mehr als meinen Anteil an dir verlangen, das verspreche ich dir. Du darfst so viele Gespielinnen um dich haben, als du nur willst.«

Er schüttelte den Kopf. »Hör zu, Ursula, ich bin kein Geschlechtswesen mehr. Das wurde mir auf eine Art ausgetrieben, über die ich nicht sprechen darf.«

»Aber, aber«, sagte sie, lief auf ihn zu und umarmte ihn. Auf sexuellem Gebiet war sie ihm gegenüber sehr selbstbewußt. Er hatte sie so selbstbewußt gemacht, und so war es geblieben. Dennoch erlebte sie eine unangenehme Überraschung, als sie ihn berührte. Er reagierte nicht auf ihre streichelnden Hände. Er ließ sich von ihr auf den Mund küssen, aber irgend etwas tief in ihm verbot die alte Vertraulichkeit. »Verzeih«, sagte sie. »Verzeih meine Aufdringlichkeit. Ich weiß, du fühlst dich noch nicht ganz wohl. Ich kann warten. Ich mache mir deswegen keine Sorgen. Das wichtigste ist, daß wir aus diesem Land herauskommen. In einer Woche kann ich alles geregelt haben.«

Er sagte liebevoll: »Du hast mir Gründe genug genannt, warum *ich* England verlassen sollte, aber warum solltest *du* es tun?«

»Weil ich dich liebe, an dich glaube. Weil nur du das alles – dieses bestialische England für mich erträglich gemacht hast, solange du es selbst erträglich fandest. Nun will ich mit dir fort von hier. Ich sage das nicht leichtfertig.«

Er wußte das. Sie aber wußte – noch während er ihren Vorschlag beiseite schob und einer Antwort auszuweichen suchte –, daß sie froh wäre über seine Ablehnung. Sie hatte versucht, etwas zu erreichen, das einmal hätte sein können – nicht etwas, das jetzt noch möglich war.

Sie fühlte die große Veränderung, die in ihm vorgegangen war. Seltsamerweise hatte sie das Gefühl der Untreue dem Michael gegenüber, den sie liebte, wenn sie mit dem ausgebrannten Mann, der er nun war, aus England floh.

»Schön«, sagte sie. »Warten wir ab. Aber du mußt mir versprechen, daß du dich absetzt, zumindest auf eine Weile, wenn man dich weiter verfolgt.«

Er versprach es ihr. Zuerst aber mußte er, sobald es seine Kräfte erlaubten, zurück nach London. Er mußte einiges »wiedergutmachen« an Leuten, die er in Schwierigkeiten mit hineingezogen hatte – er meinte die Derwents –, und dann einige seiner eigenen Angelegenheiten regeln.

»Ich glaube nicht, daß ich meine Praxis wieder eröffne, jedenfalls nicht in absehbarer Zukunft. Ich möchte wieder malen. Aber heuer im Frühling und Sommer, wenn das Wetter gut ist, machen Solo und ich eine lange Wanderung durch Irland. Glaube mir, darauf freue ich mich unbeschreiblich!

Eine Woche später holte sie ihn ab und half ihm bei der Übersiedlung in seine Londoner Wohnung. Auf der Fahrt in die

Stadt sprachen sie auch über mich. Ursula erzählte Michael, daß ich im Frühjahr auf längere Zeit nach London kommen wollte. Da sagte er etwas, das ihr seltsam vorkam. »Halt dich an Norman. Ich glaube, ihr beide seid füreinander bestimmt.«

Sie mußte lachen. »Niemand hält sich an dieses Ungeheuer. Ja, ich habe ihn gern, und wahrscheinlich schätzt auch er an mir manches – nicht nur das Gewisse, meine ich. Aber unter anderem ist er auch verheiratet. Allerdings scheint sich auch seine Frau nicht sehr an ihn zu halten.«

»Ich dachte nicht an Heirat. Es gibt andere Bindungen, wie wir beide sehr gut wissen. Du und Norman, ihr werdet einander noch brauchen.«

Sie war immer noch belustigt. »Norman ist noch mehr Einzelgänger als du, Michael.«

Aber als sie mir von diesem Gespräch erzählte, klang das ganze irgendwie feierlich. Und während der darauffolgenden Monate klammerten wir uns daran und kamen immer wieder darauf zurück wie auf einen Befehl, dem wir gehorchen mußten. Michaels Willen schien wieder einmal mit dem zusammengefallen zu sein, was das Schicksal uns bestimmt hatte. Er behielt recht. Wir brauchten einander. Wenn es Michaels Befehl war, dann stimmte er mit dem überein, wozu der Gang der Ereignisse uns auf alle Fälle getrieben hätte. Eine seltsame Verbindung, aber nicht geheimnisvoller als so manche Ehe.

Was mich fast ebenso stark beeindruckte, war Michaels Absicht, mit Solo durch Irland zu wandern. Es erinnerte mich an sein nie gehaltenes Versprechen vor langer Zeit, daß er mit mir in den Ozarkbergen kampieren würde. Es faszinierte mich. Ich hoffte, dieses Mal würde der Plan gelingen.

# 41. KAPITEL

Mr. D. M. Garth hatte durch Edna Hawkes von Richard Derwents unerlaubter Beziehung zu Cecile Banner gehört. Eine Abschrift des »Darling«-Briefes hatte er nicht gesehen; Miß Hawkes hatte ihm von der Existenz dieses Briefes nur erzählt. Trotz aller Bemühungen gelang es ihm nicht, eine Abschrift davon in die Hand zu bekommen.

In der Zwischenzeit wandte er sich an den Führer seiner Partei und berichtete ihm von den angeblichen Verfehlungen Richard Derwents und anderer prominenter Mitglieder der im Amt befindlichen Regierung. Mr. Hughes bezweifelte, daß die Beschuldigungen auf Tatsachen beruhten. Er erinnerte sich, daß Mr. Garth in den Debatten über das Red-Arrow-Raketenprogramm heftig mit Mr. Derwent gestritten hatte, und nahm an, daß Mr. Garth aus persönlicher Abneigung gegen Derwent diese Gerüchte verbreitete. Jedenfalls nützte er nur ungern Informationen über das Privatleben eines Regierungsmitgliedes für politische Zwecke aus. Er hatte keinen Zugang zu den Akten der Sonderabteilung, des Innenministeriums oder der Polizei. Deshalb bat er Mr. Garth, ihn über die weitere Entwicklung dieser Affäre – sollte er noch mehr darüber erfahren – auf dem laufenden zu halten.

Durch die guten Beziehungen Edna Hawkes' gelang es Mr. Garth, mit Rob Varden ins Gespräch zu kommen. Er wollte, daß Rob Varden ihm eine Photokopie des »Darling«-Briefes verschaffte, und war einigermaßen verblüfft zu erfahren, daß Mr. Varden ihm gar nichts verschaffen wollte – es sei denn, er bezahlte einen beachtlichen Preis dafür. Da für derartige Transaktionen natürlich keine öffentlichen Mittel zur Verfügung standen, appellierte Mr. Garth an Mr. Vardens Pflichtbewußtsein. (Die Berichte über den Verlauf dieses Gesprächs gehen etwas auseinander. Mr. Varden behauptete, Mr. Garth hätte ihm gedroht, er werde ihm »die Polizei oder den Sicherheitsdienst auf den Hals hetzen«, wenn er sich in dieser Angelegenheit, die schließlich die Sicherheit des Staates betreffe, nicht hilfsbereit zeigte. Übereinstimmung herrscht darüber, daß Mr. Varden seinem Gesprächspartner mitteilte, »er könne ihn ...«. Man schied nichts weniger als freundschaftlich voneinander.)

In der Folge versuchte Mr. Garth, Miß Banner persönlich zu erreichen und von ihr herauszufinden, inwieweit die Gerüchte, die man ihm zugetragen hatte, stimmten. Sie teilte ihm am Telephon mit, daß sie ohne ausdrückliche Zustimmung ihres Managers keinerlei Erklärung abgeben könne. Jedes Interview mußte mit ihm vereinbart werden. Ihr Manager sei Mr. Rob Varden.

Entschlossen, sich von seinem Plan nicht abbringen zu lassen, zahlte Mr. Garth die Summe, die Varden für eine Kopie des Briefes verlangt hatte. Der Inhalt des Briefes bestätigte seine Vermutung, daß die Anschuldigungen gegen Richard Derwent stimmten. Mr. Garth zeigte den Brief einigen Kollegen im Parlament. Alle rieten ihm, nicht selbst davon Gebrauch zu machen, sondern ihn Mr. Hughes, dem Obmann der Partei, zu übergeben. Er sandte also den Brief an Mr. Hughes und erinnerte ihn in seinem Begleitschreiben an ihr früheres Gespräch in dieser Angelegenheit. Unglücklicherweise befand sich Mr. Hughes gerade in Nigeria, als der Brief samt Beilage in seinem Büro eintraf. Er wurde ihm erst vorgelegt, *nachdem* Mr. Derwent im Parlament eine Erklärung abgegeben hatte, in der er unerlaubte Beziehungen zu Miß Banner energisch bestritt. Mr. Hughes ging daraufhin mit dem Brief zum Premierminister. Er war der Ansicht, daß man seine Bedeutung auf überparteilicher Ebene beraten und dabei das Staatsinteresse in den Vordergrund stellen sollte.

Zu diesem Zeitpunkt waren Mr. und Mrs. Derwent über Michael Cobbs Ansichten äußerst beunruhigt. Sie hatten Briefe von ihm erhalten, die so verwirrt klangen, daß sie an seinem Verstand zweifelten. Vor kurzem hatte er ihnen wieder einmal brieflich versprochen, er werde ihnen das Original des »Darling«-Briefes zurückgeben und auch die Kopien der Photos, die Mrs. Derwent von der Gesellschaft am Swimming-pool in Cadwater aufgenommen hatte.

Mrs. Derwent rief sofort Michael Cobbs Rechtsanwalt an und fragte ihn, ob man sich auf dieses Versprechen verlassen könne. Der Rechtsanwalt versicherte ihr, daß man das wohl könne, doch habe er seinem Klienten geraten, den Brief und die Bilder noch zu behalten, solange gewisse Gerichtsverhandlungen, bei denen Dr. Cobb aussagen müsse, nicht vorüber waren. Mrs. Derwent hatte das Gefühl, man wolle immer noch auf sie und ihren Mann einen gewissen Druck ausüben, damit sie bei der Niederschlagung einer polizeilichen Untersuchung behilflich seien. Sie sagte dem Rechtsanwalt, daß sie und ihr Mann in dieser Sache ausschließlich als Privatleute handelten und daß sie nicht die Absicht hätten, den Lauf der Gerechtigkeit in Belangen, die sie nichts angingen, zu beeinflussen.

Inzwischen drohte Unheil von anderer Seite. Die Anwälte von Lord Collingwood und Richard Derwent erfuhren, daß Rob Varden in seiner Eigenschaft als Miß Banners Manager einen Vertrag mit der Zeitschrift »Hunter« abgeschlossen hatte. Der Vertrag bezog sich auf einen sechsteiligen Bericht, den Miß Banner unterzeichnen sollte. Der erste Teil war schon geschrieben und nannte sowohl Lord Collingwood als auch Richard Derwent unter den Männern, denen Miß Banner ihre Gunst geschenkt hatte. Beide beauftragten ihre Anwälte, sofort alle möglichen rechtlichen Schritte in ihrem Interesse zu unternehmen. Lord Collingwoods Anwalt meinte, daß eine Verleumdungsklage das beste Mittel wäre, die Veröffentlichung zu verhindern. Gesetzlich wurde eine solche Klage dadurch möglich, daß Miß Banner die Geschichte bereits mehreren Leuten, darunter einigen Reportern, erzählt hatte und sie in London bereits die Runde machte. Sobald eine Verleumdungsklage eingebracht war, stand die Sache »sub judice«, und die Zeitschrift konnte sie nicht veröffentlichen, ohne sich einer Mißachtung des Gerichtes schuldig zu machen. Um die Klage einbringen zu können, mußten Zeugen einvernommen werden, von denen viele bereits bei der Polizei, der Sonderabteilung oder Reportern gegenüber ihre Aussage gemacht hatten. So verstärkte dieses Rechtsmittel das Aufsehen vermutlich eher, als es zu vermindern.

*Der Melamine-Report*

Tacky Joe Beauharnais war ein Mann, der das Angenehme langsam und bedächtig genoß und das Unangenehme so schnell wie möglich hinter sich zu bringen suchte. Er war auf dem Weg zu Eulia Prices Wohnung in der Artesian Road. Es war ein trüber, naßkalter Morgen, also fiel er sogleich in Trab und rannte mit wehenden Rockschößen und hinterherflatternder scharlachroter Krawatte fast die ganze Wegstrecke bis zu seinem Ziel. Die Band hatte am vergangenen Abend im »Merry St. Kitts« früher Schluß gemacht. Er hatte lange und fest geschlafen, und das war gut so. Aber dieses kalte, düstere England, und die widerlichen Leute – das alles würde ihm bald über sein.

In Eulias Wohnung war es so heiß wie auf den Westindischen Inseln im Sommer. Sie hatte sämtliche Gasflammen brennen. Es roch nach Weihrauch und Gewürzen. Die Vorhänge waren zugezogen, so daß man nichts von London zu sehen brauchte. Und inmitten dieses Idylls saß Eulia in einem orangefarbenen Kimono, hatte die langen, nackten Beine auf dem Tisch liegen und betrieb Nagelpflege. Vor sich hatte sie ein Glas Gin stehen, doch sie bot ihm Bier und eine Marihuanazigarette an. Sie wußte, daß ihm das lieber war. Eulia war fürsorglich.

Er tat einen langen, gemächlichen Schluck und machte einen genüßlichen Zug aus der Zigarette. »Musik?« fragte er. Sie schaute zuerst auf die Uhr und nickte dann. »Such dir was heraus, aber nichts, was einem auf die Nerven geht. Ich gehe den Tag langsam an, wie sich's gehört.«

Eine hohe, rot-weiße spanische Wand teilte den kleinen Raum. Als er an ihr vorbei zum Plattenspieler ging, sah er, warum sie heute noch keine Platte aufgelegt hatte, obwohl es fast Mittag war: Ein Mädchen schlief auf der Couch. Ein weißes Mädchen, das sah man gleich, obwohl es die Decke über den Kopf gezogen hatte. Denn unten waren ihre Beine bis hinauf zu den Gesäßbacken entblößt.

Auf den Zehenspitzen kehrte er zu Eulia zurück, setzte sich und tat zwei Züge aus seinem Glimmstengel. Es wäre eine Schande, jemanden bloß wegen Musik aufzuwecken. Musik gab es genug in dieser Welt – aber nicht genug Schlaf.

»Wer?« fragte er und blies den herrlich beruhigenden Rauch in die Luft.

»Erkennst du sie nicht?« Eulia hielt die Augen auf ihre Nägel gerichtet, aber auf ihren festen Lippen formte sich ein schwaches Lächeln.

Er öffnete den Mund zu einem breiten Grinsen, stand auf und schlich hinter die Wand. Er stand über die Couch gebeugt und versuchte, die Beine einer Person zuzuordnen. Sicher hatte er sie schon einmal gesehen, sonst hätte Eulia nicht so gefragt.

Leicht und spielerisch nahm er die Decke mit Daumen und Zeigefinger beider Hände und begann sanft daran zu ziehen.

Noch immer keine Ahnung, wer es war.

Die Schlafende rührte sich nicht. Leicht vibrierten die weißen Backen im Schlaf, zwischen den Rundungen waren zarte, weiche Härchen zu sehen und der klaffende rote Schlitz, der aussah wie ein Blütenblatt. Wer war das Mädchen?

»Himmelherrgott! Jetzt leg endlich eine schicke Platte auf!« sagte Eulia. »Es ist Zeit, daß sie aufwacht. Es ist nur Cecile. Cecile ist Victors Mädchen. Er ist ihr Beschützer und läßt sie nicht aus den Krallen.«

»Jetzt ist sie schon fast eine Woche hier«, fügte sie hinzu. »Sie und Victor haben mit der Polizei zu tun gekriegt; es war besser, daß sie nicht bei ihm blieb. Leg schon eine Platte auf.«

Das hier war auch eine langsame Tour. »Ich glaube nicht, daß Victor sie wegen der Polizei hierherschickt. Er mag die Polizei nicht und hat auch keine Angst vor den Bullen. Eher würde er sie fertigmachen, als daß er sie gehen ließe. Hat er gesagt.«

»Heutzutage ist es ganz unmöglich, sich nicht um die Polizei zu scheren. Cecile war eine Zeitlang bei Victor, aber sie will nicht mehr zu ihm zurück. Jetzt möchte ich die ›Stones‹ hören. Wenn du jetzt die Platte nicht auflegst, tu ich es selbst.«

»Warte«, sagte Tacky. »Mir fällt was ein.« Er verschwand hinter der Wand und starrte erneut auf die nackten Beine. Dann ging er um die Couch herum, schnallte den Gürtel auf, ließ die Hose fallen und schlüpfte aus der Unterhose. Er beugte sich vor, bis sein langes, schwarzrotes Glied über dem weißen Gesäß baumelte.

Er liebte es nicht, etwas zu überstürzen. Man wartete am besten und ließ die Dinge auf sich zukommen. Das Mädchen interessierte ihn, aber Geduld war immer noch besser als eine Pleite. Er nahm sein Glied und zog daran, bis er die Härchen zwischen den Schenkeln des Mädchens fast berührte. Er spürte es steif werden.

Tacky Joe überstürzte nichts. Er hatte gar nicht das Gefühl, etwas zu tun. Der Schwanz suchte sich einfach seinen Weg in die köstliche Wärme. Cecile schien gar nicht aufzuwachen, brauchte es auch gar nicht.

Als Eulia um die Wand herumkam, um den Plattenspieler endlich in Betrieb zu setzen, sah sie Tacky entspannt auf der Couch liegen und ein Bündel Bettzeug umarmen, aus dem zwei Beine herausragten.

Tacky Joe haßte es, Gutes schnell zu absolvieren. Und so war er immer noch mit Cecile beschäftigt, als Rob Varden am Nachmittag aufkreuzte. Rob trug eine dunkle Brille wie die von Michael und nahm sie – wie Michael – auch im Halbdunkel der Wohnung nicht ab. Cecile richtete sich auf, saß auf Tacky Joe und redete mit Rob. Die Bettdecke hatte sie um sich geschlungen, damit man nicht sah, was darunter immer noch vor sich ging. Tacky lag mit unter dem Kopf verschränkten Armen auf dem Rücken, hielt die Augen geschlossen und genoß das sich ständig verlagernde Gewicht, das auf ihm ruhte. Die Backen waren so köstlich weich und zart. Was die beiden redeten, interessierte ihn nicht allzusehr. Varden sprach immer nur über Geschäfte. Er war stets in Eile.

»Sie haben von dem Vertrag mit ›Hunter‹ erfahren. Derwent will deswegen mit dir reden.«

»Darauf freue ich mich«, sagte Cecile. »*Jetzt* möchte ich sein Gesicht sehen.«

»Dem tut's leid, das kannst du glauben«, sagte Eulia. Sie hatte sich einen Sessel geholt und nahm an der Beratung teil.

»Mich so sitzenzulassen, wo ich mir die Mühe machte, eine eigene Wohnung zu nehmen und von Michael wegzugehen«, sagte Cecile.

»So einfach ist das nicht«, sagte Rob. »Er kommt mit seinem Anwalt, und du mußt den deinen mitbringen. So sehe ich die Sache. Und ich weiß nicht, ob ich Morgan O'Keefe zutrauen kann, daß er gegen einen erstklassigen Anwalt wie den von Derwent aufkommt.«

O'Keefe war als Anwalt zugelassen und ein alter Bekannter von Varden. Und gerade deshalb zweifelte dieser an seiner Zuständigkeit. Nur ein drittklassiger Anwalt konnte einen Kerl wie ihn selbst zum Kumpan haben.

»Nimm, das wird dir helfen, es zu überdenken, Rob«, sagte Eulia und reichte ihm eine Zigarette.

Immer mit der Ruhe. Und dann flink zugegriffen, dachte Rob. Die Leute schocken und sich selbst nie schocken lassen ... Er griff unter Ceciles Decke.

»Holla«, rief Cecile und rutschte auf ihrer weichen Unterlage hin und her, um ihm auszuweichen. »Wann treffen wir Dick Derwent?« Tacky Joe unter ihr grunzte wohlig.

»Wir spielen Doktor«, sagte Varden. »Macht dir doch nichts, Cecile, oder?« Er zog die Hand unter der Decke hervor und legte sie auf ihren warmen Bauch. Die Wärme floß in ihn über. »Was wir tun, ist folgendes: Du und ich treffen uns mit Derwent und seinem Anwalt. Der Stümper O'Keefe soll zum Teufel gehen. Mein Plan ist, daß du dich bereit erklärst, für sagen wir fünfzigtausend Pfund nach New York abzudampfen. Bezahlung in bar, damit wir imstande sind, den Vertrag mit der Zeitschrift zu lösen – dann warten wir bis zum ersten Verhör von Cobb, denn Derwent wird wollen, daß man ihn durch die Mangel dreht ... Da fällt mir ein, daß dieses blöde Schwein von einem Abgeordneten, dieser Garth, will, daß du ihn heute nachmittag anrufst, Cecile. Ich habe ihm zugesagt.«

Tacky Joe genügte die Art und Weise *seiner* »Verbindung« mit Garth, Derwent und Konsorten. Das Mädchen auf ihm spielte die große Nummer und machte in Weltpolitik.

Rob läutete Garth an und sagte, seine Klientin befinde sich hier in seinem Büro und wäre bereit, zu sagen, was sie wisse. Cecile übernahm den Hörer, und ihre herrlichen kleinen Muskelkontraktionen, die sie im Eifer des Telephonats ausführte, brachten Tacky fast zum Höhepunkt.

»Richtig, Sir«, sagte sie. »Ich sollte Mister Derwent *Atomgeheimnisse* herauslocken.« Tacky stöhnte vor Genuß, so daß Varden warnend den Finger an den Mund legte.

»Nein, Sir«, sagte Cecile, »das war Doktor Cobbs Plan. Und dann wollte er die Geheimnisse an Eugene Latvin oder vielleicht an den anderen Russen, der ein- oder zweimal in seiner Wohnung war, weitergeben. Ich kann mich an diesen Namen nicht mehr erinnern ...

Ja, Sir. Die Wahrheit ist, daß ich nie so unloyal meinem Land gegenüber gewesen wäre und Mister Derwent solche Fragen gestellt hätte. Außerdem bin ich sicher, er hätte mir nichts gesagt. Er war immer ein vollendeter Gentleman. Nein, Sir, es gab keine Intimitäten. O ja, wir sind zusammen ausgeritten. Ja, Sir, man kann es so ausdrücken, wir *waren* allein. Aber es passierte *nichts*.«

Cecile legte ihre ganze Überzeugungskraft in ihr Dementi. Ob es Garth überzeugte oder nicht: Rob Varden war zufrieden.

Tacky schlief fest, als sie Edna Hawkes anriefen und ihr sagten, morgen käme Cecile ins Büro von *Hunter*, um den Text ihrer Geschichte zu genehmigen. Oder als sie Sergeant Pennylast von der Kriminalpolizei anläuteten und ihm mitteilten, Victor habe gefährliche Drohungen gegen Pennylasts Hauptzeugin, Cecile Banner, ausgestoßen.

Als er kurz die Augen öffnete, telephonierte Rob Varden gerade mit Derwents Anwalt, und er nahm in seiner Benommenheit wahr, daß Cecile Robs Hosenladen aufgemacht hatte und vor ihm kniete.

Nicht einmal als Eulia ihn schüttelte und ihm sagte, sie träfen sich mit Tammy Chandler in einer Diskothek in Soho, wurde er ganz munter. Die anderen waren fertig angezogen, es mußte also bereits Abend sein, und er würde bald zu seiner Band ins »Merry St. Kitts« müssen.

Und dann – sie gingen gerade – rissen ihn Schreie und das Gepolter einer Rauferei aus seinem Gedöse. Er sprang auf und fuhr in die Hose, als Cecile auch schon hereingerannt kam, verfolgt von Victor Gaspery.

Victor stellte sie in der Ecke beim Kühlschrank und ging mit ausgebreiteten Armen auf sie los. »Wieso kommt die Polizei noch einmal zu mir? Du hast also gelogen!« schrie er. »Sag mir das, oder ich ziehe dir einen Striemen über die Fratze. Sag mir das, wenn du kannst, du verlogenes Luder!«

Später dachte Tacky Joe, er hätte noch seinen Rock schnappen und sich aus dem Staub machen können. Wenn Cecile nicht gerade in diesem Augenblick um Hilfe gerufen hätte.

»Joe«, schrie sie, als Victor ihr die Faust ins Gesicht hieb. Cecile fiel um, und Victor schien der Meinung zu sein, sie habe genug abgekriegt. Er drehte sich um, im Gesicht Haß und Enttäuschung über ihren Verrat, und erblickte Tacky Joe. »Bist du auch da? Du steckst mit ihnen unter einer Decke!«

»Hör zu. Hör zu. Ich sag' es dir«, flehte Tacky Joe. Dabei fiel ihm ein, daß er eigentlich nicht die leiseste Ahnung hatte, weswegen sie alle so aufgeregt waren.

Dann hörte er das Klicken eines Schnappmessers und sah in Victors Hand etwas aufblitzen. Wieder hatte Victor die Arme ausgebreitet, doch diesmal ging er auf Tacky los.

»Hör zu! Du hast recht! Die sind nicht deine Freunde! Ich bin dein Freund«, sagte Tacky Joe. »Hör mir zu, Victor!«

Seiner Meinung nach wäre es ihm gelungen, seinen Freund Victor zur Vernunft zu bringen – irgendwie wäre es ihm schon gelungen –, wenn nicht gerade in diesem Augenblick Cecile auf den Knien zur Tür gerutscht wäre. Victor hörte sie und drehte sich um, und da meinte Tacky Joe, nun sei der Moment gekommen, ebenfalls zu verschwinden. Er machte einen Satz zur Tür.

Sein Pech war nur – Cecile erreichte die Tür, er nicht. Victor packte ihn mit festem Griff, und das Messer fuhr über seinen Backenknochen. Blut schoß heraus, und wiederum brüllte er: »Ich bin dein Freund.« Dann fiel er um, und Victor fiel auf ihn.

Da saßen sie nun in einer Pfütze von Blut, und Tacky Joe sagte immer wieder: »Du mußt Vernunft annehmen, Mann, sonst bringst du uns alle in noch größere Schwierigkeiten.« Er hielt die Wundränder zusammen und fügte hinzu: »Das Unglück ist ja, daß wir uns mit dem weißen Mädchen überhaupt eingelassen haben.« Und er begann zu weinen, als er Victor rasch den Gang hinunterlaufen hörte.

Die Lichter der Regent Street und der Oxford Street zuckten über Bart Collingwoods Gesicht, während das Taxi langsam durch den abendlichen Verkehr fuhr. »Das ist nicht eine Sache, die vor Gericht gehört«, sagte er zu Michael. Er war müde und verärgert. Innerhalb weniger Stunden hatte er von Southampton nach London kommen und eine eidesstattliche Erklärung unterschreiben müssen. Es hatte ihn schon irritiert, daß er mit solcher Hast und Dringlichkeit zu seinem Anwalt gerufen worden war. Aber daß er eine eidesstattliche Erklärung darüber abgeben mußte, daß er mit Cecil Banner *keinen* Geschlechtsverkehr gehabt habe, erfüllte ihn mit Zorn. Das war es, was im Grunde genommen in diesem Dokument stand, wenn auch etwas anders und umständlicher ausgedrückt. Es gehörte zur Vorbereitung der gerichtlichen Verfügung gegen die Veröffentlichung der Bekenntnisse Ceciles im »Hunter«.

»Jemand sollte zu dem Mädchen gehen und ihm sagen: ›Hör einmal zu, Miß! Was bildest du dir eigentlich ein?‹ Michael, geh du zu ihr und mach ihr die Hölle heiß. Es kann doch nicht ihre Absicht sein, uns solche Schwierigkeiten zu machen!«

»Sicher nicht. Aber dein Anwalt ist genau wie meiner der Überzeugung, daß es besser ist, wenn ich mich von ihr fernhalte«, sagte Michael. Er wollte sich in keine Diskussion einlassen. Er war verantwortlich dafür, daß Cecile so viel Schaden anrichtete, aber der Zeitpunkt, da man sie mit üblichen Mitteln noch hätte zurückhalten können, war längst vorbei. Sie war nun einmal losgelassen, war gleich einem Feuer außer Kontrolle geraten – Bart Collingwood wußte das so gut wie er.

»Verdammt, es wird Zeit, daß wir etwas unternehmen«, sagte Collingwood. »Ich kenne ein paar von diesen Zeitungsmenschen. Sie waren immer sehr nett. Ich werde Edgecombe und Fitzroy anrufen und sagen: ›Hören Sie, meine Herren, ich verstehe ja, daß man eine so pikante Geschichte aufgreift, aber hier gehen Sie entschieden zu weit!‹ Diese Kerle sind im Grunde genommen an solchen Geschichten viel mehr interessiert als an Tatsachenberichten, und das werde ich ihnen einmal ins Gesicht sagen.« Aber er wußte genau, er würde es nicht tun. Sein Anwalt hatte auch davon dringend abgeraten.

»Wir müssen Geduld haben«, sagte Michael. »Derwent hat die Nerven nicht verloren. Sollten wir uns nicht an ihm ein Beispiel nehmen?«

Collingwood grunzte. »Geduld ist schön und gut, wenn man weiß, worauf man wartet. Vielleicht weiß er das. Ich habe es ja auch von dir immer angenommen, Michael.« Er hielt sich zurück. Eigentlich hatte er guten Grund, seinem alten Freund sehr böse zu sein – aber auch das war nicht erlaubt. Anscheinend besaß keiner von ihnen mehr die Freiheit, seinen Gefühlen freien Lauf zu lassen, außer diesem verdammten Mädchen natürlich.

Er räusperte sich und sagte: »Ich habe Derwent vor einigen Tagen ganz kurz bei seinem Rechtsanwalt getroffen. Verdammte Zeitvergeudung für einen Mann, der so viel Verantwortung trägt wie er! Was ich eigentlich sagen wollte: Er trägt dir nichts nach. Sitzen alle im selben Boot und dergleichen, verstehst du?« Dann fiel ihm auf, wie unglaubwürdig das klang, und er fügte hinzu: »Jedenfalls hat er mich ausdrücklich gebeten, dir zu versichern, daß er mit den polizeilichen Erhebungen nicht das mindeste zu tun habe. Er findet das ausgesprochen unfair.«

Eine unbeholfene, kleine Lüge. »Und das Ärgste von allem ist«, sagte Michael plötzlich, »daß wir glauben, einander solchen Unsinn vormachen zu müssen. Wir sollten mit dieser Sache wenigstens wie Männer fertig werden.« Leicht war es nicht. Das Gewebe, in dem sie sich alle gefangen hatten, war überaus feinmaschig. Und das war seine Schuld.

»Ganz richtig!« sagte Collingwood energisch, verfiel aber sofort wieder in die Wunschträume eines alten Mannes und malte sich aus, wie diese Angelegenheit geregelt werden könnte. »Wir sollten alle zusammenlegen und der Hure selbst eine Summe anbieten. Oder wir arrangieren einen kleinen Unfall. Hat es alles schon gegeben ... Was soll bloß aus unserer Welt werden? Vor vierzig Jahren, das wage ich zu behaupten, hätte sie sehr bedauert, sich mit uns eingelassen zu haben. Und heute hat man eher den Eindruck, das kleine Biest genießt das alles wahnsinnig.«

»Etwas Ärgeres«, sagte Michael, als das Auto anhielt, um ihn bei seiner Wohnung aussteigen zu lassen, »kann uns nicht passieren.« Er wußte, daß Cecile vergnügt zusehen würde, wenn London brannte und England in den Wellen versank. Und auch das hatte sie von ihm gelernt, obwohl es gar nicht diese Freude war, die er angestrebt hatte, sondern etwas ganz anderes.

Als er die Stufen zu seiner Wohnung hinaufgestiegen war und sah, daß oben auf dem Treppenabsatz Cecile saß und auf ihn wartete, überraschte ihn ihre plötzliche Rückkehr viel weniger, als seine Freude, sie zu sehen. Demütigung, Ruin, Anarchie und Verwirrung in Person – hier saß sie, hielt den rothaarigen Kopf gesenkt und sah ihn mißtrauisch von unten an.

»Was ist mit deiner dunklen Brille geschehen?« fragte sie unfreundlich.

»Was um alles in der Welt ist mit dir geschehen?« Er sah den erdbeerroten Kratzer auf ihrer Wange, legte ihr die schmale Hand auf den Kopf und drehte sie dem Licht zu, um besser sehen zu können.

»Ich bin in einen Kampf geraten. Ja, das war es. Ich bin in einen Kampf hineingeraten.« Bei dieser unsicheren Auskunft mußte er zum erstenmal seit Wochen innerlich lachen. Was war für Cecile denn wahr? Das, was sie selbst zur Wahrheit erklärte. Man mußte sich bei ihr an die physischen Hinweise halten – wie diese Verletzung –, um zu wissen, was sie wirklich erlebte. Der Kratzer schien an sich nicht ernst. An sich nicht. Was war – an sich – für Cecile schon ernst?

»Komm herein und erzähl es mir«, lud er sie ein und schloß die Tür auf.

»Dir *erzählen*«, maulte sie. »Ich habe dir immer viel zuviel erzählt, und du hast mir nie etwas erzählt, außer du wolltest, daß ich es weiß.«

»Das stimmt«, gab er zu.

»Wenn du mich so fair behandelt hättest wie ich dich, wäre ich sicher nicht weggelaufen«, sagte sie.

»Das stimmt wahrscheinlich auch.«

»Ich glaubte, dir einen Gefallen zu tun!«

In gewisser Hinsicht stimmte auch das. In gewisser Hinsicht – es wäre völlig sinnlos gewesen, ihr das zu erklären.

Er führte sie in das Badezimmer, um die Wunde zu desinfizieren, die Victors Glücksring auf ihrer Wange hinterlassen hatte.

»Ach, Michael, das ist genau wie in der ersten Nacht, die ich hier war. Wie du mich vor diesem Perralli gerettet hast.«

»Nein«, sagte er. »Es ist keineswegs so wie damals, außer daß du genauso riechst, Schätzchen. Bitte, mach mir die Hose wieder zu, meine Schöne, und komm heraus auf neutraleres Gebiet, bis du mir erklärt hast, warum du hier bist.«

Im Wohnzimmer schob er ihr einen Stuhl hin, und sie begann zu erzählen. Sie sei in Eulia Prices Wohnung und ganz mit ihren eigenen Angelegenheiten beschäftigt gewesen, da sei Victor Gaspery plötzlich hereingestürzt und hätte sie beschuldigt, sie betrüge ihn mit seinem Freund Tacky Joe.

»Und Tacky Joe war auch dort, und Victor fand seinen Verdacht bestätigt, folglich gab er dir ein paar feste Ohrfeigen.«

»Ich könnte dich niemals anlügen, Michael«, sagte sie. Es gefiel ihr, daß er ihr immer hinter ihre Schliche kam. Sie lächelte. Dann aber schien die Wirklichkeit mit aller Macht über sie hereinzubrechen. Wie ein Tigerjunges kam sie zu ihm gelaufen und warf sich ihm auf den Schoß, zitterte und keuchte.

»Ich fürchte mich so! Victor muß hinter mir her sein. Ich weiß es! Und dann gibt es noch viele andere Probleme.«

»Allerdings, ja!«

»Wir lassen uns alle vollaufen, und Rob Varden sagt, er macht das schon, und es würde mich ja auch freuen, meine eigene Geschichte in der Zeitung zu lesen. Aber eigentlich habe ich Angst. Ich weiß nicht, was alle von mir wollen. Ehrlich, ich weiß es nicht.«

»Du willst, daß ich dir helfe, Derwent zu erpressen und anständigen Leuten viel Kummer zu bereiten. Ich sprach gerade mit Bart Collingwood, der dich gut leiden konnte. Der arme Mann regte sich schrecklich auf, und dabei ist noch nicht alles vorbei, du kleines dummes Stück.«

»Wer sagt, daß das anständige Leute sind? Alle sind sie reich, und alle sind sie gegen mich. Du auch!«

An ihrer Klage war etwas Wahres. Wenn es nach Bart Collingwood ginge, der doch ein so freundlicher Mensch war, würde Cecile Banner einfach vom Erdboden verschwinden und aufhören, Leute zu quälen, die sich sehr gut zu helfen wußten. Aber es war Michael Cobb – oder nicht? –, der sie gebeten hatte, mit ihm zusammen sein England aus dem Schlaf zu reißen – um jeden Preis und koste es, was es wolle. Jeder andere konnte Cecile verleugnen, er konnte das nicht, und er hatte es auch nicht vor. Aber das war noch keine Antwort auf die Frage, was nun zu tun war. Er sah kein Licht. Er war müde. Er hatte die Grenze der Zurechnungsfähigkeit erreicht und überschritten. Wie seine Freunde war nun auch er endlich bereit, Frieden zu schließen; die Dinge zu nehmen, wie sie waren; zu schlafen. Er hatte alles mit sich selbst abgemacht. Es war nicht seine Schuld, wenn die schweren Prüfungen, die er auf sich genommen hatte, über das Verständnis dieses dummen Kindes gingen.

»Du weißt dir anscheinend ganz gut zu helfen«, sagte er. »Besser als mancher andere.«

»Ich fürchte mich. Ohne dich weiß ich nicht, was ich tun soll.«

Sie sprang auf, und er dachte, sie würde in einem Anfall von Zorn oder Angst vielleicht aus der Wohnung laufen. Sie ging jedoch in das Schlafzimmer, er hörte sie im Dunkeln stolpern, und einen Augenblick später hörte er das Knarren des Kastens, den die Leute seinen Zauberkasten nannten.

Falls Michael ratlos war, sie war es nicht. Völlig nackt kam sie aus dem Zimmer. Auf ihren Händen lag die Hundepeitsche, die er für sie gekauft hatte – die er im Zentrum ihrer erotischen Gedanken fixieren wollte, damit er sie nie benützen mußte.

Mit seltsam herausforderndem Blick bot sie ihm die Peitsche dar und wiederholte flüsternd: »Ich fürchte mich.«

Er nahm die Peitsche und fühlte ihr schwaches Gewicht mit jedem Muskel des Armes, der sie hielt. Er wußte, wie sehr sie nach der Peitsche verlangte. Mit jenem Teil seines Geistes, der dem ihren nur allzu ähnlich war, hörte er ihre dringende

Bitte: Schlag mich, damit ich weiß, was du weißt. Laß mich den heimlichen Schmerz fühlen, der dir gehört wie kein anderer Besitz – und ich werde mich nicht mehr fürchten.

Mit dem lose baumelnden Ende der Peitsche berührte er ihre Brustwarzen, und sie begannen zu tanzen. Er zog die Linien ihres Bauches nach, als ob er mit dem Pinsel auf einer Leinwand malte. Er berührte mit dem Leder die Innenseite ihrer Schenkel. Die Peitsche kitzelte sie.

»Du hast den ganzen Tag nur herumgehurt und ›Stoff‹ geraucht«, sagte er wild. »Du hast dein dummes bißchen Verstand verloren.«

Sie wußte genau, was sie wollte. Mochten auch Rauschgift und Frivolität ihr den Kopf benebeln – sie wußte es. Ihre hockende, einladende Stellung sagte alles. Sie fürchtete sich und wollte von ihrer Furcht befreit werden.

»Knie nieder«, sagte er mit schwerer Zunge.

Sie kniete schnell und anmutig nieder, wandte ihm den gekrümmten Rücken zu und hob die weißen Hinterbacken. Er berührte sie mit der Peitsche.

Und er dachte mit einer Art Galgenhumor, daß hier in seine Hand die Lösung aller Probleme gelegt war, die Bart Collingwood bedrückten und Richard Derwent den Schlaf raubten. Schlag das Mädchen und lös das Problem. Schlag ihr ein für allemal den Unsinn aus dem Kopf. Zeig ihr deine Macht. Sie will es ja. Gib ihr, worum sie bittet.

Er hätte es tun können. Zu diesem späten Zeitpunkt noch hätte er den Fall Derwent beenden und aus den Zeitungen und der Geschichte ausradieren können.

Er fühlte, wie Brutalität sein Blut in Wallung brachte, als er über ihr stand und den Arm hob. *Keine Liebesfalle. Alles oder nichts.*

In diesem Augenblick kam ihm plötzlich zu Bewußtsein, daß sein Penis fest und gerade stand.

Eine Stimme sagte laut, so daß sie den ganzen Raum mit Sarkasmus füllte: »Typisch englisch!«

Cecile setzte sich auf. »Was?« fragte sie.

»Ich sagte: ›Es muß einen besseren Weg geben!‹« antwortete er.

Sie sah mit andächtiger Neugier zu, so wie sie ihm oft zugesehen hatte, wenn er in seinem Studio malte oder wenn er irgend etwas tat, was sie nicht verstand. Er verbrannte die Peitsche im Kamin.

Munter hob er sie auf und lief mit ihr ins Schlafzimmer.

»Wir werden in diesem Wirbel das Beste tun, was wir nur tun können«, erklärte er ihr. »Sollen die anderen es doch auch so halten.«

»Wird alles wieder gut werden?« fragte sie.

»Wenn wir wollen, ja«, sagte er.

Und so geschah es, daß sie ausgerechnet zu diesem Zeitpunkt wieder zu ihm zog.

# 42. KAPITEL

Um diese Zeit bemühte sich ein Zeitungsredakteur um die Erlaubnis, beim Premierminister vorsprechen zu dürfen. Man verwies ihn jedoch an den Zweiten Kronanwalt, dem er folgendes mitteilte:

Richard Derwent hat ein Verhältnis mit einem jungen Mädchen, das hauptsächlich mit Negern zusammenlebt. Die Geschichte dieses Mädchens wurde an ein Konkurrenzblatt verkauft. Darin wird unter anderem behauptet, daß das Mädchen auf Betreiben eines bekannten Kommunisten Derwent Atomgeheimnisse herausgelockt habe ... Angeblich hat Mr. Derwent dieses Mädchen unter dem Decknamen »Atlantis« im Haus von Lord Collingwood kennengelernt, man feierte dort eine Orgie, und Mr. Derwent ist dem nackten Mädchen um das Schwimmbecken herum nachgelaufen. »Atlantis« ist der Schützling von Dr. Michael Cobb, einem Hypnosespezialisten mit Ordination in der Harley Street. Mr. Derwent nahm auch mehrmals an hypnotischen Sitzungen in Dr. Cobbs Wohnung teil und ließ sich auch selbst hypnotisieren (oder täuschte vor, hypnotisiert zu sein), ehe er in Dr. Cobbs Schlafzimmer Geschlechtsverkehr hatte, wobei er von Dr. Cobb beobachtet und vielleicht auch photographiert wurde. Die Sexspiele in Dr. Cobbs Schlafzimmer fanden vor einem »Zauberkasten« statt, der obszöne Photos und eine Ziegenmaske enthielt. Manchmal waren auch zwei Mitglieder der russischen Botschaft anwesend sowie Norman Scholes, ein Agent des CIA. Falls Richard Derwent in Hypnose photographiert worden ist, gehört das Photo zu einer Sammlung, die Dr. Cobb anlegt und die auch Photos eines zweiten Ministers enthält, der kürzlich in einen aufsehenerregenden Scheidungsprozeß verwickelt war. Dr. Cobb sammelt alle diese Beweisstücke, um die Regierungspartei »ein für allemal« zu erledigen und so der Diktatur des Proletariats in England den Weg zu bereiten.

Soweit der Bericht des Redakteurs. Man sieht, daß vieles daran stark übertrieben ist. Jedenfalls schien es eine so heikle Angelegenheit und von so weitreichender Bedeutung, daß der Zweite Kronanwalt und der Erste Kronanwalt (dem er von den Beschuldigungen Mitteilung gemacht hatte) ernstlich in Erwägung zogen, der Presse einen D-Erlaß zugehen zu lassen. (Ein D-Erlaß verhindert die Veröffentlichung von Informationen, die der Sicherheit des Staates schaden könnten. Er ist für Notstandssituationen gedacht.) Offensichtlich hätte es ganz in Mr. Derwents Interesse gelegen, wäre zu diesem Zeitpunkt ein D-Erlaß gekommen. Es gibt jedoch keinerlei Hinweis, daß er oder seine Vertreter in dieser Richtung einen Druck ausgeübt hätten. Der Erste Kronanwalt suchte Mr. Derwent in seinem Büro auf und erfuhr, daß nur ein winziges Körnchen Wahrheit an jener grotesken Geschichte war, die der Redakteur ihm erzählt hatte. Mr. Derwent identifizierte »Atlantis« als Miß Cecile Banner und gab zu, das junge Mädchen zu kennen, jedoch lediglich auf freundschaftlicher Basis. Seine Frau hätte am Swimming-pool in Cadwater Photos gemacht, die bewiesen, daß alle ganz sittsam ihre Badeanzüge trugen. Er machte sich erbötig, dem Ersten Kronanwalt Kopien dieser Photos zu zeigen. Dieser konnte sich dann selbst überzeugen, wie übertrieben die Gerüchte waren.

Der Erste Kronanwalt riet Mr. Derwent, auch dem Obmann seiner Partei diese Sache in aller Offenheit zu erzählen. Man muß wissen, daß der Obmann besorgt ist um den guten Ruf seiner Partei und allem, was damit zusammenhängt. Er ließ sich überzeugen, daß Mr. Derwent ihm die Wahrheit sagte und bereit war, die Verleumder gerichtlich zu belangen. Als Mr. Derwent ihn fragte, ob er im Interesse der Partei sein Amt niederlegen solle, verneinte er. Mr. Derwents Aufrichtigkeit und die Hartnäckigkeit, mit der er ein Gerücht nach dem anderen dementierte, waren Grund genug, die Gerüchte über ihn nicht zu glauben.

Die Nachforschungen des Parteiobmannes ergaben, daß Michael Cobb nicht Hypnosespezialist war, sondern Osteopath. Er wußte auch, daß die anderen Ministerphotos, die sich angeblich im Besitz Michael Cobbs befanden, Fälschungen waren. Er hatte Kopien davon gesehen und hatte dem betreffenden Minister nahegelegt, sich einer ärztlichen Untersuchung zu unterziehen. Diese Untersuchung ergab, daß die Geschlechtsorgane des Mannes auf dem Photo nicht identisch waren mit denen des inkriminierten Ministers.

*Der Melamine-Report*

Noch bevor sie Park Crescent passierte, merkte Meg Derwent, daß ihr Wagen verfolgt wurde. Das Taxi hinter ihr war am Portland Place ganz nahe herangekommen, und sie hatte einen Augenblick lang einen abscheulichen Haarschopf gesehen, den sie von früher gut kannte. Schwarze Knopfaugen und ein teigiges Gesicht mit einem Lächeln, das andauernd zu sagen schien: Ich-bin-die-Freundin-und-Vorkämpferin-der-britischen-Frauen.

Es war Edna Hawkes, deren Gesicht und wilde Frisur dem Fernsehpublikum der britischen Inseln lieb und vertraut war. Die allzeit muntere Edna – sie interviewte Arbeiterinnen, Kellnerinnen in Milchbars, Hausfrauen, die in der Lotterie gewonnen hatten, Schauspielerinnen, Lesbierinnen und irische Freiheitskämpfer (weiblichen Geschlechts), vom Unglück Verfolgte und Sportlerinnen. Meg war nicht unter den vielen, die Edna auf dem Fernsehschirm kennen- und liebengelernt hatten. Als sie noch

Filmschauspielerin war, hatte Edna sie einmal für eine Zeitschrift interviewt. Das Interview war dann unter dem gräßlichen Titel »Ich gebe auf wegen Dick« erschienen. Es erklärte, warum die Frau eines prominenten Politikers nicht zu sehr im Scheinwerfer der Öffentlichkeit stehen sollte und daß Meg Derwent daher auf ihre Karriere beim Film verzichte. Damals hatte sie sich sehr über das Photo belustigt, das den Artikel begleitete. Es zeigte sie (auf dem Höhepunkt ihrer Schönheit) und daneben Edna (immer schon häßlich, gewöhnlich und unaufrichtigerweise mit aufrichtigem Blick). »Die Prinzessin und die Hexe« hatte Dick es genannt. Sie mußte es noch in irgendeinem Photoalbum haben.

Seit jenem Interview vor fünf Jahren hatte sie Edna nicht mehr gesehen. Aber es war nicht schwer zu erraten, warum Edna sie nun verfolgte. Als sie gestern in der Bond Street aus einem Geschäft getreten war, hatte ihr ein junger Mann mit einer Kamera den Weg verstellt und sich krampfhaft bemüht, nicht nur sie, sondern auch jemanden hinter ihr ins Bild zu bekommen. Sie kannte ihn sogar, es fiel ihr nur momentan der Name nicht ein. Einer jener Seeräuber, die mit Michael Cobb in Cadwater am Swimming-pool waren. Sie hatte sich blitzschnell umgedreht und hatte ein Mädchen, das unzweifelhaft Cecile Banner war, in der Menschenmenge untertauchen gesehen. Irgend jemand besaß nun ein Photo von ihr und Cecile, und vielleicht erschien es eines Tages unter der sinnvollen Überschrift »Welcher gehört nun Dick Derwents Herz?«.

Sie erhielt auch ständig Anrufe. Anonyme mit Drohungen und guten Ratschlägen und unanständigen Fragen. Andere – einige höflich, andere grob – kamen vermutlich wirklich von Journalisten, die sie sprechen wollten. Sie lehnte natürlich jede Stellungnahme ab. Die Bediensteten erwiesen sich glücklicherweise als loyal und diskret und gaben manchen dieser Anrufe gar nicht an sie weiter. Darüber hinaus ließen sie es sich nicht anmerken, ob sie wußten, warum dieser Sturm plötzlich über das Haus hereinbrach. Meg wußte, daß die Versuche, sie oder ihren Mann zu erreichen und ihnen vielleicht eine unüberlegte Bemerkung zu entlocken, von Tag zu Tag häufiger wurden.

Sie nahm an, daß auch Edna angerufen hatte und abgewiesen wurde und nun versuchte, sie persönlich zu stellen. Sie machte sich bereit, rasch aus dem Wagen zu springen und ins Haus zu laufen. Bevor der Wagen jedoch das Haus erreichte, überholte sie das Taxi und bog selbst in die Einfahrt ein. »Fahren Sie um den

Park herum«, befahl sie dem Chauffeur. Er hätte sie ja auf dem Weg ins Haus begleiten können, aber wer wußte denn, welche Szene diese Leute provozieren wollten und ob nicht hinter der riesigen Urne in der Einfahrt ein Photograph versteckt stand, um alles im Bild festzuhalten?

Die Fahrt um den Park beruhigte sie keineswegs. Einerseits war sie wütend, daß man sie so von ihrem eigenen Haus abgeschnitten hatte, anderseits hatte sie schreckliche Angst und war außerdem überzeugt, auf alle Fälle das Verkehrte zu tun. Sie wußte, wie ungeheuer wichtig es gerade in diesen Tagen war, keinerlei Anzeichen von Nervosität zu zeigen. Aber die Geier umkreisten sie, sie zogen ihre Kreise enger und enger.

Diese bedrückende Atmosphäre voll Lüge und Verstellung war ihr zutiefst zuwider. Sie hatte den sehnlichen Wunsch, einfach die Wahrheit zu sagen, sie von den Dächern zu rufen: Ja, mein Mann hat sich mit einer Hure vergnügt! Ist diese banale Sache wirklich so wichtig, daß man sie zur Staatsaffäre aufbauscht?

Es war demütigend für sie, demütigend für Richard, daß sie nicht einfach die unverschämten Schnüffler mit einem Achselzucken abtun und einem Land ins Gesicht lachen konnten, das die Dienste seines besten Mannes mit solcher Verfolgung heimzahlte.

»Fahren Sie mich jetzt nach Hause«, sagte sie zu dem Chauffeur. Sie war nicht ruhig, und leicht konnte ihr ein Fehler unterlaufen. Doch ihr ehrlicher Zorn hatte die Oberhand behalten, und sie war entschlossen, sich Edna Hawkes zu stellen und sich von ihr auf keinen Fall unterkriegen zu lassen.

Als sich das Auto wiederum dem Hause näherte, standen in der Einfahrt nicht nur das Taxi und daneben im strömenden Regen Edna Hawkes und Rob Varden, sondern auch ein Wagen des Fernsehens und davor die schußbereite Kamera. Irgend etwas mußte geschehen sein! Sie stieg mit strahlendem Lächeln aus dem Auto. »Hello, Edna! Sie kommen gerade recht zum Tee, meine Liebe. Was haben Sie nur mit Ihren Haaren gemacht? Ach, meine Liebe, sie stehen ihnen gut so, aber . . .« Da sie wußte, daß Kamera und Mikrophon diese Szene festhielten und daß sie heute abend in ganz England ausgestrahlt wurde, setzte sie ihren ganzen Charme und ihr schauspielerisches Können ein. »Aber . . .« sagte sie und rümpfte arrogant die Nase, »es scheint ein großer Vogel hineingemacht zu haben, Edna.«

Der Hieb saß so gut, daß selbst Rob Varden in Lachen

ausbrach. Mochte man das ruhig senden, wenn Edna es wünschte.

Sehr unwahrscheinlich. Aber Filme kann man schließlich zurechtschneiden. Edna Hawkes hatte es auf ihr Sechzig-Sekunden-Interview abgesehen. Sie setzte wieder ihr berühmtes Lächeln auf, das wie immer ihr Verständnis für ledige Mütter und unversorgte Witwen zum Ausdruck brachte. »Was wir alle nun gern wüßten – werden Sie bei ihm bleiben?«

»Sehr liebenswürdig von Ihnen, mich das zu fragen. Ich nehme an, es handelt sich um eine Werbesendung für Zigaretten. Bei welchem Tabak soll ich denn bleiben?«

»Ich meine natürlich, ob Sie bei Ihrem Mann bleiben werden, nachdem heute die ganze Geschichte in der französischen Zeitschrift ›Coulisse‹ erschienen ist.«

»Coulisse? Coulisse? Ich dachte, die Franzosen hätten diese dreckigen kleinen Zeitschriften schon verboten, die man früher immer in der Metro sah. Edna, Sie haben wirklich Dreck auf dem Kopf, und er rinnt Ihnen schon über das Kinn, meine Liebe.« Sie nahm ein Taschentuch aus ihrer Handtasche und wollte Edna damit das Gesicht abwischen.

»Hier!« rief Edna. Sie nahm vorn aus ihrem Mantel eine Zeitschrift von der Größe des »Life« und zeigte sie herum. Ohne auch nur eine Sekunde zu zögern oder zu schauen, was auf der aufgeschlagenen Seite stand, ergriff Meg die Zeitschrift und rollte sie zusammen. Sie hob sie wie ein Zepter, sah Edna sich ducken und begann schallend zu lachen.

»Eine schlechte Show«, sagte sie fröhlich. »Sie müssen ja versuchen, mich zu bluffen, Edna, aber das gelingt Ihnen nicht.« Sie drehte sich um und ging mit festen Schritten in das Haus.

Als sie die Tür hinter sich geschlossen hatte, sank sie zitternd auf den Stuhl neben dem Schirmständer. Nicht Edna hatte geblufft, sondern sie. Wie lange würde ihr das noch gelingen? Und wozu? Wie konnte man sich auf immer dem gestaltlosen, kriechenden, millionenköpfigen Wesen entziehen, das andauernd und überall auf der Lauer lag?

Ihr trüber Blick fiel auf die Zeitschrift in ihrem Schoß. »*Plus de baigneurs dans la piscine de Cadwater*«. Ein Bild des Bassins, rundherum Badegäste. Es war nicht eines von den Bildern, die *sie* gemacht hatte; es zeigte nur die unbekümmerte Eleganz sorgloser Badegäste und hinter einer Mauer ein berühmtes, luxuriöses Landhaus. Ein Photo zeigte Cecile Banner, verkehrt auf einem

Stuhl sitzend, das Kinn auf der Rückenlehne des Stuhls in die Hände gestützt. Die Zungenspitze spielte im Mundwinkel. Und dann Photos von Richard Derwent, Reeve Hunter und vier weiteren Ministern – Photos, die sich wie eine Girlande um den Text rankten. Sie las nur genug, um zu wissen, daß es sich um dieselben, nun schon vertrauten Gerüchte über ihren Mann und Cecile handelte und um den Hinweis, daß einer seiner Kollegen kleinen Jungen aufzulauern und sie zu belästigen pflegte.

Sie erkannte in der Aufmachung des Artikels sofort den journalistischen Trick. Die Bildmontage hatte Suggestivwirkung, der Text bestand nur aus Anspielungen. Er bewies *nichts.* Aber das war auch gar nicht notwendig. Das ganze war ein Teil jener schmutzigen Flut, die immer stärker anschwoll und an ihr emporstieg, bis sie darin schließlich ertrinken würde.

Warum es darauf ankommen lassen? Ihr starrköpfiger, erfinderischer Mann verschwendete an diesen abscheulichen Unsinn so viel Begabung, Geschicklichkeit und Energie, als handelte es sich um einen Krieg für Englands Fortbestand. Seit Wochen saß er jeden Abend mit seinen Rechtsanwälten beisammen und beriet sich über verschiedene Taktiken. Später überlegte er stundenlang gemeinsam mit ihr, wie man aus diesem Netz der Verleumdung und der politischen Intrige wieder herauskommen könnte, das seine Feinde auf ihn geworfen hatten. Und von Woche zu Woche wurde seine Lage schwieriger.

Zuerst hatte er ja sogar sie belogen, damals in Deutschland. Und seit damals drängte sie ihn, zurückzutreten. Sie hatte geglaubt, man könnte für seinen Rücktritt politische Gründe angeben, die Ablehnung seines Red-Arrow-Raketenprogramms, aber dann hatte sie eingesehen, daß man diese beiden Dinge nicht koppeln durfte. Man würde das Raketenprogramm in Mißkredit bringen.

Die Schlinge war immer enger geworden. Jedesmal, wenn er eine Gelegenheit zum Rücktritt vorbeigehen ließ, wurde der Preis dafür höher.

Wenn er jetzt zurücktrat, wußte natürlich jeder, daß der Skandal der Grund dafür war. Dieser Makel würde bis an ihr Lebensende an ihnen haften.

Und doch mußte es getan werden. Wenn Richard sich weiterhin verteidigte, wurde es nur schlimmer. Sie nahm sich vor, ihm klarzumachen, daß sie dem Druck nicht länger gewachsen war. Sie mußten für eine Weile fort – vielleicht auf einige Jahre –, und zwar sofort.

Noch am selben Abend teilte sie Richard ihren Entschluß mit. Er hatte von der französischen Publikation gehört, hatte offensichtlich schon seit Tagen gewußt, daß so etwas zu erwarten war. Aber er wußte auch, daß vorläufig die englischen Zeitungen oder das Fernsehen die Nachricht nicht bringen würden – weder heute abend noch morgen früh. Er wurde über die Scharmützel in der Welt des Journalismus genauso gut informiert wie über Truppenbewegungen in einem wirklichen Krieg.

»Ich bin wütend«, sagte er. »Wie können diese Schufte nur einen Mann wie Reeve Hunter mit hineinziehen! Am liebsten hätte ich ...«

Sie wußte wohl, was er am liebsten hätte: Gelegenheit, mit der Waffe in der Hand dem gegenüberzustehen, der diese unverschämte Kampagne inszenierte. Und ebenso klar sah sie an seinem gehetzten Blick, daß er sich mitschuldig fühlte.

»Ich kann es nicht länger ertragen, was man dir antut. Uns beiden antut. Wir kennen keine Freude mehr, keine Gemütlichkeit, kein Vertrauen.«

»Dann sieht es für unseren gemeinsamen Lebensabend aber nicht sehr gut aus«, sagte er. Er hielt ein Glas Brandy zwischen den Händen, und wie immer in letzter Zeit wirkte er ruhig und abgeklärt. Aber es war die Ruhe tiefer Bitterkeit – einer Bitterkeit, die um so mehr schmerzte, als sie sich nicht gegen einen einzelnen Feind richten konnte, sondern Enttäuschung war über eine Welt, der er hatte dienen wollen. Er hatte Meg nie von dem Tag erzählt, als Northcote zum erstenmal bei ihm war, und daß er damals nahe daran gewesen war, Selbstmord zu begehen. Und folglich wußte sie auch nicht, wo der »Darling«-Brief wirklich herkam – ein Brief, der auch in ihre Hände hätte fallen können anstatt in die schmierigen, die ihn teuer verkaufen wollten.

Vielleicht brauchte er ihr von seinen Selbstmordgedanken gar nichts zu erzählen. Sie wußte oder ahnte doch etwas dergleichen; sie fühlte, daß er in diesen Tagen etwas mit sich herumtrug, das kälter und häßlicher war als der Tod.

Nein, sie wollte nicht mit dem Schatten eines Mannes leben. Und ein Schatten seiner selbst würde er vielleicht, wenn er mitten in diesem Skandal zurücktreten mußte. Sie sah nur keinen anderen Ausweg.

»Ich werde zu dir halten«, sagte sie. »Ich werde dich nicht weniger lieben. Alles andere liegt vermutlich bei dir.«

»Es müßte möglich sein«, sagte er. »Es wird derzeit so viel

Staub aufgewirbelt. Sicherlich gibt es noch genug Sand, den wir der Öffentlichkeit in die Augen streuen können, wenn ich nächste Woche zurücktrete.«

Viele Abende hatten sie so allein miteinander hier gesessen, und das drohende Gespenst hatte ihnen Gesellschaft geleistet. Wie die Überlebenden einer Stadt, die von der Pest verseucht ist, saßen sie da und warteten, daß eines Nachts die Pest auch in ihr Haus eindrang und sie befiel. Oft hatte sie in diesen Nächten an Michael Cobb gedacht und an seine verrückte Behauptung, daß er eine Kraft in Bewegung gesetzt habe, die sich nun seiner Kontrolle entziehe. Nun glaubte auch sie an diese Kraft – gesichtslos, gestaltlos, namenlos –, die selbst ihre Bemühungen, einander zu helfen und zu stützen, zunichte machte.

So dachte sie eigentlich auch an Michael Cobb, als das Telephon läutete. Ihr Mann nahm das Gespräch in seinem Arbeitszimmer entgegen und blieb etwa fünfzehn Minuten aus. Als er zurückkam, schüttelte er aufgeregt und verwirrt den Kopf.

»Es war mein Anwalt«, berichtete er. »Gerade war Cobb bei ihm. Stell dir vor, er hat ihm das Original des bewußten Briefes gegeben und auch die Photos vom Swimming-pool, die ich dem Mädchen gab. Nun brauchen wir uns darüber wenigstens keine Sorgen mehr zu machen!«

»Er hat dir die Fesseln von den Händen genommen, Richard.«

»Ja, es scheint so. Ich bin frei und kann zurückschlagen.«

»Er hat sich selbst seiner Waffen beraubt, um uns diese Chance zu geben«, sagte sie. »Der Brief war sein Rettungsanker.«

»Ganz so arg ist es nicht«, sagte Richard. »Er erzählte dem Anwalt, er hätte Cecile Banner ›wieder übernommen‹. Er wird verhindern, daß sie den Reportern gegenüber wieder plaudert. Und was sie ihnen bisher erzählt hat, ist wertlos ohne den Brief.«

Aber die erste Freude über die gute Nachricht verging, als sie ihre Bedeutung abzuschätzen suchten und erkannten, was noch alles passieren konnte. *Ja, vielleicht, wenn* . . . Sie hatten eine Chance bekommen, sich aus dieser Sache herauszumanövrieren – mehr nicht.

»Sicher wird Cobb uns helfen, wenn wir die Initiative ergreifen«, sagte Meg.

»Du traust ihm?«

Sie gab die Antwort nach reiflicher Überlegung. »Ja, ich traue ihm. Richard, wir müssen die anderen Minister anrufen, die in dieser gräßlichen, französischen Schmiererei genannt sind. Wenn ihr euch alle zusammentut, könnt ihr sie sicher zu einem Widerruf zwingen, und das wäre ein gesundes, abschreckendes Beispiel für unsere Zeitungen.«

»Die anderen wurden verleumdet – ich nicht!«

»Sie werden dir eines Tages dankbar sein, daß du von ihrer Ehrbarkeit profitiert hast.« Ihr Gesicht strahlte, wie er es seit Wochen nicht gesehen hatte. Die großen, braunen Augen waren erfüllt von leidenschaftlicher Zuversicht.

»Cobb und sein Mädchen können uns jederzeit bloßstellen – und auch die anderen Minister. Je weiter wir gehen, desto höher wird der Preis für sein Schweigen. Das weiß er genau.«

»Das tut er nicht«, rief sie aus. »Er täuscht uns nicht. Ich kenne ihn, ich verbürge mich für ihn. Glaub mir doch! Ja, es kann schiefgehen, das weiß ich. Aber *er* wird uns *nicht* hintergehen.«

Derwents Lächeln über ihre Begeisterung war schwach. Er war sich noch nicht ganz sicher. »Wir wollen es überschlafen«, sagte er. »Ich rufe die anderen lieber morgen an . . .«

»Ruf sie heute an«, bat Meg. »Heute ist sicher jeder daheim und bespricht sich mit seiner Frau. Und jeder wird es überschlafen wollen, bevor er etwas unternimmt. Und die Gelegenheit, das Problem ein für allemal zu lösen, ist dann verspielt. Richard, sie werden zu dir gerannt kommen, wenn du sie jetzt anrufst.«

Eine Minute saß er da, als erwarte er noch etwas. Dann nickte er heftig und grinste über das ganze Gesicht. »Ja, Meg! Meg, wir ducken uns nicht länger! Natürlich unternehmen wir etwas. Heute noch! ›Und aus gefährlichen Nesseln, pflücken wir sicher die Blume . . .‹ Hast du das absichtlich noch nicht zitiert, damit ich es kann? Ich rufe sofort an.«

Er tat es, und noch vor Mitternacht versammelten sich die anderen fünf von »Coulisse« verleumdeten Minister in seinem Haus.

Als erster kam Reeve Hunter. Er erinnerte sich später, daß Meg sprühender Laune war und sehr erregt und voll Zuversicht. Er fand sie besonders hübsch an jenem Abend.

»Richard und ich haben eben Shakespeare zitiert«, sagte sie zur Begrüßung.

»Man kann in einer Krise gar nichts Besseres tun«, antwortete er. »Wirkt besser als Alkohol, nicht wahr?«

»Es gibt auch Alkohol«, versprach sie. »Ich habe Heinrich V. nur gebraucht, weil ich heute so wütend bin auf die französischen Hunde. ›O Gott, dein Arm war hier, und nicht uns selbst, nur deinem Arme schreiben wir alles zu ...‹ Sind das nicht aufregende Worte? Ist das nicht hinreißend?«

Reeve Hunter meinte, *sie* sei hinreißend. Und wenn sie an der Spitze des englischen Heeres gegen die verdammten Franzosen kämpfte, wäre den Engländern der Sieg sicher.

Die felsenfeste Zuversicht, die sie ausstrahlte, bestimmte den Ton dieser mitternächtlichen Versammlung, die später unter dem Namen »Sitzung der sechs Minister« in die Geschichte eingehen sollte.

Im nachhinein, als eine Woche später der Skandal mit voller Wucht ausbrach, wirkte dieses Treffen lächerlich und verdächtig. Es schien der letzte verzweifelte Rettungsversuch eines Mannes, der sich im Netz seiner eigenen Lügen gefangen hatte. Aber in Wirklichkeit war es ganz anders. Für Richard Derwent war und blieb dieser Abend der Wendepunkt. Er fühlte sich frei. Er fühlte sich rein. Sicher, es war spät. Es war vermutlich zu spät. Aber er hatte zuletzt doch noch in der richtigen Richtung einen großangelegten Versuch zu seiner Rettung unternommen. Was immer ihm seine Feinde noch antun mochten, er würde sich nie mehr für das, was er im Sommer getan hatte, schämen.

»Es ist ein herrliches Gefühl, nicht mehr auf die Gnade dieser Aasgeier angewiesen zu sein«, sagte er zu seiner Frau. »Nicht um Krumen betteln zu müssen.« Er sah vor sich keine andere Freude als die Freude am Kampf. Doch er kämpfte, um eine Lüge aufrechterhalten zu können, und das macht keinem Menschen wirklich Freude. Die Lüge nahm jedoch nun wenigstens heroische Ausmaße an, wurde ein großartiger, überdimensionaler Bluff, ein gewagtes, geistreiches Spiel, das man natürlich auch um seiner selbst willen spielen konnte.

»Ob wir gewinnen oder verlieren«, sagte er zu ihr, »ich werde nicht mehr das Gefühl haben, meine Pflicht England gegenüber vernachlässigt zu haben.«

Auf diese Bemerkung hin schritt seine Frau feierlich durch das ganze Zimmer, hob die Arme in großer Geste und brüllte: »Scheiß auf England!« Es war einer ihrer besten Auftritte als Schauspielerin. »England, mein England! Das gäbe es gar nicht mehr, wenn wir es uns nicht immer wieder aus dünner Luft schafften. Kein England stand hinter deinem Red-Arrow-Projekt. Nur sentimentale Patrioten und profitgierige Geldgeber. Du bist ein Risiko eingegangen in der Obukow-Affäre, und sie wurde durch ein Wort oder eine Handbewegung des CIA abgesagt. Und dann geht ein giftiges Mädchen auf dich los, das ein verrückter Schlangenbeschwörer angestiftet hat. O England! Scheiß auf England!«

»Ich muß das ja nicht wörtlich nehmen, meine Liebe, oder?« lachte Derwent. »Das wäre zu leicht. Nein, ich werde nicht auf England scheißen. Aber deine Hymne auf mich weiß ich wohl zu schätzen.« Er konnte tatsächlich wieder laut und herzlich lachen. Ja, das Lachen fiel ihm erstaunlich leicht.

# 43. KAPITEL

Die Veröffentlichung eines verleumderischen Artikels über mehrere britische Minister in der Pariser Zeitschrift »Coulisse« bildete den Höhepunkt aller Gerüchte, die bereits im Umlauf waren. Die betroffenen Herren setzten sich bei Richard Derwent zusammen, um Gegenmaßnahmen zu beraten.

Es wurde später irrtümlich angenommen, das Treffen habe den Zweck gehabt, herauszufinden, ob und inwieweit dem Bericht aus Frankreich Tatsachen zugrunde lagen. In Wirklichkeit nahmen die meisten einfach an, da sie selbst unschuldig waren, seien alle fälschlicherweise beschuldigt worden. Es war daher einziger Zweck des Treffens bei Derwent, den boshaften Verleumdungen eine entsprechend eindrucksvolle Antwort zu erteilen.

Am nächsten Tag verfaßte man mit Hilfe des Ersten Kronanwaltes und des Kronrates einen Brief an den Herausgeber der französischen Zeitschrift. Dieser Protest, der »Coulisse« mit der Unterschrift der Minister zuging, erbrachte einen ausführlichen Widerruf im nächsten Heft. Dieser Widerruf wurde von jenen Abgeordneten und Beamten, die immer schon die Integrität der Regierung verteidigt hatten, eifrig kommentiert.

Eine böse Sache schien zur allgemeinen Zufriedenheit beigelegt. Wie einer der verleumdeten Minister mir später sagte: »Ich hatte das Gefühl, nun in Ruhe wieder an die Arbeit gehen zu können.« In dieser Stunde offensichtlicher Rechtfertigung bot Richard Derwent dem Premierminister seinen Rücktritt an. Er schrieb: »Es ist mir klar, daß die skandalösen Anschuldigungen gegen die Minister sich in der Hauptsache gegen mich richteten. Wenn so viel Schmutz geworfen wird, bleibt immer etwas davon hängen. Viele gute Menschen werden nie mehr an meine Integrität glauben können. Weil ich auf diese Weise vielleicht eine Belastung für die Regierung geworden bin, erkläre ich mich jederzeit bereit, mich ins Privatleben zurückzuziehen.« Der Premierminister nahm den Rücktritt nicht an. Er verließ sich auf Mr. Derwents Versicherung, daß an seinen Beziehungen zu Miß Banner nichts Unrechtes gewesen sei.

(Bemerkung: Es bestanden Vermutungen, daß der Premierminister wegen der großen Bedeutung des Derwent-Skandals Präsident de Gaulle gebeten habe, seinen Einfluß geltend zu machen und die Zeitschrift »Coulisse« zum Widerruf zu bewegen. Im Lichte der späteren Entwicklung würde das bedeuten, daß Präsident de Gaulle stillschweigend duldete, daß man England eine Unannehmlichkeit bereitete, und das zu einer Zeit, da die Verhandlungen um eine Aufnahme Englands in die EWG in ein sehr heikles Stadium getreten waren. Das muß kategorisch verneint werden. Es ist allerdings möglich, daß sich die Geheimdienste mehrerer Großmächte – einschließlich der Vereinigten Staaten und der Sowjetunion – aktiv einschalteten, um herauszufinden, ob Richard Derwent Miß Banner tatsächlich etwa Geheiminformationen geliefert habe. Wenn man Mr. Derwents wichtige Stellung als Kriegsminister bedenkt, war das nur selbstverständlich.)

Nachdem »Coulisse« den Widerruf gebracht und sich für die Beleidigung der Minister entschuldigt hatte, vertrat im Parlament nur noch Mr. D. M. Garth die Meinung, daß das Unterhaus und die Öffentlichkeit von den Regierungsmitgliedern irregeführt wurden. Am 4. März um 11 Uhr 15 meldete er sich zu Wort und stellte an das Haus folgende erstaunliche Frage: »Handelt es sich bei dieser Sache wirklich nur um die Hurereien des Mister Derwent oder nicht vielmehr darum, ob England noch das Vertrauen seiner Verbündeten genießt?« Und er verkündete, was er von Miß Banner erfahren haben wollte: Dr. Cobb habe sie auf Richard Derwent »angesetzt«, um Atomgeheimnisse zu erhalten.

Mehrere Minister waren anwesend, als diese Frage gestellt wurde. Es war klar, daß man dem Führer der Partei davon Mitteilung machen mußte. Mr. Reeve Hunter verließ den Saal, um ihm Bericht zu erstatten, und kam etwa vierzig Minuten später in Begleitung des Parteiführers und des Ersten Kronanwaltes zurück. Sie hatten eine Antwort auf Mr. Garths Frage ausgearbeitet, und es oblag Mr. Valentine Martin, dem rangältesten anwesenden Minister, die Antwort zu verlesen.

»Hohes Haus! Wiederum hat man Gerüchte aufgebauscht und hier unter dem Deckmantel der parlamentarischen Freiheit verbreitet. Diese Gerüchte nähren immer wieder das ungesunde Interesse der Sensationspresse. Wie Sie alle wissen, ist bereits auf Grund der Drohung, gegen eine gewisse ausländische Publikation gerichtlich vorzugehen, ein Widerruf und eine Entschuldigung erfolgt. Unser verehrter Herr Kollege, der Abgeordnete von Bly-Hostwerry, sollte sich ein anderes Forum für seine Anspielungen suchen, wenn er nicht gewillt ist, sie durch Beweise zu untermauern.«

Die Debatte endete um 1.10 Uhr nachts. Der Parteiführer und die Minister, die sich an der Debatte beteiligt hatten, fanden die Gelegenheit günstig, um die lästigen Angriffe gegen die Regierung endgültig abzustellen. Sie beschlossen, trotz der vorgerückten Stunde Mr. Derwent herzubitten. Er sollte so bald wie möglich eine persönliche Erklärung abgeben, daß er durch seine Bekanntschaft mit Cecile Banner und Michael Cobb in keiner Weise die Sicherheit von Atomgeheimnissen gefährdet habe. Mr. Derwent schlief, als ihm die Aufforderung überbracht wurde. (Er hatte sogar ein Schlafmittel genommen. Mrs. Derwent erinnert sich, daß sie ihm beim Anziehen helfen mußte.) Als er im Büro des Parteiobmannes von dem Plan erfuhr, meldete er Zweifel an, ob es wohl klug sei, wenn er noch einmal in aller Öffentlichkeit seine Unschuld beteuerte. Er durfte sich aber nicht zu sehr gegen den Plan stellen, sonst hätte der Obmann vielleicht Verdacht geschöpft. Nach einigem Zögern erklärte sich Derwent also bereit, spätestens bis zum nächsten Nachmittag eine Erklärung abzugeben. Aber er sagte: »Ich glaube, ich bewege mich auf dünnem Eis, wenn ich Miß Banner ausdrücklich erwähne. Genügt es nicht, ganz allgemein die Gerüchte kategorisch zu dementieren?«

Der Parteiführer erinnert sich, geantwortet zu haben: »Auch wenn es gar kein Eis gibt, mußt du drüberlaufen, Dick.« Er wollte damit keineswegs einer bösen Vorahnung Ausdruck geben. Es war nur sehr spät, und er war sehr müde. Am späten Nachmittag des 5. März gab Mr. Derwent im Parlament die persönliche Erklärung ab, die man für ihn vorbereitet hatte. Unter anderem hieß es darin: »Ich höre, daß mein Name mit dem einer jungen Frau, Cecile Banner, in Zusammenhang gebracht wird. Und ich erfuhr, daß Journalisten Abschriften eines Briefes gesehen haben, den ich ihr geschrieben haben soll. Ich erkläre, daß diese Abschriften Fälschungen sind, und ich werde sofort Anzeige erstatten, falls auch nur ein Teil dieses gefälschten Briefes in England veröffentlicht werden sollte. – Meine Frau und ich lernten Miß Banner im vorigen Sommer auf einer sehr netten Party bei Lord Collingwood kennen. Danach sah ich sie noch einige Male, wenn ich Doktor Cobb besuchte. Da er ein Freund von Lord Collingwood ist, konnte ich jederzeit zu ihm kommen. Ich ging hin, um mich nach meiner aufreibenden Arbeit im Dienste Ihrer Majestät zu entspannen. – Die Vorstellung, daß ich über Atomgeheimnisse mit einem Menschen gesprochen haben soll, der nicht über die nötigen Voraussetzungen verfügt, ist einfach schändlich, und ich muß diese Behauptung mit allem Nachdruck zurückweisen.«

*Der Melamine-Report*

Am Morgen des 5. März fuhr Michael aus dem Bett, in dem er mit Cecile schlief, zog einen Morgenrock an und sah nach, wer an der Wohnungstür geklopft hatte.

Es war Sergeant Charles Pennylast. Pennylast sagte zuerst »guten Morgen«, dann sagte er: »Ich bin gekommen, um Sie zu verhaften.«

»Sie tun das auf sehr unpassende Weise«, sagte Michael. »Sie hätten doch anrufen können, und ich wäre auf das Wachzimmer gekommen. Wollen Sie mich abführen wie einen gemeinen Verbrecher? Ich verstehe nicht ganz, warum das notwendig sein sollte.«

»Ich muß Sie festnehmen, weil Sie von Einnahmen aus der Prostitution leben«, sagte Pennylast.

»Aber es ist völlig unnötig, mich festzunehmen«, sagte Michael. »Ich weiß, daß eine Untersuchung gegen mich läuft. Ich vermeide das Wort, ›daß Sie hinter mir her sind‹. Aber alles ist noch ganz unentschieden, mein Anwalt sagte mir . . .«

»Ich muß Sie festnehmen, weil Sie angeblich von der Zuhälterei leben«, sagte Pennylast.

»Ja, ja. Ich habe Sie schon verstanden. Aber ich fürchte, man hat Sie irregeführt. Sie besitzen wahrscheinlich eine Aussage von Miß Banner. Die ist aber falsch, wie Miß Banner Ihnen bestätigen kann und sicher auch bestätigen wird. Sie sollten wirklich die Sache einstweilen auf sich beruhen lassen, bis die Anwälte das Durcheinander ein wenig geklärt haben, wissen Sie.«

Pennylast holte tief Atem. Er war nicht hergekommen, um den Fall hier auszuhandeln oder um Zeugenaussagen zu besprechen. Endlich ließ er sich herbei zu bemerken: »Man wird ja sehen, was Miß Banner als Zeugin vor Gericht aussagt.«

»Ich versichere Ihnen, es wird nicht das sein, was sie Ihnen bisher erzählte. Ich weiß, wie manche ihrer Erklärungen aussehen und wie sie zustande kamen. Die meisten sind unter fremdem Einfluß gemacht worden.«

»Dann wird es ihr ebenso schlecht ergehen wie Ihnen, Sir.«

Cecile hatte natürlich an einem Spalt in der Schlafzimmertür gehorcht. Als Michael wiederkam, um sich anzuziehen, befand sie sich in höchster Aufregung. »Verrat den Schweinen nicht, daß ich hier bin«, flüsterte sie ihm ins Ohr. Er sah sie an, fragend, lächelnd, und ahnte bereits, daß Cecile sich nicht so leicht von den Geschichten würde abbringen lassen, die sie Pennylast erzählt hatte. Wenn er sich mit ihm und ihr hier in der Wohnung zusammensetzte statt im Gerichtssaal, würde Cecile sie beide davon überzeugen wollen, daß sie gegen beide immer absolut aufrichtig gewesen sei. Und wenn die Versionen einander widersprachen, würde sie eine dritte erfinden.

»Hab keine Angst«, flüsterte er zurück. »Bleib heute zu Hause! Bis zum Abend bin ich sicher wieder da.« Als er sie zum Abschied küßte, fühlte er, wie sie innerlich vor Furcht bebte.

Er selbst regte sich erst auf, als er mit Pennylast aus dem Haus trat und vor dem Polizeiauto Simon Whetlock und Edna Hawkes und ein halbes Dutzend andere Journalisten stehen sah. Er wandte sich verärgert an den Inspektor. »Verdammt noch einmal, Sie haben nicht das Recht, daraus ein öffentliches Schauspiel zu machen!«

Pennylast zuckte mit der Achsel. Es war wirklich nicht seine Schuld, man war ihm einfach vom Wachzimmer gefolgt. Hätte er Cobb erst später festgenommen, wären inzwischen noch mehr Reporter hergekommen.

Ein großer, lockenköpfiger Photograph im Trenchcoat zückte die Kamera. Edna Hawkes lächelte hinter seiner Schulter hervor. »Versucht man, Sie zum Schweigen zu bringen, Doktor Cobb? Werden Sie hart bleiben? Will man Sie als Zeuge ausschalten?«

»Bitte«, sagte er. »Bitte!« Er trat einen Schritt von Pennylast weg und wußte, daß er wieder photographiert wurde und man jede seiner Bewegungen falsch deuten konnte – »Dr. Cobb entflieht Sergeant Pennylast«, oder so ähnlich.

Er aber wollte nur ein Wort mit Simon Whetlock reden. »Warum das alles?« Sein Atem ging schnell, seine Stimme klang ängstlich, fast schuldbewußt.

»Derwent soll heute im Unterhaus eine Erklärung abgeben. Wir nehmen an, er wird auch dich erwähnen. Und Cecile. Garth hat sich gestern wieder einmal wichtig gemacht. Heute ist der entscheidende Tag. Bis zum Abend wird sich das Blatt so oder so gewendet haben.« Er grinste, als wollte er ihn um Entschuldigung bitten, und stellte die Frage, deretwegen sie alle aus der Fleet Street hierhergekommen waren. »Das ist deine große Chance, Michael. Hast du das Gefühl, daß Derwent oder irgendein anderer dich zum Schweigen bringen will?«

Die Blicke der beiden Männer trafen sich. Michael verstand die Botschaft. Da die anderen Journalisten sie umdrängten und Simons Frage gehört hatten, hob er den Kopf und sagte laut und deutlich: »Nein, keineswegs. Das Mißverständnis hat absolut *nichts* mit Richard Derwent und den Verleumdungen gegen ihn zu tun.«

Er fuhr mit Pennylast zur Polizei. Er wußte nun ziemlich genau, was gespielt wurde. Die Lichter in der Fleet Street mußten gestern abend ziemlich lange gebrannt haben, nachdem man von Garths gewagter Frage an das Parlament erfahren hatte. Die schlauen alten Routiniers des Zeitungswesens – die sicher schon längst wußten, daß Derwent log; die vermutlich wußten, wie oft der Kriegsminister seine Hose aufgeknöpft und sich zu Cecile gelegt hatte –, die klugen Redakteure, die alles wußten, hatten sich die Sache überlegt und waren zu dem Schluß gekommen, daß Derwent nichts geschehen würde. Nach dem Debakel mit »Coulisse« war Ceciles Geschichte für die Zeitungen gestorben – es sei denn, man könnte ihr durch eine neue Wendung wieder Leben einhauchen. Es war ihre letzte Hoffnung gewesen. Hätte er gegen seine Festnahme protestiert, hätte er ihnen die Wahrheit gesagt, so wie er sie sah, wäre das Feuer vielleicht wieder aufgeflammt.

Heute wollten sie offensichtlich nicht Neuigkeiten sammeln

und berichten. Heute hatten sie versucht, selbst eine Neuigkeit zu schaffen. Es befriedigte ihn, daß er sie irregeführt hatte.

Cecile hatte keinen derartigen Trost. Nicht nur war Michael verhaftet und abgeführt worden und folglich nicht imstande, sie zu beruhigen oder gar zu beschützen – sie hatte auch wieder Grund, ihn zu fürchten. Wußte sie denn, was er der Polizei erzählte, wenn sie nicht dabei war? Er hatte sie oft genug getäuscht.

Als daher Edna Hawkes an die Tür klopfte und sich durch den Ruf „Es ist Edna, Liebling!« zu erkennen gegeben hatte, ließ Cecile sie in die Wohnung ein. »Trinken wir miteinander eine Tasse Tee, Schätzchen?« fragte Edna.

Cecile starrte sie an. »Sind Sie nicht auch wütend auf mich?« fragte sie.

»Aber warum sollte ich, meine Liebe?« Edna sah sich unauffällig in der Wohnung um, dann zog sie den nassen Regenmantel aus und beutelte ihn. »Warum denn? Edna wird nicht oft wütend, Schätzchen.«

Rob Varden ist wütend, weil ich dann doch nicht die Geschichte unterschreiben wollte, die er mit Ihnen für mich geschrieben hat.«

»Liebling, nicht wir haben die Geschichte geschrieben. Es sind Ihre eigenen Worte. Wir haben sie nur ein wenig verschönt, nicht wahr, damit alles hübsch und verständlich klingt.«

»Man ist hinter mir her. Ich traue mich nicht mehr auf die Straße. Und Michael wird jetzt auch wütend auf mich sein. Er wurde ja verhaftet wegen meiner Aussage bei der Polizei, und für mich wird überhaupt nichts herausschauen, nach allem, was ich mitgemacht habe!«

Trotz ihrer Häßlichkeit sah Edna sehr mütterlich aus und fühlte sich offenbar an Michaels Küchentisch sehr wohl. Sie blies in den Tee, um ihn zu kühlen. »Wer sollte denn hinter Ihnen her sein?« fragte sie ruhig. »Sie glauben doch nicht etwa, daß die Derwents Ihnen irgend etwas antun wollen, oder? Natürlich versuchen sie, sich zu schützen – das tut jeder Mensch, wenn ein Skandal droht –, aber sie haben doch nicht etwa ...? Oder doch? Erzählen Sie! Ist in letzter Zeit irgend etwas passiert? Wir haben uns ja schon eine ganze Weile nicht gesehen.«

Cecile war in Versuchung. Sie war andauernd in Versuchung. Einen Augenblick schien es ihr, als müßte sie nur die Dinge wiederholen, die sie Edna Hawkes schon einmal über Derwent erzählt hatte, und alle Träume von Ruhm und Geld würden wieder lebendig. Oder sie gab Edna die Antwort, die sie anscheinend hören wollte – daß die Derwents sie bedrohten. Sie konnte sich allein nicht recht entscheiden, was sie sagen sollte. Außerdem hatte Michael versprochen wiederzukommen. Er war klug. Er würde sich bei der Polizei schon irgendwie herausreden. »Ich werde Ihnen sagen, wer hinter mir her ist«, sagte sie.

Sie erzählte Edna von der Rauferei in Eulias Wohnung und daß Victor Gaspery – »nur ein sehr guter Freund von mir« – so eifersüchtig geworden sei, daß er sie niedergeschlagen habe. Darum traute sie sich jetzt nicht mehr auf die Straße. Victor könnte ihr vielleicht wieder irgendwo auflauern.

Die mütterliche Edna fand Ceciles Angst übertrieben. »Wir sind in London, mein Kind. Hier braucht niemand zu zittern und sich zu fürchten. Wenn der Mann Sie bedroht, wird die Polizei Sie beschützen. Aber ich glaube viel eher, daß es sich hier um ein Mißverständnis handelt. Ich bin sicher, wenn Sie es in aller Ruhe mit ihm besprechen und ihm die Wahrheit sagen . . .«

Edna Hawkes war ja eigentlich nicht der Meinung, daß zwischen Victor Gasperys Überfall auf Cecile und dem verständlichen Wunsch der Derwents, das Mädchen zum Schweigen zu bringen, ein Zusammenhang bestand. Sie wollte aber doch – gewissenhaft wie ein Reporter sein soll – noch jemanden fragen, der vielleicht mehr von der Sache wußte als sie. Sie rief daher vor dem Mittagessen Rob Varden an.

Varden betrachtete den Anruf als Scherz. Da er es sich aber mit Edna nicht verderben wollte und außerdem gern den Eindruck eines schwer arbeitenden Reporters erweckte, ging er zu Victor, um herauszubekommen, wie er jetzt über seine ehemalige Freundin dachte.

Am Nachmittag gab er Edna telephonisch Bericht. »Ich wollte ihn nur aushorchen, aber er muß mich mißverstanden haben. Der Kerl ist meiner Meinung nach leicht schwachsinnig. Ich fand ihn im Bett, fest zugedeckt, und er hatte offensichtlich den gräßlichsten Katzenjammer, den man sich vorstellen konnte. Sobald ich Cecile nur erwähnte, rollte er die Augen. Wie Othello, wissen Sie, und war nicht mehr zu beruhigen. Glauben Sie mir, ich sagte wirklich nichts Aufregendes. Aber der Kerl war überzeugt, daß Cecile ihn beschuldigt, an einem Komplott gegen sie beteiligt zu sein. Und als ich sagte, ich fragte ja nur, weil die Zeitungen gern die Wahrheit wüßten, da nahm er an, daß Cecile den Zeitungen über ihn einen Bericht gegeben habe so wie über Derwent und über Cobb. Es wurde immer ungemütlicher. Jeder Versuch meinerseits, ihm die Sache zu erklären, brachte ihn noch mehr in Wut. Plötzlich schlug er die Decke zurück, und ich sah, daß er völlig angezogen im Bett lag. Und nicht nur das – er hatte eine Pistole in der Hand! Ich kann von Glück sagen, daß er nicht auf mich losdrückte in seiner Unzurechnungsfähigkeit. Aber er lief wie ein Besessener die Treppe hinunter . . .«

»Weiß er, wo Cecile jetzt ist?« fragte Edna.

Vardens Pfiff bejahte diese Frage. »Ich bin dort, so schnell ein Taxi mich hinbringt«, sagte er.

Sie kamen beinahe gleichzeitig vor Michaels Haus an. Zu spät. Die Polizei und andere Reporter waren schon vor ihnen dagewesen.

Eine Stunde vorher hatte Cecile auf ein Klopfen an der Tür mit dem freudigen Ruf »Michael?« geantwortet. Daraufhin pfiff eine Kugel durch das Holz und knapp an ihrem Kopf vorbei. Sie war klug genug, in Ohnmacht zu fallen, und das rettete ihr vermutlich das Leben – es waren noch drei weitere Löcher in der Tür, und zwar gerade in Augenhöhe. Eine fünfte Kugel hatte der völlig verwirrte Victor auf das Schloß gefeuert, weil er nachschauen wollte, ob er getroffen hatte. Das Schloß gab jedoch nicht nach, und Victor floh, als er keine Munition mehr hatte.

Cecile saß weinend im Fond eines Polizeiwagens, als Edna eintraf. Sie war unverletzt, aber noch nicht fähig, einen klaren Gedanken zu fassen. Unter diesen Umständen gelang Edna ein großer Coup. »Es ist ausgesprochen gefährlich, das Kind hier allein zu lassen«, sagte sie vorwurfsvoll zu den Polizeibeamten. »Ich werde sie zu mir nehmen, bis ihr eure Pflicht erfüllt und London wieder zu einer sicheren Stadt für unschuldige Menschen macht. Kommen Sie mit mir, Schätzchen?«

Cecile sah ein freundliches, häßliches, vertrautes Gesicht und nickte.

»Sie bleiben bei mir, bis alles vorüber ist«, versprach Edna. Und sie geleitete Cecile so behutsam zu einem Taxi, als hätte sie die Verantwortung für einen Goldtransport übernommen.

Nach einem langen Tag auf der Polizeiwache und dann bei seinem Rechtsanwalt hatte Michael von der Schießerei schon gehört, bevor er vor seiner durchlöcherten Wohnungstür stand, vor der zwei Polizisten wachten. Sie versuchten nicht, ihn am Eintritt zu hindern, und er sprach nicht mit ihnen.

»Cecile«, rief er schon im Vorraum.

»Nicht hier«, sagte einer der Polizisten.

»Sie ist doch nicht verletzt?« erkundigte sich Michael.

Der Polizist schüttelte den Kopf. Ein Lächeln breitete sich auf seinem Gesicht aus, das man als tröstend, anteilnehmend, froh oder verächtlich deuten konnte. Er sagte wichtigtuerisch: »Sie ist mit Miß Edna Hawkes fortgefahren.«

»Auch das noch«, sagte Michael. Er ließ sich auf einen Stuhl fallen und stützte den Kopf in die Hände. Edna Hawkes hatte sie also übernommen. Ein weiterer böser Schlag für ihn. Der letzte Beweis, daß er seine Macht über Menschen, selbst über Cecile, völlig verloren hatte. Sie war wieder genau wie früher. Vermutlich hatte sie nicht einmal daran gedacht, daß er ihr am Morgen dringendst angeraten hatte, auf ihn zu warten.

Mit mattem Lächeln sagte er schließlich zu den Polizisten: »Bitte gehen Sie, meine Herren. Ich habe heute wirklich genug von der Polizei. Vermutlich müssen Sie morgen sowieso wieder herkommen. Und übermorgen. Und überübermorgen.«

Sie versicherten, daß sie das mußten. »Scheint unser neuer Beruf zu werden«, meinte der Dicke, und einen Augenblick lachten alle miteinander, wie Menschen manchmal lachen nach einem Bombenangriff oder Erdbeben oder Wirbelsturm – als ob ihnen plötzlich klar würde, daß der Zufall oder der Zorn Gottes jederzeit über sie hereinbrechen und ebenso unvermittelt vorübergehen konnte.

Viel später am Abend gelang es ihm, Simon Whetlock telephonisch zu erreichen, und anstatt ihm von seinem schweren Tag zu erzählen, fragte er nur: »Nun?«

»Es war nicht gut«, sagte Simon. »Derwent stand oben – der ehrenwerte und geschätzte Abgeordnete von Cumberland-Wills –, und sobald er zu sprechen begann, war er so eindrucksvoll wie immer. Das Schreckliche ist, Michael, daß die meisten ihm wahrscheinlich glaubten, als er versicherte, er habe nie mit deinem kleinen Mädchen geschlafen.

Ich sage dir, der Mann wirkt überzeugend, auch wenn er die dicksten Lügen erzählt. Er stellte sich als Opferlamm hin, doch ohne zu sehr zu jammern. Es war die perfekte Rede für einen schuldlosen Mann – von der Art, wie sie die wirklich Schuldlosen meist gar nicht zusammenbringen. Sie hatte Würde, Klarheit, sogar eine Spur milden Humors. Ich schloß die Augen und genoß sie wie Musik.

Draußen aber wartete man auf ihn. *Wir* warteten. Mehr Reporter, als wenn ein Krieg ausgebrochen wäre.«

Michael sagte leise: »Dann wird er ihnen also nicht entkommen?«

»Nein, *jetzt* nicht mehr! Während sie ihn mit Fragen bestürmten, stand alles noch auf des Messers Schneide. Morgen wirst du in den Zeitungen lesen, was einige Zeitungsleute murmelten – daß es schön weit mit uns gekommen ist, wenn ein Kriegsminister im Parlament aufstehen und versichern muß, daß er nicht ungezogen war. Sie haben ihn nicht festgenagelt, das versuchen sie ja schon seit Monaten ohne Erfolg. Aber es herrschte die Meinung vor, daß etwas nicht in Ordnung war, wenn er sich so verteidigen mußte. Und wie die Leute schon sind, machten sie ihm das zum Vorwurf – auch die, die immer noch glauben, daß er nur kameradschaftliche Beziehungen zu Cecile hatte. Aber *jetzt* . . .«

»Jetzt hat die Schießerei alles verändert«, sagte Michael. »Jetzt wird man behaupten, was Ihr Kerle schon heute morgen von mir hören wolltet: daß dies ein Versuch Derwents ist, sich der ungelegenen Zeugin zu entledigen. Dabei ist das völlig unsinnig. Warum sollte er zu diesem Zeitpunkt ein so plumpes Mittel anwenden?«

»Genau«, sagte Simon. »Es ist unsinnig, aber das spielt in unserem Beruf überhaupt keine Rolle, wie du vielleicht inzwischen bemerkt haben wirst, mein lieber Michael. Man *wird* nicht nur behaupten, daß er versucht hat, dich und Cecile zum Schweigen zu bringen – der springende Punkt ist: Man *kann* es nun behaupten. Man *kann* – ob zu Recht oder zu Unrecht – die Schießerei so deuten. Und die ganze Fleet Street spricht heute abend von nichts anderem. Sie werden Derwent erwischen. Und wer weiß, wen noch. Sei wachsam. Der Dreckhagel bricht bereits los!«

# 44. KAPITEL

> Nach der Schießerei an Michael Cobbs Wohnungstür nahm die Presse die Angelegenheit in die Hand. Keine Behörde konnte eine Maßnahme treffen, ohne sich zuerst sehr gut zu überlegen, wie diese Maßnahme in den Massenmedien der ganzen Welt beurteilt werden mochte.
>
> *Der Melamine-Report*

Und Seine Lordschaft hat ganz recht – wie immer, wenn es sich um Dinge handelt, die man festhalten und ihm auf den Schreibtisch legen kann. Darum ist sein Report auch unentbehrlich, und ich schiebe ihn immer dann ein, wenn er die Geschichte kürzer und bündiger erzählt, als ich es könnte. Ich muß aber wiederum betonen, daß ich der Typ des Schnüfflers bin, der seine Nase tief in Angelegenheiten steckt, die ein ordentlicher Richter nur als juristische Begriffe kennt.

Ich lese auch die Zeitungen.

Am Tag meines Rückfluges nach London brachte die New Yorker »Post« einen Artikel über Derwents Erklärung im Parlament. »Kriegsminister leugnet Beziehungen zu Photomodell.« Als ich in Heathrow landete, besorgte ich mir wieder eine Zeitung und las folgenden typisch englischen Bericht über die Schießerei, die mit Derwents Erklärung im Parlament zeitlich beinahe zusammenfiel.

*Schießerei in Wadleigh Mews*

Gestern nachmittag um 4 Uhr durchbrachen Pistolenschüsse die Stille von Wadleigh Mews. Victor Gaspery, ein Immigrant aus Jamaica, versuchte sich Eintritt in die Wohnung von Dr. Michael Cobb, einem bekannten Arzt und Künstler, zu verschaffen.

Miß Cecile Banner, ein Mannequin, war die einzige, die sich zu dieser Zeit in der Wohnung befand. Als sie sich weigerte, Mr. Gaspery die Tür zu öffnen, rief er: »Ich werde dich auf immer zum Schweigen bringen.« Er feuerte mehrere Schüsse durch die Tür. Dann floh Mr. Gaspery auf seinem Motorrad; die Polizei nahm bald seine Verfolgung auf. Nach einer wilden Jagd durch den Regent's Park und den Outer Circle konnte er festgenommen werden. Auf der Polizeistation erklärte Mr. Gaspery einigen Reportern, er werde während seiner Gerichtsverhandlung enthüllen, daß Miß Banner ihn »verhext« habe, so daß er alle seine Ersparnisse verlor und mit »der Polizei in Konflikt kam«.

Als man Miß Banner von dieser Beschuldigung berichtete, gab sie zu, mit ihm gelebt zu haben, sagte aber: »Es ist Unsinn, daß das etwas mit ›Hexenkunst‹ zu tun hatte. Alles zwischen uns war ganz natürlich. Sex ist doch ganz natürlich, oder nicht?«

Eine journalistische Feinheit dieses Berichtes war das Begleitbild. Cecile trug wahrscheinlich einen Badeanzug, da sie aber rittlings auf einem Stuhl saß und in die Kamera schaute, wirkte sie nackt. Und nach ihrem geistlos-schlauen Lächeln zu schließen, war sie »gerade dabei«.

Ich fuhr vom Flughafen so schnell ich konnte zu Michael – wie der alte Kavalleriekamerad, der herangaloppiert kommt, um sein Gewehr anzubieten oder zumindest mitleidig den Kopf zu schütteln.

»Ein neues englisches Märchen?« fragte ich.

Er war nicht zum Spaßen aufgelegt. Er war sehr besorgt um Derwent – oder, wie er es ausdrückte, »die Derwents« –, für mich der erste echte Hinweis auf seine seltsame ritterliche Liebe zu Meg.

Er hatte seine letzte Karte zugunsten Richard Derwents ausgespielt. Es war ihm gelungen, an den Leiter des Geheimdienstes heranzukommen. Er hatte die ganze Geschichte erzählt; alles, was er über Obukow wußte und welche Rolle Derwent in dem Versuch, den Russen zum Verrat zu bewegen, gespielt hatte. Sir George sprach ebenfalls ganz offen. »Das ganze ist sehr eigenartig. Unser Mister Blake war völlig überzeugt davon, daß etwas Großes im Gange ist. Und vielleicht stimmt das auch, vielleicht stimmt es. Vielleicht war es nicht *nur* ein Mißerfolg. Obukow ist wieder in Rußland, das ist wahr. Aber vielleicht hat man doch Kontakte aufgenommen, die eines Tages nützlich sein könnten. Ich bin ja gar nicht davon überzeugt, daß der Mann wirklich verrückt war. Sie vielleicht?« Das war alles gut und schön, aber Sir George war nicht bereit, eine Veröffentlichung zu genehmigen, die enthüllte oder auch nur andeutete, daß der Geheimdienst den Kontakt zwischen Derwent und dem russischen Spion gewünscht hatte. »Unsere Beziehungen zur Presse sind äußerst empfindlich. Wir können uns kaum mehr als Geheimdienst bezeichnen, wenn wir derartige Dinge veröffentlichen.«

Dann hatte Michael einen noch viel tollkühneren Versuch gewagt. Er war mit den alten Photos von Kugel zu Lord Northcote gegangen. »Northcote war sehr entsetzt«, berichtete Michael, »als ich sie ihm zeigte. Der arme alte Teufel konnte einfach nicht glauben, daß Leute solche Sachen machen. Und wenn sie sie machten, dann *dürften* sie es doch nicht! Typisch englische Logik, nicht wahr? – Ich erklärte ihm seelenruhig, daß ich noch mehr Bilder von der Sorte hätte, die alle außer dem Premierminister mitten in einer Orgie zeigten. Der Mann wurde ganz schwach, er klappte zusammen. Und ich war sicher, er würde die gesamte politische Macht aufbieten, um diese Angelegenheit ein für allemal zu vertuschen. D-Erlässe zum Schutz der nationalen Sicherheit.«

Binnen vierundzwanzig Stunden hatte Northcote jedoch von einem besser Informierten erfahren, daß Michaels Photos Fälschungen waren. Das Resultat der ganzen Unternehmung war, daß Michael sich nur noch tiefer in das Netz verstrickt hatte, ohne Derwent dabei zu helfen. Er hatte sich nur einen weiteren mächtigen Feind im Establishment zugezogen, der darauf wartete, ihn zu erledigen.

»Eigentlich läßt mich das völlig kalt«, sagte Michael. »Was mir passiert – und viel können sie mir nicht tun, wenngleich ich mit einer turbulenten Gerichtsverhandlung zu rechnen habe – ist ganz uninteressant.«

»Nicht jeder ist dieser Ansicht.«

»Ich wage zu behaupten, daß die wenigen, die mich wirklich mögen, weiter an mich glauben werden«, sagte er. Dann grinste er plötzlich über das ganze Gesicht, als hätte er eben eine Entdeckung gemacht. »An was glauben die da eigentlich? Norman, ich bin Fünfzig, und niemand auf der ganzen Welt weiß, was ich wirklich getrieben habe, wo ich wirklich war. Was mein Leben bedeutet. Ich frage mich manchmal, ob nicht jeder Mann dieses schreckliche Gefühl kennenlernt, wenn er sich dem Grabe nähert.«

Seine Schachzüge mißlangen. Ursula sagte: »Er ist alt. Ich hätte das nicht für möglich gehalten. Michael ist nicht gealtert, und doch ist er plötzlich alt. Es ist ein Widerspruch in sich selbst.« Die Mayhouses sagten: »Er beachtet uns überhaupt nicht mehr. Nach allem, was geschehen ist, benimmt er sich jetzt wie ein Fremder.«

Aber immer noch glaubten sie, was an ihm zu glauben man sie gelehrt hatte. Großartige, wundersame, beängstigende Dinge – eine ganze neue Welt. Nun mußten sie selbst danach suchen und sie sich erwerben – ohne seine Hilfe. »Er gibt auf. Er verteidigt sich nicht«, sagte Ursula, und es klang, als ob sie ihm das nie verzeihen würde.

Michael jedoch meinte, er hätte sowieso alles in seiner Macht stehende getan, um dem Sperrfeuer verschiedenster Interessen, in das er – und Derwent – geraten war, zu entgehen. In den Zeitungen erschien nun täglich eine Cecile-Story. Wenn man durch London fuhr und die Überschriften las, wie sie von den Zeitungsständen leuchteten, meinte man, geistlose Untertitel zu Stummfilmen zu lesen. Das lautete vom Ufer der Themse durch das West End bis hinauf zum Picadilly etwa folgerndermaßen:

*Kriegsminister antwortet*
*Keine Atomgeheimnisse – Cecile*
*Cecile glaubt nicht an Mordversuch durch Derwent*
*Hypnotisiert von Dr. Cobb? Cecile gibt Antwort*
*Gerüchte um Rücktritt*
*Wird Cobb dem Gericht entkommen?*

Und wenn man die erste Seite überflog, las man Ceciles Bekenntnisse in Edna Hawkes' Volksschulstil:

»Dick Derwent lud mich zum Mittagessen ein. Ich glaubte, seine Frau war in Europa. Nach dem Essen gingen wir in sein Haus am Outer Circle. Ich ging einige Stufen hinauf in die große Halle. Es war ein wunderschönes Haus, so wie ich es mir bisher nur erträumt hatte. An den Wänden hingen herrliche Bilder und auch einige Photos, die Meg gemacht hatte. Sie ist Photographin. Sie hat uns auch in Cadwater am Swimming-pool photographiert. – Dick war sehr höflich, ich sah in ihm fast einen Vater. Ich hatte bisher nur grobe Männer kennengelernt . . .«

»Man sollte es nicht für möglich halten!« sagte ich zu Ursula. Und das hörte man überall in der Stadt, von Freunden in der Botschaft, Taxifahrern, Männern in öffentlichen Bedürfnisanstalten.

Es war Frühling. London feierte eine moderne Abart des Frühlingskarnevals, hatte seine eigene Methode, aus der Zeit des Nebels und der endlosen Regenfälle zu erwachen. Es roch nach Blut – aber man hielt es für den Geruch von Druckerschwärze! Er war überall, dieser Geruch. Die Spaziergänger im Hyde Park und auf dem Great Russel Square atmeten ihn genauso ein wie die Armen in der Untergrundbahn, die Reichen in ihren protzigen Limousinen, die alten Knaben in ihren Klubs.

Wie konnte man gegen die halbwahren Märchen ankämpfen, die wie Pilze aus dem Boden sprossen und von der Presse eifrig verbreitet wurden? Zwar hatte Michael vielleicht übertrieben, als er meinte, das Verfahren sei schon vor Monaten abgewickelt und entschieden worden. Aber das Wichtigste war sicherlich schon vorbei, nur das Geschrei war noch da. Und die langweiligsten Wirtshausbesucher schlossen Wetten darüber ab, wie lange Derwent sich noch halten könnte. Niemand glaubte mehr daran, daß er auf Verleumdung klagen werde – und wäre er nachweislich ein Eunuch! Das Material war von der Presse in eine Form gegossen worden. Es wurde nun hart – bald konnte man die Form stürzen.

»Und warum sollten sie keine Märchenversion der Wirklichkeit haben?« sagte Michael. Er wirkte nicht so sehr am Boden zerstört als ruhig resignierend. »Was habe *ich* mir nicht alles vorgestellt! Auch ich wollte ja unser Leben in ein Märchen verwandeln.«

»Ein Märchen anderer Art.«

»Sicherlich. Aber das ist vielleicht weniger wichtig, als ich einst annahm.«

»Du übertreibst die Fairneß!« Wenn er nicht mehr kämpfte – ich wollte es tun. Irgend etwas verdammt Primitives, Amerikanisches in mir revoltierte gegen diese nationale Zurschaustellung entrüsteter Moral. Ich wurde immer wütender, je mehr ich davon zu sehen bekam. Zuletzt nahm ich Michael seine Resignation fast so übel wie Ursula. Wir wandten uns gegen ihn, weil er unerträglich war. Für manche war er unerträglich wegen seiner Eskapaden, für die anderen wegen der Ergebenheit, mit der er sich vor den idiotischen alten Göttern verneigte, von denen er uns doch bewiesen hatte, daß sie gestürzt gehörten.

Ich glaube, tief im Inneren hatten wir damit gerechnet, daß er von den Heuchlern und der Dampfwalze der »öffentlichen Meinung« gedemütigt werde. Dennoch konnten wir es nicht ertragen, ihn demütig zu sehen, weil das in jedem von uns demütigte, was mutig, froh, phantasievoll an uns war; das, was uns instinktiv zu ihm gedrängt hatte, ohne Begründung und ohne Notwendigkeit.

Ich sagte: »Verdammt, du weißt doch, daß dein Märchen ganz anders ausgehen sollte. Du wolltest . . .«

»Nur, was alle anderen auch wollen: Romantik und Geheimistuerei.«

»Und statt dessen kann sich nun jeder für Sixpence die ganze Wahrheit kaufen und in fünf Minuten in sich aufnehmen und verdauen.«

»Aber ich kann ihnen nichts *sagen*. Ich bin kein Prediger wie mein Vater. Es liegt mir nicht, Geschichten zu erzählen. Ich glaube, Peter liegt das mehr. Wenn ich konnte, habe ich meine Märchen immer dargestellt, nicht nur erzählt.«

»Mach das weiter so, verdammt noch einmal«, sagte ich. »Du tust ja so, als wäre alles zu Ende! Zahl ihnen mit gleicher Münze heim! Wenn sie das für englisch halten, diese verdammten Gerichte und die Regierung und die Zeitungen, dann sei du englisch auf deine Art – so wie ich es von Elaine verstanden habe und von dir, damals, als ich dich kennenlernte.«

Sein Gesicht wurde hell, als ich Elaine erwähnte – als hätte er die ganze Zeit nur darauf gewartet, daß ich endlich von dem sprach, was uns wirklich verband.

»Und was hat sie für typisch englisch gehalten?« fragte er. Er legte seine Hand auf meine – und die alte, brüderliche Vertrautheit verband uns wieder. »Ja, Norman, alle diese Gedichte von Ritterlichkeit und Ausdauer sollten wieder ein Teil des Märchens werden, das ich mir ausgedacht hatte. Und ich glaube, wenn wir alle mutiger gewesen wären und bessere Menschen, wäre das Märchen wahr geworden. Wie sich die Dinge entwickelten, wird es eine Lüge bleiben. Ich weiß jetzt etwas, das zu wissen meinem Vater erspart blieb. Ich hoffe, er starb, ›im guten Glauben‹. Aber es ist eine Lüge zu behaupten, daß, wenn ich nicht mehr bin, alles, was ich in meinem kurzen Leben erworben habe – Ehre, Kraft, Wissen –, unberührt bleibt von meinen Fehlern und meinem Tod.«

»Nicht alles geht dahin.«

»Nicht alles. Etwas bleibt. Wie ein Blitz, der nie erlischt . . .«

Ich dachte, meine Gegenwart hätte ihm gutgetan. Er klang beinahe wie der alte Michael.

Dann sagte er ernst: »Aber das ist auch schon alles, Norman. Macht nichts! Vielleicht bleibe ich noch hier, um Derwents Kreuzigung mitzuerleben und meine blödsinnige Gerichtsverhandlung. Aber Ursula und andere haben mir geraten abzuhauen, wenn es zu arg wird. Ich glaube nicht, daß ich mich ins Gefängnis stecken lassen würde. Ich habe meinen Fluchtweg schon vorbereitet. Ich werde irgendwo als fröhlicher Strandläufer leben oder mich in die Dritte Welt absetzen.«

Er gab seinen Anwälten genug aufzulösen. Es war eine teuflische Aufgabe, in seine Angelegenheiten einigermaßen Klarheit zu bringen. Man zog Buchsachverständige und andere Experten zu. Sie nahmen ihr Honorar entgegen und waren doch offenbar nicht imstande, aus seinen Aufzeichnungen und aus den Aussagen seiner vielen Bekannten ein klares Bild zu erarbeiten. Vermutlich waren sie verblüfft, wie sehr er trotz seines öffentlichen Auftretens Privatmann geblieben war.

Ich versuchte zu helfen, zu klären, mein Teil beizutragen. Aber auch ich stieß auf diese Mauer, hinter der die Wahrheit verborgen lag. Ich erfuhr viel über ihn. Die letzte Erklärung zu geben, war er noch nicht bereit. Er wollte selbst dies auf seine eigene Art tun. Er führte uns noch immer an der Nase herum. Er hatte es noch nicht aufgegeben, Michael Cobb zu spielen.

Einmal während dieser unglaublichen Woche, als die Publicity immer größer wurde, überredete er Ursula und mich, mit ihm in das »Horseferry Arms« zu gehen. »Falls ihr es noch nicht wißt: Ich werde dort parodiert«, sagte er. »Ceciles Enthüllungen werden immer zahlreicher. Es soll sehr gut sein, hörte ich.«

Harry Duke verdiente an Michaels schlechten Zeiten, wie er an seinen guten verdient hatte. Eine phantastisch große Menschenmenge füllte an jenem Abend den Saal im »Horseferry Arms«. Michael und wir konnten uns unbeachtet in eine Ecke drücken.

Wat Thornley brachte eine gute Show – eine Mischung aus Kabarett, Kommentaren über Tagesneuigkeiten und altmodischen Nummern aus der Zeit der Music Halls, alles mit viel Schwung und Begeisterung dargeboten. Die Hauptnummer – angekündigt durch ein Plakat am Rand der Bühne – war der wahre Anziehungspunkt für die Besucher. »Dr. Snobb und seine Mädchenbande.«

Das muntere Schwatzen der Menge wurde vom Gebrumm der großen Trommel übertönt. Man wollte die Aufmerksamkeit des Publikums erwecken. Dem energischen, pseudokriegerischen Althorn folgte das gurgelnde, kichernde Kornett.

»Schlägt jedes echt englische Herz heute höher? Ist die ganze

Bande hier versammelt? Alles gute, alte Freunde? Gott segne die königliche Marine! Wollen wir singen? Gott segne die Königin und Prinzessin Margaret und alle ihre hohen Verwandten. Und Gordon von Khartum. Und Kitchener von Omdurman. Und Lord Cornwallis. Und Georg III. – hoppla, irgend etwas fallen gelassen, Georg. Und Lyndon Baines Johnson. Und – wir singen!!!«

So war Thornley. Er besaß die entsprechende mitreißende Lautstärke und eine Art von Hysterie, die wie Jungenhaftigkeit wirkte. Seine Haare hatten die Farbe geriebener Karotten, nur viel greller. Er gab den Leuten nie genug Zeit, darüber nachzudenken, ob er wirklich so komisch war, wie er glaubte. Er riß sie einfach mit. Die Band spielte, die Menge sang. Wat Thornley erreichte immer, daß das Publikum mitmachte – eine hübsche, kleine Karrikatur dessen, was Peter Mayhouse unter »Publikumstheater« verstand. Jede Besucher war selbst ein Teil der Vorstellung.

»Du mußt zugeben, er ist ausgezeichnet«, sagte Michael nach den ersten Sketches. »Es wäre eine Schande, ihn nicht zu bewundern.« – »Nicht schlecht«, gab ich mit Vorbehalt zu und konnte mir nicht erklären, warum ich mich vor dem weiteren Verlauf der Vorstellung so fürchtete.

Der Trompeter und der Pianist und der Trommler waren alle gleichzeitig auch Komiker. Die Kostüme und Masken, die sie mit so erstaunlicher Geschwindigkeit an- und ablegten, waren selbstgefertigt und darum um so lustiger. Ein Fettwanst mimte einen Filmstar, und eine Hamlet-Maske auf dem Gesicht des Trommlers genügte, den Gatten des Stars anzudeuten. Die beiden hatten auf der Themse eine Jacht für ihre Hunde gemietet, weil die englischen Gesundheitsbehörden nicht erlaubten, daß ungeimpfte Tiere ihren Fuß auf englischen Boden setzten. Ein Mann saß auf der Schulter eines anderen und spielte den großen Charles de Gaulle, den tyrannischen de Gaulle. Eine glänzende, runde Kuchenform war das volle Gesicht des englischen Premierministers. Sie waren wirklich wunderbar, aber die Stimmung der Menge war nun schon so, daß jeder Gag angekommen wäre.

Eine Blondine mit Pferdegesicht, die vor uns saß, sagte: »*Sie* wird heute *selbst* hier sein. Ich habe es gelesen.« Aus ihrem Tonfall hätte man schließen müssen, daß sie die Königin meinte. Sie meinte Cecile.

»Ich werde ihr kaum zujubeln«, erwiderte ihr Begleiter, aber seine Augen glänzten wie die Augen eines Fuchses.

»Glaubst du, wird sie auf die Bühne gehen oder wird sie hier unten bei uns sitzen?«

»Man sollte meinen, sie würde nicht einmal ihr Gesicht herzeigen, geschweige denn ...« Der Mann lehnte sich zu seiner Freundin und flüsterte ihr etwas ins Ohr.

»Hör auf!« kreischte die Blonde. »Ich verachte nicht sie, sondern das, wozu ihr Männer sie angestiftet habt.«

Die Leute hatten mitgesungen, nun warteten sie gespannt auf die Hauptattraktion des Abends. Wat Thornley kam hinter einem kleinen Wandschirm hervor und betrat die Bühne. Er trug Michaels berühmte schwarze Brille und war dunkelrot geschminkt.

In der Hand trug er eine Arzttasche:

Gesundheitsdienst ist gut für jeden,
ich aber behandle des Reichtums Schäden ...

Nicht furchtbar lustig – außer man ist bereits in der Stimmung, in der man über alles lacht. An jenem Abend im »Horseferry Arms« dröhnte der Saal vor Lachen.

Ein reicher Mann trat auf. Es war der Klavierspieler, der sich Hose und Jacke mit Kissen ausgestopft hatte. Auf der Brust baumelte eine überdimensionale »Old boy«-Krawatte. Wat Thornley hüpfte auf ihn zu und sang:

Ich behandle Ihre Schmerzen und Wehwehchen,
ich habe Tonikum, das ist gut für das Hirn.
Aber eines nur ist wirklich wichtig,
geht Ihre Affendrüse nicht mehr wirklich richtig,
das sind – Mädchen, Mädchen, Mädchen!

Bei der letzten Zeile sang das Publikum mit. Es klang wie ein Dampfkessel: musikalisch und doch schrecklich falsch. Der Geruch von Bier, Schweiß und Aufregung umdampfte uns.

Die Mädchen kamen hüpfend und beineschwingend auf die Bühne – nur waren es keine echten Mädchen, sondern Harry Dukes Mitarbeiter. Über die Brust hatten sie Pappendeckelbusen gebunden, sie trugen Perücken und um die Hüften Handtücher als Miniröcke.

Dr. Snobb öffnete mit schnalzendem Geräusch seine Arzttasche und holte eine Hundepeitsche heraus. Er ließ sie durch die Luft sausen, und die Mädchen stellten sich auf, damit der reiche Mann sie begutachten konnte.

Ich hab beim alten Fitts studiert,
der pflanzte fünfundzwanzig Hektar an mit Busen . . .

Zwei der Mädchen ließen es weinend geschehen, daß man ihre Busen pantomimisch anpflanzte.

Im Herbst fingen sie zu reifen an,
mit all dem schönen Drum und Dran . . .

Die Mädchen erhoben sich langsam wie wachsende Pflanzen, zitterten im Wind und schüttelten die Früchte ihrer Busen.

Da verspeiste er sie mit Genuß.

Dr. Snobb pflückte etwas von der Brust des Jungen mit der roten Perücke. Es war anscheinend eine Cocktail-Kirsche, denn sie leuchtete dunkelrot zwischen seinen Fingern. Er warf sie in die Luft, fing sie mit dem Mund auf, und mit übertriebenem genußvollem Lächeln kaute und schluckte er sie. Die Hörner heulten und pfiffen. Das Althorn spielte einen ägyptischen Bauchtanz. Die Lichter wurden abwechselnd dunkel und hell, und der reiche Mann verließ mit zwei Mädchen die Bühne.

Dr. Snobb schmetterte:
An einem Abend frisch und c-o-o-o-l,
am gewissen Swimming-p-o-o-o-l,
sieht man Leute hohen Standes stehen,
die wollen nackte Busen schwimmen sehen
meiner Mädchen, Mädchen, Mädchen!

Das Licht wurde plötzlich wieder düster.

»Da! Schau!« rief die Blonde vor uns. Von einem versteckten Projektor hoch in der Wand wurde eine Photomontage an die gegenüberliegende Wand geworfen. Man sah Cecile – Michael und Derwent schauten sie an. Es war eine Fälschung, aber das war nicht das Ausschlaggebende. Dieses Bild war ein Beweis dafür, was man sich in Form einer Anspielung jetzt alles erlauben konnte.

Brüllendes Gelächter und das teuflische Grunzen der Hörner begleiteten die Projektion. Ursula griff nach meiner Hand. »Wie weit will man *noch* gehen? Was kommt als nächstes?« Sie richtete diese Bemerkung offensichtlich an Michael und an mich, doch da sahen wir, daß er nicht mehr neben uns war.

Auf der Bühne war es still. Die Lichter wurden wieder hell. Ein lauter Atemzug des Entsetzens ging durch das Publikum.

Da oben neben Wat Thornley stand Michael – der wirkliche. Er wirkte geduldig und doch sehr bestimmt, wie ein Lehrer, der in einen Schlafsaal kommt und entdeckt, daß die Schüler Unheil stiften.

Wir sahen, wie er die Hand ausstreckte und die dunkle Brille Wat Thornley vom Gesicht zog. Dann schüttelte er die Bügel zurecht und setzte sie sich auf.

»Ich bin Michael Cobb«, sagte er dann langsam zu der Menge. »Ich habe viele Leute gekränkt. Und ich bin hierhergekommen, wie ich überall anders auch hingehen werde, um für meine Fehler einzustehen. Sagen Sie mir einfach und offen, wie es sich für gute Engländer geziemt: Was verlangen Sie von mir?«

Das Schweigen in der Menge war – im wahrsten Sinne des Wortes – unerträglich. Ich erkannte in diesen wenigen Minuten, daß der Mensch alles eher ertragen kann als völlige Stille.

»Unterhaltung?« fragte er uns. »Wenn es das ist, was Sie von mir und von anderen fordern, die vielleicht meinetwegen viel leiden müssen, dann sagen Sie es mir.«

Wieder wartete er und ließ uns alle die schreckliche Peitsche der Stille fühlen. Ursula und ich litten darunter wie alle anderen, obwohl wir wußten, daß wir auf seiner Seite standen, daß wir seine Freunde waren. Vielleicht empfanden die anderen sogar etwas Ähnliches?

»Rache? Habe ich ein leichteres Leben gehabt als Sie?«

Dann stellte er noch eine letzte Frage.

»Hilfe? Wollen Sie, daß ich Ihnen helfe?«

Sogar ich fühlte unwiderstehliche Feindseligkeit in mir aufsteigen, als er das fragte. Er verlangte, was kein Mensch vor Fremden je sollte sagen müssen.

Ein großer, stiernackiger Mann im Rollkragenpullover antwortete für uns alle. Er schob sich in der Menge vor, und mit heiserer Wut, die man von Schmerz nicht unterscheiden konnte, brüllte er: »Unterhaltung, du Scheißkerl! Unterhalte uns!«

Vielleicht zuckte Michael zusammen, als er das hörte. Wir bemerkten es jedenfalls nicht. Er schien sich in alles weitere hineinzustürzen, als hätte er nur auf das Stichwort gewartet.

Er nahm Thornley die Hundepeitsche aus der Hand. Er hielt sie, wie er vor langer Zeit den Pinsel zu halten pflegte – als wäre sie ein Stück von ihm.

Mit leiser Stimme sagte er: »Ich beschäftigte mich eine Zeitlang mit Zauberkunststücken und Hypnose und eignete mir eine gewisse Fertigkeit in diesen Dingen an.« Er schnalzte mit der Peitsche, nicht laut, aber sehr energisch. Jeder im Saal hörte es.

»Ich habe soeben – so ganz nebenbei – einen Menschen in diesem Saal hypnotisiert. Nur einen einzigen, und nur er selbst weiß es. Wenn ich wiederum mit der Peitsche knalle, werde ich einen zweiten Menschen hypnotisieren. Nur einen zweiten. Alle anderen brauchen sich nicht zu fürchten.«

Diesmal kam der Peitschenknall wie ein Pistolenschuß. Es war zum Fürchten, ja, aber nicht auf die Art, wie ich es erwartet hatte. Ich fürchtete für – nun, für jemand anderen. Ich wußte ja ebensowenig wie die übrigen, wer von uns hypnotisiert war.

Michael wollte Thornley die Peitsche zurückgeben. Er hielt ihm den Griff hin, Thornley aber zierte sich wie ein Mädchen und wollte die Peitsche nicht nehmen.

Michael ergriff seine Hand und wollte ihm die Peitsche aufzwingen. Thornleys Finger zuckten zurück, als wäre die Peitsche aus glühendem Eisen.

»Aber sie gehört doch Ihnen«, sagte Michael spöttisch. »Noch vor wenigen Minuten waren Sie Doktor Snobb und hielten die Peitsche in der Hand. Sind Sie nicht Doktor Snobb?«

Der junge Mann – Thornley mit seinen karottenroten Haaren wirkte sehr jung und schüchtern, wenn er nicht die Rolle des Anführers spielen konnte – schüttelte den Kopf.

»Wer sind Sie denn?«

»Michael, laß die dummen Scherze!« Die Stimme kam aus Thornleys Mund, und ich erkannte sie, noch ehe sie sagte: »Dreh doch das Licht an, Michael! Ich bin es, Cecile!«

»Ich glaube, man hat dich nicht gehört, meine Liebe«, sagte er. »Sag unseren Freunden hier, wie du heißt.«

Thornley wandte sich dem Publikum zu und ließ die Blicke ängstlich umherschweifen. Er senkte den Kopf und schaute alle von unten an. »Ich heiße Cecile Banner.«

Nun brach die Menge in lautes, erleichtertes Lachen aus.

Man unterhielt sich. Man bekam mehr geboten, als man erwartet hatte. Thornley sah aus, als fürchtete er sich vor dem Gelächter, dann aber nahm er sich zusammen, genau wie Cecile es getan hätte, und winkte den Leuten im Saal. Offensichtlich kannte er Cecile und hatte sich ihre Eigenheiten gut eingeprägt.

»Und nun«, sagte Michael, »nun soll die andere Person heraufkommen und uns zeigen, was sie gern mit Cecile täte.«

Die Leute reckten die Hälse. Ursula lehnte sich neben mir vor, um zu sehen, wer es war.

Mit einem breiten Grinsen auf dem Gesicht bahnte sich der Mann, der vorhin gebrüllt hatte, er wollte Unterhaltung, seinen Weg zur Bühne. Die meisten Leute machten ihm von selbst Platz.

Er war betrunken, das muß man ihm zugute halten. Was er tat oder zu tun versuchte, war ihm eindeutig nahegelegt worden. Es lag außerdem in der Luft. Zweifellos wußte jeder Mann in ganz London, was man mit Cecile machen sollte.

Er wollte den Spaß genießen. Das war alles.

Und doch war es ausgesprochen unheimlich, als er an den Rand der Bühne trat, hinaufgriff und Thornleys dünne Beine mit seinen großen Händen umfaßte. Der riesige Mann sah zu Thornley auf, seine Lippen waren zu einem feuchten Grinsen verzogen.

Immer neue Wellen von Gelächter feuerten ihn an. Er hob den jungen Mann auf, um zu zeigen, wie stark er war. Auf beiden Armen hob er ihn in die Höhe, dann lag Thornley auf dem Boden, und der Mann lag auf ihm. Ein Lachsturm füllte den ganzen Saal.

Nach einer Weile hörte ich, wie mitten im allgemeinen Gelächter die Blonde vor mir ihren Begleiter fragte: »Was macht er denn wirklich?«

Er konnte kaum sprechen vor Lachen. »Nur – ein bißchen – Unzucht treibt er. Nur, was verlangt wurde.«

»Heb mich auf die Balustrade, damit ich besser sehe«, verlangte sie.

»Bring mich weg. Mir ist übel. Mir ist totenübel«, sagte Ursula.

# 45. KAPITEL

Das Parlament hatte sich gerade vertagt, als sensationelle – und unwidersprochene – Enthüllungen auf den Titelseiten der Zeitungen erschienen. Mr. und Mrs. Derwent hatten sich auf das Land zurückgezogen und waren für die Reporter nicht erreichbar. Aber sie wußten natürlich von dem Geschrei der Zeitungen. Mrs. Derwent sagte: »Liebling, jetzt müssen wir zurück nach London und uns stellen.«

Mr. Derwent sprach mit dem Führer seiner Partei und dem Sekretär des Premierministers und enthüllte die volle Wahrheit. Man teilte ihm mit, daß er selbstverständlich sofort sein Mandat niederlegen und als Minister zurücktreten müsse.

Briefe wurden zwischen Mr. Derwent und dem Premierminister ausgetauscht. Mr. Derwent überreichte der Königin das Siegel seines Amtes nicht persönlich. Er war nicht mehr Abgeordneter, er vertrat seinen Wahlkreis nicht mehr im Parlament. Seine Schmach war vollkommen.

*Der Melamine-Report*

»Das ist leicht gesagt: Man muß zurückschlagen«, sagte Michael zu mir. »Aber es ist Unsinn – ungefähr so, als wollte man zum Schwert greifen und die Pest vertreiben.«

Die Menschen, die er gern hatte, mußten leiden. Und das war das einzige, was er nicht ertrug. Selbst seine Perversitäten – verdammt, vielleicht ganz besonders seine sexuellen Perversitäten – waren im Namen der Gesundheit geschehen, waren ein Versuch, aus einer kranken, leidenden Gesellschaft auszubrechen. Und nun mußte er erkennen, daß er Krankheit und Leid nur vermehrt hatte.

Als überall triumphierend Derwents Rücktritt verkündet wurde, erreichte seine Wut den Höhepunkt. Er beschloß, sich bei der zu erwartenden Gerichtsverhandlung um keinen Preis zu verteidigen. Er teilte das auch seinem Anwalt mit und machte ihm klar, daß er keinen Penny mehr für Rechtsbeistand zahlen würde, den er nicht brauchte.

»Sie werden mich erledigen, wie sie es sich vorgenommen haben. Ich werde mich niemandem mehr aufdrängen.«

Seine Ordination war geschlossen, er war aus seiner Wohnung ausgezogen und wohnte in seinem Studio – der letzten Höhle des Fuchses, der einst auf seine vielen Höhlen so stolz gewesen. Nur ganz wenige Leute ließ er ein – es waren allerdings auch nicht allzu viele, die es versuchten.

Solo Rokey und ich waren unter den wenigen, die bei ihm sein durften, so oft sie wollten. Vermutlich, weil wir beide doch Außenseiter waren, was keiner seiner englischen Bekannten von sich behaupten konnte. Aus diesem Grunde hielt er uns für weniger gefährdet von der Pest, die er seiner Meinung nach in sich trug, angesteckt zu werden.

Solo war in die Stadt gekommen, sobald er von den Dorfbewohnern über den Skandal hörte. »Er wollte, daß ich ihm erklärte, worum es geht«, erzählte mir Michael zornig. Es war Zorn über seine Machtlosigkeit – der Zorn eines Künstlers über die Diskrepanz zwischen der klaren, einfachen Vorstellung und der fertigen Form, die diese Vorstellung verwirklichen sollte. Wie hätte man einem einfachen Kind die ungeheuer schwierigen, kosmopolitischen Zusammenhänge erklären sollen? Wenn Michael überhaupt wünschte, daß jemand die Wahrheit erfuhr, dann sicher dieser Junge. Aber er war wie gelähmt vor lauter Angst, noch einen Menschen, den er liebte, in Verwirrung zu stürzen. Ich glaube, die beiden haben sehr wenig miteinander gesprochen.

Natürlich fanden die Reporter und die Neugierigen, die sich immer in der Nähe des Studios herumtrieben, sehr bald heraus, daß Solo hier wohnte. Das gab Anlaß zu neuen Gerüchten, Michael sei zu allem anderen auch noch Homosexueller. Man muß aber seine Beziehungen zu Solo so sehen, wie alle seine anderen Beziehungen: als etwas, das in unserer ordentlichen Buchhaltung nicht unterzubringen ist; als ein weiteres Zeichen – ob gut oder schlecht – für Michaels Einmaligkeit.

Einen Großteil des Tages saß Solo nur da und sah ihn an oder hörte zu, wenn wir sprachen. Er machte die nötigen Einkäufe für Michael und brachte Massen von Blumen mit heim, was denen, die sein Kommen und Gehen beobachteten, zweifellos auch komisch vorkam. In seinen guten Tagen hatte Michael immer Blumen in Hülle und Fülle verschenkt. Nun wollte er selbst viele Blumen um sich haben, während er arbeitete.

Michael arbeitete an einem Porträt von Meg Derwent, arbeitete daran mit einer Hingabe, die er für nichts anderes mehr aufbrachte. »Ich möchte, daß es wirklich gut wird«, erklärte er mir. »Es soll ihrer würdig sein.«

»Du hast doch nicht etwa vor, es ihr zu schenken?« fragte ich.

»Das kommt wohl nicht in Frage, wie? Nein, nein! Es ist mir gleichgültig, was letztlich damit geschieht. Vielleicht verbrenne ich es, wenn ich damit fertig bin. Warum nicht? Aber bevor auch das Bild zugrunde geht, soll es das ausdrücken, was . . .

Was es ausdrücken sollte, war – soviel ich verstand – seine große Liebe zu dieser Frau, in deren Leben er so schicksalhaft eingegriffen hatte. Er malte nicht einfach ein Bild. Er versuchte, ein Gefäß herzustellen, das all die Weisheit und Einsicht aufnehmen konnte, die er ihr zuschrieb oder ihr darbieten wollte.

Das Gemälde war für ihn ein Symbol der Liebe, der religiösen Verehrung, der magischen Anbetung. Wozu es beschreiben, wie ein Kunstkritiker es vielleicht beschriebe? Ich hatte den seltsamen Eindruck, daß er auf seine eigene, irreale Weise Meg Derwent als . . . nun, als seine Frau ansah – oder als eine seiner Frauen.

Eines Tages sagte er: »Es stimmt gar nicht, daß ich nicht an die Ehe glaube. Es gibt sie. Es geschehen seltsame Dinge zwischen Mann und Frau, ob es nun das Miteinanderschlafen ist oder nur ein Blick oder die Berührung der Hände. Und die Zeremonien und rechtlichen Formen sollten das zum Ausdruck bringen, anstatt zwei Leichen aneinanderzufesseln.«

Wahrscheinlich waren es diese Worte, die mich schließlich dazu bewegten, ihm von meiner Schwester zu erzählen.

»Sie hatte ein Kind . . .?« sagte er verwundert und nachdenklich, als ich mit der traurigen, alten Geschichte begann. Er saß mir am Tisch gegenüber. Ein wunderbarer Glanz kam durch das Dachfenster in den Raum und verzauberte die Blumenblätter, mit denen seine langen, hübschen Hände spielten. »Ein Kind. Und sie nannte es nach mir, und ich wußte gar nichts davon.«

Reue schien einen Augenblick lang sein Gesicht zu überschatten. Dann wollte er Näheres hören.

»Sie nannte es nach dir, weil du – wie sie sagt – das Beste warst, das ihr im Leben begegnet ist. So erklärte sie es mir, und ich glaubte ihr«, sagte ich, sagte es so hart, wie ich noch nie mit einem Menschen gesprochen hatte. Ich hatte das Wissen um dieses Schicksal all die Jahre mit mir herumgetragen – als Anklage, Bitte, Angebot oder auch nur als Mitteilung. Mochte er damit tun, was er wollte. Ich hatte die Absicht, ihm dies alles zu sagen, nie aufgegeben.

»Man brauchte sie nicht nach Beweisen zu fragen«, sagte ich. »Die wirklich großen Dinge sind über jeden Beweis erhaben. Man weiß, oder man weiß nicht. Sie wußte. Und so brachte sie das Kind zur Welt, ohne dich zu suchen und dir davon zu erzählen oder dich zur Heirat zu veranlassen, damit das Mädchen einen Vater hat. Ich kann dir sagen, Michaela *hatte* einen Vater. Du warst immer so dabei, wie ein Mann es sich nur erhoffen kann. Das Kind hatte nie das Gefühl, benachteiligt zu sein oder anders zu sein als andere Kinder. Du warst dort, weil Elaine dich behalten hat.«

Michael nickte. Ja, er wußte, daß Frauen zu so etwas fähig waren. Sie konnten sich so hartnäckig an eine Illusion klammern, daß sie schließlich zur Wirklichkeit wurde. Sie brauchten von dem Mann nur einige Tropfen Samen und ein Bild, das sie sich einprägen konnten.

»Ich habe das noch nicht für ein Wunder gehalten«, sagte ich. »Schließlich hatte sie das Kind, ihre Tage waren ausgefüllt, sie war glücklich. Sie ist ja nicht ein Mensch, der viele Dinge oder viele Leute um sich braucht. Ihr Leben wäre durchaus erfüllt gewesen, hätte Michaela neben ihr aufwachsen dürfen.«

»Ich glaube, das Wunder geschah erst«, fuhr ich fort, »als Michaela tödlich verunglückte. Es war eine grauenhafte Sache. Sie war acht Jahre alt. Eine Bekannte hatte sie im Auto mitgenommen, sie saß mit ihrer kleinen Freundin im Fond. An einer Kreuzung gab es einen Zusammenstoß, gar nichts Besonderes. Aber Michaela wurde durch das offene Fenster aus dem Wagen geschleudert und von einem anderen Auto überfahren.«

»Etwas an diesem Unfall läßt mir keine Ruhe«, sagte ich. Dies war meine einzige und letzte Gelegenheit, offen darüber zu sprechen. Ich wollte nichts beschönigen. »Die Vorstellung, daß die Kleine eine Sekunde lang in der Luft schwebte, ehe sie herunterfiel. Ich muß immer daran denken, was ihr wohl durch den Kopf ging, als sie merkte, daß nichts sie hielt. Nichts. Hat sie überlegt, was geschehen würde, wenn sie unter die heranrollenden Räder kam? Immer wieder mußte ich daran denken.«

»Ja«, sagte Michael.

»Und dann die Art, wie Elaine es aufgenommen hat. Du weißt, wenn in einer richtigen Familie ein Kind ist, und es passiert diesem Kind etwas, müssen die Eltern ganz besonders lieb zueinander sein und einander stützen und trösten, um den Verlust ertragen zu können. Das ist das andere, was ich nicht verstehe. Elaine ertrug den Tod des Kindes, das Begräbnis und – verdammt – all die langen Jahre seither, als ob sie noch einen Teil ihrer geliebten Familie besäße, wenn sie auch einen anderen Teil hergeben mußte. Sie hat dich!«

In seinen Augen meinte ich Tränen zu sehen. Sein Mund war zusammengepreßt, die Lippen zuckten leicht. Aber es war ein Lächeln, und die Bewegung seiner Hand – Segnung und Resignation zugleich – war froh.

Er sagte das seltsame, richtige Wort. »Ich danke dir, Norman.«

Danke, daß du wahrheitsgemäß Zeugnis abgelegt hast, auch wenn es schwer ist. Ich glaube, das hat er gemeint, das wollte er mir sagen.

Nach einer Weile sagte er noch etwas, und ich halte das für echtes Empfinden: »Wie herrlich wäre es, einer solchen Liebe würdig zu werden.«

Er sagte nicht, daß er unwürdig sei. Er sagte nicht, daß er die Gelegenheit verpaßt hatte und es nun zu spät war. Er sagte es so, als könnte es noch geschehen, als wollte er nicht aufgeben, solange er noch einen Ausweg sah.

Ich sah das damals nicht so klar, als hätte ich es schwarz auf weiß vor mir. Es war ja nur ein Tonfall, eine fast unmerkliche Veränderung seiner Stimmung. Vielleicht gab es in seiner Antwort gar nichts Sicheres, an das man sich hätte klammern können. Ich klammerte mich dennoch daran. Es war, als hätten wir beide plötzlich in eine hoffnungsfrohe Zukunft geschaut. General Gath fiel mir ein, der gerne sagte: »Die Zukunft wird nicht in einer Schachtel ins Haus geliefert mit der Gebrauchsanweisung oben drauf, wie sie zusammenzusetzen ist. Man muß sie sich selbst schaffen.«

»Michael, ich habe außer ein paar unwichtigen Besorgungen noch nichts für dich tun können«, sagte ich. »Laß mich auf sie los, Mann! Hetze mich auf sie! Schick mich in die Arena – ich werde sie töten!«

Er zwinkerte mir zu. »Ich glaube, du wärst dazu imstande«, sagte er. »Ich erinnere mich: Schon in Hansville haben Elaine und ich immer gezittert vor Angst, was du anrichten könntest, wenn du dich je von der Kette losreißt... Was willst du denn tun?«

Ich hatte diesen Plan nicht schon längst gefaßt und bis ins Detail ausgearbeitet, aber ich konnte ihn immerhin vorlegen. »Vorigen Herbst batest du mich einmal, mit deinem Mann von MI-5 zu sprechen. Aus Gründen, die ich nicht kenne, bist du dann wieder davon abgekommen. Ich möchte jetzt mit ihm sprechen. Ich möchte ihm sagen, er soll die Hetzjagd abblasen, soll dich in Ruhe lassen, verdammt noch einmal!«

Er schüttelte den Kopf. »Norman, ich habe das schon einmal versucht. Ich drohte sogar, daß die Regierung mit mir fallen würde. Du siehst ja, was dabei herausgekommen ist. Wir haben den Mann ruiniert, den ich hätte retten sollen, und die Macht derjenigen gestärkt, die ich verachte. Außerdem hatte ich damals etwas, womit ich drohen konnte. Heute habe ich nichts.«

»Die Drohung würde nicht von dir ausgehen«, sagte ich, »sondern von mir. Von Onkel Norman an jeden, den es betrifft in Whitehall oder Downing Street. Ich nehme an, daß das Spiel hinter den Kulissen sich um Obukow drehte und um die Gründe, warum sein Verrat nicht zustande kam. Sag mir darüber nur so viel, als ich brauche, um Henry Blake zu täuschen. Es mag ja mißlingen, aber laß es mich wenigstens versuchen. Gib mir die Gelegenheit, Michael, einmal im Leben meinen Kopf für etwas hinzuhalten, an das ich glaube. Verdammt noch einmal, gib mir diese Gelegenheit, Michael.«

Rückblickend weiß ich genau, welche Überlegungen er damals anstellte. Was ihn selbst betraf, gab es ja eigentlich nichts mehr zu retten als das nackte Leben, und das konnte er auf verschiedene Arten tun. Am einfachsten wäre es vermutlich gewesen, England zu verlassen. Dieser Weg war ihm ja immer offengestanden und stand ihm auch am Abend vor der Verhandlung noch offen.

Er stimmte also nicht seinetwegen zu, mich diesen Versuch unternehmen zu lassen. Immerhin stimmte er zu.

Er grinste und sagte: »Ich kann dich mit einer Steinschleuder ausstatten, Norman. Ich kann allerdings nicht garantieren, daß du Goliath damit erledigst.«

»Lege sie mir in die Hand«, sagte ich. »Und gib mir einen Stein. Ich werde nicht um einen zweiten bitten.«

»Es handelt sich kurz um folgendes. Obukows Tätigkeit hätte unabsehbare Auswirkungen auf die Zukunft Englands gehabt. Für den Frieden. Für das Leben auf dieser Welt. Ich kann es nicht beweisen. Ich weiß es. Eines aber läßt sich beweisen: Die

Entscheidung, ihn nach Rußland zurückkehren zu lassen, wurde nicht in England getroffen.«

»Ich verstehe«, sagte ich. Und er wiederholte mir die Gespräche, die er mit Henry Blake geführt hatte. Die logische Interpretation war fehlerlos, die Schlußfolgerung zwingend. In einem Augenblick von größter Bedeutung hatte man die Entscheidung in fremde Hände gelegt, hatte sie dem CIA überlassen!

»Aber wie immer man das beurteilt – heute spielt das gar keine Rolle mehr«, sagte er. »Die Gelegenheit ist verspielt. Nichts bringt sie zurück.«

»Ich verstehe schon«, sagte ich. »Aber solange Krieg ist, kämpft jeder Mann natürlich weiter.«

»Wenn es in seiner Natur liegt«, stimmte Michael mir zu. Und er grinste dabei traurig, als ob er sagen wollte, in meiner Natur läge es offenbar – und das habe er schon bemerkt, als er mich kennenlernte.

# 46. KAPITEL

Ein verwirrender und komplizierter Fall. Man darf sich nicht nur an die Tatsachen halten, sondern muß auch berücksichtigen, daß die ausgiebige Berichterstattung über die Tatsachen selbst wieder zu einer treibenden Kraft beachtlicher Stärke wird. Das ist eine der Besonderheiten der modernen Welt. Es ist nicht meine Aufgabe, die Reichweite dieser Kraft zu messen oder Vermutungen darüber anzustellen, ob es ohne sie einen »Derwent-Skandal« überhaupt gegeben hätte.

Meine Pflicht war es, zu überprüfen, inwieweit sich die Regierungsstellen und Ämter in der Behandlung dieser Angelegenheit bewährten. Und obwohl ich es bedauernswert finde, daß der Sicherheitsdienst, die Polizei und MI-5 bei Bekanntwerden von Mr. Derwents Verfehlungen nicht enger zusammenarbeiteten, muß ich doch feststellen, daß das demokratische Recht auf ein eigenes Privatleben ein hohes Gut ist und unbedingt gewahrt bleiben muß. Es wäre unerträglich, würden ununterbrochen Nachforschungen nach etwaigem unmoralischem Verhalten angestellt. Vielleicht ist es besser, sich einmal zu irren, als einen »Polizeistaat« aufzuziehen.

Ich bin nicht der Meinung, daß man irgend jemandem Vorwürfe machen kann – außer Mr. Derwent selbst. Wäre er gleich zu Anfang aufrichtig gewesen und auch späterhin bei der Wahrheit geblieben, hätte sich unser Land die Schande und die Einbuße seines guten Rufes in der Welt erspart. Ich empfehle keine besondere Reform unserer Behörden. Die Lehre, daß jeder Staatsdiener sich so verhalten sollte, daß auch nicht der Schatten eines Skandals entstehen kann, versteht sich von selbst.

*Der Melamine-Report*

So versuchte es also auch ich bei Henry Blake. Er kam zu mir auf mein Zimmer im »Dorchester«-Hotel.

»Was ich Ihnen zu sagen habe«, so empfing ich ihn gleich, »ist reine Erpressung. Darüber soll von Anfang an kein Zweifel bestehen.«

»Wunderbar. Es ist viel besser, gleich einen klaren Vorschlag zu machen. Vermeidet viele Mißverständnisse, da stimme ich Ihnen völlig zu.«

»Ich will versuchen, mich auch weiterhin klar auszudrücken.

Die Gath Corporation besitzt Informationen, die der britischen Regierung schaden könnten.« Ich sah, daß er bei dieser Formulierung ein klein wenig zusammenzuckte. Es brachte ihn einen Augenblick aus der Fassung, daß ich im Namen der Corporation sprach, anstatt zu sagen: Ich besitze . . .

»In ihrer gegenwärtigen Form ist diese Information noch nicht ganz vollständig. Sie ist noch nicht genügend dokumentiert und kann der Öffentlichkeit noch nicht als unanfechtbar vorgelegt werden. Ich sage nur soviel: Wir wissen, daß es nicht die Entscheidung der Briten war, Obukow nach Rußland zurückkehren zu lassen, ehe seine Angebote voll ausgenützt waren.«

»Ich sehe, Sie haben sich Doktor Cobbs Vermutungen über diese Sache angeschlossen. Ich selbst habe keine Ahnung, wer die Entscheidung getroffen hat. Vielleicht übten die Sowjets selbst ungewöhnlichen Druck aus, um ihn zurückzubekommen. So etwas kommt vor, wissen Sie.«

Wenn man so lange in dieser Branche arbeitet, kennt man jede Art von Ablenkungsmanöver. Diesem schenkte ich gar keine Beachtung. »Ich nahm nicht an, daß man Ihnen sagte, wer die Entscheidung traf«, gab ich zurück. »Ich bat Sie auch nicht hierher auf mein Zimmer, damit Sie über mein Angebot eine Entscheidung treffen. Sie sind der Botenjunge, Blake. Ich gebe Ihnen die Botschaft, Sie nehmen sie mit, und ich werde vermutlich nie ganz sicher wissen, wo und wie Sie sie übermitteln. Die Botschaft ist dies: Wir wünschen, daß unser Mann Cobb von der Anklage, die gegen ihn läuft, befreit wird.«

»Wir . . .?« fragte er. »Verstehe ich richtig, daß Sie immer noch im Namen der Gath Corporation zu sprechen belieben?« Nun wußte ich ganz sicher, daß es dieser Teil meines Bluffs war, den er nicht erwartet hatte. Ich mußte doch wissen, daß die Corporation als Informationsdienst von der Duldung durch die Regierung des Gastlandes abhängig war; daß wir wirkungslos gemacht werden konnten durch so einfache Maßnahmen wie die Nichterteilung von Visen an unsere Mitarbeiter oder das Sperren unserer Leitungen oder auch nur durch schlechte Nachrede bei den diplomatischen Vertretungen.

»Sie wünschen Klarheit, Mister Blake«, sagte ich. »Hier ist das Telephon und hier ist die Nummer unserer amerikanischen Zentrale im Falkenflügel. General Gath ist um diese Tageszeit meist am Swimming-pool, also verlangen Sie Klappe 51. Fragen Sie General Gath, was Sie mich soeben fragten. Sie können mit ihm ganz einfach und offen reden. Wir verwenden keinen Geheimcode. Alle Nachrichten, ob sie nun hereinkommen oder hinausgehen, sind *en clair*. Also bitte! Melden Sie ein Rückgespräch an! Seien Sie unser Gast!«

Da begann Blake zu lachen, genauso wie Sidney Greenstreet in den alten Detektivfilmen immer gelacht hatte. Aber Blake war jung und attraktiv. Er bekam die drohende Note nicht so gut in sein Lachen wie Greenstreet. »Ist nicht nötig. Reden Sie weiter«, sagte er.

»Bitte, es muß ja nicht sofort sein«, stellte ich fest. »Die Leute, denen Sie meine Botschaft ausrichten, wollen sich vielleicht lieber selbst mit General Gath in Verbindung setzen. Es bleibt dann *ihnen* überlassen, welche Kanäle sie dafür benützen und wie viele Verbindungsmänner wir für unsere Transaktion haben. – Also, es handelt sich um folgendes: Irgend jemand in England – ich weiß nicht wer und brauche es auch nicht zu wissen – hat diese Kampagne gestartet, um Cobb Angst einzujagen und ihn fertigzumachen. Irgend jemand kann diese Kampagne auch jetzt noch stoppen.«

Blake unterbrach mich. »Die Gerichtsverhandlung ist schon angesetzt. Vermutlich hätte man sie vor einigen Wochen noch abblasen können. Aber die öffentliche Demütigung Derwents hat viel böses Blut gemacht, und die Volkswut richtet sich naturgemäß hauptsächlich gegen Cobb.«

»Die Verhandlung wird selbstverständlich stattfinden«, sagte ich. »Aber Doktor Cobb muß freigesprochen werden.«

Endlich war es mir gelungen, daß Blakes Augen groß und rund wurden vor Staunen. Er meinte: »Sie glauben doch nicht ... Sie glauben doch nicht im Ernst, daß es so leicht ist, ein englisches Gericht zu beeinflussen? Es ›sich zu richten‹, wie man es sich bei Ihnen drüben ›richten‹ kann, wenn man im Straßenverkehr ein Strafmandat bekommen hat!«

»Ich versuche zu *ergründen*, wie schwer oder wie leicht es ist«, sagte ich. »Vor allem aber muß ich sicher sein, daß meine Botschaft weitergeleitet wird. Also bitte, gehen Sie und berichten Sie Ihrem Boß, Sir George, von diesem seltsamen Gespräch.«

Bevor er hinausging, blieb er an der Tür stehen und strahlte über das ganze Gesicht. »Ich versuche das eben Gehörte einzuordnen, Mister Scholes. Ist es der frühe Bogart? Oder haben Sie bei Doktor Cobb Schauspiel studiert und einen ganz neuen Stil erarbeitet?«

Das also war die erste Phase von Scholes' Einmischung in die inneren Angelegenheiten Großbritanniens. Sie brachte mir wieder einmal zu Bewußtsein, wie angenehm es ist, mit britischen Agenten zu verhandeln. Sie sind zumindest keine sturen Befehlsempfänger – und das ist doch immerhin etwas Positives.

Ich hatte einen Stein in einen dunklen Brunnen geworfen und horchte nun, wann er auf dem Wasser aufschlug. Ich wollte wissen, wie tief der Brunnen war.

Nach drei Tagen fand ich im Hotel eine Nachricht mit der dringenden Bitte, sofort General Gath anzurufen.

Ich setzte mich mit einem Drink auf mein Bett und wartete achtzehn Minuten auf die Telephonverbindung. »Wie ist das Wetter drüben?« begann ich. »Waren Sie schwimmen? Hier ist es schrecklich schwül, ich wäre gern mit Ihnen geschwommen. Ich glaube, es wird Zeit, daß wir ein ernstes Gespräch führen.«

»Norman«, sagte er. »Norman, was, zum Teufel, haben Sie gemacht?«

»Ich habe Drohungen gegen das Gastland ausgestoßen«, sagte ich. »Und dann habe ich mit der Stoppuhr in der Hand gewartet, wie lang es dauert, bis der Widerhall erfolgt. Das Gespräch vom Falkenflügel ist um 21.27 Uhr unserer Zeit vermerkt, das sind . . .«

»Ich dachte mir schon, daß Sie etwas Ähnliches angestellt haben müssen«, sagte er. »Norman, zwei Ihnen bekannte Herren kamen gestern aus Washington. Den ganzen Vormittag unterrichteten sie mich über den Fall Wanja Obukow. Das ganze läuft auf folgendes hinaus: Sie verstehen nicht, warum man seinetwegen so einen Wirbel macht. Sie sagen, sein Fall sei ganz auf die übliche Art behandelt worden. Sie versichern das immer wieder, und ich glaube ihnen.«

»Ich glaube ihnen auch. Deswegen gibt es ja den ganzen Wirbel. Vielleicht hätte er gerade *nicht* auf die übliche Art behandelt werden dürfen. Aber das ist eine lange Geschichte. Ich gebe zu, die Gelegenheit ist nun vorbei, und man hat mir versichert, daß sie nicht wiederkommen wird.«

»Ja. Ich dachte mir schon, daß Sie andere Gründe haben. Ich rate Ihnen, hartnäckig zu bleiben. Sie können sich aller Einrichtungen der Corporation bedienen; ich stelle Ihnen alles zur Verfügung, was wir haben – einschließlich meiner goldenen Uhr.«

»Wissen Sie auch, was Sie tun, General?«

»Ich glaube wohl«, antwortete er leicht gereizt. »Auch ich

versuche, etwas zu ergründen. Und dafür bin ich bereit, manches zu riskieren, wie immer. Es gibt da etwas, was ich gerne wüßte. Nun, gute Nacht, Norman. Es muß ja schon spät sein bei euch. Gute Nacht!«

Nachdem ich den Hörer aufgelegt hatte, fiel mir ein, daß ich nicht ganz ehrlich zu Blake gewesen war, als ich behauptete, der General und ich verwendeten keinen Geheimcode. Es war ein Code, der einzig auf dem Vertrauen beruhte, das Männer einander manchmal entgegenbringen, und gerade dieser Code ist für Außenstehende am schwersten zu verstehen.

Es fiel mir auch ein, daß Blake und seine Vorgesetzten genau wußten, wo mein schwacher Punkt lag. Mein ganzes Täuschungsmanöver und die Sicherheit der Gath Corporation hingen davon ab, daß wir äußerste Zuversicht zeigten, was unsere Drohung betraf. Ich hoffte, daß mein Telephon abgehorcht wurde und daß man mein Gespräch mit General Gath bereits bei MI-5 zerpflückte. Wahrscheinlich war das sowieso der Fall.

»Du bist ein ärgerer Macchiavelli, als Michael es je war«, sagte Ursula.

»Darum erzähle ich auch dir und nicht ihm, daß ich damit gedroht habe, eure hübsche kleine Insel in die Luft zu sprengen, wenn man ihn nicht freispricht«, sagte ich. »Michael glaubt im Grunde seines Herzens immer noch an die Unbestechlichkeit der englischen Gerichte.«

Sie dachte nach. Ich beobachtete ihr Gesicht und sah, wie ihre schöne, durchscheinende Haut schwach, dann immer stärker zu leuchten begann, während der Gedanke reifte.

»Richtig«, sagte sie dann. »Er *kann* nicht zynisch sein. Nun gut, wir sind es statt ihm.«

Immer noch dachte sie über meinen Bericht nach. Dann sagte sie: »Es wird nicht gehen, Norman.«

»Wenn du damit meinst, daß ich das Resultat nicht genau vorhersagen kann – nein, das kann ich nicht. Ich versuche festzustellen, wo ich auf Granit stoße. Dann werde ich entweder weitermachen oder aufgeben.«

Sie schüttelte den Kopf. »Wir denken ganz anders als ihr. Die Engländer haben Macchiavelli und seine Politik nie verstanden. Allzu schlaue Schachzüge verwirren uns nur. Ich halte das für einen Vorteil. Ohne es zu wollen, vereiteln wir die sichersten Pläne. Der arme Blake hat sich vielleicht nur einige Tage freigenommen oder hat sich einen Schnupfen zugezogen, weil du ihn gekränkt hast. Vielleicht hat er deine Drohung Sir George gar nicht überbracht.«

»Rede nur weiter. Ich versuche, auch diese Überlegungen einzuordnen.«

Sie aß Marzipan und leckte den Zucker von den Fingerspitzen. »Du bist sicher nicht so dumm, eine Drohung auszusprechen, die du nicht wahr machen kannst.«

»Wenn ich gezwungen wäre, sie wahr zu machen, würde ich die sogenannten Enthüllungen nicht einer Pressekonferenz vorlegen. Ich habe jahrelang nur beobachtet und zugehört. Ich glaube zu wissen, wie man die Hintergründe dieser Geschichte in Deutschland und Frankreich publik machen müßte und auch bei der radikalen amerikanischen Presse und in den verschiedenen Botschaften. So hart und schnell müßte das geschehen, daß in Whitehall Köpfe rollen.«

»Du würdest England treffen«, sagte sie nachdenklich. Wir saßen gemütlich in ihrer Wohnung in Bloomsbury an einem regnerischen Nachmittag, unter all ihren schönen Sachen. Sie klang so, als hätte ich gedroht, auf ihrem Cello herumzutrampeln, ihre Gemälde zu zerschneiden und ihre Teppiche zu zerreißen.

»Ich sagte, mein Plan sei durchführbar. Aber ich kann nicht beschwören, daß ich die Drohung tatsächlich wahr machen würde. Wenn ich doch dazu gezwungen wäre, würde das der Corporation sehr schaden. Der General erwartet, daß ich bis an die Grenze gehe, sie aber nicht überschreite. Dieses Risiko nimmt er auf sich.«

»Vielleicht hast du sie schon überschritten«, meinte sie. »Eine Privatgesellschaft kann doch nicht einfach hingehen und eine Weltmacht erpressen, oder? Ich glaube, das kann sich nicht einmal eine große Ölgesellschaft leisten.«

»Ich werde dir etwas sagen: Die Drohung galt nicht einem festen, einheitlichen Gebilde, das England heißt. Jede Nation setzt sich aus einzelnen Interessengruppen zusammen, und wenn einer Gruppe von außen Gefahr droht, sieht eine andere Gruppe darin ihren Vorteil. Ich möchte, daß meine Botschaft an die Leute herangetragen wird, die den Derwent-Skandal unbedingt voll und ganz ausspielen wollten. Ich weiß nicht, wer sie sind; ich weiß nur, daß es sie gibt. Wenn mein Plan gelingt, werden sie mir oder der Corporation das nicht nachtragen. Sie werden uns nicht gerade lieben deswegen, aber sie werden uns weiter tolerieren.«

Sie schien zu zittern. »Wieso machst du mir mehr Angst, als Michael es je tat?«

»Weil ich von einem reinen Machtkampf spreche, dessen einziges Kriterium der Erfolg ist. Es gibt Dinge, die Michael einfach nicht mitmachen wollte. Darum jagt man ihn jetzt. Niemand in der Welt kommt gegen die kalte Macht auf, wenn sie um ihrer selbst willen ausgeübt wird. Ich mache dir Angst, weil du merkst, daß es mir im Grunde genommen gleichgültig ist, ob ich die Corporation ruiniere oder nicht. Ich bin froh, daß ich dir Angst mache. Ich hoffe, Blake reagiert genau wie du!«

# 47. KAPITEL

Am ersten Verhandlungstag gelang es mir nicht, in den Gerichtssaal hineinzukommen. Ich hatte damit gerechnet, den Presseausweis eines französischen Freundes zu bekommen, aber der Plan mißlang. Immerhin stand ich auf dem schmalen Korridor vor dem Saal Nr. 1, wo Richter Malleck das Verfahren leiten sollte.

Ich sah, daß die Schriftsteller A. J. Low und Viveca East auf den Einlaß in die Presseloge warteten. Neben ihnen stand ein schäbiger, schielender junger Mann in braunem Anzug. Er verkündete laut, er habe die ganze Nacht auf dem Gehsteig geschlafen, nur um der erste in der Schlange zu sein. Man sah ihm die krankhaften Träume dieser Nacht noch an – Verstümmelung, Sexfetische, Peitschen und Fesseln.

Hinter ihm stand ein frisch gescheuerter Bursche aus Yorkshire. Er war anscheinend die ganze Nacht draußen aufrecht gestanden, um sich nicht schmutzig zu machen. Vermutlich war er der moralischen Lehre wegen hergekommen, die er dann der Pfadfindertruppe seines Heimatortes zu überbringen gedachte.

Wenn man den Kopf dieser Schlange hungrig an der Tür warten sah, konnte man sich gut vorstellen, wie sie sich aus dem Korridor hinausschlängelte, die schmutzigen Stufen hinunter, durch die Straßen von London und zweimal um die Welt. Eine Schlange all jener, die sich gierig oder ängstlich fragten, welche dunklen Machenschaften dieses gute, alte Königreich so erschüttern konnten.

Auf dem Gehsteig draußen wartete eine Menschenmenge nun schon stundenlang auf die Autos mit den Kronzeugen. Hunderte schoben sich vorwärts – nicht gewalttätig, nicht fordernd, einfach gedankenlos wie ein Schwarm Elritzen mit offenen Mäulern –, als Cecile mit ihrem Anwalt vorfuhr.

Ich wäre erleichtert gewesen, hätte man ihr zugejubelt oder sie ausgepfiffen, als sie in ihrem gelben Kleid und den hohen braunen Stiefeln aus dem Wagen stieg. Oder hätte ihr einer eine obszöne Bemerkung zugerufen, als sie lächelnd den Neugierigen winkte.

Die Menge jedoch starrte sie nur an.

Während sie durch die Gasse ging, die die Polizei ihr in der Menge gebahnt hatte, schaute sie mehr auf die Kameramänner als auf die Menschen, die gekommen waren, um sie einmal persönlich zu sehen. An die hundert Kameras verfolgten sie auf diesem kurzen Weg, und Millionen in aller Welt sollten das Bild zu sehen bekommen – das Bild von Cecile als rechtmäßiger Königin.

Die Anklagevertretung wollte an diesem ersten Verhandlungstag vor allem beweisen, daß der Mann auf der Anklagebank ein ganz und gar verkommenes Subjekt sei.

Man führte Stella Grayling herein, die schüchterne, kunstliebende Lesbierin, die in einem Hausboot auf der Themse lebte und gegen Honorar pornographische Briefe verfaßte.

Wie lange kannte sie den Angeklagten schon?

Oh, schon einige Jahre. Sie waren sozusagen Nachbarn in Chelsea. Sie hatte seine Kunst bewundert und sich anfangs auch geschmeichelt gefühlt, daß er sie besuchte. Er war schließlich ein berühmter Mann . . .

Hatte sie ein Verhältnis mit Doktor Cobb gehabt?

Ja.

Und hatte er sie – und ihre „Arbeit" – anderen Männern vorgestellt?

Nein – eigentlich nicht.

Ja oder nein?

Ja.

So ähnlich reagierten auch die anderen Zeugen – die meisten waren Frauen.

Offensichtlich hatten sie panische Angst, man könnte einen Teil ihres verborgenen Lebens hier ans Licht ziehen. Michaels Anwalt, Windsor Brett, versuchte zu zeigen oder doch durchblicken zu lassen, daß infolge der Einschüchterungsmethoden der Polizei diese Zeuginnen ihre Aussagen abgeändert oder regelrecht falsche Aussagen gemacht hatten.

Eine gewisse Helen Fancorn – eine »registrierte Prostituierte«, die man, Gott weiß wo, aufgelesen hatte – bezeugte, in Michaels Studio gewesen zu sein, während er mit einer anderen Frau Geschlechtsverkehr hatte. Als der Vertreter der Anklage, Pierce-Hereford, sie fragte, was sie denn gemacht habe, während Michael und diese andere Frau sich vergnügten, lispelte Miß Fancorn:

»Ich habe geholfen.« Dann sah sie sich verzweifelt um und hätte gern gewußt, warum ihre ehrliche Antwort Gelächter hervorrief.

Während der Mittagspause, bei Bier und Schweinesülze im Gasthaus gegenüber, hörte ich von den Journalisten, daß ihrer Meinung nach an diesem ersten Morgen noch keine wichtige Entscheidung gefallen war. Man lachte über Helen Fancorn. Man erzählte Witze. Ein Arzt, so berichtete man, sei zu Cecile Banner gerufen worden. Nach der Untersuchung sagte er: »Kein Grund zur Sorge. Ein gutes Medikament und ein bißchen Ruhe, und wir bringen Sie in kürzester Zeit wieder auf den Rücken.«

Damals erfuhr ich auch, daß Lord Melamine von der Königin beauftragt worden war, den ganzen Derwent-Skandal zu untersuchen und aufzuzeichnen.

»Ich glaube, Cobb schadet sich nur durch sein Verhalten«, meinte ein erfahrener Gerichtssaalreporter. »In gewissen Fällen ist es günstig, wenn man sich zuversichtlich gibt und keine Reue zeigt. Angenommen, er säße hier wegen Raubüberfall oder Körperverletzung – er könnte ruhig dasitzen wie der Hahn im Korb. Das sieht dann so aus, als hätte er die Tat aus unkontrollierbarem Energieüberschuß vollbracht. Aber wenn es sich um Sex handelt so wie hier, ist es viel schlauer, man sieht während der Zeugeneinvernahme verlegen und ängstlich drein – ungefähr so, als wäre man auf der Toilette von einer Jungfrau überrascht worden.«

Man erzählte, Michael sei auf der Anklagebank gesessen und habe in seinem Skizzenblock gezeichnet oder aus dem Radiergummi kleine Figuren geknetet. Vermutlich – so kommentierten die Zyniker – hoffte er, die Skizzen um teures Geld an eine amerikanische Zeitschrift zu verkaufen, da ja keine Kameras im Gerichtssaal zugelassen wurden.

Vielleicht aber versuchte er, die Geschworenen und die Zeugen zu verhexen, sie im Bilde festzuhalten, um sie so zu beherrschen – so wie die prähistorischen Künstler in Altamira Bilder an die Wände ihrer Höhlen malten, um sich die Tiere, die sie jagen wollten, gefügig zu machen. Ich könnte es mir vorstellen. Es hätte zu Michael gepaßt.

Was aber befahl er den Männern und Frauen, die er sich so unterwarf? Ich kam zu dem Schluß, daß sie ohnehin taten, was er wollte. Er versuchte nicht mehr, den Lauf der Welt zu ändern.

Am zweiten Verhandlungstag saß ich in der Presseloge.

Man sieht von dort aus verdammt wenig. Beim Bau von Old Bailey hatte man nicht an die Journalisten gedacht. Die Anklagebank, umgeben von einer Balustrade, nimmt enorm viel Platz ein. Michael saß ganz allein dort mit seinem Skizzenblock und hatte weitaus die beste Aussicht. Oben gab es eine Galerie für die Zuschauer, die wie eine Orgelempore an der Wand hing und nicht mehr als fünfundzwanzig der hungrigen Leute, die hereinwollten, Platz bot.

Von meinem Sitz aus konnte ich das Schwert der Gerechtigkeit über dem Stuhl des Richters sehen. Ich sah ihn, die Anwälte und die Zeugen, wie sie der Reihe nach aufgerufen wurden. Michael sah ich nicht.

Wir hörten auch nicht besonders gut. Es war erstaunlich, daß Details und Sensationen, die draußen so laut und grell geklungen hatten und der Presse so viel Geld wert waren, hier im Gerichtssaal in normalem Konversationston besprochen wurden. Fast wie eine Familienschande, die man im Wohnzimmer bei heruntergelassenen Jalousien bespricht.

Nichtsdestoweniger sorgten Cecile und Michael an diesem Tag für Sensationen. Wenn die beiden sich in einem Raum befanden, war das wahrscheinlich unvermeidlich.

Es begann damit, daß der Staatsanwalt Cecile über Tammy Chandler ausfragte.

»Und Sie, Miß Banner, wurden durch Mister Cobb mit Miß Chandler bekannt gemacht?«

»Ja, das stimmt.«

Ceciles Stimme paßte nicht in den Gerichtssaal. Zweifellos hatten im Laufe der Jahre und Jahrzehnte viele arme, gestrauchelte Mädchen hier als Zeugen oder als Angeklagte ausgesagt. Ihre Stimme aber war anders. Der kultivierte Anstrich kam sicher von Michael. Den meisten Einfluß aber hatte der Glanz der Filme, der Nachtlokale, der Shows – das Fluidum der Welt, die sich Cecile zum Symbol und Beispiel gewählt hatte.

»Und erfolgte Ihre Bekanntschaft mit Miß Chandler in Wirklichkeit nur zu dem Zweck, Mister C. A. Kugel kennenzulernen?«

»Vermutlich. Ich dachte damals nicht darüber nach.«

»Aber Sie haben Mister Kugel durch Miß Chandler kennengelernt?«

»Ja.«

»Mister Kugel war sehr reich?«

»Das erzählte man mir jedenfalls.«

»Doktor Cobb erzählte es Ihnen?«

»Ja.«

»Hat man Sie mit ihm bekannt gemacht, damit Sie Beziehungen zu ihm aufnehmen und Geld bekommen sollten?«

»Beziehungen?«

»Geschlechtsverkehr.«

»Ich hatte niemals Geschlechtsverkehr mit Mister Kugel! Ich fand ihn abstoßend.«

In diesem Augenblick hörten wir über uns jemanden lachen. Es war mehr ein Kichern, aber es schien den ganzen Raum auszufüllen und von keiner bestimmten Person zu kommen. Es war natürlich Michael, der da lachte.

Pierce-Hereford, der Staatsanwalt, schaute unter seiner Perücke hervor auf den Angeklagten. Sein Blick war als Einschüchterung gedacht, und er war zufrieden, daß er offensichtlich so wirkte. Er setzte seine Fragen fort.

»Gab es in Mister Kugels Wohnung einen Doppelspiegel, dessen eine Seite ins Schlafzimmer, die andere in das Büro zeigte?«

»Man sagte mir, daß da so etwas war.«

»Sagte man es Ihnen?«

»Ja. Einige Freunde sagten es mir und Miß Chandler. Später ist der Spiegel dann zerbrochen.«

»Sie haben diesen Spiegel nie gesehen?«

»Wahrscheinlich habe ich ihn gesehen, aber ich wäre nie auf die Idee gekommen, daß es etwas anderes sein könnte als ein gewöhnlicher Spiegel. Ich bin mit den Gesetzen der Optik nicht in dem Maße vertraut, um zu verstehen, wie dergleichen funktioniert.«

Wir hätten alle gerne über ihren Versuch, sich gewählt auszudrücken, gelacht. Aber wir waren zu tief beeindruckt von dem Anlaß und der Würde eines britischen Gerichtes, als daß wir einen Laut von uns gegeben hätten. Wiederum kam das Gelächter von Michael.

Richter Malleck unterbrach auf kurze Zeit die Verhandlung. Er sprach mit Michaels Verteidiger. Der Verteidiger wieder ging zur Anklagebank und sprach auf Michael ein. Offensichtlich wurde ihm wegen seines Gelächters eine Verwarnung erteilt.

Pierce-Hereford beendete seine Fragen über C. A. Kugel. Ich beobachtete den Schriftsteller A. J. Low neben mir in der Presseloge. Er kaute an seinem Bleistift und dachte vermutlich, was wir alle dachten: daß die Anklage nicht sehr viel Glück hatte mit ihrer Kronzeugin Cecile.

Der Staatsanwalt fragte sie anschließend nach einem gewissen Ralph Higby, der sie angeblich für ihre Gunst bezahlt hatte. Das schien zu der Zeit gewesen zu sein, als sie gerade nicht bei Michael wohnte.

»Und von den zwanzig Pfund, die Sie von Higby bekamen – gaben Sie Doktor Cobb einen Anteil davon oder nicht?«

»Ich kann mich nicht erinnern«, sagte Cecile. »Vielleicht ließ ich das Geld in der Wohnung liegen, und Michael nahm sich etwas davon. In seiner Wohnung lag immer Geld herum. Er war in der Beziehung sehr sorglos und ungenau. Ich auch. Oder jedenfalls habe ich mir das bei ihm so angewöhnt. Ich bin sehr anpassungsfähig und nehme leicht die Gewohnheiten anderer an . . .«

»Aber Doktor Cobb wußte, daß das Geld an jenem Tag oder zu jener Gelegenheit von Mister Higby kam und daß es seine Bezahlung für Ihren Verkehr mit ihm war?«

»Ich habe so etwas nie gesagt!«

Wiederum ertönte Michaels Gelächter laut und klar. Vielleicht hörte er im Geist Ceciles Stimme: »Der alte Higby war sehr dankbar für das Vögeln, das muß man sagen. Ältere Männer sind meist dankbar, das muß man ihnen lassen.«

Im Gerichtssaal Nr. 1 sagte Pierce-Hereford: »Miß Banner, haben Sie oder haben Sie nicht bei der Polizei ausgesagt, daß Mister Cobb Ihnen Aufträge als Mannequin und als Showgirl vermittelte, damit Sie sich mit anderen Mädchen anfreunden und diese Mädchen unter seinen Einfluß bringen sollten?«

»O ja, sicher habe ich das gesagt, oder etwas Ähnliches.«

Pierce-Hereford war bestimmt nicht sehr glücklich über den Verlauf dieser Zeugenaussage, aber er wußte sich zu helfen. Er unterbrach die Verhandlung, bis man ihr die Abschrift ihrer Zeugenaussage vor der Polizei gereicht hatte. Dann sagte er: »Sehen Sie auf Seite 4 die Zeile, die mit den Worten beginnt: ›Michael kam in die Dachkammer in Notting Hill . . .‹?«

»Ja, ich sehe sie.«

»Haben Sie in Ihrer Erklärung gesagt: ›Er bat mich, Walter Grandlake und einige andere amerikanische Freunde zu einer Party zu begleiten‹?«

»Nein.«

»Und haben Sie in Ihrer Erklärung gesagt: ›Michael sagte, es würde sich auszahlen‹?«

»Nein.«

»Und haben Sie in Ihrer Erklärung gesagt: ›Seine Freunde wollten einige Mädchen kennenlernen. Er versprach, daß es keine Hurenangelegenheit sein würde, aber dann war es doch eine‹?«

»Nein.«

»Wenn es sich nicht so abgespielt hat, warum, um Himmels willen, haben Sie dann bei der Polizei diese Aussage gemacht?«

»Ich würde so etwas nie sagen. Diese Worte klingen gar nicht nach mir.«

»Hat man Ihnen Ihre Aussage vorgelesen, bevor Sie sie unterschrieben?«

»Ja, wahrscheinlich. Es gab so viele Aussagen. Für die Polizei. Für die Presse.«

Ein hilfloserer Mann als Pierce-Hereford hätte spätestens zu diesem Zeitpunkt die Hände gerungen und aufgegeben. Aus dieser Zeugenaussage konnten die Geschworenen bestimmt kein klares Bild gewinnen. Sie war zu verwirrend, unbestimmt, nicht überzeugend.

Da hörten wir, wie über uns ein Stuhl zurückgeschoben wurde. Michael war aufgestanden und an die Balustrade getreten. »Miß Banner lügt keineswegs«, sagte er mit tönender Stimme.

Richter Mallecks Gesicht wurde so rot wie sein purpurner Talar. »Der Angeklagte hat nur zu sprechen, wenn er dazu aufgefordert wird.«

Unbeirrt fuhr Michael in demselben Tonfall fort. »Verstehen Sie denn nicht, was hier los ist? Die Vergangenheit existiert für sie nicht. Was einmal wahr war, ist unter geänderten Umständen nicht mehr wahr. Ihre Wahrheit hängt davon ab, was sie gerade ist, was man gerade aus ihr gemacht hat. Sie wollten die Antwort einer Hure bekommen. Cecile Banner ist im Augenblick keine Hure. Glauben Sie mir, so ist das . . .«

Das war der Höhepunkt des Nachmittags, der ganzen Verhandlung. Natürlich setzte Pierce-Hereford die Einvernahme nachher methodisch fort und zwang Cecile, ihre Erinnerungen mit ihrer Aussage bei der Polizei in Einklang zu bringen. Er war hartnäckig und verfolgte ein klares Ziel. Das Material, das Cecile vor Monaten der Polizei übergeben hatte und das schriftlich vorlag, war seine Arbeitsgrundlage. Das Mädchen war für ihn nur insoweit eine Realität, als sie die geschriebenen Worte wiederholte.

Michael wandte sich ruhig seinen Zeichnungen zu. Er unterbrach nicht mehr, er lachte auch nicht mehr.

Nachdem sich das Gericht vertagt hatte, versuchten die Journalisten, ihn vor Old Bailey zu stellen. Natürlich hatte ihn sowohl sein Anwalt als auch das Gericht davor gewarnt, den Fall mit Journalisten zu besprechen. Man hatte deutlich durchblicken lassen, daß man seine Kaution aufheben würde, gäbe er der Presse zu diesem Zeitpunkt irgendeine Erklärung ab.

Trotzdem liefen sie hinter ihm her. Er schien sehr vergnügt. »Glauben Sie nach dem Chaos heute nachmittag, daß Sie so gut wie gewonnen haben?« fragten sie.

Er biß auf den Köder nicht an. Aber bevor er in das Auto stieg, blieb er stehen und hielt ihnen eine improvisierte Vorlesung.

»Was ich bei Gericht über Miß Banner sagte, war wörtlich gemeint. Sie ist heute nicht mehr dieselbe Person, die sie war, als sie bei mir wohnte oder noch früher. Das Phantastische hat sich mit dem Realen vermischt. Wir leben in einer Zeit, da alle möglichen Arten von Zauber gegeneinander wirksam sind. Als sie zu mir gehörte, unterlag sie den alten menschlichen und sexuellen Zauberkräften. Nun wird sie vom Zauber der unpersönlichen technologischen Welt beherrscht. Sie ist nur von Einflüssen geprägt – eine Puppe, die ihr euch geschaffen habt.«

Sie schrieben eifrig mit und forderten weitere Erklärungen, die man zitieren konnte. Er aber stieg in das Auto und fuhr davon.

»Das Phantastische hat sich mit dem Realen vermischt.« Das war ein Schlager – genau das, was sich die Journalisten von Michael erhofft hatten, zusammen mit seiner Bemerkung, er habe Cecile »erfunden« und ähnliche Mätzchen. Einem ernsten Beobachter wäre es bezeichnend erschienen, daß in Ceciles Zeugenaussage Richard Derwent und Lord Collingwood überhaupt nicht vorkamen. Eigentlich grotesk, wenn man bedenkt, was die Öffentlichkeit zu dieser Zeit schon wußte.

Zweifellos war es riskant, daß Michael überhaupt einen Kommentar über Cecile abgab. Richter Malleck hätte die Kaution aufheben können, und dann wäre dies für Michael auf lange Zeit die letzte Nacht in Freiheit gewesen. Die erfahrenen Gerichtssaalreporter tippten auf Verurteilung zu zwei Jahren Gefängnis. Sie gaben zu, daß die Anklage schwach war. Sie nahmen jedoch als gegeben an, daß das Urteil schon im vorhinein feststand.

Auch Michael war davon überzeugt und richtete seine Pläne danach ein. Es hätte uns eigentlich nicht wundern dürfen, daß sein Sinn für das Dramatische diese Pläne diktierte und nicht die Sorge um seine Sicherheit.

Er und Solo Rokey waren an jenem Abend bei den Mayhouses in Hampstead Heath zum Essen eingeladen. Es war ausgemacht, daß Ursula und ich um etwa zehn Uhr auch hinkommen sollten.

Als wir ankamen, saßen sie nicht mehr bei Tisch, sondern hatten Michael im Salon auf einen Lehnstuhl gesetzt und arbeiteten eifrig an seiner Maskierung. Fein säuberlich hatten sie ihm einen Bart angeklebt, einen hübschen Bart à la Edward mit leicht rötlichem Stich. Als Eileen uns in das Zimmer führte, klebte Peter gerade Michaels Augenwinkel fest.

»Nein, nein, das schaut zu mongolisch aus«, sagte Peter.

»Nur keine Hemmungen«, lachte Michael. »Mein Gesicht steht dir ganz zur Verfügung.«

»Michael, könntest du uns das vielleicht erklären?« sagte Ursula spitz und klang wirklich wie eine indignierte alte Jungfer. »Was machst du denn da?«

»Offensichtlich mache ich schon wieder etwas falsch. Ich will allen Leuten Freude machen, aber es gelingt mir nicht.« Er beklagte sich nicht im Ernst. Er war satt und ein bißchen betrunken und unter Menschen, die er gern hatte. Wir spielten ein Gesellschaftsspiel. Ursulas Schimpfen war nur Spaß und seine Antwort auch.

»Michael macht sich aus dem Staub«, sagte Eileen. »Heute abend noch.«

Bei diesem Stichwort hob er den Kopf und wackelte mit dem falschen Bart. »Kurz nach Mitternacht fahre ich an die Küste in die Nähe von Brighton. Dort liegt ein Rennsegler vor Anker. Mit etwas Glück und gutem Wind bin ich bis zur Morgendämmerung fünfzehn Meilen von England entfernt. Ich werde dann kentern – oder so tun, als ob –, und zwar genau in dem Augenblick, da ein griechischer Frachter auf dem Weg von Southampton nach Algier vorbeikommt. Versteht ihr? Eigentlich freue ich mich schon darauf!«

Die beiden ältesten Mayhouse-Kinder waren noch auf und sahen ihrem Vater zu, wie er Michael fertigschminkte. Ihnen und Solo Rokey machte Michaels Fluchtplan großen Eindruck. Eine Erzählung von Robert Louis Stevenson, ein richtiges Abenteuer rollte vor ihren Augen ab.

»Hör auf mit dem Unsinn, Michael«, sagte Ursula. Sie schwankte noch, sie konnte sich nicht entschließen, bei seinem Spiel wirklich mitzumachen. »Mit einer solchen Improvisation wirst du nicht weit kommen!«

»Das ist keine Improvisation«, sagte er feierlich. Er zog einen Paß aus der Tasche und zeigte ihr das Photo darin. Sein Gesicht trug den Bart, den man ihm eben angeklebt hatte. »Wenn ich jetzt noch die andere Brille aufsetze, siehst du hier – Clifton Windsor!« Das war der Name, auf den der Paß lautete. »Der Plan ist seit Monaten gefaßt, Ursula. Ich hätte dich und Norman einweihen sollen. Ich fürchte, ihr habt euch unnötig Sorgen gemacht, während diese verlockende Alternative für mich schon bereitstand. Ich durfte leider in letzter Zeit die rechte Hand nicht wissen lassen, was die linke vorbereitet . . .«

»Das hast du nie«, sagte Ursula.

»Haha«, sagte ich. »Sie haben mich in meiner Verkleidung noch nicht erkannt, Cobb. Ich bin Sergeant Pennylast, verkleidet als Norman Scholes, der amerikanische Doppelagent. Ich bin hier, um Ihren Plan zu durchkreuzen, Sir!«

»Aber nein, nein!« sagte Peter Mayhouse. »Pennylast ist doch da draußen!« Er zeigte auf das Fenster. »Er hängt am Fenstersims und beobachtet uns. Wenn Ihr genau schaut, seht Ihr seine Augen glänzen . . .« Solo und die Kinder drehten sich um, und man hörte, wie eines der Kinder erschrocken aufseufzte.

Michael sagte: »Du bist hier, Norman Scholes, amerikanischer Doppelagent, und du, Ursula Drake, schönste Rosenkönigin, um mich zu dem Ort zu fahren, wo mein eigener Wagen in einem Versteck wartet. Was ich euch jetzt sage, ist die reine Wahrheit, und ich habe nicht viel Zeit zu verlieren.«

Er meinte aber doch, daß wir genug Zeit hätten, noch etwas zu trinken. Während wir gemütlich beisammensaßen, kam der Telephonanruf.

Eileen nahm ihn im anderen Zimmer entgegen. Kopfschüttelnd kam sie zurück.

»Journalisten?« fragte Michael. »Schade, daß sie mich hier entdeckt haben. Ich war sicher, wir hätten sie abgehängt!«

»Es ist Rob Varden«, sagte sie. »Er scheint zu wissen, daß du hier bist, obwohl ich nichts zugegeben habe. Ich bat ihn, am Telephon zu warten, während ich mit Peter spreche. Aber – vielleicht solltest du mit ihm sprechen, Michael. Es scheint irgend etwas – oder soll ich auflegen?«

»Ich werde mit ihm sprechen«, sagte Michael ruhig. Er blieb zehn Minuten fort, und als er zurückkam, war seine übertriebene Lustigkeit etwas gedämpft. Als Peter fragte: »Schlechte Nachricht?«, antwortete er überzeugend: »Ganz und gar nicht. Als ich zum Telephon ging, füchtete ich, es könnte Cecile irgend etwas Schreckliches zugestoßen sein, wißt ihr. Aber ich hätte es besser wissen müssen – sie ist gegen alles gefeit! – Ja, meine Lieben, ich fürchte, ich muß jetzt fort. Norman, Ursula, bringt ihr mich jetzt zu meinem Wagen? Auf Wiedersehen alle, ich schicke euch Ansichtskarten aus Afrika. Hübsche Ansichtskarten, Eileen. Blumen in der Kasbah. Gott schütze dich, Peter. Gute Nacht, Solo, gute Nacht, Kinder.«

Wir gingen schnellen Schrittes zu Ursulas Wagen; sobald wir auf dem Weg nach London waren, erzählte uns Michael, was er von Rob Varden erfahren hatte.

»Er behauptet, daß das Verfahren gegen mich morgen eingestellt wird. Angeblich wird die Anklage dafür plädieren, mit der Begründung, daß die große Publicity während der Gerichtsverhandlung es unmöglich machte, die Beweisführung richtig zu entwickeln. Malleck wird den Antrag annehmen – so sagt jedenfalls Varden!«

»Eigenartig«, sagte Ursula. »Wirklich sehr eigenartig.«

»Heute ist eine Nacht der Überraschungen«, sagte Michael. »Norman, könnte das nicht bedeuten, daß dein Gespräch mit Henry Blake sich bezahlt gemacht hat?«

Das mochte es bedeuten – mit Sicherheit ließ es sich nicht sagen. Mir schien es nun am wichtigsten, herauszufinden, ob Vardens Behauptung stimmte. Michaels Flucht wäre ja sinnlos, wenn am nächsten Tag das Verfahren gegen ihn sowieso eingestellt würde. »Ruf deinen Verteidiger an«, riet ich ihm.

Michael lachte. »Der arme Kerl ist immer der letzte, der etwas Wichtiges erfährt. Er vertieft sich so sehr in die Details der Anklage, daß er blind und taub ist für alles andere. Der Gute! Wir dürfen ihn nicht so spät in der Nacht noch belästigen.«

Wieder einmal wurde Simon Whetlock angerufen. Da Michael es eilig hatte, rief er von einer Telephonzelle im Foyer eines Hotels am Picadilly an. Auch Whetlocks Information wirkte nicht überzeugend und ließ viele Möglichkeiten offen. Mit Sicherheit konnte er nur sagen, daß etwas Außergewöhnliches zu erwarten war. In seiner Redaktion ging das Gerücht, daß die Regierung nun doch endlich einen D-Erlaß beschlossen habe – eine Mitteilung an alle

Nachrichtenmedien, daß manche Information über den Cobb-Prozeß die nationale Sicherheit gefährdete und daher nicht veröffentlicht werden durfte. Aber – obwohl dieser Erlaß im Innenministerium bereits vorlag, war er den Massenmedien noch nicht zugegangen. Es ging auch das Gerücht, daß die drei wichtigsten Zeitungsherausgeber, der Chef von Reuter und der Leiter des BBC dabei waren, einen Kompromiß auszuarbeiten, der den D-Erlaß überflüssig machte.

»Wenn der geplante D-Erlaß wirklich kommt, kann sowohl dein Staatsanwalt als auch dein Verteidiger geltend machen, daß er die Beweisführung stört«, überlegte ich laut. »Das ist die verrückteste Sache, von der ich je gehört habe.«

»Und sie wird von Stunde zu Stunde verwickelter«, sagte Michael. »Hör auf damit, Norman! Hör auf, dir alle Möglichkeiten auszurechnen. Ich möchte nicht, daß unser letzter Abend verdorben wird. Ursula, wir sind sehr nahe bei der Galerie, von der aus Varden telephonierte. Cecile und Tammy sind auch dort. Sollten wir das lustige Volk nicht kurz einmal besuchen?«

»Mit dem Bart? Ist es schlau, ihnen deine Maskierung zu zeigen?«

»Wir werden die Maskierung testen«, sagte er großartig, nahm uns beide am Arm und zog mit uns los.

Wie sich herausstellte, konnten wir sowieso mit keinem unserer Bekannten sprechen. Die Galerie war eine Verkaufsgalerie, die sich früher auf Landschaftsgemälde für Touristen spezialisiert hatte. Nun aber hatten Ceciles Manager und Agenten – sie hatte jetzt viele, und Rob Varden mußte sich sehr anstrengen, Nr. 1 zu bleiben – im »Horseferry Arms«, und wo sie sie sonst fanden, Zeichnungen aufgekauft, die Michael von ihr gemacht hatte. An diesem Abend wurde die Show eröffnet, und zwar offenbar im Stil der Eröffnung eines amerikanischen Einkaufszentrums.

Die Galerie liegt nicht an der Straße, sondern in einem großen Hof aus dem 18. Jahrhundert, der von mehr Säulen und Säulchen umgeben ist, als man für einen Film über die letzten Tage von Pompeji benötigt. Die Mädchen und die Kameras, die Scheinwerfer und die Menschenmenge füllten an jenem Abend den großen Hof fast völlig aus.

Michael, Ursula und ich stiegen einige romanisch wirkende Steinstufen hinauf und beobachteten die Feier von einer Art Empore aus, die um den ersten Stock herumführte.

Ein richtiger Karnevalsbetrieb war das, doch könnte ich schwören, daß es Michael glücklich machte, Cecile, seine Cecile, da unten in all der bunten Pracht zu sehen. Nun war sie das Mädchen im Scheinwerferlicht. Die wirbelnde Menge mit Champagnergläsern in den Händen scharte sich um sie.

Ein Photograph zog eine Champagnerkiste heran und bat sie offenbar, einen Fuß daraufzusetzen – zweifellos wollte er ihre berühmten hohen Stiefel gut zur Geltung bringen. Und als die Blitze zuckten, blickte sie wie eine Heldin, die einen Fuß auf den Riesen setzt, den sie gerade besiegt.

»Ist sie nicht wunderbar?« sagte Michael. »Am liebsten würde ich hinuntergehen und sie küssen.«

»Nein! Das darfst du nicht!« sagte Ursula. Er wußte, daß sie recht hatte. Er sah ein, daß sein Wunsch unsinnig war. Aber bevor wir uns zum Gehen wandten, hob er beide Hände, als ob er Ceciles großen Auftritt da unten segnen wollte. Es war die Geste des Moses, der seine Hände über das Gelobte Land hielt, das er nicht betreten durfte.

Als wir dann die Stufen hinunterstiegen und zum Wagen eilten, sagte er: »Angenommen, man spricht mich morgen wirklich frei – wäre es nicht furchtbar, immer daran denken zu müssen, daß ich das von Rob Varden erfuhr und nicht von einem Beamten Ihrer Majestät?«

Er hatte seinen Wagen in der Nähe des Hyde Park stehen. Anstatt sofort einzusteigen, sagte er: »Wir können noch ein wenig über das Gras gehen.«

Während wir den Gehsteig verließen und im Park im Mondlicht spazierengingen, sagte ich: »Ich glaube, du kommst frei, Michael. Ich glaube, jetzt habe ich es! Wenn die Regierung erwogen hat, einen D-Erlaß auszusenden . . .«

»Um Himmels willen, hör endlich auf damit!« sagte er scharf. »Wenn – und wenn – und wenn. Ich will nicht mehr darüber sprechen. Auf mich wartet das Boot. Ich mache mich aus dem Staub. Bitte, Norman! Mir ist soeben etwas eingefallen, das ich Ursula gern erzählen möchte. Es war in Missouri, meine Liebe. An einem wunderbaren Abend fuhren wir mit dem Boot auf den See hinaus – Norman, seine Schwester und ich . . . Wie heißt nur gleich euer See, Norman?«

»Matawket«, sagte ich.

»Richtig. Es gab dort eine Sandgrube in einer kleinen Bucht – ich wollte diese Stelle immer einmal mit Wasserfarben malen, um sie für immer festzuhalten. Sie war so schön... Du mußt Norman bitten, daß er dich einmal dorthin führt, Ursula.«

Er versuchte mit viel Einfühlungsvermögen, eine Stimmung herbeizurufen, in der wir gut und ehrlich Abschied nehmen konnten. Und seine Stimme brachte das alles zurück: den anderen Ort, die andere Zeit, er und ich und ein Mädchen, das uns beiden am Herzen lag, draußen auf dem See. Einen Augenblick gelang uns die Flucht aus der Gegenwart, wir versetzten uns in eine Welt, die es wert war, daß man sie festhielt. Er wollte alles festhalten, mit dem Verstand oder mit dem Herzen – und wir verstanden das. Es war das einzige, das noch zählte.

In seiner Güte schenkte er uns diesen Augenblick, dann sagte er: »Geht Ihr beide nur weiter. Ich muß jetzt fort.« Er ließ unsere Arme los, tätschelte jedem von uns die Wange. »Hier sind einige Briefe, die ich an verschiedene Leute geschrieben habe, Norman. Bitte, übergib sie ihnen sicher morgen am späten Vormittag. Nicht eher! Es könnte meine Reise erschweren.«

Ich steckte die Papiere ein. Wir winkten einander mit dem Zeigefinger. Er ging seines Weges, und ich drehte mich um; ich wollte ihn wegfahren sehen. Dann gingen wir, wie er es gewünscht hatte, auf dem Gras weiter. Doch bei jedem Schritt zog Ursulas Hand stärker an meinem Arm, und sie blieb immer mehr zurück.

Sie sagte: »Er geht heute nacht auf kein Segelboot.«

»Woher weißt du das?«

»Ich kenne seine Art, den Menschen etwas mitzuteilen. Er läßt sie immer mehr wissen, als er ausspricht.«

Und dann sagte sie: »Du weißt das schon den ganzen Abend, nicht wahr?«

Es stimmte. Ich mußte es ihr gar nicht erst bestätigen.

»Und auch Peter und Eileen wußten es«, sagte sie. »Nur die Kinder glaubten wirklich an die Geschichte mit dem Bart und dem Boot und allem Drumherum. Ich versuchte ja, es auch zu glauben. Und ich habe es beinahe geglaubt, bis zuletzt, bis zum Abschied. Ich wollte, daß es stimmte, daß er morgen schon auf dem Weg nach Algerien ist...«

»Das ist gut. Er wollte, daß du es glaubst. Es war lieb von dir, es zu versuchen«, sagte ich.

Ich führte sie weiter durch das friedliche, sanfte Licht des Mondes. Plötzlich sagte sie: »Lies die Briefe, die er dir gegeben hat, Norman! Dann wissen wir, was er vorhat, und können noch etwas tun...«

»Nein, Ursula, das tue ich nicht. Ich habe es ihm versprochen.«

»Bitte, Norman! Bitte, bitte, bitte!«

Zwanzig langsame Schritte. Dreißig. Sie sagte: »Du hältst das vielleicht aus, aber ich nicht. Ach, du hältst alles aus, und darum kann dich auch niemand richtig lieben! Weil nichts dich zerbrechen kann! Bitte, Norman, um deiner selbst willen: Öffne die Briefe, auch wenn es schon zu spät sein sollte . . .«

»Ich bin ein Ungeheuer. Ich halte alles aus«, sagte ich. Wir gingen weiter. Einmal, vor langer Zeit, in einem anderen Märchen, hatte ich laufen müssen. Nun brachte ich es schon fertig, langsam zu gehen.

»Verzeih, daß ich das gesagt habe«, erwiderte sie sofort. »Natürlich liebe ich dich und Michael liebte – liebt dich auch. Aber was nützt das schon, wenn du dich so verhärtest? Es geschieht etwas Schreckliches, du weißt es, und trotzdem gibst du nicht nach!«

Sie hatte wiederum recht. Es ist nicht sehr schwer, mich richtig zu beurteilen. Wenn sich die Leute immer auf ihren ersten Eindruck verließen, könnten sie sich viel Enttäuschung ersparen.

Ich sagte: »Erinnerst du dich, wie du mich im Vorjahr zum Flughafen brachtest? Du sagtest damals, er würde mich verständigen, wenn er meine Hilfe brauchte, und ich solle mich bereithalten. Seit jener Nacht weiß ich, worin meine Hilfe bestehen sollte. Er suchte sich seine Leute immer genau aus. Mich suchte er aus, weil er wußte: Ich bin der Mann, der seine Briefe nicht früher öffnet als vorgesehen.«

»Aber du weißt, was er heute abend vorhat?«

»Ja.«

»O Gott«, sagte sie. »Armer Norman.«

»Hör auf! Hast du denn gar nichts von ihm gelernt? Willst du wirklich, daß ich ihn jetzt zurückhalte?«

»Nein, nein, nur – weißt du auch genau, was du tust?«

»Ich *muß* es wissen.«

»Aber morgen – die Verhandlung – vielleicht läßt man die Anklage wirklich fallen, und er ist frei . . .«

Vielleicht wurde das Chaos wie durch ein Wunder von den hundert gierigen Händen, die hineingriffen, tatsächlich gelöst und in Ordnung gebracht. Zu erwarten war es nicht.

»Es muß reiner Tisch gemacht werden, und Michael wird das für sie alle mitbesorgen«, sagte ich. »Für England.«

Wir konnten unmöglich die ganze Nacht spazierengehen und auf die Nachricht warten, die wir erwarteten. Bevor der Morgen dämmerte, gingen wir in Ursulas Wohnung, nahmen einige Drinks und legten uns nieder. Ich weiß nicht, ob Ursula schlafen konnte. Ich jedenfalls habe geschlafen.

Ich weiß nicht, ob ich während dieses Schlafes träumte oder nicht. In manchen Nächten schläft man so seicht, daß keine scharfe Grenze den Schlaf vom Wachen trennt. Aber ich glaube mich zu erinnern, daß ich Michael sah, wie er in der Geste des Moses die Hände über mich und Ursula ausstreckte. Sein falscher Bart schien voller und schwärzer, als er wirklich war. Er sah aus wie ein Patriarch. So habe ich es in Erinnerung, also muß es wohl ein Traum gewesen sein.

In der Früh drehten wir den Fernsehapparat an und erfuhren gleichzeitig mit Millionen von Briten, worauf wir gewartet hatten.

Nachdem Michael uns verlassen hatte, fuhr er sofort zu seinem Haus in Cadwater. Er nahm den Bart ab und ließ ihn zusammen mit dem falschen Paß im Auto liegen. Er nahm zwei Topfpflanzen von der Veranda und stellte sie im Wagen auf den Sitz, als ob er beabsichtige, sie als Geschenk für jemanden in die Stadt mitzunehmen. Die Pflanzen hießen »London Pride« und »Ragged Robbin«, und später stellte sich heraus, daß er sie der Tante seiner Sekretärin Miß Podmore versprochen hatte.

Dann ging er ins Haus und zündete es an. Während das Feuer sich ausbreitete, erschoß er sich mit Richard Derwents Gewehr.

# Epilog aus dem Falkenflügel

... dieser grauenhafte Abschluß eines verpfuschten Lebens ...

*Der Melamine-Report*

»Ich lehne das Gericht, vor dem ich angeklagt bin, ab. Die sogenannte Beweisführung kann nie erfassen, was ein Mensch in seinem Innersten weiß über Gut und Böse, über Wert und Unwert seiner Taten. Sie legt nur eine Auswahl von ›Tatsachen‹ vor und entlastet oder verurteilt eine Strohpuppe, keinen Menschen.

In dieser Beziehung ist das Gericht wie alle anderen Bereiche des englischen Lebens. Die Politik hat ihre eigenen Gesetze, die einen Politiker so einengen, daß er sich im Amt nicht als ganzer Mann, sondern nur als ›Staatsdiener‹ fühlen darf. (Man könnte gleich die ganze Regierung in Dienerkleidung stecken und die Prachtgewänder aus alter Zeit verbrennen.) Derwents Schicksal beweist es.

Ich bin draufgekommen, daß auch die Medizin ihren eigenen Gesetzen folgt. Wir lernen Krankheiten heilen. Wir vergessen und versäumen es aber, zu lernen, wie man Menschen heilt. Die Presse hat ihre eigenen Gesetze. Sie ›berichtet‹, aber je mehr sie berichtet, desto mehr vom Wesentlichen läßt sie aus. Auch Sex ist institutionalisiert, es ist das, ›was die Leute in der Nacht tun‹. Seine unheimlichen Einflüsse jedoch sickern wie Kloakenwasser überall hin, anstatt wie ein klarer Gebirgsbach dahinzufließen.

Schon vor langer Zeit entschloß ich mich – wenn man das, was die ganze Natur eines Menschen ihn drängt zu tun, einen Entschluß nennen kann –, England, so wie es jetzt ist, abzulehnen. Es gibt leider keine Haine mehr, wo Druiden und andere unerwünschte Wesen – Zauberer vielleicht? Oder Robin Hoods Männer? – sich versammeln und die alten Mächte anrufen, die der Mensch auch zum Leben braucht. Mitten in einer sterilen Welt versuchte ich – was ich versuchte, kann man im gegenwärtigen Chaos nicht erklären, aber wenn es vorbei ist, wird mein

Freund Peter Mayhouse auf seine Art und Weise und mit den Stimmen und Taten jener jungen Leute, die ihn hören, verkünden, was es war, das ich befreien wollte. Darauf kann England dann zurückgreifen, wenn die Zeit dafür gekommen ist. Und das genügt mir.

Ich hätte das Land verlassen können. Die Möglichkeit und der Rat, es doch zu tun, waren seit Monaten vorhanden. Wäre ich jedoch gegangen, hätte ich diese verfaulende Hülle Englands mitgenommen. Ich aber glaubte, wenn auch verschwommen, an ein anderes England. In seinem Namen wähle ich den anderen Weg.

In Treue

Michael.«

(Hinterlassener Brief an Tracy Bryce.)

In Treue.

»Und das glaube ich«, sagte Tracy Bryce. »Ich gestehe, ich wußte nie genau, was ich von Michael halten sollte. Am allgemeinen Maßstab gemessen, war er vermutlich in vieler Beziehung ein schlechter Mensch. Er hat unsere Maßstäbe nicht anerkannt. Ich bin aktiver Politiker und versuche, ein anständiger Politiker zu sein. Folglich muß ich sie anerkennen. Aber wie dem auch sei . . . Wieder ist eine leidenschaftliche Stimme in England zum Schweigen gebracht worden, und das ist schade.«

In Treue.

Sein Onkel, Pfarrer Cobb, war über den Selbstmord weniger entsetzt als die meisten, die offen gewünscht hatten, daß Michael ins Gefängnis käme, und heimlich, daß sein Kopf auf einen Pfahl gesteckt werde, damit sie ihr eigenes schales Leben nicht immer wieder mit dem Bild der Männlichkeit und Kühnheit, das er nur allzu erfolgreich ihren Augen darbot, konfrontieren mußten. »Ich war nie der Ansicht, daß der Selbstmord sich von anderen Verfügungsrechten, die der Mensch über sich besitzen sollte, unterscheidet«, sagte Pfarrer Cobb. »Ich kenne natürlich die Gegenargumente der Theologie. Ich weiß auch, daß es für die Überlebenden schrecklich belastend ist und außerdem ein Akt der Feigheit. Hätte der Junge, den ich so gern mochte, als wir einander noch näherstanden, mich nach meiner Meinung über den Selbstmord gefragt, wäre ich sehr besorgt gewesen und hätte ihm keinesfalls gesagt, wie ich wirklich darüber denke. Manchmal muß man lügen, um die Jugend zu schützen. Aber ich bin der

Meinung, daß Michael diesen Weg nach reiflicher Überlegung gewählt hat – nicht unüberlegt, wie junge Menschen das oft tun. Soweit das überhaupt möglich ist – und das muß er mit sich und mit Gott abmachen –, hat Michael sicher gute Gründe gehabt. Davon bin ich überzeugt. Für keinen anderen würden diese Gründe gelten. Michael war eben anders.«

In jenen Sommertagen, die auf seinen Tod folgten, erging sich England in gesprochenen, gemurmelten, gedruckten und geschriebenen Nachrufen auf Michael. Ich habe sie gesammelt, habe sie in jenes eigenartige Sieb gelegt, das ich Gedächtnis nenne, und habe sie seither ununterbrochen aussortiert – genau wie die verwirrenden Dokumente, die Michael mir hinterließ.

Unter den weniger hübschen Nachrufen war der, den Cecile für das Fernsehen und für die Zeitungen hielt. Sie nannte ihn »vital«, »ruhelos«, »phantasievoll«. In der Rolle, die die Öffentlichkeit ihr zugeteilt hatte, durfte sie natürlich nicht sagen, daß er im Bett gut war – nein, nein, das tut man nicht in dem England, das Michael verabscheute. Schade! Das war der einzige Punkt, in dem sie ihn vielleicht wirklich hätte beurteilen können.

Manchmal aber rutscht selbst einer sprechenden Puppe, wie Cecile es geworden war, ein wahres Wort heraus. Einmal wurde in einem Interview die Frage aufgeworfen, warum Michael immer eine dunkle Brille getragen habe. Und Cecile antwortete: »Seine Augen waren so kostbar . . .«

Ein Fünkchen Wahrheit, wie das Blitzen eines verlorenen Diamanten in einem Abfalleimer.

Von Ursula und den Mayhouses hörte ich natürlich vieles, und manches davon habe ich hier verwendet. Nur noch zwei Aussprüche will ich wörtlich zitieren.

Peter sagte nach dem Selbstmord: »Das ist wieder nur eine seiner Illusionen. Sicher schreibt er uns bald.«

Ursula sagte: »Ich habe ihn nicht früh genug kennengelernt. Er wollte von mir als Frau immer ein wenig mehr, als ich auf Grund meiner Erziehung bereit war zu geben. Ich hörte nicht nur auf seine Stimme, sondern immer auch noch auf andere Stimmen. Michael konnte man aber nur ganz annehmen, oder man verfehlte ihn ganz.«

Es gab stumme Zeugnisse und unverständliche, die ich mir noch immer zu erklären versuche.

Solo Rokey zum Beispiel. Man hätte doch erwartet, daß

Michaels Tod ihn härter getroffen habe als irgend jemand anderen. Es gab keinerlei Anzeichen dafür. Ich traf ihn einige Male in Michaels Studio, er sprach mit mir und ging seiner Wege, als ob nichts geschehen wäre. Und ich schloß daraus, daß es für ihn viel härter gewesen wäre, Michael im Gefängnis zu wissen. Das hätte sein Bild von Michael verändert – Michaels Tod tat es offenbar nicht.

Er packte seine wenigen Habseligkeiten und verabschiedete sich. Er sagte nur, er wolle eine Wanderung durch Irland unternehmen. Er würde vermutlich den Mann wieder treffen, der ihm die Falken geschenkt hatte. Er sagte nicht, ob er diese Wanderung allein machen wollte oder nicht.

Meg Derwent kam in Michaels Studio. Das war eine sehr kühne und unkonventionelle Tat. Unter den gegebenen Umständen war es eigentlich ganz undenkbar, daß sie ihr Interesse an einem Mann bekunden könnte, der so wesentlich den Ruin ihres Mannes mitverschuldet hatte. Sie traf mich im Studio an und den Rechtsanwalt und einige Packer. Wir sortierten gerade Michaels Sachen aus.

Sie wollte das Porträt sehen, das er von ihr begonnen hatte, und war sehr erstaunt, daß er seit der letzten Sitzung so viel weiter gekommen war. Lange stand sie vor der Staffelei und versuchte, das Bild zu verstehen. Eine Frau mit großer Würde und Haltung las die Bewunderung des Malers aus dem Bild ab – so wie ein kleines Mädchen aus einem billigen Spiegel das Versprechen eines herrlichen zukünftigen Lebens herausliest.

Ihre einzigen Worte über das Bild waren: »Ich möchte es haben.« Keiner von uns sprach von den gesetzlichen Erben oder nannte einen Preis. Ich weiß, daß ihr das Bild später zugestellt wurde.

Ich war befriedigt. Sie war gekommen und hatte gefordert, was Michael ihr zugedacht hatte. Ich wußte nun, daß die Derwents auf dem richtigen Weg waren. Ohne die hohe Stellung und das öffentliche Ansehen, das früher so schwer auf ihnen gelastet hatte, wird es ihnen besser gehen als einer Regierung, die einen fähigen, einsatzfreudigen Mann wie Derwent nicht mehr brauchen konnte. Michael hatte die Derwents zwar vom Schiff getoßen. Da das Schiff aber im Sinken war, konnte man annehmen, daß er ihnen einen Gefallen tun wollte. Hätte man ihm geholfen und Zeit gegeben, eine Arche zu bauen wie Noah, er wäre vorbeigekommen und hätte sie aus dem Wasser gezogen und mitgenommen in eine neue Welt.

Niemand behauptet, daß ihm das gelungen ist. Wir müssen hoffen, daß die Derwents schwimmen können.

Und England . . .

Ich bin ein Prophet. Hier meine Prophezeiung: England wird weiterbestehen. Der Derwent-Skandal war eine große Erschütterung. Lord Melamines Schlußfolgerungen lassen erkennen, wie England sich sein weiteres Dasein vorstellt. Sein Bericht ist wahrheitsgetreu und, man könnte sagen, gerecht. Wenn man annimmt, daß Obukows Anwesenheit in England von geringer Bedeutung war und daß die Entscheidung, ihn gehen zu lassen, die Weltgeschichte nicht wesentlich beeinflußt hat, gibt es keinen Grund, die Erhebungen Seiner Lordschaft zu kritisieren. Nirgendwo auf der Welt gibt es konkretere Hinweise dafür, daß der Fall Obukow über Krieg und Frieden in unseren Tagen entschied.

Was aber General Gath wissen wollte – und wofür ich schließlich bezahlt wurde –, liegt jenseits dessen, was man mit den üblichen Mitteln beweisen kann.

»Der Mensch erträgt fast alles, Norman«, hatte er damals gesagt. »Fast alles. Hier im Falkenflügel denken wir das Undenkbare – um das Schlagwort der Konkurrenz zu verwenden –, weil jemand das tun muß. Ich kann es ertragen, an Atomkriege zu denken. Und ihre Nachwirkungen. An die verlorenen Kulturen. Die verlorenen Jahrhunderte. Ich weiß, daß ich es ertrage, an diese Dinge zu denken, weil ich es schon gemacht habe. Und wenn ein dicker alter Mann wie ich es erträgt, daran zu denken, dann kann es doch das menschliche Denkvermögen nicht übersteigen. Aber das Entsetzlichste, Norman – ich sage Ihnen, das Entsetzlichste, an das ich *nicht* denken kann, das ist, daß vielleicht eines Tages ein Mann kommt und Frieden bringen will; daß er Bedingungen anbietet, die das Leben und Gedeihen auf dieser Welt, in diesem Kosmos sichern – und daß wir vielleicht dann nicht wissen, worüber er spricht. Daß uns womöglich das Gehör fehlt, zu erfassen, was er sagt. Wir wünschen uns sehnlich, was er uns anbietet, und erkennen nicht, daß es uns bereits angeboten wird. Das ist zu arg! Das sollte diesem Geschlecht nicht zugemutet werden.«

Er wußte, was er ergründen wollte. Er wollte wissen, ob Michael Cobb vielleicht ein feineres Ohr für die Stimmen der »anderen Seite« hatte.

Nun, der General starb, ohne es zu erfahren. Er starb eines Nachts im Schlaf – ungefähr zu dem Zeitpunkt, da Michaels Prozeß im Old Bailey anlief. Ich messe dem Zeitpunkt seines Todes keine Bedeutung bei. Er war alt. Wir alle wußten, daß es früher oder später geschehen würde. Es hat auch gar keinen Sinn, wenn ich manchmal denke, daß er und ich – hätte er nur noch ein wenig länger gelebt, bis ich mehr Beweise hatte – miteinander vielleicht herausgefunden hätten, was wir beide so gerne wissen wollten.

In seinen letzten Tagen zeigte er sich noch äußerst belustigt über die Art und Weise, wie England den Derwent-Skandal behandelte. »Natürlich machen sie alles falsch. Typisch englisch! Vom Anfang bis zum Ende hätte man es nicht schlechter machen können. Daß sie auf das Neue nicht vorbereitet waren, das war ihr wirkliches Problem. Aber Probleme entstehen meist, weil die Menschen falsch kombinieren und falsche Schlüsse ziehen. Eine Institution ist nichts wert, wenn sie mit einer Sache nicht fertig wird, die sie nicht voraussehen konnte, weil sie mit Blindheit geschlagen war. Schau sie dir doch an, wie sie da oben stehen mit dreckigen Hosen und geraden Schultern, mit allen ihren bunten Bändern auf der Brust, und so tun, als wäre alles in bester Ordnung. Herrlich! Unbezahlbar!«

Der General ist tot, und die komplizierten Methoden der Corporation müssen vereinfacht und – laut Frank Niles – den Erben gegenüber gerechtfertigt werden.

Eine zweite Prophezeiung: Bald werden sie hier draufkommen, daß ich nicht hereinpasse. Mich kann man nicht rationalisieren. Frank Niles wird in seine Beschreibung alles aufnehmen, was der General je Gutes über mich gesagt hat, aber er wird nie verstehen, was es bedeutet. Er wird klar erkennen, daß meine seltsame Art, Nachforschungen zu betreiben, nicht sehr erfolgreich ist – es sei denn, es dreht sich um Dinge, die mit Mathematik, Wirtschaft oder Militärplanung zu tun haben. Ich finde nichts als Klatsch und unklare Verdächtigungen. Warum sollten die Erben bereit sein, dafür Geld zu zahlen?

Eines Tages werde ich ein hübsches, kleines Brieflein mit der Mitteilung erhalten, daß man mich nicht mehr braucht. Ich glaube nicht, daß Frank mir das persönlich wird sagen wollen.

Nun gut. Es wird mir nicht viel ausmachen, nicht mehr auf der Lohnliste der Corporation zu erscheinen. Es ist nämlich mein kleines Geheimnis, daß ich für einen *Mann* arbeitete und nicht für die Maschinerie, die er sich im Laufe seines Lebens schuf. Diese Maschinerie kommt gut ohne mich aus und ich ohne sie.

Ich habe ein Vermächtnis übernommen. Um das zu illustrieren, spiele ich noch einmal ein Stück von dem Tonband ab, das Michael einmal im Winter im Wald bei Cadwater aufnahm. Es ist nicht geklärt, an wen es sich richtet, aber ich möchte annehmen, es geht an die Adresse eines zornigen Kindes namens Norman Gawain Scholes aus Hansville, Missouri.

»Dreh dich um. Schau mich nicht an. Komm nicht näher. Berühre mich nicht. Wenn du nicht gepanzert bist vom Scheitel bis zur Sohle, kehr jetzt um, oder du wirst brennen . . .«

Seit seinem Tod habe ich mit meiner stillen Schwester Elaine viel über ihn gesprochen. Sie hört zu, wie sie als kleines Mädchen den Kinderreimen und romantischen Geschichten zuhörte und wie sie all die Romane und Gedichte liest, die in ihrem Leben immer noch ein große Rolle spielen. Was sie hört, ist Wirklichkeit, auch wenn es nicht sichtbar ist und nie sichtbar werden wird. Man kann es nicht berühren oder sonstwie in Besitz nehmen – und doch gehört es ihr.

Sie war am Anfang dabei. Und sie wird am Ende dabei sein – aufmerksam, sehnsuchtsvoll, betend, sorgend –, wenn ich meinen Bericht über Michael abschließe.

Mitten in meine Erzählung hinein sagte sie: »War dieser Obukow wirklich so, wie Michael ihn sah? Ist es möglich, daß er aus Rußland kam und den Schlüssel zu einem neuen Verstehen zwischen den feindlichen Nationen in der Hand hielt? War er . . .? Was meinst du?«

Ich gab ihr die einzige Antwort, die ich geben konnte und kann. »Ich weiß es nicht. Aber ich glaube, daß es so einen Mann gibt. Einen, der heimlich kommt, ohne daß die Bürokraten ihn schicken. Einer, der tief und weise genug ist, uns zu sagen, warum sie sie so fürchten. Ich glaube, so einen Menschen gibt es. Und ich glaube, wenn er einmal kommt, würde er alles verändern.«

»Nun ja«, sagte sie, »vielleicht haben Michaels Wünsche den Weg freigemacht. Vielleicht erlebst du noch, daß alles sich genauso und nicht anders ereignet. Oder vielleicht hat es damit schon begonnen? Vielleicht erkennst du es nur noch nicht klar?«

Das war ihre Art zu denken, aber das genügt nicht. Soviel ich auch nachforsche und Beweise zusammentrage, wenn ich auch immer wieder Michaels Tonbänder abspiele und sie mit Lord Melamines Bericht abstimme und mit den anderen Dokumenten, die wir im Falkenflügel bearbeiteten – ich kann nichts Konkretes finden, das zu solcher Hoffnung berechtigen könnte. Sie ist romantischer als ich. Sie möchte, daß die Affäre endet wie ein altmodischer Roman, daß sie selbstverständlich gut ausgeht und daß wir nur zu blind oder zu dumm waren, es vorauszusehen.

Doch nein. So wird es nicht ausgehen. Die Welt wird sich weiterdrehen ohne Zauberei, ohne Wunder. Ich werde ihr sagen, daß Michaels Abenteuer an der Grenze einer neuen Welt uns keinen neuen Blick in diese neue Welt eröffnete.

Wenn ich ihr dann noch manches erzähle und die Schlußfolgerungen erkläre, die ich ziehe, wird sie sagen: »Ich verstehe schon, Norman. Er wollte mehr, als er dem Leben abzwingen konnte. Darum versagte er. Ja, er mußte versagen. Aber das ist ganz gleichgültig, Norman. Wenn ein Mann so viel erreichen will wie er, spielt sein Versagen keine Rolle.«